역주

규장각본

춘추좌씨전

①

譯注
규장각본 춘추좌씨전 ❶

초판 인쇄  2025년 1월  6일
초판 발행  2025년 1월 20일

공 역 자 ㅣ 김경태 · 박찬규 · 윤종배
펴 낸 이 ㅣ 하운근
펴 낸 곳 ㅣ 學古房

주      소 ㅣ 경기도 고양시 덕양구 통일로 140 삼송테크노밸리 A동 B224
전      화 ㅣ (02)353-9908  편집부(02)356-9903
팩      스 ㅣ (02)6959-8234
홈페이지 ㅣ http://hakgobang.co.kr/
전자우편 ㅣ hakgobang@naver.com
등록번호 ㅣ 제311-1994-000001호

ISBN 979-11-6995-571-3  94140
      979-11-6995-570-6 (세트)

값 : 75,000원

■ 파본은 교환해 드립니다.

사단법인 유도회
번역총서

역주

# 규장각본 춘추좌씨전

## 春秋左氏傳

김경태 · 박찬규 · 윤종배 공역

①

學古房

# 간행사

　사단법인 유도회(儒道會)의 번역 총서, 《역주(譯注) 규장각본(奎章閣本) 춘추좌씨전(春秋左氏傳)》 발간을 진심으로 축하드립니다. 《춘추》 3전(三傳) 가운데, 정조 때 규장각을 통해 출간된 《춘추좌씨전》은 두예(杜預)와 공영달(孔穎達)의 주소(注疏)를 기본으로 하면서, 《공양전(公羊傳)》과 《곡량전(穀梁傳)》은 물론 력대 제가의 학설을 두루두루 참조한 《춘추좌씨전》의 결정판으로 평가되고 있습니다.

　예로부터 《춘추좌씨전》은 경학(經學)과 사학(史學) 분야의 고전이며, 우리에게는 《오경(五經)》의 하나로, 《사서(四書)》와 함께 유학의 중요 경전으로 다루어지고 있습니다. 《춘추》가 표방하는 '춘추대의(春秋大義)'의 정신은 우리 력사에서 특히 임진왜란과 병자호란, 한말(韓末) 국난의 시기에 선조들의 의병(義兵) 운동과 관련하여 그 운동의 중요한 명분과 실천 동력이 되었습니다. '춘추대의'는 이후 시대의 변화와 소용돌이 속에서 불의와 부정, 부패와 무능이 인간 사회에 만연하게 되면 이러한 사회를 더 나은 세상으로 만들어 가기 위한 사회·시민 운동의 중요한 동력으로 항상 우리의 의식 속에 살아 숨 쉬고 있습니다. 이러한 정신의 힘을 지닌 《춘추좌씨전》이 유도회 번역 총서로 새롭게 완역됨으로써 향후 '춘추학'이나 유학 연구에 새로운 활력이 될 것임을 확신합니다.

　무엇보다 이번 번역 작업을 처음 시작부터 끝마무리까지 주관해 온 김경태, 박찬규, 윤종배 선생님의 '지성무식(至誠無息)'하는 끈기와 헌신에 놀라움과 존경의 마음을 전합니다. 세 사람의 역자들은 모두 사단법인 유도회 한문연수원 출신으로, 지금부터 30여 년 전, 1990년대 초부터 '년부력강(年富力强)'의 나이에 권우(卷宇) 홍찬유(洪贊裕), 지산(地山) 장재한(張在釬), 일평(一平) 조남권(趙南權) 선생님의 지도로 유학의 칠서(七書)를 통독하였습니다.

　수료 이후 2002년부터 다시 지산 선생님의 지도를 받으며, 규장각본 《춘추좌씨전》 번역을 시작하여 23년의 세월이 지나 비로소 이 책을 상재(上梓)하게 되었습니다. 이 번역 과정에 이 세 분의 역자 이외에도 김명숙, 김한기, 변은숙, 신창호, 이정희, 이희평, 차진만, 최윤

정, 홍성훈 선생들이 기나긴 번역의 여정을 잠시 함께하기도 하였습니나. 이들 모두 유도회 한문언수원과 인연을 맺고 있는 학인들입니다.

이번 번역 총서 발간을 계기로 우리 유도회 한문연수원 출신 학인들이 유학의 중요 고전을 새롭게 재해석하는 작업을 더욱더 활발하게 추진하기를 바랍니다. 또한 시대의 변화 속에서 일반 독자들이 인류의 바람직한 삶의 좌표와 방향을 찾기 위해 고전의 지혜를 쉽게 가까이할 수 있도록 우리 학인들이 디딤돌 역할과 안내자 역할을 더 적극적으로 해주기를 당부합니다. 훌륭한 번역서를 무사히 마무리하게 된 세 분의 수고로움에 다시 한번 존경과 축하의 말씀을 전합니다.

2025년 1월
사단법인 유도회 이사장 고대혁

# 머리말

　'무정세월약류파(無情歲月若流波)'라는 말이 있듯이 2002년 2월 지산(地山) 장재한(張在釺) 선생님의 지도하에 정조(正祖) 때 규장각(奎章閣)에서 간행한 《춘추좌씨전(春秋左氏傳)》 번역을 시작한 지 어언 23년의 세월이 흘렀다, 지산 선생님과의 인연은 이보다 훨씬 전인 1990년대 초 유도회(儒道會) 한문연수원(漢文硏修院) 장학생반 시절 선생님께서 《서경(書經)》을 강의하실 때부터였다. 그때부터 선생님의 깊고 넓은 한학의 세계를 접하면서 마음속 깊이 존경심을 품게 되었다. 그리하여 유도회 3년 과정을 수료하고 나서 선생님의 서실(書室)인 렬양서숙(洌陽書塾)에서 《주역(周易)》을 심도있게 공부하게 되었고, 그 뒤 다음 강독을 무엇으로 할 것인가를 론의할 때 선생님께서 문체가 압축되어 있으면서도 인간의 삶을 다양하게 반영하고 있는 《춘추좌씨전》을 추천하셨다. 그리고 이왕에 한다면 번역을 하기로 하였다. 아울러 《춘추좌씨전》의 기사에 대한 려동래(呂東萊)의 날카로운 품평이 일품인 《동래박의(東萊博議)》 번역까지 병행하기로 하였다.

　《춘추(春秋)》는 공자(孔子)가 주(周)나라 시대인 B.C.722년에서 B.C.481년까지 242년간의 로(魯)나라를 중심으로 한 중국 여러 나라에서 일어난 사건을 편년체의 형식으로 기록한 력사서(歷史書)이다. 《좌씨전(左氏傳)》은 좌구명(左丘明)이 공자에게서 전수받은 《춘추》라는 경(經)에 나타난 개별 사건에 대하여 그 구체적인 사실(事實)을 서술함으로써 《춘추》에 대한 리해를 도운 글이다. 동시에 《좌씨전》은 경문(經文)에 의거하여 정치와 인간의 삶에 대한 리치(理致)를 드러낸 것으로 《춘추》와는 독립된 성격을 지닌 별도의 저술이기도 하다. 이 때문에 기존에 간행된 《춘추좌씨전》은 《춘추》라는 경문(經文)과 《좌씨전》이라는 전문(傳文)이 독립되어 있어 《춘추좌씨전》을 읽는 사람들이 경문을 소홀히 하고 전문만을 주로 읽는 폐단이 있었다.

　그러나 《규장각본 춘추좌씨전》은 경문과 전문을 분리하지 않고 경문을 대자(大字)로 넣고 그에 해당하는 전문을 경문 아래에 중자(中字)로 넣어 경문과 전문이 바로 이어지도록 하였다. 동시에 《춘추좌씨전》 풀이의 전범(典範)으로 여겨지는 진(晉)나라 두예(杜預)의

《춘주좌씨경전집해(春秋左氏經傳集解)》를 규장각 편찬자들의 견해에 따라 가감하여 해당 경문과 전문 아래에 소자(小字)로 넣어 주해(注解)를 달았다. 그리고 편년체로 구성되어 있는 《춘추좌씨전》의 특성상 동일한 사건이 년도를 달리하여 분리되어 있는 경우 규장각본에서는 한 사건으로 묶어 같은 해에 기술함으로써 내용의 통일을 기하였다. 이는 《춘추좌씨전》의 전체 의미를 한눈에 알아볼 수 있도록 구성한 가히 혁명적 판본이라 할 수 있다. 그러므로 번역팀에서는 《규장각본 춘추좌씨전》을 번역의 저본(底本)으로 삼되, 규장각본 판본의 의도를 살리기 위하여 경문의 글자는 글상자 속에 대자(大字)로 넣었고, 전문의 글자는 중자(中字)로, 주해는 소자(小字)로 처리하여 경문과 전문과 주해를 쉽게 구분할 수 있게 하였다.

처음 번역에 참여한 사람은 김경태, 김명숙, 김한기, 박찬규, 변은숙, 신창호, 윤종배, 이정희, 이희평, 차진만, 최윤정, 홍성훈 등이었다. 그러다가 2014년 초벌 번역이 마무리되었을 때 남은 번역자는 김경태, 김한기, 박찬규, 윤종배, 홍성훈 다섯 사람이었다. 초벌 번역이 끝날 무렵 지산 선생님의 건강이 악화되어 번역을 끝까지 지도해 주시지 못하고 다섯 사람만으로 마무리할 수밖에 없었던 점은 지금까지 아쉬움으로 남는다. 초벌 번역이 끝나고 1차 교열작업에 참여한 사람은 김경태, 박찬규, 윤종배 세 사람이었고 이 세 사람은 4차 교열작업이 끝날 때까지 변함없는 구성원이었다. 이에 《규장각본 춘추좌씨전》 번역서는 김경태, 박찬규, 윤종배 세 사람의 이름으로 출간하게 되었다. 그동안 번역에 참여한 분들의 량해를 구한다.

교열작업은 구성원의 시간 및 력량 관계상 《동래박의》는 후일을 기약하고 《춘추좌씨전》만을 진행하기로 하였다. 교열을 시작했을 때는 그 작업이 쉽게 끝나리라고 생각했지만 이 일은 번역보다 더 지난함을 실감하게 되었다. 례컨대 한자의 원뜻이 혼란해짐을 방지하기 위하여 '두음법칙'을 적용하지 않기로 오랜 론의 끝에 결정하였고, 번역은 원의를 훼손하지 않고 강독에 유용하도록 가급적 직역 위주로 하기로 하였다. 또 인명과 지명의 경우 원음을 찾기 위하여 많은 자료를 검토하기도 하였다. 그리고 한 단어 한 문장을 두고 적합한 표현을 찾기 위해 몇 시간의 토론을 벌이기도 하였고, 해석상의 이견이 생길 때는 얼굴을 붉히면서까지 몇 주간에 걸쳐 격렬한 론쟁을 벌이기도 하였다. 이러한 과정을 거쳐 어렵사리 1차 교열작업을 마쳤으나 많은 부분에 미진함을 느껴 곧 2차, 그리고 3차 교열작업에 들어갔다. 이어 체제 통일 등의 리유로 4차 교열작업이 끝나기까지 무려 20여년의 세월이 흘렀다. 비록 천학비재(淺學非才)를 무릅쓰고 추진한 번역작업이었지만 토론과 론쟁 과정에서 좀 더 정확한 해석을 도출하기 위하여 고금의 많은 주해서를 참고하게 되었다. 이로 인해 시간이 많이 지연되기도 하였으나 결과적으로 《춘추좌씨전》에 대한 리해를 더욱 깊게 하는 계기가 되었다고 생각한다.

 한편 이 책이 완성되기까지 여러가지 예상치 못했던 일들이 생기기도 하였다. 2018년에 사단법인 유도회 한문연수원장으로 계시던 지산 선생님께서 타계하셨고, 번역팀 가운데 직장문제 및 가족의 입원으로 2년 가까이 번역작업이 중단되었다. 또 코로나 펜데믹 사태로 1년여 기간이 중단되기도 하였던 것이다. 이제 이 책을 출간하면서 번역에 오류가 없지는 않은지, 또 후학들에게 《춘추좌씨전》에 대한 제대로 된 길잡이가 될 수 있을지 염려됨을 부인할 수 없다. 또한 지산 선생님의 학덕에 루(累)가 되지는 않을지 우려가 앞선다. 따라서 앞으로도 사계(斯界)의 의견을 수렴하면서 수정작업이 계속될 것임을 약속드린다. 그리고 번역에 직접 참여하지는 않았으나 처음 번역을 시작하면서부터 초벌 번역이 끝날 때까지 한 번의 결석도 없이 수업에 참여하였고, 그 후로도 우리 번역팀에게 많은 격려와 지원을 아끼지 않은 한국 서예계의 거목이신 하석(何石) 박원규(朴元圭) 선생님의 큰 도움에 대하여 이 자리를 빌려 감사드린다.

2025년 1월
사단법인 유도회 《규장각본 춘추좌씨전》 번역팀 일동

# 일러두기

1 이 책은 사단법인 유도회(儒道會) 번역총서 《역주(譯注) 규장각본(奎章閣本) 춘추좌씨전(春秋左氏傳)》이다.

2 이 책의 번역 저본(底本)은 조선 정조(正祖) 때 규장각(奎章閣)에서 간행한 《춘추좌씨전(春秋左氏傳)》이다.

3 이 책의 리해에 도움이 되도록 저본에 수록된 두예(杜預)의 춘추좌씨전서(春秋左氏傳序) 및 후서(後序), 범례(凡例), 춘추기년도(春秋紀年圖), 춘추지도(春秋地圖), 춘추세계도(春秋世系圖), 춘추국명보(春秋國名譜), 춘추좌씨전후기(春秋左氏傳後記) 등을 번역하여 실었고 규장각본 간행에 참여한 명단도 첨부하였다.

4 저본에 수록되어 있는 류례(類例) 및 인명보(人名譜)는 번다하고 《춘추좌씨전(春秋左氏傳)》의 리해에 큰 도움이 되지 않으므로 제외하였다.

5 이 책에서 《춘추(春秋)》의 경(經)은 '경문', 좌씨(左氏)의 전(傳)은 '전문'이라 칭한다.

6 경문과 전문, 그리고 주해(注解)는 완역하여 원문과 함께 실었다.

7 전문의 단락은 내용을 고려하여 번역자의 판단에 따라 구분하였다.

8 번역은 원의를 훼손하지 않고, 강독에 유용하도록 가급적 직역 위주로 하였다.

9 독자의 리해를 돕기 위하여 설명이 필요하다고 생각되는 부분은 력대 주해가(注解家)들의 견해를 참고하여 각주를 달아 처리하였다.

10 이 책의 주해에 인용된 력대 주해가들은 별도로 정리하여 수록하였다.

11 이 책의 강독에 도움이 되도록 로(魯)나라 각 공(公)의 말미에 년표를 작성하여 수록하였다. 이 년표는 기본적으로 규장각본 《춘추좌씨전(春秋左氏傳)》의 춘추기년도(春秋紀年圖)를 기준으로 하였고, 고증이 어려운 년차(年次)는 여백으로 남겨 두었다.

12 번역문의 매 단락에서 의미상 필요한 한자는 괄호 처리하여 한글과 병기하였다.

13 이 책의 번역문에서는 한자의 원뜻이 혼란해지지 않도록 두음법칙을 적용하지 않고 한자 원래의 음대로 표기하였다.

14　인명과 지명의 경우 한자 원음표기에 철저를 기하였다.

15　규장각본 판본의 의도를 살리기 위하여 경문의 글자는 글상자 속에 대자(大字)로 넣었고, 전문의 글자는 중자(中字)로, 주해는 소자(小字) 아래첨자로 처리하여 경문과 전문과 주해를 쉽게 구분할 수 있게 하였다.

16　이 책에 사용된 부호는 다음과 같다.

《 》: 책이름

〈 〉: 편(篇)이름

[  ]: 풀이된 단어나 단락의 원래 한자

(  ): 한자음

【 】: 간지와 서기 년도

：: 동의어 병기

· : 단어나 단락의 병렬

○ :《규장각본(奎章閣本) 춘추좌씨전(春秋左氏傳)》에서 전문만 있고 경문이 없는 기사의 단락 구분 표시

# 《규장각본(奎章閣本) 춘추좌씨전(春秋左氏傳)》 주해가(注解家) 일람(一覽)

가현옹(家鉉翁) : 1213~1297. 송(宋) 미산(眉山) 사람. 자는 즉당(則堂). 음보로 관직에 올라
　　단명전학사(端明殿學士)・첨서추밀원사(簽書樞密院事)를 지냈다. 원(元)나라 군대가 림
　　안(臨安) 근교까지 밀려왔을 때 승상 오견(吳堅)이 항복 문서에 서명하라는 것을 거절
　　하였다. 오견을 따라 원나라에 사신을 갔다가 억류되었고, 뒤에 방환(放還)되었다. 《춘
　　추(春秋)》에 정통하였다. 저서 : 《춘추상설(春秋詳說)》・《즉당집(則堂集)》.

고염무(顧炎武) : 1613~1682. 명말청초(明末淸初) 강남(江南) 곤산(崑山) 사람. 본래 이름은
　　계곤(繼坤). 처음 고친 이름은 강(絳). 자는 충청(忠淸). 남도(南都)가 함락되자 이름을
　　염무, 자를 녕인(寧人)으로 고쳤다. 호는 정림(亭林). 자서(自署)는 장산용(蔣山傭). 명
　　말의 제생(諸生). 당시의 양명학(陽明學)에 환멸을 느껴 경세치용(經世致用)에 뜻을 두
　　었고, 명나라가 망한 뒤 저항군으로 활동하였다. 저서는 경학(經學)・사학(史學)・문학
　　(文學) 각 분야에 매우 많으며 모두 실천적 정신과 실증적 학풍으로 일관하였다. 저서
　　: 《일지록(日知錄)》・《천하군국리병서(天下郡國利病書)》・《조역지(肇域志)》・《음학오서
　　(音學五書)》.

고항(高閌) : 1097~1153. 송(宋) 명주(明州) 은현(鄞縣) 사람. 자는 억숭(抑崇). 존칭(尊稱)은
　　식재선생(息齋先生). 시호는 헌민(憲敏). 소흥(紹興) 년간의 진사(進士). 국자사업(國子
　　司業)・례부시랑(禮部侍郎)을 지냈다. 정이(程頤)의 학문을 종주로 하였으며, 뒤에 양시
　　(楊時)에게 배웠다. 《춘추(春秋)》를 정밀히 연구하였다. 저서 : 《춘추집주(春秋集注)》.

공영달(孔穎達) : 574~648. 당(唐) 형수(衡水) 사람. 자는 중달(仲達). 시호는 헌(憲). 공자의
　　32세손. 수말(隋末)에 명경(明經)에 천거되었고, 당(唐)에서 국자사업(國子司業)・좨주
　　(祭酒)를 지냈다. 《춘추좌씨전(春秋左氏傳)》・《모시(毛詩)》・《례기(禮記)》・《상서(尙書)》
　　・《주역(周易)》에 밝았다, 위징(魏徵)과 함께 《수서(隋書)》를 편찬하였고, 태종(太宗)의
　　명으로 《오경정의(五經正義)》를 찬(撰)하였다.

담조(啖助) : 724~770. 당(唐) 조주(趙州) 사람. 자는 숙좌(叔佐). 림청위(臨淸尉)・단양주부

(丹陽主簿)를 지냈다. 춘추삼전(春秋三傳)의 장단점을 비교 조사하여 《춘추좌씨전(春秋左氏傳)》이 력사적 사실을 기록한 것이 많지만 대의(大義)를 해석하는데 오류가 많아 《춘추공양전(春秋公羊傳)》이나 《춘추곡량전(春秋穀梁傳)》보다 못하다고 평하였다. 저서 : 《춘추집전(春秋集傳)》·《춘추통례(春秋統例)》.

**두예(杜預)** : 222~284. 진(晉)나라 사람. 서(恕)의 아들. 사마소(司馬昭)의 매부(妹夫). 자는 원개(元凱). 시호는 성(成). 봉호(封號)는 당양현후(當陽縣侯). 탁지상서(度支尚書)·진남대장군(鎭南大將軍)·도독형주제군사(都督荆州諸軍事)를 지냈다. 박학하고 막힘이 없어서 두무고(杜武庫)라 일컬어졌고, 무술은 모르나 용병(用兵)에 뛰어나서 오(吳)를 정벌하여 남방 지역을 평정하였다. 또 《좌씨전(左氏傳)》을 좋아하여 스스로 좌전벽(左傳癖)이 있다고 하였다. 정남대장군(征南大將軍)에 추증되어 두정남(杜征南)이라고도 불린다.  저서 : 《춘추좌씨경전집해(春秋左氏經傳集解)》·《춘추석례(春秋釋例)》·《춘추장력(春秋長曆)》.

**라필(羅泌)** : 1131~1189. 송(宋) 길주(吉州) 려릉(廬陵) 사람. 자는 장원(長源). 호는 귀우(歸愚). 시문에 정통하였으나 과거(科擧)에는 나아가지 않았다. 그가 지은 《로사(路史)》는 중국 상고시대 이래 신화와 력사를 집대성한 작품이다. 저서 : 《로사(路史)》·《역설(易說)》·《륙종론(六宗論)》·《구강상증(九江詳證)》.

**류창(劉敞)** : 1019~1068. 송(宋) 신유(新喩) 사람. 자는 원보(原父). 경력(慶曆) 년간의 진사(進士). 집현원학사(集賢院學士)·판남경어사대(判南京御史臺)를 지냈다. 《춘추(春秋)》에 정통하고 금석학(金石學)에도 조예가 깊었다. 저서 : 《춘추권형(春秋權衡)》·《춘추전(春秋傳)》·《춘추의림(春秋意林)》·《춘추전설례(春秋傳說例)》·《공시집(公是集)》.

**류현(劉炫)** : 546~613. 수(隋) 하간(河間) 경성(景城) 사람. 자는 광백(光伯). 개황(開皇) 년간에 국사(國史) 편찬에 종사하였고, 대업(大業) 년간에 태학박사(太學博士)에 올랐다가 사직하였다. 저서 : 《론어술의(論語述義)》·《효경술의(孝經述義)》·《춘추술의(春秋述義)》·《상서술의(尙書述義)》·《모시술의(毛詩述義)》·《춘추공매(春秋攻昧)》.

**륙덕명(陸德明)** : 550?~630. 당(唐) 소주(蘇州) 오현(吳縣) 사람. 이름은 원랑(元朗). 덕명은 자. 봉호는 오현남(吳縣南). 남조진(南朝陳)과 수(隋)에서 국자조교(國子助敎), 당에서 국자박사(國子博士)를 지냈다. 《경전석문(經典釋文)》을 지어 의소(義疏)의 효시가 되었다. 그 외 《로자소(老子疏)》·《역소(易疏)》 등 저서가 있다.

**륙순(陸淳)** : ?~806. 당(唐) 오군(吳郡) 사람. 처음 이름은 순(淳). 뒤에 질(質)로 개명하였다.

자는 백충(伯沖). 사시(私諡)는 문통선생(文通先生). 국자박사(國子博士)·급사중(給事中)·태자시독(太子侍讀)을 지냈다. 경전(經傳)을 비판적으로 보는 학문적 태도를 견지하였다. 《춘추(春秋)》에 정통하였고, 조광(趙匡)과 그의 스승 담조(啖助)를 사사(師事)하였다. 저서 : 《춘추집전찬례(春秋集傳纂例)》·《춘추집전변의(春秋集傳辨疑)》·《군신도익(君臣圖翼)》.

**륙찬(陸粲)** : 1494~1551. 명(明) 소주부(蘇州府) 장주(長洲) 사람. 자는 자여(子餘)·준명(浚明). 호는 정산(貞山). 가정(嘉靖) 년간의 진사(進士). 공과급사중(工科給事中)·영신지현사(永新知縣事)를 지냈다. 장총(張璁)과 계악(桂萼)이 조정의 일을 전횡한다는 상소를 올렸다가 좌천되었다. 서실(書室) 이름은 정산초당(貞山草堂). 저서 : 《좌전부주(左傳附注)》·《춘추호씨전변의(春秋胡氏傳辨疑)》·《좌씨춘추전(左氏春秋鐫)》·《륙자여집(陸子餘集)》.

**리렴(李廉)** : 원(元) 려릉(廬陵) 사람. 자는 행간(行簡). 진사(進士). 신풍령(信豊令)을 지냈다. 반란 세력에 저항하다 죽었다. 저서 : 《춘추제전회통(春秋諸傳會通)》.

**범녕(范寗)** : 339~401. 진(晉) 남양(南陽) 순양(順陽) 사람. 녕(寗)은 녕(寧)으로도 썼다. 자는 무자(武子). 왕(汪)의 아들. 《후한서(後漢書)》의 편찬자인 범엽(范曄)의 조부(祖父). 중서시랑(中書侍郎)·예장태수(豫章太守)를 지냈다. 유학(儒學)을 숭상하여 가는 곳마다 학교를 세우고 낡은 제도를 개혁하여 교육의 진흥에 힘썼다. 저서 : 《춘추곡량전집해(春秋穀梁傳集解)》.

**섭몽득(葉夢得)** : 1077~1148. 송(宋) 소주(蘇州) 오현(吳縣) 사람. 자는 소온(少蘊). 호는 석림(石林). 소성(紹聖) 년간의 진사(進士). 한림학사(翰林學士)·상서좌승(尙書左丞)·강동안무제치대사겸건강지부사(江東按撫制置大使兼建康知府事)·복주지주사겸복건안무사(福州知州事兼福建按撫使)를 지냈다. 붕당(朋黨)의 폐단을 극론하였고, 지방관으로서 선정을 베풀었으며, 또한 금(金)을 방어하기 위한 군무에 전력을 기울였다. 《춘추(春秋)》에 뛰어났고 송대(宋代)의 대표적인 사(詞) 작가로 꼽힌다. 서실(書室) 이름은 벽림지(碧琳池)·지지정(知止亭)·진의정(眞意亭)·지비당(知非堂)·구지당(求志堂)·정락암(淨樂菴)·승조당(承詔堂)·종호당(從好堂)·애일헌(愛日軒)·제운헌(躋雲軒)·겸산당(兼山堂). 저서 : 《춘추전(春秋傳)》·《춘추고(春秋考)》·《춘추얼(春秋讞)》·《춘추지요총례(春秋指要總例)》·《석림춘추(石林春秋)》·《건강집(建康集)》·《석림사(石林詞)》·《피서록화(避暑錄話)》·《석림연어(石林燕語)》·《석림시화(石林詩話)》.

**양사훈(楊士勛)** : 당(唐)나라 사람. 사문박사(四門博士)·국자조교(國子助敎)를 지냈다. 정관(貞觀) 년간에 공영달(孔穎達) 등과 함께 《춘추정의(春秋正義)》를 찬술하였다. 저서 : 《춘추곡량전소(春秋穀梁傳疏)》.

**왕극관(汪克寬)** : 1301~1372. 원말명초(元末明初) 휘주(徽州) 기문(祁門) 사람. 자는 덕일(德一)·덕보(德輔)·중유(仲裕). 화(華)의 손자. 오중우(吳仲迂)의 제자. 원(元) 태정(泰定) 년간의 거인(擧人). 경학(經學)에 전념하고, 선성(宣城)·섭현(歙縣)에서 많은 학생을 가르쳐 환곡(環谷)선생이라 불리었다. 홍무(洪武) 초기에 초빙되어 《원사(元史)》를 편수(編修)하였다. 저서 : 《춘추호전부록찬소(春秋胡傳附錄纂疏)》·《춘추작의요결(春秋作義要訣)》·《춘추제전제요(春秋諸傳提要)》·《좌전분기(左傳分紀)》·《정주역전의음고(程朱易傳義音考)》·《시집전음의회통(詩集傳音義會通)》·《례경보일(禮經補逸)》·《환곡집(環谷集)》.

**왕석작(王錫爵)** : 1534~1611. 명(明) 소주부(蘇州府) 태창(太倉) 사람. 자는 원어(元馭). 호는 형석(荊石). 시호는 문숙(文肅). 가정(嘉靖) 년간에 회시(會試) 제일(第一), 정대(廷對) 2등으로 합격하였다. 만력(萬曆) 초에 한림원(翰林院)을 관장하였고, 례부상서겸문연각태학사(禮部尙書兼文淵閣大學士)에 올랐다. 뒤에 언관(言官)들의 탄핵을 받자 사직을 청하고 관직에 나아가지 않았다. 저서 : 《왕문숙집(王文肅集)》·《왕문숙주초(王文肅奏草)》.

**유고(俞皐)** : 송(宋) 무원(婺源) 사람. 자는 심원(心遠). 조량균(趙良鈞)에게 《춘추(春秋)》를 배웠다. 광덕군교수(廣德軍敎授)를 지냈다. 저서 : 《춘추집전석의대성(春秋集傳釋義大成)》.

**정자(程子)** : 1033~1107. 송(宋) 락양(洛陽) 사람. 이름은 이(頤). 자는 정숙(正叔). 세칭(世稱) 이천선생(伊川先生). 시호는 정공(正公). 봉호(封號)는 이양백(伊陽伯). 향(珦)의 아들. 주돈이(周敦頤)의 제자. 최초로 리기(理氣)의 철학을 내세우고 유교에 철학적 기초를 부여하여 형 호(顥)와 함께 이정자(二程子)라 불린다. 락양에서 강학(講學)하여 그의 학문을 락학(洛學)이라고도 한다. 저서 : 《이천선생문집(伊川先生文集)》·《이정전서(二程全書)》·《역전(易傳)》·《경설(經說)》.

**조광(趙匡)** : 당(唐) 하동(河東) 사람. 자는 백순(伯循). 담조(啖助)의 제자. 양주자사(洋州刺史)를 지냈다. 《춘추(春秋)》에 정통하였다. 동문 륙순(陸淳) 등과 담조의 《춘추집주총례(春秋集注總例)》를 증보하여 찬례(纂例)를 편찬하였다.

**조방(趙汸)** : 1319~1369. 원말명초(元末明初) 휘주부(徽州府) 휴녕(休寧) 사람. 자는 자상(子

常). 호는 공학재(共學齋). 존칭(尊稱)은 동산선생(東山先生). 황택(黃澤)에게 《주역(周易)》과 《춘추(春秋)》를 배웠고 우집(虞集)에게 오징(吳澄)의 학문을 전수받았다. 동산(東山)에 은거하다가 《원사(元史)》 편수에 참여하였다. 저서 : 《춘추집전(春秋集傳)》·《동산존고(東山存稿)》·《좌씨보주(左氏補注)》.

조붕비(趙鵬飛) : 송(宋) 면주(綿州) 사람. 자는 기명(企明). 호는 목눌(木訥). 《춘추(春秋)》에 정통하였다. 저서 : 《춘추경전(春秋經筌)》.

주자(朱子) : 1130~1200. 송(宋) 휘주(徽州) 무원(婺源) 사람. 이름은 희(熹). 건양(建陽) 고정(考亭)에 옮겨 살았다. 송(松)의 아들. 자는 원회(元晦)·중회(仲晦). 호는 회암(晦庵)·자양(紫陽)·운곡로인(雲谷老人)·회옹(晦翁)·창주병수(滄洲病叟)·둔옹(遯翁)·운대은리(雲臺隱吏)·운대진일(雲臺眞逸)·운대외사(雲臺外史)·홍대외사(鴻臺外史)·홍경외사(鴻慶外史)·숭양은리(嵩陽隱吏)·인지당주(仁知堂主). 시호는 문(文). 소흥(紹興) 년간의 진사(進士). 동안주부(同安主簿)·장주지주사(漳州知州事)·환장각대제(煥章閣待制)를 지냈다. 리통(李侗)의 제자. 태사(太師)에 추증(追贈)되고, 신국공(信國公)·휘국공(徽國公)에 추봉(追封)되었다. 정호(程顥)·정이(程頤)의 학문을 계승하고 주돈이(朱敦頤)·장재(張載) 등의 학설을 참고하여 리학(理學)을 집대성하였다. 그 학파를 민학(閩學)·고정학파(考亭學派)·정주학파(程朱學派)라 한다. 저서 : 《주역본의(周易本義)》·《역학계몽(易學啓蒙)》·《의례경전통해(儀禮經傳通解)》·《시집전(詩集傳)》·《사서장구집주(四書章句集注)》·《사서혹문(四書或問)》·《태극도해(太極圖解)》·《태극도설해(太極圖說解)》·《초사집주(楚辭集注)》·《효경간오(孝經刊誤)》·《근사록(近思錄)》·《주자어류(朱子語類)》·《주자대전(朱子大全)》.

하휴(何休) : 129~182. 후한(後漢) 말 임성(任城) 번현(樊縣) 사람. 자는 소공(邵公). 랑중(郎中)·의랑(議郎)·간의대부(諫議大夫)를 지냈다. 《춘추공양전(春秋公羊傳)》을 바탕으로 《춘추(春秋)》의 미언대의(微言大義)를 밝힌 《춘추공양해고(春秋公羊解詁)》를 지었다.

황중염(黃仲炎) : 송(宋) 온주(溫州) 영가(永嘉) 사람. 자는 약회(若晦). 《춘추통설(春秋通說)》을 지어 황제인 리종(理宗)에게 진상하였다.

# 총목차

18

# 목차

# 춘추좌씨전서(春秋左氏傳序)

진(晉) 두예(杜預)[1] 원개(元凱)

**春秋者 魯史記之名也 記事者 以事繫日 以日繫月 以月繫時 以時繫年 所以紀遠近別同異也 故史之所記 必表年以首事 年有四時 故錯擧以爲所記之名也**

《춘추(春秋)》는 로(魯)나라 사관이 기록한 책 이름이다. 사건을 기록하는 자가 사건을 날에 매어 기록하고, 날을 달에 매어 기록하고, 달을 계절에 매어 기록하고, 계절을 해에 매어 기록하였으니,[2] 사건이 일어난 때의 멀고 가까움을 계통을 세워 기록하고 사건의 같음과 다름을 구별한 것이다. 그러므로 사관이 기록한 바는 반드시 해를 표기하여 기사(記事)의 첫머리로 삼았다. 해에는 계절이 있기 때문에 계절을 번갈아들어서 기록한 책의 이름으로 삼았다.[3]

**周禮有史官 掌邦國四方之事 達四方之志 諸侯亦各有國史 大事書之於策 小事簡牘而已 孟子曰 楚謂之檮杌 晉謂之乘 而魯謂之春秋 其實一也 韓宣子適魯 見易象與魯春秋 曰周禮盡在魯矣 吾乃今知周公之德 與周之所以王 韓子所見 蓋周之舊典禮經也**

주례(周禮)에 의하면 사관(史官)이 있어 방국(邦國)과 사방의 일을 관장하고 사방의 기록을 전달하였으며, 제후들 또한 각기 나라의 사관이 있어 큰일은 책(策)[4]에 기록하고 작은

---

1) 두예(杜預) : 222~284. 서진(西晉) 때의 장군이자 경학자. 자는 원개(元凱). 일생 동안 《춘추좌씨전(春秋左氏傳)》 연구에 진력하여 스스로 좌전벽(左傳癖)이 있다고 하였다. 그의 《춘추좌씨경전집해(春秋左氏經傳集解)》는 《춘추좌씨전》 연구의 기념비적 주석서이다.

2) 사건을~기록하였으니 : 사건을 년월일시의 시간적 순서에 따라 기록한 편년체(編年體)의 기술방법을 사용하였다는 것이다.

3) 계절을~삼았다 : 봄은 여름을 포함하고 가을은 겨울을 포함하기 때문에 춘하추동(春夏秋冬)에서 춘(春)과 추(秋)를 들어 사서(史書)의 이름을 《춘추(春秋)》로 하였다는 것이다.

4) 책(策) : 대나 나무의 조각을 련결하여 만든 것으로, 일종의 련결된 사건의 기록물이다.

일은 간독(簡牘)[5]에 기록한다고 하였다. 맹자(孟子)가 말하기를 "초(楚)나라는 력사서를 '도올(檮杌)'이라 하였고 진(晉)나라는 '승(乘)'이라 하였고 로(魯)나라는 '춘추(春秋)'라고 하였으니 실제로는 한 가지이다."[6]라고 하였다. 한선자(韓宣子)[7]가 로나라에 갔을 때 《역상(易象)》[8]과 로나라 《춘추》를 보고 말하기를 "주(周)나라의 례(禮)가 모두 로나라에 있구나. 나는 이제야 주공(周公)의 덕과 주나라가 왕이 된 까닭을 알았다."라고 하였으니,[9] 한자(韓子: 韓宣子)가 본 것은 아마도 주나라의 옛 전장(典章)과 례의 대경(大經)이었을 것이다.

**周德旣衰 官失其守 上之人不能使春秋昭明 赴告策書 諸所記注 多違舊章 仲尼因魯史策書成文 考其眞僞而志其典禮 上以遵周公之遺制 下以明將來之法 其敎之所存 文之所害 則刊而正之 以示勸戒 其餘則皆卽用舊史 史有文質 辭有詳略 不必改也 故傳曰 其善志 又曰 非聖人 孰能脩之 蓋周公之志 仲尼從而明之**

주(周)나라의 덕이 이미 쇠퇴하여 관리들은 맡은 직무를 잃었고 윗사람[10]은 춘추대의를 밝게 드러내지 못하여 부고(赴告)[11]와 책서(策書) 및 여러 기록과 주해들이 옛 법도에 많이 어긋나게 되었다. 중니(仲尼)가 로(魯)나라 사관이 기록한 책서의 성문(成文)[12]에 의거하여 그 진위(眞僞)를 고찰하고 그 전례(典禮)[13]를 기록하여 위로는 주공(周公)이 남긴 제도를 따르고 아래로는 장래에 사용할 법을 밝혔다. 그 교훈이 될 만한 것이 있지만 문사(文辭)가 해로운 것은 깎아내어 바로잡아 권장하고 경계함을 보였고, 그 나머지는 모두 옛 사관의 기록을 그대로 사용하였다. 사관의 기록에는 문질(文質)[14]이 있고 그 말에는 상략(詳略)이 있으나 고칠 필요는 없었던 것이다.[15] 그러므로 《좌전(左傳)》에 말하기를 '기록을 잘한 것

---

5) 간독(簡牘) : 대나 나무의 조각에 단편적 사실을 기록한 것이다.

6) 초(楚)나라는~가지이다 : 《맹자(孟子)》〈리루(離婁)〉 하편.

7) 한선자(韓宣子) : 춘추시대 진(晉)나라 대부 한기(韓起).

8) 《역상(易象)》 : 문왕(文王)이 지은 것으로, 《주역(周易)》의 괘(卦)와 효(爻)를 풀이한 상사(象辭)이니 곧 《주역》을 이른다.

9) 한선자(韓宣子)가~하였으니 : 소공(昭公) 2년조의 기록이다.

10) 윗사람 : 천자와 제후(諸侯)이다.

11) 부고(赴告) : 춘추시대에 각국 임금의 죽음을 알려온 것이 부(赴)이고, 화복(禍福)의 일을 알려온 것이 고(告)이다.

12) 성문(成文) : 기록된 글.

13) 전례(典禮) : 모범이 되는 례법(禮法).

14) 문질(文質) : 사관의 취향에 따라 수식을 가한 기록[文]과 객관적인 내용만 기록한 것[質].

이다[善志].'16)라 하였고, 또 '성인이 아니면 누가 이같이 편수(編修)할 수 있겠는가.'17)라고 하였으니, 주공의 뜻을 중니가 따라 밝힌 것이다.

**左丘明受經於仲尼 以爲經者不刊之書也 故傳或先經以始事 或後經以終義 或依經以辯理 或錯經以合異 隨義以發 其例之所重 舊史遺文 略不盡擧 非聖人所脩之要故也**

좌구명(左丘明)은 중니(仲尼)에게서 《춘추(春秋)》라는 경을 전수받고는 경은 하나라도 깎아낼 수 없는 글이라고 여겼다. 그러므로 《좌전(左傳)》에서는 경문에 앞서 기사를 시작하기도 하고, 혹은 경문의 뒤에다가 경문의 뜻을 마무리 짓기도 하였으며,18) 혹은 경문에 의거하여 리치(理致)를 변론하기도 하고, 혹은 경문을 섞어서 다르게 표현된 것을 합하여 뜻에 따라 전(傳)을 내었다. 그 사례(事例)가 중복된 것은 옛 사관이 남긴 글이므로 간략히 처리하여 다 거론하지는 않았으니, 성인이 편수한 바의 요점이 아니기 때문이다.

**身爲國史 躬覽載籍 必廣記而備言之 其文緩 其旨遠 將令學者原始要終 尋其枝葉 究其所窮 優而柔之 使自求之 饜而飫之 使自趨之 若江海之浸 膏澤之潤 渙然冰釋 怡然理順 然後爲得也**

좌구명(左丘明)은 몸소 나라의 사관이 되어 직접 많은 서적을 열람하여 반드시 널리 기록하고 갖추어 말하였다.19) 그리하여 그 문장은 완곡하면서 그 뜻은 원대하여 장차 학자들로 하여금 일의 시작을 깊이 궁리하여 그 마지막을 추단(推斷)하게 하였고[原始要終],20) 그 지엽을 찾아 그 궁극적인 의미를 탐구하게 하였으며, 넉넉하고 유연하게 생각하여 스스로 의미를 구하게 하였고, 풍부한 내용을 마음껏 만끽하여 스스로 높은 단계로 발전하게 하였다. 이는 강물과 바닷물에 잠기고 고택(膏澤)에 젖어들며 얼음이 확 풀리듯이, 즐거이 리치에

---

15) 고칠~것이다 : 공자(孔子)가 《춘추(春秋)》를 편수할 때 선악이나 교훈 등과 관련된 것이 아닌 사건 자체에 관한 기록은 문질(文質)이나 상략(詳略)에 관계없이 고치지 않고 그대로 두었다는 것이다.

16) 기록을~것이다[善志] : 소공(昭公) 31년조. '악과 무례함을 렬거한 것은 기록을 잘한 것이다[數惡無禮 其善志也].'

17) 성인이~있겠는가 : 성공(成公) 14년조. '악을 징계하고 선을 권하였으니 성인이 아니면 누가 이렇게 편수(編修)할 수 있겠는가[懲惡而勸善 非聖人 誰能修之].'

18) 뒤에다가~하였으며 : 《좌전(左傳)》에 '君子曰'이라고 하여 사건을 론평한 부분을 말한다.

19) 반드시~말하였다 : 경문에는 기록되지 않은 일까지 널리 기록하고 자세히 말했다는 것이다.

20) 시작을~하였고[原始要終] : 《주역(周易)》〈계사(繫辭)〉 하편.

순응하게 된 뒤에 의미를 터득하게 된다는 것이다.

**其發凡以言例 皆經國之常制 周公之垂法 史書之舊章 仲尼從而脩之 以成一經之通體 其微顯闡幽 裁成義類者 皆據舊例而發義 指行事以正褒貶 諸稱書不書先書 故書不言不稱書曰之類 皆所以起新舊發大義 謂之變例 然 亦有史所不書 卽以爲義者 此蓋春秋新意 故傳不言凡 曲而暢之也 其經無義例 由行事而言 則傳直言其歸趣而已 非例也**

《좌전(左傳)》에서 '凡'이라는 말로 시작하여 의례(義例)를 말한 것[21]은 모두 나라를 경영하는 떳떳한 제도로서 주공(周公)이 드리운 법이며 사서(史書)의 오래된 전장(典章)이었다. 중니(仲尼)가 이런 서술법에 따라 편수하여 하나의 경서로서 통일된 체제를 이루었다. 그 드러난 것은 은미하게 하고 숨겨진 것은 드러내어 의리의 류형을 재단하여 이룬[裁成][22] 것은 모두 옛 의례에 의거하여 의리를 드러내고, 행해진 일을 지적하여 포폄의 뜻을 바르게 하였다. 한편 《좌전》에 '書'·'不書'·'先書'·'故書'·'不言'·'不稱'·'書曰'[23] 등으로 칭한 따위는 모두 구사(舊史)와 신사(新史)[24]의 내용을 일으켜[25] 대의를 드러내었으니, 이를 변례(變禮)라 이른다. 그러나 또한 구사에 기록하지 않은 것도 중니가 의리에 맞다고 여긴 것이 있으니,[26] 이는 《춘추(春秋)》의 신의(新意)이다. 그러므로 《좌전》에서는 '凡'이라고 말하지 않고[27] 곡진히 그 뜻을 편 것이다. 그 경에 의례가 없고 행한 일을 가지고 말한 것에 대해서는

---

21) '凡'이라는~것 : 환공(桓公) 2년조의 '무릇 임금이 출행하면 종묘에 고해야 한다凡公行 告于宗廟.'와 같은 것이다. 두예(杜預)는 《좌전(左傳)》을 해석하면서 범례(凡例)·변례(變例)·비례(非例)의 세 가지 의례설(義例說)을 제시하였다. 두예가 말한 의례설이란 력사적 사건에 대한 포폄을 가하기 위한 기술방법이다. 어느 시대나 통용되는 기준이나 례법을 범례라 하였고, 이것은 주공(周公)의 법도라고 하였다. 이에 비하여 은공(隱公) 원년조의 '즉위한 사실을 기록하지 않은 것은 섭정하였기 때문이다不書卽位 攝也.'처럼 '書'·'不書' 등의 말로 의미를 표현한 것을 변례라 하였고, 이것은 공자(孔子)의 견해라고 하였다. 범례와 의례를 제외한 나머지 기사는 사실만을 기록한 비례라고 하였다.

22) 재단하여 이룬[裁成] : 《주역(周易)》 태괘(泰卦)에 '財成天地之道'라는 말이 있다. '財成'은 곧 '裁成'이다.

23) 書~書曰 : 《좌전(左傳)》 말한 '書'는 《춘추(春秋)》의 경문을 가리킨다. 경문의 은미한 뜻을 나타내기 위하여 《좌전》에서 이러한 표현을 사용하여 경문의 의미를 해석하였다는 것이다.

24) 구사(舊史)와 신사(新史) : 구사(舊史)는 예로부터 전해져온 사서이고, 신사(新史)는 공자(孔子)가 편수한 《춘추(春秋)》이다.

25) 내용을 일으켜 : 구사(舊史)와 신사(新史)에 기록된 사건을 채택하여 《좌전(左傳)》에 상세히 서술함이다.

26) 구사에~있으니 : 구사(舊史)에 사관이 특정 사안을 고의로 기록하지 않은 의도가 공자(孔子)의 춘추대의에 합당할 수 있다는 것이다.

27) '凡'이라고~않고 : 주공(周公) 이후로 인정되어온 범례(凡例)로 보지 않은 것이다.

좌전에서는 다만 그 귀취(歸趣)만을 말하였으니,[28] 이것이 비례(非例)이다.

**故發傳之體有三 而爲例之情有五 一曰微而顯 文見於此而起義在彼 稱族尊君命 舍族尊**
**夫人 梁亡城緣陵之類是也 二曰志而晦 約言示制 推以知例 參會不地與謀曰及之類是也**
**三曰婉而成章 曲從義訓 以示大順 諸所諱辟 璧假許田之類是也 四曰盡而不汙 直書其事**
**具文見意 丹楹刻桷 天王求車 齊侯獻捷之類是也 五曰懲惡而勸善 求名而亡 欲蓋而章 書**
**齊豹盜 三叛人名之類是也 推此五體 以尋經傳 觸類而長之 附于二百四十二年行事 王道**
**之正人倫之紀備矣**

그러므로 《좌전(左傳)》을 기술하는 체제에는 3가지 례(例)[29]가 있고, 그 례를 만드는 류형[情]에는 다섯 가지가 있다. 첫째가 '은미하지만 드러남[微而顯]'이다. 문사는 여기에 보이나 일으키고자 하는 뜻은 저기에 있는[30] 경우이니, '족(族)을 일컬은 것은 임금의 명을 높인 것이다[稱族尊君命].'[31]라고 한 것·'족을 기록하지 않은 것은 부인(夫人)을 높인 것이다[舍族尊夫人].'[32]라고 한 것·'량(梁)나라가 망하였다[梁亡].'[33]고 한 것·'연릉(緣陵)에 성을 쌓았다[城緣陵].'[34]고 한 것과 같은 따위가 이것이다. 둘째가 '사실을 기록하였지만 말은 은미함[志而晦]'이다. 간략하게 말하여 법제를 보여 이를 미루어 그 의례(義例)를 알게 한 것이니, '세 나라 이상이 회합하면서 땅 이름을 칭하지 않은 것[參會不地][35]·'모의에 참여하였으

---

28) 그~말하였으니: 포폄(褒貶)을 가하지 않고 그 사건의 전말(顚末)만을 기록한 것이다.

29) 3가지 례(例): 범례(凡例)·변례(變例)·비례(非例)이다.

30) 문사는~있는: 말은 은미하지만 뜻은 드러남이다.

31) 족(族)을~것이다[稱族尊君命]: 성공(成公) 14년 가을조 경문의 '숙손교여(叔孫僑如)가 제(齊)나라에 가서 공녀(公女)를 맞이하였다[叔孫僑如如齊逆女].'는 기록에 대하여 전문에서 '숙손(叔孫)이라고 족(族)을 일컬은 것은 임금의 명을 높인 것이다.'라고 그 의미를 드러내었다.

32) 족을~것이다[舍族尊夫人]: 성공(成公) 14년 9월조 경문의 '교여(僑如)가 성공의 부인(夫人)으로 삼을 부강씨(婦姜氏)를 모시고 제(齊)나라에서 돌아왔다[僑如以夫人婦姜氏至自齊].'는 기록에 대하여 전문에서 '숙손(叔孫)이라는 족(族)을 기록하지 않은 것은 부인을 높인 것이다.'라고 그 의미를 드러내었다.

33) 량(梁)나라가 망하였다[梁亡]: 희공(僖公) 19년 겨울조 경문의 '량(梁)나라가 망하였다[梁亡].'는 기록에 대하여 전문에서 '량나라가 망하였는데 경문에 량나라를 멸망시킨 나라의 임금을 기록하지 않은 것은 량나라가 스스로 멸망을 자초하였기 때문이다[梁亡 不書其主 自取之也].'라고 그 의미를 드러내었다.

34) 연릉(緣陵)에~쌓았다[城緣陵]: 희공(僖公) 14년 봄조 경문의 '제후들이 연릉(緣陵)에 성을 쌓았다[諸侯城緣陵].'는 기록에 대하여 전문에서 '경문에 주관한 사람을 기록하지 않은 것은 불완전하였기 때문이다[不書其人 有闕也].'라고 그 의미를 드러내었다.

35) 세~것[參會不地]: 환공(桓公) 2년조 경문의 '환공이 융(戎)과 당(唐) 땅에서 맹약하였다[公及戎盟于唐]. 겨울에 환공이 당 땅에서 돌아왔다[冬 公至自唐].'는 기록에 대하여 전문에서 '두 나라만의 회합은 갈 때와

면 급(及)이라 한 것[與謀曰及]36)과 같은 따위가 이것이다. 셋째가 '표현이 완곡하지만 의미는 밝게 드러남[婉而成章]'이다. 교훈이 될 만한 의리를 완곡하게 기술하여 대순(大順)의 도리를 보인 것이니, 여러 곳의 사실을 숨기고 피한 것으로 '벽(璧)을 가지고 허전(許田)을 빌렸다[璧假許田].'37)고 한 것과 같은 따위가 이것이다. 넷째가 '다 말했지만 번잡하지 않음[盡而不汙]'이다. 그 사건을 직설적으로 기술하고 문장을 구체적으로 만들어 의미를 드러낸 것이니, '기둥에 붉은 칠을 하고 서까래에 조각하였다[丹楹刻桷].'38) · '천왕이 수레를 요구하였다[天王求車].'39) · '제후(齊侯)가 전리품을 바쳤다[齊侯獻捷].'40)와 같은 따위가 이것이다.

---

올 때 모두 장소를 칭하니, 이는 서로 주재하는 일을 사양하였기 때문이다[特相會 往來稱地 讓事也]. 세 나라 이상의 회합에는 갈 때는 장소를 칭하고 올 때는 회합하였다고만 칭하니, 이는 회합의 일을 이루었기 때문이다[自參以上 則往稱地 來稱會 成事也].'라고 설명하였다.

36) 모의에~것[與謀曰及]: 선공(宣公) 7년 여름조 경문의 '선공이 제후(齊侯)와 회합하여 래(萊)나라를 쳤다[公會齊侯伐萊].'는 기록에 대하여 전문에서 '선공이 제후(齊侯)와 회합하여 래나라를 쳤으니, 모의에 참여하지 않은 것이다[公會齊侯伐萊 不與謀也]. 무릇 군대가 출동할 때 모의에 참여하였으면 급(及)이라 하고, 모의에 참여하지 않았으면 회(會)라고 한다[凡師出 與謀曰及 不與謀曰會].'라고 설명하였다.

37) 벽(璧)을~빌렸다[璧假許田]: 환공(桓公) 원년 3월조 경문의 '정백(鄭伯)이 벽(璧)을 가지고 허전(許田)을 빌렸다[鄭伯以璧假許田].'는 기록에 대하여 전문에서 '이는 주공(周公)에게 제사 지내는 일과 팽전(祊田)을 바꾸는 일 때문이었다[爲周公祊故也].'고 하여 경문의 숨은 의미를 드러내었다. 허전은 로(魯)나라의 조숙읍(朝宿邑)이었고 주공에게 제사 지내는 땅이었지만 정(鄭)나라 국경 가까이 있었다. 팽전은 정나라의 탕목읍(湯沐邑)이지만 로나라 국경 가까이 있었다. 이에 정나라는 팽전을 허전과 바꾸면서 벽을 더해 주었고 주공에게 대신 제사 지내겠다고 하였는데 경문에서 그 사실을 숨기고 빌렸다고 한 것이다. 로나라가 정나라에게 주공을 제사 지내도록 허락한 것도 잘못이고, 또 허전을 팽전과 바꾼 것도 잘못이다. 그런데 사관이 그 사실을 숨기고 정백이 벽을 주고 허전을 빌렸다고 기록하여 마치 로나라에 벽을 바치고 허전을 빌린 것이고 바꾼 것이 아닌 것처럼 말한 것이다. 《춘추(春秋)》에서는 로나라의 잘못을 숨기고 기록하지 않는 경우가 많은데 이 경우가 그러한 사례이다.

38) 기둥에~조각하였다[丹楹刻桷]: 장공(莊公) 23년 가을조 경문의 '환궁(桓宮)의 기둥[楹]에 붉은 칠을 하였다[丹桓宮楹].'와 장공 24년 봄조 경문의 '환궁의 서까래에 조각하였다[刻桓宮桷].'는 기록에 대하여 24년 전문에서 '모두 례가 아니었다[皆非禮也].'라고 하여 그 의미를 드러내었다. 그리고 어손(御孫)의 간언인 '신이 듣건대 검소함은 덕 중의 공경함이고, 사치함은 악 중의 큰 것이라고 하였습니다[臣聞之 儉 德之共也 侈 惡之大也]. 선군께서는 공경하는 덕이 있으셨는데 임금님께서는 큰 악 속에 선군을 들이려 하시니 안 되지 않습니까[先君有共德 而君納諸大惡 無乃不可乎].'라는 말로 그 의미를 구체적으로 밝혔다.

39) 천왕이~요구하였다[天王求車]: 환공(桓公) 15년 봄조 경문의 '천왕이 가보(家父)를 보내와서 수레를 요구하였다[天王使家父來求車].'는 기록에 대하여 전문에서 '례가 아니었다[非禮也]. 제후(諸侯)는 수레와 의복을 공물로 바치지 않고, 천자는 사적으로 재물을 요구하지 않는다[諸侯不貢車服 天子不私求財].'라고 그 의미를 구체적으로 드러내었다.

40) 제후(齊侯)가~바쳤다[齊侯獻捷]: 장공(莊公) 31년 여름 6월조 경문의 '제후(齊侯)가 와서 융(戎)을 쳐서 얻은 전리품을 바쳤다[齊侯來獻戎捷].'는 기록에 대하여 전문에서 '례가 아니었다[非禮也]. 무릇 제후(諸侯)가 사방의 이적(夷狄)을 토죄하여 얻은 성과가 있으면 왕에게 바치고, 왕은 이로써 이적들에게 경고하지만

다섯째가 '악을 징계하고 선을 권함[懲惡而勸善]'이다. 명성을 구하는 자는 그 이름을 없애버리고, 악명을 감추려는 자는 그 이름을 드러내는 것이니, 《춘추(春秋)》에 제표(齊豹)를 도(盜)라고 기록하였고 세 반란자의 이름을 기록하였다[書齊豹盜三叛人名].'[41]와 같은 따위가 이것이다. 이 다섯 가지의 문체를 미루어 경(經)과 전(傳)의 의미를 찾고 같은 종류의 기사를 접촉하여 연역하여 2백 42년간의 행사에 맞추어 보면 왕도의 바름과 인륜의 기강이 갖추어질 것이다.

**或曰 春秋以錯文見義 若如所論 則經當有事同文異而無其義也 先儒所傳 皆不其然**

　혹자는 말하였다. "《춘추(春秋)》는 문사(文辭)를 달리하여 의미를 드러내는데 만약 두예(杜預) 그대가 말한 대로라면[42] 경문에는 응당 사건은 같은데 문사가 다른 경우에도 거기에 별다른 의미가 없다는 것이다. 그러나 선유들이 전해준 바는 모두 그렇지 않다."

**答曰 春秋雖以一字爲褒貶 然皆須數句以成言 非如八卦之爻可錯綜爲六十四也 固當依傳以爲斷 古今言左氏春秋者多矣 今其遺文可見者十數家 大體轉相祖述 進不得爲錯綜經文以盡其變 退不守丘明之傳 於丘明之傳 有所不通 皆沒而不說 而更膚引公羊穀梁 適足自亂 預今所以爲異 專修丘明之傳以釋經 經之條貫 必出於傳 傳之義例 總歸諸凡 推變例以正褒貶 簡二傳而去異端 蓋丘明之志也 其有疑錯 則備論而闕之 以俟後賢 然劉子駿創通大義 賈景伯父子許惠卿 皆先儒之美者也 劉子駿 名歆 賈景伯 名逵 父徽 字元伯 許惠卿 名淑 皆**

---

중국(中國)의 경우는 그렇게 하지 않는다[凡諸侯有四夷之功 則獻于王 王以警于夷 中國則否]. 그리고 제후들 사이에는 포로를 서로 보내지 않는다[諸侯不相遺俘].'라고 그 의미를 구체적으로 드러내었다.

41) 《춘추(春秋)》에~기록하였다[書齊豹盜三叛人名] : 소공(昭公) 20년 가을조 경문의 '위후(衛侯)의 형 집(縶)이 도살(盜殺)되었다[盜殺衛侯之兄縶].'와 양공(襄公) 21년 봄조 경문의 '주(邾)나라 서기(庶其)가 칠(漆)땅과 려구(閭丘)를 가지고 망명왔다[邾庶其以漆閭丘來奔].'와 소공 5년 여름조 경문의 '거(莒)나라 모이(牟夷)가 모루(牟婁) 및 방(防) 땅과 자(玆) 땅을 가지고 망명왔다[莒牟夷以牟婁及防玆來奔].'와 소공 31년 겨울조 경문의 '흑굉(黑肱)이 람(濫) 땅을 가지고 망명왔다[黑肱以濫來奔].'는 기록에 대하여 소공 31년 겨울조 전문 군자(君子)의 론평 가운데 《춘추(春秋)》에 제표를 '도(盜)'라고 기록하였고 세 반란자의 이름을 기록하여 불의를 징계하였으니, 악과 무례함을 렬거한 것은 기록을 잘한 것이다[春秋書齊豹曰盜 三叛人名 以懲不義 數惡無禮 其善志也].'라고 하여 그 의미를 드러내었다.

42) 두예(杜預)~대로라면 : 로(魯)나라 사관의 기록에서 '그 교훈이 될 만한 것이 있지만 문사(文辭)가 해로운 것은 깎아내어 바로잡아 권장하고 경계함을 보였고, 그 나머지는 모두 옛 사관의 기록을 그대로 사용하였다. 사관의 기록에는 문질(文質)이 있고 그 말에는 상략(詳略)이 있으나 고칠 필요는 없었던 것이다.'라는 두예(杜預)의 말을 이른다.

漢人 末有潁子嚴者 雖淺近 亦復名家 潁子嚴 名容 故特擧劉賈許潁之違 以見同異 分經之年 與傳之年相附 比其義類 各隨而解之 名曰經傳集解 又別集諸例及地名譜第歷數 相與爲 部 凡四十部十五卷 皆顯其異同 從而釋之 名曰釋例 將令學者觀其所聚 異同之說 釋例詳 之也

이렇게 답한다. "《춘추(春秋)》가 비록 한 글자로 포폄을 하기도 하지만 모두 몇 개의 구를 갖추어 말을 이룬다. 이는 8괘의 효가 착종하여 64괘를 이루는 것과는 다르다. 그러므로 마땅히 전문에 의거하여 판단해야 한다. 고금에 《좌씨춘추(左氏春秋)》에 대하여 주해를 한 사람이 많으나 지금 그 유문(遺文)을 볼 수 있는 것은 10여 사람이다. 그런데 그들은 대체로 돌려가며 서로 조술(祖述)⁴³⁾하였기 때문에 나아가서는 경문을 착종하여 그 변화를 다 설명하지 못하였고, 물러나서는 좌구명(左丘明)의 전문의 뜻을 지켜내지도 못하였다. 좌구명의 전문에서 통하지 않는 곳이 있으면 모두 덮어두고 설명하지 않고 《공양전(公羊傳)》과 《곡량전(穀梁傳)》의 설을 번갈아 대충 인용하여 다만 경전의 의미를 스스로 혼란시킬 뿐이었다. 나 두예(杜預)가 지금 이들과 다른 점은 오로지 좌구명의 전문을 연구하여 경문을 해석한 것이다. 경문의 조리는 반드시 전문에서 나오고 전문의 의례(義例)는 모두 여러 '범(凡)'으로 귀결되므로 변례(變例)를 미루어 포폄의 의미를 바로잡고, 《공양전》과 《곡량전》에서 선택하되 이단이 되는 것은 버렸으니, 이는 좌구명의 뜻이기도 하다. 그러나 전문에 의심이나 착오가 있는 곳은 자세히 론하되 해석은 남겨두고 후현(後賢)을 기다리기로 하였다. 그런데 류자준(劉子駿)은 《좌전(左傳)》의 대의에 처음으로 통하였고, 가경백(賈景伯) 부자와 허혜경(許惠卿)도 모두 선유 가운데 《좌전》에 뛰어난 자들이었다. 류자준(劉子駿)은 이름이 흠(歆)이고, 가경백(賈景伯)은 이름이 규(逵)이며 그 아버지 휘(徽)는 자(字)가 원백(元伯)이고, 허혜경(許惠卿)은 이름이 숙(淑)이니 모두 한(漢)나라 사람이다. 한말(漢末)에 영자엄(潁子嚴)이 있었는데 비록 학문은 천근하였으나 또한 다시 《좌전》에 일가를 이룬 것으로 이름이 났다. 영자엄(潁子嚴)은 이름이 용(容)이다. 그러므로 나는 특별히 류(劉)·가(賈)·허(許)·영(潁) 네 사람의 주해의 차이를 거론하여 같은 점과 다른 점을 나타내었다. 그리고 나는 경문의 년도와 전문의 년도를 분별하여 서로 붙이고 그 의미의 류형을 비교하여 각각의 류형에 따라 해석하였으니, 이를 이름하여 《경전집해(經傳集解)》라고 하였다. 또 별도로 제례(諸例)⁴⁴⁾ 및 지명(地名)·보제(譜第)⁴⁵⁾·력수

---

43) 조술(祖述) : 앞사람의 내용이나 체제를 본받아 기술함.

44) 제례(諸例) : 저본(底本:奎章閣本) 서두에 수록된 13가지 류례(類例)에 해당한다.

45) 보제(譜第) : 저본(底本) 서두에 수록된 나라별 세계도(世系圖) 및 국명보(國名譜)에 해당한다.

(歷數)<sup>46)</sup>를 모아 서로 엮어 부(部)로 만들었는데 모두 40부 15권이다. 모두 그 다른 점과 같은 점을 드러내어 그에 따라 풀이하여《석례(釋例)》<sup>47)</sup>라고 이름하였으니, 학자들로 하여 금 모아놓은 것을 보게 하려 한 것이다. 그 전해진 설의 다른 점과 같은 점은《석례》에 상세하다."

**或曰 春秋之作 左傳及穀梁無明文 說者以爲仲尼自衛反魯 脩春秋 立素王 丘明爲素臣 言 公羊者亦云 黜周而王魯 危行言孫 以辟當時之害 故微其文 隱其義 公羊 經止獲麟 而左 氏 經終孔丘卒 敢問所安**

혹자는 말하였다. "《춘추(春秋)》를 지은 것에 대하여《좌전(左傳)》과《곡량전(穀梁傳)》에 는 밝힌 글이 없다. 그런데 해설하는 자들이 중니(仲尼)가 위(衛)나라에서 로(魯)나라로 돌 아와《춘추》를 편수하여 소왕(素王)<sup>48)</sup>의 자리에 섰고 좌구명(左丘明)이 소신(素臣)<sup>49)</sup>이 되 었다고 하였다.《공양전(公羊傳)》에 대하여 말하는 자들이 또한 이르기를 '중니가《춘추》에 서 주(周)나라를 내치고 로나라를 왕으로 여겼기 때문에 행동은 준엄하지만 말은 겸손히 하여 당시의 해를 피하려고 하였다. 그러므로 그 문사를 간략히 하여 그 뜻을 숨긴 것이다.' 라고 하였다. 그리고《공양전》의 경문은 '획린(獲麟)'에서 끝났는데,《좌전》의 경문은 '공구 졸(孔丘卒)'에서 끝났다. 감히 묻건대 어느 설이 옳은가?"

**答曰 異乎余所聞 仲尼曰 文王旣沒 文不在玆乎 此制作之本意也 歎曰鳳鳥不至 河不出圖 吾已矣夫 蓋傷時王之政也 麟鳳五靈 王者之嘉瑞也 今麟出非其時 虛其應而失其歸 此聖 人所以爲感也 絶筆於獲麟之一句者 所感而起 固所以爲終也**

이렇게 답한다. "내가 들은 바와는 다르다. 중니(仲尼)가 말하기를 '문왕(文王)이 돌아가 셨으니 문(文)이 나에게 있지 않은가.'라고 하였다. 이것이《춘추(春秋)》를 지은 본의이다. 중니가 탄식하며 말하기를 '봉조(鳳鳥)가 이르지 않고 하수(河水)에서 그림이 나오지 않으 니, 나의 일도 그만이로구나.'라고 하였다. 이는 당시 왕의 정사에 상심한 것이다. 기린과

---

46) 력수(歷數) : 저본(底本) 서두에 수록된 60갑자(甲子)별 사건을 기록한 기년도(紀年圖)에 해당한다.

47) 《석례(釋例)》: 현재는 전해지지 않고 사고전서(四庫全書)에 그 편린이 보인다.

48) 소왕(素王) : 왕의 자리에 있지 않지만 왕이 될 만한 덕을 가준 사람. 일반적으로 공자(孔子)를 이른다.

49) 소신(素臣) : 소왕(素王)의 신하라는 뜻으로 좌전(左傳)을 지어 공자(孔子)의 도를 서술한 좌구명(左丘明) 을 이른다.

봉황 등 다섯 가지 령물50)은 왕자(王者)가 등장할 때 나타나는 상서이다. 지금 기린은 그 때가 아닌데 나타나 그 응함이 헛되고51) 그 돌아갈 곳을 잃었으니,52) 이것이 성인이 느끼게 된 까닭이다. '획린(獲麟)'이란 한 구에서 절필한 것은 '획린'에 느낌이 있어 《춘추》의 편수를 시작하였으니 '획린'으로 끝마침이 당연한 것이다."

日 然則春秋何始於魯隱公 答日 周平王東周之始王也 隱公讓國之賢君也 考乎其時則相接 言乎其位則列國 本乎其始則周公之祚胤也 若平王能祈天永命 紹開中興 隱公能弘宣祖業 光啓王室 則西周之美可尋 文武之迹不隊 是故因其歷數 附其行事 采周之舊 以會成王義 垂法將來 所書之王 卽平王也 所用之歷 卽周正也 所稱之公 卽魯隱也 安在其黜周而王魯乎 子日 如有用我者 吾其爲東周乎 此其義也 若夫制作之文 所以彰往考來 情見乎辭 言高則旨遠 辭約則義微 此理之常 非隱之也 聖人包周身之防 旣作之後 方復隱諱以辟患 非所聞也 子路欲使門人爲臣 孔子以爲欺天 而云仲尼素王 丘明素臣 又非通論也 先儒以爲制作三年 文成致麟 旣已妖妄 又引經以至仲尼卒 亦又近誣 據公羊經止獲麟 而左氏小邾射不在三叛之數 故余以爲感麟而作 作起獲麟 則文止於所起 爲得其實 至於反袂拭面 稱吾道窮 亦無取焉

또 말하였다. "그렇다면 《춘추(春秋)》는 왜 로은공(魯隱公)에서 시작하였는가?" 이렇게 답한다. "주평왕(周平王)은 동주(東周)의 첫 왕이고, 은공(隱公)은 나라를 사양하려 한 현군이다. 그 시기를 상고하면 평왕(平王)과 서로 접해 있고, 그 지위를 말하면 렬국(列國)의 임금이며, 그 시조를 따지면 주공(周公)의 자손이다. 만약 평왕이 하늘에 기도하여 천명을 길게 하여 중흥의 기운을 이어 열고, 은공이 조상의 공업을 널리 선양하고 왕실을 빛나게 열었다면 서주(西周)의 아름다움을 찾을 수 있었고 문왕과 무왕의 업적을 떨어뜨리지 않을 수 있었다. 그러므로 《춘추》는 주(周)나라 력수에 따라 그 일어난 행사를 붙이고 주나라의 옛 전장(典章)을 취하여 왕자(王者)의 대의를 모아 이루어 장래의 법으로 드리운 것이니, 기록한 왕은 곧 평왕이고 사용한 력법은 주나라의 정삭(正朔)이며 공이라 일컬은 것은 로은공이다. 그러한데 주나라를 내치고 로나라를 왕으로 여김이 어디에 있는가. 공자(孔子)가 말하

---

50) 다섯 가지 령물 : 기린, 봉황, 거북, 룡, 백호.
51) 그 응함이 헛되고 : 성왕(聖王)이 없는데 나타났기 때문이다.
52) 그 돌아갈~잃었으니 : 사람에게 잡혀 몸이 상한 것을 말한다.

기를 '만일 나를 등용하는 자가 있다면 나는 동방에 주나라를 만들 것이다.'라고 하였으니, 이것이 《춘추》를 지은 뜻이다. 《춘추》를 지은 문사(文辭)는 지난 일을 밝혀 앞날을 살펴도록 하기 위한 것으로 그 뜻이 문사에 나타나 있다. 말이 고상하면 뜻이 심원하고 문사가 간략하면 의미가 은미해지니, 이것은 리치의 상도(常道)이지 일부러 숨기려 한 것은 아니다. 성인은 몸을 두루 살펴 만전을 겸하는데 이미 《춘추》를 짓고 나서 다시 표현을 은미하게 숨겨 환난을 피하려 했다는 것은 듣지 못하였다. 자로(子路)가 문인들을 가신으로 삼아주려 하자 공자가 이는 하늘을 속이는 것이라고 하였으니, 중니(仲尼)가 소왕(素王)이 되고 좌구명(左丘明)이 소신(素臣)이 되었다고 하는 것은 또 통론이 아니다. 선유(先儒)들이 '《춘추》를 지은 지 3년 만에 글이 이루어지자 기린이 이르렀다.'고 한 것은 이미 요망한 말이다. 또 《좌전》에 경문을 늘여 '중니졸(仲尼卒)'에 이르게 한 것도 거짓에 가깝다. 《공양전》의 경문이 획린에서 끝나고 《좌씨전》의 경문에서 소주(小邾) 역(射)이 세 명의 반인(叛人)[53]에 포함되지 않은 것이 근거가 된다. 그러므로 나는 공자가 기린의 출현에 감응하여 《춘추》를 짓되 획린이 동기가 되어 시작하였으니, 글이 시작한 데서 마치는 것이 사실에 맞는 것이다. 이에 공자가 '소매를 뒤집어 얼굴을 닦으며 나의 도는 다했구나.'[54]라고 하는 것 또한 취하지 않는다."

---

53) 세 명의 반인(叛人) : 소공(昭公) 31년에 '제표(齊豹)는 위(衛)나라 사구(司寇)로 사대부(嗣大夫)의 지위를 지켰으나 행위가 의롭지 못하니 경문에 '도(盜)'라고 기록하였고, 주(邾)나라 서기(庶其)와 거(莒)나라 모이(牟夷)와 주(邾)나라 흑굉(黑肱)이 토지를 가지고 도망나간 것이 식록을 구한 것일 뿐이고 이름나기를 구한 것이 아니었으되 그 지위가 비천한데도 경문에 반드시 그 이름을 기록하였으니, 이 두 가지 일은 방사(放肆)한 자를 징계하고 탐욕스런 자를 물리친 것이다.'라고 하였다. 따라서 세 명의 반인(叛人)이란 주나라 서기와 거나라 모이, 주나라 흑굉을 말한다. 만약 획린(獲麟) 이후의 기사가 본래 《좌전(左傳)》에 포함된 내용이라면 획린 이후에 일어난 소주(小邾)의 역(射)이 땅을 가지고 로(魯)나라로 망명온 것도 포함하여 네 사람의 반인이라고 해야 할 텐데 세 명의 반인이라고 하여 역을 포함하지 않는 것은 획린 이후의 기사는 본래 《좌전》의 기록이 아니라는 것이다.

54) 소매를~다했구나 : 이 말은 《공양전(公羊傳)》 애공(哀公) 14년조의 기록이다.

# 후서(後序)

大康元年三月 吳寇始平 余自江陵還襄陽 解甲休兵 乃申抒舊意 脩成春秋釋例及經傳集解 始訖 會汲郡汲縣有發其界內舊冢者 大得古書 皆簡編科斗文字 發冢者不以爲意 往往散亂 科斗書久廢 推尋不能盡通

태강(大康)[1] 원년 3월 원수의 오(吳)나라가 비로소 평정되고 내가 강릉(江陵)에서 양양(襄陽)으로 돌아와 갑옷을 벗고 병기를 손에서 놓고 바로 예전부터 뜻했던 일을 다시 펼쳐 《춘추석례(春秋釋例)》 및 《경전집해(經典集解)》를 편찬하여 완성하고 비로소 일을 마쳤다. 그때 마침 급군(汲郡) 급현(汲縣)의 지경 내에 옛 무덤을 발굴하는 자가 있어 고서를 많이 얻었는데 모두 죽간으로 엮은 과두문자(科斗文字)[2]였다. 무덤을 발굴한 자는 여기에 뜻을 두지 않아 자주 죽간이 흩어졌다. 과두(科斗) 글은 오랫동안 폐기되어 연구하여도 그 의미에 다 통하지 못하였다.

始者藏在祕府 余晚得見之 所記大凡七十五卷 多雜碎怪妄 不可訓知 周易及紀年最爲分了 周易上下篇與今正同 別有陰陽說 而無彖象文言繫辭 疑于時仲尼造之於魯 尙未播之於遠國也

처음에는 발굴된 것이 비부(祕府)에 보관되어 있었다. 내가 만년에 얻어 보니, 기록된 것이 대략 75권인데 대부분 잡스럽고 자잘하고 괴기하고 망령되어서 뜻을 새겨 알 수 없었다. 그러나 《주역(周易)》과 《기년(紀年)》은 내용이 가장 분명하였다. 《주역》 상하편은 지금의 것과 정확히 같고, 별도로 〈음양설(陰陽說)〉을 두었는데 〈단전(彖傳)〉·〈상전(象傳)〉·〈문언전(文言傳)〉·〈계사전(繫辭傳)〉은 없으니, 아마 이때 중니(仲尼)가 로(魯)나라에서 이들을 지었으나 아직 먼 나라에는 전파되지 않은 듯하다.

---

1) 태강(大康) : 서진(西晉) 무제(武帝)의 년호. A.D. 280~289.
2) 과두문자(科斗文字) : 고대 글자체의 하나. 과두문자(蝌蚪文字)라고도 한다.

其紀年篇起自夏殷周 皆三代王事 無諸國別也 唯特記晉國 起自殤叔 次文侯昭侯 以至曲沃莊伯 莊伯之十一年十一月 魯隱公之元年正月也 皆用夏正建寅之月爲歲首 編年相次 晉國滅 獨記魏事 下至魏哀王之二十年 蓋魏國之史記也 推校哀王二十年 太歲在壬戌 是周赧王之十六年 秦昭王之八年 韓襄王之十三年 趙武靈王之二十七年 楚懷王之三十年 燕昭王之十三年 齊湣王之二十五年也 上去孔丘卒百八十一歲 下去今大康三年 五百八十一歲

　그《기년(紀年)》은 편이 하(夏)·은(殷)·주(周)에서 시작하였으니 모두 3대(代)의 왕사(王事)이고 제국(諸國)은 별도로 없었다. 오직 진(晉)나라에 대해서만 특별히 기록하였는데 상숙(殤叔)[3]에서 시작하여 문후(文侯)[4]·소후(昭侯)[5]를 거쳐 곡옥장백(曲沃莊伯)[6]에 이르렀다. 장백(莊伯) 11년 11월은 로은공(魯隱公) 원년 정월인데 모두 하정(夏正) 건인월(建寅月)로 세수를 삼았다. 편년(編年)의 차례는 진(晉)나라가 멸망하고는 오직 위(魏)나라의 일을 기록하여 아래로 위애왕(魏哀王) 20년[7]까지 이르렀으니, 위나라의 력사 기록이었다. 애왕(哀王) 20년을 미루어 비교하면 태세(太歲)로는 임술(壬戌)이니, 이때는 주난왕(周赧王) 16년·진소왕(秦昭王) 8년·한양왕(韓襄王) 13년·조무령왕(趙武靈王) 27년·초회왕(楚懷王) 30년·연소왕(燕昭王) 13년·제민왕(齊湣王) 25년[8]이다. 위로는 공구(孔丘)가 졸한 때[9]로부터 1백 81년이고 아래로는 지금 태강(大康) 3년[10]까지 5백 61년이다.


哀王 於史記襄王之子惠王之孫也 惠王三十六年卒 而襄王立 立十六年卒而哀王立 古書紀年篇惠王三十六年改元 從一年始至十六年 而稱惠成王 卒 卽惠王也 疑史記誤分惠成之世以爲後王年也 哀王二十三年乃卒 故特不稱謚 謂之今王

　위애왕(魏哀王)은 《사기(史記)》에 양왕(襄王)의 아들이고 혜왕(惠王)의 손자로 되어 있

---

3) 상숙(殤叔) : 진(晉)나라 10대 임금.

4) 문후(文侯) : 진(晉)나라 11대 임금.

5) 소후(昭侯) : 진(晉)나라 12대 임금.

6) 곡옥장백(曲沃莊伯) : 진문후(晉文侯)의 아우인 환숙성사(桓叔成師)의 아들로 이름은 선(鱓)이다. 환숙성사가 소후에게서 곡옥을 분봉 받은 것을 계승하였다.

7) 위애왕(魏哀王) 20년 : B.C.299.

8) 제민왕(齊湣王) 25년 : 제민왕(齊湣王) 2년의 잘못이다.

9) 공구(孔丘)가~때 : 로애공(魯哀公) 16년. B.C.479.

10) 태강(大康) 3년 : A.D.282.

다. 혜왕은 즉위한 지 36년 만에 졸하여 양왕이 즉위하였고, 양왕이 즉위한 지 16년 만에 졸하여 애왕(哀王)이 즉위하였다. 고서(古書)《기년(紀年)》의 편에는 혜왕은 36년에 개원(改元)하여 그 1년에서 시작하여 16년에 이르러 혜성왕(惠成王)이 졸하였다고 일컬었으니, 혜성왕은 곧 혜왕이다. 아마《사기》에서는 혜성왕의 치세를 잘못 나누어 개원 이후를 뒷왕[襄王]의 치년(治年)으로 삼은 듯하다. 애왕은 즉위한 지 23년 만에 졸하였으므로 다만 시호를 일컫지 않고 금왕(今王)이라고 일렀다.

其著書文意 大似春秋經 推此足見古者國史策書之常也 文稱魯隱公及邾莊公盟于姑蔑 卽春秋所書邾儀父 未王命 故不書爵 曰儀父 貴之也 又稱晉獻公會虞師伐虢 滅下陽 卽春秋所書虞師晉師滅下陽 先書虞 賄故也 又稱周襄王會諸侯于河陽 卽春秋所書天王狩于河陽 以臣召君 不可以訓也 諸若此輩甚多 略擧數條 以明國史皆承告據實而書時事 仲尼脩春秋 以義而制異文也

《기년(紀年)》을 저술한 문의(文意)는 크게《춘추(春秋)》의 경문과 같은데, 이를 미루어 옛날 국사를 간책(簡策)에 기록하는 상도(常道)를 볼 수 있다.《기년》의 문장에 로은공(魯隱公)이 주장공(邾莊公)과 고멸(姑蔑)에서 맹약하였다고 하였는데, 곧《춘추》에서 주장공을 주의보(邾儀父)라고 기록한 것이다.[11] 이는 주장공이 아직 주왕(周王)의 책명을 받지 못하였기 때문에 경문에 작위를 기록하지 않은 것이다. 의보(儀父)라고 자(字)를 기록한 것은 그를 귀하게 여긴 것이다. 또 진헌공(晉獻公)이 우(虞)나라 군대와 회합하여 괵(虢)나라를 쳐 하양(下陽)을 멸하였다고 하였는데, 곧《춘추》에서 우나라 군대와 진(晉)나라 군대가 하양을 멸하였다고 기록한 것이다.[12] 우나라 군대를 먼저 기록한 것은 진나라로부터 뢰물을 받았었기 때문이다. 또 주양왕(周襄王)이 제후들과 하양(河陽)에서 회합하였다고 하였는데, 곧《춘추》에서 천왕이 하양에 순수(巡狩)하였다고 기록한 것이다.[13] 이는 신하의 신분으로 임금을 부른 것은 교훈이 될 수 없다고 여겼기 때문이다. 이와 같은 것이 매우 많지만 간략히 몇 가지 사례를 들어 제후국의 력사는 모두 고해 온 내용을 그대로 쓰거나 사실을 근거하여 시사(時事)를 기록하였음을 밝혔다. 그런데 중니(仲尼)는《춘추》를 편수함에 의(義)를

---

11) 주의보(邾儀父)~것이다 : 은공(隱公) 원년 3월조.

12) 우나라~것이다 : 희공(僖公) 2년조.

13) 천왕이~것이다 : 희공(僖公) 28년조.

기준으로 하였고 이와 다른 내용의 글들은 제재(制裁)하였다.

又稱衛懿公及赤翟戰于洞澤 疑洞當爲洞 卽左傳所謂滎澤也 齊國佐來獻玉磬紀公之甗 卽
左傳所謂賓媚人也 諸所記多與左傳符同 異於公羊穀梁 知此二書 近世穿鑿 非春秋本意
審矣 雖不皆與史記尙書同 然參而求之 可以端正學者

또 위의공(衛懿公)이 적적(赤翟)과 동택(洞澤)에서 싸웠다고 하였는데, 동(洞)은 마땅히
형(洞)이 되어야 할 듯하니 곧 《좌전(左傳)》에서 이른바 형택(滎澤)[14]이다. 제(齊)나라 국좌
(國佐)가 와서 옥경(玉磬)과 기공(紀公)의 언(甗)을 바쳤다고 하였는데, 곧 《좌전》에서 이른
바 빈미인(賓媚人)이다.[15] 기록한 많은 곳이 《좌전》과 부합되지만 《공양전(公羊傳)》이나
《곡량전(穀梁傳)》과는 다르니, 《공양전》·《곡량전》 두 책은 근세에 천착한 것임을 알 수 있
고 《춘추(春秋)》의 본의가 아님이 분명하다. 비록 이 두 책 모두 《사기(史記)》나 《상서(尙
書)》와 같지 않지만 참고하여 의미를 구하면 배우는 자들을 바르게 할 수 있을 것이다.

又別有一卷 純集疏左氏傳卜筮事 上下次第及其文義 皆與左傳同 名曰師春 師春似是抄
集者人名也

또 별도로 한 권이 있으니, 순전히 《좌씨전(左氏傳)》의 복서(卜筮)에 관한 일을 모아 소
(疏)를 낸 것인데 상하의 순서와 그 문의(文義)는 모두 《좌전(左傳)》과 같다, 이름하여 《사
춘(師春)》이라 하는데 《사춘》은 내용을 뽑아 모은 사람의 이름인 것 같다.

紀年又稱殷仲壬卽位 居亳 其卿士伊尹 仲壬崩 伊尹放大甲于桐 乃自立也 伊尹卽位於大
甲十年 大甲潛出自桐 殺伊尹 乃立其子伊陟伊奮 命復其父之田宅而中分之 左氏傳 伊尹
放大甲而相之 卒無怨色 然則大甲雖見放 還殺伊尹 而猶以其子爲相也 此爲大與尙書叙
說大甲事乖異 不知老叟之伏生或致昏忘 將此古書 亦當時雜記 未足以取審也 爲其粗有
益於左氏 故略記之 附集解之末焉

《기년(紀年)》에는 또 다음과 같이 일컬었다. 은(殷)나라 중임(仲壬)이 즉위하여 박(亳) 땅
에 거주하였는데, 그 경사(卿士)가 이윤(伊尹)이었다. 중임이 붕하자 이윤이 태갑(大甲)을

---

14) 형택(滎澤) : 《좌전(左傳)》 민공(閔公) 2년 12월조에는 '滎'은 '熒'으로 되어 있다.
15) 빈미인(賓眉人)이다 : 성공(成公) 2년 6월조.

동(桐) 땅에 추방하고는 스스로 즉위하였다. 이윤은 태갑 10년에 즉위하였는데, 태갑이 동 땅에서 몰래 나와 이윤을 죽이고 그 아들인 이척(伊陟)과 이분(伊奮)을 재상으로 세우고 그 아버지인 이윤의 전택을 돌려주기를 명하면서 그 전택의 중간을 나누어 주었다고 하였다. 《좌씨전(左氏傳)》에는 이윤이 태갑을 추방하였다가 그를 보좌하였는데도 태갑은 끝내 원망하는 기색이 없었다고 하였다.[16] 그렇다면 태갑이 비록 추방되었다가 돌아와 이윤을 죽였으되 오히려 그 아들을 재상으로 삼았다는 이것은 《상서(尙書)》에서 태갑의 일을 서술한 것과는 크게 어긋나고 다르니, 늙은 복생(伏生)[17]이 혹 정신이 흐려진 것인지 알 수 없다. 다만 이 고서[18] 또한 당시 잡스럽게 기록한 것으로 취하여 살필 가치는 없을 것 같다. 그러나 그 내용이 조잡하지만 《좌씨전》을 리해하는 데 도움이 되므로 간략히 기록하여 《집해(集解)》의 끝에 붙인다.

---

16) 이윤이~하였다 : 《좌전(左傳)》 양공(襄公) 21년조.

17) 복생(伏生) : 진(秦)·한(漢) 때의 경학자. 본명은 복승(複勝)이다. 《사기(史記)》에는 복생(伏生)으로 기록되어 있는데 '生'은 학자를 높여 부르는 칭호이다. 그는 구전되어 온 내용을 근거로 《상서(尙書)》를 편집하였는데 이를 《금문상서(今文尙書)》라고 한다. 한문제(漢文帝)가 《상서》에 조예 깊은 학자를 찾았는데 그때 복생의 나이가 이미 90이 넘어서 초빙에 응하지 못하니 조정에서 다른 학자를 보내어 배워오게 하였다고 한다.

18) 이 고서 : 《기년(紀年)》을 이른다.

# 범례(凡例)

一 春秋三傳 左氏最詳於國史 自漢立學官 諸家殆爲所掩 然而經傳自爲一書 不相統屬 故
學者或專攻傳文 忽略經旨 我 聖上 機務之暇 究心是經 丙辰冬 命諸臣 依朱子通鑑綱目
凡例 經爲之綱 傳爲之目 井然不紊 以揭尊經之義 粤在 宣廟朝 嘗以經傳爲綱目 副提學
臣申欽等 掌其事 繕寫以進 未及梓行 亦粤我 世宗十八年丙辰 命集賢殿副校理李季甸等
註解通鑑綱目 名曰思政殿訓義 今玆編纂註釋之義例與年甲 寔符兩朝故事 猗歟休哉 至
若傳文之移章易次 註說之刪繁就簡 悉稟 睿裁 務歸齊整

《춘추삼전(春秋三傳)》에서 《좌씨전(左氏傳)》이 제후국의 력사에 대해서 가장 상세하다.
한(漢)나라가 학관(學官 : 太學)을 세움으로부터 제가(諸家)들이 《좌씨전》에 대해 거의 망라
하였다. 그런데 경(經)과 전(傳)을 별도로 하나의 책으로 만들어 서로 통합하여 엮지는 못하
였다. 그러므로 학자들이 혹 전문(傳文)만을 오로지 공부하고 경의 뜻을 소홀히 하였다.
그런데 우리 성상[正祖]께서 기무(機務)를 보시는 여가에 이 경을 전심으로 연구하다가 병
진년 겨울에 여러 신하에게 명하여 주자(朱子)의 《통감강목(通鑑綱目)》 범례(凡例)에 의거
해서 경을 강(綱)으로 삼고 전을 목(目)으로 삼아 정연하게 혼란스럽지 않도록 하여 경을
높이는 뜻을 세우도록 하셨다. 지난 선묘조(宣廟朝) 때에 임금께서 일찍이 경과 전을 강과
목으로 삼도록 하시어 부제학(副提學) 신흠(申欽) 등이 그 일을 맡아 편집하여 올렸으나
간행하지 못하였다. 또한 지난 세종(世宗) 18년 병진년에 집현전(集賢殿) 부교리(副校理)인
리계전(李季甸) 등에게 명하여 《통감강목》을 주해하도록 하시니, 《사정전훈의(思政殿訓
義)》라 이름하였다. 금년에 편찬하고 주석한 의례(義例 : 體裁)와 년갑(年甲 : 年次)이 이 두
조(朝)의 옛일과 부합하니, 참으로 아름답도다. 전문의 장을 옮기고 순서를 바꾸며 주설(註
說)의 번다한 것을 깎아내고 간략하게 한 것을 모두 올려 임금님의 재가를 받아 가지런히
정리가 되도록 힘썼다.

一 有傳無經者 加大圈以別之 經文單書春夏秋冬 則傳文不疊書時名 經傳同文者 刪傳文

**分章繫事之際 經在今年傳在前年者 移傳就經 俾相聯屬傳文 句語不得不複出者 兩存之**

전(傳)만 있고 경(經)이 없는 기사는 큰 동그라미를 가하여 구별하였다. 경문에 단지 춘하추동(春夏秋冬)만 기록되어 있는 것은 전문에서는 거듭 계절의 이름을 기록하지 않았다. 경과 전의 글이 같은 것은 전문은 산삭하였다. 나누어진 장(章)의 기사를 련결시킬 경우, 경이 금년조에 기록되어 있고 전이 전년조에 기록되어 있는 것은 전을 옮겨 경에 붙여 전문이 서로 련속되게 하였다. 경과 전의 어구를 중복하여 드러내지 않을 수 없는 것은 두 곳에 그대로 두었다.

**一 註釋主杜預集解而汰其繁瑣 杜解有未備處 則雜採諸家 檃栝大旨以補之 傳與註俱屬乖繆者 引諸儒之說 稍加辨正而特著其姓氏 以示謹嚴之意 公穀異字 附註經文之下 用備參考**

주석은 두예(杜預)의 《집해(集解)》[1]를 위주로 하되 번거롭고 세세한 것은 걸러내었고, 두예의 《집해》에 미비한 곳은 제가(諸家)의 설을 섞어 채택하여 대지(大旨)를 바로잡아 보충하였다. 전(傳)과 주(註) 모두 잘못이 있는 것은 제유(諸儒)의 설을 인용하여 약간 변정(辨正)을 가하되 특별히 그 성씨(姓氏)를 드러내어 신중하고 엄정한 뜻을 보였다. 《공양전(公羊傳)》·《곡량전(穀梁傳)》과 다른 글자는 경문의 아래에 주를 붙여 참고토록 하였다.

**一 音訓不用翻切 並用音和 而凡可以文義推知者 字雖重見 音不疊註 務從省約**

음(音)과 훈(訓)을 달 때는 번절(翻切: 反切)을 사용하지 않고 모두 음화(音和)[2]를 사용하였고, 일반적으로 문장의 의미로 그 음을 미루어 알 수 있는 것은 글자가 비록 중복되어 나오더라도 음에 대하여 거듭 주(註)하지 않았으니, 간략함을 따름에 힘쓴 것이다.

**一 近世所行左傳諸本間多訛謬 今取唐開成石經及諸善本 參互考證 校正同異以作定本**

근세에 간행된 《좌전(左傳)》의 여러 본 간에 어긋난 것이 많다. 이제 당(唐)나라 개성석경(開成石經)[3]과 여러 선본(善本)을 취하여 서로 대조하고 고증하여, 이동(異同)을 교정하여

---

1) 《집해(集解)》:《춘추좌씨경전집해(春秋左氏經傳集解)》이다.

2) 음화(音和): 음이 같은 글자로 음을 표기하는 법.

3) 개성석경(開成石經): 당 문종(唐文宗) 대화(大和) 7년(833)에 시작되어 개성(開成) 2년(837)에 완성된 석경(石經). 현존하는 가장 오래된 석경으로 주역(周易)·상서(尙書)·춘추좌씨전(春秋左氏傳) 등 12경을 해서

정본(定本)을 만들었다.

**一 列國年代 書爲一圖 略記大事 又撰類例一篇 詳擧經文書例 分門立目而著其數與年 圖 互爲經緯 地圖則只著春秋時地名 後代沿革不復贅焉 諸國世次爵姓及人名同異 彙分爲譜 世系可考者另作一圖 並載卷首 以便考據**

렬국(列國)의 년대는 구분하여 하나의 도표로 만들어 큰일을 간략히 기록하였다. 또 류례(類例) 한 편을 편집하여 경문의 서례(書例)를 자세히 들어 부문별로 나누고 항목을 세워 그 수와 년을 드러내어 도표와 서로 경위(經緯)가 되게 하였다. 지도는 다만 춘추시대의 지명을 나타내었고 후대의 연혁은 다시 덧붙이지 않았다. 제국(諸國)의 세차(世次)와 작위와 성(姓) 및 인명의 동이(同異)는 부류로 나누어 계보를 만들었다. 세계(世系)는 상고할 수 있는 것만을 가지고 별도로 하나의 도표를 만들어 권수(卷首)에 아울러 실어 상고하여 근거로 삼는데 편리하게 하였다.

---

(楷書)와 예서(隷書)로 1백 14개 비석에 나누어 새겨놓았다. 원래 장안(長安) 무본방(務本坊) 국자감태학(國子監太學)에 세워졌으나 현재 서안(西安) 비림(碑林)에 보존되어 있다.

# 춘추기년도(春秋紀年圖)

春秋之始 周平王宜臼四十九年 魯隱公息姑元年 蔡宣公考父二十八年 曹桓公終生三十五年 衛桓公完十三年 晉鄂侯郡二年 曲沃莊伯鱓十一年 鄭莊公寤生二十二年 燕穆侯七年 齊僖公祿父九年 秦文公四十四年 楚武王熊通十九年 宋穆公和七年 杞武公二十九年 陳桓公鮑二十三年 魯隱公元年 邾始見經 二年莒始見經 七年滕始見經 十一年薛許始見經 魯僖公七年 小邾始見經 魯成公七年 吳始見經 魯昭公五年 越始見經

《춘추(春秋)》의 시작은 주평왕(周平王) 의구(宜臼) 49년, 로은공(魯隱公) 식고(息姑) 원년, 채선공(蔡宣公) 고보(考父) 28년, 조환공(曹桓公) 종생(終生) 35년, 위환공(衛桓公) 완(完) 13년, 진악후(晉鄂侯) 굉(郡) 2년, 곡옥장백(曲沃莊伯) 선(鱓) 11년, 정장공(鄭莊公) 오생(寤生) 22년, 연목후(燕穆侯) 7년, 제희공(齊僖公) 록보(祿父) 9년, 진문공(秦文公) 44년, 초무왕(楚武王) 웅통(熊通) 19년, 송목공(宋穆公) 화(和) 7년, 기무공(杞武公) 29년, 진환공(陳桓公) 포(鮑) 23년이다. 로은공 원년에 주(邾)나라가 비로소 경문에 나타나고, 2년에 거(莒)나라가 비로소 경문에 나타나며, 7년에 등(滕)나라가 비로소 경문에 나타나고, 11년에 설(薛)나라와 허(許)나라가 비로소 경문에 나타나며, 로희공(魯僖公) 7년에 소주(小邾)가 비로소 경문에 나타나고, 로성공(魯成公) 7년에 오(吳)나라가 비로소 경문에 나타나며, 로소공(魯昭公) 5년에 월(越)나라가 비로소 경문에 나타난다.

## 隱元己未 魯邾盟蔑 鄭克段 周宰咺歸魯賵 魯宋盟宿 祭伯來魯

은공(隱公) 원년 기미(B.C.722). 로(魯)나라와 주(邾)나라가 멸(蔑) 땅에서 맹약하였다. 정(鄭)나라가 단(段)을 이겼다. 주(周)나라 재(宰)인 훤(咺)이 로나라에 부의[賵]을 주었다. 로나라와 송(宋)나라가 숙(宿)나라에서 맹약하였다. 채백(祭伯)이 로나라에 왔다.

## 庚申 魯戎會潛 莒入向 魯無駭入極 魯戎盟唐 紀裂繻逆魯女 紀莒盟密 魯夫人子氏薨 鄭伐衛

은공(隱公) 2년 경신(B.C.721). 로(魯)나라와 융(戎)이 잠(潛) 땅에서 회합하였다. 거(莒)나라가 상(向)나라로 쳐들어갔다. 로나라 무해(無駭)가 극(極)나라로 쳐들어갔다. 로나라와 융이 당(唐) 땅에서 맹약하였다. 기(紀)나라 렬수(裂繻)가 로나라 공녀를 맞이하였다. 기나라와 거나라가 밀(密) 땅에서 맹약하였다. 로나라 부인(夫人) 자씨(子氏)가 훙하였다. 정(鄭)나라가 위(衛)나라를 쳤다.

**辛酉 周平王崩 魯君氏卒 周鄭交惡 周求賻于魯 宋公和卒 齊鄭盟石門**

　　은공(隱公) 3년 신유(B.C.720). 주평왕(周平王)이 붕하였다. 로(魯)나라의 군씨(君氏)가
졸하였다. 주(周)나라와 정(鄭)나라가 서로 미워하였다. 주나라가 로나라에 부의를 요구하
였다. 송공(宋公) 화(和)가 졸하였다. 제(齊)나라와 정나라가 석문(石門)에서 맹약하였다.

**壬戌 周桓王林元 宋殤公與夷元 莒伐杞取牟婁 衛州吁弒其君完 魯宋遇清 魯翬會諸侯伐
鄭 衛殺州吁**

　　은공(隱公) 4년 임술(B.C.719). 주환왕(周桓王) 림(林) 원년이다. 송상공(宋殤公) 여이(與
夷) 원년이다. 거(莒)나라가 기(杞)나라를 쳐서 모루(牟婁)를 취하였다. 위(衛)나라 주우(州
吁)가 그 임금 완(完)을 시해하였다. 로(魯)나라와 송(宋)나라가 청(清) 땅에서 급히 만났다.
로나라 휘(翬)가 제후들과 회합하여 정(鄭)나라를 쳤다. 위나라가 주우를 죽였다.

**癸亥 衛宣公晉元 衛入郕 曲沃伐翼 翼侯奔隨 邾鄭伐宋**

　　은공(隱公) 5년 계해(B.C.718). 위선공(衛宣公) 진(晉) 원년이다. 위(衛)나라가 성(郕)나라
로 쳐들어갔다. 곡옥(曲沃)이 익(翼) 땅을 치니 익후(翼侯)가 수(隨)나라로 망명하였다. 주
(邾)나라와 정(鄭)나라가 송(宋)나라를 쳤다.

**甲子 晉哀侯光元 鄭來魯渝平 晉翼侯入鄂 魯齊盟艾 宋取鄭長葛 鄭伯朝周**

　　은공(隱公) 6년 갑자(B.C.717). 진애후(晉哀侯) 광(光) 원년이다. 정(鄭)나라가 로(魯)나라
에 와서 화평관계로 변하였다. 진익후(晉翼侯)가 악(鄂) 땅으로 들어갔다. 로나라와 제(齊)
나라가 애(艾) 땅에서 맹약하였다. 송(宋)나라가 정나라의 장갈(長葛)을 취하였다. 정백(鄭
伯)이 주(周)나라를 조현하였다.

**乙丑 滕侯卒 齊年聘魯 魯伐邾 周凡伯聘魯 秦文公卒 曲沃莊伯卒**

　　은공(隱公) 7년 을축(B.C.716). 등후(滕侯)가 졸하였다. 제(齊)나라 년(年)이 로(魯)나라를
빙문하였다. 로나라가 주(邾)나라를 쳤다. 주(周)나라 범백(凡伯)이 로나라를 빙문하였다.
진문공(秦文公)이 졸하였다. 곡옥장백(曲沃莊伯)이 졸하였다.

**丙寅 秦寧公元 曲沃武公稱元 宋衛遇垂 鄭宛歸魯祊 蔡侯考父卒 宿男卒 諸侯盟瓦屋 魯**

### 莒盟浮來

　　은공(隱公) 8년 병인(B.C.715). 진녕공(秦寧公) 원년이다. 곡옥무공(曲沃武公) 칭(稱) 원
년이다. 송(宋)나라와 위(衛)나라가 수(垂) 땅에서 급히 만났다. 정(鄭)나라 완(宛)이 로(魯)
나라에 팽(祊) 땅을 넘겨주었다. 채후(蔡侯) 고보(考父)가 졸하였다. 숙남(宿男)이 졸하였다.
제후들이 와옥(瓦屋)에서 맹약하였다. 로나라와 거(莒)나라가 부래(浮來)에서 맹약하였다.

### 丁卯　蔡桓侯封人元　周南季聘魯　魯齊會防　北戎侵鄭

　　은공(隱公) 9년 정묘(B.C.714). 채환후(蔡桓侯) 봉인(封人) 원년이다. 주(周)나라 남계(南
季)가 로(魯)나라를 빙문하였다. 로나라와 제(齊)나라가 방(防) 땅에서 회합하였다. 북융(北
戎)이 정(鄭)나라를 침범하였다.

### 戊辰　魯會齊鄭于中丘　伐宋取郜及防　宋衛入鄭　鄭伐戴　齊鄭入郕

　　은공(隱公) 10년 무진(B.C.713). 로(魯)나라가 제(齊)나라 및 정(鄭)나라와 중구(中丘)에
서 회합하여 송(宋)나라를 쳐서 곡(郜) 땅과 방(防) 땅을 취하였다. 송나라와 위(衛)나라가
정나라로 쳐들어갔다. 정나라가 대(戴)나라를 쳤다. 제나라와 정나라가 성(郕)나라로 쳐들
어갔다.

### 己巳　滕薛朝魯　魯鄭會時來　魯齊鄭入許　許莊公奔衛　魯翬弑公

　　은공(隱公) 11년 기사(B.C.712). 등(滕)나라와 설(薛)나라가 로(魯)나라를 조견하였다. 로
나라와 정(鄭)나라가 시래(時來)에서 회합하였다. 로·제(齊)·정나라가 허(許)나라로 쳐들
어가니, 허장공(許莊公)이 위(衛)나라로 망명하였다. 로나라 휘(翬)가 공(公)을 시해하였다.

### 桓元庚午　魯桓公允元　魯鄭會垂易祊田　又盟于越　燕穆侯卒

　　환공(桓公) 원년 경오(B.C.711). 로환공(魯桓公) 윤(允) 원년이다. 로(魯)나라와 정(鄭)나
라가 수(垂) 땅에서 회합하여 팽전(祊田)을 바꾸고, 또 월(越) 땅에서 맹약하였다. 연목후(燕
穆侯)가 졸하였다.

### 辛未　燕宣侯元　宋督弑其君與夷　滕朝魯　魯會諸侯于稷　成宋亂　取郜鼎　杞朝魯　蔡鄭會鄧　始懼楚　魯入杞　魯戎盟唐

환공(桓公) 2년 신미(B.C.710). 연선후(燕宣侯) 원년이다. 송(宋)나라 독(督)이 그 임금 여이(與夷)를 시해하였다. 등(滕)나라가 로(魯)나라를 조견하였다. 로나라가 제후들과 직(稷) 땅에서 회합하여 송나라의 란을 평정시키고 고(邸)나라의 솥을 취하였다. 기(杞)나라가 로나라를 조견하였다. 채(蔡)나라와 정(鄭)나라가 등(鄧) 땅에서 회합하였으니, 비로소 초(楚)나라를 두려워한 것이다. 로나라가 기나라로 쳐들어갔다. 로나라와 융(戎)이 당(唐) 땅에서 맹약하였다.

### 壬申 宋莊公馮元 魯齊會嬴 曲沃獲晉哀侯 齊衛胥命于蒲 魯杞會郕 魯齊會讙 魯夫人姜氏至自齊 齊年聘魯

환공(桓公) 3년 임신(B.C.709). 송장공(宋莊公) 빙(馮) 원년이다. 로(魯)나라와 제(齊)나라가 영(嬴) 땅에서 회합하였다. 곡옥무공(曲沃武公)이 진애후(晉哀侯)를 사로잡았다. 제나라와 위(衛)나라가 포(蒲) 땅에서 서명(胥命)하였다. 로나라와 기(杞)나라가 성(郕) 땅에서 회합하였다. 로나라와 제나라가 관(讙) 땅에서 회합하였다. 로나라 부인(夫人) 강씨(姜氏)가 제나라에서 왔다. 제나라 년(年)이 로나라를 빙문하였다.

### 癸酉 晉小子侯元 周渠伯糾聘魯

환공(桓公) 4년 계유(B.C.708). 진소자후(晉小子侯) 원년이다. 주(周)나라 거백규(渠伯糾)가 로(魯)나라를 빙문하였다.

### 甲戌 陳侯鮑卒 陳佗殺太子免 齊鄭如紀 周仍叔之子聘魯 諸侯從周伐鄭

환공(桓公) 5년 갑술(B.C.707). 진후(陳侯) 포(鮑)가 졸하였다. 진(陳)나라 타(佗)가 태자 문(免)을 죽였다. 제(齊)나라와 정(鄭)나라가 기(紀)나라에 갔다. 주(周)나라 잉숙(仍叔)의 아들이 로(魯)나라를 빙문하였다. 제후들이 주나라를 따라 정나라를 쳤다.

### 乙亥 陳厲公躍元 州公自曹來魯 楚侵隨 魯紀會成 北戎伐齊 鄭太子忽救齊 蔡殺陳佗 魯子同生 紀朝魯

환공(桓公) 6년 을해(B.C.706). 진려공(陳厲公) 약(躍) 원년이다. 주공(州公)이 조(曹)나라에서 로(魯)나라로 왔다. 초(楚)나라가 수(隨)나라를 침범하였다. 로나라와 기(紀)나라가 성(成) 땅에서 회합하였다. 북융(北戎)이 제(齊)나라를 치니 정(鄭)나라 태자 홀(忽)이 제나라를 구원하였다. 채(蔡)나라가 진(陳)나라 타(佗)를 죽였다. 로환공(魯桓公)의 아들 동(同)이 태어났다. 기나라가 로나라를 조견하였다.

### 丙子 穀鄧朝魯 曲沃殺晉小子侯

환공(桓公) 7년 병자(B.C.705). 곡(穀)나라와 등(鄧)나라가 로(魯)나라를 조견하였다. 곡옥(曲沃)이 진소자후(晉小子侯)를 죽였다.

### 丁丑 晉侯緡元 周家父聘魯 魯伐邾 周祭公來魯 逆后于紀 秦寧公卒 杞武公卒

환공(桓公) 8년 정축(B.C.704). 진후(晉侯) 민(緡) 원년이다. 주(周)나라 가보(家父)가 로(魯)나라를 빙문하였다. 로나라가 주(邾)나라를 쳤다. 주(周)나라 채공(祭公)이 로나라에 왔다가 기(紀)나라로 가서 왕후(王后)를 맞이하였다. 진녕공(秦寧公)이 졸하였다. 기무공(杞武公)이 졸하였다.

### 戊寅 秦出子元 杞靖公元 楚伐鄧 曹世子朝魯

환공(桓公) 9년 무인(B.C.703). 진출자(秦出子) 원년이다. 기정공(杞靖公) 원년이다. 초(楚)나라가 등(鄧)나라를 쳤다. 조(曹)나라 세자(世子)가 로(魯)나라를 조견하였다.

### 己卯 曹伯終生卒 魯會衛于桃丘不遇 齊衛鄭伐魯戰郎

환공(桓公) 10년 기묘(B.C.702). 조백(曹伯) 종생(終生)이 졸하였다. 로(魯)나라가 위(衛)나라와 도구(桃丘)에서 회합하기로 하였으나 만나지 못하였다. 제(齊)·위·정(鄭)나라가 로나라를 쳐서 랑(郎) 땅에서 싸웠다.

### 庚辰 曹莊公射姑元 齊衛鄭盟惡曹 鄖隨絞州蓼伐楚敗績 鄭伯寤生卒 子忽立 宋執祭仲 突歸鄭 忽奔衛 魯柔會諸侯盟折 魯宋會夫鍾 又會闞

환공(桓公) 11년 경진(B.C.701). 조장공(曹莊公) 역고(射姑) 원년이다. 제(齊)·위(衛)·정(鄭)나라가 악조(惡曹)에서 맹약하였다. 운(鄖)·수(隨)·교(絞)·주(州)·료(蓼)나라가 초(楚)나라를 쳤다가 크게 패하였다. 정백(鄭伯) 오생(寤生)이 졸하고 아들 홀(忽)이 즉위하였다. 송(宋)나라가 채중(祭仲)을 잡았다. 돌(突)이 정나라로 돌아가니 홀이 위나라로 망명하였다. 로(魯)나라 유(柔)가 제후들과 회합하여 절(折) 땅에서 맹약하였다. 로나라와 송나라가 부종

(夫鍾)에서 회합하고 또 감(闞) 땅에서 회합하였다.

### 辛巳 鄭厲公突元 魯會杞莒盟曲池 魯會宋燕盟穀丘 陳侯躍卒 魯會宋于虛于龜 會鄭盟于 武父 衛侯晉卒 魯鄭伐宋

환공(桓公) 12년 신사(B.C.700). 정려공(鄭厲公) 돌(突) 원년이다. 로(魯)나라가 기(杞)나라 및 거(莒)나라와 회합하여 곡지(曲池)에서 맹약하였다. 로나라가 송(宋)나라 및 연(燕)나라와 회합하여 곡구(穀丘)에서 맹약하였다. 진후(陳侯) 약(躍)이 졸하였다. 로나라가 송나라와 허(虛) 땅에서 회합하고, 또 구(龜) 땅에서 회합하였다. 정(鄭)나라와 회합하여 무보(武父)에서 맹약하였다. 위후(衛侯) 진(晉)이 졸하였다. 로나라와 정나라가 송나라를 쳤다.

### 壬午 陳莊公林元 衛惠公朔元 魯會紀鄭 與諸侯戰 楚伐羅而敗

환공(桓公) 13년 임오(B.C.699). 진장공(陳莊公) 림(林) 원년이다. 위혜공(衛惠公) 삭(朔) 원년이다. 로(魯)나라가 기(紀)나라 및 정(鄭)나라와 회합하여 제후들과 싸웠다. 초(楚)나라가 라(羅)나라를 쳤다가 패하였다.

### 癸未 魯鄭會曹 鄭語來魯盟 齊侯祿父卒 宋以諸侯伐鄭 燕宣侯卒 秦弑出子

환공(桓公) 14년 계미(B.C.698). 로(魯)나라와 정(鄭)나라가 조(曹)나라에서 회합하였다. 정나라 어(語)가 로나라에 와서 맹약하였다. 제후(齊侯) 록보(祿父)가 졸하였다. 송(宋)나라가 제후들의 군대를 거느리고 정나라를 쳤다. 연선후(燕宣侯)가 졸하였다. 진(秦)나라가 출자(出子)를 시해하였다.

### 甲申 齊襄公諸兒元 燕桓侯元 秦武公元 許穆公新臣元 周家父來魯求車 周桓王崩 鄭突奔 蔡 忽歸鄭 許叔入許 魯齊會艾 邾牟葛朝魯 鄭突入櫟 魯會諸侯伐鄭

환공(桓公) 15년 갑신(B.C.697). 제양공(齊襄公) 제아(諸兒) 원년이다. 연환후(燕桓侯) 원년이다. 진무공(秦武公) 원년이다. 허목공(許穆公) 신민(新臣) 원년이다. 주(周)나라 가보(家父)가 로(魯)나라에 와서 수레를 요구하였다. 주환왕(周桓王)이 붕하였다. 정(鄭)나라 돌(突)이 채(蔡)나라로 망명하니 홀(忽)이 정나라로 돌아갔다. 허숙(許叔)이 허나라(許)로 들어갔다. 로나라와 제(齊)나라가 애(艾) 땅에서 회합하였다. 주(邾)·모(牟)·갈(葛)나라가 로나라를 조견하였다. 정나라 돌이 력(櫟) 땅으로 들어갔다. 로나라가 제후들과 회합하여 정나라를 쳤다.

### 乙酉 周莊王佗元 鄭昭公忽元 魯會諸侯于曹伐鄭 衛侯朔奔齊

환공(桓公) 16년 을유(B.C.696). 주장왕(周莊王) 타(佗) 원년이다. 정소공(鄭昭公) 홀(忽) 원년이다. 로(魯)나라가 제후들과 조(曹)나라에서 회합하여 정(鄭)나라를 쳤다. 위후(衛侯) 삭(朔)이 제(齊)나라로 망명하였다.

### 丙戌 衛黔牟元 魯會齊紀盟黃 魯邾盟趡 魯齊戰奚 蔡侯封人卒 魯宋衛伐邾 鄭高渠彌弑昭公

환공(桓公) 17년 병술(B.C.695). 위(衛)나라 검모(黔牟) 원년이다. 로(魯)나라가 제(齊)나라 및 기(紀)나라와 회합하여 황(黃) 땅에서 맹약하였다. 로나라와 주(邾)나라가 유(趡) 땅에서 맹약하였다. 로나라와 제나라가 해(奚) 땅에서 싸웠다. 채후(蔡侯) 봉인(封人)이 졸하였다. 로·송(宋)·위(衛)나라가 주나라를 쳤다. 정(鄭)나라 고거미(高渠彌)가 소공(昭公)을 시해하였다.

### 丁亥 蔡哀侯獻舞元 鄭子亹元 魯公及夫人如齊 齊侯使彭生戕公 齊殺鄭子亹

환공(桓公) 18년 정해(B.C.694). 채애후(蔡哀侯) 헌무(獻舞) 원년이다. 정(鄭)나라 자미(子亹) 원년이다. 로공(魯公)이 부인(夫人)과 제(齊)나라에 갔다. 제후(齊侯)가 팽생(彭生)을 시켜 공(公)을 죽였다. 제나라가 정나라 자미를 죽였다.

### 莊元戊子 魯莊公同元 鄭子儀元 魯夫人孫齊 周單伯送王姬于齊 陳侯林卒 周榮叔來魯錫桓公命

장공(莊公) 원년 무자(B.C.693). 로장공(魯莊公) 동(同) 원년이다. 정(鄭)나라 자의(子儀) 원년이다. 로(魯)나라 부인(夫人)이 제(齊)나라로 피신하였다. 주(周)나라 선백(單伯)이 왕희(王姬)를 제나라로 호송하였다. 진후(陳侯) 림(林)이 졸하였다. 주나라 영숙(榮叔)이 로나라에 와서 환공(桓公)에게 추명(追命)을 내렸다.

### 己丑 陳宣公杵臼元 魯伐於餘丘 魯夫人會齊侯于禚 宋公馮卒

장공(莊公) 2년 기축(B.C.692). 진선공(陳宣公) 저구(杵臼) 원년이다. 로(魯)나라가 오여구

(於餘丘)를 쳤다. 로나라 부인(夫人)이 제후(齊侯)와 작(禚) 땅에서 만났다. 송공(宋公) 빙(馮)이 졸하였다.

## 庚寅 宋閔公捷元 魯溺會齊伐衛 紀季以酅入齊 燕桓侯卒

장공(莊公) 3년 경인(B.C.691). 송민공(宋閔公) 첩(捷) 원년이다. 로(魯)나라 닉(溺)이 제(齊)나라와 회합하여 위(衛)나라를 쳤다. 기(紀)나라 계(季)가 휴(酅) 땅을 가지고 제(齊)나라로 들어갔다. 연환후(燕桓侯)가 졸하였다.

## 辛卯 燕莊公元 魯夫人享齊侯于祝丘 楚武王卒 諸侯遇于垂 紀侯去國

장공(莊公) 4년 신묘(B.C.690). 연장공(燕莊公) 원년이다. 로(魯)나라 부인(夫人)이 축구(祝丘)에서 제후(齊侯)에게 향연을 베풀었다. 초무왕(楚武王)이 졸하였다. 제후들이 수(垂) 땅에서 만났다. 기후(紀侯)가 나라를 떠났다.

## 壬辰 楚文王熊貲元 魯夫人如齊師 郳犁來朝魯 魯會諸侯伐衛

장공(莊公) 5년 임진(B.C.689). 초문왕(楚文王) 웅자(熊貲) 원년이다. 로(魯)나라 부인(夫人)이 제(齊)나라 군영에 갔다. 예(郳)나라 려래(犁來)가 로나라에 와서 조견하였다. 로나라가 제후들과 회합하여 위(衛)나라를 쳤다.

## 癸巳 周子突救衛 衛侯朔入衛 黔牟奔周 楚伐申過鄧

장공(莊公) 6년 계사(B.C.688). 주(周)나라 자돌(子突)이 위(衛)나라를 구원하였다. 위후(衛侯) 삭(朔)이 위나라로 들어가니 검모(黔牟)가 주나라로 망명하였다. 초(楚)나라가 신(申)나라를 칠 때 등(鄧)나라를 들렀다.

## 甲午 魯夫人會齊侯于防 又會于穀

장공(莊公) 7년 갑오(B.C.687). 로(魯)나라 부인(夫人)이 제후(齊侯)와 방(防) 땅에서 만났고 또 곡(穀) 땅에서 만났다.

## 乙未 魯齊圍郕 齊無知弑其君諸兒

장공(莊公) 8년 을미(B.C.686). 로(魯)나라와 제(齊)나라가 성(郕)나라를 포위하였다. 제나라 무지(無知)가 그 임금 제아(諸兒)를 시해하였다.


### 丙申 齊桓公小白元 齊殺無知 魯齊盟蔇 魯納齊子糾不克

장공(莊公) 9년 병신(B.C.685). 제환공(齊桓公) 소백(小白) 원년이다. 제(齊)나라가 무지(無知)를 죽였다. 로(魯)나라와 제나라가 기(蔇) 땅에서 맹약하였다. 로나라가 제나라 자규(子糾)를 들여보내려 하였으나 성공하지 못하였다.


### 丁酉 魯敗齊于長勺 魯侵宋 宋遷宿 魯敗宋于乘丘 荊敗蔡以蔡侯獻舞歸 齊滅譚

장공(莊公) 10년 정유(B.C.684). 로(魯)나라가 제(齊)나라를 장작(長勺)에서 패배시켰다. 로나라가 송(宋)나라를 침범하였다. 송나라가 숙(宿)나라를 옮겼다. 로나라가 송나라를 승구(乘丘)에서 패배시켰다. 형(荊:楚)나라가 채(蔡)나라를 패배시키고 채후(蔡侯) 헌무(獻舞)를 잡아갔다. 제나라가 담(譚)나라를 멸하였다.


### 戊戌 魯敗宋于鄑 周王姬歸齊

장공(莊公) 11년 무술(B.C.683). 로(魯)나라가 송(宋)나라를 자(鄑) 땅에서 패배시켰다. 주(周)나라 왕희(王姬)가 제(齊)나라로 시집갔다.


### 己亥 宋萬弒其君捷 立子游 宋殺子游及萬 周莊王崩

장공(莊公) 12년 기해(B.C.682). 송(宋)나라 만(萬)이 그 임금 첩(捷)을 시해하고 자유(子游)를 세웠다. 송나라가 자유와 만을 죽였다. 주장왕(周莊王)이 붕하였다.


### 庚子 周僖王胡齊元 宋桓公御說元 諸侯會北杏 齊滅遂 魯齊盟柯 杞靖公卒

장공(莊公) 13년 경자(B.C.681). 주희왕(周僖王) 호제(胡齊) 원년이다. 송환공(宋桓公) 어열(御說) 원년이다. 제후들이 북행(北杏)에서 회합하였다. 제(齊)나라가 수(遂)나라를 멸하였다. 로(魯)나라와 제나라가 가(柯) 땅에서 맹약하였다. 기정공(杞靖公)이 졸하였다.


### 辛丑 杞共公元 周會諸侯伐宋 鄭傅瑕弒子儀 鄭突自櫟入鄭 荊滅息入蔡 周會諸侯于鄟

장공(莊公) 14년 신축(B.C.680). 기공공(杞共公) 원년이다. 주(周)나라가 제후들과 회합하여 송(宋)나라를 쳤다. 정(鄭)나라 부하(傅瑕)가 자의(子儀)를 시해하였다. 정나라 돌(突)이

력(櫟) 땅으로부터 정나라로 들어갔다. 형(荊:楚)나라가 식(息)나라를 멸하고 채(蔡)나라로
쳐들어갔다. 주나라가 제후들과 견(鄄) 땅에서 회합하였다.

**壬寅 諸侯復會鄄 齊始覇 魯夫人如齊 諸侯伐郳 鄭侵宋**

장공(莊公) 15년 임인(B.C.679). 제후들이 다시 견(鄄) 땅에서 회합하였다. 제(齊)나라가
비로소 패자가 되었다. 로(魯)나라 부인(夫人)이 제나라에 갔다. 제후들이 예(郳)나라를 쳤
다. 정(鄭)나라가 송(宋)나라를 침범하였다.

**癸卯 諸侯伐鄭 荊伐鄭 諸侯盟幽 曲沃伐晉侯緡滅之 周命曲沃伯爲晉侯 邾子克卒 荊滅鄧**
**秦武公卒**

장공(莊公) 16년 계묘(B.C.678). 제후들이 정(鄭)나라를 쳤다. 형(荊:楚)나라가 정나라를
쳤다. 제후들이 유(幽) 땅에서 맹약하였다. 곡옥(曲沃)이 진후(晉侯) 민(緡)을 쳐서 멸하였
다. 주(周)나라가 곡옥백(曲沃伯)을 명하여 진후로 삼았다. 주자(邾子) 극(克)이 졸하였다.
형나라가 등(鄧)나라를 멸하였다. 진무공(秦武公)이 졸하였다.

**甲辰 邾子瑣元 秦德公元 齊執鄭詹 齊人殲于遂 周僖王崩 晉武公卒**

장공(莊公) 17년 갑진(B.C.677). 주자(邾子) 쇄(瑣) 원년이다. 진덕공(秦德公) 원년이다.
제(齊)나라가 정(鄭)나라 첨(詹)을 잡았다. 제인(齊人)이 수(遂)나라에게 섬멸되었다. 주희
왕(周僖王)이 붕하였다. 진무공(晉武公)이 졸하였다.

**乙巳 周惠王閬元 晉獻公詭諸元 魯追戎于濟西 巴伐楚 秦德公卒**

장공(莊公) 18년 을사(B.C.676). 주혜왕(周惠王) 랑(閬) 원년이다. 진헌공(晉獻公) 궤제
(詭諸) 원년이다. 로(魯)나라가 융(戎)을 제수(濟水) 서쪽에서 추격하였다. 파(巴)나라가 초
(楚)나라를 쳤다. 진덕공(秦德公)이 졸하였다.

**丙午 秦宣公元 楚文王卒 魯公子結及齊宋盟鄄 魯夫人如莒 諸侯伐魯 周五大夫伐王 王奔**
**溫 燕衛伐周 立子頹 蔡哀侯卒于楚**

장공(莊公) 19년 병오(B.C.675). 진선공(秦宣公) 원년이다. 초문왕(楚文王)이 졸하였다.
로(魯)나라 공자 결(結)이 제(齊)나라 및 송(宋)나라와 견(鄄) 땅에서 맹약하였다. 로나라

부인(夫人)이 거(莒)나라에 갔다. 제후들이 로나라를 쳤다. 주(周)나라 다섯 대부가 왕을 치니 왕이 온(溫) 땅으로 달아났다. 연(燕)나라와 위(衛)나라가 주나라를 치고 자퇴(子頹)를 세웠다. 채애후(蔡哀侯)가 초(楚)나라에서 졸하였다.

### 丁未 楚堵敖熊囏元 蔡穆侯肹元 魯夫人如莒 齊伐戎 鄭伯和周不克 王處于櫟

장공(莊公) 20년 정미(B.C.674). 초도오(楚堵敖) 웅간(熊囏) 원년이다. 채목후(蔡穆侯) 힐(肹) 원년이다. 로(魯)나라 부인(夫人)이 거(莒)나라에 갔다. 제(齊)나라가 융(戎)을 쳤다. 정백(鄭伯)이 주(周)나라를 화해시키려다 실패하였다. 왕이 력(櫟) 땅에 거처하였다.

### 戊申 鄭伯虢叔殺子頹納王 鄭伯突卒 魯夫人姜氏薨 杞共公卒

장공(莊公) 21년 무신(B.C.673). 정백(鄭伯)과 괵숙(虢叔)이 자퇴(子頹)를 죽이고 왕을 주(周)나라로 들여보냈다. 정백 돌(突)이 졸하였다. 로(魯)나라 부인(夫人) 강씨(姜氏)가 훙하였다. 기공공(杞共公)이 졸하였다.

### 己酉 鄭文公捷元 杞德公元 陳殺公子御寇 公子完奔齊 魯齊盟防 魯公如齊納幣 楚熊頵弒堵敖自立

장공(莊公) 22년 기유(B.C.672). 정문공(鄭文公) 첩(捷) 원년이다. 기덕공(杞德公) 원년이다. 진(陳)나라가 공자 어구(御寇)를 죽이자 공자 완(完)이 제(齊)나라로 망명하였다. 로(魯)나라와 제나라가 방(防) 땅에서 맹약하였다. 로공(魯公)이 제나라에 가서 납폐하였다. 초(楚)나라 웅균(熊頵)이 도오(堵敖)를 시해하고 스스로 임금이 되었다.

### 庚戌 楚成王熊頵元 周祭叔聘魯 魯公如齊觀社 荊聘魯 魯齊遇穀 蕭叔朝魯公 曹伯射姑卒 魯齊盟扈

장공(莊公) 23년 경술(B.C.671). 초성왕(楚成王) 웅균(熊頵) 원년이다. 주(周)나라 채숙(祭叔)이 로(魯)나라를 빙문하였다. 로공(魯公)이 제(齊)나라에 가서 사제(社祭)를 구경하였다. 형(荊:楚)나라가 로나라를 빙문하였다. 로나라와 제나라가 곡(穀) 땅에서 만났다. 소(蕭)나라 숙(叔)이 로공을 조견하였다. 조백(曹伯) 역고(射姑)가 졸하였다. 로나라와 제나라가 호(扈) 땅에서 맹약하였다.

**辛亥 曹僖公赤元 魯公如齊逆女 夫人姜氏至 戎侵曹 曹羇奔陳 赤歸曹**

장공(莊公) 24년 신해(B.C.670). 조희공(曹僖公) 적(赤) 원년이다. 로공(魯公)이 제(齊)나라에 가서 녀인을 맞이하였다. 부인(夫人) 강씨(姜氏)가 로나라에 이르렀다. 융(戎)이 조(曹)나라를 침범하였다. 조나라 기(羇)는 진(陳)나라로 망명하고 적(赤)은 조나라로 돌아갔다.

**壬子 陳女叔聘魯 衛侯朔卒 魯伯姬歸杞 魯公子友如陳**

장공(莊公) 25년 임자(B.C.669). 진(陳)나라 여숙(女叔)이 로(魯)나라를 빙문하였다. 위후(衛侯) 삭(朔)이 졸하였다. 로나라 백희(伯姬)가 기(杞)나라로 시집갔다. 로나라 공자 우(友)가 진(陳)나라에 갔다.

**癸丑 衛懿公赤元 魯伐戎 晉始都絳 魯會諸侯伐徐**

장공(莊公) 26년 계축(B.C.668). 위의공(衛懿公) 적(赤) 원년이다. 로(魯)나라가 융(戎)을 쳤다. 진(晉)나라가 비로소 강(絳) 땅에 도읍하였다. 로나라가 제후들과 회합하여 서(徐)나라를 쳤다.

**甲寅 魯會杞伯姬于洮 魯會諸侯盟幽 莒慶逆魯叔姬 杞朝魯 魯齊會城濮**

장공(莊公) 27년 갑인(B.C.667). 로(魯)나라가 기(杞)나라 백희(伯姬)와 도(洮) 땅에서 만났다. 로나라가 제후들과 회합하여 유(幽) 땅에서 맹약하였다. 거(莒)나라 경(慶)이 로나라 숙희(叔姬)를 맞이하였다. 기나라가 로나라를 조견하였다. 로나라와 제(齊)나라가 성복(城濮)에서 회합하였다.

**乙卯 齊伐衛 邾子瑣卒 荊伐鄭 魯會諸侯救鄭 魯臧孫辰告糴于齊**

장공(莊公) 28년 을묘(B.C.666). 제(齊)나라가 위(衛)나라를 쳤다. 주자(邾子) 쇄(瑣)가 졸하였다. 형(荊:楚)나라가 정(鄭)나라를 쳤다. 로(魯)나라가 제후들과 회합하여 정나라를 구원하였다. 로나라 장손신(臧孫辰)이 제나라에서 곡식을 사들일 것을 고하였다.

**丙辰 邾文公蘧蒢元 鄭侵許**

장공(莊公) 29년 병진(B.C.665). 주문공(邾文公) 거제(蘧蒢) 원년이다. 정(鄭)나라가 허(許)나라를 침범하였다.

**丁巳 魯次于成 周討樊皮 齊降鄣 魯齊遇于魯濟 齊伐山戎 秦宣公卒**

　장공(莊公) 30년 정사(B.C.664). 로(魯)나라가 성(成) 땅에 주둔하였다. 주(周)나라가 번피(樊皮)를 토죄하였다. 제(齊)나라가 장(鄣)나라를 항복시켰다. 로나라와 제나라가 로제(魯濟)에서 만났다. 제나라가 산융(山戎)을 쳤다. 진선공(秦宣公)이 졸하였다.

**戊午 秦成公元 薛伯卒 齊獻戎捷于魯**

　장공(莊公) 31년 무오(B.C.663). 진성공(秦成公) 원년이다. 설백(薛伯)이 졸하였다. 제(齊)나라가 융(戎)을 쳐서 얻은 전리품을 로(魯)나라에 바쳤다.

**己未 宋齊遇梁丘 魯莊公薨 子般立 慶父弒子般 季友奔陳 魯慶父如齊 狄伐邢 曹僖公卒**

　장공(莊公) 32년 기미(B.C.662). 송(宋)나라와 제(齊)나라가 량구(梁丘)에서 만났다. 로장공(魯莊公)이 훙하고 자반(子般)이 즉위하였다. 경보(慶父)가 자반을 시해하니 계우(季友)가 진(陳)나라로 망명하였다. 로(魯)나라 경보가 제나라에 갔다. 적(狄)이 형(邢)나라를 쳤다. 조희공(曹僖公)이 졸하였다.

**閔元庚申 魯閔公啓方元 曹昭公班元 齊救邢 魯齊盟落姑 季子來歸 齊仲孫來魯 晉作二軍 滅耿霍魏**

　민공(閔公) 원년 경신(B.C.661). 로민공(魯閔公) 계방(啓方) 원년이다. 조소공(曹昭公) 반(班) 원년이다. 제(齊)나라가 형(邢)나라를 구원하였다. 로(魯)나라와 제나라가 락고(落姑)에서 맹약하니 계자(季子)가 돌아왔다. 제나라 중손(仲孫)이 로나라에 왔다. 진(晉)나라가 2군(軍)을 만들어 경(耿)·곽(霍)·위(魏)나라를 멸하였다.

**辛酉 齊人遷陽 魯慶父弒公 夫人姜氏孫邾 慶父奔莒而死 齊高子來盟于魯 狄入衛殺懿公 戴公申立而卒 鄭棄其師 晉大子申生伐皋落氏 秦成公卒**

　민공(閔公) 2년 신유(B.C.660). 제인(齊人)이 양(陽)나라를 옮겼다. 로(魯)나라 경보(慶父)가 공(公)을 시해하였다. 부인(夫人) 강씨(姜氏)가 주(邾)나라로 피신하였다. 경보가 거(莒)나라로 망명하였다가 죽었다. 제(齊)나라 고자(高子)가 로나라에 와서 맹약하였다. 적(狄)이 위(衛)나라로 쳐들어가서 의공(懿公)을 죽였다. 대공(戴公) 신(申)이 즉위하였으나 이내 졸하였다. 정(鄭)나라가 그 군대를 버렸다. 진(晉)나라 태자 신생(申生)이 고락씨(皋落氏)를 쳤다. 진성공(秦成公)이 졸하였다.

**僖元壬戌 魯僖公申元 衛文公燬元 秦穆公任好元 諸侯遷邢于夷儀 魯夫人姜氏薨于夷 荊始稱楚伐鄭 魯會諸侯于檉 魯敗邾敗莒**

　　희공(僖公) 원년 임술(B.C.659). 로희공(魯僖公) 신(申) 원년이다. 위문공(衛文公) 훼(燬) 원년이다. 진목공(秦穆公) 임호(任好) 원년이다. 제후들이 형(邢)나라를 이의(夷儀)로 옮겼다. 로(魯)나라 부인(夫人) 강씨(姜氏)가 이(夷) 땅에서 훙하였다. 형(荊)나라가 비로소 초(楚)나라라 칭하고 정(鄭)나라를 쳤다. 로나라가 제후들과 정(檉) 땅에서 회합하였다. 로나라가 주(邾)나라를 패배시키고 거(莒)나라를 패배시켰다.

**癸亥 諸侯城衛楚丘 虞晉滅下陽 諸侯盟貫 楚侵鄭 燕莊公卒**

　　희공(僖公) 2년 계해(B.C.658). 제후들이 위(衛)나라 초구(楚丘)에 성을 쌓았다. 우(虞)나라와 진(晉)나라가 하양(下陽)을 멸하였다. 제후들이 관(貫) 땅에서 맹약하였다. 초(楚)나라가 정(鄭)나라를 침범하였다. 연장공(燕莊公)이 졸하였다.

**甲子 燕襄公元 徐取舒 諸侯會陽穀 魯公子友如齊涖盟 楚伐鄭**

　　희공(僖公) 3년 갑자(B.C.657). 연양공(燕襄公) 원년이다. 서(徐)나라가 서(舒)나라를 취하다. 제후들이 양곡(陽穀)에서 회합하였다. 로(魯)나라 공자 우(友)가 제(齊)나라에 가서 맹약에 림하였다. 초(楚)나라가 정(鄭)나라를 쳤다.

**乙丑 魯會諸侯侵蔡伐楚 許男新臣卒 楚屈完盟齊師于召陵 齊執陳轅濤塗 魯及江黃伐陳 魯會諸侯侵陳**

　　희공(僖公) 4년 을축(B.C.656). 로(魯)나라가 제후들과 회합하여 채(蔡)나라를 침범하고 초(楚)나라를 쳤다. 허남(許男) 신신(新臣)이 졸하였다. 초(楚)나라 굴완(屈完)이 제(齊)나라 군대와 소릉(召陵)에서 맹약하였다. 제나라가 진(陳)나라 원도도(轅濤塗)를 사로잡았다. 로나라가 강(江)나라 및 황(黃)나라와 함께 진나라를 쳤다. 로나라가 제후들과 회합하여 진나라를 침범하였다.

**丙寅 許僖公業元 晉殺申生 重耳奔狄 杞伯姬朝子于魯 魯及諸侯會王世子于首止 鄭伯逃**

**盟 楚滅弦 晉滅虢滅虞 杞惠公卒**

희공(僖公) 5년 병인(B.C.655). 허희공(許僖公) 업(業) 원년이다. 진(晉)나라가 신생(申生)을 죽였다. 중이(重耳)가 적(狄) 땅으로 망명하였다. 기(杞)나라 백희(伯姬)가 아들을 로(魯)나라에 조견시켰다. 로나라와 제후들이 왕세자와 수지(首止)에서 회합하였다. 정백(鄭伯)이 맹약에서 도망쳤다. 초(楚)나라가 현(弦)나라를 멸하였다. 진(晉)나라가 괵(虢)나라를 멸하고 우(虞)나라를 멸하였다. 기혜공(杞惠公)이 졸하였다.

**丁卯 杞成公元 晉夷吾奔梁 魯會諸侯伐鄭 楚圍許 諸侯救許**

희공(僖公) 6년 정묘(B.C.654). 기성공(杞成公) 원년이다. 진(晉)나라 이오(夷吾)가 량(梁)나라로 망명하였다. 로(魯)나라가 제후들과 회합하여 정(鄭)나라를 쳤다. 초(楚)나라가 허(許)나라를 포위하니 제후들이 허나라를 구원하였다.

**戊辰 齊伐鄭 小邾朝魯 鄭殺申侯 魯會諸侯盟寧母 曹伯班卒 魯公子友如齊**

희공(僖公) 7년 무진(B.C.653). 제(齊)나라가 정(鄭)나라를 쳤다. 소주(小邾)가 로(魯)나라를 조견하였다. 정나라가 신후(申侯)를 죽였다. 로나라가 제후들과 회합하여 녕모(寧母)에서 맹약하였다. 조백(曹伯) 반(班)이 졸하였다. 로나라 공자 우(友)가 제(齊)나라에 갔다.

**己巳 曹共公襄元 周惠王崩 魯會諸侯盟洮 謀王室 鄭伯乞盟 狄伐晉**

희공(僖公) 8년 기사(B.C.652). 조공공(曹共公) 양(襄) 원년이다. 주혜왕(周惠王)이 붕하였다. 로(魯)나라가 제후들과 회합하여 도(洮) 땅에서 맹약하고 왕실을 안정시키는 일을 모의하였다. 정백(鄭伯)이 맹약하기를 간청하였다. 적(狄)이 진(晉)나라를 쳤다.

**庚午 周襄王鄭元 宋公御說卒 魯會宰周公及諸侯盟葵丘 晉侯詭諸卒 里克殺奚齊**

희공(僖公) 9년 경오(B.C.651). 주양왕(周襄王) 정(鄭) 원년이다. 송공(宋公) 어열(御說)이 졸하였다. 로(魯)나라가 재주공(宰周公) 및 제후들과 회합하여 규구(葵丘)에서 맹약하였다. 진후(晉侯) 궤제(詭諸)가 졸하였다. 리극(里克)이 해제(奚齊)를 죽였다.

**辛未 宋襄公玆父元 晉惠公夷吾元 魯公如齊 狄滅溫 晉里克弑其君卓 秦納夷吾 齊許伐北戎 晉殺里克**

희공(僖公) 10년 신미(B.C.650). 송양공(宋襄公) 자보(玆父) 원년이다. 진혜공(晉惠公) 이오(夷吾) 원년이다. 로공(魯公)이 제(齊)나라에 갔다. 적(狄)이 온(溫)나라를 멸하였다. 진(晉)나라 리극(里克)이 그 임금 탁(卓)을 시해하였다. 진(秦)나라가 이오를 들여보냈다. 제(齊)나라와 허(許)나라가 북융(北戎)을 쳤다. 진나라가 리극을 죽였다.

## 壬申 晉殺丕鄭父 魯公及夫人會齊于陽穀 周王子帶召戎伐京師 秦晉伐戎救周 楚伐黃

희공(僖公) 11년 임신(B.C.649). 진(晉)나라가 비정보(丕鄭父)를 죽였다. 로공(魯公)이 부인(夫人)과 함께 양곡(陽穀)에서 제(齊)나라와 회합하였다. 주(周)나라 왕자 대(帶)가 융(戎)을 불러들여 경사(京師)를 쳤다. 진(秦)나라와 진(晉)나라가 융을 쳐서 주나라를 구원하였다. 초(楚)나라가 황(黃)나라를 쳤다.

## 癸酉 楚滅黃 周王子帶奔齊 齊平戎于王 陳侯杵臼卒

희공(僖公) 12년 계유(B.C.648). 초(楚)나라가 황(黃)나라를 멸하였다. 주(周)나라 왕자 대(帶)가 제(齊)나라로 망명하였다. 제(齊)나라가 융(戎)을 왕과 화평하게 하였다. 진후(陳侯) 저구(杵臼)가 졸하였다.

## 甲戌 陳穆公款元 齊仲孫湫聘周 狄侵衛 魯會諸侯于鹹 諸侯戍周 秦輸粟于晉 魯公子友如齊

희공(僖公) 13년 갑술(B.C.647). 진목공(陳穆公) 관(款) 원년이다. 제(齊)나라 중손추(仲孫湫)가 주(周)나라를 빙문하였다. 적(狄)이 위(衛)나라를 침범하였다. 로(魯)나라가 제후들과 함(鹹) 땅에서 회합하였다. 제후들이 주나라를 지켰다. 진(秦)나라가 곡식을 진(晉)나라로 운송하였다. 로나라 공자 우(友)가 제나라에 갔다.

## 乙亥 諸侯城緣陵遷杞 鄫朝魯 晉沙鹿崩 狄侵鄭 蔡侯肹卒

희공(僖公) 14년 을해(B.C.646). 제후들이 연릉(緣陵)에 성을 쌓아 기(杞)나라를 옮겼다. 증(鄫)나라가 로(魯)나라를 조견하였다. 진(晉)나라의 사록(沙鹿)이 무너졌다. 적(狄)이 정(鄭)나라를 침범하였다. 채후(蔡侯) 힐(肹)이 졸하였다.

## 丙子 蔡莊侯甲午元 魯公如齊 楚伐徐 魯會諸侯于牡丘救徐 齊曹伐厲 宋伐曹 楚敗徐于婁

### 林 秦敗晉于韓 獲晉侯 旣而釋之

희공(僖公) 15년 병자(B.C.645). 채장후(蔡莊侯) 갑오(甲午) 원년이다. 로공(魯公)이 제 (齊)나라에 갔다. 초(楚)나라가 서(徐)나라를 쳤다. 로(魯)나라가 제후들과 모구(牡丘)에서 회합하여 서나라를 구원하였다. 제나라와 조(曹)나라가 려(厲)나라를 쳤다. 송(宋)나라가 조 나라를 쳤다. 초나라가 서나라를 루림(婁林)에서 패배시켰다. 진(秦)나라가 진(晉)나라를 한 (韓) 땅에서 패배시키고 진후(晉侯)를 잡았다가 얼마 뒤 풀어주었다.

### 丁丑 宋隕石五 六鶂退飛 齊徵諸侯戍周 魯會諸侯于淮

희공(僖公) 16년 정축(B.C.644). 송(宋)나라에 다섯 개의 돌이 떨어지고, 여섯 마리의 익 새[鶂]가 뒤로 날았다. 제(齊)나라가 제후들의 군사를 징발하여 주(周)나라를 지켰다. 로(魯) 나라가 제후들과 회수(淮水)에서 회합하였다.

### 戊寅 齊徐伐英氏 晉大子圉質秦 魯滅項 魯夫人會齊侯于卞 齊侯小白卒 無虧立

희공(僖公) 17년 무인(B.C.643). 제(齊)나라와 서(徐)나라가 영씨(英氏)를 쳤다. 진(晉)나 라 태자 어(圉)가 진(秦)나라에 볼모가 되었다. 로(魯)나라가 항(項)나라를 멸하였다. 로나 라 부인(夫人)이 제후(齊侯)를 변(卞) 땅에서 만났다. 제후(齊侯) 소백(小白)이 졸하고 무휴 (無虧)가 즉위하였다.

### 己卯 齊孝公昭元 宋及諸侯伐齊納孝公 齊殺無虧 鄭朝楚 魯救齊 狄救齊 邢狄伐衛

희공(僖公) 18년 기묘(B.C.642). 제효공(齊孝公) 소(昭) 원년이다. 송(宋)나라가 제후들과 제(齊)나라를 치고서 효공(孝公)을 들여보냈다. 제나라가 무휴(無虧)를 죽였다. 정(鄭)나라 가 초(楚)나라를 조견하였다. 로(魯)나라가 제나라를 구원하였다. 적(狄)이 제나라를 구원하 였다. 형(邢)나라와 적이 위(衛)나라를 쳤다.

### 庚辰 宋執滕子 宋及諸侯盟曹南 執鄫子用之 宋圍曹 衛伐邢 諸侯盟于齊 梁亡

희공(僖公) 19년 경진(B.C.641). 송(宋)나라가 등자(滕子)를 잡았다. 송나라가 제후들과 조남(曹南)에서 맹약하고 증자(鄫子)를 잡아서 희생으로 썼다. 송나라가 조(曹)나라를 포위 하였다. 위(衛)나라가 형(邢)나라를 쳤다. 제후들이 제(齊)나라에서 맹약하였다. 량(梁)나라 가 망하였다.

### 辛巳 郜朝魯 鄭入滑 齊狄盟邢 楚伐隨

희공(僖公) 20년 신사(B.C.640). 고(郜)나라가 로(魯)나라를 조견하였다. 정(鄭)나라가 활(滑)나라로 쳐들어갔다. 제(齊)나라와 적(狄)이 형(邢)나라에서 맹약하였다. 초(楚)나라가 수(隨)나라를 쳤다.

### 壬午 狄侵衛 諸侯盟鹿上 宋楚及諸侯會于盂 楚執宋公以伐宋 邾滅須句 魯伐邾 楚獻宋捷 于魯 魯會諸侯盟薄 釋宋公

희공(僖公) 21년 임오(B.C.639). 적(狄)이 위(衛)나라를 침범하였다. 제후들이 록상(鹿上)에서 맹약하였다. 송(宋)나라와 초(楚)나라가 제후들과 우(盂) 땅에서 회합하였다. 초나라가 송공(宋公)을 잡고 송나라를 쳤다. 주(邾)나라가 수구(須句)를 멸하였다. 로(魯)나라가 주(邾)나라를 쳤다. 초나라가 송나라에서 얻은 전리품을 로나라에 바쳤다. 로나라가 제후들과 회합하여 박(薄) 땅에서 맹약하고 송공을 풀어주었다.

### 癸未 魯伐邾 取須句 諸侯伐鄭 秦晉遷陸渾戎于伊川 晉大子圉 自秦逃歸 周王子帶自齊歸 魯邾戰于升陘 楚敗宋于泓

희공(僖公) 22년 계미(B.C.638). 로(魯)나라가 주(邾)나라를 쳐서 수구(須句)를 취하였다. 제후들이 정(鄭)나라를 쳤다. 진(秦)나라와 진(晉)나라가 륙혼(陸渾)의 융(戎)을 이천(伊川)으로 옮겼다. 진(晉)나라 태자 어(圉)가 진(秦)나라에서 도망쳐 돌아갔다. 주(周)나라 왕자 대(帶)가 제(齊)나라에서 돌아갔다. 로나라와 주(邾)나라가 승형(升陘)에서 싸웠다. 초(楚)나라가 송(宋)나라를 홍수(泓水)에서 패배시켰다.

### 甲申 齊伐宋 宋公玆父卒 楚伐陳 晉侯夷吾卒 子懷公圉立 杞成公卒

희공(僖公) 23년 갑신(B.C.637). 제(齊)나라가 송(宋)나라를 쳤다. 송공(宋公) 자보(玆父)가 졸하였다. 초(楚)나라가 진(陳)나라를 쳤다. 진후(晉侯) 이오(夷吾)가 졸하고 아들 회공(懷公) 어(圉)가 즉위하였다. 기성공(杞成公)이 졸하였다.

### 乙酉 宋成公王臣元 晉文公重耳元 杞桓公姑容元 秦納重耳于晉 重耳殺懷公 狄伐鄭 王子帶以狄師伐周 天王出居于鄭 宋公如楚

희공(僖公) 24년 을유(B.C.636). 송성공(宋成公) 왕신(王臣) 원년이다. 진문공(晉文公) 중

이(重耳) 원년이다. 기환공(杞桓公) 고용(姑容) 원년이다. 진(秦)나라가 중이(重耳)를 진(晉)나라로 들여보냈다. 중이가 회공(懷公)을 죽였다. 적(狄)이 정(鄭)나라를 쳤다. 왕자 대(帶)가 적(狄)의 군대로 주(周)나라를 치니 천왕이 정나라에 나가 거하였다. 송공(宋公)이 초(楚)나라에 갔다.

**丙戌 衛滅邢 晉侯納王于周 王殺子帶 衛侯燬卒 楚圍陳 納頓子于頓 魯會衛莒盟洮**

희공(僖公) 25년 병술(B.C.635). 위(衛)나라가 형(邢)나라를 멸하였다. 진후(晉侯)가 왕을 주(周)나라로 들여보냈다. 왕이 아들 대(帶)를 죽였다. 위후(衛侯) 훼(燬)가 졸하였다. 초(楚)나라가 진(陳)을 포위하여 돈자(頓子)를 돈(頓)나라로 들여보냈다. 로(魯)나라가 위(衛)나라 및 거(莒)나라와 회합하여 도(洮) 땅에서 맹약하였다.

**丁亥 衛成公鄭元 魯會衛莒盟向 齊侵魯 衛伐齊 魯乞師于楚 楚滅夔 楚伐宋 魯以楚師伐齊**

희공(僖公) 26년 정해(B.C.634). 위성공(衛成公) 정(鄭) 원년이다. 로(魯)나라가 위(衛)나라 및 거(莒)나라와 회합하여 상(向) 땅에서 맹약하였다. 제(齊)나라가 로나라를 침범하였다. 위나라가 제나라를 쳤다. 로나라가 초(楚)나라에 군대를 요청하였다. 초나라가 기(夔)나라를 멸하였다. 초나라가 송(宋)나라를 쳤다. 로나라가 초나라 군대를 거느리고 제나라를 쳤다.

**戊子 杞朝魯 齊侯昭卒 魯入杞 楚及諸侯圍宋 晉作三軍 魯會諸侯盟宋**

희공(僖公) 27년 무자(B.C.633). 기(杞)나라가 로(魯)나라를 조견하였다. 제후(齊侯) 소(昭)가 졸하였다. 로나라가 기나라로 쳐들어갔다. 초(楚)나라가 제후들과 함께 송(宋)나라를 포위하였다. 진(晉)나라가 3군(軍)을 편성하였다. 로나라가 제후들과 회합하여 송(宋)나라에서 맹약하였다.

**己丑 齊昭公潘元 晉侵曹伐衛 楚救衛不克 魯刺公子買 晉執曹伯畀宋 晉及諸侯敗楚于城濮盟踐土 魯朝王所 楚殺得臣 衛侯奔楚 叔武攝位 衛侯復歸衛 殺叔武 陳侯款卒 魯公子遂如齊 諸侯會溫 天王狩河陽 諸侯朝王 晉執衛侯歸京師 衛元咺立瑕 諸侯圍許 曹伯復歸曹 晉作三行**

희공(僖公) 28년 기축(B.C.632). 제소공(齊昭公) 반(潘) 원년이다. 진(晉)나라가 조(曹)나라를 침범하고 위(衛)나라를 쳤다. 초(楚)나라가 위나라를 구원하였으나 이기지 못하자 로(魯)나라가 공자 매(買)를 죽였다. 진(晉)나라가 조백(曹伯)을 잡아 송(宋)나라에 넘겨주었다. 진나라가 제후들과 성복(城濮)에서 초나라를 패배시키고 천토(踐土)에서 맹약하였다. 로나라가 왕소(王所)에서 조현하였다. 초나라가 득신(得臣)을 죽였다. 위후(衛侯)가 초나라로 망명하니 숙무(叔武)가 임금의 지위를 대리하였다. 위후가 다시 위나라로 돌아가서 숙무를 죽였다. 진후(陳侯) 관(款)이 졸하였다. 로나라 공자 수(遂)가 제(齊)나라에 갔다. 제후들이 온(溫) 땅에서 회합하였다. 천왕이 하양(河陽)에 순수(巡守)하였다. 제후들이 왕을 조현하였다. 진나라가 위후를 잡아 경사(京師)로 보냈다. 위나라 원훤(元咺)이 하(瑕)를 임금으로 세웠다. 제후들이 허(許)나라를 포위하였다. 조백이 다시 조나라로 돌아갔다. 진나라가 3항(行)의 부대를 편성하였다.

## 庚寅 陳共公朔元 介葛盧來魯 魯會王子虎及諸侯大夫盟翟泉

희공(僖公) 29년 경인(B.C.631). 진공공(陳共公) 삭(朔) 원년이다. 개(介)나라 갈로(葛盧)가 로(魯)나라에 왔다. 로나라가 왕자 호(虎) 및 제후들의 대부와 회합하여 적천(翟泉)에서 맹약하였다.

## 辛卯 狄侵齊 衛殺元咺及瑕 衛侯歸于衛 晉秦圍鄭 介侵蕭 周周公閱聘魯 魯公子遂如周如晉

희공(僖公) 30년 신묘(B.C.630). 적(狄)이 제(齊)나라를 침범하였다. 위(衛)나라가 원훤(元咺)과 하(瑕)를 죽였으니 위후(衛侯)가 위나라로 돌아갔다. 진(晉)나라와 진(秦)나라가 정(鄭)나라를 포위하였다. 개(介)나라가 소(蕭)나라를 침범하였다. 주(周)나라 주공(周公) 열(閱)이 로(魯)나라를 빙문하였다. 로나라 공자 수(遂)가 주나라에 갔다가 진(晉)나라로 갔다.

## 壬辰 魯取曹濟西田 魯公子遂如晉 晉作五軍 狄圍衛 衛遷帝丘

희공(僖公) 31년 임진(B.C.629). 로(魯)나라가 조(曹)나라의 제수(濟水) 서쪽 전지를 취하였다. 로나라 공자 수(遂)가 진(晉)나라에 갔다. 진나라가 5군(軍)을 편성하였다. 적(狄)이 위(衛)나라를 포위하니 위나라가 제구(帝丘)로 옮겼다.

## 癸巳 鄭伯捷卒 衛侵狄而盟 晉侯重耳卒

희공(僖公) 32년 계사(B.C.628). 정백(鄭伯) 첩(捷)이 졸하였다. 위(衛)나라가 적(狄)을 침범하고서 맹약하였다. 진후(晉侯) 중이(重耳)가 졸하였다.

## 甲午 鄭穆公蘭元 晉襄公驩元 秦滅滑 齊國歸父聘魯 晉敗秦于殽 狄侵齊 魯伐邾 晉敗狄于箕 魯公如齊 魯僖公薨 諸侯伐許

희공(僖公) 33년 갑오(B.C.627). 정목공(鄭穆公) 란(蘭) 원년이다. 진양공(晉襄公)관(驩)원년이다. 진(秦)나라가 활(滑)나라를 멸하였다. 제(齊)나라 국귀보(國歸父)가 로(魯)나라를 빙문하였다. 진(晉)나라가 진(秦)나라를 효(殽) 땅에서 패배시켰다. 적(狄)이 제나라를 침범하였다. 로나라가 주(邾)나라를 쳤다. 진(晉)나라가 적을 기(箕) 땅에서 패배시켰다. 로공(魯公)이 제나라에 갔다. 로희공(魯僖公)이 훙하였다. 제후들이 허(許)나라를 쳤다.

## 文元乙未 魯文公興元 周使叔服會魯葬 毛伯錫公命 晉伐衛 魯叔孫得臣如周 衛伐晉 魯公孫敖會晉于戚 楚商臣弑其君頵 魯公孫敖如齊

문공(文公) 원년 을미(B.C.626). 로문공(魯文公) 훙(興) 원년이다. 주(周)나라가 숙복(叔服)을 보내어 로(魯)나라 장례에 참석하게 하였고, 모백(毛伯)을 보내어 공(公)에게 작명을 내렸다. 진(晉)나라가 위(衛)나라를 쳤다. 로나라 숙손득신(叔孫得臣)이 주(周)나라에 갔다. 위나라가 진나라를 쳤다. 로나라 공손오(公孫敖)가 진나라와 척(戚) 땅에서 회합하였다. 초(楚)나라 상신(商臣)이 그 임금 균(頵)을 시해하였다. 로나라 공손오가 제(齊)나라에 갔다.

## 丙申 楚穆王商臣元 晉敗秦于彭衙 魯及晉處父盟 魯公孫敖會諸侯盟垂隴 魯躋僖公于太廟 諸侯伐秦 魯公子遂如齊納幣

문공(文公) 2년 병신(B.C.625). 초목왕(楚穆王) 상신(商臣) 원년이다. 진(晉)나라가 진(秦)나라를 팽아(彭衙)에서 패배시켰다. 로(魯)나라가 진(晉)나라와 처보(處父)에서 맹약하였다. 로나라 공손오(公孫敖)가 제후들과 회합하여 수롱(垂隴)에서 맹약하였다. 로나라가 태묘(太廟)에서 희공(僖公)을 올려 모셨다. 제후들이 진(秦)나라를 쳤다. 로나라 공자 수(遂)가 제(齊)나라에 가서 납폐(納幣)하였다.

## 丁酉 魯叔孫得臣會諸侯伐沈 秦伐晉 楚圍江 魯公如晉盟 晉伐楚救江

문공(文公) 3년 정유(B.C.624). 로(魯)나라 숙손득신(叔孫得臣)이 제후들과 회합하여 심

(沈)나라를 쳤다. 진(秦)나라가 진(晉)나라를 쳤다. 초(楚)나라가 강(江)나라를 포위하였다. 로공(魯公)이 진(晉)나라에 가서 맹약하였다. 진(晉)나라가 초나라를 쳐서 강나라를 구원하였다.

### 戊戌 魯逆婦姜于齊 狄侵齊 楚滅江 晉伐秦 衞甯俞聘魯 魯夫人風氏薨

문공(文公) 4년 무술(B.C.623). 로(魯)나라가 부강(婦姜)을 제(齊)나라에서 맞이하였다. 적(狄)이 제나라를 침범하였다. 초(楚)나라가 강(江)나라를 멸하였다. 진(晉)나라가 진(秦)나라를 쳤다. 위(衞)나라 녕유(甯俞)가 로나라를 빙문하였다. 로나라 부인(夫人) 풍씨(風氏)가 훙하였다.

### 己亥 周歸魯夫人含賵 召伯會葬 魯公孫敖如晉 秦入郡 楚滅六滅蓼 許男業卒

문공(文公) 5년 기해(B.C.622). 주(周)나라가 로(魯)나라 부인(夫人)을 위해 함(含)과 봉(賵)을 보내주고, 소백(召伯)을 장례에 참석하게 하였다. 로나라 공손오(公孫敖)가 진(晉)나라에 갔다. 진(秦)나라가 약(郡)나라로 쳐들어갔다. 초(楚)나라가 륙(六)나라를 멸하고 료(蓼)나라를 멸하였다. 허남(許男) 업(業)이 졸하였다.

### 庚子 許昭公錫我元 晉舍二軍 魯季孫行父如陳 秦伯任好卒 魯季孫行父如晉 晉侯驪卒 晉殺陽處父 狐射姑奔狄

문공(文公) 6년 경자(B.C.621). 허소공(許昭公) 석아(錫我) 원년이다. 진(晉)나라가 2군(軍)을 감축하였다. 로(魯)나라 계손행보(季孫行父)가 진(陳)나라에 갔다. 진백(秦伯) 임호(任好)가 졸하였다. 로나라 계손행보가 진(晉)나라에 갔다. 진후(晉侯) 환(驪)이 졸하였다. 진(晉)나라가 양처보(陽處父)를 죽이니 호역고(狐射姑)가 적(狄)으로 망명하였다.

### 辛丑 秦康公罃元 晉靈公夷皋元 魯伐邾取須句 宋公王臣卒 弟禦殺大子而自立 宋殺禦 晉敗秦于令狐 晉先蔑奔秦 狄侵魯 魯會諸侯盟扈 徐伐莒 魯公孫敖如莒盟

문공(文公) 7년 신축(B.C.620). 진강공(秦康公) 앵(罃) 원년이다. 진령공(晉靈公) 이고(夷皋) 원년이다. 로(魯)나라가 주(邾)나라를 쳐서 수구(須句)를 취하였다. 송공(宋公) 왕신(王臣)이 졸하니, 그 아우 어(禦)가 태자를 죽이고 스스로 임금이 되었다. 송(宋)나라가 어를 죽였다. 진(晉)나라가 령호(令狐)에서 진(秦)나라를 패배시켰다. 진(晉)나라 선멸(先蔑)이 진(秦)나라로 망명하였다. 적(狄)이 로나라를 침범하였다. 로나라가 제후들과 호(扈) 땅에서 맹약하였다. 서(徐)나라가 거(莒)나라를 쳤다. 로나라 공손오(公孫敖)가 거나라로 가서 맹약하였다.

### 壬寅 宋昭公杵臼元 晉歸衛田 周襄王崩 魯晉盟衡雍 又會雒戎盟暴 魯公孫敖奔莒 宋殺公子卬 蕩意諸奔魯

문공(文公) 8년 임인(B.C.619). 송소공(宋昭公) 저구(杵臼) 원년이다. 진(晉)나라가 위(衛)나라에 전지를 돌려주었다. 주양왕(周襄王)이 붕하였다. 로(魯)나라가 진나라와 형옹(衡雍)에서 맹약하고 또 락(雒) 땅의 융(戎)과 회합하여 포(暴) 땅에서 맹약하였다. 로나라 공손오(公孫敖)가 거(莒)나라로 망명하였다. 송(宋)나라가 공자 앙(卬)을 죽이니 탕의저(蕩意諸)가 로나라로 망명하였다.

### 癸卯 周頃王壬臣元 周毛伯來魯求金 魯夫人如齊 魯叔孫得臣如周葬襄王 晉殺先都士縠箕鄭父 楚伐鄭 諸侯救鄭 狄侵齊 曹伯襄卒 楚使椒聘魯 秦歸魯成風襚 燕襄公卒

문공(文公) 9년 계묘(B.C.618). 주경왕(周頃王) 임신(壬臣) 원년이다. 주(周)나라 모백(毛伯)이 로(魯)나라에 와서 금을 요구하였다. 로나라 부인(夫人)이 제(齊)나라에 갔다. 로나라 숙손득신(叔孫得臣)이 주나라에 가서 양왕(襄王)의 장례를 지냈다. 진(晉)나라가 선도(先都)·사곡(士縠)·기정보(箕鄭父)를 죽였다. 초(楚)나라가 정(鄭)나라를 치니 제후들이 정나라를 구원하였다. 적(狄)이 제나라를 침범하였다. 조백(曹伯) 양(襄)이 졸하였다. 초나라가 초(椒)를 보내어 로나라를 빙문하였다. 진(秦)나라가 로나라 성풍(成風)의 수의(襚衣)를 바쳤다. 연양공(燕襄公)이 졸하였다.

### 甲辰 曹文公壽元 燕桓公元 秦伐晉 楚殺宜申 魯及周蘇子盟女栗 狄侵宋 楚蔡次厥貉

문공(文公) 10년 갑진(B.C.617). 조문공(曹文公) 수(壽) 원년이다. 연환공(燕桓公) 원년이다. 진(秦)나라가 진(晉)나라를 쳤다. 초(楚)나라가 의신(宜申)을 죽였다. 로(魯)나라가 주(周)나라 소자(蘇子)와 여률(女栗)에서 맹약하였다. 적(狄)이 송(宋)나라를 침범하였다. 초나라와 채(蔡)나라가 궐맥(厥貉)에 주둔하였다.

### 乙巳 楚伐麇 魯叔仲彭生晉郤缺會承筐 曹朝魯 魯公子遂如宋 狄侵齊 魯敗狄于鹹 獲長狄

## 僑如

문공(文公) 11년 을사(B.C.616). 초(楚)나라가 균(麇)나라를 쳤다. 로(魯)나라 숙중팽생(叔仲彭生)이 진(晉)나라 극결(郤缺)과 승광(承筐)에서 회합하였다. 조(曹)나라가 로나라를 조견하였다. 로나라 공자 수(遂)가 송(宋)나라에 갔다. 적(狄)이 제(齊)나라를 침범하였다. 로나라가 적을 함(鹹) 땅에서 패배시키고 장적교여(長狄僑如)를 사로잡았다.

## 丙午 郕伯奔魯 杞朝魯 楚圍巢 滕朝魯 秦使術聘魯 晉秦戰河曲

문공(文公) 12년 병오(B.C.615). 성백(郕伯)이 로(魯)나라로 망명하였다. 기(杞)나라가 로나라를 조견하였다. 초(楚)나라가 소(巢)나라를 포위하였다. 등(滕)나라가 로나라를 조견하였다. 진(秦)나라가 술(術)을 보내어 로나라를 빙문하였다. 진(晉)나라와 진(秦)나라가 하곡(河曲)에서 싸웠다.

## 丁未 陳侯朔卒 邾子蘧蒢卒 魯公如晉盟 衛會于沓 狄侵衛 鄭會魯于棐 楚穆王卒

문공(文公) 13년 정미(B.C.614). 진후(陳侯) 삭(朔)이 졸하였다. 주자(邾子) 거저(蘧蒢)가 졸하였다. 로공(魯公)이 진(晉)나라에 가서 맹약하고, 위(衛)나라와 답(沓) 땅에서 회합하였다. 적(狄)이 위나라를 침범하였다. 정(鄭)나라가 비(棐) 땅에서 로나라와 회합하였다. 초목왕(楚穆王)이 졸하였다.

## 戊申 陳靈公平國元 邾定公貜且元 楚莊王旅元 周頃王崩 邾伐魯 魯伐邾 齊侯潘卒 子舍立 魯會諸侯同盟新城 晉納捷菑于邾 不克 齊商人弒其君舍 宋子哀奔魯 周單伯如齊 齊執單伯

문공(文公) 14년 무신(B.C.613). 진령공(陳靈公) 평국(平國) 원년이다. 주정공(邾定公) 확저(貜且) 원년이다. 초장왕(楚莊王) 려(旅) 원년이다. 주경왕(周頃王)이 붕하였다. 주(邾)나라가 로(魯)나라를 치니 로나라도 주(邾)나라를 쳤다. 제후(齊侯) 반(潘)이 졸하자 아들 사(舍)가 즉위하였다. 로나라가 제후들과 회합하여 신성(新城)에서 동맹하였다. 진(晉)나라가 첩치(捷菑)를 주(邾)나라로 들여보내려 하였으나 들여보내지 못하였다. 제(齊)나라 상인(商人)이 그 임금 사(舍)를 시해하였다. 송(宋)나라 자애(子哀)가 로나라로 망명하였다. 주(周)나라 선백(單伯)이 제나라에 가니 제나라가 선백을 잡았다.

**己酉 周匡王班元 齊懿公商人元 魯季孫行父如晉 宋華孫來魯盟 曹朝魯 周單伯自齊至魯 晉入蔡 齊伐魯 季孫行父如晉 諸侯盟扈 齊伐魯伐曹 蔡莊侯卒**

　　문공(文公) 15년 기유(B.C.612). 주광왕(周匡王) 반(班) 원년이다. 제의공(齊懿公) 상인(商人) 원년이다. 로(魯)나라 계손행보(季孫行父)가 진(晉)나라에 갔다. 송(宋)나라 화손(華孫)이 로나라에 와서 맹약하였다. 조(曹)나라가 로나라를 조견하였다. 주(周)나라 선백(單伯)이 제(齊)나라에서 로나라로 왔다. 진나라가 채(蔡)나라로 쳐들어갔다. 제나라가 로나라를 쳤다. 계손행보가 진나라에 갔다. 제후들이 호(扈) 땅에서 맹약하였다. 제나라가 로나라를 치고 조나라를 쳤다. 채장후(蔡莊侯)가 졸하였다.

**庚戌 蔡文侯申元 魯季孫行父會齊 不及盟 魯公子遂及齊盟郪丘 魯夫人姜氏薨 楚滅庸 宋人弒其君杵臼**

　　문공(文公) 16년 경술(B.C.611). 채문후(蔡文侯) 신(申) 원년이다. 로(魯)나라 계손행보(季孫行父)가 제(齊)나라와 회합하였으나 맹약은 하지 않았다. 로나라 공자 수(遂)가 제나라와 서구(郪丘)에서 맹약하였다. 로나라 부인(夫人) 강씨(姜氏)가 훙하였다. 초(楚)나라가 용(庸)나라를 멸하였다. 송인(宋人)이 그 임금 저구(杵臼)를 시해하였다.

**辛亥 宋文公鮑元 諸侯伐宋 齊伐魯 盟于穀 諸侯會扈 魯公子遂如齊**

　　문공(文公) 17년 신해(B.C.610). 송문공(宋文公) 포(鮑) 원년이다. 제후들이 송(宋)나라를 쳤다. 제(齊)나라가 로(魯)나라를 치고 곡(穀) 땅에서 맹약하였다. 제후들이 호(扈) 땅에서 회합하였다. 로나라 공자 수(遂)가 제나라에 갔다.

**壬子 魯文公薨 仲遂殺子惡及視 秦伯罃卒 齊邴歜閻職弒其君商人 魯公子遂叔孫得臣如齊 魯夫人姜氏歸于齊 魯季孫行父如齊 莒弒其君庶其**

　　문공(文公) 18년 임자(B.C.609). 로문공(魯文公)이 훙하였다. 중수(仲遂)가 태자 악(惡)과 시(視)를 죽였다. 진백(秦伯) 앵(罃)이 졸하였다. 제(齊)나라 병촉(邴歜)과 염직(閻職)이 그 임금 상인(商人)을 시해하였다. 로(魯)나라 공자 수(遂)와 숙손득신(叔孫得臣)이 제나라에 갔다. 로나라 부인(夫人) 강씨(姜氏)가 제나라로 돌아갔다. 로나라 계손행보(季孫行父)가 제나라에 갔다. 거(莒)나라가 그 임금 서기(庶其)를 시해하였다.

宣元癸丑 魯宣公倭元 秦共公稻元 齊惠公元元 莒渠丘公朱元 魯夫人婦姜至自齊 魯季孫
行父如齊 晉放胥甲父于衛 魯會齊于平州 公子遂如齊 齊取魯濟西田 邾朝魯 楚鄭侵陳宋
諸侯救陳宋伐鄭 晉侵崇 晉宋伐鄭

　　선공(宣公) 원년 계축(B.C.608). 로선공(魯宣公) 위(倭) 원년이다. 진공공(秦共公) 도(稻)
원년이다. 제혜공(齊惠公) 원(元) 원년이다. 거거구공(莒渠丘公) 주(朱) 원년이다. 로(魯)나
라 부인(夫人) 부강(婦姜)이 제(齊)나라에서 왔다. 로나라 계손행보(季孫行父)가 제나라에
갔다. 진(晉)나라가 서갑보(胥甲父)를 위(衛)나라로 추방하였다. 로나라가 제나라와 평주(平
州)에서 회합하였다. 공자 수(遂)가 제나라에 갔다. 제나라가 로나라 제수(濟水)의 서쪽 전
지를 취하였다. 주(邾)나라가 로나라를 조견하였다. 초(楚)나라와 정(鄭)나라가 진(陳)나라
와 송(宋)나라를 침범하니 제후들이 진(陳)나라와 송나라를 구원하고 정나라를 쳤다. 진(晉)
나라가 숭(崇)나라를 침범하였다. 진(晉)나라와 송나라가 정나라를 쳤다.


甲寅 宋鄭戰大棘 獲宋華元 秦伐晉 諸侯侵鄭 晉趙盾弑其君夷皐 周匡王崩

　　선공(宣公) 2년 갑인(B.C.607). 송(宋)나라와 정(鄭)나라가 대극(大棘)에서 싸웠는데, 송나
라 화원(華元)이 사로잡혔다. 진(秦)나라가 진(晉)나라를 쳤다. 제후들이 정나라를 침범하였
다. 진(晉)나라 조돈(趙盾)이 그 임금 이고(夷皐)를 시해하였다. 주광왕(周匡王)이 붕하였다.


乙卯 周定王瑜元 晉成公黑臀元 楚伐陸渾 至雒問鼎 楚侵鄭 赤狄侵齊 宋圍曹 鄭伯蘭卒

　　선공(宣公) 3년 을묘(B.C.606). 주정왕(周定王) 유(瑜) 원년이다. 진성공(晉成公) 흑둔(黑
臀) 원년이다. 초(楚)나라가 륙혼(陸渾)을 치고 락수(雒水)에 이르러 정(鼎)에 대하여 물었
다. 초나라가 정(鄭)나라를 침범하였다. 적적(赤狄)이 제(齊)나라를 침범하였다. 송(宋)나라
가 조(曹)나라를 포위하였다. 정백(鄭伯) 란(蘭)이 졸하였다.


丙辰 鄭靈公夷元 魯伐莒 秦伯稻卒 鄭歸生弑其君夷 赤狄侵齊 魯公如齊 楚滅若敖氏 楚
伐鄭

　　선공(宣公) 4년 병진(B.C.605). 정령공(鄭靈公) 이(夷) 원년이다. 로(魯)나라가 거(莒)나라
를 쳤다. 진백(秦伯) 도(稻)가 졸하였다. 정(鄭)나라 귀생(歸生)이 그 임금 이를 시해하였다.
적적(赤狄)이 제(齊)나라를 침범하였다. 로공(魯公)이 제나라에 갔다. 초(楚)나라가 약오씨
(若敖氏)를 멸하였다. 초나라가 정나라를 쳤다.

### 丁巳 秦桓公榮元 鄭襄公堅元 魯公如齊 楚伐鄭

선공(宣公) 5년 정사(B.C.604). 진환공(秦桓公) 영(榮) 원년이다. 정양공(鄭襄公) 견(堅) 원년이다. 로공(魯公)이 제(齊)나라에 갔다. 초(楚)나라가 정(鄭)나라를 쳤다.

### 戊午 晉衛侵陳 周逆王后于齊

선공(宣公) 6년 무오(B.C.603). 진(晉)나라와 위(衛)나라가 진(陳)나라를 침범하였다. 주(周)나라가 왕후(王后)를 제(齊)나라에서 맞이하였다.

### 己未 衛孫良夫來魯盟 魯會齊伐萊 魯及諸侯會黑壤 燕桓公卒

선공(宣公) 7년 기미(B.C.602). 위(衛)나라 손량부(孫良夫)가 로(魯)나라에 와서 맹약하였다. 로나라가 제(齊)나라와 회합하여 래(萊)나라를 쳤다. 로나라가 제후들과 흑양(黑壤)에서 회합하였다. 연환공(燕桓公)이 졸하였다.

### 庚申 燕宣公元 魯公子遂如齊 至黃乃復 魯夫人嬴氏薨 晉及白狄伐秦 殺秦諜 六日蘇 楚滅舒蓼 楚伐陳

선공(宣公) 8년 경신(B.C.601). 연선공(燕宣公) 원년이다. 로(魯)나라 공자 수(遂)가 제(齊)나라로 가다가 황(黃) 땅에 이르러 돌아왔다. 로나라 부인(夫人) 영씨(嬴氏)가 훙하였다. 진(晉)나라가 백적(白狄)과 함께 진(秦)나라를 치고, 진(秦)나라 첩자를 죽였는데 6일 만에 살아났다. 초(楚)나라가 서료(舒蓼)를 멸하였다. 초나라가 진(陳)나라를 쳤다.

### 辛酉 魯公如齊 魯仲孫蔑如周 齊伐萊 魯取根牟 滕昭公卒 諸侯會扈伐陳 晉侯黑臀卒于扈 衛侯鄭卒 宋圍滕 楚伐鄭 晉救鄭 陳殺洩冶

선공(宣公) 9년 신유(B.C.600). 로공(魯公)이 제(齊)나라에 갔다. 로(魯)나라 중손멸(仲孫蔑)이 주(周)나라에 갔다. 제나라가 래(萊)나라를 쳤다. 로나라가 근모(根牟)를 취하였다. 등소공(滕昭公)이 졸하였다. 제후들이 호(扈) 땅에서 회합하여 진(陳)나라를 쳤다. 진후(晉侯) 흑견(黑臀)이 호 땅에서 졸하였다. 위후(衛侯) 정(鄭)이 졸하였다. 송(宋)나라가 등(滕)나라를 포위하였다. 초(楚)나라가 정(鄭)나라를 치니 진(晉)나라가 정나라를 구원하였다. 진(陳)나라가 설야(洩冶)를 죽였다.

**壬戌 滕文公壽元 晉景公孺元 衛穆公速元 魯公如齊 齊歸濟西田 齊侯元卒 崔杼奔衛 魯公如齊 陳夏徵舒弑其君平國 宋伐滕 魯公孫歸父如齊 諸侯伐鄭 周王季子聘魯 魯伐邾 魯季孫行父公孫歸父如齊 齊國佐聘魯 楚伐鄭**

　　선공(宣公) 10년 임술(B.C.599). 등문공(滕文公) 수(壽) 원년이다. 진경공(晉景公) 누(孺) 원년이다. 위목공(衛穆公) 속(速) 원년이다. 로공(魯公)이 제(齊)나라에 갔다. 제나라가 제수(濟水) 서쪽 전지를 돌려주었다. 제후(齊侯) 원(元)이 졸하였다. 최저(崔杼)가 위(衛)나라로 망명하였다. 로공이 제나라에 갔다. 진(陳)나라 하징서(夏徵舒)가 그 임금 평국(平國)을 시해하였다. 송(宋)나라가 등(滕)나라를 쳤다. 로(魯)나라 공손귀보(公孫歸父)가 제나라에 갔다. 제후들이 정(鄭)나라를 쳤다. 주(周)나라 왕계자(王季子)가 로나라를 빙문하였다. 로나라가 주(邾)나라를 쳤다. 로나라 계손행보(季孫行父)와 공손귀보가 제나라에 갔다. 제나라 국좌(國佐)가 로나라를 빙문하였다. 초(楚)나라가 정나라를 쳤다.

**癸亥 齊頃公無野元 陳成公午元 楚陳鄭盟辰陵 魯齊伐莒 晉會狄欑函 楚入陳 殺夏徵舒**

　　선공(宣公) 11년 계해(B.C.598). 제경공(齊頃公) 무야(無野) 원년이다. 진성공(陳成公) 오(午) 원년이다. 초(楚)·진(陳)·정(鄭)나라가 신릉(辰陵)에서 맹약하였다. 로(魯)나라와 제(齊)나라가 거(莒)나라를 쳤다. 진(晉)나라가 적(狄)과 찬함(欑函)에서 회합하였다. 초나라가 진(陳)나라로 쳐들어가 하징서(夏徵舒)를 죽였다.

**甲子 楚圍鄭 晉楚戰邲 晉師敗績 楚滅蕭 諸侯盟淸丘 宋伐陳 衛救陳**

　　선공(宣公) 12년 갑자(B.C.597). 초(楚)나라가 정(鄭)나라를 포위하였다. 진(晉)나라와 초나라가 필(邲) 땅에서 싸웠는데 진나라 군대가 크게 패하였다. 초나라가 소(蕭)나라를 멸하였다. 제후들이 청구(淸丘)에서 맹약하였다. 송(宋)나라가 진(陳)나라를 치니 위(衛)나라가 진(陳)나라를 구원하였다.

**乙丑 齊伐莒 楚伐宋 晉殺先穀**

　　선공(宣公) 13년 을축(B.C.596). 제(齊)나라가 거(莒)나라를 쳤다. 초(楚)나라가 송(宋)나라를 쳤다. 진(晉)나라가 선곡(先穀)을 죽였다.

**丙寅 衛殺孔達 曹伯壽卒 晉伐鄭 楚圍宋 魯公孫歸父會齊于穀**

선공(宣公) 14년 병인(B.C.595). 위(衛)나라가 공달(孔達)을 죽였다. 조백(曹伯) 수(壽)가 졸하였다. 진(晉)나라가 정(鄭)나라를 쳤다. 초(楚)나라가 송(宋)나라를 포위하였다. 로(魯)나라 공손귀보(公孫歸父)가 제(齊)나라와 곡(穀) 땅에서 회합하였다.

**丁卯 曹宣公盧元 魯公孫歸父會楚于宋 宋及楚平 晉滅赤狄潞氏 秦伐晉 敗于輔氏 周王札子殺召伯毛伯 魯仲孫蔑會齊高固于無婁 魯初稅畝**

선공(宣公) 15년 정묘(B.C.594). 조선공(曹宣公) 로(盧) 원년이다. 로(魯)나라 공손귀보(公孫歸父)가 송(宋)나라에서 초(楚)나라와 회합하였다. 송나라가 초나라와 화평하였다. 진(晉)나라가 적적(赤狄)인 로씨(潞氏)를 멸하였다. 진(秦)나라가 진(晉)나라를 쳤는데 보씨(輔氏)에서 패하였다. 주(周)나라 왕찰자(王札子)가 소백(召伯)과 모백(毛伯)을 죽였다. 로나라 중손멸(仲孫蔑)이 제(齊)나라 고고(高固)와 무루(無婁)에서 회합하였다. 로나라가 처음으로 묘(畝)에 대한 세금을 거두었다.

**戊辰 晉滅赤狄甲氏及留吁 周成周宣榭災**

선공(宣公) 16년 무진(B.C.593). 진(晉)나라가 적적(赤狄)인 갑씨(甲氏)와 류우(留吁)를 멸하였다. 주(周)나라 성주(成周)의 선사(宣榭)가 불탔다.

**己巳 許男錫我卒 蔡侯申卒 魯會諸侯盟斷道**

선공(宣公) 17년 기사(B.C.592). 허남(許男) 석아(錫我)가 졸하였다. 채후(蔡侯) 신(申)이 졸하였다. 로(魯)나라가 제후들과 회합하여 단도(斷道)에서 맹약하였다.

**庚午 許靈公寗元 蔡景侯固元 晉衛伐齊 魯伐杞 邾戕鄫子 楚子旅卒 魯公孫歸父如晉 魯宣公薨 魯歸父奔齊**

선공(宣公) 18년 경오(B.C.591). 허령공(許靈公) 녕(寗) 원년이다. 채경후(蔡景侯) 고(固) 원년이다. 진(晉)나라와 위(衛)나라가 제(齊)나라를 쳤다. 로(魯)나라가 기(杞)나라를 쳤다. 주(邾)나라가 증자(鄫子)를 죽였다. 초자(楚子) 려(旅)가 졸하였다. 로나라 공손귀보(公孫歸父)가 진나라에 갔다. 로선공(魯宣公)이 훙하였다. 로나라 귀보(歸父)가 제나라로 망명하였다.

**成元辛未 魯成公黑肱元 楚共王審元 魯作丘甲 魯臧孫許及晉盟赤棘 周師敗績于茅戎**

성공(成公) 원년 신미(B.C.590). 로성공(魯成公) 흑굉(黑肱) 원년이다. 초공왕(楚共王) 심(審) 원년이다. 로(魯)나라가 구갑법(丘甲法)을 제정하였다. 로나라 장손허(臧孫許)가 진(晉)나라와 적극(赤棘)에서 맹약하였다. 주(周)나라 군대가 모융(茅戎)에게 크게 패하였다.

**壬申 齊伐魯 衛及齊戰新築敗績 魯會晉衛敗齊于鞌 齊國佐如師盟袁婁 宋公鮑卒 衛侯速卒 魯取齊汶陽田 楚巫臣奔晉 楚鄭侵衛 魯會楚嬰齊及諸侯大夫盟蜀**

성공(成公) 2년 임신(B.C.589). 제(齊)나라가 로(魯)나라를 쳤다. 위(衛)나라가 제나라와 신축(新築)에서 싸웠는데 크게 패하였다. 로나라가 진(晉)나라 및 위나라와 회합하여 제나라를 안(鞌) 땅에서 패배시켰다. 제나라 국좌(國佐)가 제후들의 군영으로 가서 원루(袁婁)에서 맹약하였다. 송공(宋公) 포(鮑)가 졸하였다. 위후(衛侯) 속(速)이 졸하였다. 로나라가 제나라 문양(汶陽)의 전지를 취하였다. 초(楚)나라 무신(巫臣)이 진나라로 망명하였다. 초(楚)나라와 정(鄭)나라가 위나라를 침범하였다. 로나라가 초나라 영제(嬰齊) 및 제후들의 대부와 회합하여 촉(蜀) 땅에서 맹약하였다.

**癸酉 宋共公固元 衛定公臧元 魯會諸侯伐鄭 魯新宮災 魯公如晉 鄭伐許 晉衛伐廧咎如 晉荀庚衛孫良夫聘魯盟 鄭伐許 晉作六軍**

성공(成公) 3년 계유(B.C.588). 송공공(宋共公) 고(固) 원년이다. 위정공(衛定公) 장(臧) 원년이다. 로(魯)나라가 제후들과 회합하여 정(鄭)나라를 쳤다. 로나라 신궁(新宮)이 불탔다. 로공(魯公)이 진(晉)나라에 갔다. 정나라가 허(許)나라를 쳤다. 진나라와 위(衛)나라가 장고여(廧咎如)를 쳤다. 진나라 순경(荀庚)과 위나라 손량부(孫良夫)가 로나라를 빙문하고 맹약하였다. 정나라가 허나라를 쳤다. 진나라가 6군(軍)으로 만들었다.

**甲戌 宋華元聘魯 鄭伯堅卒 杞朝魯 魯公如晉 鄭伐許 燕宣公卒**

성공(成公) 4년 갑술(B.C.587). 송(宋)나라 화원(華元)이 로(魯)나라를 빙문하였다. 정백(鄭伯) 견(堅)이 졸하였다. 기(杞)나라가 로나라를 조견하였다. 로공(魯公)이 진(晉)나라에 갔다. 정(鄭)나라가 허(許)나라를 쳤다. 연선공(燕宣公)이 졸하였다.

**乙亥 鄭悼公費元 燕昭公元 晉放趙嬰于齊 魯仲孫蔑如宋 魯叔孫僑如會晉于穀 晉梁山崩 周定王崩 魯會諸侯盟蟲牢**

성공(成公) 5년 을해(B.C.586). 정도공(鄭悼公) 비(費) 원년이다. 연소공(燕昭公) 원년이다. 진(晉)나라가 조영(趙嬰)을 제(齊)나라로 추방하였다. 로(魯)나라 중손멸(仲孫蔑)이 송(宋)나라에 갔다. 로나라 숙손교여(叔孫僑如)가 진나라와 곡(穀) 땅에서 회합하였다. 진나라 량산(梁山)이 무너졌다. 주정왕(周定王)이 붕하였다. 로나라가 제후들과 회합하여 충뢰(蟲牢)에서 맹약하였다.

## 丙子 周簡王夷元 吳子乘元 魯立武宮 魯取鄟 衛侵宋 晉遷于新田 邾朝魯 魯公孫嬰齊如晉 鄭伯費卒 魯侵宋 楚伐鄭 魯季孫行父如晉 晉救鄭

성공(成公) 6년 병자(B.C.585). 주간왕(周簡王) 이(夷) 원년이다. 오자(吳子) 승(乘) 원년이다. 로(魯)나라가 무궁(武宮)을 세웠다. 로나라가 전(鄟)나라를 취하였다. 위(衛)나라가 송(宋)나라를 침범하였다. 진(晉)나라가 신전(新田)으로 옮겼다. 주(邾)나라가 로나라를 조견하였다. 로나라 공손영제(公孫嬰齊)가 진나라에 갔다. 정백(鄭伯) 비(費)가 졸하였다. 로나라가 송나라를 침범하였다. 초(楚)나라가 정(鄭)나라를 쳤다. 로나라 계손행보(季孫行父)가 진나라에 갔다. 진나라가 정나라를 구원하였다.

## 丁丑 鄭成公睔元 吳伐郯 曹朝魯 楚伐鄭 魯會諸侯救鄭盟馬陵 吳入州來 始通上國 衛孫林父奔晉

성공(成公) 7년 정축(B.C.584). 정성공(鄭成公) 곤(睔) 원년이다. 오(吳)나라가 담(郯)나라를 쳤다. 조(曹)나라가 로(魯)나라를 조견하였다. 초(楚)나라가 정(鄭)나라를 치니 로나라가 제후들과 회합하여 정나라를 구원하고 마릉(馬陵)에서 맹약하였다. 오나라가 주래(州來)로 쳐들어갔고, 비로소 상국(上國)들과 통교하였다. 위(衛)나라 손림보(孫林父)가 진(晉)나라로 망명하였다.

## 戊寅 晉使魯歸汶陽田于齊 晉侵蔡 魯公孫嬰齊如莒 宋華元來魯聘伯姬 晉殺趙同趙括 周召伯來魯賜公命 晉士燮聘魯 魯會諸侯伐郯

성공(成公) 8년 무인(B.C.583). 진(晉)나라가 로(魯)나라에게 문양(汶陽)의 전지를 제(齊)나라에 돌려주라고 하였다. 진나라가 채(蔡)나라를 침범하였다. 로나라 공손영제(公孫嬰齊)가 거(莒)나라에 갔다. 송(宋)나라 화원(華元)이 로나라에 와서 백희(伯姬)를 빙문하였다. 진나라가 조동(趙同)과 조괄(趙括)을 죽였다. 주(周)나라 소백(召伯)이 로나라에 와서 공

(公)에게 작명을 내렸다. 진나라 사섭(士燮)이 로나라를 빙문하였다. 로나라가 제후들과 회합하여 담(郯)나라를 쳤다.

## 己卯 魯會諸侯盟蒲 魯季孫行父如宋致女 齊侯無野卒 晉執鄭伯伐鄭 楚伐莒入鄆 秦及白狄伐晉 鄭圍許 晉使鍾儀合晉楚之成

성공(成公) 9년 기묘(B.C.582). 로(魯)나라가 제후들과 회합하여 포(蒲) 땅에서 맹약하였다. 로나라 계손행보(季孫行父)가 송(宋)나라에 가서 치녀(致女)하였다. 제후(齊侯) 무야(無野)가 졸하였다. 진(晉)나라가 정백(鄭伯)을 잡고 정(鄭)나라를 쳤다. 초(楚)나라가 거(莒)나라를 치고 운(鄆) 땅으로 쳐들어갔다. 진(秦)나라가 백적(白狄)과 함께 진(晉)나라를 쳤다. 정나라가 허(許)나라를 포위하였다. 진(晉)나라가 종의(鍾儀)를 시켜 진(晉)나라와 초나라가 화친을 맺도록 하였다.

## 庚辰 齊靈公環元 衛侵鄭 鄭立公子繻 尋殺之 魯會諸侯伐鄭 鄭伯歸 晉侯獳卒 魯公如晉 晉止公送葬

성공(成公) 10년 경진(B.C.581). 제령공(齊靈公) 환(環) 원년이다. 위(衛)나라가 정(鄭)나라를 침범하였다. 정나라가 공자 수(繻)를 임금으로 세웠다가 얼마 뒤 죽였다. 로(魯)나라가 제후들과 회합하여 정나라를 치니 정백(鄭伯)이 본국으로 돌아갔다. 진후(晉侯) 누(獳)가 졸하였다. 로공(魯公)이 진(晉)나라에 갔는데, 진나라가 공(公)을 억류하여 송장(送葬)하게 하였다.

## 辛巳 晉厲公州蒲元 晉郤犨聘魯盟 魯季孫行父如晉 魯叔孫僑如如齊 晉郤至與周爭鄇田 秦晉爲成

성공(成公) 11년 신사(B.C.580). 진려공(晉厲公) 주포(州蒲) 원년이다. 진(晉)나라 극주(郤犨)가 로(魯)나라를 빙문하고 맹약하였다. 로나라 계손행보(季孫行父)가 진나라에 갔다. 로나라 숙손교여(叔孫僑如)가 제(齊)나라에 갔다. 진나라 극지(郤至)가 주(周)나라와 후전(鄇田)을 두고 다투었다. 진(秦)나라와 진(晉)나라가 화친하였다.

## 壬午 周周公楚奔晉 魯會晉衛于瑣澤與楚盟 晉敗狄于交剛 晉郤至如楚盟 楚公子罷如晉盟

성공(成公) 12년 임오(B.C.579). 주(周)나라 주공(周公) 초(楚)가 진(晉)나라로 망명하였다. 로(魯)나라가 진나라 및 위(衛)나라와 쇄택(瑣澤)에서 회합하여 초(楚)나라와 맹약하였다. 진나라가 적(狄)을 교강(交剛)에서 패배시켰다. 진나라 극지(郤至)가 초나라에 가서 맹약하고, 초나라 공자 피(罷)가 진나라에 가서 맹약하였다.

**癸未 晉郤錡來魯乞師 魯公及諸侯如周朝王 遂伐秦敗秦于麻隧 曹伯盧卒于師**

성공(成公) 13년 계미(B.C.578). 진(晉)나라 극기(郤錡)가 로(魯)나라에 와서 군대를 요청하였다. 로공(魯公)이 제후들과 주(周)나라에 가서 왕을 조현하고 드디어 진(秦)나라를 쳐서 진(秦)나라를 마수(麻隧)에서 패배시켰다. 조백(曹伯) 로(盧)가 군영에서 졸하였다.

**甲申 曹成公負芻元 莒子朱卒 鄭伐許 魯叔孫僑如如齊逆女 夫人婦姜氏至 衛侯臧卒 秦伯卒**

성공(成公) 14년 갑신(B.C.577). 조성공(曹成公) 부추(負芻) 원년이다. 거자(莒子) 주(朱)가 졸하였다. 정(鄭)나라가 허(許)나라를 쳤다. 로(魯)나라 숙손교여(叔孫僑如)가 제(齊)나라에 가서 공녀(公女)를 맞이하였다. 부인(夫人)으로 삼을 부강씨(婦姜氏)가 이르렀다. 위후(衛侯) 장(臧)이 졸하였다. 진백(秦伯)이 졸하였다.

**乙酉 莒犂比公密州元 衛獻公衎元 秦景公元 魯會諸侯盟戚 執曹伯歸于京師 宋公固卒 楚伐鄭 宋華元奔晉歸宋 殺蕩澤 魚石奔楚 魯及諸侯大夫會吳于鍾離 許遷于葉**

성공(成公) 15년 을유(B.C.576). 거리비공(莒犂比公) 밀주(密州) 원년이다. 위헌공(衛獻公) 간(衎) 원년이다. 진경공(秦景公) 원년이다. 로(魯)나라가 제후들과 회합하여 척(戚) 땅에서 맹약하였다. 조백(曹伯)을 잡아 경사(京師)로 보냈다. 송공(宋公) 고(固)가 졸하였다. 초(楚)나라가 정(鄭)나라를 쳤다. 송(宋)나라 화원(華元)이 진(晉)나라로 망명하였다가 송나라로 돌아가서 탕택(蕩澤)을 죽이니, 어석(魚石)이 초나라로 망명하였다. 로나라가 제후들의 대부와 종리(鍾離)에서 오(吳)나라와 회합하였다. 허(許)나라가 섭(葉) 땅으로 옮겼다.

**丙戌 宋平公成元 滕子卒 鄭侵宋 晉欒黶來魯乞師 敗楚鄭于鄢陵 楚殺公子側 魯會諸侯于沙隨 晉侯不見公 魯會王人諸侯伐鄭 曹伯歸曹 晉執魯季孫行父 尋赦之 魯叔孫僑如奔齊 魯季孫行父晉郤犨盟扈 魯刺公子偃**

성공(成公) 16년 병술(B.C.575). 송평공(宋平公) 성(成) 원년이다. 등자(滕子)가 졸하였다. 정(鄭)나라가 송(宋)나라를 침범하였다. 진(晉)나라 란암(欒黶)이 로(魯)나라에 와서 군대를 요청하여 초(楚)나라와 정나라를 언릉(鄢陵)에서 패배시켰다. 초나라가 공자 측(側)을 죽였다. 로나라가 제후들과 사수(沙隨)에서 회합하였는데 진후(晉侯)가 공(公)을 만나주지 않았다. 로나라가 왕인(王人) 및 제후들과 회합하여 정나라를 쳤다. 조백(曹伯)이 조(曹)나라로 돌아갔다. 진나라가 로나라 계손행보(季孫行父)를 잡았다가 얼마 뒤 풀어 주었다. 로나라 숙손교여(叔孫僑如)가 제(齊)나라로 망명하였다. 로나라 계손행보와 진나라 극주(郤犨)가 호(扈) 땅에서 맹약하였다. 로나라가 공자 언(偃)을 죽였다.

## 丁亥 滕成公原元 衛侵鄭 魯會王人及諸侯伐鄭盟柯陵 齊高無咎奔莒 晉荀罃來魯乞師 魯會王人諸侯伐鄭 邾子蘧且卒 晉殺三郤 欒書中行偃執公 楚滅舒庸 燕昭公卒

성공(成公) 17년 정해(B.C.574). 등성공(滕成公) 원(原) 원년이다. 위(衛)나라가 정(鄭)나라를 침범하였다. 로(魯)나라가 왕인(王人) 및 제후들과 회합하여 정나라를 치고서 가릉(柯陵)에서 맹약하였다. 제(齊)나라 고무구(高無咎)가 거(莒)나라로 망명하였다. 진(晉)나라 순앵(荀罃)이 로나라에 와서 군대를 요청하였다. 로나라가 왕인 및 제후들과 회합하여 정나라를 쳤다. 주자(邾子) 확저(蘧且)가 졸하였다. 진나라가 세 극씨(郤氏)를 죽이니 란서(欒書)와 중항언(中行偃)이 진려공(晉厲公)을 잡았다. 초(楚)나라가 서용(舒庸)을 멸하였다. 연소공(燕昭公)이 졸하였다.

## 戊子 邾宣公牼元 燕武公元 晉殺胥童 晉欒書中行偃弒其君州蒲 齊殺國佐 魯公如晉 楚鄭伐宋 魚石入彭城 晉士匄聘魯 杞邾朝魯 魯成公薨 楚鄭侵宋 晉士魴來魯乞師 仲孫蔑會諸侯盟虛杅

성공(成公) 18년 무자(B.C.573). 주선공(邾宣公) 경(牼) 원년이다. 연무공(燕武公) 원년이다. 진(晉)나라가 서동(胥童)을 죽였다. 진나라 란서(欒書)와 중항언(中行偃)이 그 임금 주포(州蒲)를 시해하였다. 제(齊)나라가 국좌(國佐)를 죽였다. 로공(魯公)이 진나라에 갔다. 초(楚)나라와 정(鄭)나라가 송(宋)나라를 쳤다. 어석(魚石)이 팽성(彭城)으로 들어갔다. 진나라 사개(士匄)가 로(魯)나라를 빙문하였다. 기(杞)나라와 주(邾)나라가 로나라를 조견하였다. 로성공(魯成公)이 훙하였다. 초나라와 정나라가 송나라를 침범하였다. 진나라 사방(士魴)이 로나라에 와서 군대를 요청하였다. 중손멸(仲孫蔑)이 제후들과 회합하여 허정(虛杅)

에서 맹약하였다.

**襄元己丑 魯襄公午元 晉悼公周元 魯仲孫蔑會諸侯圍彭城 晉伐鄭 魯仲孫蔑會諸侯師 次 鄫 楚侵宋 周簡王崩 邾朝魯 衛公孫剽晉荀罃聘魯**

  양공(襄公) 원년 기축(B.C.572). 로양공(魯襄公) 오(午) 원년이다. 진도공(晉悼公) 주(周) 원년이다. 로(魯)나라 중손멸(仲孫蔑)이 제후들과 회합하여 팽성(彭城)을 포위하였다. 진 (晉)나라가 정(鄭)나라를 쳤다. 로나라 중손멸이 제후들의 군대와 회합하여 증(鄫) 땅에 주 둔하였다. 초(楚)나라가 송(宋)나라를 쳤다. 주간왕(周簡王)이 붕하였다. 주(邾)나라가 로나 라를 조견하였다. 위(衛)나라 공손표(公孫剽)와 진나라 순앵(荀罃)이 로나라를 빙문하였다.

**庚寅 周靈王泄心元 鄭伐宋 魯夫人姜氏薨 鄭伯睔卒 諸侯侵鄭 魯仲孫蔑會諸侯大夫于戚 城虎牢 魯叔孫豹如宋 楚殺公子申**

  양공(襄公) 2년 경인(B.C.571). 주령왕(周靈王) 설심(泄心) 원년이다. 정(鄭)나라가 송(宋) 나라를 쳤다. 로(魯)나라 부인(夫人) 강씨(姜氏)가 훙하였다. 정백(鄭伯) 곤(睔)이 졸하였다. 제후들이 정나라를 침범하였다. 로나라 중손멸(仲孫蔑)이 제후들의 대부와 척(戚) 땅에서 회합하여 호뢰(虎牢)에 성을 쌓았다. 로나라 숙손표(叔孫豹)가 송나라에 갔다. 초(楚)나라가 공자 신(申)을 죽였다.

**辛卯 鄭僖公髠頑元 楚伐吳 魯公如晉 魯晉盟長樗 魯會王人諸侯盟雞澤 晉伐許**

  양공(襄公) 3년 신묘(B.C.570). 정희공(鄭僖公) 곤완(髠頑) 원년이다. 초(楚)나라가 오(吳) 나라를 쳤다. 로공(魯公)이 진(晉)나라에 갔다. 로(魯)나라와 진나라가 장저(長樗)에서 맹약 하였다. 로나라가 왕인(王人) 및 제후들과 회합하여 계택(雞澤)에서 맹약하였다. 진나라가 허(許)나라를 쳤다.

**壬辰 陳侯午卒 魯叔孫豹如晉 魯夫人姒氏薨 魯公如晉 陳圍頓 晉魏絳和戎 魯臧紇侵邾 敗于狐駘**

  양공(襄公) 4년 임진(B.C.569). 진후(陳侯) 오(午)가 졸하였다. 로(魯)나라 숙손표(叔孫豹) 가 진(晉)나라에 갔다. 로나라 부인(夫人) 사씨(姒氏)가 훙하였다. 로공(魯公)이 진(晉)나라 에 갔다. 진(陳)나라가 돈(頓)나라를 포위하였다. 진(晉)나라 위강(魏絳)이 융(戎)과 화친하였다. 로나라 장흘(臧紇)이 주(邾)나라를 침범하였다가 호태(狐駘)에서 패하였다.

**癸巳 陳哀公溺元 鄭公子發聘魯 魯叔孫豹鄫世子巫如晉 魯衛會吳于善道 楚殺公子壬夫 魯會諸侯于戚 楚伐陳 魯會諸侯救陳**

양공(襄公) 5년 계사(B.C.568). 진애공(陳哀公) 닉(溺) 원년이다. 정(鄭)나라 공자 발(發)이 로(魯)나라를 빙문하였다. 로나라 숙손표(叔孫豹)와 증(鄫)나라 세자 무(巫)가 진(晉)나라에 갔다. 로나라와 위(衛)나라가 오(吳)나라와 선도(善道)에서 회합하였다. 초(楚)나라가 공자 임부(壬夫)를 죽였다. 로나라가 제후들과 척(戚) 땅에서 회합하였다. 초나라가 진(陳)나라를 쳤다. 로나라가 제후들과 회합하여 진(陳)나라를 구원하였다.

**甲午 杞伯姑容卒 宋華弱奔魯 滕朝魯 莒滅鄫 魯叔孫豹如邾 季孫宿如晉 齊滅萊**

양공(襄公) 6년 갑오(B.C.567). 기백(杞伯) 고용(姑容)이 졸하였다. 송(宋)나라 화약(華弱)이 로(魯)나라로 망명하였다. 등(滕)나라가 로나라를 조견하였다. 거(莒)나라가 증(鄫)나라를 멸하였다. 로나라 숙손표(叔孫豹)가 주(邾)나라에 갔고, 계손숙(季孫宿)이 진(晉)나라에 갔다. 제(齊)나라가 래(萊)나라를 멸하였다.

**乙未 杞孝公匄元 郯小邾朝魯 魯季孫宿如衛 衛孫林父聘魯盟 楚圍陳 魯會諸侯于鄬 鄭伯髡頑如會 子駟弑于鄵 陳侯逃會而歸**

양공(襄公) 7년 을미(B.C.566). 기효공(杞孝公) 개(匄) 원년이다. 담(郯)나라와 소주(小邾)가 로(魯)나라를 조견하였다. 로나라 계손숙(季孫宿)이 위(衛)나라에 갔다. 위나라 손림보(孫林父)가 로나라를 빙문하고서 맹약하였다. 초(楚)나라가 진(陳)나라를 포위하였다. 로나라가 제후들과 언(鄬) 땅에서 회합하였다. 정백(鄭伯) 곤완(髡頑)이 회합에 갔는데 자사(子駟)가 조(鄵) 땅에서 시해하였다. 진후(陳侯)가 회합에서 도망하여 돌아갔다.

**丙申 鄭簡公嘉元 魯公如晉 鄭侵蔡獲公子燮 魯季孫宿會諸侯于邢丘 莒伐魯 楚伐鄭 晉士匄聘魯**

양공(襄公) 8년 병신(B.C.565). 정간공(鄭簡公) 가(嘉) 원년이다. 로공(魯公)이 진(晉)나라에 갔다. 정(鄭)나라가 채(蔡)나라를 침범하여 공자 섭(燮)을 사로잡았다. 로(魯)나라 계손숙(季孫宿)이 제후들과 형구(邢丘)에서 회합하였다. 거(莒)나라가 로나라를 쳤다. 초(楚)나라가 정나라를 쳤다. 진나라 사개(士匄)가 로나라를 빙문하였다.

## 丁酉 宋災 魯季孫宿如晉 魯夫人姜氏薨 魯會諸侯伐鄭盟戲 公冠于衛 楚伐鄭

양공(襄公) 9년 정유(B.C.564). 송(宋)나라에 화재가 났다. 로(魯)나라 계손숙(季孫宿)이 진(晉)나라에 갔다. 로나라 부인(夫人) 강씨(姜氏)가 훙하였다. 로나라가 제후들과 회합하여 정(鄭)나라를 치고서 희(戲) 땅에서 맹약하였다. 공(公)이 위(衛)나라에서 관례를 거행하였다. 초(楚)나라가 정나라를 쳤다.

## 戊戌 魯及諸侯會吳于柤滅偪陽 楚鄭伐宋 晉伐秦 莒伐魯 魯會諸侯伐鄭 盜殺鄭三卿 諸侯戍鄭虎牢 楚救鄭 周王叔陳生與伯輿爭政 訟于晉

양공(襄公) 10년 무술(B.C.563). 로(魯)나라가 제후들과 사(柤) 땅에서 오(吳)나라와 회합하여 복양(偪陽)을 멸하였다. 초(楚)나라와 정(鄭)나라가 송(宋)나라를 쳤다. 진(晉)나라가 진(秦)나라를 쳤다. 거(莒)나라가 로나라를 쳤다. 로나라가 제후들과 회합하여 정나라를 쳤다. 도(盜)가 정나라의 세 경(卿)을 죽였다. 제후들이 정나라 호뢰(虎牢)를 지켰다. 초나라가 정나라를 구원하였다. 주(周)나라 왕숙진생(王叔陳生)이 백여(伯輿)와 정권을 두고 다투어 진(晉)나라에 소송하였다.

## 己亥 魯作三軍 鄭侵宋 魯會諸侯伐鄭 盟亳城北 楚鄭伐宋 魯會諸侯伐鄭 會蕭魚 楚執鄭良霄 秦伐晉

양공(襄公) 11년 기해(B.C.562). 로(魯)나라가 3군(軍)으로 만들었다. 정(鄭)나라가 송(宋)나라를 침범하였다. 로나라가 제후들과 회합하여 정나라를 치고서 박성(亳城) 북쪽에서 맹약하였다. 초(楚)나라와 정나라가 송나라를 쳤다. 로나라가 제후들과 회합하여 정나라를 치고서 소어(蕭魚)에서 회합하였다. 초나라가 정나라 량소(良霄)를 잡았다. 진(秦)나라가 진(晉)나라를 쳤다.

## 庚子 莒伐魯 晉士魴聘魯 吳子乘卒 楚侵宋 魯公如晉

양공(襄公) 12년 경자(B.C.561). 거(莒)나라가 로(魯)나라를 쳤다. 진(晉)나라 사방(士魴)이 로나라를 빙문하였다. 오자(吳子) 승(乘)이 졸하였다. 초(楚)나라가 송(宋)나라를 침범하였다. 로공(魯公)이 진나라에 갔다.

### 辛丑 吳子遏元 魯取邿 楚子審卒

양공(襄公) 13년 신축(B.C.560). 오자(吳子) 알(遏) 원년이다. 로(魯)나라가 시(邿)나라를 취하였다. 초자(楚子) 심(審)이 졸하였다.

### 壬寅 楚康王昭元 魯季孫宿及諸侯大夫會吳于向 魯叔孫豹會諸侯大夫伐秦 晉復三軍 衛侯衎奔齊 衛立公孫剽 莒侵魯 楚伐吳 魯季孫宿會諸侯大夫于戚

양공(襄公) 14년 임인(B.C.559). 초강왕(楚康王) 소(昭) 원년이다. 로(魯)나라 계손숙(季孫宿)이 제후들의 대부와 함께 오(吳)나라와 상(向) 땅에서 회합하였다. 로나라 숙손표(叔孫豹)가 제후들의 대부와 회합하여 진(秦)나라를 쳤다. 진(晉)나라가 3군(軍)으로 되돌아갔다. 위후(衛侯) 간(衎)이 제(齊)나라로 망명하니 위(衛)나라가 공손표(公孫剽)를 임금으로 세웠다. 거(莒)나라가 로나라를 침범하였다. 초(楚)나라가 오나라를 쳤다. 로나라 계손숙이 제후들의 대부와 척(戚) 땅에서 회합하였다.

### 癸卯 衛殤公剽元 宋向戌聘魯盟劉 周劉夏逆王后于齊 齊伐魯圍成 邾伐魯 晉侯周卒

양공(襄公) 15년 계묘(B.C.558). 위상공(衛殤公) 표(剽) 원년이다. 송(宋)나라 상술(向戌)이 로(魯)나라를 빙문하고 류(劉) 땅에서 맹약하였다. 주(周)나라 류하(劉夏)가 제(齊)나라로 가서 왕후(王后)를 맞이하였다. 제나라가 로나라를 치고 성(成) 땅을 포위하였다. 주(邾)나라가 로나라를 쳤다. 진후(晉侯) 주(周)가 졸하였다.

### 甲辰 晉平公彪元 魯會諸侯于溴梁 使諸大夫盟 晉執莒子邾子以歸 齊伐魯 魯叔老會諸侯大夫伐許 齊伐魯 魯叔孫豹如晉

양공(襄公) 16년 갑진(B.C.557). 진평공(晉平公) 표(彪) 원년이다. 로(魯)나라가 제후들과 격량(溴梁)에서 회합하고서 여러 대부에게 맹약하게 하였다. 진(晉)나라가 거자(莒子)와 주자(邾子)를 잡아서 돌아갔다. 제(齊)나라가 로나라를 쳤다. 로나라 숙로(叔老)가 제후들의 대부와 회합하여 허(許)나라를 쳤다. 제나라가 로나라를 쳤다. 로나라 숙손표(叔孫豹)가 진나라에 갔다.

### 乙巳 邾子牼卒 宋伐陳 衛伐曹 齊伐魯 宋華臣奔陳 邾伐魯

양공(襄公) 17년 을사(B.C.556). 주자(邾子) 경(牼)이 졸하였다. 송(宋)나라가 진(陳)나라를 쳤다. 위(衛)나라가 조(曹)나라를 쳤다. 제(齊)나라가 로(魯)나라를 쳤다. 송나라 화신(華臣)이 진나라로 망명하였다. 주(邾)나라가 로나라를 쳤다.

### 丙午 邾悼公華元 白狄來魯 晉執衛石買 齊伐魯 魯會諸侯圍齊 曹伯負芻卒 楚伐鄭 燕武公卒

양공(襄公) 18년 병오(B.C.555). 주도공(邾悼公) 화(華) 원년이다. 백적(白狄)이 로(魯)나라에 왔다. 진(晉)나라가 위(衛)나라 석매(石買)를 잡았다. 제(齊)나라가 로나라를 쳤다. 로나라가 제후들과 회합하여 제나라를 포위하였다. 조백(曹伯) 부추(負芻)가 졸하였다. 초(楚)나라가 정(鄭)나라를 쳤다. 연무공(燕武公)이 졸하였다.

### 丁未 曹武公滕元 燕文公元 諸侯盟祝柯 晉執邾子 魯取邾田自漷水 魯季孫宿如晉 衛伐齊 齊侯環卒 晉士匃侵齊 聞喪而還 齊殺高厚 鄭殺公子嘉 魯叔孫豹會晉士匃于柯

양공(襄公) 19년 정미(B.C.554). 조무공(曹武公) 등(滕) 원년이다. 연문공(燕文公) 원년이다. 제후들이 축가(祝柯)에서 맹약하였다. 진(晉)나라가 주자(邾子)를 잡았다. 로(魯)나라가 주(邾)나라 전지를 취하니 곽수(漷水)로부터였다. 로나라 계손숙(季孫宿)이 진나라에 갔다. 위(衛)나라가 제(齊)나라를 쳤다. 제후(齊侯) 환(環)이 졸하였다. 진나라 사개(士匃)가 제나라를 침범하다가 상이 났다는 소식을 듣고 돌아갔다. 제나라가 고후(高厚)를 죽였다. 정(鄭)나라가 공자 가(嘉)를 죽였다. 로나라 숙손표(叔孫豹)가 진나라 사개와 가(柯) 땅에서 회합하였다.

### 戊申 齊莊公光元 魯莒盟向 魯會諸侯盟澶淵 魯伐邾 蔡殺公子燮 公子履奔楚 陳侯弟黃奔楚 魯叔老如齊 魯季孫宿如宋

양공(襄公) 20년 무신(B.C.553). 제장공(齊莊公) 광(光) 원년이다. 로(魯)나라와 거(莒)나라가 상(向) 땅에서 맹약하였다. 로나라가 제후들과 회합하여 전연(澶淵)에서 맹약하였다. 로나라가 주(邾)나라를 쳤다. 채(蔡)나라가 공자 섭(燮)을 죽이니 공자 리(履)가 초(楚)나라로 망명하였다. 진후(陳侯)의 아우 황(黃)이 초나라로 망명하였다. 로나라 숙로(叔老)가 제(齊)나라에 갔다. 로나라 계손숙(季孫宿)이 송(宋)나라에 갔다.

### 己酉 魯公如晉 邾庶其以漆閭丘奔魯 晉欒盈奔楚 曹朝魯 魯會諸侯于商任

　양공(襄公) 21년 기유(B.C.552). 로공(魯公)이 진(晉)나라에 갔다. 주(邾)나라 서기(庶其)가 칠(漆) 땅과 려구(閭丘)를 가지고 로(魯)나라로 망명하였다. 진나라 란영(欒盈)이 초(楚)나라로 망명하였다. 조(曹)나라가 로나라를 조견하였다. 로나라가 제후들과 상임(商任)에서 회합하였다.

## 庚戌 魯會諸侯于沙隨 楚殺公子追舒 孔子生

　양공(襄公) 22년 경술(B.C.551). 로(魯)나라가 제후들과 사수(沙隨)에서 회합하였다. 초(楚)나라가 공자 추서(追舒)를 죽였다. 공자(孔子)가 태어났다.

## 辛亥 杞伯匄卒 邾畀我奔魯 陳殺慶虎慶寅 陳侯弟黃自楚歸陳 晉欒盈入曲沃作亂 殺之 齊伐衛晉 魯救晉 魯臧孫紇奔邾 齊襲莒

　양공(襄公) 23년 신해(B.C.550). 기백(杞伯) 개(匄)가 졸하였다. 주(邾)나라 비아(畀我)가 로(魯)나라로 망명하였다. 진(陳)나라가 경호(慶虎)와 경인(慶寅)을 죽였다. 진후(陳侯)의 아우 황(黃)이 초(楚)나라에서 진(陳)나라로 돌아갔다. 진(晉)나라 란영(欒盈)이 곡옥(曲沃)으로 들어가서 란을 일으키니 그를 죽였다. 제(齊)나라가 위(衛)나라와 진(晉)나라를 치니 로나라가 진(晉)나라를 구원하였다. 로나라 장손흘(臧孫紇)이 주(邾)나라로 망명하였다. 제나라가 거(莒)나라를 습격하였다.

## 壬子 杞文公益姑元 魯叔孫豹如晉 魯侵齊 楚伐吳 齊伐莒 魯會諸侯于夷儀 楚蔡陳許伐鄭 陳鍼宜咎奔楚 齊城郟 魯叔孫豹如周賀 燕文公卒

　양공(襄公) 24년 임자(B.C.549). 기문공(杞文公) 익고(益姑) 원년이다. 로(魯)나라 숙손표(叔孫豹)가 진(晉)나라에 갔다. 로나라가 제(齊)나라를 침범하였다. 초(楚)나라가 오(吳)나라를 쳤다. 제나라가 거(莒)나라를 쳤다. 로나라가 제후들과 이의(夷儀)에서 회합하였다. 초·채(蔡)·진(陳)·허(許)나라가 정(鄭)나라를 쳤다. 진(陳)나라 겸의구(鍼宜咎)가 초나라로 망명하였다. 제나라가 겹(郟) 땅에 성을 쌓으니 로나라 숙손표(叔孫豹)가 주(周)나라에 가서 축하하였다. 연문공(燕文公)이 졸하였다.

## 癸丑 燕懿公元 齊伐魯 齊崔杼弒其君光 魯會諸侯于夷儀 鄭入陳 諸侯盟重丘 衛侯入夷儀 楚滅舒鳩 鄭公孫僑獻陳捷于晉 吳子遏伐楚 卒于巢

양공(襄公) 25년 계축(B.C.548). 연의공(燕懿公) 원년이다. 제(齊)나라가 로(魯)나라를 쳤다. 제나라 최저(崔杼)가 그 임금 광(光)을 시해하였다. 로나라가 제후들과 이의(夷儀)에서 회합하였다. 정(鄭)나라가 진(陳)나라로 쳐들어갔다. 제후들이 중구(重丘)에서 맹약하였다. 위후(衛侯)가 이의로 들어갔다. 초(楚)나라가 서구(舒鳩)를 멸하였다. 정나라 공손교(公孫僑)가 진(陳)나라에서 얻은 전리품을 진(晉)나라에 바쳤다. 오자(吳子) 알(遏)이 초나라를 치다가 소(巢) 땅에서 졸하였다.

甲寅 齊景公杵臼元 吳子餘祭元 秦晉爲成 衛甯喜弑其君剽 衛侯衎復歸于衛 孫林父入戚以叛 晉荀吳聘魯 魯會諸侯于澶淵 宋殺大子痤 晉執衛甯喜 許男甯卒于楚 楚蔡陳伐鄭

양공(襄公) 26년 갑인(B.C.547). 제경공(齊景公) 저구(杵臼) 원년이다. 오자(吳子) 여제(餘祭) 원년이다. 진(秦)나라와 진(晉)나라가 화친하였다. 위(衛)나라 녕희(甯喜)가 그 임금 표(剽)를 시해하였다. 위후(衛侯) 간(衎)이 위나라로 복귀(復歸)하였다. 손림보(孫林父)가 척(戚) 땅으로 들어가 반란을 일으켰다. 진(晉)나라 순오(荀吳)가 로(魯)나라를 빙문하였다. 로나라가 제후들과 전연(澶淵)에서 회합하였다. 송(宋)나라가 태자 좌(痤)를 죽였다. 진(晉)나라가 위나라 녕희를 잡았다. 허남(許男) 녕(甯)이 초(楚)나라에서 졸하였다. 초·채(蔡)·진(陳)나라가 정(鄭)나라를 쳤다.

乙卯 許悼公買元 齊慶封聘魯 魯叔孫豹會晉楚及諸侯大夫盟于宋 衛殺甯喜 衛侯弟鱄奔晉 齊崔杼自殺

양공(襄公) 27년 을묘(B.C.546). 허도공(許悼公) 매(買) 원년이다. 제(齊)나라 경봉(慶封)이 로(魯)나라를 빙문하였다. 로나라 숙손표(叔孫豹)가 진(晉)나라와 초(楚)나라 및 제후들의 대부와 회합하여 송(宋)나라에서 맹약하였다. 위(衛)나라가 녕희(甯喜)를 죽였다. 위후(衛侯)의 아우 전(鱄)이 진나라로 망명하였다. 제나라 최저(崔杼)가 자살하였다.

丙辰 諸侯朝晉 衛石惡奔晉 邾朝魯 魯仲孫羯如晉 齊慶封奔魯 魯公如楚 周靈王崩 楚子昭卒 燕懿公卒

양공(襄公) 28년 병진(B.C.545). 제후들이 진(晉)나라를 조견하였다. 위(衛)나라 석악(石惡)이 진나라로 망명하였다. 주(邾)나라가 로(魯)나라를 조견하였다. 로나라 중손갈(仲孫羯)이 진나라에 갔다. 제(齊)나라 경봉(慶封)이 로나라로 망명하였다. 로공(魯公)이 초(楚)나라에 갔다. 주령왕(周靈王)이 붕하였다. 초자(楚子) 소(昭)가 졸하였다. 연의공(燕懿公)이 졸하였다.

**丁巳 周景王貴元 楚郟敖熊麇元 燕惠公元 衛侯衎卒 閽弑吳子餘祭 魯仲孫羯會諸侯大夫城杞 晉士鞅聘魯 杞子來魯盟 吳季札聘魯 齊高止奔北燕 魯仲孫羯如晉**

양공(襄公) 29년 정사(B.C.544). 주경왕(周景王) 귀(貴) 원년이다. 초(楚)나라 겹오(郟敖) 웅균(熊麇) 원년이다. 연혜공(燕惠公) 원년이다. 위후(衛侯) 간(衎)이 졸하였다. 문지기가 오자(吳子) 여제(餘祭)를 시해하였다. 로(魯)나라 중손갈(仲孫羯)이 제후들의 대부와 회합하여 기(杞)나라에 성을 쌓았다. 진(晉)나라 사앙(士鞅)이 로나라를 빙문하였다. 기자(杞子)가 로나라에 와서 맹약하였다. 오(吳)나라 계찰(季札)이 로나라를 빙문하였다. 제(齊)나라 고지(高止)가 북연(北燕)으로 망명하였다. 로나라 중손갈이 진나라에 갔다.

**戊午 衛襄公惡元 吳子夷末元 楚薳罷聘魯 蔡般弑其君固 宋災伯姬卒 天王殺弟佞夫 王子瑕奔晉 魯叔弓如宋 鄭殺良霄 諸侯會澶淵 宋災故**

양공(襄公) 30년 무오(B.C.543). 위양공(衛襄公) 악(惡) 원년이다. 오자(吳子) 이말(夷末) 원년이다. 초(楚)나라 위피(薳罷)가 로(魯)나라를 빙문하였다. 채(蔡)나라 반(般)이 그 임금 고(固)를 시해하였다. 송(宋)나라에 화재가 나서 백희(伯姬)가 졸하였다. 천왕이 아우 녕부(佞夫)를 죽이니 왕자 하(瑕)가 진(晉)나라로 망명하였다. 로나라 숙궁(叔弓)이 송나라에 갔다. 정(鄭)나라가 량소(良霄)를 죽였다. 제후들이 전연(澶淵)에서 회합하였으니 송나라의 화재 때문이었다.

**己未 蔡靈侯般元 魯襄公薨 子野毀而卒 滕子來魯會葬 莒人弑其君密州 立展輿 去疾奔齊衛侯如楚**

양공(襄公) 31년 기미(B.C.542). 채령후(蔡靈侯) 반(般) 원년이다. 로양공(魯襄公)이 훙하였다. 자야(子野)가 몸이 상하여 졸하였다. 등자(滕子)가 로(魯)나라에 와서 장례에 참여하였다. 거인(莒人)이 그 임금 밀주(密州)를 시해하고 전여(展輿)를 임금으로 세우니, 거질(去疾)이 제(齊)나라로 망명하였다. 위후(衛侯)가 초(楚)나라에 갔다.

**昭元庚申 魯昭公稠元 莒著丘公去疾元 魯叔孫豹會諸侯大夫于虢 魯伐莒取鄆 秦伯弟鍼**

奔晉 邾子華卒 晉敗狄于大鹵 莒去疾自齊入莒 展輿奔吳 楚公子圍弑其君麇而自立 更名虔

소공(昭公) 원년 경신(B.C.541). 로소공(魯昭公) 조(稠) 원년이다. 거 저구공(莒著丘公) 거질(去疾) 원년이다. 로(魯)나라 숙손표(叔孫豹)가 제후들의 대부와 괵(虢) 땅에서 회합하였다. 로나라가 거(莒)나라를 쳐서 운(鄆) 땅을 취하였다. 진백(秦伯)의 아우 겸(鍼)이 진(晉)나라로 망명하였다. 주자(邾子) 화(華)가 졸하였다. 진(晉)나라가 적(狄)을 태로(大鹵)에서 패배시켰다. 거나라 거질이 제(齊)나라에서 거나라로 들어갔고, 전여(展輿)는 오(吳)나라로 망명하였다. 초(楚)나라 공자 위(圍)가 그 임금 균(麇)을 시해하고 스스로 임금이 되어 이름을 건(虔)으로 고쳤다.

辛酉 邾莊公穿元 楚靈王熊虔元 晉韓起聘魯 魯叔弓如晉 鄭殺公孫黑 魯公如晉至河乃復 季孫宿如晉

소공(昭公) 2년 신유(B.C.540). 주장공(邾莊公) 천(穿) 원년이다. 초령왕(楚靈王) 웅건(熊虔) 원년이다. 진(晉)나라 한기(韓起)가 로(魯)나라를 빙문하였다. 로나라 숙궁(叔弓)이 진나라에 갔다. 정(鄭)나라가 공손흑(公孫黑)을 죽였다. 로공(魯公)이 진나라에 가다가 하수(河水)에 이르러 돌아오고 계손숙(季孫宿)이 진나라에 갔다.

壬戌 滕子原卒 魯叔弓如滕 小邾朝魯 北燕伯款奔齊

소공(昭公) 3년 임술(B.C.539). 등자(滕子) 원(原)이 졸하였다. 로(魯)나라 숙궁(叔弓)이 등(滕)나라에 갔다. 소주(小邾)가 로나라를 조견하였다. 북연백(北燕伯) 관(款)이 제(齊)나라로 망명하였다.

癸亥 滕悼公寧元 楚會諸侯于申 執徐子 楚會諸侯伐吳 殺齊慶封 遂滅賴 魯取鄫 鄭作丘賦

소공(昭公) 4년 계해(B.C.538). 등도공(滕悼公) 녕(寧) 원년이다. 초(楚)나라가 제후들과 신(申) 땅에서 회합하고 서자(徐子)를 잡았다. 초나라가 제후들과 회합하고 오(吳)나라를 쳤다. 제(齊)나라 경봉(慶封)을 죽이고 드디어 뢰(賴)나라를 멸하였다. 로(魯)나라가 증(鄫) 땅을 취하였다. 정(鄭)나라가 구부법(丘賦法)을 만들었다.

甲子 魯舍中軍 楚殺屈申 魯公如晉 莒牟夷以牟婁防玆奔魯 魯敗莒于蚡泉 秦伯卒 楚及諸
侯伐吳

소공(昭公) 5년 갑자(B.C.537). 로(魯)나라가 중군(中軍)을 폐지하였다. 초(楚)나라가 굴신(屈申)을 죽였다. 로공(魯公)이 진(晉)나라에 갔다. 거(莒)나라 모이(牟夷)가 모루(牟婁)·방(防)·자(玆) 땅을 가지고 로나라로 망명하였다. 로나라가 거나라를 분천(蚡泉)에서 패배시켰다. 진백(秦伯)이 졸하였다. 초나라가 제후들과 함께 오(吳)나라를 쳤다.

乙丑 秦哀公元 杞伯益姑卒 鄭鑄刑書 魯季孫宿如晉 宋華合比奔衛 楚伐吳 魯叔弓如楚
齊伐北燕

소공(昭公) 6년 을축(B.C.536). 진애공(秦哀公) 원년이다. 기백(杞伯) 익고(益姑)가 졸하였다. 정(鄭)나라가 형서(刑書)를 주조하였다. 로(魯)나라 계손숙(季孫宿)이 진(晉)나라에 갔다. 송(宋)나라 화합비(華合比)가 위(衛)나라로 망명하였다. 초(楚)나라가 오(吳)나라를 쳤다. 로나라 숙궁(叔弓)이 초나라에 갔다. 제(齊)나라가 북연(北燕)을 쳤다.

丙寅 杞平公郁釐元 魯暨齊平 魯公如楚 魯叔孫婼如齊盟 衛侯惡卒 燕惠公卒

소공(昭公) 7년 병인(B.C.535). 기평공(杞平公) 욱리(郁釐) 원년이다. 로(魯)나라가 제(齊)나라와 화평하였다. 로공(魯公)이 초(楚)나라에 갔다. 로나라 숙손착(叔孫婼)이 제나라에 가서 맹약하였다. 위후(衛侯) 악(惡)이 졸하였다. 연혜공(燕惠公)이 졸하였다.

丁卯 衛靈公元元 燕悼公元 石言晉魏楡 陳侯弟招殺大子偃師 陳侯溺卒 魯叔弓如晉 楚殺
陳干徵師 陳公子留奔鄭 陳殺公子過 楚滅陳 放招于越 殺孔奐

소공(昭公) 8년 정묘(B.C.534). 위령공(衛靈公) 원(元) 원년이다. 연도공(燕悼公) 원년이다. 진(晉)나라 위유(魏楡)에서 돌이 말을 하는 일이 있었다. 진후(陳侯)의 아우 소(招)가 태자 언사(偃師)를 죽였다. 진후(陳侯) 닉(溺)이 졸하였다. 로(魯)나라 숙궁(叔弓)이 진(晉)나라에 갔다. 초(楚)나라가 진(陳)나라의 간징사(干徵師)를 죽였다. 진(陳)나라 공자 류(留)가 정(鄭)나라로 망명하였다. 진(陳)나라가 공자 과(過)를 죽였다. 초나라가 진(陳)나라를 멸하고 소를 월(越)나라로 추방하였으며 공환(孔奐)을 죽였다.

戊辰 魯叔弓會楚于陳 許遷于夷 陳災 魯仲孫貜如齊

　　소공(昭公) 9년 무진(B.C.533). 로(魯)나라 숙궁(叔弓)이 초(楚)나라와 진(陳)나라에서 회합하였다. 허(許)나라가 이(夷) 땅으로 옮겼다. 진나라에 화재가 났다. 로나라 중손확(仲孫貜)이 제(齊)나라에 갔다.

## 己巳 齊欒施奔魯 魯伐莒 晉侯彪卒 魯叔孫婼如晉 宋公成卒

　　소공(昭公) 10년 기사(B.C.532). 제(齊)나라 란시(欒施)가 로(魯)나라로 망명하였다. 로나라가 거(莒)나라를 쳤다. 진후(晉侯) 표(彪)가 졸하였다. 로나라 숙손착(叔孫婼)이 진(晉)나라에 갔다. 송공(宋公) 성(成)이 졸하였다.

## 庚午 晉昭公夷元 宋元公佐元 魯叔弓如宋 楚殺蔡侯般 遂滅蔡 執蔡大子有 用之 魯夫人歸氏薨 魯邾盟祲祥 魯季孫意如會諸侯大夫于厥愁

　　소공(昭公) 11년 경오(B.C.531). 진소공(晉昭公) 이(夷) 원년이다. 송원공(宋元公) 좌(佐) 원년이다. 로(魯)나라 숙궁(叔弓)이 송(宋)나라에 갔다. 초(楚)나라가 채후(蔡侯) 반(般)을 죽이고 드디어 채(蔡)나라를 멸하고서 채나라 태자 유(有)를 잡아서 희생으로 썼다. 로나라 부인(夫人) 귀씨(歸氏)가 훙하였다. 로나라와 주(邾)나라가 침상(祲祥)에서 맹약하였다. 로나라 계손의여(季孫意如)가 제후들의 대부와 궐은(厥愁)에서 회합하였다.

## 辛未 齊納北燕伯于陽 鄭伯嘉卒 宋華定聘魯 魯公如晉至河乃復 楚殺成熊 晉滅肥 魯公子愁奔齊 楚伐徐 晉伐鮮虞

　　소공(昭公) 12년 신미(B.C.530). 제(齊)나라가 북연백(北燕伯)을 양(陽) 땅으로 들여보냈다. 정백(鄭伯) 가(嘉)가 졸하였다. 송(宋)나라 화정(華定)이 로(魯)나라를 빙문하였다. 로공(魯公)이 진(晉)나라에 가다가 하수(河水)에 이르러 돌아왔다. 초(楚)나라가 성웅(成熊)을 죽였다. 진나라가 비(肥)를 멸하였다. 로나라 공자 은(愁)이 제(齊)나라로 망명하였다. 초나라가 서(徐)나라를 쳤다. 진나라가 선우(鮮虞)를 쳤다.

## 壬申 鄭定公寧元 蔡平公廬元 陳惠公吳元 魯叔弓圍費 楚公子比弑其君虔 公子棄疾殺比 自立 改名居 魯會王人諸侯于平丘 不與盟 晉執季孫意如以歸 楚復陳蔡 魯公如晉至河乃復 吳滅州來 燕悼公卒

　　소공(昭公) 13년 임신(B.C.529). 정정공(鄭定公) 녕(寧) 원년이다. 채평공(蔡平公) 려(廬)

원년이다. 진혜공(陳惠公) 오(吳) 원년이다. 로(魯)나라 숙궁(叔弓)이 비(費) 땅을 포위하였다. 초(楚)나라 공자 비(比)가 그 임금 건(虔)을 시해하였다. 공자 기질(棄疾)이 비를 죽이고 스스로 임금이 되어 이름을 거(居)로 고쳤다. 로나라가 왕인(王人) 및 제후들과 평구(平丘)에서 회합하였는데 맹약에 참여하지 않았다. 진(晉)나라가 계손의여(季孫意如)를 잡아 돌아갔다. 초나라가 진(陳)나라와 채(蔡)나라를 회복시켜 주었다. 로공(魯公)이 진(晉)나라에 가다가 하수(河水)에 이르러 돌아왔다. 오(吳)나라가 주래(州來)를 멸하였다. 연도공(燕悼公)이 졸하였다.

**癸酉 楚平王熊居元 燕共公元 晉釋意如 曹伯滕卒 莒子去疾卒 子郊公立 尋奔齊**

소공(昭公) 14년 계유(B.C.528). 초평왕(楚平王) 웅거(熊居) 원년이다. 연공공(燕共公) 원년이다. 진(晉)나라가 의여(意如)를 풀어 주었다. 조백(曹伯) 등(滕)이 졸하였다. 거자(莒子) 거질(去疾)이 졸하였다. 그 아들 교공(郊公)이 임금이 되었다가 얼마 뒤 제(齊)나라로 망명하였다.

**甲戌 曹平公須元 莒共公庚興元 吳子夷末卒 蔡朝吳奔鄭 晉伐鮮虞圍鼓 執鼓子鳶鞮歸 魯公如晉**

소공(昭公) 15년 갑술(B.C.527). 조평공(曹平公) 수(須) 원년이다. 거공공(莒共公) 경여(庚興) 원년이다. 오자(吳子) 이말(夷末)이 졸하였다. 채(蔡)나라 조오(朝吳)가 정(鄭)나라로 망명하였다. 진(晉)나라가 선우(鮮虞)를 치고 고(鼓)를 포위하여 고자(鼓子) 연제(鳶鞮)를 잡아 돌아갔다. 로공(魯公)이 진나라에 갔다.

**乙亥 吳子僚元 齊伐徐盟蒲隧 楚殺戎蠻子 晉侯夷卒 魯季孫意如如晉**

소공(昭公) 16년 을해(B.C.526). 오자(吳子) 료(僚) 원년이다. 제(齊)나라가 서(徐)나라를 쳐서 포수(蒲隧)에서 맹약하였다. 초(楚)나라가 융만자(戎蠻子)를 죽였다. 진후(晉侯) 이(夷)가 졸하였다. 로(魯)나라 계손의여(季孫意如)가 진(晉)나라에 갔다.

**丙子 晉頃公去疾元 小邾朝魯 郯朝魯 晉滅陸渾戎 楚吳戰長岸**

소공(昭公) 17년 병자(B.C.525). 진경공(晉頃公) 거질(去疾) 원년이다. 소주(小邾)가 로(魯)나라를 조견하였다. 담(郯)나라가 로나라를 조견하였다. 진(晉)나라가 륙혼(陸渾)의 융

(戎)을 멸하였다. 초(楚)나라와 오(吳)나라가 장안(長岸)에서 싸웠다.

### 丁丑 曹伯須卒 宋衛陳鄭災 邾入鄅 許遷于白羽 燕共公卒

소공(昭公) 18년 정축(B.C.524). 조백(曹伯) 수(須)가 졸하였다. 송(宋)·위(衛)·진(陳)·정(鄭)나라에 화재가 났다. 주(邾)나라가 우(鄅)나라로 쳐들어갔다. 허(許)나라가 백우(白羽)로 옮겼다. 연공공(燕共公)이 졸하였다.

### 戊寅 曹悼公午元 燕平公元 宋伐邾盟蟲 許止弑其君買 齊伐莒

소공(昭公) 19년 무인(B.C.523). 조도공(曹悼公) 오(午) 원년이다. 연평공(燕平公) 원년이다. 송(宋)나라가 주(邾)나라를 쳐서 충(蟲) 땅에서 맹약하였다. 허(許)나라 지(止)가 그 임금 매(買)를 시해하였다. 제(齊)나라가 거(莒)나라를 쳤다.

### 己卯 許男斯元 楚殺伍奢 伍員奔吳 大子建奔宋 曹公孫會奔宋 盜殺衛侯兄縶 宋華向奔陳 蔡侯盧卒

소공(昭公) 20년 기묘(B.C.522). 허남(許男) 사(斯) 원년이다. 초(楚)나라가 오사(伍奢)를 죽이니 오운(伍員)이 오(吳)나라로 망명하였고 태자 건(建)은 송(宋)나라로 망명하였다. 조(曹)나라 공손회(公孫會)가 송나라로 망명하였다. 도적이 위후(衛侯)의 형 집(縶)을 죽였다. 송나라 화씨(華氏)와 상씨(向氏)가 진(陳)나라로 망명하였다. 채후(蔡侯) 로(盧)가 졸하였다.

### 庚辰 蔡侯朱元 晉士鞅聘魯 宋華向入宋南里以叛 蔡侯朱奔楚 魯公如晉至河乃復

소공(昭公) 21년 경진(B.C.521). 채후(蔡侯) 주(朱) 원년이다. 진(晉)나라 사앙(士鞅)이 로(魯)나라를 빙문하였다. 송(宋)나라 화씨(華氏)와 상씨(向氏)가 송나라 남리(南里)로 들어가서 반란을 일으켰다. 채후(蔡侯) 주(朱)가 초(楚)나라로 망명하였다. 로공(魯公)이 진나라로 가다가 하수(河水)에 이르러 돌아왔다.

### 辛巳 蔡悼公東國元 齊伐莒 宋華向奔楚 周景王崩 王子朝作亂 劉單以悼王猛居皇 入王城而卒 魯叔鞅如周會葬

소공(昭公) 22년 신사(B.C.520). 채도공(蔡悼公) 동국(東國) 원년이다. 제(齊)나라가 거(莒)나라를 쳤다. 송(宋)나라 화씨(華氏)와 상씨(向氏)가 초(楚)나라로 망명하였다. 주경왕

(周景王)이 붕하였다. 왕자 조(朝)가 란을 일으키니 류자(劉子)와 선자(單子)가 도왕(悼王) 맹(猛)을 모시고 황(皇) 땅에 거주하다가 왕성(王城)으로 들어갔으나 맹이 졸하였다. 로(魯) 나라 숙앙(叔鞅)이 주(周)나라에 가서 장례에 참석하였다.

**壬午 周敬王丐元 魯叔孫婼如晉見執 晉會王師 討子朝圍郊 蔡侯東國卒于楚 莒子庚輿奔 魯 吳敗六國師于雞父 獲胡子髡沈子逞陳夏齧 天王居狄泉 尹氏立王子朝 魯公如晉至河 乃復**

소공(昭公) 23년 임오(B.C.519). 주경왕(周敬王) 면(丐) 원년이다. 로(魯)나라 숙손착(叔 孫婼)이 진(晉)나라에 갔다가 잡혔다. 진(晉)나라가 왕사(王師)와 회합하여 자조(子朝)를 토 벌하기 위하여 교(郊) 땅을 포위하였다. 채후(蔡侯) 동국(東國)이 초(楚)나라에서 졸하였다. 거자(莒子) 경여(庚輿)가 로나라로 망명하였다. 오(吳)나라가 6국(國)의 군대를 계보(雞父) 에서 패배시키고, 호자(胡子) 곤(髡)·심자(沈子) 영(逞)·진(陳)나라 하설(夏齧)을 사로잡았 다. 천왕이 적천(狄泉)에 거주하였다. 윤씨(尹氏)가 왕자 조(朝)를 세웠다. 로공(魯公)이 진 (晉)나라로 가다가 하수(河水)에 이르러 돌아왔다.

**癸未 蔡昭侯申元 王子朝入鄔 晉釋叔孫婼 杞伯郁釐卒 吳滅巢**

소공(昭公) 24년 계미(B.C.518). 채소후(蔡昭侯) 신(申) 원년이다. 왕자 조(朝)가 오(鄔) 땅으로 들어갔다. 진(晉)나라가 숙손착(叔孫婼)을 풀어 주었다. 기백(杞伯) 욱리(郁釐)가 졸 하였다. 오(吳)나라가 소(巢) 땅을 멸하였다.

**甲申 杞悼公成元 魯叔孫婼如宋 魯叔詣會諸侯大夫于黃父 謀王室 魯公孫于齊 次陽州 宋 公佐卒曲棘 齊侯取鄆**

소공(昭公) 25년 갑신(B.C.517). 기도공(杞悼公) 성(成) 원년이다. 로(魯)나라 숙손착(叔 孫婼)이 송(宋)나라에 갔다. 로나라 숙예(叔詣)가 제후들의 대부와 황보(黃父)에서 회합하 여 왕실의 일을 모의하였다. 로공(魯公)이 제(齊)나라로 피신하여 양주(陽州)에 머물렀다. 송공(宋公) 좌(佐)가 곡극(曲棘)에서 졸하였다. 제후(齊侯)가 운(鄆) 땅을 취하였다.

**乙酉 宋景公頭曼元 魯公自齊居于鄆 尋會諸侯 盟于鄟陵 楚子居卒 天王入成周 王子朝奔 楚**

　소공(昭公) 26년 을유(B.C.516). 송경공(宋景公) 두만(頭曼) 원년이다. 로공(魯公)이 제(齊)나라에서 돌아와 운(鄆) 땅에 거처하였다가 얼마 뒤 제후들과 회합하여 전릉(鄟陵)에서 맹약하였다. 초자(楚子) 거(居)가 졸하였다. 천왕이 성주(成周)로 들어가니 왕자 조(朝)가 초(楚)나라로 망명하였다.

## 丙戌 楚昭王熊軫元 魯公如齊 還居鄆 吳公子光弑其君僚而自立 楚殺郤宛 諸侯大夫會于扈 曹伯午卒 邾快奔魯 諸侯戌周

　소공(昭公) 27년 병술(B.C.515). 초소왕(楚昭王) 웅진(熊軫) 원년이다. 로공(魯公)이 제(齊)나라에 갔다가 돌아와 운(鄆) 땅에 거처하였다. 오(吳)나라 공자 광(光)이 그 임금 료(僚)를 시해하고 스스로 임금이 되었다. 초(楚)나라가 극완(郤宛)을 죽였다. 제후들의 대부가 호(扈) 땅에서 회합하였다. 조백(曹伯) 오(午)가 졸하였다. 주(邾)나라 쾌(快)가 로(魯)나라로 망명하였다. 제후들이 주(周)나라를 지켰다.

## 丁亥 吳子光元 曹聲公野元 魯公如晉 次乾侯 晉滅祁羊舌氏 鄭伯寧卒 滕子寧卒

　소공(昭公) 28년 정해(B.C.514). 오자(吳子) 광(光) 원년이다. 조성공(曹聲公) 야(野) 원년이다. 로공(魯公)이 진(晉)나라로 가서 간후(乾侯)에 머물렀다. 진나라가 기씨(祁氏)와 양설씨(羊舌氏)를 멸하였다. 정백(鄭伯) 녕(寧)이 졸하였다. 둥자(滕子) 녕(寧)이 졸하였다.

## 戊子 鄭獻公蠆元 滕頃公結元 魯公居鄆 尋復如晉 次乾侯 鄆潰

　소공(昭公) 29년 무자(B.C.513). 정헌공(鄭獻公) 채(蠆) 원년이다. 등경공(滕頃公) 결(結) 원년이다. 로공(魯公)이 운(鄆) 땅에 거처하다가 얼마 뒤 다시 진(晉)나라로 가서 간후(乾侯)에 머물렀다. 운(鄆) 땅의 백성이 흩어졌다.

## 己丑 魯公在乾侯 晉侯去疾卒 吳滅徐 徐子章羽奔楚

　소공(昭公) 30년 기축(B.C.512). 로공(魯公)이 간후(乾侯)에 있었다. 진후(晉侯) 거질(去疾)이 졸하였다. 오(吳)나라가 서(徐)나라를 멸하니 서자(徐子) 장우(章羽)가 초(楚)나라로 망명하였다.

## 庚寅 晉定公午元 魯公在乾侯 季孫意如會晉荀躒于適歷 薛伯穀卒 邾黑肱 以濫奔魯

소공(昭公) 31년 경인(B.C.511). 진정공(晉定公) 오(午) 원년이다. 로공(魯公)이 간후(乾侯)에 있었다. 계손의여(季孫意如)가 진(晉)나라 순력(荀躒)과 적력(適歷)에서 회합하였다. 설백(薛伯) 곡(穀)이 졸하였다. 주(邾)나라 흑굉(黑肱)이 람(濫) 땅을 가지고 로(魯)나라로 망명하였다.

## 辛卯 薛襄公定元 魯公在乾侯取闞 吳伐越 魯仲孫何忌會諸侯大夫 城成周 魯昭公薨于乾侯 曹平公弟通弑其君野而自立

소공(昭公) 32년 신묘(B.C.510). 설양공(薛襄公) 정(定) 원년이다. 로공(魯公)이 간후(乾侯)에 있으면서 감(闞) 땅을 취하였다. 오(吳)나라가 월(越)나라를 쳤다. 로(魯)나라 중손하기(仲孫何忌)가 제후들의 대부와 회합하여 성주(成周)에 성을 쌓았다. 로소공(魯昭公)이 간후에서 훙하였다. 조평공(曹平公)의 아우 통(通)이 그 임금 야(野)를 시해하고 스스로 임금이 되었다.

## 定元壬辰 魯定公宋元 曹隱公通元 晉執宋仲幾于京師 魯立煬宮

정공(定公) 원년 임진(B.C.509). 로정공(魯定公) 송(宋) 원년이다. 조은공(曹隱公) 통(通) 원년이다. 진(晉)나라가 송(宋)나라 중기(仲幾)를 경사(京師)에서 잡았다. 로(魯)나라가 양궁(煬宮)을 세웠다.

## 癸巳 魯雉門兩觀災 楚伐吳

정공(定公) 2년 계사(B.C.508). 로(魯)나라 치문(雉門)과 량관(兩觀)에 화재가 났다. 초(楚)나라가 오(吳)나라를 쳤다.

## 甲午 魯公如晉至河乃復 邾子穿卒 魯邾盟于拔 蔡侯如晉 請伐楚

정공(定公) 3년 갑오(B.C.507). 로공(魯公)이 진(晉)나라에 가다가 하수(河水)에 이르러 돌아왔다. 주자(邾子) 천(穿)이 졸하였다. 로(魯)나라와 주(邾)나라가 발(拔) 땅에서 맹약하였다. 채후(蔡侯)가 진(晉)나라에 가서 초(楚)나라 치기를 청하였다.

## 乙未 邾隱公益元 陳侯吳卒 魯會王人及諸侯于召陵 侵楚 蔡滅沈 殺沈子嘉 魯及諸侯盟皐鼬 杞伯成卒 子隱公乞立 弟過弑乞自立 許遷于容城 楚圍蔡 晉衛伐鮮虞 蔡吳敗楚于柏擧

### 楚囊瓦奔鄭 吳入郢 曹聲公弟露 弒其君通而自立

정공(定公) 4년 을미(B.C.506). 주은공(邾隱公) 익(益) 원년이다. 진후(陳侯) 오(吳)가 졸하였다. 로(魯)나라가 왕인(王人) 및 제후들과 소릉(召陵)에서 회합하여 초(楚)나라를 침범하였다. 채(蔡)나라가 심(沈)나라를 멸하고 심자(沈子) 가(嘉)를 죽였다. 로나라가 제후들과 고유(皋鼬)에서 맹약하였다. 기백(杞伯) 성(成)이 졸하고 아들 은공(隱公) 걸(乞)이 임금이 되었는데 그 아우 과(過)가 걸(乞)을 시해하고 스스로 임금이 되었다. 허(許)나라가 용성(容城)으로 옮겼다. 초나라가 채나라를 포위하였다. 진(晉)나라와 위(衛)나라가 선우(鮮虞)를 쳤다. 채나라와 오(吳)나라가 초나라를 백거(柏擧)에서 크게 패배시켰다. 초나라 낭와(囊瓦)가 정(鄭)나라로 망명하였다. 오나라가 영(郢) 땅에 들어갔다. 조성공(曹聲公)의 아우 로(露)가 그 임금 통(通)을 시해하고 스스로 임금이 되었다.

### 丙申 陳懷公柳元 杞僖公過元 曹靖公露元 周殺子朝于楚 魯歸粟于蔡 越入吳 秦救楚 晉圍鮮虞 燕平公卒

정공(定公) 5년 병신(B.C.505). 진회공(陳懷公) 류(柳) 원년이다. 기희공(杞僖公) 과(過) 원년이다. 조정공(曹靖公) 로(露) 원년이다. 주(周)나라가 자조(子朝)를 초(楚)나라에서 죽였다. 로(魯)나라가 량곡(糧穀)을 채(蔡)나라에 보내주었다. 월(越)나라가 오(吳)나라로 쳐들어갔다. 진(秦)나라가 초(楚)나라를 구원하였다. 진(晉)나라가 선우(鮮虞)를 포위하였다. 연평공(燕平公)이 졸하였다.

### 丁酉 燕簡公元 鄭滅許 以許男斯歸 魯侵鄭 魯季孫斯仲孫何忌如晉 楚徙都郢 周子朝餘黨作亂 王處于姑蕕 晉執宋樂祁犁 魯圍鄆

정공(定公) 6년 정유(B.C.504). 연간공(燕簡公) 원년이다. 정(鄭)나라가 허(許)나라를 멸하고 허남(許男) 사(斯)를 잡아 돌아갔다. 로(魯)나라가 정나라를 침범하였다. 로나라 계손사(季孫斯)와 중손하기(仲孫何忌)가 진(晉)나라에 갔다. 초(楚)나라가 도읍을 약(郢) 땅으로 옮겼다. 주(周)나라 자조(子朝)의 남은 당여(黨與)가 란을 일으키니 왕이 고유(姑蕕)에 머물렀다. 진(晉)나라가 송(宋)나라 악기리(樂祁犁)를 잡았다. 로나라가 운(鄆) 땅을 포위하였다.

### 戊戌 許元公成元 齊鄭盟于醎 侵衛盟沙 齊伐魯 天王入于王城

정공(定公) 7년 무술(B.C.503). 허원공(許元公) 성(成) 원년이다. 제(齊)나라와 정(鄭)나라가 함(鹹) 땅에서 맹약하고 위(衛)나라를 침범하여 사(沙) 땅에서 맹약하였다. 제나라가 로(魯)나라를 쳤다. 천왕이 왕성(王城)으로 들어갔다.

### 己亥 魯侵齊 曹伯露卒 齊伐魯 魯會晉師于瓦 陳侯柳卒 晉侵鄭衛 魯侵衛 衛鄭盟曲濮 魯從祀先公 盜竊寶玉大弓

정공(定公) 8년 기해(B.C.502). 로(魯)나라가 제(齊)나라를 침범하였다. 조백(曹伯) 로(露)가 졸하였다. 제나라가 로나라를 쳤다. 로나라가 진(晉)나라 군대와 와(瓦) 땅에서 회합하였다. 진후(陳侯) 류(柳)가 졸하였다. 진나라가 정(鄭)나라 및 위(衛)나라를 침범하였다. 로나라가 위나라를 침범하였다. 위나라와 정나라가 곡복(曲濮)에서 맹약하였다. 로나라가 선공(先公)에게 순서대로 제사 지냈다. 도적이 보옥(寶玉)과 대궁(大弓)을 훔쳐갔다.

### 庚子 曹伯陽元 陳閔公越元 鄭伯蠆卒 齊衛伐晉 次五氏 秦哀公卒

정공(定公) 9년 경자(B.C.501). 조백(曹伯) 양(陽) 원년이다. 진민공(陳閔公) 월(越) 원년이다. 정백(鄭伯) 채(蠆)가 졸하였다. 제(齊)나라와 위(衛)나라가 진(晉)나라를 치고 오씨(五氏)에 주둔하였다. 진애공(秦哀公)이 졸하였다.

### 辛丑 鄭聲公勝元 秦惠公元 魯會齊于夾谷 齊歸鄆讙龜陰田 晉圍衛 魯圍郈 宋樂大心奔曹 宋公子地公弟辰奔陳 齊衛鄭會安甫 魯叔孫州仇如齊

정공(定公) 10년 신축(B.C.500). 정성공(鄭聲公) 등(勝) 원년이다. 진혜공(秦惠公) 원년이다. 로(魯)나라가 제(齊)나라와 협곡(夾谷)에서 회합하였다. 제나라가 운(鄆)·환(讙)·구음(龜陰)의 전지를 돌려주었다. 진(晉)나라가 위(衛)나라를 포위하였다. 로나라가 후(郈) 땅을 포위하였다. 송(宋)나라 악대심(樂大心)이 조(曹)나라로 망명하였다. 송나라 공자 지(地)와 송공(宋公)의 아우 신(辰)이 진(陳)나라로 망명하였다. 제·위·정(鄭)나라가 안보(安甫)에서 회합하였다. 로나라 숙손주구(叔孫州仇)가 제나라에 갔다.

### 壬寅 宋公弟辰公子地樂大心入蕭以叛 魯及鄭平 魯叔還如鄭盟

정공(定公) 11년 임인(B.C.499). 송공(宋公)의 아우 신(辰)·공자 지(地)·악대심(樂大心)이 소(蕭) 땅으로 들어가 반란을 일으켰다. 로(魯)나라가 정(鄭)나라와 화평하였다. 로나라 숙환(叔還)이 정나라에 가서 맹약하였다.

### 癸卯 薛伯定卒 魯墮三都 衛伐曹 魯會齊盟黃

　　정공(定公) 12년 계묘(B.C.498). 설백(薛伯) 정(定)이 졸하였다. 로(魯)나라가 3도(都)를 허물었다. 위(衛)나라가 조(曹)나라를 쳤다. 로나라가 제(齊)나라와 회합하여 황(黃) 땅에서 맹약하였다.


### 甲辰 薛君比元 齊衛伐晉次垂葭 衛伐曹 晉趙鞅入晉陽以叛 尋歸晉 荀寅士吉射入朝歌 以叛 薛弑其君比

　　정공(定公) 13년 갑진(B.C.497). 설군(薛君) 비(比) 원년이다. 제(齊)나라와 위(衛)나라가 진(晉)나라를 치기 위하여 수가(垂葭)에 주둔하였다. 위나라가 조(曹)나라를 쳤다. 진나라 조앙(趙鞅)이 진양(晉陽)으로 들어가 반란을 일으켰다가 얼마 뒤 진나라 국도로 돌아갔다. 순인(荀寅)과 사길석(士吉射)이 조가(朝歌)로 들어가서 배반하였다. 설(薛)나라가 그 임금 비(比)를 시해하였다.


### 乙巳 薛惠公夷元 越王句踐元 衛公叔戌奔魯 衛趙陽奔宋 楚滅頓 以頓子牂歸 衛北宮結奔魯 越敗吳于檇李 吳子光卒 魯會齊衛于牽 齊宋會洮 周石尙歸脤于魯 衛世子蒯聵奔宋 公孟彄奔鄭 宋公弟辰奔魯 邾會魯于比蒲

　　정공(定公) 14년 을사(B.C.496). 설혜공(薛惠公) 이(夷) 원년이다. 월왕(越王) 구천(句踐) 원년이다. 위(衛)나라 공숙수(公叔戌)가 로(魯)나라로 망명하였다. 위나라 조양(趙陽)이 송(宋)나라로 망명하였다. 초(楚)나라가 돈(頓)나라를 멸하고 돈자(頓子) 장(牂)을 데리고 돌아갔다. 위나라 북궁결(北宮結)이 로나라로 망명하였다. 월(越)나라가 오(吳)나라를 취리(檇李)에서 패배시켰다. 오자(吳子) 광(光)이 졸하였다. 로나라가 제(齊)나라 및 위나라와 견(牽) 땅에서 회합하였다. 제나라와 송나라가 도(洮) 땅에서 회합하였다. 주(周)나라 석상(石尙)이 제사고기를 로나라에 보내왔다. 위나라 세자 괴외(蒯聵)가 송나라로 망명하였고, 공맹구(公孟彄)는 정(鄭)나라로 망명하였다. 송공(宋公)의 아우 신(辰)이 로나라로 망명하였다. 주(邾)나라가 로나라와 비포(比蒲)에서 회합하였다.


### 丙午 吳夫差元 邾朝魯 楚滅胡 以胡子豹歸 魯定公薨 邾子來奔喪 鄭伐宋 齊衛救宋次渠蒢 魯夫人姒氏薨 滕會魯葬

　　정공(定公) 15년 병오(B.C.495). 오(吳)나라 부차(夫差) 원년이다. 주(邾)나라가 로(魯)나라를 조견하였다. 초(楚)나라가 호(胡)나라를 멸하고 호자(胡子) 표(豹)를 데리고 돌아갔다.

로정공(魯定公)이 훙하니 주자(邾子)가 와서 분상(奔喪)하였다. 정(鄭)나라가 송(宋)나라를 치니, 제(齊)나라와 위(衛)나라가 송나라를 구원하기 위하여 거제(渠蒢)에 주둔하였다. 로나라 부인(夫人) 사씨(姒氏)가 훙하였다. 등(滕)나라가 로나라 장례에 참석하였다.

### 哀元丁未 魯哀公蔣元 楚及諸侯圍蔡 齊衛伐晉 魯伐邾 吳入越 越行成 吳侵陳

애공(哀公) 원년 정미(B.C.494). 로애공(魯哀公) 장(蔣) 원년이다. 초(楚)나라가 제후들과 채(蔡)나라를 포위하였다. 제(齊)나라와 위(衛)나라가 진(晉)나라를 쳤다. 로(魯)나라가 주(邾)나라를 쳤다. 오(吳)나라가 월(越)나라로 쳐들어가니 월나라가 화친을 청하였다. 오나라가 진(陳)나라를 침범하였다.

### 戊申 魯伐邾 取漷東沂西田 盟于句繹 衛侯元卒 滕朝魯 晉趙鞅納衛蒯瞶于戚 敗鄭于鐵 蔡遷州來 殺公子駟 燕簡公卒

애공(哀公) 2년 무신(B.C.493). 로(魯)나라가 주(邾)나라를 쳐서 곽(漷) 땅의 동쪽과 기(沂) 땅의 서쪽 전지를 취하고 구역(句繹)에서 맹약하였다. 위후(衛侯) 원(元)이 졸하였다. 등(滕)나라가 로나라를 조견하였다. 진(晉)나라 조앙(趙鞅)이 위(衛)나라 괴외(蒯瞶)를 척(戚) 땅으로 들여보냈다. 조앙이 정(鄭)나라를 철(鐵) 땅에서 패배시켰다. 채(蔡)나라가 주래(州來)로 옮겼다. 채나라가 공자 사(駟)를 죽였다. 연간공(燕簡公)이 졸하였다.

### 己酉 衛出公輒元 燕獻公元 齊衛圍戚 魯桓僖宮災 宋伐曹 蔡放公孫獵于吳 秦惠公卒 魯圍邾

애공(哀公) 3년 기유(B.C.492). 위출공(衛出公) 첩(輒) 원년이다. 연헌공(燕獻公) 원년이다. 제(齊)나라와 위(衛)나라가 척(戚) 땅을 포위하였다. 로(魯)나라 환궁(桓宮)과 희궁(僖宮)에 화재가 났다. 송(宋)나라가 조(曹)나라를 쳤다. 채(蔡)나라가 공손렵(公孫獵)을 오(吳)나라로 추방하였다. 진혜공(秦惠公)이 졸하였다. 로나라가 주(邾)나라를 포위하였다.

### 庚戌 秦悼公元 盜殺蔡侯申 公孫辰奔吳 殺公孫姓公孫霍 宋執小邾子 晉執戎蠻子赤歸于楚 魯亳社災 滕子結卒

애공(哀公) 4년 경술(B.C.491). 진도공(秦悼公) 원년이다. 도적이 채후(蔡侯) 신(申)을 죽였다. 채(蔡)나라 공손신(公孫辰)이 오(吳)나라로 망명하였다. 채나라가 공손성(公孫姓)과 공손곽(公孫霍)을 죽였다. 송(宋)나라가 소주자(小邾子)를 잡았다. 진(晉)나라가 융만자(戎蠻子) 적(赤)을 잡아 초(楚)나라로 보냈다. 로(魯)나라 박사(亳社)에 불이 났다. 등자(滕子) 결(結)이 졸하였다.

## 辛亥 蔡成侯朔元 滕隱公虞母元 齊伐宋 荀寅士吉射奔齊 晉趙鞅伐衛 齊侯杵臼卒 群公子 奔衛奔魯 魯叔還如齊

애공(哀公) 5년 신해(B.C.490). 채성후(蔡成侯) 삭(朔) 원년이다. 등은공(滕隱公) 우모(虞母) 원년이다. 제(齊)나라가 송(宋)나라를 쳤다. 순인(荀寅)과 사길석(士吉射)이 제나라로 망명하였다. 진(晉)나라 조앙(趙鞅)이 위(衛)나라를 쳤다. 제후(齊侯) 저구(杵臼)가 졸하니 뭇 공자가 위나라와 로(魯)나라로 망명하였다. 로나라 숙환(叔還)이 제나라에 갔다.

## 壬子 齊安孺子荼元 晉伐鮮虞 吳伐陳 齊國夏高張奔魯 魯叔還會吳于柤 楚子軫卒 齊陳乞 弑其君荼 魯伐邾 宋伐曹

애공(哀公) 6년 임자(B.C.489). 제안유자(齊安孺子) 도(荼) 원년이다. 진(晉)나라가 선우(鮮虞)를 쳤다. 오(吳)나라가 진(陳)나라를 쳤다. 제(齊)나라 국하(國夏)와 고장(高張)이 로(魯)나라로 망명하였다. 로나라 숙환(叔還)이 오나라와 자(柤) 땅에서 회합하였다. 초자(楚子) 진(軫)이 졸하였다. 제나라 진걸(陳乞)이 그 임금 도를 시해하였다. 로나라가 주(邾)나라를 쳤다. 송(宋)나라가 조(曹)나라를 쳤다.

## 癸丑 楚惠王熊章元 齊悼公陽生元 宋侵鄭 晉侵衛 魯會吳于鄫 魯入邾 以邾子益來 宋圍 曹 鄭救曹

애공(哀公) 7년 계축(B.C.488). 초혜왕(楚惠王) 웅장(熊章) 원년이다. 제도공(齊悼公) 양생(陽生) 원년이다. 송(宋)나라가 정(鄭)나라를 침범하였다. 진(晉)나라가 위(衛)나라를 침범하였다. 로(魯)나라가 오(吳)나라와 증(鄫) 땅에서 회합하였다. 로나라가 주(邾)나라로 쳐들어가 주자(邾子) 익(益)을 잡아 왔다. 송나라가 조(曹)나라를 포위하니, 정나라가 조나라를 구원하였다.

## 甲寅 宋滅曹 以曹伯陽歸 吳伐魯 齊取魯讙及闡 尋歸之 魯歸邾子益于邾 吳又執之 使其 大子革爲政 杞伯過卒

애공(哀公) 8년 갑인(B.C.487). 송(宋)나라가 조(曹)나라를 멸하고서 조백(曹伯) 양(陽)을 잡아갔다. 오(吳)나라가 로(魯)나라를 쳤다. 제(齊)나라가 로나라의 환(讙) 땅과 천(闡) 땅을 취하였다가 얼마 뒤 돌려주었다. 로나라가 주자(邾子) 익(益)을 주(邾)나라로 돌려보냈는데 오나라가 또 주자를 잡아 가두고 그 태자 혁(革)으로 하여금 정사를 처리하게 하였다. 기백(杞伯) 과(過)가 졸하였다.

## 乙卯 杞閔公維元 宋取鄭師于雍丘 楚伐陳 宋伐鄭

애공(哀公) 9년 을묘(B.C.486). 기민공(杞閔公) 유(維) 원년이다. 송(宋)나라가 정(鄭)나라 군대를 옹구(雍丘)에서 취하였다. 초(楚)나라가 진(陳)나라를 쳤다. 송(宋)나라가 정나라를 쳤다.

## 丙辰 邾子益自吳奔魯 遂奔齊 魯會吳伐齊 齊人弑其君陽生 宋伐鄭 晉侵齊 衛公孟彄自齊歸衛 薛伯夷卒 楚伐陳 吳救陳

애공(哀公) 10년 병진(B.C.485). 주자(邾子) 익(益)이 오(吳)나라에서 로(魯)나라로 망명하였다가 드디어 제(齊)나라로 망명하였다. 로나라가 오나라와 회합하여 제나라를 쳤다. 제인(齊人)이 그 임금 양생(陽生)을 시해하였다. 송(宋)나라가 정(鄭)나라를 쳤다. 진(晉)나라가 제나라를 침범하였다. 위(衛)나라 공맹구(公孟彄)가 제나라에서 위나라로 돌아갔다. 설백(薛伯) 이(夷)가 졸하였다. 초(楚)나라가 진(陳)나라를 치니 오나라가 진나라를 구원하였다.

## 丁巳 齊簡公壬元 齊伐魯 陳轅頗奔鄭 魯會吳 敗齊師于艾陵 獲齊國書 滕子虞母卒 衛世叔齊奔宋

애공(哀公) 11년 정사(B.C.484). 제간공(齊簡公) 임(壬) 원년이다. 제(齊)나라가 로(魯)나라를 쳤다. 진(陳)나라 원파(轅頗)가 정(鄭)나라로 망명하였다. 로나라가 오(吳)나라와 회합하여 제나라 군대를 애릉(艾陵)에서 패배시키고 제나라 국서(國書)를 잡았다. 등자(滕子) 우모(虞母)가 졸하였다. 위(衛)나라 세숙제(世叔齊)가 송(宋)나라로 망명하였다.

## 戊午 魯用田賦 魯昭夫人孟子卒 魯會吳于橐皐 魯會衛宋于鄖 宋伐鄭

애공(哀公) 12년 무오(B.C.483). 로(魯)나라가 전부(田賦)를 시행하였다. 로나라 소공(昭公)의 부인(夫人) 맹자(孟子)가 졸하였다. 로나라가 오(吳)나라와 탁고(橐皐)에서 회합하였다. 로나라가 위(衛)나라 및 송(宋)나라와 운(鄆) 땅에서 회합하였다. 송나라가 정(鄭)나라를 쳤다.

**己未 鄭取宋師于嵒 許男成卒 魯會晉吳于黃池 楚伐陳 越入吳 晉侵衛 盜殺陳夏區夫**

애공(哀公) 13년 기미(B.C.482). 정(鄭)나라가 송(宋)나라 군대를 암(嵒) 땅에서 취하였다. 허남(許男) 성(成)이 졸하였다. 로(魯)나라가 진(晉)나라 및 오(吳)나라와 황지(黃池)에서 회합하였다. 초(楚)나라가 진(陳)나라를 쳤다. 월(越)나라가 오나라로 쳐들어갔다. 진(晉)나라가 위(衛)나라를 침범하였다. 도적이 진(陳)나라 하구부(夏區夫)를 죽였다.

**庚申 魯西狩獲麟 春秋絶筆 小邾射以句繹奔魯 齊陳恒執其君壬 尋弑之 陳宗豎奔楚 尋歸陳 陳殺之 宋向魋入于曹以叛 尋奔衛 向巢奔魯 莒子狂卒 晉伐衛 陳轅買奔楚**

애공(哀公) 14년 경신(B.C.481). 로(魯)나라 서쪽에서 사냥을 하다가 기린을 잡으니 《춘추(春秋)》를 기록하기를 중단하였다. 소주(小邾)의 역(射)이 구역(句繹)을 가지고 로나라로 망명하였다. 제(齊)나라 진항(陳恒)이 그 임금 임(壬)을 잡았다가 얼마 뒤 시해하였다. 진(陳)나라 종수(宗豎)가 초(楚)나라로 망명하였다가 얼마 뒤 진나라로 돌아오니 진나라가 그를 죽였다. 송(宋)나라 상퇴(向魋)가 조(曹)나라로 들어가서 배반하다가 얼마 뒤 위(衛)나라로 망명하였고, 상소(向巢)는 로나라로 망명하였다. 거자(莒子) 광(狂)이 졸하였다. 진(晉)나라가 위(衛)나라를 쳤다. 진(陳)나라 원매(轅買)가 초나라로 망명하였다.

**辛酉 齊平公驁元 齊高無丕奔北燕 鄭伐宋 晉伐衛伐鄭 魯及齊平 衛公孟彄奔齊**

애공(哀公) 15년 신유(B.C.480). 제평공(齊平公) 오(驁) 원년이다. 제(齊)나라 고무비(高無丕)가 북연(北燕)으로 망명하였다. 정(鄭)나라가 송(宋)나라를 쳤다. 진(晉)나라가 위(衛)나라를 치고 정나라를 쳤다. 로(魯)나라와 제나라가 화평하였다. 위나라 공맹구(公孟彄)가 제나라로 망명하였다.

**壬戌 衛莊公蒯聵元 衛蒯聵自戚入衛 衛侯輒奔魯 瞞成孔悝奔宋 孔子卒 楚白公勝作亂而死**

애공(哀公) 16년 임술(B.C.479). 위장공(衛莊公) 괴외(蒯聵) 원년이다. 위(衛)나라 괴외가 척(戚) 땅에서 위나라로 들어갔다. 위후(衛侯) 첩(輒)이 로(魯)나라로 망명하였다. 만성(瞞

成)과 공회(孔悝)가 송(宋)나라로 망명하였다. 공자(孔子)가 졸하였다. 초(楚)나라 백공(白公) 승(勝)이 란을 일으켰다가 죽었다.


**癸亥 越敗吳于笠澤 楚滅陳 殺陳閔公 晉伐衞 立公孫般師 蒯聵出奔死 齊伐衞 立公子起 執般師以歸 魯齊盟蒙**

애공(哀公) 17년 계해(B.C.478). 월(越)나라가 오(吳)나라를 립택(笠澤)에서 패배시켰다. 초(楚)나라가 진(陳)나라를 멸하고 진민공(陳閔公)을 죽였다. 진(晉)나라가 위(衞)나라를 쳐 공손(公孫) 반사(般師)를 임금으로 세웠다. 괴외(蒯聵)가 도망 나가다가 죽었다. 제(齊)나라가 위나라를 쳐 공자 기(起)를 임금으로 세우고 반사를 잡아 돌아갔다. 로(魯)나라와 제나라가 몽(蒙) 땅에서 맹약하였다.


**甲子 衞君起元 宋殺皇瑗 巴伐楚而敗 衞石圃逐其君起 起奔齊 衞侯輒自齊歸衞**

애공(哀公) 18년 갑자(B.C.477). 위군(衞君) 기(起) 원년이다. 송(宋)나라가 황원(皇瑗)을 죽였다. 파(巴)나라가 초(楚)나라를 치다가 패하였다. 위(衞)나라 석포(石圃)가 그 임금 기를 쫓아내니 기가 제(齊)나라로 망명하였다. 위후(衞侯) 첩(輒)이 제나라에서 위나라로 돌아갔다.


**乙丑 越侵楚 楚伐東夷 周敬王崩 秦悼公卒**

애공(哀公) 19년 을축(B.C.476). 월(越)나라가 초(楚)나라를 침범하였다. 초나라가 동이(東夷)를 쳤다. 주경왕(周敬王)이 붕하였다. 진도공(秦悼公)이 졸하였다.


**丙寅 周元王仁元 秦厲共公元 衞出公輒後元 越圍吳**

애공(哀公) 20년 병인(B.C.475). 주원왕(周元王) 인(仁) 원년이다. 진려공공(秦厲共公) 원년이다. 위(衞)나라 출공(衞出) 첩(輒) 후원년이다. 월(越)나라가 오(吳)나라를 포위하였다.


**丁卯 越人來魯 魯齊邾盟于顧**

애공(哀公) 21년 정묘(B.C.474). 월인(越人)이 로(魯)나라에 왔다. 로나라·제(齊)나라·주(邾)나라가 고(顧) 땅에서 맹약하였다.

**戊辰 邾子益自齊奔越 越人歸之 大子革奔越 越滅吳 夫差死**

애공(哀公) 22년 무진(B.C.473). 주자(邾子) 익(益)이 제(齊)나라에서 월(越)나라로 망명하였다. 월인(越人)이 그를 돌려보내니 태자 혁(革)이 월나라로 망명하였다. 월나라가 오(吳)나라를 멸하니 부차(夫差)가 죽었다.

**己巳 晉伐齊 魯叔靑如越 越諸鞅報聘**

애공(哀公) 23년 기사(B.C.472). 진(晉)나라가 제(齊)나라를 쳤다. 로(魯)나라 숙청(叔靑)이 월(越)나라에 가니 월나라 제앙(諸鞅)이 보답으로 빙문하였다.

**庚午 晉伐齊 越執邾子益以歸 立公子何 魯公如越**

애공(哀公) 24년 경오(B.C.471). 진(晉)나라가 제(齊)나라를 쳤다. 월(越)나라가 주자(邾子) 익(益)을 잡아 돌아가고 공자 하(何)를 임금으로 세웠다. 로공(魯公)이 월나라에 갔다.

**辛未 衛侯輒奔宋**

애공(哀公) 25년 신미(B.C.470). 위후(衛侯) 첩(輒)이 송(宋)나라로 망명하였다.

**壬申 衛悼公黔元 魯叔孫舒會越宋 納衛侯不克 衛立公子黔 宋景公卒 公子啓立 六卿逐啓奔楚**

애공(哀公) 26년 임신(B.C.469). 위도공(衛悼公) 겸(黔) 원년이다. 로(魯)나라 숙손서(叔孫舒)가 월(越)나라 및 송(宋)나라와 회합하여 위후(衛侯)를 들여보내려 하였으나 이루지 못하였다. 위(衛)나라가 공자 겸을 임금으로 세웠다. 송경공(宋景公)이 졸하고 공자 계(啓)가 즉위하였다. 6경(卿)이 계를 쫓아내니 계가 초(楚)나라로 망명하였다.

**癸酉 宋昭公得元 越后庸聘魯 盟于平陽 晉伐鄭 魯公孫于邾 遂如越 燕獻公卒**

애공(哀公) 27년 계유(B.C.468). 송소공(宋昭公) 득(得) 원년이다. 월(越)나라 후용(后庸)이 로(魯)나라를 빙문하고 평양(平陽)에서 맹약하였다. 진(晉)나라가 정(鄭)나라를 쳤다. 로공(魯公)이 주(邾)나라로 피신하였다가 드디어 월나라로 갔다. 연헌공(燕獻公)이 졸하였다.

莊公十六年傳 惠王立而復之 杜預云 惠王立在此年 而史記周惠王元年爲莊公十八年 與杜注不合 又昭公三年經

北燕伯款奔齊 傳以款爲燕簡公 考之史記年代 爲燕惠公時事 而簡公在惠公後四世 司馬貞索隱 亦已辨之 今並 從史記

　　장공(莊公) 16년 전문에 '혜왕(惠王)이 즉위하여 기보(忌父)를 원래의 자리로 회복시켰다.'고 한 것에 대하여 두예(杜預)는 혜왕의 즉위가 이 해에 있었다고 하였으나 《사기(史記)》에는 주혜왕(周惠王) 원년이 장공(莊公) 18년 이라고 하였으니 두주(杜注)와 맞지 않는다. 또 소공(昭公) 3년 경문에 '북연백(北燕伯) 관(款)이 제(齊)나라로 망 명하였다.'라고 한 전문에 관을 연간공(燕簡公)이라고 하였으나 《사기》의 년대를 상고해 보면 이는 연혜공(燕惠公) 때의 일이고 간공(簡公)은 혜공(惠公) 후 4세(世) 뒤의 임금이다. 사마정(司馬貞)의 《색은(索隱)》에 또한 이미 이에 대해 변론하였으므로 지금 모두 《사기》의 설을 따른다.

102

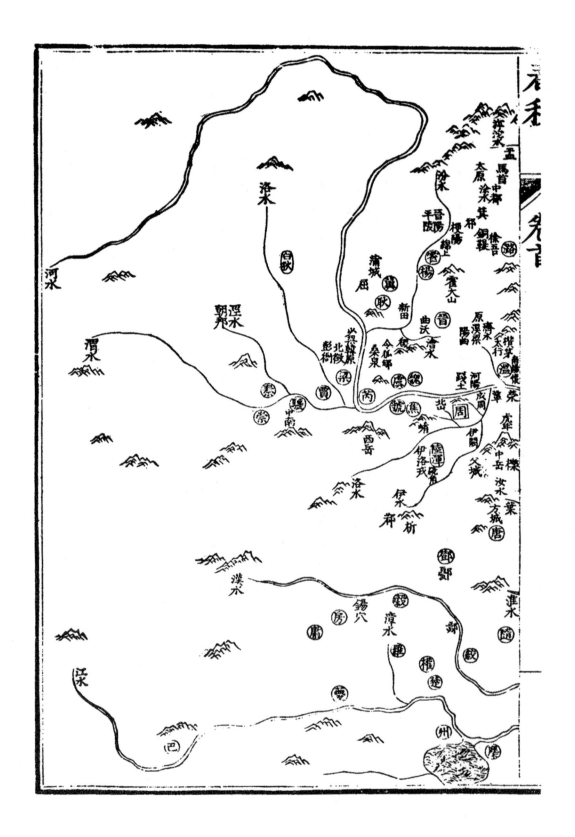

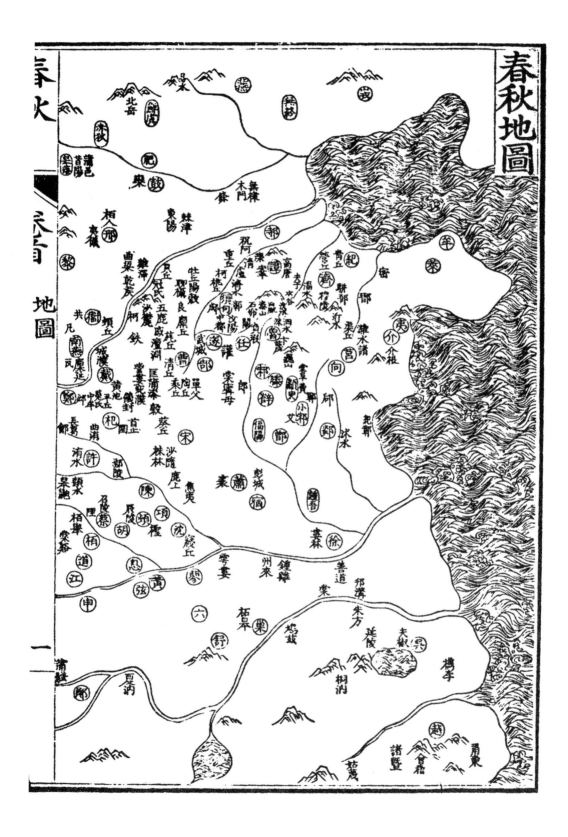

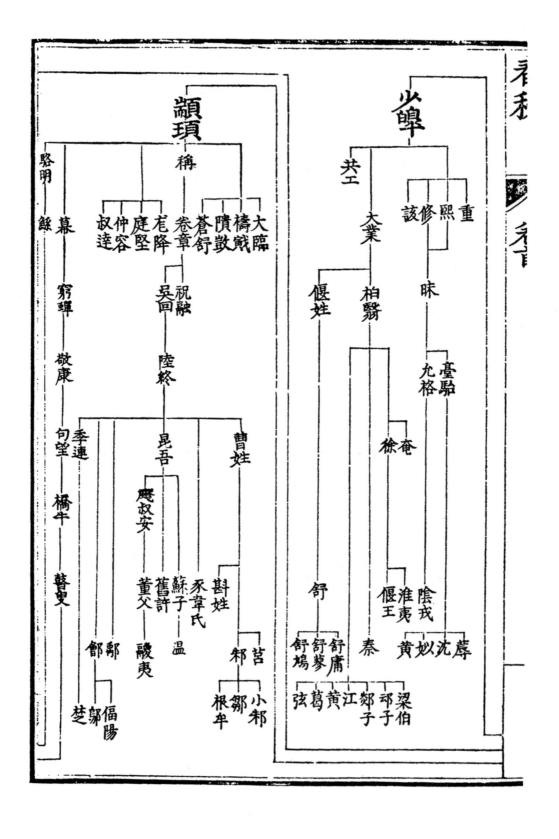

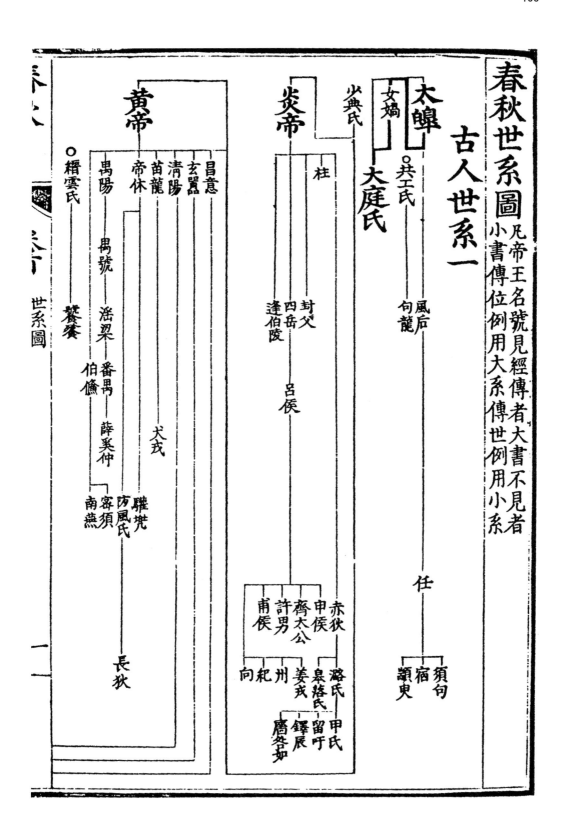

春秋世系圖

古人世系一

凡帝王名號見經傳者大書不見者小書傳位例用大系傳世例用小系

黃帝　炎帝　少典氏　女媧　太皥　共工氏　大庭氏

○稻雲氏

昌意　玄囂　清陽　苗龍　帝休　禺陽

饕餮

禺號　滔梁　番禺　薛奚仲

伯儵

南燕　寄須　防風氏　驪堓　犬戎

柱　封父　四岳　逢伯陵

呂侯

句龍　風后　任

甫侯　許男　齊太公　申侯　赤狄

向　紀　州　姜戎　濳氏　泉落氏　甲氏

唐咎如　鐸展　留吁

須句　宿　顓臾

長狄

世系圖

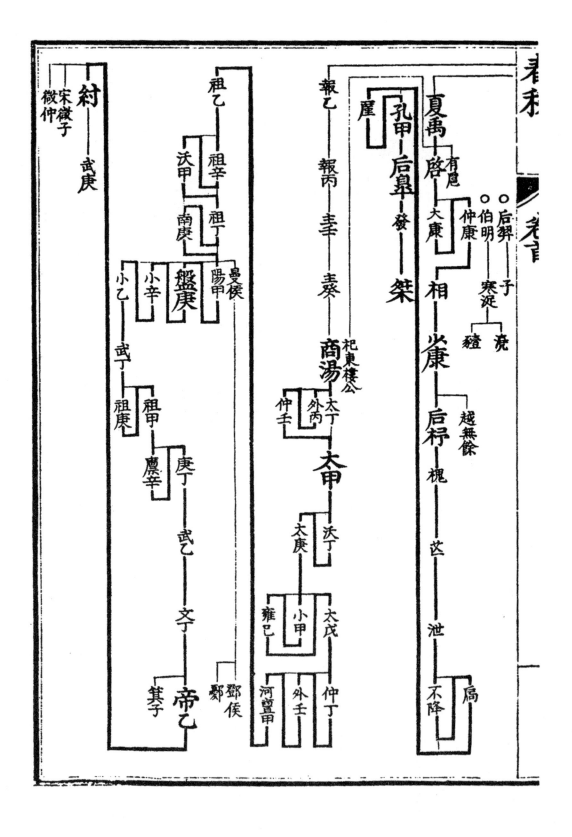

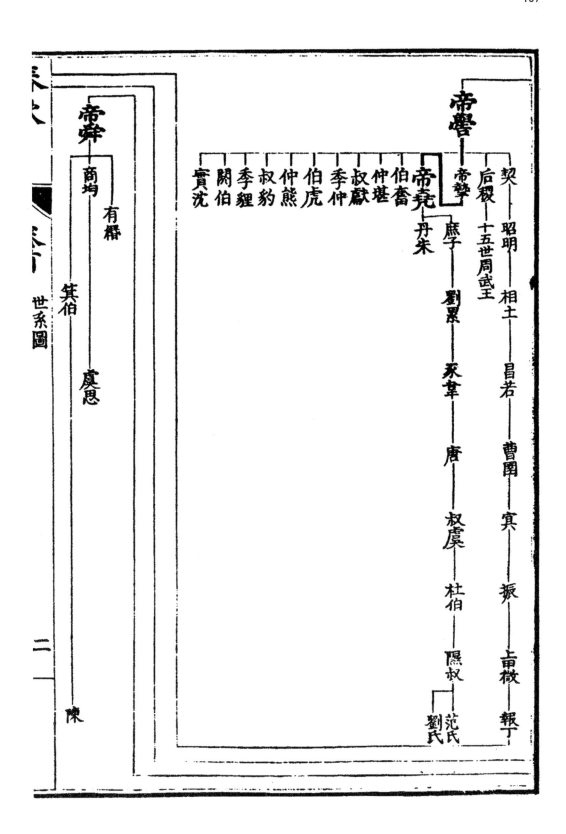

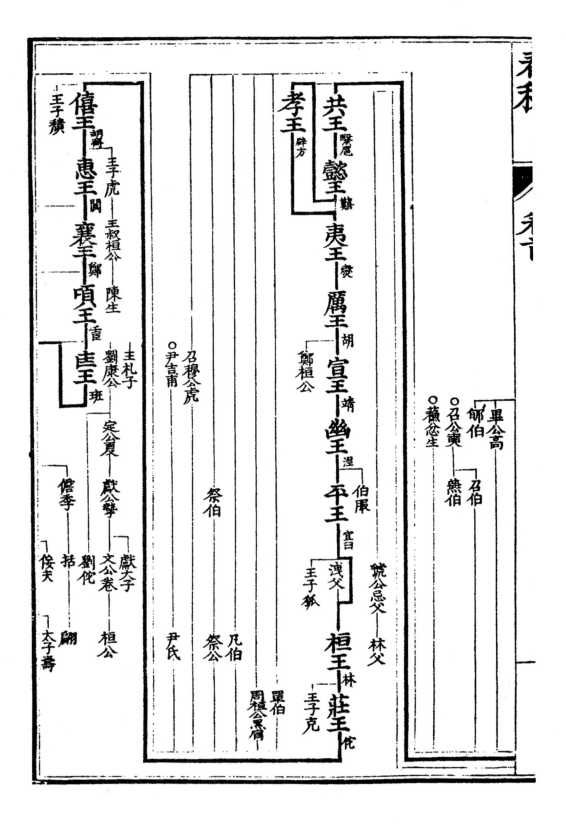

# 周世系二

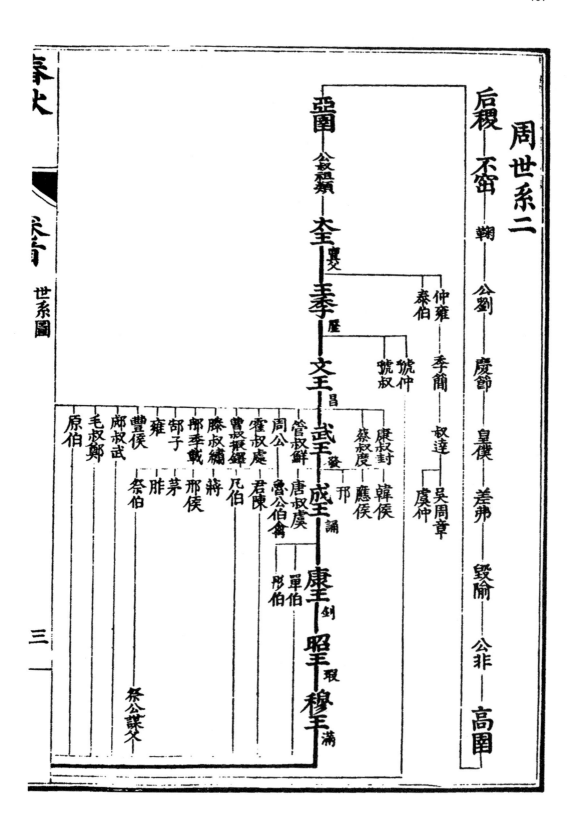

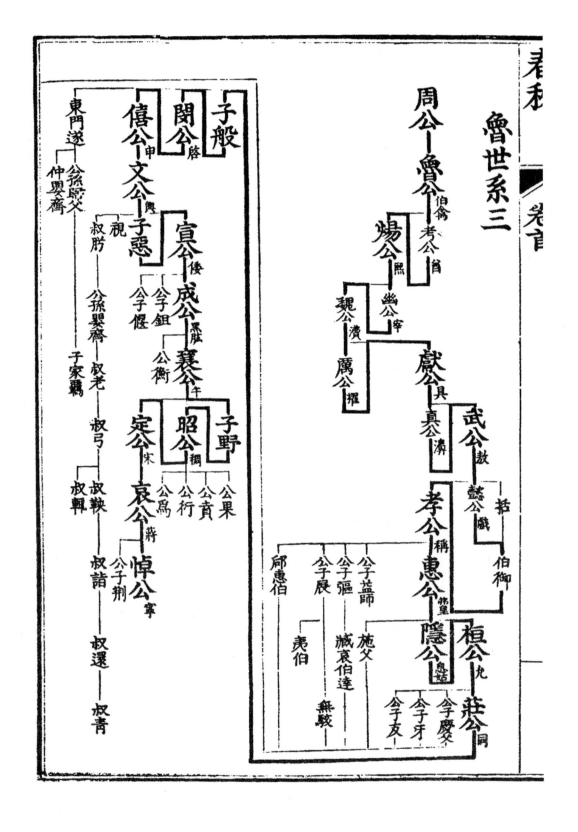

魯世系三

周公—魯公伯禽—考公酋—煬公熙—幽公宰—魏公潰—厲公擢
煬公熙—獻公具—真公濞
獻公具—武公敖—懿公戲—伯御
武公敖—孝公稱—惠公弗皇
孝公稱—隱公息姑
惠公弗皇—桓公允—莊公同
郎惠伯
夷伯
公子展
無駭
公子彄—臧哀伯達
施父
公子益師
莊公同—公子慶父
公子牙
公子友

子般
閔公啟
僖公申—文公興—子惡
僖公申—宣公倭
文公興—宣公倭—成公黑肱—襄公午
成公黑肱—昭公稠—公為
公衍
公果
公貢
昭公稠—子野
襄公午—定公宋—哀公蔣—悼公寧
哀公蔣—公子荊
東門遂—公孫歸父
仲嬰齊—子家羈
分孫嬰齊—子家羈
叔肸—叔老—叔弓—叔輒—叔鞅—叔詣—叔還—叔青
祝
公子鉏
公子憗

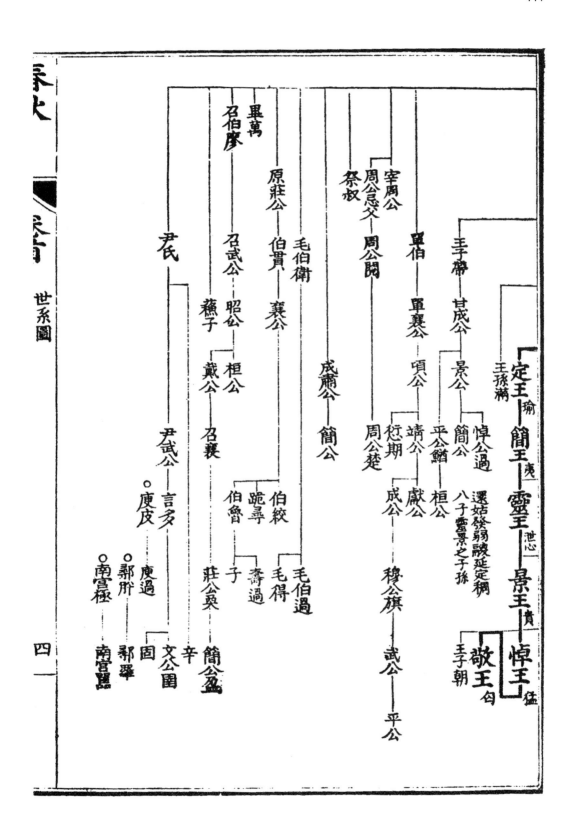

世系圖

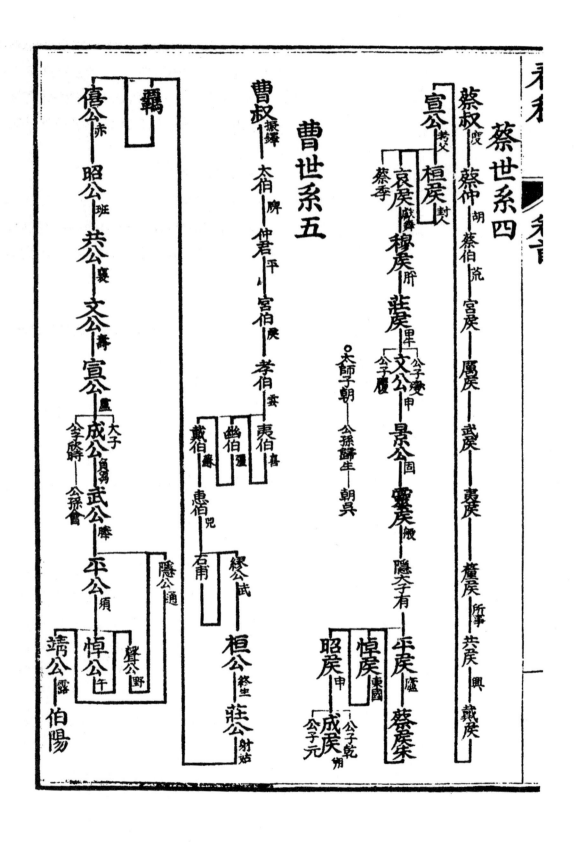

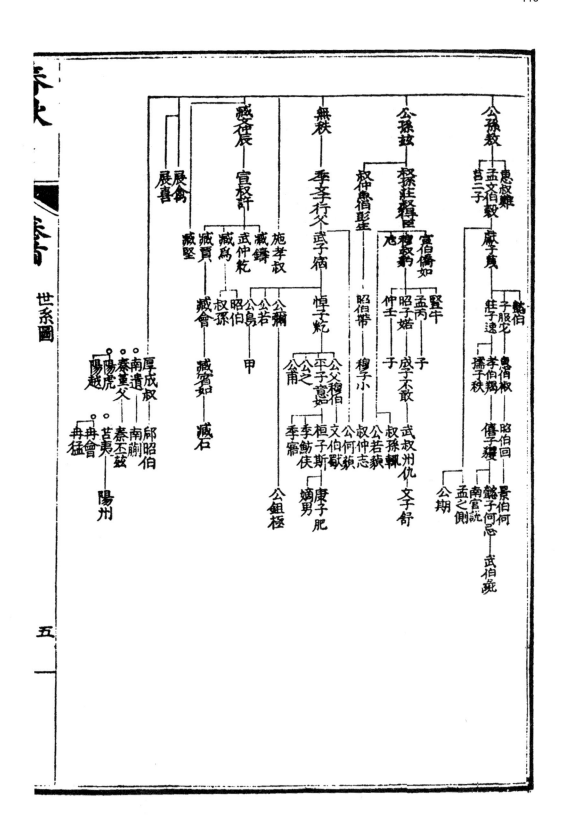

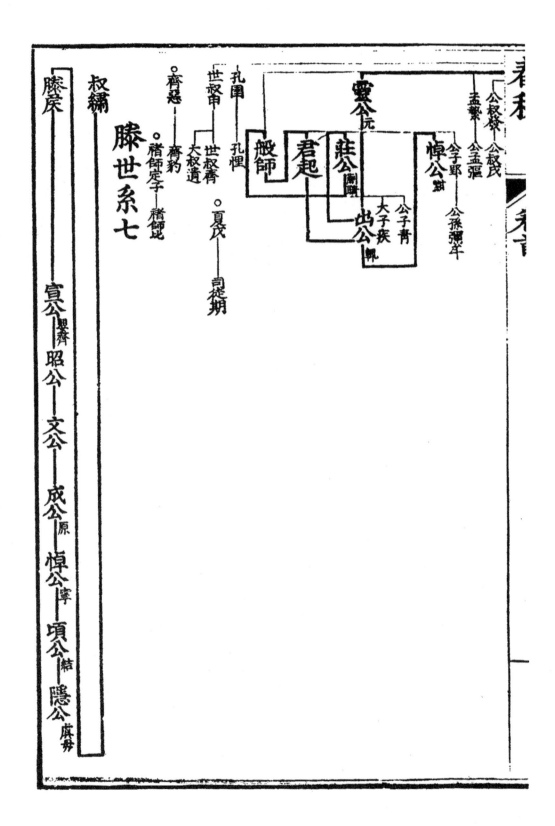

滕世系七

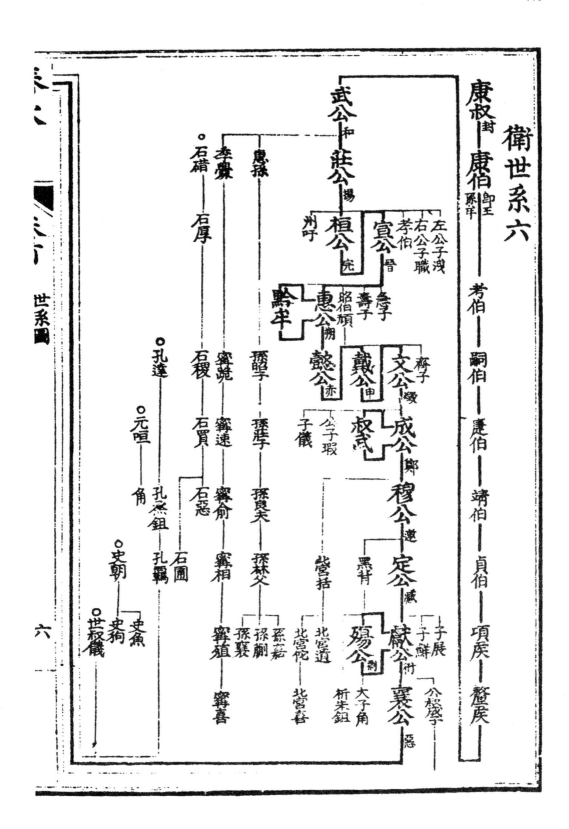

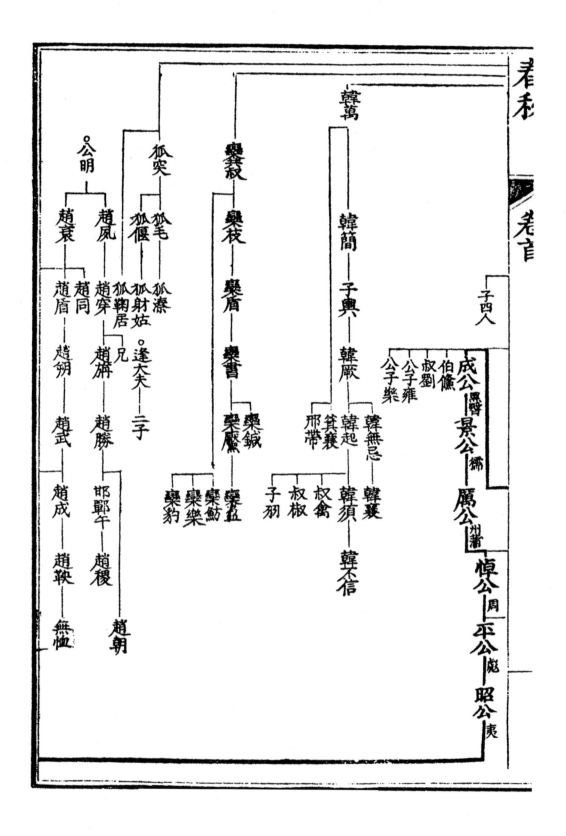

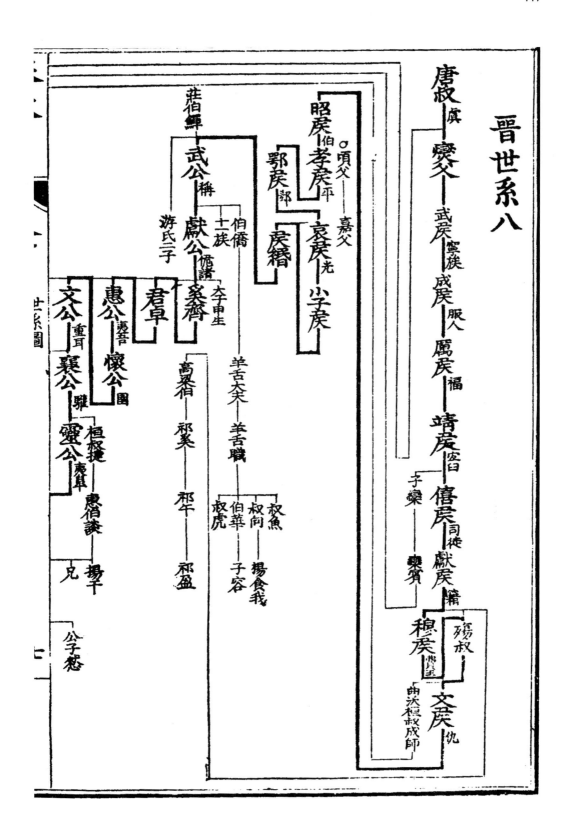

晋世系八

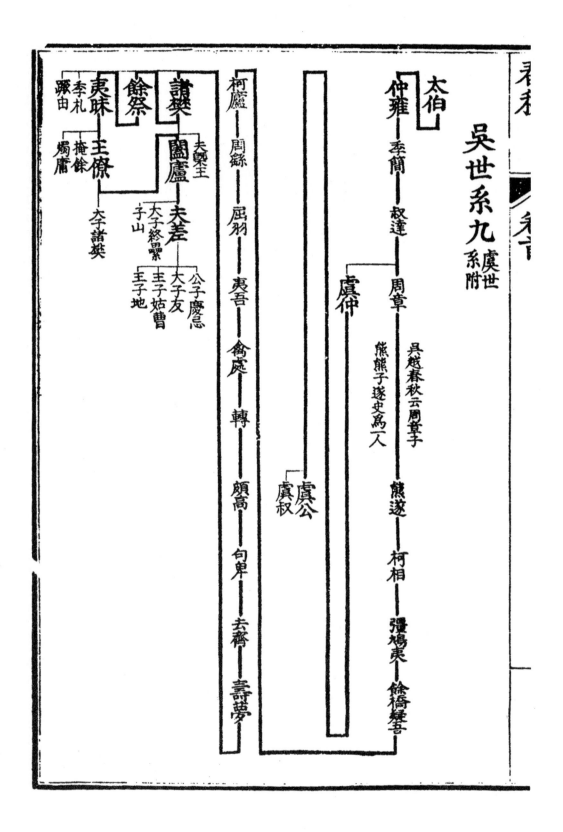

吳世系九 虞世系附

太伯

仲雍 —— 季簡 —— 叔達 —— 周章 吳越春秋云周章子
熊熊子遂史為一人 —— 熊遂 —— 柯相 —— 彊鳩夷 —— 餘橋疑吾

虞仲 —— 虞公 —— 虞叔

柯廬 —— 周繇 —— 屈羽 —— 夷吾 —— 禽處 —— 轉 —— 頗高 —— 句卑 —— 去齊 —— 壽夢

諸樊 —— 闔廬 —— 夫差 —— 王子地
王子姑曹
大子友
公子慶忌
大子終累 —— 子山

餘祭

夷昧 —— 王僚 —— 大子諸樊

季札
蹶由
掩餘
燭庸

夫槩王

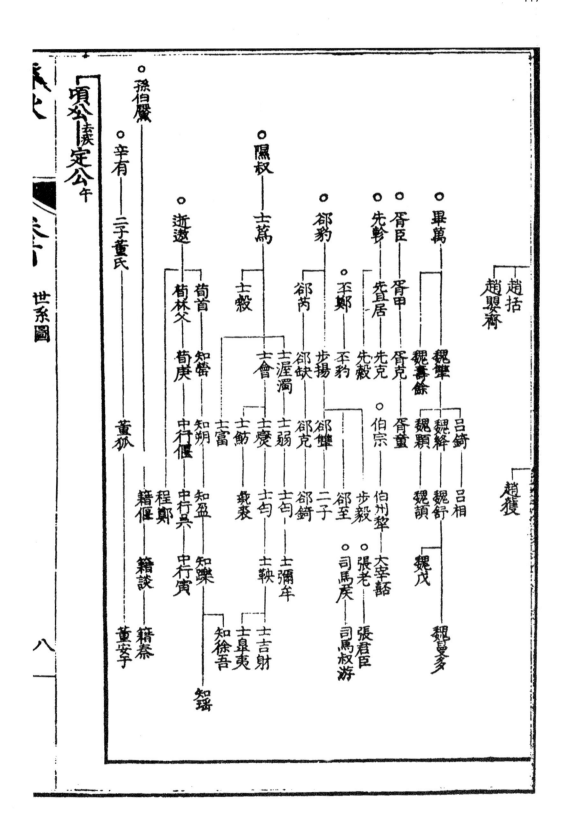

世系圖

八

119

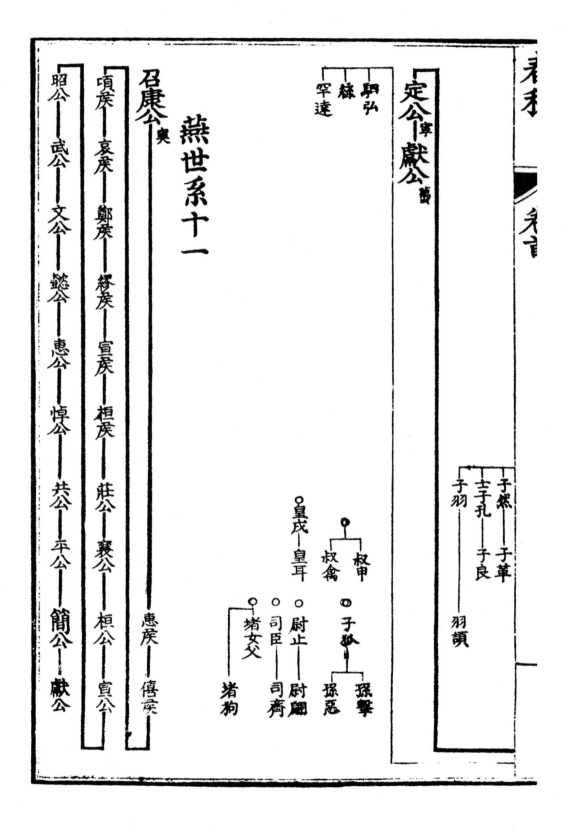

燕世系十一

定公寧—獻公齒

駟弘
緣
罕達

子然—子革
士子孔—子良
子羽—羽頡

叔申—子狐
叔禽
孫擊
孫惡
尉翩
尉止
司齊
司臣
堵女父
堵狗
皇戌—皇耳

召康公奭—惠侯—僖侯

頃侯—哀侯—鄭侯—繆侯—宣侯—桓侯—莊公—襄公—桓公—宣公

昭公—武公—文公—懿公—惠公—悼公—共公—平公—簡公—獻公

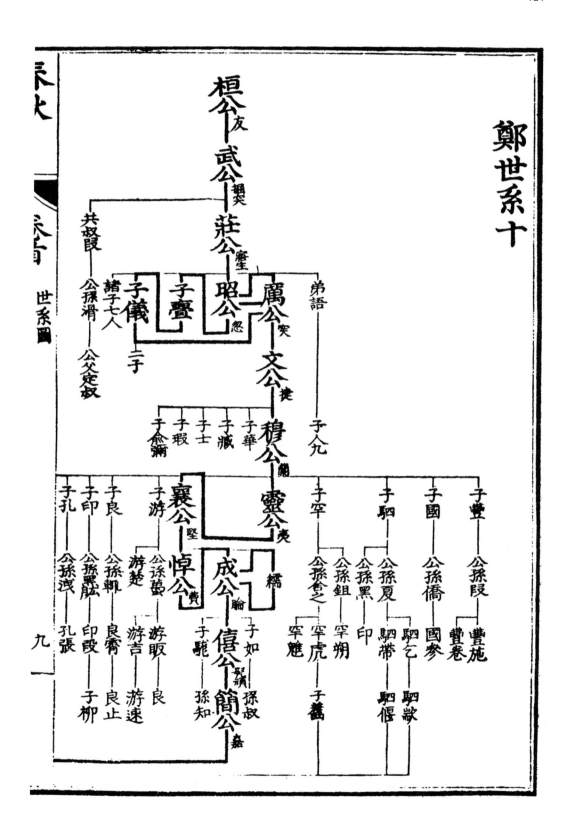

鄭世系十

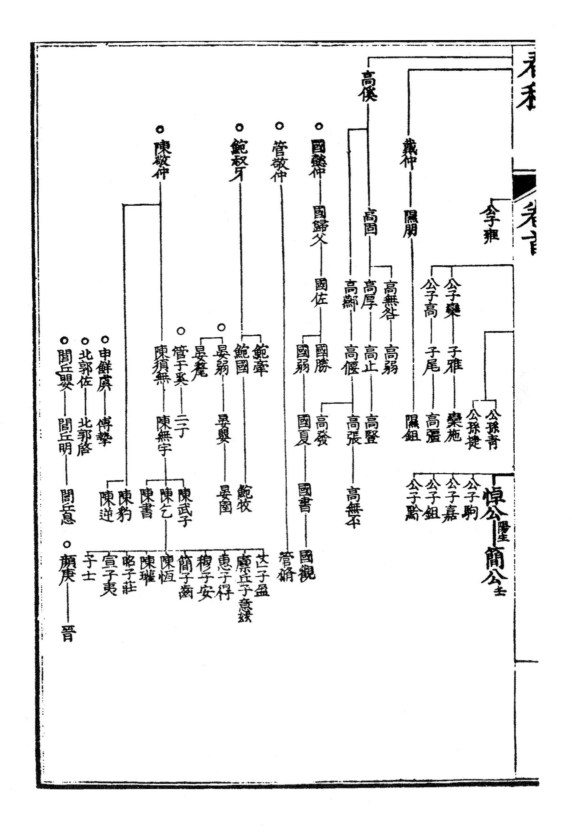

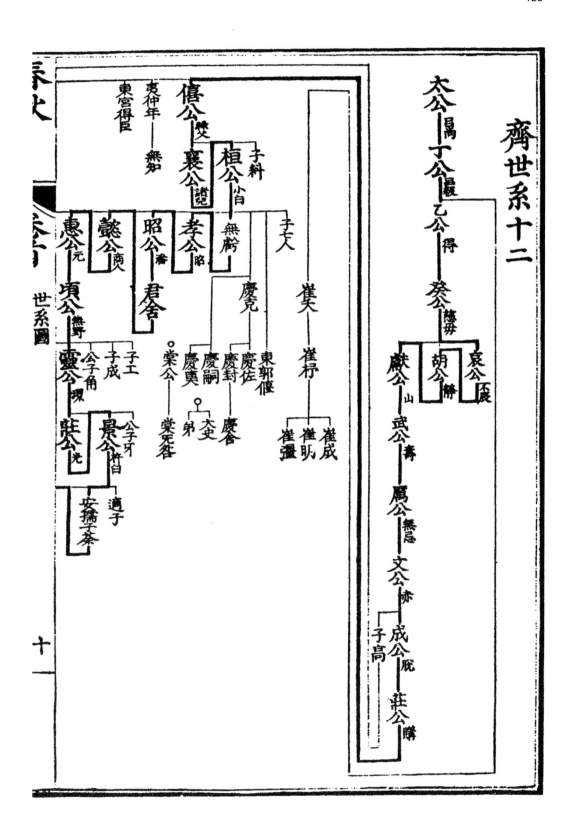

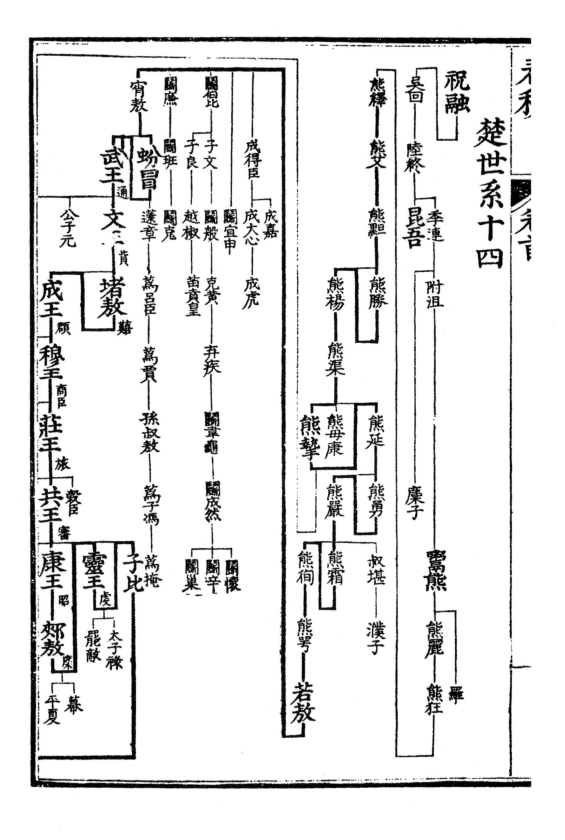

楚世系十四

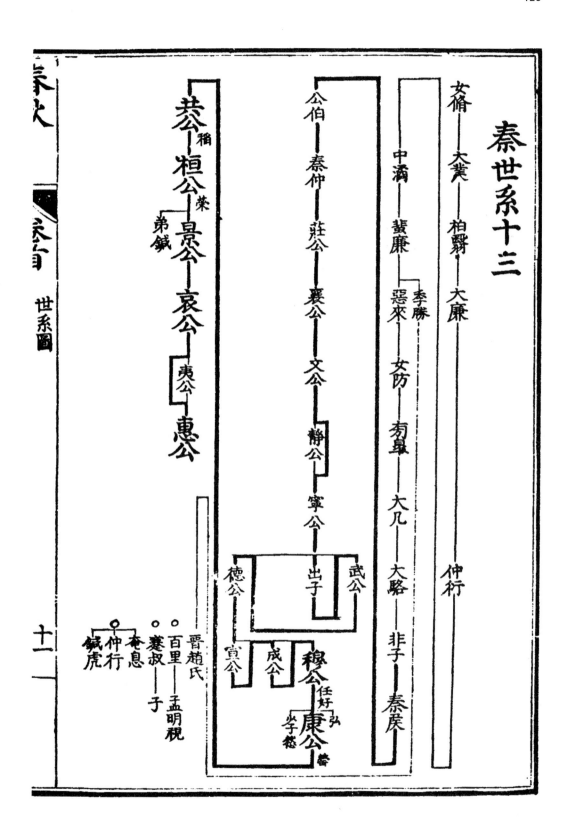

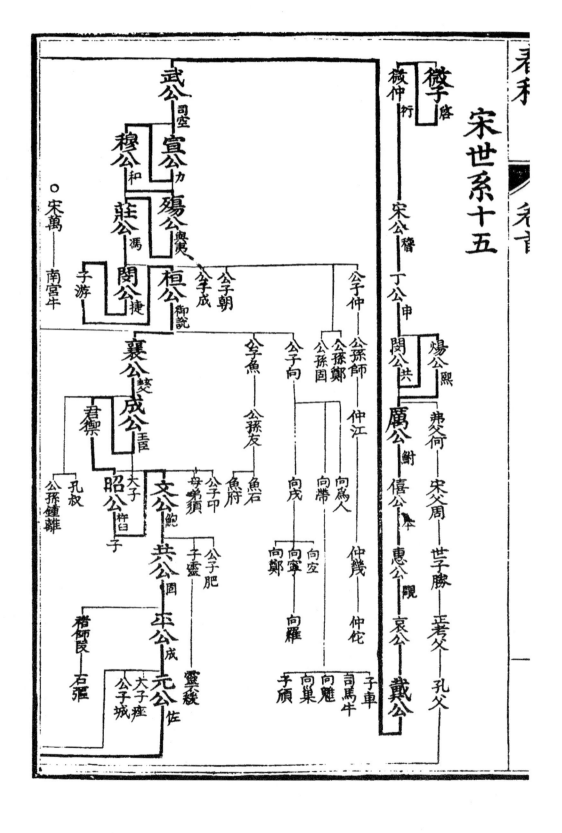

宋世系十五

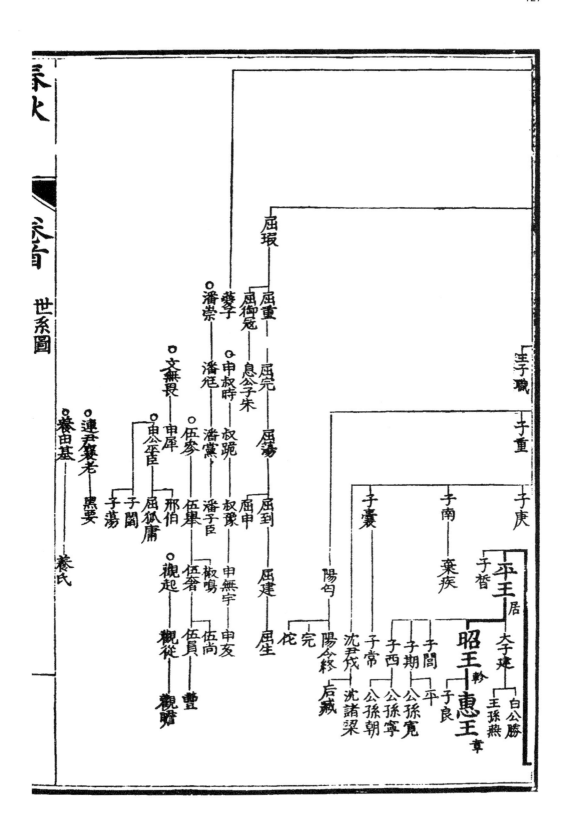

世系圖

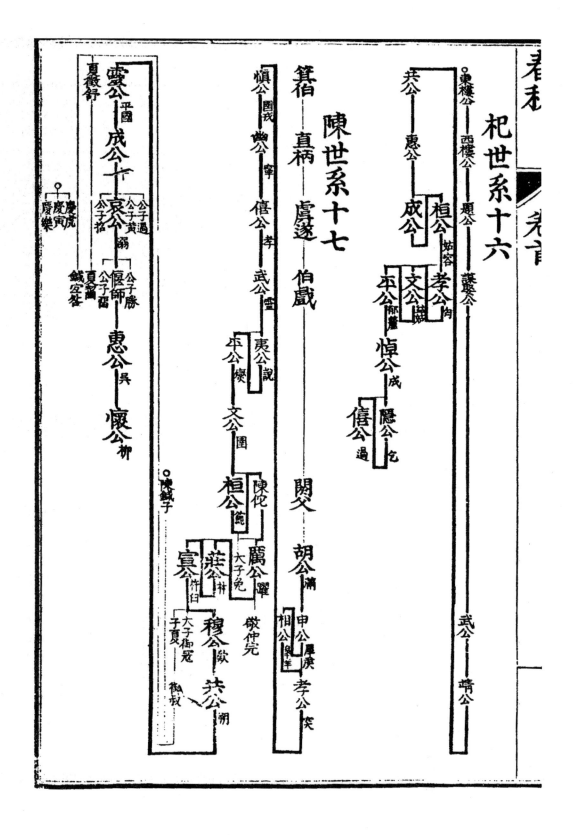

杞世系十六

陳世系十七

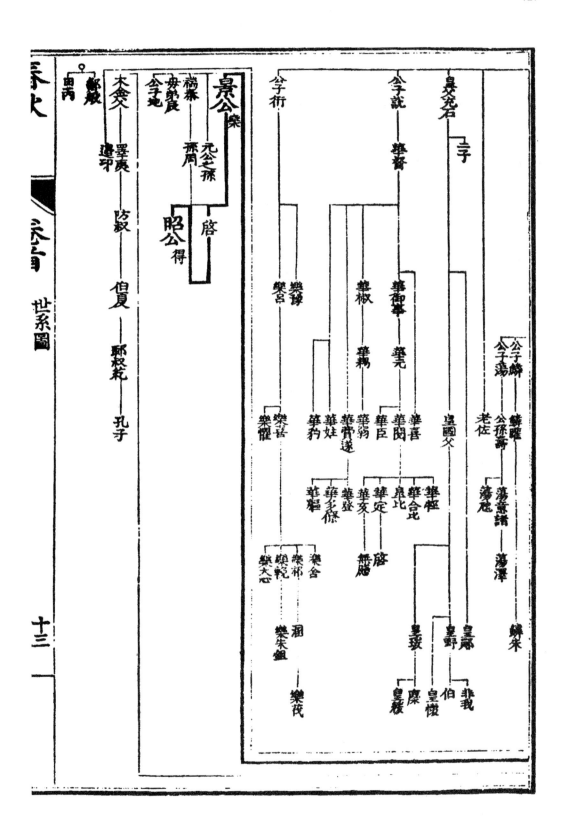

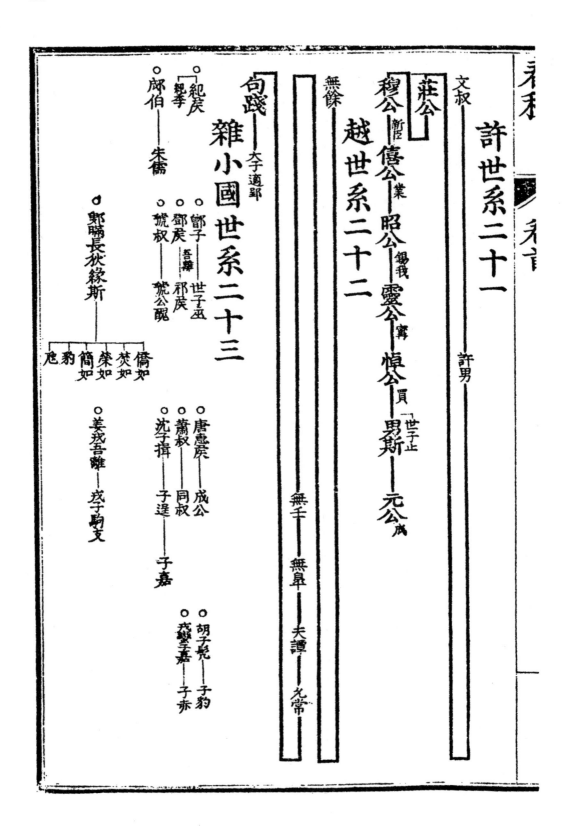

130

許世系二十一

越世系二十二

雜小國世系二十三

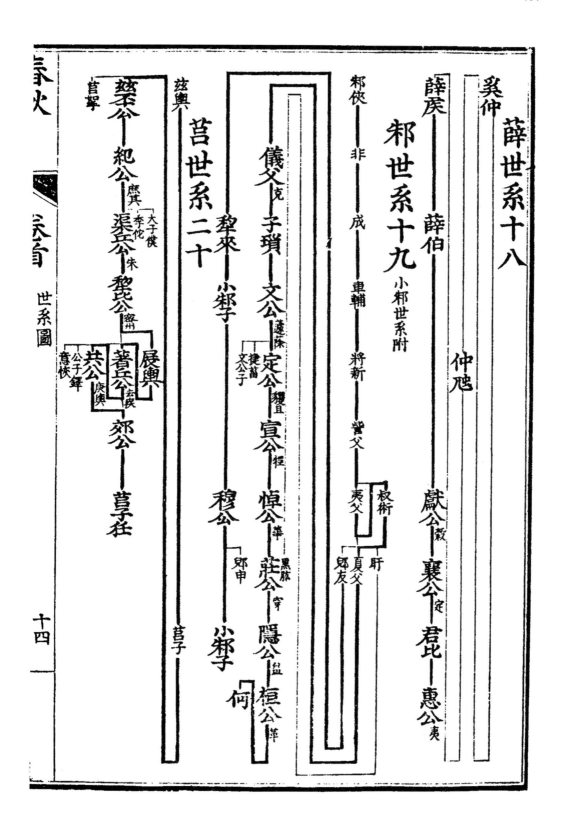

薛世系十八

邾世系十九　小邾世系附

莒世系二十

# 춘추국명보(春秋國名譜)

## 周

姬姓 后稷之後 后稷封於邰 夏衰 后稷子不窋 失官竄西戎 其孫公劉徙邠 傳九世至大王 爲狄所逼 去邠居岐 文王受命 作邑於豐 武王克商 定都於鎬 平王遷都王城 敬王又遷成周 平王四十九年 始入春秋 敬王三十九年 獲麟之歲也 後九王二百二十年 赧王爲秦所滅

주(周)나라

희성(姬姓)으로 후직(后稷)의 후손이다. 후직이 태(邰) 땅에 봉해졌는데, 하(夏)나라가 쇠하자 후직의 아들 불굴(不窋)이 벼슬을 잃고 서융(西戎)으로 내쫓겼다. 그 손자 공류(公劉)가 빈(邠) 땅으로 옮겨 살았다. 9세(世)를 전하여 태왕(大王)에 이르러 적(狄)의 핍박을 받아 빈 땅에서 떠나 기(岐) 땅으로 가서 살았다. 문왕(文王)이 명(命)을 받아 풍(豐) 땅에 도읍을 일으켰고, 무왕(武王)이 상(商)나라를 이기고서 도읍을 호(鎬) 땅에 정하였다. 평왕(平王)이 도읍을 왕성(王城)으로 옮겼고, 경왕(敬王)이 또 성주(成周)로 옮겼다. 평왕 49년에 비로소 춘추시대에 들어섰다. 경왕 39년이 기린(麒麟)이 잡힌 해이다. 그 뒤 아홉 왕 2백 20년을 지나 난왕(赧王)에 이르러 진(秦)나라에게 멸망되었다.

## 列國二十三

## 魯

姬姓 侯爵 出自周文王第四子周公 周公食邑於周 留相天子 乃封其長子伯禽於魯 都曲阜 伯禽十三世 至隱公元年 春秋託始於此 歷二百四十二年 爲哀公十四年西狩獲麟 春秋以終 後九君 至頃公讎 爲楚所滅

로(魯)나라

희성(姬姓)으로 후작(侯爵)이고, 주문왕(周文王)의 넷째 아들 주공(周公)으로부터 나왔다. 주공은 주(周) 땅을 식읍으로 받아 머물면서 천자를 보좌하였으므로 그 큰 아들 백금(伯禽)을 로(魯)나라에 봉하고 곡부(曲阜)에 도읍하게 하였다. 백금으로부터 13세(世)를 지나 은공(隱公) 원년에 이르러 춘추시대가 이에 시작되었고, 2백 42년을 지나 애공(哀公) 14년 '서쪽에서 사냥을 하다가 기린을 잡았다[西狩獲麟].'고 하였으니 춘추시대가 끝났다. 그 뒤 아홉 임금을 지나 경공(頃公) 수(讎)에 이르러 초(楚)나라에게 멸망되었다.

## 蔡

姬姓 侯爵 武王母弟叔度所封也 武王崩 叔度與管叔鮮 挾紂子武庚作亂 周公放之 其子胡率德改行 成王復封於蔡 平侯徙新蔡 昭侯又徙州來 宣侯二十八年 始入春秋 成侯十年 魯哀公十四年也 後歷三君 至侯齊 爲楚所滅

채(蔡)나라

희성(姬姓)으로 후작(侯爵)이고, 무왕(武王)의 모제(母弟) 숙도(叔度)가 봉해졌다. 무왕이 붕하자 숙도가 관숙(管叔) 선(鮮)과 함께 주(紂)의 아들 무경(武庚)을 끼고 란을 일으키니, 주공(周公)이 그를 추방하였다. 그 아들 호(胡)가 덕을 따르고 행실을 고치니, 성왕(成王)이 다시 채(蔡) 땅에 봉하였다. 평후(平侯)가 신채(新蔡)로 옮기고, 소후(昭侯)가 또 주래(州來)로 옮겼다. 선후(宣侯) 28년에 비로소 춘추시대에 들어섰다. 성후(成侯) 10년이 로애공(魯哀公) 14년이다. 그 뒤 세 임금을 거쳐 후제(侯齊)에 이르러 초(楚)나라에게 멸망되었다.

## 曹

姬姓 伯爵 武王母弟叔振鐸所封也 傳十二世 至桓公三十五年 始入春秋 魯哀公八年 伯陽 爲宋所滅

조(曹)나라

희성(姬姓)으로 백작(伯爵)이고, 무왕(武王)의 모제(母弟) 숙진탁(叔振鐸)이 봉해졌다. 12세(世)를 전하여 환공(桓公) 35년에 이르러 비로소 춘추시대에 들어섰다. 로애공(魯哀公) 8년에 백양(伯陽)이 송(宋)나라에게 멸망되었다.

## 衛

姬姓 侯爵 武王同母少弟康叔封所封也 康叔始食采於康 成王誅武庚 以殷餘民 封康叔于衛 居故商墟 文公遷楚丘 成公又遷帝丘 桓公十三年 始入春秋 出公十二年 魯哀公十四年也 其後 貶號曰君 止有濮陽之地 秦二世廢君角爲庶人

위(衛)나라

희성(姬姓)으로 후작(侯爵)이고, 무왕(武王)의 동모소제(同母少弟) 강숙(康叔) 봉(封)이 봉해졌다.

강숙이 처음에는 강(康) 땅을 식읍으로 받았다. 성왕(成王)이 무경(武庚)을 주살한 뒤에 은(殷)나라 유민을 거느리게 하여 강숙을 위(衛)나라에 봉하고 옛 상(商)나라의 터에 거주하게 하였다. 문공(文公)이 초구(楚丘)로 옮기고, 성공(成公)이 또 제구(帝丘)로 옮겼다. 환공(桓公) 13년에 비로소 춘추시대에 들어섰다. 출공(出公) 12년이 로애공(魯哀公) 14년이다. 그 뒤에는 호칭이 강등되어 '군(君)'이라 하였고, 다만 복수(濮水) 북쪽의 땅이 남았다. 진(秦)나라 2세(世)가 군(君)인 각(角)을 폐하여 서인(庶人)으로 만들었다.

## 滕

**姬姓 侯爵 文王子叔繡所封也 魯隱公七年 滕侯始見經 其後貶稱子 漢書地理志 滕封三十一世 爲齊所滅 戰國策 則謂滕滅於宋 未知孰是**

등(滕)나라

희성(姬姓)으로 후작(侯爵)이고, 문왕(文王)의 아들 숙수(叔繡)가 봉해졌다. 로은공(魯隱公) 7년에 등후(滕侯)가 비로소 경문에 나타났다. 그 뒤에는 강등되어 '자(子)'로 호칭되었다. 《한서(漢書)》 〈지리지(地理志)〉에 등(滕)나라는 봉해진 지 31세(世)에 제(齊)나라에게 멸망되었다고 하였고, 《전국책(戰國策)》에는 곧 등나라는 송(宋)나라에게 멸망되었다고 하였으니, 어느 것이 옳은지 알 수 없다.

## 晉

**姬姓 侯爵 武王少子唐叔虞之後也 成王封叔虞於唐 始都於翼 唐叔子燮父爲晉侯 傳十世至昭侯 昭侯封其父文侯之弟成師於曲沃 是爲桓叔 昭侯傳至哀侯 爲桓叔之孫武公所滅 武公徙居絳 景公又徙新田 鄂侯二年 始入春秋 定公三十一年 魯哀公十四年也 又六世 韓魏趙三分晉地 遷其君靖公俱酒爲家人**

진(晉)나라

희성(姬姓)으로 후작(侯爵)이고, 무왕(武王)의 소자(少子) 당숙(唐叔) 우(虞)의 후손이다. 성왕(成王)이 숙우(叔虞)를 당(唐) 땅에 봉하였다. 처음 익(翼) 땅에 도읍하고서 당숙(唐叔)의 아들 섭보(燮父)가 진후(晉侯)가 되었다. 10세(世)를 전하여 소후(昭侯)에 이르렀는데, 소후가 그 아버지 문후(文侯)의 아우 성사(成師)를 곡옥(曲沃)에 봉하였으니, 이가 환숙(桓叔)이다. 소후로부터 전하여 애후(哀侯)에 이르러 환숙의 손자 무공(武公)에게 멸망되었다. 무공이 강(絳) 땅으로 옮겨 거주하였고, 경공(景公)이 또 신전(新田)으로 옮겼다. 악후(鄂侯) 2년에 비로소 춘추시대에 들어섰다. 정공(定公) 31년이 로애공(魯哀公) 14년이다. 또 6세(世) 뒤에 한(韓)·위(魏)·조(趙)씨가 진나라 땅을 셋으로 나누어 가지고서 그 임금 정공(靖公) 구주(俱酒)를 옮겨 가인(家人:庶人)으로 만들었다.

## 吳

姬姓 子爵 大王長子大伯 與其弟仲雍 避少弟季歷賢而有聖子 去之荊蠻 號曰句吳 大伯卒 仲雍嗣立 後十七世 至壽夢 始稱王 魯成公六年 始見經 夫差十五年 魯哀公十四年也 後 八年 爲越句踐所滅

오(吳)나라

희성(姬姓)으로 자작(子爵)이다. 태왕(大王)의 장자(長子) 태백(大伯)이 그 아우 중옹(仲雍)과 함께 막내아우인 계력(季歷)이 어질며 그리고 성스러운 아들을 두었다하고 피하여 형만(荊蠻)으로 가서 그곳을 '구오(句吳)'라고 호칭하였다. 태백이 졸하자 중옹이 뒤를 이어 즉위하였다. 그 뒤 17세(世)를 전하여 수몽(壽夢)에 이르러 비로소 왕(王)이라 칭하였다. 로성공(魯成公) 6년에 비로소 경문에 나타났다. 부차(夫差) 15년이 로애공(魯哀公) 14년이다. 그 뒤 8년을 지나 월(越)나라 구천(句踐)에게 멸망되었다.

## 鄭

姬姓 伯爵 厲王少子友之後也 宣王封友於鄭 在西都畿內棫林之地 幽王之難 友寄帑於虢 鄶之間 因取二國之地 謂之新鄭 莊公二十二年 始入春秋 聲公二十年 魯哀公十四年也 後 歷五君 至康公乙 爲韓所滅

정(鄭)나라

희성(姬姓)으로 백작(伯爵)이고, 려왕(厲王)의 소자(少子) 우(友)의 후손이다. 선왕(宣王)이 우를 정(鄭)나라에 봉하였다. 서도(西都)의 기내(畿內) 역람(棫林) 땅에 있었는데, 유왕(幽王)의 난 때 우가 처자를 괵(虢)나라와 증(鄶)나라 사이에 두었다가 두 나라의 땅을 취하여 그곳을 신정(新鄭)이라 이름하였다. 장공(莊公) 22년에 비로소 춘추시대에 들어섰다. 성공(聲公) 20년이 로애공(魯哀公) 14년이다. 그 뒤 다섯 임금을 거쳐 강공(康公) 을(乙)에 이르러 한(韓)나라에게 멸망되었다.

## 虞

姬姓 公爵 出自大王子仲雍 武王求大伯仲雍之後 得仲雍曾孫周章 已爲吳君 別封其弟虞 仲於周之北故夏墟 十二世至虞公 魯僖公五年 爲晉所滅

우(虞)나라

희성(姬姓)으로 공작(公爵)이고, 태왕(大王)의 아들 중옹(仲雍)으로부터 나왔다. 무왕(武王)이 태백(大伯)과 중옹(仲雍)의 후손을 탐문하여 중옹의 증손자 주장(周章)을 찾으니 이미 오(吳)나라의 임금이 되어 있었다. 이에 그 아우 우중(虞仲)을 주(周)나라의 북쪽에 있는 옛 하(夏)나라 터에 따로 봉하였다. 12세(世)를 전하여 우공(虞公)에 이르러 로희공(魯僖公) 5년에 진(晉)나라에게 멸망되었다.

## 虢

姬姓 公爵 出自王季子虢叔 叔與虢仲爲王卿士 文王友愛二弟 謂之二虢 武王封叔於虢 周室東遷 虢公忌父 虢公林父 世佐王室 魯僖公五年 爲晉所滅

괵(虢)나라

희성(姬姓)으로 공작(公爵)이고, 왕계(王季)의 아들 괵숙(虢叔)으로부터 나왔다. 괵숙과 괵중(虢仲)은 주왕(周王)의 경사(卿士)였는데, 문왕(文王)이 두 아우와 우애가 있어 '이괵(二虢)'이라고 하였다. 무왕(武王)이 괵숙을 괵(虢)나라에 봉하였는데, 주왕실(周王室)이 동쪽으로 옮긴 뒤에 괵공(虢公) 기보(忌父)와 괵공 림보(林父)가 대를 이어 왕실을 보좌하였다. 로희공(魯僖公) 5년에 진(晉)나라에게 멸망되었다.

## 燕

姬姓 伯爵 召公奭之後也 召公爲周大保 食邑於召 又封於薊 號爲北燕 傳十四世 至穆侯七年 始入春秋 獻公十二年 魯哀公十四年也 後六世 易王噲立 又六世至王喜 爲秦所滅

연(燕)나라

희성(姬姓)으로 백작(伯爵)이고, 소공(召公) 석(奭)의 후손이다. 소공이 주(周)나라 태보(大保)가 되어 소(召) 땅을 식읍으로 받았는데, 또 계(薊) 땅에 봉해지고 북연(北燕)이라 호칭하였다. 14세(世)를 전하여 목후(穆侯) 7년에 이르러 비로소 춘추시대에 들어섰다. 헌공(獻公) 12년이 로애공(魯哀公) 14년이다. 그 뒤 6세를 지나 역왕(易王) 쾌(噲)가 즉위하였고, 또 6세를 지나 왕희(王喜)에 이르러 진(秦)나라에게 멸망되었다.

## 齊

姜姓 侯爵 其先四岳 佐禹平水土 封於呂 商末大公呂望 佐文武定天下 以功封營丘爲諸侯 僖公九年 始入春秋 簡公四年 魯哀公十四年也 歷三君 至康公貸卒 而田氏遂幷齊

제(齊)나라

강성(姜姓)으로 후작(侯爵)이다. 그 선조가 사악(四岳)으로서 우(禹)를 도와 수토(水土)를 다스려 려(呂) 땅에 봉해졌다. 상(商)나라 말엽에 태공(大公) 려망(呂望)이 문왕(文王)과 무왕(武王)을 도와 천하를 평정한 공으로 영구(營丘)에 봉해져 제후(諸侯)가 되었다. 희공(僖公) 9년에 비로소 춘추시대에 들어섰다. 간공(簡公) 4년이 로애공(魯哀公) 14년이다. 이로부터 세 임금을 거쳐 강공(康公) 대(貸)가 졸함에 미쳐 전씨(田氏)가 드디어 제(齊)나라를 겸병하였다.

## 秦

嬴姓 伯爵 出自顓頊裔孫女修 女修孫大費 與禹平水土 佐舜調馴鳥獸 賜姓嬴 是爲柏翳 十九世 至非子 爲周孝王主馬 汧渭間 馬大蕃息 孝王分爲附庸而邑之秦 非子之曾孫秦仲 死於西戎 其孫襄公 討西戎有功 平王東遷 賜以岐豐之地 列爲諸侯 寧公徙平陽 德公徙雍 獻公徙櫟陽 文公四十四年 始入春秋 悼公十一年 魯哀公 十四年也 後九世 孝公徙都咸陽 其子惠文君 自號爲王 至始皇幷天下 自號爲皇帝 二世而亡

진(秦)나라

영성(嬴姓)으로 백작(伯爵)이고, 전욱(顓頊)의 후손인 여수(女修)로부터 나왔다. 여수의 손자 대비(大費)가 우(禹)와 함께 수토(水土)를 다스리고 순(舜)을 도와 조수(鳥獸)를 길들여서 영(嬴)을 성(姓)으로 받았으니, 이가 백예(柏翳)이다. 19세(世)를 지나 비자(非子)에 이르러 주효왕(周孝王)의 말을 주관하는 관리가 되어 견수(汧水)와 위수(渭水) 사이에서 말을 크게 번식시키니, 효왕(孝王)이 땅을 나누어 주어 부용(附庸)으로 삼고 진(秦) 땅에 도읍하게 하였다. 비자의 증손 진중(秦仲)이 서융(西戎)에게 죽자 그 손자 양공(襄公)이 서융을 토벌하여 공을 세웠다. 그러므로 평왕(平王)이 동쪽으로 옮길 때 기(岐)와 풍(豐) 땅을 주어 제후(諸侯)의 반렬이 되게 하였다. 녕공(寧公)이 평양(平陽)으로 옮기고, 덕공(德公)이 옹(雍) 땅으로 옮기고, 헌공(獻公)이 력양(櫟陽)으로 옮겼다. 문공(文公) 44년에 비로소 춘추시대에 들어섰다. 도공(悼公) 11년이 로애공(魯哀公) 14년이다. 그 뒤 9세(世)를 지나 효공(孝公)이 도읍을 함양(咸陽)으로 옮겼고, 그 아들 혜문군(惠文君)이 스스로 왕(王)이라 호칭하였다. 시황(始皇)에 이르러 천하를 겸병하고서 스스로 황제(皇帝)라 호칭하였고 2세 만에 망하였다.

## 楚

芈姓 子爵 出自顓頊 孫重黎爲高辛氏火正 命曰祝融 其弟吳回 嗣爲祝融 吳回裔孫鬻熊 爲周文武師 成王封鬻熊曾孫熊繹於荊蠻 胙以子男之田 其後都郢 更名曰楚 傳五世至熊通 是爲武王 昭王徙都 武王十九年 始入春秋 惠王八年 魯哀公十四年也 後十二王 至王負芻 爲秦所滅

초(楚)나라

미성(芈姓)으로 자작(子爵)이고, 전욱(顓頊)으로부터 나왔다. 그 손자 중려(重黎)가 고신씨(高辛

氏)의 화정(火正)이 되어 축융(祝融)으로 명명되었고, 그 아우 오회(吳回)가 뒤를 이어 축융이 되었다. 오회의 후손 륙웅(鬻熊)이 주(周)나라 문왕(文王)과 무왕(武王)의 사(師)였는데, 성왕(成王)이 륙웅의 증손 웅역(熊繹)을 형만(荊蠻)에 봉하고서 자작(子爵)과 남작(男爵)에 해당하는 전지를 내려주었다. 그 뒤 영(郢) 땅에 도읍하고 나라 이름을 고쳐 초(楚)라고 하였다. 이로부터 5세(世)를 전하여 웅통(熊通)에 이르렀으니, 이가 무왕(武王)이다. 소왕(昭王)이 약(鄀) 땅으로 옮겼다. 무왕(武王) 19년에 비로소 춘추시대에 들어섰다. 혜왕(惠王) 8년이 로애공(魯哀公) 14년이다. 그 뒤 열두 왕을 지나 왕 부추(負芻)에 이르러 진(秦)나라에게 멸망되었다.

## 宋

**子姓 公爵 商王帝乙之長庶子啓 食采於微 謂之微子 周武王誅紂 立其子武庚 武庚以三監畔 成王誅之 乃更封微子爲宋公 以奉湯祀 穆公七年 始入春秋 景公三十六年 魯哀公十四年也 後至王偃 稱王圖霸 齊魏楚共滅之**

송(宋)나라

자성(子姓)으로 공작(公爵)이다. 상(商)나라 왕 제을(帝乙)의 장서자(長庶子) 계(啓)가 미(微) 땅을 채읍(采邑)으로 받았으므로 그를 미자(微子)라 하였다. 주무왕(周武王)이 주(紂)를 주살한 뒤에 그 아들 무경(武庚)을 임금으로 세웠으나 무경이 삼감(三監)과 함께 배반하니, 성왕(成王)이 그를 죽이고 다시 미자를 봉하여 송공(宋公)으로 삼아 탕(湯)의 제사를 받들게 하였다. 목공(穆公) 7년에 비로소 춘추시대에 들어섰다. 경공(景公) 36년이 로애공(魯哀公) 14년이다. 그 뒤 왕언(王偃)에 이르러 왕(王)이라 호칭하고 패업을 도모하니 제(齊)·위(魏)·초(楚)나라가 함께 멸망시켰다.

## 杞

**姒姓 伯爵 武王克商 求夏禹苗裔 得東樓公 封於杞 以奉禹祀 四傳至武公二十九年 始入春秋 初稱侯 後貶稱子 尋復稱伯 遷都緣陵 又遷淳于 閔公六年 魯哀公十四年也 後三十二年 爲楚所滅**

기(杞)나라

사성(姒姓)으로 백작(伯爵)이다. 무왕(武王)이 상(商)나라를 이기고서 하우(夏禹)의 후예를 탐문하여 동루공(東樓公)을 찾아내 기(杞)나라에 봉하여 우(禹)의 제사를 받들게 하였다. 4세(世)를 전하여 무공(武公) 29년에 이르러 비로소 춘추시대에 들어섰다. 처음에는 후(侯)로 칭해졌는데 뒤에는 강등되어 자(子)로 칭해졌다가 이내 다시 백(伯)으로 칭해졌다. 도읍을 연릉(緣陵)으로 옮겼다가 또 순우(淳于)로 옮겼다. 민공(閔公) 6년이 로애공(魯哀公) 14년이다. 그 뒤 32년을 지나 초(楚)나라에게 멸망되었다.

## 陳

嬀姓 侯爵 出自帝舜之後 封於有虞 虞閼父爲周武王陶正 王以元女大姬 嫁其子滿 而封諸
陳 使奉虞帝祀 桓公二十三年 始入春秋 閔公二十一年 魯哀公十四年也 後三年 爲楚所滅

　　진(陳)나라

　　규성(嬀姓)으로 후작(侯爵)이다. 제순(帝舜)의 후손으로부터 나왔고, 유우(有虞)에 봉해졌다. 우알보(虞閼父)가 주무왕(周武王)의 도정(陶正)이 되니, 왕이 큰딸 태희(大姬)를 그 아들 만(滿)에게 시집보내고서 만을 진(陳)나라에 봉하여 우제(虞帝)의 제사를 받들게 하였다. 환공(桓公) 23년에 비로소 춘추시대에 들어섰다. 민공(閔公) 21년이 로애공(魯哀公) 14년이다. 그 뒤 3년을 지나 초(楚)나라에게 멸망되었다.

## 薛

任姓 侯爵 黃帝之後 奚仲封於薛 魯隱公十一年 始見經 後降稱伯 不知爲誰所滅

　　설(薛)나라

　　임성(任姓)으로 후작(侯爵)이다. 황제(黃帝)의 후손 해중(奚仲)이 설(薛)나라에 봉해졌다. 로은공(魯隱公) 11년에 비로소 경문(經文)에 나타났다. 뒤에는 강등되어 백(伯)으로 칭해졌다. 어떤 나라에게 멸망되었는지 알 수 없다.

## 邾

曹姓 子爵 出自祝融孫晏安之後 武王封其苗裔曹挾於邾爲附庸 魯隱公元年 邾儀父克 會
盟于蔑 北杏之會 附從齊桓 進爵爲子 桓公二十九年 魯哀公十四年也 邾至戰國 改號鄒
路史云 邾幷于魯 鄒滅于楚 非一國也 未詳孰是

　　주(邾)나라

　　조성(曹姓)으로 자작(子爵)이고, 축융(祝融)의 손자 안안(晏安)의 후손으로부터 나왔다. 무왕(武王)이 그 후예인 조협(曹挾)을 주(邾)나라에 봉하여 부용(附庸)으로 삼았다. 로은공(魯隱公) 원년에 주나라 의보(儀父) 극(克)이 멸(蔑) 땅에서 회맹하였다. 북행(北杏)의 회합에서 제환공(齊桓公)에게 붙어 따랐으므로 작위가 올라 자(子)가 되었다. 환공(桓公) 29년이 로애공(魯哀公) 14년이다. 주나라는 전국시대에 이르러 호칭을 추(鄒)로 고쳤다. 《로사(路史)》에 주나라는 로(魯)나라에 겸병되었고, 추나라는 초(楚)나라에게 멸망되었으니 같은 나라가 아니라고 하였다. 어느 것이 옳은지 자세하지 않다.

## 莒

**己姓 子爵 或曰 嬴姓 出自少昊之後 武王封玆輿期於莒 莒君無諡而有號 自玆輿期十一世 至玆丕父 始見於春秋 共公庚輿以下 微不復見 後爲楚所滅**

거(莒)나라

기성(己姓)으로 자작(子爵)이다. 혹자는 영성(嬴姓)으로 소호(少昊)의 후손으로부터 나왔다고 하였다. 무왕(武王)이 자여기(玆輿期)를 거(莒)나라에 봉하였는데, 거나라 임금은 시호는 없고 호칭만이 있다. 자여기로부터 11세(世)를 지나 자비보(玆丕父)에 이르러 비로소《춘추(春秋)》에 나타났다. 공공(共公) 경여(庚輿) 이후로는 쇠락하여 다시《춘추》에 나타나지 않았다. 뒤에 초(楚)나라에게 멸망되었다.

## 小邾

**曹姓 子爵 出自邾挾之後 夷父顔有功於周 周封其子友於郳爲附庸 魯莊公五年 友之曾孫 犂來 始朝魯 齊桓初霸 郳君附從 進爵爲子 始列諸侯 謂之小邾子 春秋後六世 爲楚所滅**

소주(小邾)

조성(曹姓)으로 자작(子爵)이고, 주협(邾挾)의 후손으로부터 나왔다. 이보(夷父) 안(顔)이 주(周)나라에 공이 있었으므로 주나라가 그 아들 우(友)를 예(郳)나라에 봉하여 부용(附庸)으로 삼았다. 로장공(魯莊公) 5년에 우의 증손 려래(犂來)가 비로소 로(魯)나라를 조견하였다. 제환공(齊桓公)이 처음으로 패자가 되었을 때 예나라 임금이 붙어 따랐으므로, 작위가 올라 자(子)가 되어 비로소 제후(諸侯)의 반렬이 되니 소주자(小邾子)라 하였다. 춘추시대 이후 6세(世)를 지나 초(楚)나라에게 멸망되었다.

## 許

**姜姓 男爵 武王封四岳之苗裔文叔於許 春秋時 國小而近鄭 爲鄭所偪 後附楚 魯成公十五 年 遷葉 昭公九年 遷夷 十一年 遷白羽 定公四年 遷容城 自文叔 至莊公十一世 始見春秋 元公子結元年 魯哀公十四年也 戰國初 爲楚所滅**

허(許)나라

강성(姜姓)으로 남작(男爵)이다. 무왕(武王)이 사악(四岳)의 후예인 문숙(文叔)을 허(許) 땅에 봉하였다. 춘추시대에는 나라는 작고 정(鄭)나라에 근접하여 정나라의 핍박을 받았고, 뒤에 초(楚)나라에 붙었다. 로성공(魯成公) 15년에 섭(葉) 땅으로 옮겼고, 소공(昭公) 9년에 이(夷) 땅으로 옮겼다가 11년에 백우(白羽)로 옮겼으며, 정공(定公) 4년에 용성(容城)으로 옮겼다. 문숙(文叔)으로부터 11세

(世)를 지나 장공(莊公)에 이르러 비로소 《춘추(春秋)》에 나타났다. 원공(元公)의 아들 결(結) 원년이 로애공(魯哀公) 14년이다. 전국시대 초엽에 초나라에게 멸망되었다.

## 越

**姒姓 子爵 其先少康之庶子也 封於會稽 以奉禹祀 後二十餘世 至允常 魯昭公五年 始見 春秋 允常子句踐十六年 魯哀公十四年也 傳六世 至王無疆 爲楚所滅**

월(越)나라

사성(姒姓)으로 자작(子爵)이다. 그 선조는 소강(少康)의 서자(庶子)이다. 회계(會稽)에 봉해져 우(禹)의 제사를 받들었다. 그 뒤 20여 세(世)를 지나 윤상(允常)에 이르렀다. 로소공(魯召公) 5년에 비로소 《춘추(春秋)》에 나타났다. 윤상의 아들 구천(句踐) 16년이 로애공(魯哀公) 14년이다. 이로부터 6세를 전하여 왕 무강(無疆)에 이르러 초(楚)나라에게 멸망되었다.

## 雜小國 九十八

邢 姬姓 侯爵

荀 姬姓 侯爵

息 姬姓 侯爵

隨 姬姓 侯爵

賈 姬姓 侯爵

祭 姬姓 伯爵

毛 姬姓 伯爵

原 姬姓 伯爵

凡 姬姓 伯爵

滑 姬姓 伯爵

芮 姬姓 伯爵

郕 姬姓 伯爵

巴 姬姓 子爵

州 姜姓 公爵

紀 姜姓 侯爵

申 姜姓 伯爵

萊　姜姓　子爵

梁　嬴姓　伯爵

徐　嬴姓　子爵

郯　嬴姓　子爵

夔　芉姓　子爵

鄫　姒姓　子爵

胡　嬀姓　子爵

鄧　曼姓　侯爵

南燕　姞姓　伯爵

鄅　妘姓　子爵

偪陽　妘姓　子爵

舒鳩　偃姓　子爵

宿　風姓　男爵

唐　侯爵

穀　伯爵　或曰　嬴姓

沈　子爵　或曰　嬴姓

譚　子爵　或曰　子姓

弦　子爵　或曰　隗姓

麇　子爵　或曰　祈姓

溫　子爵

頓　子爵

宗　子爵

鄝　子爵

賴　子爵

舒　子爵

魏　姬姓

耿　姬姓

霍　姬姓

郜　姬姓

焦 姬姓

揚 姬姓

密 姬姓

向 姜姓

黃 嬴姓

葛 嬴姓

戴 子姓

夷 妘姓

任 風姓

顓臾 風姓

須句 風姓

六 偃姓

蓼 偃姓

舒庸 偃姓

羅 熊姓 或曰 偃姓

江 或曰 嬴姓

蕭 或曰 子姓

項 或曰 姞姓

權 或曰 偃姓

桐 或曰 偃姓

共 鍾吾 州 陽 黎 道 柏 貳 軫 英氏 遂 崇 冀 厲 巢 庸 介 根牟 邿 極 牟 鄣 鄀 濮 鄟

姒 於餘丘 鄟 房 絞 淮夷

戎 北戎 驪戎 陸渾戎 大戎 小戎 犬戎 姜戎 雒戎 茅戎 戎蠻 盧戎 山戎 無終

狄 赤狄 皐落氏 廧咎如 潞氏 甲氏 留吁 鐸辰 白狄 鮮虞 肥 鼓 鄋瞞

잡소국(雜小國) 구십팔(九十八)

형(邢) : 희성(姬姓)으로 후작(侯爵)이다.

순(荀) : 희성(姬姓)으로 후작이다.

식(息) : 희성(姬姓)으로 후작이다.

수(隨) : 희성(姬姓)으로 후작이다.

가(賈) : 희성(姬姓)으로 후작이다.

채(祭) : 희성(姬姓)으로 백작(伯爵)이다.

모(毛) : 희성(姬姓)으로 백작이다.

원(原) : 희성(姬姓)으로 백작이다.

범(凡) : 희성(姬姓)으로 백작이다.

활(滑) : 희성(姬姓)으로 백작이다.

예(芮) : 희성(姬姓)으로 백작이다.

성(郕) : 희성(姬姓)으로 백작이다.

파(巴) : 희성(姬姓)으로 자작(子爵)이다.

주(州) : 강성(姜姓)으로 공작(公爵)이다.

기(紀) : 강성(姜姓)으로 후작이다.

신(申) : 강성(姜姓)으로 백작이다.

래(萊) : 강성(姜姓)으로 자작이다.

량(梁) : 영성(嬴姓)으로 백작이다.

서(徐) : 영성(嬴姓)으로 자작이다.

담(郯) : 영성(嬴姓)으로 자작이다.

기(夔) : 미성(羋姓)으로 자작이다.

증(鄫) : 사성(姒姓)으로 자작이다.

호(胡) : 규성(嬀姓)으로 자작이다.

등(鄧) : 만성(曼姓)으로 후작이다.

남연(南燕) : 길성(姞姓)으로 백작이다.

우(鄅) : 운성(妘姓)으로 자작이다.

복양(偪陽) : 운성(妘姓)으로 자작이다.

서구(舒鳩) : 언성(偃姓)으로 자작이다.

숙(宿) : 풍성(風姓)으로 남작(男爵)이다.

당(唐) : 후작이다.

곡(穀) : 백작인데, 혹자는 영성(嬴姓)이라 하였다.

심(沈) : 자작인데, 혹자는 영성(嬴姓)이라 하였다.

담(譚) : 자작인데, 혹자는 자성(子姓)이라 하였다.

현(弦) : 자작인데, 혹자는 외성(隗姓)이라 하였다.

균(麇) : 자작인데, 혹자는 기성(祈姓)이라 하였다.

온(溫) : 자작이다.

돈(頓) : 자작이다.

종(宗) : 자작이다.

운(鄆) : 자작이다.

뢰(賴) : 자작이다.

서(舒) : 자작이다.

위(魏) : 희성(姬姓)이다.

경(耿) : 희성(姬姓)이다.

곽(霍) : 희성(姬姓)이다.

고(郜) : 희성(姬姓)이다.

초(焦) : 희성(姬姓)이다.

양(揚) : 희성(姬姓)이다.

밀(密) : 희성(姬姓)이다.

상(向) : 강성(姜姓)이다.

황(黃) : 영성(嬴姓)이다.

갈(葛) : 영성(嬴姓)이다.

대(戴) : 자성(子姓)이다.

이(夷) : 운성(妘姓)이다.

임(任) : 풍성(風姓)이다.

전유(顓臾) : 풍성(風姓)이다.

수구(須句) : 풍성(風姓)이다.

륙(六) : 언성(偃姓)이다.

료(蓼) : 언성(偃姓)이다.

서용(舒庸) : 언성(偃姓)이다.

라(羅) : 웅성(熊姓)인데, 혹자는 언성(偃姓)이라 하였다.

강(江) : 혹자는 영성(嬴姓)이라 하였다.

소(蕭) : 혹자는 자성(子姓)이라 하였다.

항(項) : 혹자는 길성(姞姓)이라 하였다.

권(權) : 혹자는 언성(偃姓)이라 하였다.

동(桐) : 혹자는 언성(偃姓)이라 하였다.

공(共)·종오(鐘吾)·주(州)·양(陽)·려(黎)·도(道)·백(柏)·이(貳)·진(軫)·영씨(英氏)·수(邃)·숭(崇)·기(冀)·려(厲)·소(巢)·용(庸)·개(介)·근모(根牟)·시(邿)·극(極)·모(牟)·장(鄣)·약(郤)·복(濮)·전(鄟)·사(姒)·오여구(於餘丘)·욕(蓐)·방(房)·교(絞)·회이(淮夷).

융(戎)은

북융(北戎)·려융(麗戎)·륙혼융(陸渾戎)·대융(大戎)·소융(小戎)·견융(犬戎)·강융(姜戎)·락융(雒戎)·모융(茅戎)·융만(戎蠻)·로융(盧戎)·산융(山戎)·무종(無終)이 있다.

적(狄)은

적적(赤狄)·고락씨(皐落氏)·장고여(廧咎如)·로씨(潞氏)·갑씨(甲氏)·류우(留吁)·탁신(鐸辰)·백적(白狄)·선우(鮮虞)·비(肥)·고(鼓)·수만(鄋瞞)이 있다.

# 은공(隱公)<sup>1)</sup> 원년 【己未 B.C.722】

> **元年 春 王正月**
>
> 원년 봄 왕정월이다.

隱公之始年 周王之正月 人君卽位 欲其體元以居正 故不言一年一月

  은공(隱公) 재위의 첫해이며 주왕(周王)의 정월<sup>2)</sup>이다. 임금이 즉위하면 천지의 원기(元氣)를 본받아서 정도(正道)에 거하고자[體元居正] 한다. 그러므로 1년 1월이라고 말하지 않은 것이다.

**惠公元妃孟子** 元妃 始適夫人也 子 宋姓 **孟子卒 繼室以聲子 生隱公** 聲 謚 蓋孟子之姪娣也

攝治內事 猶不得稱夫人 故謂之繼室

  혜공(惠公)<sup>3)</sup>의 원비(元妃)는 맹자(孟子)이다. 원비(元妃)는 처음 맞이한 적부인(適夫人)이다. 자(子)는 송(宋)나라 성(姓)이다. 맹자가 졸(卒)<sup>4)</sup>하자 성자(聲子)를 계실(繼室)로 맞이하여 은공(隱公)을 낳았다. 성(聲)은 시호이니 맹자의 질제(姪娣)<sup>5)</sup>인 듯하다. 내사(內事)를 대신 맡아 다스렸는데도<sup>6)</sup> 여전히

---

1) 은공(隱公) : 로(魯)나라 14대 임금. 이름은 식고(息姑)이고 혜공(惠公)의 아들이며 어머니는 성자(聲子)이다. 주평왕(周平王) 49년에 즉위하였다. 시법(謚法)에 그 지위를 맡지 못하고 섭정하는 것[不尸其位]을 은(隱)이라 한다. 로나라는 실제로 후작(侯爵)인데 공(公)이라고 칭한 것은 공이 제후(諸侯)의 통칭이기 때문이다.

2) 주왕(周王)의 정월 : 주(周)나라는 자월(子月)로 정월(正月)을 삼았다. 이 말은 북두칠성의 자루가 초저녁에 자(子)의 방향을 가리키는 달로 정월을 삼았다는 의미이다. 상(商)나라는 축월(丑月)로 정월을 삼았고 하(夏)나라는 인월(寅月)로 각각 정월을 삼았는데, 지금 음력(陰曆)은 하나라 책력을 사용하므로 주나라의 정월은 곧 지금의 동짓달에 해당한다. 《론어(論語)》〈위령공(衛靈公)〉 집주(集注)에 '하나라는 인월(寅月)을 정월로 사용하였으니 인정(人正)이 되고, 상나라는 축월(丑月)을 사용하였으니 지정(地正)이 되고, 주나라는 자월(子月)을 사용하였으니 천정(天正)이 된다[夏以寅爲人正 商以丑爲地正 周以子爲天正也].'라는 구절이 있다.

3) 혜공(惠公) : 로(魯)나라 13대 임금. 이름은 불황(弗皇)이고 효공(孝公)의 아들이다.

4) 졸(卒) : 《례기(禮記)》에는 천자(天子)의 죽음을 붕(崩), 제후(諸侯)의 죽음을 훙(薨), 대부(大夫)의 죽음을 졸(卒), 사(士)의 죽음을 불록(不祿), 서인(庶人)의 죽음을 사(死)라고 하였다. 그러나 《춘추(春秋)》에서는 로(魯)나라 임금의 죽음만을 훙이라 하고 다른 나라 제후의 죽음을 졸이라고 하여 차등을 두었다. 이 기준에 의하면 로나라 임금 부인의 죽음도 훙이라 해야 하는데 훙이라고 칭하지 않은 것은 남편인 혜공(惠空)보다 앞서 죽어서 비(妃)의 례(禮)로 상례(喪禮)를 치르지 않았기 때문이다.

5) 질제(姪娣) : 여기서는 제후(諸侯)의 부인이 시집갈 때 친정에서 함께 데리고 간 일가붙이의 녀자로 곧 잉첩(媵妾)을 말한다.

부인(夫人)이라고 일컬을 수 없었기 때문에 계실(繼室)이라고 하였다.

**宋武公生仲子 仲子生而有文在其手 曰爲魯夫人 故仲子歸于我** 婦人謂嫁曰歸 **生桓公 而惠公薨 是以隱公立而奉之** 隱公 繼室子 當嗣世 以禎祥之故 追成父志 爲桓尙少 立爲大子 帥國 人奉之

　　송무공(宋武公)이 중자(仲子)를 낳았는데 중자는 태어나면서 손바닥에 '로(魯)나라 부인이다.'라는 의미의 손금이 있었다. 그리하여 중자는 우리나라로 시집왔다[歸]. 부인(婦人)이 시집가는 것을 귀(歸)라고 한다. 환공(桓公)을 낳았으나 그의 남편인 혜공(惠公)이 훙하였기 때문에 은공(隱公)이 임금이 되어 환공을 받들었다. 은공(隱公)은 계실(繼室)의 아들이니 대를 이어 임금이 되는 것은 당연하다. 그런데 혜공(惠公)이 손금을 상서로운 징조로 여겼기 때문에 은공은 아버지[惠公]의 뜻을 이루어 주고자 하였다. 그러나 환공(桓公)이 아직 어렸기 때문에 태자로 세우고 국인을 거느리고 그를 받든 것이다.

**元年 春 王周正月** 周 以建子月爲正 **不書卽位 攝也** 攝行君政

　　원년 봄 주왕(周王)의 정월이다. 주(周)나라는 북두칠성 자루가 자(子)방을 가리키는 달을 정월로 삼았다. 경문에 즉위한 사실을 기록하지 않은 것은 섭정하였기 때문이다. 임금의 정사를 대신 맡아 행한 것이다.

---

**三月 公及邾儀父盟于蔑**

　　3월에 은공(隱公)이 주(邾)나라 의보(儀父)와 멸(蔑) 땅에서 맹약하였다.

---

邾 公作邾婁 後同 蔑 公穀作眛 ○蔑 魯地 魯侯爵而稱公 臣子之辭 此私盟之始

　　주(邾)는 《공양전(公羊傳)》[7]에는 주루(邾婁)로 되어 있고 이후에도 이와 같다. 멸(蔑)은 《공양전》과 《곡량전(穀梁傳)》[8]에는 매(眛)로 되어 있다. ○멸(蔑)은 로(魯)나라 땅이다. 로나라는 후작(侯爵)이지만 공(公)이라 일컫은 것은 천자의 신자(臣子 : 臣下)라는 말이다. 이는 사사로운 맹약[9]의 시초이다.

---

6) 내사(內事)를~다스렸는데도 : 궁중의 녀인들을 다스렸다는 것이다. 즉 제후(諸侯)의 정실부인(正室夫人) 역할을 하였다는 말이다.

7) 《공양전(公羊傳)》 : 제(齊)나라 공양고(公羊高)가 지은 《춘추(春秋)》의 주석서(注釋書). 《곡량전(穀梁傳)》·《좌씨전(左氏傳)》과 함께 춘추삼전(春秋三傳)이라고 한다.

8) 《곡량전(穀梁傳)》 : 로(魯)나라 곡량적(穀梁赤)이 지은 《춘추(春秋)》의 주석서.

9) 사사로운 맹약 : 천자의 허낙없이 맹약하는 경우를 말하는데, 이는 천자의 권위가 약화되었다는 의미를

**三月 公及邾儀父盟于蔑 邾子克也** 克 儀父名 **未王命 故不書爵 曰儀父 貴之也 公攝位而欲求好於邾 故爲蔑之盟** 附庸之君未王命 例稱名 能自通大國 繼好息民 故書字貴之

3월에 은공(隱公)이 주(邾)나라 의보(儀父)와 멸(蔑) 땅에서 맹약하였으니, 바로 주자(邾子) 극(克)이다. 극(克)은 의보(儀父)의 이름이다. 아직 주왕(周王)의 책명을 받지 못하였기 때문에 경문에 작위를 기록하지 않은 것이다. 의보라고 자(字)를 기록한 것은 그를 귀하게 여긴 것이다. 은공이 섭위(攝位)하여 주(邾)나라와 우호를 맺고자 하였기 때문에 멸 땅에서 맹약한 것이다. 부용국(附庸國)[10]의 임금이 아직 주왕(周王)의 책명을 받지 못했을 경우에는 이름을 칭하는 것이 통례이다. 그러나 의보(儀父)는 스스로 대국과 국교를 맺어서 우호를 지속시키고 백성을 편안하게 하였으므로 경문에 자(字)를 기록하여 귀하게 여긴 것이다.

---

**夏**

여름이다.

---

**四月 費伯帥師城郎 不書 非公命也** 費伯 魯大夫 郎 魯邑

4월에 비백(費伯)이 군대를 거느리고 랑(郎) 땅에 성을 쌓았다. 경문에 이를 기록하지 않은 것은 은공(隱公)의 명이 아니었기 때문이다. 비백(費伯)은 로(魯)나라 대부이다. 랑(郎)은 로나라 읍이다.

---

**五月 鄭伯克段于鄢**

5월에 정백(鄭伯)이 단(段)을 언(鄢) 땅에서 이겼다.

---

鄢 鄭地

---

담고 있다.

10) 부용국(附庸國) : 큰 나라에 종속되어 그 지배를 받는 작은 나라. 《맹자(孟子)》〈만장(萬章)〉 하편에 '천자의 제도는 땅이 사방 천 리이고, 공(公)과 후(侯)는 모두 사방 백 리이고, 백(伯)은 70리이고, 자(子)와 남(男)은 50리이니 모두 네 등급이다. 50리가 못되는 나라는 천자에게 직접 통하지 못하고 제후(諸侯)에게 붙으니 이를 부용(附庸)이라고 한다天子之制 地方千里 公侯皆方百里 伯七十里 子男五十里 凡四等 不能五十里 不達於天子 附於諸侯 曰附庸.'라고 하였다.

언(鄢)은 정(鄭)나라 땅이다.

初 鄭武公娶于申 曰武姜 生莊公及共叔段 申 國名 姜姓 段出奔共 故曰共叔 莊公寤生 驚姜氏 故名曰寤生 寐時生公 至寤始覺 遂惡之 愛共叔段 欲立之 亟請於武公 公弗許 及莊公卽位 爲之請制 公曰 制 巖邑也 虢叔死焉 佗邑唯命 虢叔 東虢君 恃制巖險 鄭滅之 請京 使居之 謂之京城大叔 大 音泰 京 邑名

　이보다 앞서 정무공(鄭武公)이 신(申)나라에서 아내를 맞이하였으니 무강(武姜)이라 하였다. 무강은 장공(莊公)과 공숙단(共叔段)을 낳았는데 신(申)은 나라 이름이고 강성(姜姓)이다. 단(段)이 공(共)나라로 망명나갔기 때문에 공숙(共叔)이라고 하였다. 장공은 강씨(姜氏)가 잠을 깨고 나니 태어나 있어 강씨를 놀라게 하였기 때문에 이름을 오생(寤生)이라고 하였다. 강씨(姜氏)가 자던 중에 장공(莊公)을 낳고 깨어나서야 비로소 안 것이다. 그 때문에 강씨는 드디어 장공을 미워하고 공숙단을 사랑하여 후계자로 세우고자 자주 무공(武公)에게 청하였으나 무공이 허낙하지 않았다. 장공이 즉위하자 강씨는 공숙단을 위하여 제(制) 땅을 청하였는데, 장공이 말하기를 "제 땅은 지형이 험한 읍으로 괵숙(虢叔)이 그곳에서 죽었습니다. 다른 읍을 청하면 명을 따르겠습니다."라고 하였다. 괵숙(虢叔)은 동괵(東虢)의 임금이다. 그가 제(制) 땅의 험한 지형을 믿었는데 정(鄭)나라가 이를 멸하였다. 강씨가 경(京) 땅을 청하자 공숙단을 그곳에 살게 하니 그를 경성태숙(京城大叔)이라고 불렀다. 태(大)는 음이 태(泰)이다. 경(京)은 읍 이름이다.

祭仲曰 都城過百雉 國之害也 祭仲 鄭大夫 方丈曰堵 三堵曰雉 先王之制 大都 不過參國之一 國 王城也 中五之一 小九之一 今京不度 非制也 君將不堪 公曰 姜氏欲之 焉辟害 辟 音避 對曰 姜氏何厭之有 不如早爲之所 無使滋蔓 蔓 難圖也 蔓草猶不可除 況君之寵弟乎 公曰 多行不義 必自斃 子姑待之 斃 踣也

　채중(祭仲)이 말하기를 "제후(諸侯)의 도성(都城)이 백 치(雉)를 넘는 것은 나라에 해가 됩니다. 채중(祭仲)은 정(鄭)나라 대부이다. 사방 1장(丈)을 도(堵)라 하고 3도를 치(雉)라고 한다. 선왕의 제도에 제후의 대도(大都)는 왕성[國]의 3분의 1을 넘지 못하고, 국(國)은 왕성(王城)이다. 중도(中都)는 5분의 1을 넘지 못하며, 소도(小都)는 9분의 1을 넘지 못합니다. 지금 경성(京城)은 법도에 맞지 않으니 선왕의 제도가 아닙니다. 임금님께서 장차 감당하지 못하게 될 것입니다."라고 하였다. 장공(莊公)이 말하기를 "강씨(姜氏)께서 하고자 하니 내 어찌 해가 된다고 피할[辟] 수 있겠는가."라고 하였다. 피(辟)는 음이 피(避)이다. 채중이 대답하기를 "강씨께서 어찌 만족함이 있겠습니까. 일찍 알맞은 처소를 마련해주어 세력이 뻗어 나가지 못하게 하는 것만 같지 못하니 세력이 뻗어 나가면 도모하기 어렵습니다. 뻗어 나가는 풀도 오히려 제거하기 어려운데 임금님께서 총애하는 동생의 경우는 어떻겠습니까."라고 하니, 장공이 말하기를 "의롭지 않은 일을 많이 행하면 반드시 스스로 넘어지는[斃] 법이니 그대는 우선 기다리고 있으라."고 하였다. 폐(斃)는 넘어짐이다.

**既而大叔命西鄙北鄙貳於己** 鄙 邊邑 貳 兩屬 **公子呂曰 國不堪貳 君將若之何** 公子呂 鄭大夫子封 **欲與大叔 臣請事之 若弗與 則請除之 無生民心 公曰 無庸 將自及** 言無用除之 **大叔又收貳以爲己邑** 貳謂前兩屬者 **至于廩延 子封曰 可矣 厚將得衆** 廩延 鄭邑 厚謂土地廣大 **公曰 不義不暱 厚將崩** 暱 親也

얼마 뒤에 태숙(大叔 : 共叔段)이 서비(西鄙)와 북비(北鄙)에게 명하여 자기에게도 속하게[貳] 하였다. 비(鄙)는 변방의 읍이다. 이(貳)는 량쪽에 속하는 것이다. 공자 려(呂)가 말하기를 "한 나라가 량쪽에 속하게 되는 것은 감당할 수 없는데 임금님께서는 장차 어찌하실 것입니까. 공자 려(呂)는 정(鄭)나라 대부 자봉(子封)이다. 태숙에게 임금 자리를 주고자 하신다면 신은 그를 섬기겠습니다. 만약 주고자 하지 않는다면 그를 제거하여 백성이 다른 마음을 먹지 않게 하십시오."라고 하니, 장공(莊公)이 말하기를 "굳이 힘을 쓰지 않아도 스스로 화가 미치게 될 것이다."라고 하였다. 제거하는데 힘쓸 필요가 없다는 말이다. 태숙이 또 량쪽에 속했던[貳] 땅을 거두어들여 자신의 읍으로 만들고 이(貳)는 이전에 량쪽에 속했던 것을 이른다. 름연(廩延)까지 이르렀다. 자봉(子封)이 말하기를 "칠 때가 되었습니다. 령토가 광대해지면[厚] 장차 많은 백성의 지지를 얻게 될 것입니다."라고 하니, 름연(廩延)은 정(鄭)나라 읍이다. 후(厚)는 령토가 광대해짐을 이른다. 장공이 말하기를 "임금에게 의롭지 못하고 형에게 친애하지[暱] 않으니[11] 령토가 광대해지더라도 무너지게 될 것이다."라고 하였다. 닐(暱)은 친애함이다.

**大叔完聚** 完城郭 聚人民 **繕甲兵 具卒乘 將襲鄭 夫人將啓之** 夫人卽武姜 **公聞其期 曰 可矣 命子封帥車二百乘以伐京** 兵車一乘 甲士三人 步卒七十二人 **京叛大叔段 段入于鄢 公伐諸鄢 五月 辛丑 大叔出奔共** 共 國名

태숙(大叔)이 성곽을 완비하고 인민을 모으며 성곽을 완비하고 인민을 모으는 것이다. 갑옷과 무기를 수선하고 군사와 병거를 갖추어서 장차 정(鄭)나라 국도를 습격하려 할 때 부인(夫人)이 내응하여 성문을 열어주기로 하였다. 부인(夫人)은 무강(武姜)이다. 장공(莊公)이 그 시기

---

11) 임금에게~않으니 : 불의를 많이 행하면 백성이 친닐(親暱)하지 않는다고 보는 설도 있다.

를 듣고 말하기를 "칠 때가 되었다."라 하고, 자봉(子封)에게 명하여 병거 2백 승(乘)을 거느리고 가서 경(京) 땅을 치게 하였다. 병거 1승(乘)에는 갑사(甲士)가 3인, 보졸(步卒)이 72인이다. 경땅의 백성이 태숙단(大叔段)을 배반하니 단(段)이 언(鄢) 땅으로 도망쳐 들어갔다. 장공이또 언 땅을 치니, 5월 신축일에 태숙이 공(共)나라로 망명나갔다. 공(共)은 나라 이름이다.

**書曰 鄭伯克段于鄢 段不弟 故不言弟 如二君 故曰克 稱鄭伯 譏失敎也 謂之鄭志不言出奔 難之也** 不早爲之所 養成其惡 故曰失敎 段實出奔 以克爲文 明鄭伯志在於殺 難言其奔

경문에 정백(鄭伯)이 단(段)을 언(鄢) 땅에서 이겼다고 기록하였으니, 단이 아우답지 못하였기 때문에 아우라고 말하지 않았고, 두 나라 임금이 다툰 것 같았기 때문에 이겼다고한 것이다. 그리고 정백이라고 일컬은 것은 아우를 잘못 가르친 것을 비난한 것이고,[12] 아우를 죽이는 것이 정백의 본심임을 이른 것이다. 망명나갔다고 말하지 않은 것은 그렇게 말하기가 곤란하였기 때문이다. 일찍 알맞은 처소를 마련해주지 않아 그 악을 키웠으므로 잘못 가르쳤다고 한 것이다. 단(段)은 사실상 망명나갔는데 이겼다고 글을 만들어 정백(鄭伯 : 莊公)의 뜻이 아우를 죽이려는데 있었으므로 그가 망명했다고 말하기 곤난했음을 밝힌 것이다.[13]

**遂寘姜氏于城潁 而誓之曰 不及黃泉 無相見也 旣而悔之 潁考叔爲潁谷封人** 城潁鄭地 封人 典封疆者 **聞之 有獻於公 公賜之食 食舍肉 公問之 對曰 小人有母 皆嘗小人之食矣 未嘗君之羹** 肉謂之羹 **請以遺之 公曰 爾有母遺 繄我獨無 潁考叔曰 敢問何謂也 公語之故 且告之悔 對曰 君何患焉 若闕地及泉 隧而相見 其誰曰不然** 闕 掘也隧 地中道 **公從之**

드디어 장공(莊公)이 강씨(姜氏)를 성영(城潁)에 유폐(幽閉)시키고 맹세하기를 "황천(黃泉)에 이르기 전에는 만나보지 않을 것이다."[14]라고 하였다. 그러나 얼마 뒤에 그렇게 말한것을 후회하였다. 영고숙(潁考叔)이 영곡(潁谷)의 봉인(封人)이었는데 성영(城潁)은 정(鄭)나라땅이다. 봉인(封人)은 국경을 맡아 지키는 사람이다. 이 소문을 듣고[15] 장공에게 례물을 바치니 장공

---

12) 정백이라고~것이고 : 정당한 토벌일 경우 정인(鄭人)이 단(段)을 쳤다고 글을 만드는 것이 마땅한데, 정백(鄭伯)이라고 폄하한 것은 아우를 잘못 가르친 죄를 나무란 것이다.

13) 망명했다고~것이다 : 여기에서 망명나갔다(出奔)는 것은 상대를 죽일 의도가 없고 추방만 한다는 말이다. 그런데 장공(莊公)은 아우를 죽이려고 하였으므로 망명이라는 표현을 쓰기가 곤난하였다는 의미이다.

14) 황천(黃泉)에~것이다 : 황천(黃泉)은 땅속의 물이니, 살아서는 서로 만나보지 않고 죽은 뒤에나 지하에서 서로 만나보겠다는 말이다.

이 음식을 하사하였다. 영고숙이 음식을 먹으며 고기를 그대로 두자 장공이 그 까닭을 물었다. 영고숙이 대답하기를 "소인에게는 어머니가 계시는데 소인이 올리는 음식은 모두 맛보셨습니다. 다만 임금님께서 잡수시는 고기[羹]는 아직 맛보지 못하셨으니 고기를 갱(羹)이라고 한다. 어머니에게 가져다드리고자 합니다."라고 하였다. 장공이 말하기를 "너는 가져다드릴 어머니가 계신 데, 애[繄] 나만 어머니가 없구나."라고 하였다. 영고숙이 말하기를 "감히 여쭙건대 무엇을 이르는 것입니까?"라고 하니, 장공은 그 까닭을 이야기하고 또 후회하고 있다고 하였다. 영고숙이 대답하기를 "임금님께서는 무엇을 걱정하십니까. 만약에 샘이 나올 때까지 파고[闕] 들어가 굴속[隧]에서 서로 만나본다면 그 누가 황천에서 만났다고 하지 않겠습니까."라고 하니, 궐(闕)은 땅을 파는 것이다. 수(隧)는 땅속의 길이다. 장공이 그 말을 따랐다.

## 公入而賦 大隧之中 其樂也融融 姜出而賦 大隧之外 其樂也洩洩 賦 賦詩也 融融 和樂也 洩洩 舒散也 遂爲母子如初

장공(莊公)이 굴속으로 들어가서 시를 읊기를[賦] "큰 굴속에 들어오니 즐거운 마음이 융융(融融)하도다."라고 하였다. 이에 강씨(姜氏)가 밖으로 나오면서 시를 읊기를 "큰 굴을 나오니 즐거운 마음이 예예(洩洩)하구나."라고 하니 부(賦)는 시를 읊는 것이다. 융융(融融)은 화락(和樂)한 것이다. 예예(洩洩)는 속에 쌓였던 응어리가 풀리는 것이다. 드디어 모자가 처음처럼 화목하게 되었다.

## 君子曰 君子曰者 左氏設言以爲斷 潁考叔 純孝也 愛其母 施及莊公 詩曰 孝子不匱 永錫爾類 其是之謂乎

군자는 말한다. 군자는 말한다고 한 것은 좌씨(左氏)가 말을 베풀어 론단(論斷)한 것이다. "영고숙(潁考叔)은 순수한 효심을 지닌 자로서 그 어머니를 사랑하는 마음이 장공(莊公)에게까지 미쳤다. 《시(詩)》[16]에 '효자의 마음은 다함이 없어서 길이 너의 동류에게 미치는도다.'[17]라고

---

15) 이~듣고 : 장공(莊公)이 후회한다는 소문을 들은 것이다.

16) 《시(詩)》: 여기서의 《시(詩)》는 주(周)나라 때 편찬된 작품집이다. 《주시(周詩)》라고도 하다가 한(漢)나라 때 오경(五經)의 하나로 포함되면서 《시경(詩經)》이라 불리게 되었다. 《좌씨전(左氏傳)》에 인용된 시(詩) 작품에는 현재의 《시경》에는 없는 일시(逸詩)가 다수 있는 것으로 보아 《시》는 공자가 말년에 산시(刪詩)하기 이전의 책으로 보아야 한다. 따라서 본 번역 본문에서는 원문의 《시》를 《시경》이라 하지 않고 《시》라고 표기하였다. 단 각주에서는 출처를 밝히기 위하여 《시경》이라는 용어를 사용하였다.

17) 효자의~미치는도다 : 《시경(詩經)》〈대아(大雅)〉 기취(旣醉). 주희(朱熹)의 〈시집전(詩集傳)〉에서는 효자의 마음이 다함이 없으면 하늘이 길이 너에게 좋은 일[類 : 福]을 줄 것이라고 해석하였다.

한 것은 이를 두고 이른 것이다."

---

秋 七月 天王使宰咺來歸惠公仲子之賵

　가을 7월에 천왕이 재(宰)인 훤(咺)을 보내와서 혜공(惠公)과 중자(仲子)의 부의[賵]를 주었다.

---

咺 音烜 宰 官 咺 名 此王室下交諸侯之始

　훤(咺)은 음이 훤(烜)이다. 재(宰)[18]는 벼슬이고 훤(咺)은 이름이다. 이 일은 왕실에서 격을 낮추어 제후들과 교제한 시초이다.

## 秋 七月 天王使宰咺來歸惠公仲子之賵 緩 且子氏未薨 故名 惠公葬在春秋前 故曰緩 子氏 仲子也 賵 助喪之物 天子大夫稱字 貶而名之 天子七月而葬 同軌畢至 諸侯五月 同盟至 大夫三月 同位至 士踰月 外姻至 贈死不及尸 弔生不及哀 豫凶事 非禮也

　가을 7월에 천왕[平王]이 재(宰)인 훤(咺)을 보내와서 혜공(惠公)과 중자(仲子)의 부의[賵]를 주었는데, 그 시기가 늦었고 또 자씨(子氏)는 아직 훙하지 않았으므로[19] 그 이름을 기록한 것이다. 혜공(惠公)의 장례는 《춘추(春秋)》를 기록하기 이전에 있었으므로 시기가 늦었다고 한 것이다. 자씨(子氏 : 桓公의 어머니)는 중자(仲子)이다. 봉(賵)은 상례를 돕는 물품이다. 천자의 대부는 자(字)를 일컫게 되어 있는데 폄하하여 이름을 기록한 것이다. 천자는 7개월 만에 장례를 지내는데 동궤(同軌)[20]가 다 오고, 제후는 5개월 만에 장례를 지내는데 동맹국이 오고, 대부는 3개월 만에 장례를 지내는데 같은 지위에 있는 관원이 오고, 사(士)는 달을 넘겨서 장례를 지내는데 외척과 인척이 온다. 죽은 사람에게 부의하되 장례 지내기 전[尸][21]에 미치지 못하였고 산 자에게 조문하되 슬퍼하는 때[22]에 미치지 못하였으며, 흉사에 미리 부의하였으니[23] 례가 아니었다.

---

18) 재(宰) : 국정을 총괄하고 천자를 보좌하던 태재(大宰).

19) 자씨(子氏)는~않았으므로 : 훙(薨)은 로(魯)나라 임금과 그 부인(夫人)의 죽음을 높여 이르는 말이다. 자씨(子氏)는 은공(隱公) 2년 12월에 훙한다.

20) 동궤(同軌) : 수레바퀴의 폭이 같은 수레를 사용한다는 말로, 천자의 통치권 안에 있는 모든 제후(諸侯)를 의미한다.

21) 장례 지내기 전[尸] : 시(尸)는 시신을 묻기 전의 상태이니, 장례 지내기 이전을 이르는 통칭이다.

22) 산 자에게~때 : 산 자는 상주(喪主)이니, 상주가 슬퍼하는 때는 상주가 곡위(哭位)에서 조문받는 때로 곧 장례 지내기 이전을 이른다.

〇八月 紀人伐夷 夷不告 故不書 夷 國名 有蜚 不爲災 亦不書 蜚 食苗蟲

〇8월에 기인(紀人)이 이(夷)나라를 쳤는데 이나라가 알려오지 않았기 때문에 경문에 기록하지 않았다. 이(夷)는 나라 이름이다. 메뚜기[蜚]의 피해가 있었으나 재해가 될 정도는 아니었기 때문에 또한 경문에 기록하지 않았다. 비(蜚)는 싹을 갉아먹는 벌레이다.

---

九月 及宋人盟于宿

9월에 송인(宋人)과 숙(宿)나라에서 맹약하였다.

---

宋人 微者也 及者 公也 不書公 示恥也 宿 小國

송인(宋人)은 신분이 미천한 사람이다. 급(及)은 은공(隱公)이 맹약한 것이다. 경문에 공(公)을 기록하지 않은 것은 수치스러워함을 보인 것이다. 숙(宿)은 소국이다.

惠公之季年 敗宋師于黃 黃 宋邑 公立 而求成焉 九月 及宋人盟于宿 始通也

혜공(惠公) 말년에 송(宋)나라 군대를 황(黃) 땅에서 패배시켰는데 황(黃)은 송(宋)나라 읍이다. 은공(隱公)이 즉위하여 송나라에 화친을 구하였다. 9월에 은공이 송인(宋人)과 숙(宿)나라에서 맹약하였으니, 비로소 통교한 것이다.

---

冬

겨울이다.

---

十月 庚申 改葬惠公 公弗臨 故不書 惠公之薨也 有宋師 太子少 葬故有闕 是以改葬 衛侯來會葬 不見公 亦不書 弗臨改葬 不見衛侯 見隱公攝位之實

10월 경신일에 혜공(惠公)을 개장(改葬)[24]하였는데 은공(隱公)이 참석하지 않았기 때문에 경문에 기록하지 않았다. 혜공이 훙하였을 때 송(宋)나라 군대와 싸움 중이었고, 태자

---

23) 훙사에~부의하였으니 : 죽지 않았는데 미리 부의(賻儀)한 것이다. 훙사는 초상(初喪)이다.

24) 개장(改葬) : 다시 례를 갖추어 장례 지내는 일.

환공(桓公)이 어려서 장례에 미비한 점이 있었기 때문에 개장한 것이다. 위후(衛侯)가 와서 장례에 참석하였으나 은공을 만나지 않았으므로[25] 또한 경문에 기록하지 않았다. 은공(隱公)이 개장(改葬)하는데 참석하지 않고 위후(衛侯)를 만나보지 않은 것은 은공이 섭위(攝位)한 사실을 보인 것이다.

○鄭共叔之亂 公孫滑出奔衛 滑 段之子 衛人爲之伐鄭 取廩延 鄭人以王師虢師伐衛 南鄙 虢 西虢國 請師於邾 邾子使私於公子豫 私請師也 豫 魯大夫 豫請往 公弗許 遂行 及邾人鄭人盟于翼 翼 邾地 不書 非公命也 新作南門 不書 亦非公命也

○정(鄭)나라 공숙(共叔 : 段)의 란에 공손활(公孫滑)이 위(衛)나라로 망명나가니 활(滑)은 단(段)의 아들이다. 위인(衛人)이 그를 위하여 정나라를 쳐서 름연(廩延)을 취하였다. 그러자 정인(鄭人)이 왕의 군대와 괵(虢)나라 군대를 거느리고[26] 위나라의 남쪽 변경을 치면서 괵(虢)은 서괵국(西虢國)이다. 주(邾)나라에 군대를 요청하였다. 주자(邾子)가 사신을 보내 공자 예(豫)에게 사사로이 군대를 요청하니 사사로이 군대를 요청한 것이다. 예(豫)는 로(魯)나라 대부이다. 예가 은공(隱公)에게 출정할 것을 청하였다. 은공이 이를 허낙하지 않았으나 예는 마침내 군대를 거느리고 가서 주인(邾人)·정인과 익(翼) 땅에서 맹약하였다. 익(翼)은 주(邾)나라 땅이다. 경문에 이 사실을 기록하지 않은 것은 은공의 명이 아니었기 때문이다. 남문을 새로 지었으나 경문에 기록하지 않은 것도 은공의 명이 아니었기 때문이다.

---

十有二月 祭伯來

12월에 채백(祭伯)이 왔다.

---

祭 國 伯 爵 諸侯爲王卿士者 此王臣私交之始

채(祭)는 나라이고 백(伯)은 작위이니 제후(諸侯)로서 왕의 경사(卿士)가 된 자이다. 이는 왕신(王臣)[27]이 사사로이 교제한 시초이다.

---

25) 위후(衛侯)가~않았으므로 : 제후(諸侯)가 제후의 장례에 참석하는 것은 례가 아니므로 위후(衛侯)가 은공(隱公)을 만나 례를 행할 수 없었기 때문이라고 보는 설도 있다.

26) 정인(鄭人)이~거느리고 : 당시 정장공(鄭莊公)은 왕의 경사(卿士)였기 때문에 왕의 군대와 괵(虢)나라의 군대를 거느린 것이다.

27) 왕신(王臣) : 주(周)나라 왕실의 신하.

**十二月 祭伯來 非王命也**

　12월에 채백(祭伯)이 왔으니, 왕명은 아니었다.

---

**公子益師卒**

　　공자 익사(益師)가 졸하였다.

---

**衆父卒** 衆 音終 衆父 益師字 **公不與小斂 故不書日** 大夫卒 必書日 小斂大斂 君皆親臨

　종보(衆父)가 졸하였다. 종(衆)은 음이 종(終)이다. 종보(衆父)는 익사(益師)[28]의 자(字)이다. 은공(隱公)이 소렴(小斂)[29]에 참여하지 않았기 때문에 경문에 죽은 날을 기록하지 않은 것이다. 대부가 졸하면 반드시 죽은 날을 경문에 기록하고, 소렴(小斂)과 대렴(大斂)[30]에 임금이 모두 직접 림한다.

# 은공(隱公) 2년 【庚申 B.C.721】

**二年 春 公會戎于潛**

　2년 봄에 은공(隱公)이 융(戎)과 잠(潛) 땅에서 회합하였다.

潛 魯地 戎 徐戎 不稱君 外之也 事在時例 則不書月 不月則不書王 此書會之始

　잠(潛)은 로(魯)나라 땅이다. 융(戎)은 서융(徐戎)이다. 융에 대해 임금이라 칭하지 않은 것은 도외시한 것이다. 일이 상례적일 경우에는 경문에 달을 기록하지 않고,[31] 달을 기록하지 않으면 경문에 왕이라고 기록하지 않는다.[32] 이는 경문에 회합을 기록한 시초이다.

---

28) 익사(益師) : 로혜공(魯惠公)의 아우.

29) 소렴(小斂) : 시신을 씻겨서 옷을 입히는 장례 절차.

30) 대렴(大斂) : 소렴(小斂)한 시신을 입관하는 장례 절차.

31) 일이~않고 : 은공(隱公)이 융(戎)과 회합한 것은 혜공(惠公) 때부터 맺은 우호관계를 상례적으로 다진 것으로, 이 경우에는 회합한 달을 기록하지 않는다는 말이다.

## 二年 春 公會戎于潛 脩惠公之好也 戎請盟 公辭

2년 봄에 은공(隱公)이 융(戎)과 잠(潛) 땅에서 회합하였으니, 혜공(惠公) 때부터의 우호를 다진[脩] 것이다. 융이 맹약을 청하였으나 은공이 사절하였다.

---

### 夏 五月 莒人入向

여름 5월에 거인(莒人)이 상(向)나라로 쳐들어갔다.

---

向 音尙 國名 姜姓 此入國之始

상(向)은 음이 상(尙)이니 나라 이름이며 강성(姜姓)이다. 이 일은 다른 나라로 쳐들어간 시초이다.

## 莒子娶于向 向姜不安莒而歸 夏 莒人入向 以姜氏還

거자(莒子)가 상(向)나라에서 아내를 맞이하였는데, 상강(向姜)[33]이 거(莒)나라에 있는 것이 마음이 편치 못하여 상나라로 돌아갔다. 여름에 거인(莒人)이 상나라로 쳐들어가서 강씨(姜氏)를 데리고 돌아갔다.

---

### 無駭帥師入極

무해(無駭)가 군대를 거느리고 극(極)나라로 쳐들어갔다.

---

駭 穀作侅 後同 無駭 魯卿 未賜族者 極 小國 此大夫專兵之始

해(駭)는 《곡량전(穀梁傳)》에는 해(侅)로 되어 있으며 이후에도 이와 같다. 무해(無駭)는 로(魯)나라 경(卿)으로 족(族)[34]을 하사받지 못한 자이다. 극(極)은 소국이다. 이 일은 대부가 군대를 제멋대로 동원한 시초이다.

## 司空無駭入極 費庈父勝之 庈 音琴 庈父 費伯也

---

32) 달을~않는다 : '왕~월'이라고 기록하지 않는다는 것이다.

33) 상강(向姜) : 거자(莒子)의 부인(夫人).

34) 족(族) : 천자가 제후(諸侯)에게 땅을 봉해주고 제후는 그 땅 이름을 족(族)으로 삼는데, 때로는 나라에 공로가 있을 때 받은 벼슬이나 고을 이름을 족으로 삼기도 한다. 은공(隱公) 8년 12월조 참조.

사공(司空)[35]인 무해(無駭)가 극(極)나라로 쳐들어갔는데, 비금보(費庤父)가 극나라를 이겼다.[36] 금(庤)은 음이 금(琴)이다. 금보(庤父)는 비백(費伯)이다.

---

## 秋 八月 庚辰 公及戎盟于唐

가을 8월 경진일에 은공(隱公)이 융(戎)과 당(唐) 땅에서 맹약하였다.

---

唐 魯地 此盟戎之始

당(唐)은 로(魯)나라 땅이다. 이는 융(戎)과 맹약한 시초이다.

### 戎請盟 秋 盟于唐 復脩戎好也

융(戎)이 맹약을 청하여 가을에 당(唐) 땅에서 맹약하였으니, 융과의 우호를 다시 다진 것이다.

---

## 九月 紀裂繻來逆女

9월에 기(紀)나라 렬수(裂繻)가 내녀(內女)를 맞이하러 왔다.

---

裂繻 公穀作履繻 ○裂繻 紀大夫

렬수(裂繻)는 《공양전(公羊傳)》과 《곡량전(穀梁傳)》에는 리수(履繻)로 되어 있다. ○렬수(裂繻)는 기(紀)나라 대부이다.

### 九月 紀裂繻來逆女 卿爲君逆也

9월에 기(紀)나라 렬수(裂繻)가 내녀(內女)[37]를 맞이하러 왔으니, 경(卿)이 자신의 임금을 위해 맞이한 것이다.

---

35) 사공(司空) : 로(魯)나라 3경(卿) 중의 하나. 수토(水土)의 일을 관장하였다.
36) 비금보(費庤父)가~이겼다 : 지난해 비금보(費庤父 : 費伯)가 랑(郎) 땅에 성을 쌓았는데 이 때문에 극(極)나라를 이길 수 있었다. 그러므로 지난해에 전(傳)을 내어서 밝힌 것이다.
37) 내녀(內女) : 임금과 동성(同姓)인 녀자. 《춘추(春秋)》에서는 로(魯)나라 공실(公室)의 녀자를 말한다.

---

## 冬 十月 伯姬歸于紀

겨울 10월에 백희(伯姬)가 기(紀)나라로 시집갔다.

---

伯姬 魯女 內女爲諸侯夫人 則書逆書歸

백희(伯姬)는 로(魯)나라 공녀(公女)이다. 내녀(內女)가 제후(諸侯)의 부인이 되면 맞이한 것과 시집간 것을 경문에 기록한다.

---

## 紀子帛莒子盟于密

기(紀)나라 자백(子帛)과 거자(莒子)가 밀(密) 땅에서 맹약하였다.

---

帛 公穀作伯 ○子帛 裂繻字 密 莒邑 此外相盟之始

백(帛)은 《공양전(公羊傳)》과 《곡량전(穀梁傳)》에는 백(伯)으로 되어 있다. ○자백(子帛)은 렬수(裂繻)의 자(字)이다. 밀(密)은 거(莒)나라 읍이다. 이 일은 외국이 서로 맹약한 시초이다.

---

**冬 紀子帛莒子盟于密 魯故也** 莒魯有怨 紀侯昏于魯 使大夫盟以解之

겨울에 기(紀)나라 자백(子帛)과 거자(莒子)가 밀(密) 땅에서 맹약하였으니, 로(魯)나라 때문이었다. 거(莒)나라와 로(魯)나라는 원한이 있었는데, 기후(紀侯)가 로나라와 혼인하였기 때문에 그 대부〔子帛〕를 시켜 거나라와 맹약하고 거나라와 로나라를 화해시킨 것이다.

---

## 十有二月 乙卯 夫人子氏薨

12월 을묘일에 부인(夫人) 자씨(子氏)가 훙하였다.

---

桓公之母

자씨(子氏)는 환공(桓公)의 어머니이다.

---

## 鄭人伐衛

정인(鄭人)이 위(衛)나라를 쳤다.

此諸侯專征伐之始

　이 일은 제후(諸侯)가 제멋대로 정벌한 시초이다.


**鄭人伐衛 討公孫滑之亂也**

　정인(鄭人)이 위(衛)나라를 쳤으니, 공손활(公孫滑)의 란[38]을 토죄한 것이다.


# 은공(隱公) 3년 【辛酉 B.C.720】


三年 春 王二月 己巳 日有食之

　3년 봄 왕2월 기사일에 일식이 있었다.


事在二月 則書王二月 不書朔 史失之

　일이 2월에 있으면 경문에 왕2월이라고 기록한다.[39] 초하루[朔]를 경문에 기록하지 않은 것은[40] 사관이 빠뜨린 것이다.


三月 庚戌 天王崩

　3월 경술일에 천왕이 붕하였다.


**三年 春 王三月 壬戌 平王崩 赴以庚戌 故書之** 欲諸侯速至 故遠日以赴

　3년 봄 왕3월[41] 임술일에 평왕(平王)[42]이 붕하였는데 경술일에 부고가 왔기 때문에 경문

---

38) 공손활(公孫滑)의 란 : 정(鄭)나라 공손활(公孫滑)이 위(衛)나라로 망명하자 위인(衛人)이 그를 위하여 정
　나라를 쳐서 름연(廩延)을 취한 일이다. 은공(隱公) 원년 겨울조 참조.
39) 일이~기록한다 : 정월에 일이 없어 바로 2월의 일을 기록할 때 왕2월이라고 한다. 왕3월의 경우도 마찬가
　지이다. 4월 이하는 왕을 붙여 기록하지 않는다. 왜냐하면 봄에만 왕을 붙이기 때문이다.
40) 초하루[朔]를~것은 : '己巳 朔'이라고 기록하지 않은 것이다.

에 그렇게 기록한 것이다. 제후(諸侯)를 빨리 오게 하려고 날을 멀리 잡아[遠日][43] 부고한 것이다.

---

### 夏 四月 辛卯 君氏卒
여름 4월 신묘일에 군씨(君氏)가 졸하였다.

---

君 公穀作尹

군(君)은 《공양전(公羊傳)》과 《곡량전(穀梁傳)》에는 윤(尹)으로 되어 있다.

### 夏 君氏卒 聲子也 不赴於諸侯 不反哭于寢 不祔于姑 故不曰薨 不稱夫人 故不言 葬 不書姓 爲公故 曰君氏 隱攝 故不敢備禮 特書君氏 以別凡妾媵

여름에 군씨(君氏)[44]가 졸하였으니 성자(聲子)[45]이다. 제후(諸侯)에게 부고하지 않았고, 정침(正寢)에서 반곡(反哭)[46]을 하지도 않았으며, 시어머니 곁에 합사(合祀)하지 않았기[47] 때문에 훙이라고 하지 않았다. 부인(夫人)[48]으로 칭하지 않았기 때문에 장례 지낸 사실을 언급하지 않았고 성(姓)도 기록하지 않았다. 다만 은공(隱公) 때문에 군씨(君氏)라고 한 것이다. 은공(隱公)이 섭위(攝位)하였기 때문에 감히 례를 다 갖출 수 없었지만 특별히 군씨(君氏)라고 경문에 기록하여 뭇 첩잉(妾媵)[49]과 구별한 것이다.

---

41) 왕3월 : 전문에 왕3월이라고 한 것은 《좌전(左傳)》의 기록은 《춘추(春秋)》의 경문과는 별도의 체제로 기록하였기 때문이다.

42) 평왕(平王) : 주(周)나라 제13대 왕(재위 B.C.770~B.C.720). 호경(鎬京)을 버리고 동쪽의 락읍(洛邑)으로 도읍을 옮겼다.

43) 멀리 잡아[遠日] : 평왕(平王)이 임술일에 붕하였으나 12일이나 앞당겨 경술일에 붕하였다고 통보한 것을 말한다.

44) 군씨(君氏) : 제후(諸侯) 측실(側室)의 존칭.

45) 성자(聲子) : 혜공(惠公)의 계실(繼室)로 은공(隱公)의 어머니.

46) 반곡(反哭) : 상례(喪禮)의 하나로 장사를 지내고 돌아와 정침(正寢)에서 제(祭)를 지내며 곡(哭)하는 일이다.

47) 시어머니~않았기 : 졸곡(卒哭)을 마친 뒤 신주를 사당에 모셔져 있는 시어머니 곁에 배향(配享)해야 하는데, 성자(聲子)가 계실(繼室)이기 때문에 배향될 수 없었던 것이다.

48) 부인(夫人) : 제후(諸侯)의 정실부인(正室夫人). 《례기(禮記)》〈곡례하(曲禮下)〉에 '천자의 비(妃)를 후(后)라고 하고 제후의 비를 부인(夫人)이라 한다[天子之妃曰后 諸侯曰夫人].'라고 하였다.

49) 첩잉(妾媵) : 제후(諸侯)의 부인이 시집갈 때 친정에서 함께 데리고 간 일가붙이의 녀자. 잉첩(媵妾)이라고도 한다.

○鄭武公莊公爲平王卿士 卿士 王卿之執政者 王貳于虢 虢 西虢公 鄭伯怨王 王曰 無之 故周鄭交質 王子狐爲質於鄭 鄭公子忽爲質於周 狐 平王子 忽 莊公子

○정무공(鄭武公)과 정장공(鄭莊公)이 평왕(平王)의 경사(卿士)가 되었다.[50] 경사(卿士)는 왕의 경(卿)으로 집정(執政)이 된 자이다. 평왕이 괵공(虢公)에게 정권의 일부를 나눠주고자 하였는데 괵(虢)은 서괵공(西虢公)이다. 정백(鄭伯 : 莊公)이 왕을 원망하자, 왕이 말하기를 "그런 일이 없을 것이다."라고 하였다. 그러므로 주(周)나라와 정(鄭)나라가 볼모를 교환하여 왕자 호(狐)는 정나라에 볼모가 되었고, 정나라 공자 홀(忽)은 주나라에 볼모가 되었다. 호(狐)는 평왕(平王)의 아들이고 홀(忽)은 장공(莊公)의 아들이다.

王崩 周人將畀虢公政 四月 鄭祭足帥師取溫之麥 秋 又取成周之禾 祭足 卽祭仲 周鄭交惡 兩相疾惡

평왕(平王)이 붕하자 주인(周人)이 괵공(虢公)에게 정사를 맡기려 하였다. 4월에 정(鄭)나라 채족(祭足)이 군대를 거느리고 온(溫) 땅의 보리를 취하였고, 가을에는 또 성주(成周 : 洛邑) 땅의 벼를 취하였다. 채족(祭足)은 채중(祭仲)이다. 그리하여 주(周)나라와 정나라가 서로 미워하였다. 두 나라가 서로 미워하게 된 것이다.

君子曰 信不由中 質無益也 明恕而行 要之以禮 雖無有質 誰能間之 苟有明信 澗谿沼沚之毛 毛 草也 蘋蘩薀藻之菜 蘋 大萍 蘩 皤蒿 薀藻 皆水草 筐筥錡釜之器 方曰筐 圓曰筥 有足曰錡 無足曰釜 潢汙行潦之水 潢汙 停水 行潦 流潦 可薦於鬼神 可羞於王公 羞 進也 而況君子結二國之信 行之以禮 又焉用質 風有采蘩采蘋 雅有行葦泂酌 昭忠信也
行忠信 雖薄物 皆可爲用 爲桓五年王伐鄭傳

군자는 말한다. "믿음이 진심에서 나오지 않으면 볼모를 두더라도 아무런 소용이 없다. 서(恕)[51]를 밝혀 실행하고 례로써 결속[要]시킨다면 비록 볼모를 두지 않더라도 누가 그 사이를 벌어지게 할 수 있겠는가. 진실로 분명한 믿음이 있다면 계곡이나 늪의 풀[毛]과 모(毛)는 풀이다. 빈(蘋)·번(蘩)·온(薀)·조(藻) 같은 채소와 빈(蘋)은 마름이고, 번(蘩)은 다북쑥이며,

---

50) 정무공(鄭武公)과~되었다 : 정무공(鄭武公)은 정장공(鄭莊公)의 아버지이다. 대를 이어 왕의 경사(卿士)가 된 것이다.

51) 서(恕) :《론어(論語)》〈리인(里仁)〉집주(集注)에 '자기의 마음을 다하는 것을 충(忠)이라 하고, 자기의 마음을 미루어 남을 헤아리는 것을 서(恕)라 한다[盡己之謂忠 推己之謂恕].'라는 구절이 있다.

온(蕰)과 조(藻)는 모두 수초(水草)이다. 광(筐)·거(筥)·기(錡)·부(釜) 같은 그릇들과 네모나게 만든 것을 광(筐)이라 하고, 둥글게 만든 것을 거(筥)라 한다. 발이 달린 솥을 기(錡)라 하고, 발이 없는 솥을 부(釜)라 한다. 황오(潢汙)나 행로(行潦)의 물이라도 황오(潢汙)는 고여있는 물이고, 행로(行潦)는 흐르는 물이다.[52] 귀신에게 바칠 수 있고 왕공(王公)에게 올릴[羞] 수도 있다. 수(羞)는 올림이다. 하물며 군자가 두 나라 사이의 신의를 맺을 때 례로써 행한다면 무슨 볼모가 필요하겠는가. 〈국풍(國風)〉에 채번(采蘩)과 채빈(采蘋)이 있으며,[53] 〈대아(大雅)〉에 행위(行葦)와 형작(泂酌)이 있으니,[54] 모두 충(忠)과 신(信)을 밝힌 것이다." 충(忠)과 신(信)으로 행하면 비록 하찮은 물건이더라도 모두 유용하게 쓸 수 있다는 것이다. 이는 환공(桓公) 5년에 왕이 정(鄭)나라를 치는 전(傳)의 배경이 된다.[55]

---

## 秋 武氏子來求賻

가을에 무씨(武氏)의 아들이 와서 부의(賻儀)를 요구하였다.

---

武氏子 天子大夫之嗣

무씨(武氏)의 아들은 천자에게 소속된 대부의 후계자이다.

### 武氏子來求賻 王未葬也 新王當喪未君 故武氏子 稱父族 不稱使

무씨(武氏)의 아들이 와서 부의(賻儀)를 요구하였으니, 아직 평왕(平王)의 장례를 치르지 않았기 때문이다. 신왕(新王 : 桓王)[56]이 상을 당하여 아직 임금 자리에 즉위하지 않았다. 그러므로 무씨(武氏)의 아들이라고 하여 아버지의 족(族)만을 칭하고 사(使)라고 칭하지 않은 것이다.[57]

---

52) 황오(潢汙)는~물이다 : 황오(潢汙)는 빗물이 길에 고여있는 것이고, 행로(行潦)는 빗물이 길에 흐르는 것이다.

53) 채번(采蘩)과~있으며 : 채번(采蘩)과 채빈(采蘋)은 《시경(詩經)》 〈국풍(國風)〉 소남(召南)의 시이다. 하찮은 쑥[蘩]이나 물풀[蘋]이라도 정성을 다하여 장만한다면 제사에 올릴 수 있다는 내용이다.

54) 행위(行葦)와~있으니 : 행위(行葦)와 형작(泂酌)은 《시경(詩經)》 〈대아(大雅)〉의 시이다. 행위(行葦)는 길가의 갈대이니, 그것으로도 정성껏 자리를 만들면 형제를 모실 수 있다는 내용이다. 형작(泂酌)은 먼 길 위에 흐르는 빗물을 떠 밥을 짓는 것이니, 그러한 물로도 정성을 다하면 밥을 지어 손님을 대접할 수 있다는 내용이다.

55) 환공(桓公)~된다 : 환공(桓公) 5년 가을에 채인(蔡人)·위인(衛人)·진인(陳人)이 환왕(桓王)을 따라 정(鄭)나라를 쳤다는 기록이 있다.

56) 신왕(新王 : 桓王) : 평왕(平王)의 손자 림(林). 평왕의 태자 설보(洩父)가 요절하였기 때문에 설보의 아들 림이 평왕의 뒤를 이은 것이다.

八月 庚辰 宋公和卒
　8월 경진일에 송공(宋公) 화(和)가 졸하였다.

宋穆公疾 召大司馬孔父 孔子六世祖 而屬殤公焉 曰 先君舍與夷而立寡人 先君 穆公兄
宣公也 與夷 殤公名 宣公子 寡人不敢忘 若以大夫之靈 得保首領以沒 先君若問與夷 其
將何辭以對 請子奉之 以主社稷 寡人雖死 亦無悔焉 對曰 羣臣願奉馮也 馮 穆公子莊
公 公曰 不可 先君以寡人爲賢 使主社稷 若棄德不讓 是廢先君之擧也 豈曰能賢 光
昭先君之令德 可不務乎 吾子其無廢先君之功 使公子馮出居于鄭 辟殤公也 八月 庚
辰 宋穆公卒 殤公卽位

　송목공(宋穆公 : 和)이 병들자 대사마(大司馬)인 공보(孔父)를 불러 공보(孔父)는 공자(孔子)의
6세조(世祖)이다. 상공(殤公)을 부탁하면서 말하기를 "선군께서 여이(與夷)를 내버려 두고 과
인을 세웠으니 선군은 목공(穆公)의 형인 선공(宣公)이다. 여이(與夷)는 상공(殤公)의 이름으로 선공의 아들이
다. 과인은 그 은혜를 잊을 수가 없다. 만약 대부들의 도움[靈]으로 머리를 잘 보존하여 죽어
서 선군께서 여이에 대해 물으신다면 무슨 말로 대답하겠는가. 그대는 여이를 받들어서
사직을 주관하도록 하라. 그러면 과인이 죽더라도 아무 후회가 없을 것이다."라고 하였다.
공보가 대답하기를 "뭇 신하는 빙(馮)을 받들고자 합니다."라고 하니, 빙(馮)은 목공(穆公)의 아들
장공(莊公)이다. 송목공이 말하기를 "그럴 수 없다. 선군께서 과인을 어질게 여겨 사직을 주관
하게 하셨는데 내가 만약 은덕을 저버리고 양보하지 않는다면 이는 선군께서 거행하신 뜻
을 폐기하는 것이니 어찌 어질다고 하겠는가. 그러니 선군의 훌륭한 덕을 빛내는 데 힘쓰지
않을 수 있겠는가. 그대는 선군의 공을 폐기하지 말라."고 하였다. 그리하여 공자 빙을 정
(鄭)나라로 나가 살게 하였다. 상공(殤公)을 피하게 한 것이다. 8월 경진일에 송목공이 졸하자
상공이 즉위하였다.


君子曰 宋宣公可謂知人矣 立穆公 其子饗之 命以義夫 命出於義 商頌曰 殷受命咸宜
百祿是荷 其是之謂乎 爲桓二年宋立公子馮起本

---

57) 신왕(新王 : 桓王)이~것이다 : 신왕(新王)이 상을 당하였기 때문에 무씨(武氏)의 아들이 아직 신왕으로부
　터 작위를 받지 못하였다. 그러므로 경문에 사(使)자를 써서 '무씨의 아들을 사신으로 보내어'라고 하지
　않았다는 의미이다.

군자는 말한다. "송선공(宋宣公)은 사람을 알아보았다고 이를 만하다. 목공(穆公)을 임금 자리에 세웠는데도 자신의 아들[殤公]이 그 자리를 누리게 되었으니, 이는 명령이 의로웠기 때문이다. 명령이 의(義)에서 나온 것이다. 〈상송(商頌)〉에 이르기를 '은(殷)나라가 천명을 받음은 모두 마땅한지라. 백록(百祿)을 누리리로다.'[58]라고 하였으니, 이런 경우를 두고 이른 것이다." 환공(桓公) 2년에 송(宋)나라가 공자 빙(馮 : 宋莊公)을 세우는 발단이 된다.[59]

---

冬 十有二月 齊侯鄭伯盟于石門

겨울 12월에 제후(齊侯)와 정백(鄭伯)이 석문(石門)에서 맹약하였다.

---

石門 齊地 來告故書 此外諸侯特相盟之始

석문(石門)은 제(齊)나라 땅이다. 맹약한 사실을 알려왔기 때문에 경문에 기록한 것이다. 이 일은 외국의 제후들이 단둘이 서로 맹약한 시초이다.

**冬 齊鄭盟于石門 尋盧之盟也** 盧 齊地 盟在春秋前 **庚戌 鄭伯之車僨于濟** 僨 僵也 濟 水名
旣盟而遇大風 記異也 十二月無庚戌 日誤

겨울에 제(齊)나라와 정(鄭)나라가 석문(石門)에서 맹약하였으니, 로(盧) 땅의 맹약을 거듭한[尋] 것이다. 로(盧)는 제(齊)나라 땅이다. 로 땅의 맹약은 《춘추(春秋)》를 기록하기 이전에 있었다. 경술일에 정백(鄭伯 : 莊公)의 수레가 제수(濟水)에서 전복되었다[僨]. 분(僨)은 전복됨이다. 제(濟)는 물 이름이다. 맹약하고 나서 큰바람을 만났기 때문에 이변을 기록한 것이다. 12월에는 경술일이 없으니 날이 잘못된 것이다.

---

癸未 葬宋穆公

계미일에 송(宋)나라 목공(穆公)의 장례를 지냈다.

---

穆 公穀作繆 ○魯使大夫會葬故書 後倣此

---

58) 은(殷)나라가~누리리로다 : 《시경(詩經)》〈상송(商頌)〉 현조(玄鳥).
59) 환공(桓公)~된다 : 환공(桓公) 2년 봄에 화독(華督)이 상공(傷公)을 시해하고 공자 빙(馮)을 정(鄭)나라에서 불러 임금으로 세운다.

목(穆)은 《공양전(公羊傳)》과 《곡량전(穀梁傳)》에는 목(繆)으로 되어 있다. ○로(魯)나라가 대부를 보내어 장례에 참여하였기 때문에 경문에 기록한 것이다. 이후에도 이와 같다.

# 은공(隱公) 4년 【壬戌 B.C.719】

---

## 四年 春 王二月 莒人伐杞 取牟婁

4년 봄 왕2월에 거인(莒人)이 기(杞)나라를 쳐서 모루(牟婁)를 취하였다.

---

牟婁 杞邑 此伐國取邑之始

모루(牟婁)는 기(杞)나라[60] 읍이다. 이 일은 다른 나라를 쳐서 읍을 취한 시초이다.

---

## 戊申 衛州吁弑其君完

무신일에 위(衛)나라 주우(州吁)가 그 임금 완(完)을 시해하였다.

---

州 穀作祝 後同 ○州吁不稱公子 去屬籍以誅之

주(州)는 《곡량전(穀梁傳)》에는 축(祝)으로 되어 있으며 이후에도 이와 같다. ○주우(州吁)를 공자라고 칭하지 않은 것은 속적(屬籍)[61]에서 제거하고 죽였기 때문이다.

衛莊公娶于齊東宮得臣之妹 曰莊姜 得臣 齊大子震 爲長男 故大子常處東宮 美而無子 衛人所爲賦碩人也 碩人 詩篇名 又娶于陳 曰厲嬀 生孝伯 早死 其娣戴嬀 生桓公 莊姜以爲己子 嬀 陳姓 厲戴皆謚

위장공(衛莊公)이 제(齊)나라 동궁(東宮)인 득신(得臣)의 누이를 아내로 맞이하였는데 바

---

60) 기(杞)나라 : 기(杞)나라는 은공(隱公) 2년조의 기(紀)나라와는 다른 나라이다.

61) 속적(屬籍) : 한 가계의 혈통관계를 기록한 족보(族譜)나 호적(戶籍).

로 장강(莊姜)이다. 득신(得臣)은 제(齊)나라 태자 진(震)이다. 그는 장남이었기 때문에 태자로서 항상 동궁(東宮)에 거처하였다. 아름답지만 자식이 없으니 위인(衛人)이 그녀를 위하여 석인(碩人)[62]이라는 시를 지었다. 석인(碩人)은 《시(詩)》의 편 이름이다. 장공(莊公)은 또 진(陳)나라에서 아내를 맞이하였는데 바로 려규(厲嬀)이다. 그녀는 효백(孝伯)을 낳았으나 효백은 일찍 죽었다. 려규의 동생[娣] 대규(戴嬀)가 환공(桓公 : 完)을 낳는데 장강이 자신의 아들로 삼았다. 규(嬀)는 진(陳)나라 성(姓)이고 려(厲)와 대(戴)는 모두 시호이다.

**公子州吁 嬖人之子也 有寵而好兵 公弗禁 莊姜惡之 石碏諫曰 臣聞愛子 教之以義方** 石碏 衛大夫 **弗納於邪 驕奢淫泆 所自邪也 四者之來 寵祿過也 將立州吁 乃定之矣** 言宜早定大子 **若猶未也 階之爲禍 夫寵而不驕 驕而能降 降而不憾 憾而能眕者 鮮矣** 眕 音軫 重也 言不能自重 **且夫賤妨貴 少陵長 遠間親 新間舊 小加大 淫破義 所謂六逆也 君義 臣行 父慈 子孝 兄愛 弟敬 所謂六順也 去順效逆 所以速禍也 君人者 將禍是務去 而速之 無乃不可乎 弗聽 其子厚與州吁游 禁之 不可 桓公立 乃老** 老致仕也 **四年 春 衛州吁弑桓公而立**

공자 주우(州吁)는 위장공(衛莊公)의 폐인(嬖人)[63]의 아들이다. 그는 총애를 받았으며 병사(兵事)를 좋아하였는데 장공(莊公)이 단속하지 않으니 장강(莊姜)이 그를 미워하였다. 석작(石碏)이 간하기를 "신이 듣건대 자식을 사랑하되 올바른 방도로 가르쳐서 석작(石碏)은 위(衛)나라 대부이다. 사악함에 들지 않도록 해야 한다고 하였습니다. 교만·사치·음란·안일함은 사악함이 생기는 원인이며, 이 네 가지가 생기는 원인은 총애와 록봉이 지나친 데 있습니다. 주우를 세우려고 하신다면 빨리 결정하십시오. 마땅히 빠른 시일 안에 태자를 정해야 한다는 말이다. 만약 그렇게 하지 않으시면 화에 이르는 계제(階梯)가 될 것입니다. 총애를 받으면서도 교만하지 않고, 교만하면서도 자신을 낮추고, 자신을 낮추면서도 유감을 품지 않고, 유감이 있으면서도 진중한[眕] 사람은 드뭅니다. 진(眕)은 음이 진(軫)이니 진중함이다. 스스로 진중할 수 없다는 말이다. 또 비천한 자가 존귀한 자를 해치고, 젊은이가 어른을 릉멸하고, 소원한 자가 친근한 자들을 리간질하고, 새로 나타난 자가 오래 함께 지낸 자들을 리간질하고, 소국이 대국을 침범하고, 음탕한 자가 의로운 자들을 파멸시키는 것을 6역(逆)이라고 합니다. 임금은 의롭고, 신하는 의를 실행하고, 아버지는 자애롭고, 자식은 효도하고, 형은 사랑하

---

62) 석인(碩人) : 《시경(詩經)》〈위풍(衛風)〉 석인(碩人).

63) 폐인(嬖人) : 신분이 낮으면서 총애를 받는 사람. 여기서는 정부인(正夫人)이 아닌 총애하는 녀인이다.

고, 아우는 공경하는 것을 6순(順)이라고 합니다. 6순을 버리고 6역을 본받는 것은 화를 부르는 것입니다. 임금된 사람은 화를 제거하는데 힘써야 하는데 도리어 화를 부른다면 더욱 안 되지 않습니까."라고 하였다. 그러나 장공은 그 말을 따르지 않았다. 석작은 그의 아들 석후(石厚)가 주우와 함께 교유하니 이를 금하였지만 막지를 못하였다. 환공(桓公)이 임금이 되자 석작은 늙음을 핑계로 물러났다[老]. 로(老)는 벼슬을 그만두는 것이다. 4년 봄에 위(衛)나라 주우가 환공을 시해하고 임금이 되었다.

---

## 夏 公及宋公遇于淸

여름에 은공(隱公)이 송공(宋公)과 청(淸) 땅에서 급히 만났다.

遇者 草次之期 淸 衛邑 此書遇之始

우(遇)는 급히 만나는 것이다. 청(淸)은 위(衛)나라 읍이다. 이것은 급한 만남을 경문에 기록한 시초이다.

**公與宋公爲會 將尋宿之盟 未及期 衛人來告亂 夏 公及宋公遇于淸** 宿盟 在元年 因衛

**亂而簡其禮**

은공(隱公)이 송공(宋公 : 殤公)과 회합하여 숙(宿)나라에서의 맹약[64]을 거듭하려고 하였다. 기일이 되기 전에 위인(衛人)이 주우(州吁)의 란을 알려왔기 때문에 여름에 은공이 송공과 청(淸) 땅에서 급히 만난 것이다. 숙(宿)나라에서의 맹약은 원년에 있었다. 위(衛)나라의 란으로 인하여 그 례를 간소하게 한 것이다.

---

## 宋公陳侯蔡人衛人伐鄭

송공(宋公)·진후(陳侯)·채인(蔡人)·위인(衛人)이 정(鄭)나라를 쳤다.

此諸侯會伐之始 亦東諸侯分黨之始

이 일은 제후들이 회합하여 친 시초이고 또한 동쪽의 제후들이 분당(分黨)하게 되는 시초이다.

---

64) 숙(宿)나라에서의 맹약 : 로혜공(魯惠公) 때 로(魯)나라와 송(松)나라의 좋지 않은 관계를 은공(隱公) 원년에 숙(宿)나라에서 맹약하여 화해한 일이다. 은공(隱公) 원년 9월조 참조.

宋殤公之卽位也 公子馮出奔鄭 鄭人欲納之 及衛州吁立 將修先君之怨於鄭 二年 鄭
人伐衛 而求寵於諸侯 以和其民 使告於宋曰 君若伐鄭以除君害 害謂宋公子馮 君爲主
敝邑以賦與陳蔡從 則衛國之願也 賦 賦調也 宋人許之 於是陳蔡方睦於衛 故宋公陳
侯蔡人衛人伐鄭 圍其東門 五日而還

　　송상공(宋殤公)이 즉위하자 공자 빙(馮)이 정(鄭)나라로 망명나갔는데,[65] 정인(鄭人)이
그를 송나라로 들여보내고자 하였다. 위(衛)나라 주우(州吁)가 즉위하게 되자 정나라에 대
한 선군(先君 : 衛桓公)의 원한을 갚음으로써 2년에 정인(鄭人)이 위(衛)나라를 쳤었다.[66] 제후들에
게 인정을 받고 민심을 화합시키고자 하였다. 이에 주우가 송나라에 사신을 보내어 말하기
를 "임금님께서 만약 정나라를 쳐서 임금님의 해(害)를 제거하려 하신다면 해(害)는 송(宋)나라
공자 빙(馮)을 이른다. 임금님께서 주재(主宰)하십시오. 우리나라는 군대[賦]를 일으켜 진(陳)나
라·채(蔡)나라와 함께 뒤를 따르겠습니다. 이렇게 하는 것이 우리 위나라가 원하는 것입니
다."라고 하니, 부(賦)는 부조(賦調)[67]이다. 송인(宋人)이 허락하였다. 이때 진나라와 채나라가
바야흐로 위나라와 화목하였기 때문에 송공(宋公 : 殤公)·진후(陳侯 : 桓公)·채인(蔡人)·위
인(衛人)이 정나라를 쳐서 그 동문(東門)을 포위하고 닷새 뒤에 돌아갔다.


公問於衆仲曰 衛州吁其成乎 衆仲 魯大夫 對曰 臣聞以德和民 不聞以亂 以亂 猶治絲
而棼之也 棼 亂也 夫州吁 阻兵而安忍 阻 恃也 阻兵無衆 安忍無親 衆叛親離 難以濟
矣 夫兵 猶火也 弗戢 將自焚也 戢 止也 夫州吁弑其君 而虐用其民 於是乎不務令德
而欲以亂成 必不免矣

　　은공(隱公)이 종중(衆仲)에게 묻기를 "위(衛)나라 주우(州吁)가 뜻을 이룰 수 있겠는가?"
라고 하니, 종중(衆仲)은 로(魯)나라 대부이다. 다음과 같이 대답하였다. "신은 덕으로 백성을 화합
시킨다는 말은 들었지만 란으로 백성을 화합시킨다는 말은 듣지 못하였습니다. 란으로 화
합시키려는 것은 실을 간추리고자 하면서 헝클어뜨리는[棼] 것과 같습니다. 분(棼)은 헝클어뜨
림이다. 저 주우는 병력을 믿고[阻] 잔인한 짓을 거리낌 없이 하였습니다. 조(阻)는 믿음이다.

---

65) 송상공(宋殤公)이~망명나갔는데 : 송목공(宋穆公)이 자신의 아들인 공자 빙(馮)을 정(鄭)나라로 나가 살게
　　한 일을 말한다. 은공(隱公) 3년 8월조 참조.
66) 2년에~쳤었다 : 공손활(公孫滑)의 란을 토벌하기 위하여 정인(鄭人)이 위(衛)나라를 친 일을 말한다. 은공
　　(隱公) 2년 12월조 참조.
67) 부조(賦調) : 군비를 충당하는 세금의 일종. 일반적으로 군대를 뜻한다.

병력을 믿으면 사람들을 잃고, 잔인한 짓을 거리낌 없이 하면 친한 이를 잃게 됩니다. 사람들이 배반하고 친한 이가 떠나가면 뜻을 이루기가 어렵습니다. 무릇 병력이라는 것은 불과 같아서 그치게[戢] 하지 않으면 스스로 그 몸을 태우게 됩니다. 집(戢)은 그침이다. 저 주우가 그 임금[衛桓公]을 시해하고 백성을 학대하였으며, 이리하여 착한 덕을 힘쓰지 않고 란을 일으켜 뜻을 이루고자 하니 반드시 화를 면하지 못할 것입니다."

---

秋 翬帥師會宋公陳侯蔡人衛人伐鄭

　가을에 휘(翬)가 군대를 거느리고 송공(宋公)·진후(陳侯)·채인(蔡人)·위인(衛人)과 회합하여 정(鄭)나라를 쳤다.

翬 魯大夫羽父 此大夫會伐之始

　휘(翬)는 로(魯)나라 대부 우보(羽父)이다. 이 일은 대부가 회합하여 친 시초이다.

---

秋 諸侯復伐鄭 宋公使來乞師 公辭之 羽父請以師會之 公弗許 固請而行 故書曰 翬帥師 疾之也 疾其强君以不義 內大夫貶 則去族稱名 諸侯之師 敗鄭徒兵 取其禾而還 徒 步兵也

　가을에 제후들이 다시 정(鄭)나라를 칠 때 송공(宋公：殤公)이 사신을 보내와서 군대를 요청하였는데 은공(隱公)이 사절하였다. 우보(羽父)가 군대를 동원하여 회합하기를 청하였는데 은공이 허낙하지 않았다. 그러나 우보가 굳이 청하여 갔기 때문에 경문에 휘(翬)가 군대를 거느렸다고 이름을 기록하여 그를 미워한 것이다. 의롭지 않은 방법으로 임금을 강요한 것을 미워한 것이다. 내대부(內大夫)[68]를 폄하할 경우에는 족(族)을 빼고 이름만을 칭한다. 제후들의 군대가 정나라의 보병[徒]을 패배시키고 그 벼를 취하여 돌아갔다. 도(徒)는 보병(步兵)이다.

---

九月 衛人殺州吁于濮

　9월에 위인(衛人)이 주우(州吁)를 복(濮) 땅에서 죽였다.

---

68) 내대부(內大夫)：제후국(諸侯國)에서 자기 나라의 대부를 일컫는 말.《춘추(春秋)》에서는 로(魯)나라 대부를 의미한다.

人得討之 故稱人 濮 陳地水名

사람들이 주우(州吁)를 토죄할 수 있기 때문에 위인(衛人)이라고 하였다.[69] 복(濮)은 진(陳)나라 땅의 물 이름이다.

州吁未能和其民 厚問定君於石子 石碏 石子曰 王覲爲可 曰 何以得覲 曰 陳桓公方 有寵於王 陳桓公生而稱諡 蓋左氏追書 陳衛方睦 若朝陳使請 必可得也 厚從州吁如陳 石碏使告于陳曰 衛國褊小 老夫耄矣 無能爲也 此二人者 實弑寡君 敢卽圖之 陳人 執之 而請涖于衛 請衛自臨討之

주우(州吁)가 백성을 잘 화합시키지 못하자 후(厚)가 그의 부친인 석자(石子)에게 임금의 지위를 안정시킬 수 있는 방법에 대하여 물었다. 석자(石子)는 석작(石碏)이다. 석자가 대답하기를 "왕환(王)을 조근(朝覲)하면 가능할 것이다."라고 하였다. 후가 묻기를 "어떻게 하면 조근할 수 있겠습니까?"라고 하니, 대답하기를 "진환공(陳桓公)이 지금 왕에게 총애를 받고 있고 진환공(陳桓公)은 이때 살아 있었는데 환공(桓公)이라고 시호를 칭한 것은 아마 좌씨(左氏)가 추후에 기록한 듯하다. 진(陳)나라와 위(衛)나라가 바야흐로 화목하니 만약 진나라를 조견하여 왕에게 사신을 보내달라고 청하면 반드시 그렇게 할 수 있을 것이다."라고 하였다. 이에 후가 주우를 수종하여 진나라로 가니, 석작(石碏)이 사람을 시켜 진나라에 알리기를 "우리 위나라는 작으며 로부(老夫)인 나도 늙어서 할 수 있는 일이 없습니다. 이 두 사람은 실로 과군(衛桓公)을 시해한 자들이니 즉시 도모해야 합니다."[70]라고 하였다. 이에 진인(陳人)이 그들을 잡고서 위나라에 사람을 보내어 주재할 것을 요청하였다. 위(衛)나라가 직접 림하여 토죄할 것을 요청한 것이다.

九月 衛人使右宰醜涖殺州吁于濮 右宰 官 醜 名 石碏使其宰獳羊肩涖殺石厚于陳 獳 音獳 宰 家臣 獳羊肩 姓名

9월에 위인(衛人)이 우재(右宰)인 추(醜)를 보내어 복(濮) 땅에서 주우(州吁)를 죽이는 일을 주재하게 하고, 우재(右宰)는 벼슬이고 추(醜)는 이름이다. 석작(石碏)은 그의 재(宰)[71]인 누양견(獳羊肩)을 보내어 진(陳)나라에서 석후(石厚)를 죽이는 일을 주재하게 하였다. 누(獳)는 음이 누(獳)이다. 재(宰)는 가신이다. 누양견(獳羊肩)은 성명이다.

---

69) 사람들이~하였다 : 위장공(衛莊公)의 폐인(嬖人)의 아들인 주우(州吁)는 위환공(衛桓公)을 시해한 중죄인 이기 때문에 위인(衛人)이 그를 토죄할 수 있다는 의미이다.

70) 도모해야 합니다 : 죽여야 한다는 말이다.

71) 재(宰) : 여기서는 가신의 우두머리이다.

君子曰 石碏 純臣也 惡州吁而厚與焉 大義滅親 其是之謂乎

군자는 말한다. "석작(石碏)은 순수한 신하이다. 주우(州吁)를 미워한 것인데 자신의 아들인 후(厚)까지 함께 죽였으니, 대의멸친(大義滅親)[72]이란 이를 두고 이른 것이다."

---

冬 十有二月 衛人立晉

겨울 12월에 위인(衛人)이 진(晉)을 임금으로 세웠다.

---

晉 桓公弟 無天子先君之命 故不書公子

진(晉)은 위환공(衛桓公)의 아우인데 천자와 선군의 명이 없었으므로 경문에 공자라고 기록하지 않았다.

衛人逆公子晉于邢 邢 國名 冬 十二月 宣公卽位 書曰 衛人立晉 衆也 稱人 衆之所欲立也

위인(衛人)이 공자 진(晉)을 형(邢)나라에서 맞이하였다. 형(邢)은 나라 이름이다. 겨울 12월에 위선공(衛宣公 : 晉)이 즉위하였다. 경문에 위인(衛人)이 진(晉)을 임금으로 세웠다고 기록하였으니, 많은 사람의 뜻에 따른 것이다. 위인(衛人)이라고 칭한 것은 많은 사람들이 그를 임금으로 세우고자 한 것이다.

# 은공(隱公) 5년【癸亥 B.C.718】

---

五年 春 公矢魚于棠

5년 봄에 은공(隱公)이 당(棠) 땅에서 물고기 잡는 도구를 벌여 놓았다.

---

公穀作觀 ○矢 陳也 棠 濟上邑

---

72) 대의멸친(大義滅親) : 군신 사이의 대의를 위하여 부자 사이의 사사로운 정을 끊은 것을 이른다.

시(矢)는 《공양전(公羊傳)》과 《곡량전(穀梁傳)》에는 관(觀)으로 되어 있다. ○시(矢)는 벌여 놓음이다. 당(棠)은 제수(濟水) 가에 있는 읍이다.

五年 春 公將如棠觀魚者 魚 捕魚也 臧僖伯諫曰 凡物不足以講大事 臧僖伯 公子彄 大事 祀與戎 其材不足以備器用 則君不擧焉 材謂皮革齒牙骨角毛羽 君 將納民於軌物者也 故 講事以度軌量謂之軌 度 音鐸 取材以章物采謂之物 不軌不物謂之亂政 亂政亟行 所 以敗也 故春蒐夏苗秋獮冬狩 蒐 擇取不孕者 苗 爲苗除害 獮 殺也 狩 圍守也 皆於農隙以講 事也 三年而治兵 入而振旅 振 整也 歸而飮至 以數軍實 告至於廟 因而飮酒 以數車徒器械 及所獲也 昭文章 車服旌旗 明貴賤 田獵之制 貴者先殺 辨等列 等列 行伍 順少長 出則少者在前 還則在後 習威儀也 鳥獸之肉 不登於俎 俎 祭器 皮革齒牙骨角毛羽 不登於器 則公不 射 古之制也 若夫山林川澤之實 器用之資 皀隷之事 官司之守 非君所及也 士臣皀 皀臣輿 輿臣隷 公曰 吾將略地焉 遂往 陳魚而觀之 陳捕魚之備 僖伯稱疾 不從 書曰公矢 魚于棠 非禮也 且言遠地也

5년 봄에 은공(隱公)이 당(棠) 땅에 가서 물고기 잡는[魚] 것을 구경하려고 하자 어(魚)는 물고기를 잡는 것이다. 장희백(臧僖伯)[73]이 간하기를 "모든 사물이 대사(大事)를 강구하기에 부족하고 장희백(臧僖伯)은 공자 구(彄)이다. 대사(大事)는 제사와 싸움이다. 그 자재(資材)가 기용(器用)을 만들기에 적합하지 않으면 임금은 거둥[擧][74]하지 않습니다. 자재(資材)는 피혁(皮革)·치아(齒牙)·골각(骨角)·모우(毛羽) 등이다. 그리고 임금은 백성을 궤(軌)와 물(物)에 들도록 하는 분입니다. 일을 강구하여 궤량(軌量)[75]을 헤아리는[度] 것을 궤라 하고, 탁(度)은 음이 탁(鐸)이다. 자재를 가지고 물채(物采)를 빛나게 하는 것을 물이라고 합니다. 궤와 물이 아닌 것으로 다스리는 것을 란정(亂政)이라고 하며, 란정을 자주 행하는 것이 패망의 원인이 됩니다. 그러므로 봄에는 수(蒐), 여름에는 묘(苗), 가을에는 선(獮), 겨울에는 수(狩)라는 사냥을 행하는데 수(蒐)는 새끼를 배지 않은 것만을 골라서 잡는 것이며, 묘(苗)는 싹을 위하여 해를 끼치는 짐승을 제거하는 것이며, 선(獮)은 닥치는 대로 죽이는 것이며, 수(狩)는 포위하여 길목을 지켜 잡는 것이다. 모두 농한기를 틈타 일을

---

73) 장희백(臧僖伯) : 로효공(魯孝公)의 아들이고 혜공(惠公)의 아우이며 은공(隱公)의 숙부(叔父)이다. 자(字)는 자장(子臧)인데 장(臧)이 그 후손의 씨(氏)가 되었다. 은공 8년 12월에 제후(諸侯)는 자(字)로써 시호를 삼게 하며 그 자손은 그 시호로 족(族)을 삼게 한다고 하였다.

74) 거둥[擧] : 임금이 도성 밖으로 나가는 일.

75) 궤량(軌量) : 법도를 뜻하는 말. 궤(軌)는 수레의 좌우 바퀴의 일정한 폭을 뜻하고 량(量)은 물건의 용량이나 수량을 재는 도구를 뜻하는 데서 온 말이다.

강구하는 것입니다. 3년마다 교외에서 군사훈련을 하고 도성 안으로 들어와서는 군대를 잘 정돈하며[振], 진(振)은 정돈함이다. 돌아와서는 음지(飮至)[76]를 행하고 군실(軍實)을 헤아립니다. 돌아왔음을 사당에 고하고 이어서 술을 마시고서, 수레와 보병과 기계(器械) 및 로획물을 헤아리는 것이다. 이는 문장(文章)을 밝히고 문장(文章)은 수레와 복식과 깃발이다. 귀천(貴賤)을 명확하게 하며 사냥하는 제도에 귀한 자가 먼저 잡는 것이다. 등렬(等列)을 분변하고 등렬(等列)은 항오(行伍)이다. 소장(少長)의 순서를 바로잡는 것이 나아갈 때 젊은이가 앞에 서고, 돌아올 때 뒤를 따르는 것이다. 위의(威儀)를 익히는 것입니다. 새와 짐승의 고기 중 조(俎)에 올리기에 적합하지 않은 것과 조(俎)는 제기(祭器)이다. 피혁(皮革)·치아(齒牙)·골각(骨角)·모우(毛羽)가 제사에 쓰이는 기물에 적합하지 않은 것이면 임금께서 사냥하지 않는 것이 옛 제도입니다. 산림과 천택에서 나는 물품과 기물을 만드는데 소용되는 물자는 조예(皂隸)들이 할 일이며 관리들이 담당할 일이지 임금께서 관여할 일이 아닙니다."라고 하였다. 사(士)는 조(皂)를 부리고, 조는 여(輿)를 부리고, 여는 예(隸)를 부린다. 은공이 말하기를 "나는 변경을 순시하려는 것이오."라 하고는 결국 가서 물고기 잡는 도구를 벌여 놓고 구경하였는데, 고기잡이하는 도구를 벌여 놓은 것이다. 장희백은 병을 핑계 삼아 따라가지 않았다. 경문에 은공(隱公)이 당(棠) 땅에서 물고기 잡는 도구를 벌여 놓았다고 기록하였으니, 그 일이 례가 아니며 또한 먼 곳까지 나갔음을 말한 것이다.

## ○曲沃莊伯以鄭人荊人伐翼 曲沃 晉穆侯子成師邑 莊伯 成師子 翼 晉舊都 王使尹氏武氏助之 翼侯奔隨 尹氏武氏皆周世族大夫 隨 晉地 爲後晉事張本

○곡옥장백(曲沃莊伯)[77]이 정인(鄭人)·형인(荊人)과 함께 익(翼) 땅을 쳤는데 곡옥(曲沃)은 진(晉)나라 목후(穆侯)의 아들인 성사(成師)의 읍이다. 장백(莊伯)은 성사의 아들이다. 익(翼)은 진(晉)나라의 옛 도읍이다. 왕[桓王]이 윤씨(尹氏)와 무씨(武氏)를 시켜 장백을 돕게 하니 익후(翼侯)가 수(隨) 땅으로 달아났다. 윤씨(尹氏)와 무씨(武氏)는 모두 주(周)나라의 세족대부(世族大夫)이다. 수(隨)는 진(晉)나라 땅이다. 이 일은 뒷날 진(晉)나라에서 일어나는 일의 장본이 된다.[78]

---

76) 음지(飮至) : 출정나갔다가 돌아와서 종묘에 고하고 술을 마시며 전공을 축하하는 례.

77) 곡옥장백(曲沃莊伯) : 진문후(晉文侯)의 아우인 환숙성사(桓叔成師)의 아들로 이름은 선(鱓)이다. 부친 환숙이 조카이자 문후(文侯)의 아들인 소후(昭侯)에게서 곡옥(曲沃)을 분봉받아 령주(領主)가 되었고 뒤에 장백(莊伯)이 그 자리를 계승하여 점차 세력을 확장함으로써 사실상 진(晉)나라 공실을 릉가(凌駕)하는 실력자로 성장하였다. 곡옥을 분봉해 준 뒤 진나라 공실은 강(絳) 땅을 도읍으로 삼고 국호를 익(翼)으로 개명하였다. 이로써 진나라는 환숙 가문이 령유(領有)한 곡옥과 공실이 령유한 익으로 이분되었다. 장백은 진효후(晉孝侯) 15년[B.C.724]에 효후(孝侯)를 시해하였으나 익의 도읍인(都邑人)들이 장백을 공격하여 곡옥으로 쫓아버린 뒤 효후의 아들 극(郤)을 익후(翼侯)로 옹립하였기 때문에 뜻을 이루지 못하였다.

> ### 夏 四月 葬衛桓公
> 여름 4월에 위(衛)나라 환공(桓公)의 장례를 지냈다.

衛侯爵而稱公 國人私諡也 諸侯伯葬而稱公者 同此

　위(衛)나라는 후작(侯爵)인데 공(公)이라고 칭한 것은 국인들이 사사로이 시호한 것이다. 여러 후(侯)와 백(伯)의 장례에 공(公)이라고 일컫는 경우도 이와 같다.

**夏 葬衛桓公 衛亂 是以緩** 賊討而後葬

　여름에 위환공(衛桓公)의 장례를 지냈으니, 위(衛)나라에 란이 일어났으므로[79] 늦어진 것이다. 적도(賊徒)를 토죄한 뒤에 장례 지낸 것이다.

**○四月 鄭人侵衛牧 以報東門之役 衛人以燕師伐鄭** 牧 衛邑 燕 南燕 **鄭祭足原繁洩駕 以三軍軍其前 使曼伯與子元潛軍軍其後 燕人畏鄭三軍 而不虞制人 六月 鄭二公子** 曼伯子元 **以制人敗燕師于北制** 北制卽制 一名虎牢

　○4월에 정인(鄭人)이 위(衛)나라의 목(牧) 땅을 침범하여 동문(東門)의 싸움[80]에 대하여 보복하였다. 그러자 위인(衛人)이 연(燕)나라 군대를 거느리고 정(鄭)나라를 쳤는데, 목(牧)은 위(衛)나라 읍이다. 연(燕)은 남연(南燕)이다. 정나라의 채족(祭足)·원번(原繁)·설가(洩駕)가 3군(軍)을 거느리고 연나라 군대의 앞을 공격하고, 만백(曼伯)[81]과 자원(子元)[82]으로 하여금 군대를 몰래 이끌고 그 뒤를 공격하게 하였다. 연인(燕人)은 앞에 있는 정나라의 3군만을 두려워하고 뒤쪽의 제인(制人)[83]을 살피지 못하였다. 6월에 정나라의 두 공자가 만백(曼伯)과

---

78) 이 일은~된다 : 진익후(晉翼侯)가 수(隨) 땅으로 달아난 뒤 애후(哀侯)가 등극하였는데, 대부인 가보(嘉父)가 익후(翼侯)를 수 땅에서 맞이하여 그를 악후(鄂侯)로 세운 일을 말한다. 은공(隱公) 6년 봄조 참조.

79) 위(衛)나라에~일어났으므로 : 위인(衛人)이 복(濮) 땅에서 주우(州吁)를 죽인 일을 말한다. 은공(隱公) 4년 9월조 참조.

80) 동문(東門)의 싸움 : 위(衛)나라 주우(州吁)가 즉위하고 나서 민심을 화합시키고자 송공(宋公)·진후(陳侯)·채인(蔡人)·위인(衛人)과 회합하여 정(鄭)나라를 쳐서 그 동문(東門)을 포위하고 닷새 뒤에 돌아간 싸움이다. 은공(隱公) 4년 여름조 참조.

81) 만백(曼伯) : 정(鄭)나라 공자 홀(忽)의 자(字).

82) 자원(子元) : 정(鄭)나라 공자 돌(突)의 자(字).

83) 제인(制人) : 만백(曼伯)과 자원(子元)이 거느린 군대. 은공(隱公) 원년 5월조에 제(制) 땅은 지형이 험한 읍으로 괵숙(虢叔)이 그곳에서 죽었다는 기록이 있다.

자원(子元)이다. 제인을 거느리고 연나라 군대를 북제(北制)에서 패배시켰다. 북제(北制)는 바로 제(制)이며 호뢰(虎牢)라고도 한다.

### 君子曰 不備不虞 不可以師

군자는 말한다. "예기치 못한 일에 대비하지 않는다면 군대를 제대로 통솔할 수 없다."

---

### 秋

가을이다.

---

### 曲沃叛王 秋 王命虢公伐曲沃 而立哀侯於翼 哀侯 翼侯之子光也

곡옥(曲沃)이 왕[桓王]를 배반하자 가을에 왕이 괵공(虢公)에게 명하여 곡옥을 치게 하고 익(翼) 땅에 애후(哀侯)를 세웠다.[84] 애후(哀侯)는 익후(翼侯)의 아들 광(光)이다.

---

### 衛師入郕

위(衛)나라 군대가 성(郕)나라로 쳐들어갔다.

---

郕 公作盛 後同 ○郕 國名

성(郕)은 《공양전(公羊傳)》에는 성(盛)으로 되어 있으며 이후에도 이와 같다. ○성(郕)은 나라 이름이다.

### 衛之亂也 郕人侵衛 故衛師入郕

위(衛)나라의 란[85]에 성인(郕人)이 위나라를 침범하였기 때문에 위나라 군대가 성(郕)나라로 쳐들어간 것이다.

---

84) 익(翼) 땅에~세웠다 : 올봄에 익후(翼侯)가 수(隨) 땅으로 도망갔으므로 그 아들 애후(哀侯)를 세운 것이다.
85) 위(衛)나라의 란 : 은공(隱公) 4년 봄에 위(衛)나라 주우(州吁)가 그 임금인 완(完)을 죽인 일이다.

> 九月 考仲子之宮 初獻六羽
>
> 9월에 중자(仲子)의 사당을 완성하고 처음으로 6우(羽)를 바쳤다.

考 成也 諸侯無二嫡 故別立宮祭之

　고(考)는 완성함이다. 제후(諸侯)는 두 적실(嫡室)[86]이 있을 수 없으므로 별도로 사당을 세워 제사 지낸 것이다.

九月 考仲子之宮 將萬焉 萬 舞也 公問羽數於衆仲 執羽人數 對曰 天子用八 八八六十四 人 諸侯用六 六六三十六人 大夫四 四四十六人 士二 二二四人 夫舞所以節八音而行八風 八音 金石絲竹匏土革木 八風 八方之風 故自八以下 公從之 於是初獻六羽 始用六佾也 魯唯 文王周公廟得用八 他公遂僭用之

　9월에 중자(仲子)[87]의 사당을 완성하고 만무(萬舞)[88]를 추려고 하였다. 만(萬)은 춤이다. 은공(隱公)이 우수(羽數)에 대하여 종중(衆仲)에게 물으니, 우수(羽數)는 우(羽)를 잡고 춤을 추는 사람의 수이다. 대답하기를 "천자는 8을 쓰고, 8명씩 8줄로 64명이다. 제후는 6을 쓰고, 6명씩 6줄로 36명이다. 대부는 4를 쓰고, 4명씩 4줄로 16명이다. 사는 2를 씁니다.[89] 2명씩 2줄로 4명이다. 춤은 8음(音)을 조절하고 8풍(風)[90]을 행하는 것입니다. 8음(音)은 금(金)·석(石)·사(絲)·죽(竹)·포(匏)·토(土)·혁(革)·목(木)이다. 8풍(風)은 8방(方)의 풍기(風氣)이다. 그러므로 8로부터 줄어듭니다."라고 하였다. 은공이 그 말을 따라 이에 처음으로 6우(羽)를 바쳤으니 비로소 6일무(佾舞)를 사용한 것이다. 로(魯)나라는 문왕(文王)과 주공(周公)의 사당에서만 8일무(佾舞)를 출 수 있었는데 다른 공(公)들이 참람되이 사용한 것이다.

---

86) 적실(嫡室) : 정식으로 례를 갖추어 맞이한 정실부인(正室夫人).

87) 중자(仲子) : 로혜공(魯惠公)의 계비(繼妃)이고 로환공(魯桓公)의 어머니.

88) 만무(萬舞) : 문무(文舞)와 무무(武舞)를 합한 이름. 문무는 우(羽)와 약(籥)을 쓰고 무무는 간(干)과 척(戚)을 쓴다. 《시경(詩經)》〈패풍(邶風)〉 간혜(簡兮)에 '간이하고 간이함이여, 바야흐로 만무(萬舞)를 추려하네[簡兮簡兮 方將萬舞].'라고 하였다.

89) 천자는~씁니다 : 《론어(論語)》〈팔일(八佾)〉의 8일무(佾舞)에 대한 집주(集注)에 '각 렬(列)마다 인원수는 그 렬의 수와 같다[每佾人數 如其佾數].'라고 하였다.

90) 8풍(風) : 건(乾)·곤(坤)·간(艮)·손(巽)·리(離)·감(坎)·진(震)·태(兌)의 8방(方)의 바람.

## 邾人鄭人伐宋

주인(邾人)과 정인(鄭人)이 송(宋)나라를 쳤다.

宋人取邾田 邾人告於鄭曰 請君釋憾於宋 敝邑爲道 道 向導也 鄭人以王師會之 王師 不書 不以告也 伐宋 入其郛 以報東門之役 宋人使來告命 告受伐 公聞其入郛也 將救 之 問於使者曰 師何及 對曰 未及國 忿公知而故問 公怒 乃止 辭使者曰 君命寡人同恤 社稷之難 今問諸使者 曰師未及國 非寡人之所敢知也 爲七年伐邾傳

송인(宋人)이 주(邾)나라의 전지를 취하자 주인(邾人)이 정(鄭)나라에 알리기를 "임금님께서 송(宋)나라에 대한 원한91)을 풀기를 바라신다면 폐읍(敝邑)92)이 인도하겠습니다[道]."라고 하였다. 도(道)는 향도(向導)함이다. 정인(鄭人)이 왕사(王師)를 거느리고 주(邾)나라 군대와 회합하여 왕사(王師)를 경문에 기록하지 않은 것은 알려오지 않았기 때문이다. 송나라를 쳐서 외성[郛]까지 쳐들어가 동문(東門)의 싸움에 대하여 보복하였다. 이에 송인이 사신을 보내와서 우리 로(魯)나라에 위급함을 고하였다. 침벌당한 사실을 고한 것이다. 은공(隱公)이 정나라 군대가 외성까지 쳐들어왔다는 것을 듣고 구원해주려고 사신에게 묻기를 "적의 군대가 어디까지 왔소?"라고 하니, 대답하기를 "아직 국도까지는 미치지 않았습니다."라고 하였다. 은공(隱公)이 알면서 고의적으로 물은 것에 대해 분하게 여긴 것이다. 은공이 화가 나서 이에 구원하려는 뜻을 그만두고 사신에게 사절하여 말하기를 "그대의 임금님께서 과인에게 사직의 어려움을 함께 구휼하자고 명하시어 지금 그대에게 물었는데 아직 적의 군대가 국도에 미치지 않았다고 하니 과인이 감히 알 바가 아니오."라고 하였다. 7년에 주(邾)나라를 치는 전(傳)의 배경이 된다.

## 螟

명충(螟蟲)의 피해가 있었다.

食苗心蟲

명충(螟蟲)은 곡식 싹의 속을 파먹는 벌레이다.

---

91) 송(宋)나라에~원한 : 은공(隱公) 4년 여름에 송공(宋公)·진후(陳侯)·채인(蔡人)·위인(衛人)이 정(鄭)나라를 쳐서 그 동문(東門)을 닷새 동안 포위하고 돌아간 일을 말한다.
92) 폐읍(敝邑) : 자신이 사는 곳을 낮추어 일컫는 말. 여기서는 주인(邾人)이 자기 나라를 일컬은 말이다.

> 冬 十有二月 辛巳 公子彄卒
>
> 겨울 12월 신사일에 공자 구(彄)가 졸하였다.

冬 十二月 辛巳 臧僖伯卒 公曰 叔父有憾於寡人 僖伯 惠公弟 故曰叔父 有憾謂諫觀魚不聽 寡人弗敢忘 葬之加一等

　겨울 12월 신사일에 장희백(臧僖伯 : 彄)이 졸하였다. 은공(隱公)이 말하기를 "숙부께서 과인에게 유감이 있었으니 희백(僖伯)은 혜공(惠公)의 아우이므로 숙부(叔父)라고 한 것이다. 유감이 있다고 한 것은 희백이 고기잡이 구경에 대하여 간하였으나 은공(隱公)이 듣지 않은 것을 이른다.[93] 과인이 감히 잊을 수가 없다."라 하고, 한 등급을 올려 장례를 치르게 하였다.

> 宋人伐鄭 圍長葛
>
> 송인(宋人)이 정(鄭)나라를 쳐서 장갈(長葛)을 포위하였다.

此書圍之始

　이 일은 포위한 사실을 경문에 기록한 시초이다.

宋人伐鄭 圍長葛 以報入郛之役也

　송인(宋人)이 정(鄭)나라를 쳐서 장갈(長葛)을 포위하였으니, 외성까지 쳐들어온 싸움[94]에 대하여 보복한 것이다.

---

93) 희백이~이른다 : 은공(隱公) 5년 봄조 참조.
94) 외성까지~싸움 : 은공(隱公) 5년 9월조 참조.

# 은공(隱公) 6년【甲子 B.C.717】

> 六年 春 鄭人來渝平
>
> 6년 봄에 정인(鄭人)이 와서 화평관계로 변하였다.

渝 公穀作輸 ○和而不盟曰平

투(渝)는《공양전(公羊傳)》과《곡량전(穀梁傳)》에는 수(輸)로 되어 있다. ○화평관계를 이루었으나 맹약하지 않은 것을 평(平)이라고 한다.

**六年 春 鄭人來渝平 更成也** 渝 變也 言變仇而更平也 公爲公子 戰于狐壤 爲鄭所獲 與鄭有仇

6년 봄에 정인(鄭人)이 와서 화평관계로 변하였으니[渝] 다시 화친한 것이다. 투(渝)는 변함이다. 원수관계를 변화시켜 다시 화평하게 되었다는 말이다. 은공(隱公)이 공자였을 때 호양(狐壤)에서 싸우다가 정(鄭)나라에 잡혔기 때문에 정나라와 원수관계가 된 것이다.

**○翼九宗五正頃父之子嘉父** 唐叔始封 受懷姓九宗 職官五正 世爲强家 九宗 一姓九族 五正 五官之長 嘉父 晉大夫 **逆晉侯于隨 納諸鄂** 鄂 晉別邑 **晉人謂之鄂侯** 卽翼侯 翼已立哀侯 故別居鄂

○익(翼)[95] 땅의 9종(宗)의 일족이고 5정(正)의 직책을 맡은 경보(頃父)의 아들 가보(嘉父)가 당숙(唐叔)이 처음으로 봉하여져 회성(懷姓) 9종(宗)과 5정(正)의 직관(職官)을 받아 대대로 강성한 집안이 되었다. 9종은 한 성(姓)으로 구성된 아홉 종족이며, 5정은 5관(官)의 장(長)이다. 가보(嘉父)는 진(晉)나라 대부이다. 진후(晉侯 : 翼侯)를 수(隨) 땅에서 맞이하여[96] 악(鄂) 땅으로 들여보내니 악(鄂)은 진(晉)나라의 별읍(別邑)이다. 진인(晉人)이 그를 악후(鄂侯)라고 불렀다. 곧 익후(翼侯)이다. 익(翼) 땅에 이미 애후(哀侯 : 翼侯의 아들)를 세웠기[97] 때문에 별도로 악(鄂) 땅에 거처하게 한 것이다.

> 夏 五月
>
> 여름 5월이다.

---

95) 익(翼) : 진(晉)나라의 옛 도읍.
96) 진후(晉侯 : 翼侯)를~맞이하여 : 은공(隱公) 5년 봄조 참조.
97) 익(翼) 땅에~세웠기 : 은공(隱公) 5년 가을조 참조.

五月 庚申 鄭伯侵陳 大獲 往歲鄭伯請成于陳 陳侯不許 五父諫曰 親仁善鄰 國之
寶也 君其許鄭 五父 陳公子佗 陳侯曰 宋衛實難 鄭何能爲 遂不許

　5월 경신일에 정백(鄭伯 : 莊公)이 진(陳)나라를 침범하여 크게 로획(虜獲)하였으니, 이는
지난해 정백이 진나라에 우호 맺기를 청하였지만 진후(陳侯 : 桓公)가 허락하지 않았기 때
문이다. 그 당시 오보(五父)가 간하기를 "어진 사람을 가까이하고 이웃과 잘 지내는 것은
나라를 경영하는 보배입니다. 임금님께서는 정(鄭)나라의 요청을 받아들이십시오."라고 하
였다. 오보(五父)는 진(陳)나라 공자 타(佗)이다. 그러나 진후가 말하기를 "송(宋)나라와 위(衛)나라
가 실로 어려운 상대이지 정나라가 우리에게 무엇을 할 수 있겠는가."라고 하며 마침내 허
락하지 않았었다.

君子曰 善不可失 惡不可長 其陳桓公之謂乎 長惡不悛 從自及也 雖欲救之 其將能
乎 商書曰 惡之易也 如火之燎于原 不可鄕邇 其猶可撲滅 周任有言 周任 周大夫 曰
爲國家者 見惡 如農夫之務去草焉 芟夷蘊崇之 絶其本根 勿使能殖 則善者信矣 蘊
積也 崇 聚也 言積聚以朽之

　군자는 말한다. "선(善)은 잃어서도 안 되고 악(惡)은 키워서도 안 된다고 하였으니 이는
진환공(陳桓公)을 두고 하는 말이로다. 악을 키우고서 고치지 않으면 악을 좇아 스스로에게
화가 미치게 될 것이니, 비록 구제하려고 하더라도 할 수 있겠는가. 〈상서(商書)〉98)에 '악이
쉽게 번져나감은 마치 불이 평원을 태우는 것과 같아서 가까이 갈 수도 없는데 오히려 끌
수 있겠는가.'99)라고 하였다. 주임(周任)이 말하기를 주임(周任)은 주(周)나라 대부이다. '국가를
다스리는 사람이 악을 보면 마치 농부가 잡초를 제거하려고 힘쓰는 것 같이 베어내어 쌓고
[蘊] 모아서[崇] 그 뿌리를 잘라 번식할 수 없게 한다면 선이 펼쳐질 것이다.'라고 하였다."
온(蘊)은 쌓음이고 숭(崇)은 모아둠이니, 무더기로 모아서 썩힌다는 말이다.

---

98) 〈상서(商書)〉 : 《서경(書經)》에서 상(商)나라에 관한 일을 기록한 내용으로 탕서(湯誓)·탕고(湯誥)·이훈
　　(伊訓)·태갑(太甲)·고종융일(高宗肜日)·서백감려(西伯戡黎)·미자(微子) 등의 편이 있다.
99) 오히려~있겠는가 : 《서경(書經)》〈상서(商書)〉반경(盤庚). 《서경》의 채침주(蔡沈注)에는 '비록 성대하나
　　없애기에는 어렵지 않다[雖盛 而殄滅之不難].'라고 하여 《좌전(左傳)》의 의미와는 반대로 되어 있다.

> ### 辛酉 公會齊侯盟于艾
> 신유일에 은공(隱公)이 제후(齊侯)와 회합하고 애(艾) 땅에서 맹약하였다.

艾 齊地

애(艾)는 제(齊)나라 땅이다.

### 夏 盟于艾 始平于齊也 春秋前 魯與齊不平

여름에 애(艾) 땅에서 맹약하였으니, 비로소 제(齊)나라와 화평하게 되었다. 《춘추(春秋)》를 기록하기 이전에는 로(魯)나라와 제(齊)나라가 화평하지 않았었다.

> ### 秋 七月
> 가을 7월이다.

無事而書首月 具四時以成歲

아무 일이 없는데 가을의 첫 달을 경문에 기록한 것은 사시(四時)를 갖추어 한 해를 완성시킨 것이다.

> ### 冬 宋人取長葛
> 겨울에 송인(宋人)이 장갈(長葛)을 취하였다.

### 秋 宋人取長葛 秋取冬告

가을에 송인(宋人)이 장갈(長葛)을 취하였다. 가을에 취하였는데 겨울에 알려온 것이다.

### ○冬 京師來告饑 公爲之請糴於宋衛齊鄭 禮也 告饑不以王命 故傳言京師 而不書於經

○겨울에 경사(京師)에서 기근을 알려왔다. 은공(隱公)이 주(周)나라를 위하여 송(宋)·위(衛)·제(齊)·정(鄭)나라에서 곡식을 구입하고자 요청하였으니, 이는 례에 맞는 일이었다. 기근을 알려왔으나 왕명에 의한 것이 아니므로 전(傳)에서는 경사(京師)라고 기록하고 경문에는 기록하지 않은 것이다.

○鄭伯如周 始朝桓王也 王不禮焉 周桓公言於王曰 我周之東遷 晉鄭焉依 周桓公 周

公黑肩也 平王東徙 晉文侯鄭武公左右王室 善鄭以勸來者 猶懼不蔇 蔇 音旣 至也 況不禮焉 鄭

不來矣

　　○정백(鄭伯 : 莊公)이 주(周)나라에 가서 처음으로 환왕(桓王)을 조현(朝見)하였는데 왕이 례우해 주지 않았다. 주나라 환공(桓公)이 왕에게 말하기를 "우리 주나라가 동천(東遷)[100]할 때 진(晉)나라와 정(鄭)나라에 의지하였습니다. 주(周)나라 환공(桓公)은 주공(周公)인 흑견(黑肩)이다. 평왕(平王)이 동쪽으로 옮겼을 때 진문후(晉文侯)와 정무공(鄭武公)이 왕실을 도왔다. 정나라를 잘 대우하여 오도록 권하더라도 오히려 이르지[蔇] 않을까 걱정해야 하는데 기(蔇)는 음이 기(旣)이니 이름이다. 하물며 제대로 례우하지도 않았으니, 정나라는 앞으로 조현하러 오지 않을 것입니다."라고 하였다.

# 은공(隱公) 7년【乙丑 B.C.716】

> ### 七年 春 王三月 叔姬歸于紀
>
> 　　7년 봄 왕3월에 숙희(叔姬)가 기(紀)나라로 시집갔다.

叔姬 伯姬娣 待年於父母國者

　　숙희(叔姬)는 백희(伯姬)의 녀동생으로 부모의 나라에서 나이가 차기를 기다렸던 것이다.[101]

> ### 滕侯卒
>
> 　　등후(滕侯)가 졸하였다.

---

七年 春 滕侯卒 不書名 未同盟也 凡諸侯同盟 於是稱名 以名告神 故薨則赴以名 告
終稱嗣也 以繼好息民 謂之禮經 劉敞曰 左氏云 不書名 未同盟 非也 嘗同盟者 卒未必皆名 未同
盟者 卒未必皆不名 兪皐曰 凡諸侯書卒 不日不名 皆史闕文

7년 봄에 등후(滕侯)가 졸하였는데 경문에 이름을 기록하지 않은 것은 동맹하지 않았기
때문이다. 무릇 제후끼리 동맹하면 이에 이름을 칭하기 때문에 이름으로 신(神)에게 고하는 것이
다. 훙할 때도 이름으로 부고하며 죽음을 알리고 후사(後嗣)를 칭하는 것은 우호를 유지하
고 백성을 안정시키기 위한 것이니, 이를 례경(禮經 : 常禮)이라고 한다. 류창(劉敞)이 말하기를
"좌씨(左氏)가 경문에 이름을 기록하지 않은 것은 동맹하지 않았기 때문이라고 한 것은 잘못이다. 일찍이 동맹을
한 사람도 졸하였을 때 반드시 모두 이름을 기록한 것은 아니고, 동맹하지 않은 사람도 졸하였을 때 반드시 모두
이름을 기록하지 않은 것도 아니다."라고 하였다. 유고(兪皐)가 말하기를 "무릇 제후의 졸한 사실을 경문에 기록할
때 날과 이름을 기록하지 않은 경우는 모두 사관이 글을 빠뜨린 것이다."라고 하였다.

---

夏 城中丘

여름에 중구(中丘)에 성을 쌓았다.

---

中丘 魯地 此書土功之始

중구(中丘)는 로(魯)나라 땅이다. 이 일은 경문에 토목공사를 기록한 시초이다.

### 夏 城中丘 書不時也

여름에 중구(中丘)에 성을 쌓았다고 하였으니, 경문에 때에 맞지 않았음을 기록한 것이다.

---

齊侯使其弟年來聘

제후(齊侯)가 그 아우 년(年)을 보내와서 빙문하였다.

---

此列國來聘之始

이 일은 렬국(列國)이 와서 빙문한 시초이다.

### 齊侯使夷仲年來聘 結艾之盟也

제후(齊侯 : 僖公)가 이중년(夷仲年 : 年)을 보내와서 빙문하였으니, 애(艾) 땅의 맹약102)
을 매조지한 것이다.

> **秋 公伐邾**
>
> 가을에 은공(隱公)이 주(邾)나라를 쳤다.

**秋 宋及鄭平 七月 庚申 盟于宿 公伐邾 爲宋討也** 鄭與宋盟 故懼而伐邾 欲以求宋也

가을에 송(宋)나라가 정(鄭)나라와 화평을 이루고, 7월 경신일에 숙(宿)나라에서 맹약하
였다. 은공(隱公)이 주(邾)나라를 쳤으니, 송나라를 위하여 토죄한 것이다.103) 정(鄭)나라와
송(宋)나라가 맹약하였으므로 이를 두려워하여 주(邾)나라를 쳐서 송나라에 화친을 구하고자 한 것이다.

> **冬 天王使凡伯來聘 戎伐凡伯于楚丘以歸**
>
> 겨울에 천왕이 범백(凡伯)을 보내와서 빙문하였다. 융(戎)이 초구(楚丘)에서
> 범백을 치고 돌아갔다.

凡 國 伯 爵 周卿士 楚丘 衛地 此王聘之始 亦戎患之始

범(凡)은 나라이고 백(伯)은 작위이니 주(周)나라 경사(卿士)이다. 초구(楚丘)는 위(衛)나라 땅이다. 이 일은
왕이 빙문하게 한 시초이고 또한 융(戎)이 환난을 일으킨 시초이다.

**初 戎朝于周 發幣于公卿** 發 陳也 **凡伯弗賓 冬 王使凡伯來聘 還 戎伐之于楚丘以
歸**

이보다 앞서 융(戎)이 주(周)나라에 조현하고 공경(公卿)들에게 폐백을 베풀어 주었는데
[發] 발(發)은 베풂이다. 범백(凡伯)이 빈객으로 례우해 주지 않았다. 겨울에 환왕(桓王)이 우리

---

102) 애(艾)~맹약 : 은공(隱公) 6년 여름에 있었다.

103) 은공(隱公)이~것이다 : 은공(隱公) 5년에 주(邾)나라와 정(鄭)나라가 송(宋)나라를 침범하였는데 이때 송
나라의 구원요청을 은공이 거절하였다. 그런데 지금 송나라와 정나라가 화평하게 되자 은공이 송나라를
두려워하여 주나라를 쳐 송나라에 화친을 구한 것이다.

나라에 범백을 보내와서 빙문하였다. 범백이 돌아가는 길에 융이 초구(楚丘)에서 그를 쳐서 잡아갔다.

○陳及鄭平 十二月 陳五父如鄭涖盟 壬申 及鄭伯盟 歃如忘 洩伯曰 五父必不免 不賴盟矣 洩伯 鄭洩駕 鄭良佐如陳涖盟 良佐 鄭大夫 辛巳 及陳侯盟 亦知陳之將亂也 爲 桓五年六年 陳亂張本

○진(陳)나라가 정(鄭)나라와 화평하였다. 12월에 진나라 오보(五父)가 정나라에 가서 맹약에 림하였다. 임신일에 오보가 정백(鄭伯 : 莊公)과 맹약하였는데 삽혈할 때 마음이 다른 곳에 가 있는 듯하였다. 설백(洩伯)이 말하기를 "오보는 반드시 화를 면하지 못할 것이니, 맹약에 신뢰성이 없기 때문이다."라고 하였다. 설백(洩伯)은 정(鄭)나라 설가(洩駕)이다. 정나라 량좌(良佐)가 진나라에 가서 맹약에 림하고 량좌(良佐)는 정(鄭)나라 대부이다. 신사일에 진후(陳侯 : 桓公)와 맹약하였는데, 또한 진나라가 장차 어지러워질 것을 알았다. 환공(桓公) 5년과 6년에 진(陳)나라에서 란이 일어나는 장본이 된다.[104]

# 은공(隱公) 8년【丙寅 B.C.715】

八年 春 宋公衛侯遇于垂

8년 봄에 송공(宋公)과 위후(衛侯)가 수(垂) 땅에서 급히 만났다.

垂 衛地 卽犬丘
수(垂)는 위(衛)나라 땅이니 곧 견구(犬丘)이다.

---

104) 환공(桓公)~된다 : 환공(桓公) 5년에 진(陳)나라에 란이 일어나 진환공(陳桓公)의 아우 타(佗 : 五父)가 태자 문(免)을 죽이고 대신 임금이 되지만, 환공 6년 8월에 채인(蔡人)이 타를 살해하는 일을 말한다. 환공 5년 봄조와 6년 가을조 참조.

**八年 春 齊侯將平宋衛** 平宋衛於鄭 **有會期 宋公以幣請於衛 請先相見 衛侯許之 故遇 于犬丘**

8년 봄에 제후(齊侯:僖公)가 송(宋)나라와 위(衛)나라를 화평시키려 할 때 송(宋)나라와 위(衛)나라를 정(鄭)나라와 화평시키려 한 것이다. 만날 시기를 정하였는데, 송공(宋公:殤公)이 폐백을 갖추어 위나라에 청하면서 먼저 서로 만나기를 요청하니 위후(衛侯:宣公)가 허낙하였다. 그러므로 견구(犬丘)에서 급히 만난 것이다.

> **三月 鄭伯使宛來歸祊 庚寅 我入祊**
>
> 3월에 정백(鄭伯)이 완(宛)을 보내와서 팽(祊) 땅을 넘겨주었다. 경인일에 우리가 팽 땅으로 들어갔다.

祊 公穀作邴 後同 ○宛 鄭大夫 未賜族者

　팽(祊)은 《공양전(公羊傳)》과 《곡량전(穀梁傳)》에는 병(邴)으로 되어 있으며 이후에도 이와 같다. ○완(宛)은 정(鄭)나라 대부로 족(族)을 받지 못한 자이다.

**鄭伯請釋泰山之祀而祀周公 以泰山之祊易許田 三月 鄭伯使宛來歸祊 不祀泰山 也** 釋 廢也 成王營王城 賜魯許田 以爲朝宿之邑 後立周公別廟 鄭有助祭泰山湯沐之邑在祊 鄭欲以祊易 許田 各從所近 故孫辭以求

　정백(鄭伯:莊公)이 태산(泰山)에 지내는 제사를 그만두고[釋] 주공(周公)에게 제사를 지내겠다고 하며 태산의 팽(祊) 땅을 허전(許田)과 바꾸기를 청하였다. 3월에 정백이 완(宛)을 보내와서 팽 땅을 넘겨주었으니, 태산에 제사를 지내지 않겠다는 뜻이다. 석(釋)은 그만둠이다. 성왕(成王)이 왕성(王城:洛邑)을 경영할 때 로(魯)나라에게 허전(許田)을 주어 조숙읍(朝宿邑)으로 삼게 하였으므로 뒤에 그 땅에 주공(周公)을 모시는 별도의 사당을 세웠다.[105] 정(鄭)나라는 태산(泰山)에 지내는 제사를 돕는 탕목읍(湯沐邑)이 팽(祊) 땅에 있었다.[106] 정나라가 팽 땅을 허전과 바꾸고자 한 것은 각기 가까운 곳을 종속시키

---

105) 로(魯)나라에게~세웠다 : 조숙읍(朝宿邑)은 천자가 조회오는 제후(諸侯)의 숙박(宿泊) 등의 비용으로 충당하기 위하여 내려주었던 식읍이다. 그런데 허전(許田)은 주공(周公)에게 내려주었던 로(魯)나라의 조숙읍(朝宿邑)으로 정(鄭)나라 가까이에 있었다.

106) 정(鄭)나라는~있었다 : 탕목읍(湯沐邑)은 천자가 조회오는 제후(諸侯)의 목욕 등의 비용으로 충당하기 위하여 내려주었던 식읍이다. 그런데 팽(祊) 땅은 천자가 태산(泰山)에 제사 지낼 때 그 제사를 돕는 탕목읍

고자 한 것이다. 그러므로 겸손한 말로 요구한 것이다.

夏

여름이다.

**虢公忌父始作卿士于周**

괵공(虢公)인 기보(忌父)가 처음으로 주(周)나라의 경사(卿士)가 되었다.

**○鄭公子忽在王所 故陳侯請妻之 鄭伯許之 乃成昏 四月 甲辰 鄭公子忽如陳逆婦
嬀 辛亥 以嬀氏歸 甲寅 入于鄭 陳鍼子送女 先配而後祖 鍼子曰 是不爲夫婦 誣其
祖矣 非禮也 何以能育** 鍼子 陳大夫 禮逆婦 必先告祖廟而後行

○정(鄭)나라 공자 홀(忽)이 주(周)나라 왕도(王都)에 있었기[107] 때문에 진후(陳侯 : 桓
公)가 그에게 딸을 시집보낼 것을 청하니, 정백(鄭伯 : 莊公)이 허락하여 혼례가 이루어졌
다. 4월 갑진일에 정나라 공자 홀이 진(陳)나라에 가서 아내 규씨(嬀氏)를 맞이하였다. 신해
일에 규씨를 데리고 돌아가는 길에 올라 갑인일에 정나라에 들어갔다. 진(陳)나라 침자(鍼
子)가 규씨를 모시고 왔는데 먼저 혼례를 치르고 난 뒤에 조상에 고하니, 침자가 말하기를
"이는 부부라고 할 수 없다. 그 조상을 속였으니 례가 아니다. 어떻게 자식을 기를 수 있겠
는가."라고 하였다. 침자(鍼子)는 진(陳)나라 대부이다. 례법에 아내를 맞이할 때에는 반드시 먼저 조묘(祖廟)
에 고한 뒤에 혼례를 행한다.

**六月 己亥 蔡侯考父卒**

6월 기해일에 채후(蔡侯) 고보(考父)가 졸하였다.

---

(湯沐邑)으로 삼게 한 땅으로 정(鄭)나라에 내려주었는데 로(魯)나라 땅에 있었다.

107) 정(鄭)나라~있었기 : 은공(隱公) 3년 4월에 주(周)나라와 정(鄭)나라가 서로 인질을 교환하였는데, 그때
정나라 공자 홀(忽)이 주나라에 인질로 갔었다.

辛亥 宿男卒

　신해일에 숙남(宿男)이 졸하였다.

秋 七月 庚午 宋公齊侯衛侯盟于瓦屋

　가을 7월 경오일에 송공(宋公)·제후(齊侯)·위후(衛侯)가 와옥(瓦屋)에서 맹
약하였다.

瓦屋 周地 此參盟之始

　와옥(瓦屋)은 주(周)나라 땅이다. 이 일은 세 나라가 맹약한 시초이다.

**齊人卒平宋衛于鄭 秋 會于溫 盟于瓦屋 以釋東門之役 禮也** 定國息民 故曰禮也

　제인(齊人)이 마침내 송(宋)나라와 위(衛)나라를 정(鄭)나라와 화평시켰다. 가을에 온(溫)
땅에서 회합을 갖고 와옥(瓦屋)에서 맹약하여 동문(東門)의 싸움[108]에서 맺혔던 감정을 풀
었으니, 례에 맞는 일이었다. 나라를 안정시키고 백성을 편안하게 하였기 때문에 례에 맞았다고 한 것이다.

八月 葬蔡宣公

　8월에 채(蔡)나라 선공(宣公)의 장례를 지냈다.

○八月 丙戌 鄭伯以齊人朝王 禮也 八月無丙戌 日誤

　○8월 병술일에 정백(鄭伯:莊公)이 제인(齊人)과 함께 왕(王:桓王)을 조현하였으니, 례
에 맞는 일이었다. 8월에는 병술일이 없으니 날이 잘못된 것이다.

---

108) 동문(東門)의 싸움 : 은공(隱公) 4년 여름에 송공(宋公)·진후(陳侯)·채인(蔡人)·위인(衛人)이 정(鄭)나라
　를 쳐서 그 동문(東門)을 닷새 동안 포위한 일이다.

> # 九月 辛卯 公及莒人盟于浮來
>
> 9월 신묘일에 은공(隱公)이 거인(莒人)과 부래(浮來)에서 맹약하였다.

浮 公穀作包 ○莒人微者 屈禮以盟卑 病公也 浮來 杞邑 此特會外大夫之始

부(浮)는 《공양전(公羊傳)》과 《곡량전(穀梁傳)》에는 포(包)로 되어 있다. ○거인(莒人)은 신분이 미천한 자인데 례를 굽혀가면서 신분이 낮은 사람과 맹약하였기 때문에 은공(隱公)을 비난한 것이다. 부래(浮來)는 기(杞)[109]나라 읍이다. 이 일은 외대부(外大夫)[110]와 단독으로 회합한 시초이다.


### 公及莒人盟于浮來 以成紀好也 二年 紀莒盟于密 爲魯故

은공(隱公)이 거인(莒人)과 부래(浮來)에서 맹약하여 기(紀)나라와 우호를 이루었다.[111] 2년에 기(紀)나라와 거(莒)나라가 밀(密) 땅에서 맹약한 것은 로(魯)나라를 위해서였다.


> # 螟
>
> 명충(螟蟲)의 피해가 있었다.


> # 冬
>
> 겨울이다.


### 齊侯使來 告成三國 公使衆仲對曰 君釋三國之圖 以鳩其民 鳩 集也 君之惠也 寡君 聞命矣 敢不承受君之明德

제후(齊侯 : 僖公)가 사신을 보내어 세 나라[112]가 화친한 것을 알려왔다. 은공(隱公)이 종

---

109) 기(杞) : 기(紀)와 통용한다.

110) 외대부(外大夫) : 로(魯)나라 이외의 외국의 대부를 이른다.

111) 은공(隱公)이~이루었다 : 로(魯)나라와 거(莒)나라는 원한관계에 있었고 기(紀)나라와 거나라는 우호관계에 있었다. 로나라 백희(伯姬)가 기후(紀侯)와 혼인하였기 때문에 은공(隱公)이 기나라의 중재로 거인(莒人)과 맹약함으로써 기나라와의 우호관계를 이루었다는 말이다. 은공 2년 겨울조 참조.

112) 세 나라 : 송(宋)·정(鄭)·위(衛)나라이다.

중(衆仲)을 시켜 대답하기를 "임금님께서 세 나라가 서로 도모하던 것을 해소시켜서 그 백성을 편안하게[鳩] 하였으니 구(鳩)는 편안함이다. 이는 임금님의 은혜입니다. 과군이 그 명을 들었으니 임금님의 밝은 덕을 감히 받아들이지 않겠습니까."라고 하였다.

---

**十有二月 無駭卒**
　12월에 무해(無駭)가 졸하였다.

---

**無駭卒 羽父請謚與族** 族 氏也 **公問族於衆仲 衆仲對曰 天子建德** 立有德 **爲諸侯 因生以賜姓** 因其所由生以賜 **胙之土而命之氏** 因其所封地以爲氏 **諸侯以字** 諸侯不得賜姓 故其臣因氏其王父字 **爲謚 因以爲族** 或以先人謚爲族 **官有世功 則有官族 邑亦如之** 謂取其舊官舊邑之稱以爲族 **公命以字爲展氏** 無駭公子展之孫

　무해(無駭)가 졸하자 우보(羽父)가 시호(謚號)와 족(族)을 청하였다. 족(族)은 씨(氏)이다. 은공(隱公)이 종중(衆仲)에게 족에 대해 물으니, 종중이 대답하기를 "천자는 덕 있는 자를 세워서 덕 있는 자를 세워 제후(諸侯)로 삼는 것이다. 그가 태어난 곳으로 성(姓)을 내려주며, 태어난 곳의 지명으로 성(姓)을 내려주는 것이다. 땅을 봉해주고 그 땅으로 씨(氏)를 명합니다. 봉해준 땅으로 씨(氏)를 삼는 것이다. 제후(諸侯)는 자(字)로써 제후(諸侯)는 성(姓)을 내려줄 수 없으므로 그 신하가 할아버지의 자(字)로써 씨(氏)를 삼게 한다. 시호를 삼게 하며 자손은 그 시호로 족을 삼게 합니다. 혹은 선인(先人)의 시호(謚號)로 족(族)을 삼게 하기도 한다. 관직에 있으면서 대대로 공로가 있으면 그 관명(官名)으로 족을 삼기도 하고 선조의 봉읍을 족으로 삼기도 합니다."라고 하였다. 옛 벼슬과 옛 읍의 명칭을 취하여 족(族)으로 삼는 것을 이른다. 이에 은공이 무해에게 그 할아버지의 자(字)로써 전씨(展氏)를 삼도록 명하였다. 무해(無駭)는 공자 전(展)의 손자이다.

# 은공(隱公) 9년 【丁卯 B.C.714】

> ## 九年 春 天王使南季來聘
> 9년 봄에 천왕이 남계(南季)를 보내와서 빙문하였다.

南 氏 季 字 天子大夫

남(南)은 씨(氏)이고 계(季)는 자(字)이며 천자의 대부이다.

> ## 三月 癸酉 大雨震電 庚辰 大雨雪
> 3월 계유일에 크게 비가 내리고 천둥과 번개가 쳤다. 경진일에 크게 눈이 내렸다.

**九年 春 王三月 癸酉 大雨霖以震 書始也** 書始雨日 **庚辰 大雨雪 亦如之 書 時失也**
夏之正月 微陽始出 既震電又雨雪 皆爲時失 **凡雨 自三日以往爲霖 平地尺爲大雪**

9년 봄 왕3월 계유일에 크게 장맛비가 내리고 천둥이 쳤으니, 장맛비가 내리기 시작한 날을 경문에 기록한 것이다. 장맛비가 처음 내리기 시작한 날을 경문에 기록한 것이다. 경진일에 크게 눈이 내렸다는 것도 이와 같으니, 경문에 때를 잃었음을 기록한 것이다. 하(夏)나라 정월이 되면 미약한 양(陽)의 기운이 비로소 땅 위로 나오는데[113] 천둥과 번개가 치고 또 눈이 내렸다는 것은 모두 제 시기를 잃은 것이다. 무릇 비가 3일 이상 내리는 것을 장매[霖]라 하고, 눈이 평지에서 한 자쯤 쌓이는 것을 큰눈[大雪]이라고 한다.

> ## 挾卒
> 협(挾)이 졸하였다.

---

113) 하(夏)나라~나오는데 : 하(夏)나라 정월은 주(周)나라의 3월에 해당하는데, 이때는 《주역(周易)》 64괘(卦) 중 건(乾)☰이 하괘이고 곤(坤)☷이 상괘인 태괘(泰卦)䷊에 해당하는 달로 양(陽)의 기운이 땅 위로 나온다.

挾 公穀作俠 ○挾 魯大夫 未賜族者

협(挾)은 《공양전(公羊傳)》과 《곡량전(穀梁傳)》에는 협(俠)으로 되어 있다. ○협(挾)은 로(魯)나라 대부로 족(族)을 받지 못한 자이다.

---

夏 城郎

여름에 랑(郎) 땅에 성을 쌓았다.

---

**夏 城郎 書不時也**

여름에 랑(郎) 땅에 성을 쌓았다고 하였으니, 경문에 때에 맞지 않았음을 기록한 것이다.

---

秋 七月

가을 7월이다.

---

冬 公會齊侯于防

겨울에 은공(隱公)이 제후(齊侯)와 방(防) 땅에서 회합하였다.

---

防 公作郱 ○防 魯地

방(防)은 《공양전(公羊傳)》에는 병(郱)으로 되어 있다. ○방(防)은 로(魯)나라 땅이다.

---

**宋公不王 不共王職 鄭伯爲王左卿士 以王命討之 伐宋 宋以入郛之役怨公 不告命 公 怒 絶宋使 秋 鄭人以王命來告伐宋 冬 公會齊侯于防 謀伐宋也**

송공(宋公 : 殤公)이 왕에 대한 직무를 다하지 않자 왕에 대한 신하로서의 직무를 받들지 않은 것이다. 정백(鄭伯)이 환왕(桓王)의 좌경사(左卿士)가 되어 왕명으로 토죄하여 송(宋)나라를 쳤다. 송나라는 외성까지 쳐들어온 싸움 때문에 은공(隱公)을 원망해서[114] 그 사실을 알려

---

114) 송나라는~원망해서 : 은공(隱公)은 정(鄭)나라 군대가 송(宋)나라의 외성(外城)까지 쳐들어갔다는 소식을 듣고 구원해주려고 그 사실을 송나라 사신에게 물었으나, 사신의 오만한 대답으로 인하여 구원을 그만두

오지 않았다. 은공이 노하여 송나라와 사신의 왕래를 끊었다. 가을에 정인(鄭人)이 왕명으로 송나라를 친 것에 대해 알려왔다. 겨울에 은공이 제후(齊侯 : 僖公)와 방(防) 땅에서 회합하였으니, 송나라를 치는 것에 대해 모의하기 위해서였다.

○北戎 北戎 山戎 侵鄭 鄭伯禦之 患戎師 曰 彼徒我車 懼其侵軼我也 軼 突也 公子突 曰 使勇而無剛者嘗寇而速去之 公子突 鄭厲公 君爲三覆以待之 覆 音副 伏兵也 戎輕而不整 貪而無親 勝不相讓 敗不相救 先者見獲 必務進 進而遇覆 必速奔 後者不救 則無繼矣 乃可以逞 從之 戎人之前遇覆者奔 祝聃逐之 祝聃 鄭大夫 衷戎師 前後擊之 盡殪 前後中三處受敵 故曰衷 戎師大奔 十一月 甲寅 鄭人大敗戎師

○북융(北戎)이 북융(北戎)은 산융(山戎)이다. 정(鄭)나라를 침범하자, 정백(鄭伯 : 莊公)이 그들을 막으면서 융(戎)의 군대를 우려하여 말하기를 "저들은 보병이고 우리는 거병(車兵)이니 저들이 우리에게 갑자기 돌격할까[軼][115] 걱정이다."라고 하였다. 일(軼)은 돌격함이다. 공자 돌(突)이 말하기를 "우리 군사 가운데 용맹스러우나 강한 의지가 없는 자를 시켜 적을 탐색해보고 속히 후퇴하게 하고, 공자 돌(突)은 뒷날 정려공(鄭厲公)이다. 임금님께서는 세 곳에 복병[覆]을 설치하고 적을 기다리십시오. 부(覆)는 음이 부(副)이니 복병(伏兵)이다. 융의 군대는 기동성은 있으나 정돈되지 못하고 탐욕만 부리어 서로 친목함이 없습니다. 그리고 이기는 데는 서로 양보하지 않고 패하여도 서로 구해주지 않습니다. 앞선 사람이 로획할 것을 보면 반드시 힘써 전진하고, 전진하다가 복병을 만나면 반드시 급히 달아나며, 뒤따라오는 자들이 구해주지 않으면 계속 나아가지 않습니다. 그러므로 걱정할 것이 없습니다."라고 하였다. 이에 정백이 그의 말을 따랐다. 융인(戎人) 가운데 앞장 선 자들이 복병을 만나자 도망갔다. 축담(祝聃)이 그들을 추격하여 축담(祝聃)은 정(鄭)나라 대부이다. 융의 군대를 가운데[衷] 두고 에워싸 앞뒤에서 공격하여 다 죽이니 앞·뒤·가운데 등 세 곳에서 공격을 받았기 때문에 가운데[衷]라고 한 것이다. 융의 군대[116]가 크게 도망하였다. 11월 갑인일에 정인(鄭人)이 융의 군대를 크게 패배시켰다.

---

었다. 이에 송나라가 은공을 원망하였다는 말이다. 은공 5년 9월조 참조.

115) 저들은~돌격할까[軼] : 거병(車兵)은 진퇴에 용이하지 못하지만 보병(步兵)은 갑자기 침범하여 공격하는 데 용이하다는 뜻이다.

116) 융의 군대 : 뒤에 있던 융(戎)의 군대이다.

# 은공(隱公) 10년【戊辰 B.C.713】

---

**十年 春 王二月 公會齊侯鄭伯于中丘**

10년 봄 왕2월에 은공(隱公)이 제후(齊侯)·정백(鄭伯)과 중구(中丘)에서 회합하였다.

---

**十年 春 王正月 公會齊侯鄭伯于中丘 癸丑 盟于鄧 爲師期** 鄧 魯地 癸丑 正月二十六日

**經誤**

10년 봄 왕정월에 은공(隱公)이 제후(齊侯 : 僖公)·정백(鄭伯 : 莊公)과 중구(中丘)에서 회합하고 계축일에 등(鄧) 땅에서 맹약하였으니, 군대의 출정시기를 정하기 위해서였다. 등(鄧)은 로(魯)나라 땅이다. 계축일은 정월 26일이니 경문이 잘못된 것이다.

---

**夏 翬帥師會齊人鄭人伐宋**

여름에 휘(翬)가 군대를 거느리고 제인(齊人)·정인(鄭人)과 회합하여 송(宋)나라를 쳤다.

---

疾其專進 故貶

제멋대로 출정한 것을 미워하였기 때문에 폄하한 것이다.[117]

---

**夏 五月 羽父先會齊侯鄭伯伐宋**

여름 5월에 우보(羽父 : 翬)가 먼저 제후(齊侯 : 僖公)·정백(鄭伯 : 莊公)과 회합하여 송(宋)나라를 쳤다.

---

117) 폄하한 것이다 : 경문에 휘(翬)라고 이름을 기록하여 폄하하였다는 것이다. 휘는 로(魯)나라 공자 우보(羽父)이다. 은공(隱公) 4년 가을조 전문주에 국내의 대부[內大夫]를 폄하할 경우에 족(族)은 제외하고 이름만을 칭한다고 하였다.

六月 壬戌 公敗宋師于菅 辛未 取郜 辛巳 取防

6월 임술일에 은공(隱公)이 관(菅) 땅에서 송(宋)나라 군대를 패배시켰다. 신미일에 곡(郜) 땅을 취하고 신사일에 방(防) 땅을 취하였다.

六月 戊申 公會齊侯鄭伯于老桃 老桃 宋地 戊申 五月二十三日 日誤 壬戌 公敗宋師于菅 庚午 鄭師入郜 辛未 歸于我 庚辰 鄭師入防 辛巳 歸于我

6월 무신일에 은공(隱公)이 제후(齊侯：僖公)·정백(鄭伯：莊公)과 로도(老桃)에서 회합하고, 로도(老桃)는 송(宋)나라 땅이다. 무신일은 5월 23일이니 날이 잘못된 것이다. 임술일에 은공이 송(宋)나라 군대를 관(菅) 땅에서 패배시켰다. 경오일에 정(鄭)나라 군대가 곡(郜) 땅으로 쳐들어가 신미일에 그 땅을 우리에게 돌려주었다. 경진일에는 정나라 군대가 방(防) 땅으로 쳐들어가 신사일에 그 땅을 우리에게 돌려주었다.

君子謂 鄭莊公於是乎可謂正矣 以王命討不庭 不來庭也 不貪其土 以勞王爵 正之體也 魯侯 爵尊 鄭以二邑歸魯 故曰以勞王爵

군자는 이른다. "정장공(鄭莊公)은 이번 일에 있어서 올바르다고 할 만하다. 조회하러 오지 않는 자를 왕명으로 토죄하여 천자에게 조회하러 오지 않는 것이다. 그 땅을 탐하지 않고 왕작(王爵)을 위로해 주었으니 올바름의 실체이다." 로(魯)나라는 후(侯)이니 작위가 정(鄭)나라보다 더 높다. 정나라가 두 읍을 로나라에 돌려주었기 때문에 왕작(王爵)을 위로해 주었다고 한 것이다.

秋 宋人衛人入鄭 宋人蔡人衛人伐戴 鄭伯伐取之

가을에 송인(宋人)과 위인(衛人)이 정(鄭)나라로 쳐들어갔다. 송인·채인(蔡人)·위인이 대(戴)나라를 치자 정백(鄭伯)이 그들을 쳐서 취하였다

戴 公穀作載 ○戴 國名

대(戴)는 《공양전(公羊傳)》과 《곡량전(穀梁傳)》에는 재(載)로 되어 있다. ○대(戴)는 나라 이름이다.

蔡人衛人郕人不會王命 不伐宋也 秋 七月 庚寅 鄭師入郊 猶在郊 鄭師還 駐兵於遠郊 宋人衛人入鄭 宋衛乘虛入鄭 蔡人從之伐戴 八月 壬戌 鄭伯圍戴 癸亥 克之 取三師焉 三

國師在戴 故鄭伯圍之 宋衛旣入鄭 而以伐戴召蔡人 蔡人怒 故不和而敗 九月 戊寅 鄭
伯入宋 報入鄭也 戊寅 八月二十四日 日誤

　　채인(蔡人)·위인(衛人)·성인(郕人)이 왕명에 모이지 않았다. 송(宋)나라를 치는데 참여하지 않
은 것이다.[118] 가을 7월 경인일에 정(鄭)나라 군대가 교외에 들어와서 여전히 교외에 머물러
있었다. 정(鄭)나라 군대가 돌아와서 원교(遠郊)에 병력을 주둔시킨 것이다. 송인(宋人)과 위인이 정나라
로 쳐들어가니 송(宋)나라와 위(衛)나라가 빈틈을 타 정(鄭)나라로 쳐들어간 것이다. 채인이 그들을 따라
대(戴)나라를 쳤다. 8월 임술일에 정백(鄭伯 : 莊公)이 대나라를 포위하고 계해일에 이들을
이겨 세 나라의 군대를 취하였다. 세 나라의 군대가 대(戴)나라에 있었기 때문에 정백(鄭伯)이 이들을
포위한 것이다. 송(宋)나라와 위(衛)나라가 정나라로 쳐들어간 뒤에 대나라를 치는 일로 채인
을 부르니 채인이 노하였다. 그러므로 세 나라의 군대가 화합하지 못하여 정나라에 패한
것이다. 9월 무인일에 정백이 송나라로 쳐들어갔다. 정(鄭)나라로 쳐들어간 것에 대하여 보복한 것이
다. 무인일은 8월 24일이니 날이 잘못된 것이다.

---

## 冬 十月 壬午 齊人鄭人入郕

　　겨울 10월 임오일에 제인(齊人)과 정인(鄭人)이 성(郕)나라로 쳐들어갔다.

---

**冬 齊人鄭人入郕 討違王命也**

　　겨울에 제인(齊人)과 정인(鄭人)이 성(郕)나라로 쳐들어갔으니, 왕명을 어긴 것에 대하여
토죄한 것이다.

---

118) 송(宋)나라를~것이다 : 송상공(宋殤公)이 천왕(天王 : 桓王)에 대한 직무를 다하지 않자, 천왕이 정장공
　　(鄭莊公)을 시켜 송(宋)나라를 칠 때 채인(蔡人)·위인(衛人)·성인(郕人)이 참여하지 않은 것을 말한다.

# 은공(隱公) 11년 【己巳 B.C.712】

> 十有一年 春 滕侯薛侯來朝
>
> 11년 봄에 등후(滕侯)와 설후(薛侯)가 와서 조견하였다.

此諸侯朝魯之始 亦旅見之始

　이는 제후들이 로(魯)나라에 조견한 시초이며 또한 려견(旅見)[119]한 시초이다.

**十一年 春 滕侯薛侯來朝 爭長 薛侯曰 我先封** 薛祖奚仲 夏所封 **滕侯曰 我 周之卜正 也** 卜正 卜官之長 **薛 庶姓也 我不可以後之** 庶姓 非周之同姓 **公使羽父請於薛侯曰 君與 滕君 辱在寡人 周諺有之曰 山有木 工則度之 賓有禮 主則擇之 周之宗盟 異姓爲 後 寡人若朝于薛 不敢與諸任齒** 薛 任姓 **君若辱貺寡人 則願以滕君爲請 薛侯許之 乃長滕侯**

　11년 봄에 등후(滕侯)와 설후(薛侯)가 로(魯)나라에 와서 조견할 때 서로 윗자리를 다투었다.[120] 설후가 말하기를 "우리가 먼저 봉해졌소."라고 하니, 설(薛)나라 조상 해중(奚仲)이 하(夏)나라 때 봉해진 것이다. 등후가 말하기를 "나는 주(周)나라의 복정(卜正)이고 복정(卜正)은 복관(卜官)의 우두머리이다. 설(薛)나라는 서성(庶姓)이니 나는 설나라의 뒷자리에 설 수가 없소."라고 하였다. 서성(庶姓)은 주(周)나라와 동성(同姓)이 아닌 성(姓)이다. 은공(隱公)이 우보(羽父)를 시켜 설후에게 청하기를 "임금님과 등군(滕君)이 수고롭게 과인의 나라에 오셨습니다. 주나라 속언(俗諺)에 '산에 있는 나무는 목공(木工)이 그 재목감을 헤아리고, 손님에 대한 례우는 주인이 그 서렬을 택한다.'라는 말이 있습니다. 주나라의 종맹(宗盟)[121]에는 이성(異姓)을 뒤에 서게 하였습니다. 과인이 만약 설나라에 조견한다면 감히 여러 임성(任姓)과 서렬을 나란히 하지 않을 것입니다. 설(薛)나라는 임성(任姓)이다. 임금님께서 만약 과인에게 은혜를 베푸신다면 등군이 윗자리에 서게 할 것을 청합니다."라고 하였다. 설후가 허낙하니, 이에 등후가 윗자리에 서게 되었다.

---

119) 려견(旅見) : 여러 제후들이 함께 조견하는 것.

120) 서로~다투었다 : 례를 행하는 선후(先後)와 고하(高下)의 자리를 다툰 것이다.

121) 종맹(宗盟) : 천자와 제후(諸侯)의 회맹.

夏 公會鄭伯于時來

여름에 은공(隱公)이 정백(鄭伯)과 시래(時來)에서 회합하였다.

夏下 公穀有五月 時來 公作祈黎 ○時來 鄭地

하(夏)자 다음에 《공양전(公羊傳)》과 《곡량전(穀梁傳)》에는 5월이 있다. 시래(時來)는 《공양전》에는 기려(祈黎)로 되어 있다. ○시래(時來)는 정(鄭)나라 땅이다.

夏 公會鄭伯于郲 郲卽時來 謀伐許也 鄭伯將伐許 五月 甲辰 授兵於大宮 大 音泰 大宮 鄭祖廟 公孫閼與潁考叔爭車 公孫閼 鄭大夫子都 潁考叔挾輈以走 輈 車轅也 子都拔棘以逐之 棘 戟也 及大逵 弗及 子都怒 逵 方九軌

여름에 은공(隱公)이 정백(鄭伯)과 래(郲) 땅에서 회합하였으니, 래(郲)는 곧 시래(時來)이다. 허(許)나라를 치는 일에 대하여 모의하기 위해서였다. 정백이 허나라를 치기 위하여 5월 갑진일에 태궁(大宮)에서 군사들에게 병기를 나누어주었다.[122] 태(大)는 음이 태(泰)이다. 태궁(大宮)은 정(鄭)나라 시조묘(始祖廟)[123]이다. 공손알(公孫閼)과 영고숙(潁考叔)이 수레를 차지하기 위하여 다투다가 공손알(公孫閼)은 정(鄭)나라 대부 자도(子都)이다. 영고숙이 수레 끌채[輈]를 가지고 달아나니 주(輈)는 수레의 끌채이다. 자도(子都)가 극(棘)을 뽑아들고 쫓아갔으나 극(棘)은 미늘창이다. 대규(大逵)에 이르러 놓치자 자도가 노하였다. 규(逵)는 아홉 대의 수레가 나란히 갈 수 있는 사방으로 난 길이다.

秋 七月 壬午 公及齊侯鄭伯入許

가을 7월 임오일에 은공(隱公)이 제후(齊侯)·정백(鄭伯)과 함께 허(許)나라로 쳐들어갔다.

秋 七月 公會齊侯鄭伯伐許 庚辰 傅于許 傅於許城 潁考叔取鄭伯之旗蝥弧以先登 蝥弧 旗名 子都自下射之 顚 顚隊而死 瑕叔盈又以蝥弧登 瑕叔盈 鄭大夫 周麾而呼曰 君登

---

122) 태궁(大宮)에서~나누어주었다 : 정백(鄭伯)이 출정하기에 앞서 조묘(祖廟)에 고하고 출정의식을 행한 것이다.

123) 정(鄭)나라 시조묘(始祖廟) : 정(鄭)나라 시조인 환공(桓公)의 사당이다.

矣 周 徧也 鄭師畢登 壬午 遂入許 許莊公奔衛 齊侯以許讓公 公曰 君謂許不共 不共
職貢 故從君討之 許既伏其罪矣 雖君有命 寡人弗敢與聞 乃與鄭人

　가을 7월에 은공(隱公)이 제후(齊侯 : 僖公)·정백(鄭伯 : 莊公)과 회합하여 허(許)나라를
쳤다. 경진일에 허나라 가까이에 이르자 허(許)나라 도성 가까이에 이른 것이다. 영고숙(潁考叔)이
정백의 깃발인 모호(蝥弧)[124]를 들고 먼저 성에 올랐다. 모호(蝥弧)는 기(旗) 이름이다. 이를 본
자도(子都)가 밑에서 활을 쏘니 영고숙이 굴러 떨어졌다. 굴러 떨어져 죽은 것이다. 하숙영(瑕叔
盈)이 또 무호를 들고 성에 올라 하숙영(瑕叔盈)은 정(鄭)나라 대부이다. 깃발을 두루[周] 휘두르며
소리쳐 말하기를 "임금님께서 오르셨다."라고 하였다. 주(周)는 두루함이다. 이에 정(鄭)나라 군
사들이 모두 성에 올랐다. 임오일에 마침내 허나라 도성에 들어가니, 허장공(許莊公)은 위
(衛)나라로 달아났다. 제후(齊侯)가 허나라를 은공에게 양보하였는데, 은공이 말하기를 "임
금님께서 허나라가 신하된 직분을 받들지 않는다고 해서 허(許)나라가 천자에게 공물을 바치는
직분을 행하지 않은 것이다. 임금님을 따라 그들을 토죄한 것입니다. 허나라가 이미 그 죄를 받
았으니 비록 임금님께서 명하셔도 과인은 감히 그 명을 따를 수가 없습니다."라고 하였다.
이에 허나라를 정인(鄭人)에게 주었다.

鄭伯使許大夫百里奉許叔以居許東偏 許叔 許莊公弟 東偏 東鄙 曰 天禍許國 鬼神實不
逞于許君 而假手于我寡人 寡人唯是一二父兄 不能共億 父兄 同姓羣臣 共 給也 億 安也
其敢以許自爲功乎 寡人有弟 不能和恊 而使餬其口於四方 弟 共叔段也 餬 饘也 其況
能久有許乎 吾子其奉許叔以撫柔此民也 吾將使獲也佐吾子 獲 鄭大夫公孫獲 若寡人
得沒于地 天其以禮悔禍于許 無寧玆許公復奉其社稷 無寧 寧也 唯我鄭國之有請謁
焉 如舊昏媾 謁 告也 婦之父曰昏 重昏曰媾 其能降以相從也 降 降心也 無滋他族 實偪處此
以與我鄭國爭此土也 吾子孫其覆亡之不暇 而況能禋祀許乎 謂許山川之祀 寡人之使
吾子處此 不唯許國之爲 亦聊以固吾圉也 圉 邊垂也

　정백(鄭伯)이 허(許)나라 대부 백리(百里)를 시켜 허숙(許叔)을 받들어 허나라 동편(東偏)
에 거처하게 하면서 허숙(許叔)은 허장공(許莊公)의 아우이다. 동편(東偏)은 동쪽 변방이다. 말하기를 "하
늘이 허나라에 재앙을 내리고 귀신도 진실로 허나라 임금을 마땅하게 여기지 않아 과인의
손을 빌려 치게 하였다. 그러나 과인은 오직 몇 사람 안 되는 부형에게도 편안히[億] 살도록

---

124) 모호(蝥弧) : 모[蝥]라는 창(槍)과 호(弧)라는 별을 그려 넣은 제후(諸侯)의 기(旗).

공급하지[共] 못하였는데 부형은 동성(同姓)인 뭇 신하이다. 공(共)은 공급함이고 억(億)은 편안함이다. 어찌 감히 허나라의 일을 나의 공로로 여길 수 있겠는가. 그리고 과인에게 아우가 있는데 서로 화목하지 못하여 사방을 떠돌아다니며 죽[鬻]이나 먹게 하고 있으니[125] 아우는 공숙단(共叔段)이다. 호(鬻)는 죽이다. 어찌 하물며 허나라를 오래도록 차지할 수 있겠는가. 그대는 허숙을 받들어 이 백성을 어루만지도록 하라. 나는 획(獲)으로 하여금 그대를 돕도록 하겠다. 획(獲)은 정(鄭)나라 대부 공손획(公孫獲)이다. 만약 과인이 죽어서 땅에 묻힌 뒤에 하늘이 허나라를 례로 대하여 재앙을 내린 것을 후회한다면 어찌[無寧] 이 허공(許公:許莊公)으로 다시 그 사직을 받들게만 할 뿐이겠는가.[126] 무녕(無寧)은 녕(寧)이다. 우리 정나라가 청하여 고함[請謁][127]이 있으면 옛날 혼구(昏媾)관계를 맺은 것처럼 알(謁)은 고함이다. 며느리의 아버지를 혼(昏)이라 하고 겹혼을 구(媾)라고 한다. 낮추어[降] 서로 따라주기를 바란다. 강(降)은 마음을 낮춤이다. 그리고 다른 종족으로 하여 이곳 가까이에 살게 하여 우리 정나라와 이 땅을 다투게 하는 일이 없게 하라. 우리 자손들은 우리나라가 멸망하게 되는 것을 구할 겨를도 없을 것인데 하물며 허나라의 제사를 지낼 수 있겠는가. 허(許)나라의 산천에 지내는 제사를 이른다. 과인이 그대로 하여금 이곳에 살게 하는 것은 오직 허나라만을 위한 것이 아니라 우리 변방[圉]도 튼튼히 하려는 것이다."라고 하였다. 어(圉)는 변방이다.

**乃使公孫獲處許西偏 曰 凡而器用財賄 無實於許 我死 乃亟去之 而 汝也 吾先君新邑於此 武公始遷河南 王室而旣卑矣 周之子孫日失其序 鄭亦周之子孫 夫許 大岳之胤也 大岳 神農之後 堯四岳也 天而旣厭周德矣 吾其能與許爭乎**

이에 정백(鄭伯)이 공손획(公孫獲)을 시켜 허(許)나라 서쪽 변방에 거처하게 하면서 말하기를 "무릇 너[而]의 기물과 재물을 허나라에 두지 말고 내가 죽으면 속히 떠나도록 하라. 이(而)는 너이다. 우리 선군께서 새로이 이곳에 도읍을 정할 때부터 무공(武公)이 처음 하남(河南)으로 옮긴 것이다. 왕실이 이미 쇠퇴해져서 주(周)나라의 자손들이 날로 질서를 잃어가고 있다. 정(鄭)나라 또한 주(周)나라의 자손이다. 그런데 저 허나라는 태악(大岳)의 자손이다. 태악(大岳)은

---

125) 과인에게~있으니 : 정장공(鄭莊公)이 그의 동생인 공숙단(共叔段)을 미워하여 처음에 경(京) 땅에 봉하였다가 얼마 뒤에 치니, 공숙단이 언(鄢) 땅으로 도망갔고, 다시 언 땅을 치자 공숙단이 공(共)나라로 도망갔다. 은공(隱公) 원년 5월조 참조.

126) 어찌[無寧]~뿐이겠는가 : 여기서 무녕(無寧)을 글자대로 해석하기도 하여 '어찌 이 허공(許公)으로 다시 그 사직을 받들게 하지 않겠는가.'라고 보기도 한다.

127) 청하여 고함[請謁] : 청구함. 요청함.

신농씨(神農氏)[128]의 후손이며 요(堯)임금 때의 사악(四岳)[129]이다. 하늘이 이미 주나라의 덕을 싫어하시니 우리가 어찌 허나라와 다툴 수 있겠는가."라고 하였다.

**君子謂 鄭莊公於是乎有禮 禮 經國家 定社稷 序民人 利後嗣者也 許無刑而伐之 服而舍之 刑 法也 度德而處之 量力而行之 相時而動 無累後人 可謂知禮矣**

군자는 이른다. "정장공(鄭莊公)은 이 일에 있어 례가 있도다. 례는 국가를 다스리고 사직을 안정시키며 백성을 질서 있게 만들고 후손을 리롭게 하는 것이다. 허(許)나라가 법도[刑]를 지키지 않아 이를 정벌하였고 죄를 승복하자 놓아주었으며, 형(刑)은 법도이다. 덕을 헤아려 처리하였고 힘을 헤아려 행하였으며, 때를 보아 행동하여 후손에게 루(累)가 되지 않게 하였으니, 례를 알았다고 할 수 있다."

**鄭伯使卒出豭 行出犬雞 以詛射穎考叔者 百人爲卒 二十五人爲行 豭牡豬也**

정백(鄭伯)이 졸(卒) 단위 군졸에게 수퇘지[豭] 한 마리씩 내게 하고, 항(行) 단위 군졸에게 개와 닭 한 마리씩 내게 하여 영고숙(穎考叔)을 쏘아 죽인 자[130]를 저주하는 제사를 지냈다. 1백 인의 군대 편제를 졸(卒)이라고 한다. 25인의 군대 편제를 항(行)이라고 한다. 가(豭)는 수퇘지이다.

**君子謂 鄭莊公失政刑矣 政以治民 刑以正邪 旣無德政 又無威刑 是以及邪 邪而詛之 將何益矣**

군자는 이른다. "정장공(鄭莊公)은 올바른 정치와 형벌의 법도를 잃었다. 정치로 백성을 다스리고 형벌로 사악함을 바로잡는 것인데, 이미 덕이 있는 정치를 베풀지 못하였고 위엄 있는 형벌을 행하지도 못하였으니 이 때문에 사악한 일이 일어나게 된 것이다. 사악한 일을 다스리는데 있어 저주하는 방법을 썼으니 장차 무슨 리익이 있겠는가."

○**王取鄔劉蔿邘之田于鄭** 鄔 音塢 蔿 音薳 邘 音于 四邑 鄭地 **而與鄭人蘇忿生之田** 蘇忿生 周武王司寇 **溫原絺樊隰郕欑茅向盟州陘隤懷** 隤 音頹 十二邑皆蘇忿生之田

---

128) 신농씨(神農氏) : 전설상의 제왕(帝王). 나무로 쟁기를 만들어 농사를 관장하고 풀을 맛보아 약재를 만들어 질병을 치료하였다고 한다.

129) 사악(四岳) : 요(堯)임금의 신하인 희화(義和)의 네 아들. 각각 사방의 제후를 맡아보았다.

130) 영고숙(穎考叔)을~자 : 정(鄭)나라 대부 자도(子都)를 말한다. 은공(隱公) 11년 7월조 참조.

○왕이 오(鄔)·류(劉)·위(蒍)·우(邘)의 전지를 정(鄭)나라에서 취하고, 오(鄔)는 음이 오(塢)이고 위(蒍)는 음이 위(薳)이며 우(邘)는 음이 우(于)이다. 4읍은 정(鄭)나라 땅이다. 대신 정인(鄭人)에게 소분생(蘇忿生)의 전지인 소분생(蘇忿生)은 주무왕(周武王) 때의 사구(司寇)[131]이다. 온(溫)·원(原)·치(絺)·번(樊)·습성(隰郕)·찬모(欑茅)·상(向)·맹(盟)·주(州)·형(陘)·퇴(隤)·회(懷) 등의 읍을 주었다. 퇴(隤)는 음이 퇴(頹)이다. 12읍은 모두 소분생(蘇忿生)의 전지이다.

## 君子是以知桓王之失鄭也 恕而行之 德之則也 禮之經也 己弗能有 而以與人 人之不至 不亦宜乎 蘇氏叛王 王不能有其邑

군자는 이 일로 환왕(桓王)이 정(鄭)나라를 잃을 것을 알았다. 서(恕)[132]로써 행하는 것은 덕의 법칙이고 례의 상도(常道)이다. 자신이 소유할 수 없는 땅을 남에게 주었으니 사람들이 조회하러 오지 않는 것이 또한 마땅하지 아니한가. 소씨(蘇氏)가 왕을 배반하여 왕이 그 읍을 소유할 수 없었다.

## ○鄭息有違言 息 國名 息侯伐鄭 鄭伯與戰于竟 息師大敗而還

○정(鄭)나라와 식(息)나라가 서로 말이 어그러지자 식(息)은 나라 이름이다. 식후(息侯)가 정나라를 쳤다. 정백(鄭伯)이 식후와 국경지역에서 싸웠는데 식나라 군대가 크게 패하여 돌아갔다.

## 君子是以知息之將亡也 不度德 不量力 不親親 鄭息 同姓之國 不徵辭 不察有罪 言語相恨 當明徵其辭以審曲直 犯五不韙 而以伐人 其喪師也 不亦宜乎

군자는 이 일로 식(息)나라가 장차 망할 것을 알았다. 덕을 헤아리지 않고 힘을 재지 않고 친해야 할 이를 친하게 대하지 않고 정(鄭)나라와 식(息)나라는 동성(同姓)의 나라이다. 말의 진위를 밝히지 않고 죄의 유무를 살피지 않았다. 주고받는 말에 서로 한스러움이 있으면 마땅히 그 말의 진위를 분명하게 밝혀 옳고 그름을 살펴야 한다. 다섯 가지 옳지 않은 일을 범하고서 다른 사람을 쳤으니 그 군대를 잃는 것이 또한 마땅하지 아니한가.

---

131) 사구(司寇) : 주(周)나라 때 6경(卿)의 하나. 형옥(刑獄)을 맡았던 관직이다.
132) 서(恕) : 자기의 마음을 미루어 남을 헤아리는 것[推己及人]. 《론어(論語)》〈리인(里仁)〉 참조.

> 冬
>
> 겨울이다.

**十月 鄭伯以虢師伐宋 壬戌 大敗宋師 以報其入鄭也 宋不告命 故不書 凡諸侯有命 告則書 不然則否** 命者 國之大事政令 **師出臧否 亦如之 雖及滅國 滅不告敗 勝不告克 不書于策**

10월에 정백(鄭伯)이 괵(虢)나라 군대를 거느리고 송(宋)나라를 쳐서 임술일에 송나라 군대를 크게 패배시켰으니, 송나라가 정(鄭)나라로 쳐들어간 것에 대한 보복이었다.[133] 그러나 송나라가 알려오지 않았기 때문에 경문에 기록하지 않은 것이다. 무릇 제후들이 명(命)이 있을 때 알려오면 기록하고 그렇지 않으면 기록하지 않는다. 명(命)은 나라의 대사(大事)와 정령(政令)이다. 군대를 출동시켜 이기거나 패배하였을 때도 이와 같다. 비록 나라가 멸망하는 데에 이르러도 멸망한 나라가 패한 사실을 알려오지 않고, 승리한 나라가 이긴 사실을 알려오지 않으면 사책(史策)에 기록하지 않는다.

> 十有一月 壬辰 公薨
>
> 11월 임진일에 은공(隱公)이 훙하였다.

實弒書薨 又不地者 諱也

사실은 시해를 당하였는데 경문에 훙이라 기록하였고 또 죽은 장소를 기록하지 않은 것은 그 사실을 숨긴 것이다.

**羽父請殺桓公 將以求大宰** 大宰 官名 **公曰 爲其少故也 吾將授之矣** 授桓位 **使營菟裘 吾將老焉** 菟裘 魯邑 **羽父懼 反譖公于桓公 而請弒之 公之爲公子也 與鄭人戰于狐壤 止焉** 內諱獲 故言止 狐壤 鄭地 **鄭人囚諸尹氏** 尹氏 鄭大夫 **賂尹氏 而禱於其主鍾巫** 主 尹氏 所主祭 **遂與尹氏歸 而立其主** 立鍾巫於魯

---

133) 정(鄭)나라에~보복이었다 : 은공(隱公) 10년 가을에 송인(宋人)과 위인(衛人)이 정(鄭)나라로 쳐들어갔다고 하였다.

우보(羽父)가 환공(桓公)을 죽이기를 청하였는데 이는 태재(大宰) 벼슬을 구하기 위한 것이다. 태재(大宰)는 벼슬 이름이다. 은공(隱公)이 말하기를 "환공이 어리기 때문이다.[134] 내 장차 그에게 물려줄 것이다. 환공(桓公)에게 임금 자리를 물려준다는 것이다. 그리고 도구(菟裘)를 경영하도록 하여 내가 그곳에서 로후를 보낼 것이다."[135]라고 하였다. 도구(菟裘)는 로(魯)나라 읍이다. 우보가 두려워서[136] 도리어 은공을 환공에게 참소하여 은공을 죽일 것을 청하였다. 은공이 공자였을 때 정인(鄭人)과 호양(狐壤)에서 싸우다가 그곳에 머물게 되었다. 사로잡힌 것을 내적으로 숨겼기 때문에 머물게 되었다고 말한 것이다. 호양(狐壤)은 정(鄭)나라 땅이다. 정인이 은공을 윤씨(尹氏) 집에 가두었는데, 윤씨(尹氏)는 정(鄭)나라 대부이다. 은공은 윤씨에게 뢰물을 주고 그가 섬기는[主] 종무신(鍾巫神)에게 기도를 하였다. 주(主)는 윤씨(尹氏)가 섬기며 제사를 지내는 대상이다. 마침내 윤씨와 함께 로(魯)나라로 돌아와서 그가 섬기는 신의 사당을 세워주었었다. 로(魯)나라에 종무신(鍾巫神)의 사당을 세워준 것이다.

## 十一月 公祭鍾巫 齊于社圃 社圃 園名 館于寫氏 寫 音委 寫氏 魯大夫 壬辰 羽父使賊弑公于寫氏 立桓公 而討寫氏 有死者 欲以弑君之罪加寫氏 不書葬 不成喪也

11월에 은공(隱公)이 종무신(鍾巫神)에게 제사를 지낼 때 사포(社圃)에서 재계하고 사포(社圃)는 동산 이름이다. 위씨(寫氏)의 집에 머물렀는데, 위(寫)는 음이 위(委)이다. 위씨(寫氏)는 로(魯)나라 대부이다. 임진일에 우보(羽父)가 적도(賊徒)를 시켜 위씨 집에서 은공을 시해하고 환공(桓公)을 세웠다. 그리고 위씨를 토죄하니 그로 인해 죽임을 당하는 자들이 있었다. 임금을 시해한 죄를 위씨(寫氏)에게 덮어씌우고자 한 것이다. 경문에 장례 지낸 것을 기록하지 않은 것은 상례(喪禮)를 갖추지 않았기 때문이다.

---

134) 환공이~때문이다 : 환공(桓公)이 어리기 때문에 은공(隱公)이 섭정하였다는 것이다.

135) 도구(菟裘)를~것이다 : 은공(隱公)의 이 말로 인하여 벼슬을 내놓고 은거하거나 로후에 여생을 보내는 곳을 도구지지(菟裘之地)라고 한다. 도(菟)는 땅 이름이나 사람 이름일 경우 '도'로 읽는다.

136) 우보가 두려워서 : 환공(桓公)을 죽이자는 요청을 거절당하자 도리어 자기에게 화가 미칠 것을 두려워한 것이다.

* 아래 년표는《규장각본(奎章閣本) 춘추좌씨전(春秋左氏傳)》에 수록된 춘추기년도(春秋 紀年圖)를 기준으로 삼아 작성하였다.
* 고증이 어려운 년차(年次)는 여백으로 남겨 두었다.
* 은공(隱公) 이하 각 공(公)의 경우도 이와 같다.

## 魯隱公

| 국명 B.C. | 魯 | 周 | 蔡 | 曹 | 衛 | 滕 | 晉 | 吳 | 鄭 | 燕 | 齊 | 秦 | 楚 | 宋 | 杞 | 陳 | 薛 | 邾 | 莒 | 許 | 越 |
|---|---|---|---|---|---|---|---|---|---|---|---|---|---|---|---|---|---|---|---|---|---|
| 722 | 隱公1 | 平王49 | 宣公28 | 桓公35 | 桓公13 | | 鄂侯2 | | 莊公22 | 穆侯7 | 僖公9 | 文公44 | 武王19 | 穆公7 | 武公29 | 桓公23 | | | | | |
| 721 | 2 | 50 | 29 | 36 | 14 | | 3 | | 23 | 8 | 10 | 45 | 20 | 8 | 30 | 24 | | | | | |
| 720 | 3 | 51 | 30 | 37 | 15 | | 4 | | 24 | 9 | 11 | 46 | 21 | 9 | 31 | 25 | | | | | |
| 719 | 4 | 桓王1 | 31 | 38 | 16 | | 5 | | 25 | 10 | 12 | 47 | 22 | 殤公1 | 32 | 26 | | | | | |
| 718 | 5 | 2 | 32 | 39 | 宣公1 | | 6 | | 26 | 11 | 13 | 48 | 23 | 2 | 33 | 27 | | | | | |
| 717 | 6 | 3 | 33 | 40 | 2 | | 哀侯1 | | 27 | 12 | 14 | 49 | 24 | 3 | 34 | 28 | | | | | |
| 716 | 7 | 4 | 34 | 41 | 3 | | 2 | | 28 | 13 | 15 | 50 | 25 | 4 | 35 | 29 | | | | | |
| 715 | 8 | 5 | 35 | 42 | 4 | | 3 | | 29 | 14 | 16 | 寧公1 | 26 | 5 | 36 | 30 | | | | | |
| 714 | 9 | 6 | 桓侯1 | 43 | 5 | | 4 | | 30 | 15 | 17 | 2 | 27 | 6 | 37 | 31 | | | | | |
| 713 | 10 | 7 | 2 | 44 | 6 | | 5 | | 31 | 16 | 18 | 3 | 28 | 7 | 38 | 32 | | | | | |
| 712 | 11 | 8 | 3 | 45 | 7 | | 6 | | 32 | 17 | 19 | 4 | 29 | 8 | 39 | 33 | | | | | |

# 환공(桓公)[1] 원년 【庚午 B.C.711】

> 元年 春 王正月 公卽位
>
> 원년 봄 왕정월에 환공(桓公)이 즉위하였다.

桓無王 元年有王 所以治桓也 書卽位 著其自立之罪

　환공(桓公)은 왕을 무시하였다.[2] 그런데 원년에 왕이라고 기록한 것은 환공의 죄를 다스린 것이다.[3] 경문에 즉위(卽位)라고 기록한 것은 환공이 스스로 임금이 된 죄를 드러낸 것이다.

### 元年 春 公卽位 脩好于鄭 鄭人請復祀周公 卒易祊田 公許之

　원년 봄에 환공(桓公)이 즉위하여 정(鄭)나라와 우호를 다졌다.[4] 정인(鄭人)이 주공(周公)에 대한 제사를 다시 지내겠다고 하며 마침내 팽전(祊田)을 바꿀 것을 청하니, 환공이 허락하였다.[5]

> 三月 公會鄭伯于垂 鄭伯以璧假許田 夏 四月 丁未 公及鄭伯盟于越
>
> 3월에 환공(桓公)이 정백(鄭伯)과 수(垂) 땅에서 회합하였다. 정백이 벽(璧)을

---

1) 환공(桓公) : 로(魯)나라 15대 임금. 이름은 궤(軌)이고 혜공(惠公)의 아들이며 은공(隱公)의 아우이고 어머니는 중자(仲子)이다. 주환왕(周桓王) 9년에 즉위하였다. 은공을 시해하고 스스로 임금이 되었다. 시법(諡法)에 강토를 개척하여 먼 곳을 복종시키는 것[辟土服遠]을 환(桓)이라 한다.

2) 환공(桓公)은~무시하였다 : 환공(桓公)이 그의 형인 은공(隱公)을 시해하고 임금 자리를 찬탈한 것은 왕을 무시하였기 때문이라는 말이다.

3) 왕이라고~것이다 : 왕의 존재를 나타냄으로써 환공(桓公)이 독단적으로 은공(隱公)을 시해하고 즉위한 죄를 드러낸 것이다.

4) 정(鄭)나라와~다졌다 : 은공(隱公) 11년 여름에 은공이 정백(鄭伯)과 시래(時來)에서 회합하여 맺은 우호관계를 다졌다는 말이다.

5) 정인(鄭人)이~허락하였다 : 은공(隱公) 8년 3월에 정백(鄭伯)이 태산(泰山)에 지내는 제사를 그만두고 주공(周公)에게 제사를 지내겠다고 하며 태산의 팽전(祊田)을 로(魯)나라에 주고 정(鄭)나라 땅에 있는 허전(許田)을 청하였는데, 이제 그 일이 이루어진 것을 말한다.

가지고 허전(許田)을 빌렸다. 여름 4월 정미일에 환공이 정백과 월(越) 땅에서 맹약하였다.

越 近垂地名

월(越)은 수(垂) 땅과 가까운 땅 이름이다.

## 三月 鄭伯以璧假許田 爲周公祊故也 實以祊易許而加璧 諱之曰假 夏 四月 丁未 公及鄭伯盟于越 結祊成也 盟曰 渝盟 無享國

3월에 정백(鄭伯)이 벽(璧)을 가지고 허전(許田)을 빌렸으니, 이는 주공(周公)에게 제사 지내는 일과 팽전(祊田)을 바꾸는 일 때문이었다.[6] 사실은 팽전(祊田)을 허전(許田)과 바꾸면서 벽(璧)을 더해준 것인데 그 사실을 숨기고 빌렸다고 한 것이다. 여름 4월 정미일에 환공(桓公)이 정백과 월(越) 땅에서 맹약하였으니, 팽전의 일[成]을 매조지한 것이다. 맹약하기를 '맹약을 바꾸면 나라를 누릴 수 없을 것이다.'라고 하였다.

### 秋 大水

가을에 큰물이 졌다.

## 秋 大水 凡平原出水爲大水 廣平曰原

가을에 큰물이 졌다. 무릇 평원(平原)까지 물이 넘치는 것을 큰물이 졌다[大水]고 한다. 넓고 평평한 곳을 원(原)이라고 한다.

### 冬 十月

겨울 10월이다.

---

6) 정백(鄭伯)이~때문이었다 : 로(魯)나라가 정(鄭)나라에게 주공(周公)을 제사 지내도록 허락한 것도 잘못이고, 또 허전(許田)을 팽전(祊田)과 바꾼 것도 잘못이다. 그런데 사관이 그 사실을 숨기고 정백(鄭伯)이 벽(璧)을 주고 허전을 빌렸다고 기록하여 마치 로나라에 벽을 바치고 허전을 빌린 것이고 바꾼 것이 아닌 것처럼 말한 것이다.

〇冬 鄭伯拜盟 謝越之盟 鄭伯若自來則經不書 若遣使則當言鄭人 疑誤

〇겨울에 정백(鄭伯)이 맹약한 것에 대하여 배사(拜謝)하였다. 월(越) 땅의 맹약에 대하여 배사(拜謝)한 것이다. 정백(鄭伯)이 만약 직접 왔다면 경문에 기록하지 않은 것이고 만약 사신을 보낸 것이라면 마땅히 정인(鄭人)이라고 말해야 하니, 전문에 아마도 잘못이 있는 듯하다.

# 환공(桓公) 2년【辛未 B.C.710】

> 二年 春 王正月 戊申 宋督弑其君與夷及其大夫孔父
>
> 2년 봄 왕정월 무신일에 송(宋)나라 독(督)이 그 임금 여이(與夷)와 그 대부인 공보(孔父)를 시해하였다.

桓無王 而二年書王 正宋督之罪也

환공(桓公)은 왕을 무시하였으나, 2년에 왕이라고 경문에 기록한 것은 송(宋)나라 독(督)의 죄를 바로잡은 것이다.[7]

### 宋華父督見孔父之妻于路 華父督 宋戴公孫也 目逆而送之 曰 美而艷 二年 春 宋督攻孔氏 殺孔父而取其妻 公怒 督懼 遂弑殤公

송(宋)나라 화보독(華父督 : 督)이 공보(孔父)[8]의 아내를 길에서 보았는데, 화보독(華父督)은 송대공(宋戴公)의 손자이다. 눈으로 맞이하고 눈으로 보내면서[9] 말하기를 "아름답고도 요염하도다."라고 하였다. 2년 봄에 송나라 독(督)이 공씨(孔氏)를 공격하여 공보를 죽이고 그 아내를 취하였다. 송상공(宋殤公 : 與夷)이 노하자 독이 두려워하여 마침내 상공(殤公)을 시해하

---

7) 왕이라고~것이다 : 왕의 존재를 나타냄으로써 화보독(華父督)이 임금과 대부를 죽인 죄를 드러낸 것이다.

8) 공보(孔父) : 송양공(宋殤公)의 5세손. 사마(司馬) 벼슬을 지냈으나 화보독(華父督)에게 죽임을 당하자 그의 후손들이 로(魯)나라로 망명가서 6세 뒤에 공자(孔子)가 태어나게 된다.

9) 눈으로 맞이하고~보내면서 : 화보독(華父督)이 공보(孔父) 아내의 아름다움에 눈을 떼지 못하고 계속 처다보았다는 것이다.

였다.

**君子以督爲有無君之心 而後動於惡 故先書弑其君**

군자는 독(督)이 임금을 무시하는 마음이 있었고 그 뒤에 악을 행하였으므로 경문에 그 임금을 시해한 일을 먼저 기록한 것이라고 여긴다.

---

**滕子來朝**

등자(滕子)가 와서 조견하였다.

---

滕 侯 書子 削弱而自改也

등(滕)나라는 후작(侯爵)인데 경문에 등자(滕子)라고 기록한 것은 령토가 깎이고 국력이 약해져서 스스로 고친 것이다.10)

---

**三月 公會齊侯陳侯鄭伯于稷 以成宋亂**

3월에 환공(桓公)이 제후(齊侯)·진후(陳侯)·정백(鄭伯)과 직(稷) 땅에서 회합하여 송(宋)나라의 란을 평정시켰다.

---

成 平也 宋弑其君而四國共成定之 天下之大惡也 稷 宋地

성(成)은 평정(平定)함이다. 송(宋)나라 화보독(華父督)이 그 임금을 시해하였는데도 네 나라가 함께 평정시켜 주었으니, 이는 천하의 큰 악이다. 직(稷)은 송나라 땅이다.

**會于稷 以成宋亂 爲賂故 立華氏也 宋殤公立 十年十一戰 民不堪命 孔父嘉爲司馬** 嘉 孔父字 **督爲大宰 故因民之不堪命 先宣言曰 司馬則然 已殺孔父而弑殤公 召莊公 于鄭而立之以親鄭** 莊公入宋 不書不告也 **以郜大鼎賂公** 郜國所造器也 **齊陳鄭皆有賂 故 遂相宋公**

---

10) 등(滕)나라는~것이다 : 등(滕)나라가 자(子)라고 스스로 칭한 것은 바쳐야 할 공부(貢賦)가 많은 것을 꺼려 스스로 작위를 낮춘 것이다. 또는 당시에 주왕(周王)에게 폄출(貶黜)당하였기 때문이라는 설도 있다.

직(稷) 땅에서 회합하여 송(宋)나라의 란을 평정하였으니[成], 뢰물(賂物)을 받았기 때문에 화씨(華氏)를 세워준 것이다. 송상공(宋殤公)은 즉위하여 10년 동안 11차례 싸움을 하였으므로 백성이 명령을 견디기 어려웠다. 당시에 공보가(孔父嘉)가 사마(司馬)로 있었고, 가(嘉)는 공보(孔父)의 자(字)이다. 독(督)이 태재(大宰)로 있었다. 그러므로 독은 백성이 명령을 견디기 어려워하는 점을 리용하여 먼저 선언하여 말하기를 "사마가 그렇게 한 것이다."[11]라하고, 공보(孔父)를 죽이고 상공(殤公)을 시해하였다. 이어 장공(莊公 : 馮)을 정(鄭)나라에서 불러[12] 임금으로 세우고 정나라와 친교를 맺었다. 장공(莊公)이 송(宋)나라에 들어왔는데 경문에기록하지 않은 것은 알려오지 않았기 때문이다. 그리고 고(郜)나라의 큰 솥을 우리 환공(桓公)에게뢰물로 바치고, 고(郜)나라에서 만든 기물이다. 제(齊)·진(陳)·정(鄭)나라에도 모두 뢰물을 바쳤기 때문에 마침내 독이 송장공(宋莊公)의 재상이 되었다.

---

夏 四月 取郜大鼎于宋 戊申 納于大廟

여름 4월에 고(郜)나라의 큰 솥을 송(宋)나라에서 가져와서 무신일에 태묘(大廟)에 들여놓았다.

---

大廟 周公廟

태묘(大廟)는 주공(周公)의 사당이다.

夏 四月 取郜大鼎于宋 戊申 納于大廟 非禮也 臧哀伯諫曰 臧哀伯 魯大夫僖伯之子 君人者 將昭德塞違 以臨照百官 猶懼或失之 故昭令德以示子孫 是以清廟茅屋 大路越席 越 音活 大路 玉路 祀天車 越席 結草爲席 大羹不致 大羹 肉汁 不和五味 粢食不鑿 黍稷曰粢 不精鑿 昭其儉也 袞冕黻珽 袞 畫衣 冕 冠 黻 蔽膝 珽 玉笏 帶裳幅舄 幅 音逼 帶 革帶 衣下曰裳 幅 行縢 舄 複履 衡紞紘綖 紞 音膽 紘 音宏 綖 音延 衡 維持冠者 紞 冠之垂者 紘 纓從下而上者 綖 冠上履 昭其度也 藻率鞞鞛 率 音律 鞞 音丙 鞛 音菶 藻率 所以藉玉 鞞 佩刀上飾 鞛 下飾 鞶厲游

---

纓 鞶 紳帶 厲 帶之垂者 游 旌旗之游 纓 在馬膺前 **昭其數也 火龍黼黻** 火 畫火 龍 畫龍 白與黑謂

之黼 黑與靑謂之黻 **昭其文也 五色比象 昭其物也** 車服器械之有五色 比象天地四方 **錫鸞和鈴**

**昭其聲也** 錫 音揚 錫 在馬額 鸞 在鑣 和 在衡 鈴 在旗 **三辰旂旗 昭其明也** 三辰 日月星

여름 4월에 송(宋)나라에서 고(郜)나라의 큰 솥을 가져와 무신일에 태묘(大廟)에 들여놓았으니, 례에 맞는 일이 아니었다. 장애백(臧哀伯)이 간하기를 장애백(臧哀伯)은 로(魯)나라 대부 희백(僖伯)의 아들이다. "임금이 된 사람은 덕을 밝히고 사악함을 막아서 백관에게 림하여 비춰 주더라도 오히려 잘못될까 두려워해야 합니다. 그러므로 아름다운 덕을 밝혀 자손들에게 보여야 하는 것입니다. 이 때문에 청묘(淸廟)의 지붕을 띠풀로 이고, 대로(大路)의 방석을 활석(越席)으로 하며, 활(越)은 음이 활(活)이다. 대로(大路)는 옥로(玉路)로 하늘에 제사를 지낼 때 타는 수레이다. 활석(越席)은 풀을 엮어서 만든 자리이다. 대갱(大羹)을 조미하지 않고, 대갱(大羹)은 고깃국으로 다섯 가지 맛의 조미를 하지 않는 것이다. 자사(粢食)를 정밀하게 찧지 않는 것은 기장과 피를 자(粢)라 하며 정밀하게 찧지 않는다. 검소함을 밝히기 위한 것입니다. 곤면불정(袞冕黻珽)과 곤(袞)은 문양이 그려진 옷이다. 면(冕)은 관(冠)이다. 불(黻)은 무릎가리개이다. 정(珽)은 옥으로 만든 홀이다. 대상핍석(帶裳幅舃)과 핍(幅)은 음이 핍(逼)이다. 대(帶)는 가죽띠이다. 아래옷을 상(裳)이라 한다. 핍(幅)은 행등(行 滕)[13]이다. 석(舃)은 복리(複履)[14]이다. 형담굉연(衡紞紘綖)은 담(紞)은 음이 담(膽)이고, 굉(紘)은 음이 굉(宏)이며, 연(綖)은 음이 연(延)이다. 형(衡)[15]은 관(冠)을 고정시켜 주는 것이고, 담(紞)[16]은 관(冠)의 늘어진 끈이다. 굉(紘)[17]은 관끈이 아래로부터 올라간 것이다. 연(綖)[18]은 관 위의 덮개이다. 법도를 밝히기 위한 것입니다. 조률병봉(藻率鞞鞛)과 률(率)은 음이 률(律)이다. 병(鞞)은 음이 병(丙)이다. 봉(鞛)은 음이 봉(奉)이다. 조률(藻率)은 옥(玉) 받침이다. 병(鞞)은 허리에 차는 칼의 위 장식이고 봉(鞛)은 아래 장식이다. 반려유영(鞶厲游纓)은 반(鞶)은 큰 허리띠이고 려(厲)는 허리띠의 늘어진 부분이다. 유(游)는 깃발의 수술이고 영(纓)은 말의 가슴 앞에 매는 끈이다. 그 존비(尊卑)의 수를 밝히기 위한 것입니다. 화룡보불(火龍黼黻)은 화(火)는 불을 그린 것이고, 룡(龍)은 룡을 그린 것이다. 흰색과 검은색으로 수놓은 것을 보(黼)[19]라 하고, 검은색과 청색으로 수놓은 것을 불(黻)[20]이라 한다. 문채[文]를 밝히기 위한 것이고, 오색(五色)

---

13) 행등(行滕) : 정강이를 감싸는 천. 행전(行纏)이라고도 한다.

14) 복리(複履) : 밑창에 나무를 덧대어 진흙이 발에 묻지 않게 만든 신발.

15) 형(衡) : 관(冠)을 머리에 고정시켜 움직이지 않게 하는 비녀의 일종.

16) 담(紞) : 관(冠)에 귀막이 옥(玉)을 매다는 끈.

17) 굉(紘) : 관(冠)을 머리에 고정시키는 끈. 턱 아래로 드리워서 형(衡)의 량쪽에 묶는다.

18) 연(綖) : 관(冠)의 윗부분을 검은 베나 비단으로 싸는 장식.

19) 보(黼) : 칼날 부분은 흰색, 몸통 부분은 검은색 실로 수놓은 도끼문양.

20) 불(黻) : 한 쪽은 검은색, 한 쪽은 파란색 실로 기(己)자를 서로 등지게 수놓은 문양.

으로 각종 물상(物象)에 견주는 것은 물성[物]을 밝히기 위한 것입니다. 수레와 옷과 기계에 오색이 있는 것은 천지 사방에 견주어 상징한 것이다. 양란화령(鍚鸞和鈴)은 소리[聲]를 밝히기 위한 것이고, 양(鍚)은 음이 양(揚)이다. 양(鍚)은 말의 이마에 있는 방울이고, 란(鸞)은 말의 재갈에 있는 방울이며, 화(和)는 형(衡)에 있는 방울이고, 령(鈴)은 깃발에 있는 방울이다. 3신(辰)을 그린 깃발은 밝음[明]을 밝히기 위한 것입니다. 3신(辰)은 일(日)·월(月)·성(星)이다.

夫德 儉而有度 登降有數 登降謂上下尊卑 文物以紀之 聲明以發之 以臨照百官 百官於是乎戒懼 而不敢易紀律 今滅德立違 謂立華督違命之臣 而實其賂器於大廟 以明示百官 百官象之 其又何誅焉 國家之敗 由官邪也 官之失德 寵賂章也 郜鼎在廟 章孰甚焉 武王克商 遷九鼎于雒邑 義士猶或非之 伯夷之屬 而況將昭違亂之賂器於大廟 其若之何 公不聽 周內史聞之曰 臧孫達其有後於魯乎 君違 不忘諫之以德 內史周大夫官 臧孫達 卽哀伯

무릇 덕(德)은 검소하면서도 법도가 있으며, 등강(登降)에는 정해진 수가 있습니다. 등강(登降)은 상(上)·하(下)·존(尊)·비(卑)의 구분을 이른다. 문(文)과 물(物)로 귀천을 기록하고 성(聲)과 명(明)으로 덕을 드러내어 백관에게 림하여 비추어주면 백관은 이에 경계하고 두려워하여 감히 기률(紀律)을 어기지 못합니다. 지금 덕을 버리시고 명(命)을 어긴 이를 세우고 화독(華督)처럼 명을 어긴 신하를 세운 것을 이른다. 뢰물로 받은 기물(器物)을 태묘(大廟)에 두어서 백관에게 밝게 보이시니, 백관이 이를 본받는다면 어떻게 그들을 처벌할 수 있겠습니까. 국가가 패망하는 것은 관리의 사악함에서 말미암고, 관리가 덕을 상실하는 것은 사사로운 총애와 뢰물이 드러나기 때문입니다. 그런데 고(郜)나라의 큰 솥을 태묘에 두었으니 사사로운 총애와 뢰물을 드러냄이 이보다 심한 것이 무엇이겠습니까. 옛날 무왕(武王)이 상(商)나라를 이기고 구정(九鼎)[21]을 락읍(雒邑 : 洛邑)으로 옮기자 의사(義士)들은 오히려 이를 비난하였는데, 백이(伯夷)와 같은 부류이다. 하물며 명을 어기고 반란을 일으킨 자에게서 뢰물로 받은 기물을 태묘에 두어서 백관에게 밝게 보이려 하시니, 어떻게 하실 생각이십니까?'라고 하였으나 환공(桓公)은 듣지 않았다. 주(周)나라 내사(內史)가 듣고 말하기를 "장손달(臧孫達)은 아마도 후손들이 로(魯)나라에서 오래도록 직위를 유지할 것이다. 임금이 법도를 어김에 덕으로써 간하기를 잊지 않았도다."라고 하였다. 내사(內史)는 주(周)나라 대부의 관직이다. 장손달

---

21) 구정(九鼎) : 하(夏)나라 우왕(禹王)이 구주(九州)에서 쇠를 거두어들여 주조하였다는 솥. 하(夏)·은(殷)·주(周)대에 걸쳐 보기(寶器)로 보전되었다.

(臧孫達)은 곧 애백(哀伯)이다.

---

## 秋 七月 杞侯來朝

가을 7월에 기후(杞侯)가 와서 조견하였다.

---

杞 公穀作紀

기(杞)는 《공양전(公羊傳)》과 《곡량전(穀梁傳)》에는 기(紀)로 되어 있다.

### 秋 七月 杞侯來朝 不敬 杞侯歸 乃謀伐之

가을 7월에 기후(杞侯)가 와서 조견하였는데 공경하지 않으니, 기후가 돌아간 뒤에 그를 칠 것을 모의하였다.

---

## 蔡侯鄭伯會于鄧

채후(蔡侯)와 정백(鄭伯)이 등(鄧) 땅에서 회합하였다.

---

鄧 蔡地

등(鄧)은 채(蔡)나라 땅이다.

### 蔡侯鄭伯會于鄧 始懼楚也 楚武王僭稱王 欲害中國 蔡鄭近楚故懼

채후(蔡侯)와 정백(鄭伯)이 등(鄧) 땅에서 회합하였으니, 비로소 초(楚)나라를 두려워한 것이다. 초무왕(楚武王)이 참람되이 왕이라 일컫고 중국을 해치고자 하니, 채(蔡)나라와 정(鄭)나라가 초나라에 가까이 있었기 때문에 두려워한 것이다.

---

## 九月 入杞

9월에 기(杞)나라로 쳐들어갔다.

---

不稱主帥 微者也

주장(主將)을 칭하지 않은 것은 신분이 미천한 자였기 때문이다.

## 九月 入杞 討不敬也

9월에 기(杞)나라로 쳐들어갔으니, 기나라의 공경치 못한 행동을 토죄한 것이다.

---

### 公及戎盟于唐

환공(桓公)이 융(戎)과 당(唐) 땅에서 맹약하였다.

---

**公及戎盟于唐 修舊好也** 惠隱之好

환공(桓公)이 융(戎)과 당(唐) 땅에서 맹약하였으니, 예전의 우호를 다진 것이다. 혜공(惠公)과 은공(隱公) 때 맺은 우호이다.

---

### 冬 公至自唐

겨울에 환공(桓公)이 당(唐) 땅에서 돌아왔다.

---

此書至之始

이는 돌아온 것을 경문에 기록한 시초이다.

**冬 公至自唐 告于廟也 凡公行 告于宗廟 反行 飮至 舍爵策勳焉 禮也** 爵 酒器 旣飮置 爵 書勳勞於策 **特相會 往來稱地 讓事也** 特相會 公與一國會也 會必有主 二人獨會則兩讓 會事不 成 故但書地 **自參以上 則往稱地 來稱會 成事也**

겨울에 환공(桓公)이 당(唐) 땅에서 돌아와서 종묘에 고하였다. 무릇 공(公)이 출행할 때에는 종묘에 고하고, 돌아와서는 종묘에서 술을 마시는 의식을 행하고, 그다음 잔(爵)을 내려놓고 공훈을 간책(簡策)에 기록하는 것이 례이다. 작(爵)은 술그릇이다. 술을 마시는 의식을 행하고 나서 잔을 내려놓고서 공훈을 간책(簡策)에 기록하는 것이다. 두 나라만의 회합은 갈 때와 올 때 모두 장소를 칭하니, 이는 서로 주재하는 일을 사양하였기 때문이다. 두 나라만의 회합은 공(公)이 한 나라와 회합하는 것이다. 회합에는 반드시 주재자가 있어야 하는데, 두 사람만이 단독으로 회합하면 서로 양보하여 회합의 일이 이루어지지 않는다. 그러므로 경문에 장소만을 기록하는 것이다. 세 나라 이상의 회합에는 갈 때는 장소를 칭하고 올 때는 회합하였다고만 칭하니, 이는 회합의 일을 이루었기 때문이다.

# 환공(桓公) 3년 【壬申 B.C.709】

三年 春 正月
3년 봄 정월이다.

三年 不書王 見桓之無王也
3년에 왕을 경문에 기록하지 않은 것은 환공(桓公)이 왕을 무시한 것을 보인 것이다.

○初 晉穆侯之夫人姜氏以條之役生大子 命之曰仇 條 晉地 大子 文侯也 意取戰相仇怨 其弟以千畝之戰生 命之曰成師 桓叔也 千畝 地名 意取能成其衆 師服曰 異哉 君之名子也 師服 晉大夫 夫名以制義 義以出禮 禮以體政 政以正民 是以政成而民聽 易則生亂 易反易也 嘉耦曰妃 怨耦曰仇 古之命也 古有此言 今君命大子曰仇 弟曰成師 始兆亂矣 兄其替乎

○이보다 앞서 진목후(晉穆侯)의 부인(夫人) 강씨(姜氏)가 조(條) 땅에서 싸움이 났을 때 태자를 낳아서 이름을 구(仇)라 하고, 조(條)는 진(晉)나라 땅이다. 태자는 문후(文侯)이다. 싸움으로 서로 원수[仇怨]가 된 데에서 뜻을 취한 것이다. 그 아우가 천묘(千畝)에서 싸움이 났을 때 태어나니 이름을 성사(成師)라 하였다. 성사(成師)는 환숙(桓叔)이다. 천묘(千畝)는 땅 이름이다. 성사는 많은 무리를 이룬 데에서 뜻을 취한 것이다. 사복(師服)이 말하기를 "괴이하도다. 임금이 그 아들의 이름을 지음이여. 사복(師服)은 진(晉)나라 대부이다. 무릇 이름으로써 의(義)를 제정하고, 의로써 례(禮)를 내며, 례로써 정치의 근간을 삼고, 정치로써 백성을 바로잡는 것이다. 그러므로 정치가 이루어지고 백성이 따르는 것이니, 이를 어기면[易] 란이 일어나게 된다. 역(易)은 어김이다. 좋은 짝을 비(妃)라 하고 원수 같은 짝을 구(仇)라 함은 예로부터 명명(命名)한 것인데, 예로

부터 이런 말이 있었다. 지금 임금이 태자의 이름을 구라 하고 아우의 이름을 성사라 하였으니, 이는 란이 일어날 조짐이며 형이 아마도 쇠미해질 것이다."라고 하였다.

惠之二十四年 晉始亂 故封桓叔于曲沃 惠 魯惠公 晉文侯卒 子昭侯元年 封成師爲曲沃伯 靖侯之孫欒賓傅之 靖侯 桓叔高祖 師服曰 吾聞國家之立也 本大而末小 是以能固 故天子建國 立諸侯也 諸侯立家 卿大夫稱家 卿置側室 側室 衆子 大夫有貳宗 適子爲小宗 次子爲貳宗 士有隸子弟 士卑 自以其子弟爲僕隸 庶人工商 各有分親 皆有等衰 庶人無復尊卑 以親疎爲分別 衰 殺也 是以民服事其上 而下無覬覦 今晉 甸侯也 而建國 本旣弱矣 其能久乎 諸侯在甸服者

혜공(惠公) 24년에 진(晉)나라가 어지러워지기 시작하였다. 그러므로 환숙(桓叔 : 成師)을 곡옥(曲沃)에 봉하였는데 혜(惠)는 로혜공(魯惠公)이다. 진문후(晉文侯)가 졸하고 아들 소후(昭侯)가 즉위한 원년에 성사(成師)를 봉하여 곡옥백(曲沃伯)으로 삼았다. 정후(靖侯)의 손자 란빈(欒賓)이 환숙을 보좌하였다. 정후(靖侯)는 환숙(桓叔)의 고조(高祖)이다. 사복(師服)이 말하기를 "나는 국가의 존립은 근본이 크고 지엽이 작아야 굳건히 할 수 있다고 들었다. 그러므로 천자는 국(國)을 세우고, 제후(諸侯)를 세우는 것이다. 제후는 가(家)를 세우고, 경대부(卿大夫)를 가(家)라고 칭한다. 경(卿)은 측실(側室)을 두고,22) 측실(側室)은 중자(衆子)23)이다. 대부(大夫)는 이종(貳宗)을 두고, 적자(適子)가 소종(小宗)이 되고, 차자(次子)가 이종(貳宗)이 된다.24) 사(士)는 자제를 복예(僕隸)로 삼고, 사(士)는 신분이 낮아서 스스로 그 자제를 복예(僕隸)로 삼는다. 서인(庶人)·공인(工人)·상인(商人)은 각각 친함으로 구분하여 등급에 차등[衰]을 둔다. 서인(庶人)은 다시 신분이 높고 낮은 차등이 없기 때문에 사이가 가깝고 먼 정도에 따라 구분한다. 최(衰)는 차등이다. 이 때문에 백성은 윗사람에게 복종하여 섬기며 아랫사람은 윗자리를 넘보는 일이 없게 된다. 그런데 지금 진나라는 전후(甸侯)25)로서 또 하나의 나라를 세워26) 근본이 이미 쇠약해졌으니, 어찌 오래 갈 수 있겠는가."라고 하였다. 제후(諸侯)로서 전복(甸服)에 속해 있는 자이다.

---

22) 경(卿)은~두고 : 경(卿)의 중자(衆子) 가운데 한 명이 측실(側室)이라는 벼슬을 맡는다.

23) 중자(衆子) : 적장자(適長子) 이외의 모든 아들.

24) 적자(適者)가~된다 : 소종(小宗)과 이종(貳宗)은 모두 진(晉)나라 벼슬이다.

25) 전후(甸侯) : 전복(甸服)의 구역에 있는 제후(諸侯). 주(周)나라 때 왕성(王城) 밖의 구역(區域)을 5백 리 단위로 9등급으로 나누었는데 이를 9복(服)이라고 하며, 그 가운데 전복은 후복(侯服) 다음의 구역에 해당한다.

26) 또 하나의~세워 : 환숙(桓叔)을 곡옥(曲沃)에 봉한 일이다.

**惠之三十年 晉潘父弑昭侯而納桓叔 不克** 潘父 晉大夫 **晉人立孝侯** 昭侯子

혜공(惠公) 30년에 진(晉)나라 반보(潘父)가 소후(昭侯)를 시해하고 환숙(桓叔)을 맞이하려 하였으나 이루지 못하였다. 반보(潘父)는 진(晉)나라 대부이다. 진인(晉人)이 효후(孝侯)를 임금으로 세웠다. 효후(孝侯)는 소후(昭侯)의 아들이다.

**惠之四十五年 曲沃莊伯伐翼 弑孝侯** 莊伯 桓叔子 **翼人立其弟鄂侯 鄂侯生哀侯 哀侯侵陘庭之田** 陘庭 翼邑 **陘庭南鄙啓曲沃伐翼**

혜공(惠公) 45년에 곡옥장백(曲沃莊伯)이 익(翼) 땅을 쳐서 효후(孝侯)를 시해하니, 장백(莊伯)은 환숙(桓叔)의 아들이다. 익인(翼人)이 그 아우 악후(鄂侯)를 임금으로 세웠다. 악후는 애후(哀侯)를 낳았다.27) 애후가 형정(陘庭)의 전지를 침범하니, 형정(陘庭)은 익읍(翼邑)이다. 형정의 남쪽 변경 사람들이 곡옥(曲沃)을 인도하여 익 땅을 쳤다.

**三年 春 曲沃武公伐翼 次于陘庭 韓萬御戎 梁弘爲右** 武公 莊伯子 韓萬 莊伯弟也 御戎 僕也 右 戎車之右 **逐翼侯于汾隰** 汾 水名 隰 水邊 **驂絓而止** 絓 音掛 言驂絓於木 **夜獲之 及欒共叔** 共叔 欒賓之子 翼侯之傅

3년 봄에 곡옥무공(曲沃武公)이 익(翼) 땅을 치려고 형정(陘庭)에 주둔하였다. 한만(韓萬)이 융거(戎車)를 몰고 량홍(梁弘)이 거우(車右)가 되어28), 무공(武公)은 장백(莊伯)의 아들이다. 한만(韓萬)은 장백(莊伯)의 아우이다. 융거(戎車)를 모는 자를 복(僕)이라고 한다. 거우(車右)는 융거의 오른쪽에 자리한다. 분수(汾水)의 개[隰]에서 익후(翼侯 : 哀侯)를 뒤쫓았다. 분(汾)은 물 이름이다. 습(隰)은 물가이다. 익후의 참마(驂馬)가 나무에 걸려[絓] 멈추니, 괘(絓)는 음이 괘(掛)이니, 참마(驂馬)가 나무에 걸렸다는 말이다. 밤에 익후를 잡고 아울러 란공숙(欒共叔)도 잡았다. 공숙(共叔)은 란빈(欒賓)의 아들로 익후(翼侯)의 보좌이다.

---

**公會齊侯于嬴**

환공(桓公)이 제후(齊侯)와 영(嬴) 땅에서 회합하였다.

---

27) 악후는~낳았다 : 악후(鄂侯)가 애후(哀侯)를 낳고 로은공(魯隱公) 5년에 수(隨)나라로 망명하였다. 그 해 가을에 주왕(周王)이 애후를 익(翼)의 임금으로 세웠다.

28) 융거(戎車)를~되어 : 융거(戎車)는 싸움할 때 타는 수레로 지휘관은 왼쪽, 수레를 모는 자는 가운데, 경호를 맡은 거우(車右)는 오른쪽에 자리한다.

嬴 齊邑

영(嬴)은 제(齊)나라 읍이다.

## 會于嬴 成昏于齊也

영(嬴) 땅에서 회합하였으니, 제(齊)나라와 혼사를 이루기 위해서였다.

## 夏 齊侯衛侯胥命于蒲

여름에 제후(齊侯)와 위후(衛侯)가 포(蒲) 땅에서 서명(胥命)하였다.

蒲 衛地 此諸侯私相命之始

포(蒲)는 위(衛)나라 땅이다. 이 일은 제후(諸侯)가 사사로이 상명(相命)[29]한 시초이다.

## 夏 齊侯衛侯胥命于蒲 不盟也 交相命而不歃血也

여름에 제후(齊侯)와 위후(衛侯)가 포(蒲) 땅에서 서명(胥命)하였으니, 맹약하지는 않은 것이다. 서로 상명(相命)하기만 하고 삽혈하지 않은 것이다.

## 六月 公會杞侯于郕

6월에 환공(桓公)이 기후(杞侯)와 성(郕) 땅에서 회합하였다.

杞 公作紀

기(杞)는 《공양전(公羊傳)》에는 기(紀)로 되어 있다.

## 公會杞侯于郕 杞求成也

환공(桓公)이 기후(杞侯)와 성(郕) 땅에서 회합하였으니, 기(杞)나라가 화친을 요구하였기 때문이다.[30]

---

29) 상명(相命) : 삽혈(歃血) 의식을 행하지 않고 말로만 하는 맹약. 서명(胥命)이라고도 한다.
30) 환공(桓公)이~때문이다 : 환공(桓公) 2년 9월에 로(魯)나라가 기(杞)나라로 쳐들어간 일에 대하여 기나라

> 秋 七月 壬辰朔 日有食之 旣
>
> 가을 7월 초하루 임진일에 개기[旣] 일식이 있었다.

旣 盡也

기(旣)는 다함이다.

> 公子翬如齊逆女
>
> 공자 휘(翬)가 제(齊)나라에 가서 공녀(公女)를 맞이하였다.

禮 君有故 則使卿逆

례에 임금이 일이 있으면 경(卿)을 보내어 맞이한다.

**秋 公子翬如齊逆女 修先君之好 故曰公子** 昏禮 必稱先君 以爲禮辭

가을에 공자 휘(翬 : 羽父)가 제(齊)나라에 가서 공녀(公女)를 맞이하였으니, 이는 선군 때의 우호를 다진 것이다.[31] 그러므로 공자라고 한 것이다. 혼례에 있어 반드시 선군을 칭하는 것은 례의상 쓰는 말이다.

> 九月 齊侯送姜氏于讙
>
> 9월에 제후(齊侯)가 환(讙) 땅까지 강씨(姜氏)를 호송하였다.

已去齊 故不言女 未至魯 故不稱夫人 讙 魯地

이미 제(齊)나라를 떠났기 때문에 녀(女)라 말하지 않았고, 아직 로(魯)나라에 이르지 않았기 때문에 부인(夫人)이라 칭하지 않았다. 환(讙)은 로나라 땅이다.

---

가 화친을 요구한 것이다.

31) 선군~것이다 : 이때 환공(桓公)의 혼례가 선군인 혜공(惠公)의 뜻으로 이루어졌음을 나타내기 위하여 혜공의 아들 즉 공자 휘(翬)라고 경문에 기록한 것이다.

齊侯送姜氏 非禮也 凡公女嫁于敵國 姊妹 則上卿送之 以禮於先君 公子 則下卿送之 於大國 雖公子 亦上卿送之 於天子 則諸卿皆行 公不自送 於小國 則上大夫送之

제후(齊侯)[32]가 강씨(姜氏)를 호송하였으니, 례에 맞는 일이 아니었다. 무릇 공녀(公女)가 대등한 나라로 시집갈 때 임금의 자매이면 상경(上卿)이 호송하여 선군에 대한 례를 표하고, 임금의 딸[公子][33]이면 하경(下卿)이 호송한다. 큰 나라로 시집갈 때는 비록 임금의 딸이라도 상경이 호송하고, 천자에게 시집갈 때는 여러 경(卿)이 함께 따라가고 임금이 몸소 호송하지는 않는다. 작은 나라로 시집갈 때는 상대부(上大夫)가 호송한다.

公會齊侯于讙 夫人姜氏至自齊

환공(桓公)이 제후(齊侯)와 환(讙) 땅에서 회합하였다. 부인(夫人) 강씨(姜氏)가 제(齊)나라에서 왔다.

冬 齊侯使其弟年來聘

겨울에 제후(齊侯)가 그 아우 년(年)을 보내와서 빙문하였다.

冬 齊仲年來聘 致夫人也 女出嫁 使大夫聘問 所以致成婦禮

겨울에 제(齊)나라 중년(仲年 : 年)이 와서 빙문하였으니 이는 부인(夫人)에 대한 례를 다하기 위해서였다. 공녀(公女)가 출가하면 대부를 보내어 빙문하게 하는데, 이는 시집간 녀재[婦]에 대한 례를 마무리 짓기[致成] 위한 것이다.

有年

풍년이 들었다.

---

32) 제후(齊侯) : 강씨(姜氏)의 아버지인 제희공(齊僖公)이다.
33) 임금의 딸[公子] : 제후(諸侯)가 낳은 딸. 또한 제후의 아들이 대부가 되어도 공자(公子)라고 칭한다.

五穀皆熟

오곡이 모두 잘 익은 것이다.

# 환공(桓公) 4년 【癸酉 B.C.708】

四年 春 正月 公狩于郎

4년 봄 정월에 환공(桓公)이 랑(郞) 땅에서 사냥하였다.

此蒐狩之始

이것은 수수(蒐狩)[34]를 행한 시초이다.

四年 春 正月 公狩于郞 書時禮也 狩 冬獵 周之春 夏之冬也

4년 봄 정월에 환공(桓公)이 랑(郞) 땅에서 사냥(狩)하였다고 하였으니, 경문에 때가 례에 맞았음을 기록한 것이다. 수(狩)는 겨울사냥이다. 주(周)나라의 봄은 하(夏)나라의 겨울이다.

夏 天王使宰渠伯糾來聘

여름에 천왕이 재(宰)인 거백규(渠伯糾)를 보내와서 빙문하였다.

宰 官 渠 氏 伯糾 名 不書秋冬首月 史闕文 他皆倣此

재(宰)는 벼슬이고 거(渠)는 씨(氏)이며 백규(伯糾)는 이름이다. 가을과 겨울의 첫 달을 경문에 기록하지 않은 것은 사관이 글을 빠뜨린 것이다. 다른 곳도 모두 이와 같다.

---

34) 수수(蒐狩) : 수(蒐)는 봄에 새끼를 배지 않은 짐승만을 골라서 잡는 것이고, 수(狩)는 겨울에 짐승을 몰아 길목을 지켜 잡는 것이다. 주력(周曆)의 정월은 하력(夏曆)의 겨울이다.

**夏 周宰渠伯糾來聘 父在 故名** 攝父職 出聘 故書名以譏

여름에 주(周)나라 재(宰)인 거백규(渠伯糾)가 와서 빙문하였다고 하였으니, 그 아버지가 생존하였기 때문에 이름을 기록한 것이다. 아버지의 직책을 대신하여 빙문나왔기 때문에 경문에 이름을 기록하여 비난한 것이다.

○**芮伯萬之母芮姜惡芮伯之多寵人也 故逐之 出居于魏** 芮魏皆國名 **秋 秦師侵芮 敗焉** 小之也 秦輕芮而敗 **冬 王師秦師圍魏 執芮伯以歸**

○예백(芮伯) 만(萬)의 어머니 예강(芮姜)은 예백이 총애하는 사람이 많은 것을 미워하였다. 그러므로 예백을 축출하니[35] 위(魏)나라로 나가 살았다. 예(芮)와 위(魏)는 모두 나라 이름이다. 가을에 진(秦)나라 군대가 예(芮)나라를 침범하였다가 패하였으니, 이는 가볍게 여겼기 때문이다. 진(秦)나라가 예(芮)나라를 가볍게 여겨서 패한 것이다. 겨울에 왕의 군대와 진나라 군대가 위나라를 포위하고 예백을 사로잡아 돌아갔다.

# 환공(桓公) 5년 【甲戌 B.C.707】

五年 春 正月 甲戌 己丑 陳侯鮑卒

5년 봄 정월 갑술일과 기축일에 진후(陳侯) 포(鮑)가 졸하였다.

**五年 春 正月 甲戌 己丑 陳侯鮑卒 再赴也** 趙匡曰 左氏云再赴 非也 經文 甲戌下 當記陳佗作亂之事 全簡脫之耳 **於是陳亂 文公子佗殺大子免而代之** 免 音問 佗 桓公弟 免 桓公大子 **公疾病而亂作 國人分散 故再赴**

5년 봄 정월 갑술일과 기축일에 진후(陳侯) 포(鮑)가 졸하였다고 한 것은 두 차례 부고하

---

35) 예백을 축출하니 : 예백(芮伯)이 총애한 녀자와 남자가 모두 어진 덕이 있는 사람이 아니므로 예백을 축출한 것이라는 설이 있다.

였기 때문이다. 조광(趙匡)이 말하기를 "좌씨(左氏)가 두 차례 부고하였다고 한 것은 잘못이다. 경문의 갑술일 다음에 마땅히 진(陳)나라 타(佗)가 란을 일으킨 일이 기록되어야 하는데 죽간 전체가 빠진 것이다."라고 하였다. 이때 진(陳)나라에 란이 일어나 문공(文公)의 아들 타(佗)가 태자 문(免)을 죽이고 대신 임금이 되었다. 문(免)은 음이 문(問)이다. 타(佗)는 환공(桓公)의 아우이고, 문은 환공의 태자이다. 진환공(陳桓公 : 鮑)의 병이 위중해지자 란이 일어나 국인들이 분산되었기 때문에 두 차례 부고한 것이다.

---

## 夏 齊侯鄭伯如紀

여름에 제후(齊侯)와 정백(鄭伯)이 기(紀)나라에 갔다.

---

### 夏 齊侯鄭伯朝于紀 欲以襲之 紀人知之

여름에 제후(齊侯)와 정백(鄭伯)이 기(紀)나라에 가서 조견하고 기나라를 습격하려고 하니 기인(紀人)이 그 사실을 알았다.

---

## 天王使仍叔之子來聘

천왕이 잉숙(仍叔)의 아들을 보내와서 빙문하였다.

仍 穀作壬 ○仍 氏 叔 字 天子大夫

잉(仍)은 《곡량전(穀梁傳)》에는 임(壬)으로 되어 있다. ○잉(仍)은 씨(氏)이고 숙(叔)은 자(字)이며 천자의 대부이다.

---

### 仍叔之子 弱也 弱 幼也

잉숙(仍叔)의 아들이라고 한 것은 어렸기[弱] 때문이다. 약(弱)은 어림이다.

---

## 葬陳桓公

진(陳)나라 환공(桓公)의 장례를 지냈다.

> ## 城祝丘
> 축구(祝丘)에 성을 쌓았다.

齊鄭將襲紀故也

제(齊)나라와 정(鄭)나라가 기(紀)나라를 습격하려고 하였기 때문이다.[36]

> ## 秋 蔡人衛人陳人從王伐鄭
> 가을에 채인(蔡人)·위인(衛人)·진인(陳人)이 왕을 따라 정(鄭)나라를 쳤다.

王奪鄭伯政 鄭伯不朝 秋 王以諸侯伐鄭 鄭伯禦之 王爲中軍 虢公林父將右軍 蔡人衛人屬焉 虢公林父 王卿士 周公黑肩將左軍 陳人屬焉

왕이 정백(鄭伯)의 정권을 빼앗으니[37] 정백이 조현하지 않았다. 가을에 왕이 제후들을 거느리고 정(鄭)나라를 쳤는데 정백이 방어하였다. 왕이 중군을 맡았으며, 괵공(虢公) 림보(林父)가 우군을 거느리고 채인(蔡人)과 위인(衛人)이 이에 배속되었으며, 괵공(虢公) 림보(林父)는 왕의 경사(卿士)이다. 주공(周公) 흑견(黑肩)이 좌군을 거느리고 진인(陳人)이 이에 배속되었다.

鄭子元請爲左拒 以當蔡人衛人 拒 方陳 爲右拒 以當陳人 曰 陳亂 民莫有鬪心 若先犯之 必奔 王卒顧之 必亂 蔡衛不枝 不能枝持 固將先奔 旣而萃於王卒 可以集事 從之

정(鄭)나라 자원(子元 : 突)이 좌거(左拒)를 만들어 채인(蔡人)과 위인(衛人)을 대적하고 거(拒)는 방형(方形)의 군진(軍陳)이다. 우거(右拒)를 만들어 진인(陳人)을 대적하기를 청하며 말하기를 "진(陳)나라는 란이 일어나 백성이 싸우려는 마음이 없습니다. 만약 먼저 진인을 공격한다면 반드시 달아날 것이고, 왕의 군사들도 이를 보면 반드시 혼란해질 것입니다. 그러면

---

36) 제(齊)나라와~때문이다 : 로(魯)나라의 축구(祝丘)는 기(紀)나라와 린접한 지역이기 때문에 제(齊)나라와 정(鄭)나라가 기나라를 습격하면서 로나라를 침범하지 않을까 념려하여 축구에 성을 쌓은 것이다.

37) 왕이~빼앗으니 : 정백(鄭伯)은 왕실의 경사(卿士)였는데 이때 그 직책을 빼앗아 정백이 왕실의 정사에 관여하지 못하게 한 것이다.

채(蔡)나라와 위(衛)나라도 지탱할 수 없어 지탱하여 버틸 수 없다는 것이다. 먼저 달아나려고 할 것입니다. 그런 뒤에 왕의 군사에 힘을 집중시키면 일을 이룰 수 있을 것입니다."라고 하니, 정백(鄭伯)이 그 말을 따랐다.

**曼伯爲右拒 祭仲足爲左拒 原繁高渠彌以中軍奉公 爲魚麗之陣 先偏後伍 伍承彌縫** 二十五乘爲偏 五人爲伍 以車居前 以伍次之 承偏之隙而彌縫闕漏也 **戰于繻葛** 繻葛 鄭地 **命二拒曰 旝動而鼓** 旝 旃也 執以爲號令 **蔡衛陳皆奔 王卒亂 鄭師合以攻之 王卒大敗**

정(鄭)나라 만백(曼伯：忽)이 우거(右拒)를 맡고 채중족(祭仲足)이 좌거(左拒)를 맡았으며, 원번(原繁)과 고거미(高渠彌)가 중군을 거느리고 정장공(鄭莊公)을 받들고서 어리진(魚麗陣)[38]을 치고, 앞에는 편(偏)을 배치하고 뒤에는 오(伍)를 배치하여 편에 틈이 생기면 오에서 보충하도록 하였다. 25승(乘)으로 구성된 군대를 편(偏)이라 하고 5인으로 구성된 보병을 오(伍)라고 한다. 거병(車兵)을 앞에 배치하고 오(伍)로 그 뒤를 따르게 하여, 편(偏)에 틈이 생기면 오에서 보충하여 빠진 곳을 보완하는 것이다. 수갈(繻葛)에서 싸울 때 수갈(繻葛)은 정(鄭)나라 땅이다. 두 거(拒：左拒·右拒)에 명하기를 "괴(旝)가 움직이면 북을 쳐라."라고 하였다. 괴(旝)는 붉은 깃발이다. 이 깃발을 들고 호령하는 것이다. 채인(蔡人)·위인(衛人)·진인(陳人)이 모두 도망가니 왕의 군사도 혼란에 빠졌다. 그러자 정나라 군대가 합세하여 공격하니 왕의 군사가 크게 패하였다.

**祝聃射王中肩 王亦能軍** 殿而不奔 故言能軍 **祝聃請從之 公曰 君子不欲多上人 況敢陵天子乎 苟自救也 社稷無隕 多矣 夜 鄭伯使祭足勞王 且問左右** 王師敗 不書 不可書也 爲尊者諱也

축담(祝聃)이 왕에게 활을 쏘아 어깨를 맞추었으나 왕은 또한 군대를 잘 지휘하였다. 군대의 후미에 있으면서 달아나지 않았기 때문에 군대를 잘 지휘하였다고 말한 것이다. 축담이 추격하기를 청하니, 정장공(鄭莊公)이 말하기를 "군자는 남의 위에 서는 것을 중시하려[多] 하지 않는데, 하물며 감히 천자를 릉멸할 수 있겠는가. 진실로 우리 스스로를 구제하여 사직이 망하지 않았으니 그것으로 충분하다."라고 하였다. 밤에 정백(鄭伯)이 채족(祭足：祭仲足)을 보내 왕을 위로하고 왕의 좌우 신하들도 위문하였다. 왕사(王師)가 패하였는데 경문에 기록하지 않은 것은 기록할 수 없었기 때문이다. 이는 존귀한 자를 위하여 숨긴 것이다.

---

38) 어리진(魚麗陣)：진법(陣法) 이름. 긴 타원형의 형태로 움직이는 물고기 떼의 모양을 본뜬 진형(陣形)이다.

> ## 大雩
> 크게 기우제를 지냈다.

此書雩之始

이는 경문에 기우제 지낸 것을 기록한 시초이다.

**秋 大雩 書不時也 凡祀 啓蟄而郊** 啓蟄 夏正建寅之月 祀天南郊 **龍見而雩** 建巳之月 蒼龍宿昏 見東方 雩 祈雨也 **始殺而嘗** 建酉之月 陰氣始殺 秋祭曰嘗 **閉蟄而烝** 建亥之月 昆蟲閉戶 冬祭曰烝 **過則書** 過次節 則書以譏慢

가을에 크게 기우제를 지냈다고 하였으니, 경문에 때에 맞지 않았음을 기록한 것이다. 무릇 제사는 계칩(啓蟄)[39]이 되면 교제(郊祭)[40]를 지내고, 계칩(啓蟄)은 하(夏)나라 정월인 건인(建寅)의 달[41]로, 남쪽 교외에서 하늘에 제사를 지낸다. 창룡수(蒼龍宿)[42]가 나타나면 기우제[雩]를 지내며, 건사(建巳)의 달[43]이 되면 창룡수(蒼龍宿)가 저녁 무렵 동방에 나타난다. 우(雩)는 비를 기원함이다. 숙살(肅殺)의 기운이 시작되면 상제(嘗祭)를 지내고, 건유(建酉)의 달[44]이 되면 음기가 비로소 스산해진다. 가을제사를 상(嘗)이라 한다. 폐칩(閉蟄)[45]이 되면 증제(烝祭)를 지낸다. 건해(建亥)의 달[46]이 되면 곤충이 땅속으로 들어간다. 겨울제사를 증(烝)이라 한다. 만약 시기를 넘겨 제사를 지내게 되면 경문에 기록한다. 다음 절기로 넘겨 제사를 지내게 되면 이러한 사실을 경문에 기록하여 태만함을 비난한다.

---

39) 계칩(啓蟄) : 24절기의 하나인 경칩(驚蟄)을 뜻하는 말. 동면에 들어갔던 곤충이 봄을 맞아 꿈틀거리기 시작하는 시기이다.

40) 교제(郊祭) : 교외에서 천지에 지내는 제사. 주성왕(周成王)은 로(魯)나라 시조인 주공(周公)의 공이 크다 하여 로나라에게 천자의 례인 교제(郊祭)를 지낼 수 있도록 허락하였다.

41) 건인(建寅)의 달 : 북두칠성의 자루가 초저녁에 인(寅)의 방향을 가리키는 달. 하력(夏曆)의 정월이다.

42) 창룡수(蒼龍宿) : 28수(宿) 가운데 동방 7수(宿)의 총칭.

43) 건사(建巳)의 달 : 북두칠성의 자루가 초저녁에 사(巳)의 방향을 가리키는 달. 하력(夏曆)의 4월이다.

44) 건유(建酉)의 달 : 북두칠성의 자루가 초저녁에 유(酉)의 방향을 가리키는 달. 하력(夏曆)의 8월이다.

45) 폐칩(閉蟄) : 곤충들이 동면하기 위하여 땅속으로 들어가는 것.

46) 건해(建亥)의 달 : 북두칠성의 자루가 초저녁에 해(亥)의 방향을 가리키는 달. 하력(夏曆)의 10월이다.

> 螽
>
> 메뚜기의 피해가 있었다.

螽 公作蟓 後同 ○螽 蝗也

종(螽)은 《공양전(公羊傳)》에는 상(蟓)으로 되어 있다. 이후에도 이와 같다. ○종(螽)은 메뚜기이다.

> 冬 州公如曹
>
> 겨울에 주공(州公)이 조(曹)나라에 갔다.

**冬 淳于公如曹 度其國危 遂不復** 淳于 州國所都 國有難以朝出 故不書奔

겨울에 순우공(淳于公 : 州公)이 조(曹)나라에 가서 자신의 나라가 위태로워질 것을 헤아리고서 드디어 돌아가지 않았다. 순우(淳于)는 주(州)나라의 도읍이다. 나라에 화난이 있어서 조견하러 나갔기 때문에 경문에 망명하였다고 기록하지 않은 것이다.

# 환공(桓公) 6년【乙亥 B.C.706】

> 六年 春 正月 寔來
>
> 6년 봄 정월에 아주 왔다.

寔 實也 不言州公者 承上省文 或曰 寔 州公名

식(寔)은 아주[實]라는 뜻이다. 주공(州公)을 말하지 않은 것은 위의 글에 이어 글을 생략한 것이다. 혹자는 식(寔)을 주공(州公)의 이름이라고 하였다.

**六年 春 自曹來朝 書曰寔來 不復其國也**

6년 봄에 주공(州公)이 조(曹)나라에서 와서 조견하였다. 경문에 아주 왔다[寔來]고 하였으니, 자신의 나라로 돌아가지 않았기 때문이다.

○楚武王侵隨 使薳章求成焉 隨 國名 薳章 楚大夫 軍於瑕以待之 隨人使少師董成 瑕 隨地 少師 隨大夫 董成 如涖盟也 鬪伯比言於楚子曰 吾不得志於漢東也 我則使然 鬪伯比 楚大夫 漢 水名 我張吾三軍而被吾甲兵 以武臨之 彼則懼而協以謀我 故難間也 漢東 之國 隨爲大 隨張 必棄小國 張 侈大也 小國離 楚之利也 少師侈 請羸師以張之 羸 弱 也 熊率且比曰 季梁在 何益 率 音律 且 音苴 熊率且比 楚大夫 季梁 隨賢臣 鬪伯比曰 以爲後 圖 少師得其君 言隨侯卒當用少師之計 王毁軍而納少師 毁其軍容 少師歸 請追楚師 隨侯 將許之

○초무왕(楚武王)이 수(隨)나라를 침범할 때 위장(薳章)을 보내어 수나라에 화친을 요구하고 수(隨)는 나라 이름이다. 위장(薳章)은 초(楚)나라 대부이다. 하(瑕) 땅에 주둔하면서 기다렸다. 수인(隨人)이 소사(少師)를 보내어 맹약에 림하게[董成] 하니, 하(瑕)는 수(隨)나라 땅이다. 소사(少師)는 수나라 대부이다. 동성(董成)은 리맹(涖盟)과 같다. 투백비(鬪伯比)가 초자(楚子)에게 말하기를 "우리가 한수(漢水) 동쪽에서 뜻을 얻지 못한 것은 우리가 그렇게 만든 것입니다. 투백비(鬪伯比)는 초(楚)나라 대부이다. 한(漢)은 물 이름이다. 우리가 3군(軍)을 벌여 놓고 갑옷과 무기를 갖추어 무력으로 림하였기 때문에 저들이 두려워 힘을 합쳐 우리를 도모한 것입니다. 그러므로 저들을 리간(離間)시키기가 어려웠던 것입니다. 한수 동쪽의 나라 가운데 수나라가 가장 크니, 수나라가 교만해지면[張] 반드시 작은 나라를 버릴 것입니다. 장(張)은 교만함이다. 작은 나라가 수나라를 떠나는 것은 초나라의 리익입니다. 소사는 교만한 자이니 우리 군대를 약한[羸] 것처럼 보여 그를 교만하게 만드십시오."라고 하였다. 리(羸)는 약함이다. 웅률저비(熊率且比)가 말하기를 "계량(季梁)이 있으니 그런 계책이 무슨 도움이 되겠소."라고 하자 률(率)은 음이 률(律)이다. 저(且)는 음이 저(苴)이다. 웅률저비(熊率且比)는 초(楚)나라 대부이다. 계량(季梁)은 수(隨)나라의 현신(賢臣)이다. 투백비가 말하기를 "뒷날을 위한 계책이니, 소사가 그 임금에게 신임을 얻을 것이오."라고 하였다. 수후(隨侯)가 끝내 소사(少師)의 계책을 쓸 것이라는 말이다. 그리하여 초왕(楚王)이 군대를 줄이고 소사를 맞이하였다. 군대의 위용(威容)을 줄이는 것이다. 소사가 돌아가서 초나라 군대를 추격하기를 청하니, 수후(隨侯)가 허낙하려 하였다.

季梁止之曰 天方授楚 楚之羸 其誘我也 君何急焉 臣聞小之能敵大也 小道大淫 所 謂道 忠於民而信於神也 上思利民 忠也 祝史正辭 信也 正辭 不虛稱君美 今民餒而君

**遑欲 祝史矯擧以祭 臣不知其可也** 詐稱功德 以欺鬼神 **公曰 吾牲牷肥腯 粢盛豊備 何則不信** 牲 牛羊豕 牷 純色完全也 腯 亦肥也 黍稷曰粢 在器曰盛

계량(季梁)이 만류하며 말하기를 "하늘이 바야흐로 초(楚)나라에 천운을 주었으니, 초나라가 약하게 보인 것은 우리를 유인하려는 것입니다. 임금님께서는 무엇 때문에 서두르십니까. 신이 듣건대 작은 나라가 큰 나라를 대적할 수 있는 경우는 작은 나라가 도가 있고 큰 나라가 문란할 때라고 합니다. 이른바 도라는 것은 백성에게 충(忠)을 다하고 신(神)에게 신(信)을 다하는 것입니다. 윗사람이 백성을 리롭게 할 것을 생각하는 것이 충(忠)이고, 축사(祝史)[47]가 바른말로 신(神)에게 고하는 것이 신(信)입니다. 바른말이란 거짓으로 임금의 미덕을 칭하지 않는 것이다. 지금 백성은 굶주리고 있는데 임금님께서는 욕심을 채우고, 축사는 거짓으로 공덕을 기려 제사를 지내니 신은 초나라를 치는 일이 가능한지를 알지 못하겠습니다."라고 하였다. 거짓으로 공덕을 칭하여 귀신을 속이는 것이다. 공(公 : 隨侯)이 말하기를 "내가 올리는 희생[牲]은 순색[牷]이고 살졌으며[腯] 자성(粢盛)도 풍성하게 갖추었는데 어찌 신(信)하지 않다고 하는가?"라고 하였다. 희생[牲]은 소·양·돼지이고, 전(牷)은 완전한 순색(純色)이다. 돌(腯)은 또한 살짐이다. 서직(黍稷)을 자(粢)라고 하며 제기(祭器)에 담긴 것을 성(盛)이라 한다.

**對曰 夫民 神之主也 是以聖王先成民而後致力於神 故奉牲以告曰 博碩肥腯** 謂民力之普存也 謂其畜之碩大蕃滋也 謂其不疾瘯蠡也 瘯 音簇 蠡 音蠡 瘯蠡 疥癬之類 **謂其備腯咸有也 奉盛以告曰 絜粢豊盛** 謂其三時不害而民和年豊也 三時 春夏秋 **奉酒醴以告曰 嘉栗旨酒** 言嘉善敬謹 以將美酒 **謂其上下皆有嘉德而無違心也 所謂馨香無讒慝也** 馨香之遠聞 言明德惟馨 **故務其三時 修其五教** 父子君臣夫婦長幼朋友之教 **親其九族 以致其禋祀** 自高祖至玄孫之親 **於是乎民和而神降之福 故動則有成 今民各有心 而鬼神乏主 君雖獨豊 其何福之有 君姑修政 而親兄弟之國 庶免於難 隨侯懼而修政 楚不敢伐** 爲八年楚伐隨張本

계량(季梁)이 대답하기를 "무릇 백성은 신(神)의 주인입니다. 이 때문에 성왕(聖王)은 먼저 백성의 삶을 이루어 준 뒤에 신에게 힘을 다하였습니다. 그러므로 희생을 올리며 고하기를 '크고 살졌습니다.'라고 하였으니, 이는 백성의 재력이 고르다는 것을 이른 것이며, 가축이 크고 번성함을 이른 것이며, 옴[瘯蠡] 같은 병을 앓지 않음을 이른 것이며, 족(瘯)은 음이

---

47) 축사(祝史) : 제사를 주관하는 벼슬. 신명(神明)에게 축문을 고하는 일을 맡았다.

족(族)이다. 라(蠃)는 음이 라(騍)이다. 족라(蔟蠃)는 옴 따위이다. 살진 가축을 갖추어 누구나 소유함을 이르는 것입니다. 자성(粢盛)을 올리며 고하기를 '정결한 자성이 풍성합니다.'라고 하였으니, 이는 3시(時)에 재해가 없어 백성이 화목하고 풍년이 든 것을 이른 것입니다. 3시(時)는 봄·여름·가을이다. 술과 단술을 올리며 고하기를 '아름답고 공경한 마음으로 바치는 맛있는 술입니다.'라고 하였으니 아름답고 공경하는 마음으로 맛있는 술을 바친다는 말이다. 이는 상하가 모두 아름다운 덕을 지녀 어긋나는 마음이 없는 것을 이른 것입니다. 이것이 이른바 형향(馨香)에 참특(讒慝)함이 없다는 것이니, 형향(馨香)이 멀리까지 향기를 풍긴다는 것으로, 밝은 덕이 오직 향기롭다는 말이다. 따라서 3시(時)의 농사에 힘쓰고, 5교(敎)를 닦고, 부자(父子)·군신(君臣)·부부(夫婦)·장유(長幼)·붕우(朋友)의 도리에 대한 가르침이다. 9족(族)을 친애하여 제사에 정성을 다하였던 것입니다. 9족(族)은 고조(高祖)에서 현손(玄孫)에 이르는 친족이다. 이리하여 백성이 화목하고 신이 복을 내렸으므로 움직이기만 하면 모든 일이 이루어졌던 것입니다. 그런데 지금 백성은 각각 마음이 달라서 귀신에게 주인이 없는 격이니, 임금님께서 비록 홀로 풍성하게 제사를 올린다고 해서 무슨 복이 있겠습니까. 임금님께서는 우선 정사를 닦고 형제의 나라를 친애하시면 거의 화난을 면할 수 있을 것입니다."라고 하였다. 수후(隨侯)가 두려워하여 정사를 닦으니, 초(楚)나라가 감히 치지를 못하였다. 8년에 초(楚)나라가 수(隨)나라를 치는 장본이 된다.

---

## 夏 四月 公會紀侯于成

여름 4월에 환공(桓公)이 기후(紀侯)와 성(成) 땅에서 회합하였다.

---

成 穀作郕 後同 ○成 魯地

성(成)은 《곡량전(穀梁傳)》에는 성(郕)으로 되어 있다. 이후에도 이와 같다. ○성(成)은 로(魯)나라 땅이다.

### 夏 會于成 紀來諮謀齊難也 齊欲滅紀 故來謀之

여름에 환공(桓公)이 성(成) 땅에서 회합하였으니, 기후(紀侯)가 와서 제(齊)나라가 일으킬 화난에 대처할 방책을 자문하고 모의하기 위해서였다. 제(齊)나라가 기(紀)나라를 멸하고자 하였으므로 기후(紀侯)가 와서 방책을 모의한 것이다.

○北戎伐齊 齊侯使乞師于鄭 鄭大子忽帥師救齊 六月 大敗戎師 獲其二帥大良小良 甲首三百 以獻於齊 甲首 被甲者首 於是諸侯之大夫戍齊 齊人饋之餼 牲腥曰餼 使魯

**爲其班** 後鄭 班 次也 **鄭忽以其有功也** 怒 **故有郎之師** 郎師 在十年

○북융(北戎)이 제(齊)나라를 치자 제후(齊侯)가 정(鄭)나라에 사신을 보내어 군대를 요청하니, 정나라 태자 홀(忽)이 군대를 거느리고 제나라를 구원하였다. 6월에 융(戎)의 군대를 대패시키고 두 장수 대량(大良)·소량(小良)과 갑수(甲首) 3백을 획득하여 제나라에 바쳤다. 갑수(甲首)는 갑옷 입은 자의 머리이다. 그때 제후(諸侯)의 대부들이 제나라를 지키고 있었는데 제인(齊人)이 그들에게 날고기[餼]를 보내었다. 희생으로 사용한 날고기를 희(餼)라고 한다. 이때 로(魯)나라로 하여금 고기를 나누어주는 차례[班]를 정하게 하였는데 정나라를 뒤에다 두었다. 반(班)은 차례이다. 정나라 홀은 자기가 공이 있다고 여겼기 때문에 노하였다. 그러므로 랑(郎) 땅의 싸움이 있게 되었다. 랑(郎) 땅의 싸움은 10년에 있다.[48]

**公之未昏於齊也 齊侯欲以文姜妻鄭大子忽 大子忽辭 人問其故 大子曰 人各有耦 齊大 非吾耦也 詩云 自求多福 在我而已 大國何爲**

앞서 환공(桓公)이 제(齊)나라와 혼인[49]을 하기 전에 제후(齊侯)가 문강(文姜)을 정(鄭)나라 태자 홀(忽)에게 시집보내려 하였는데 태자 홀이 사양하였다. 어떤 사람이 그 까닭을 물으니, 태자가 말하기를 "사람은 각각 제 짝이 있는 법이오. 제나라가 우리나라보다 강대하니 내 짝으로는 적합하지 않소. 《시(詩)》에 이르기를 '스스로 많은 복을 구한다.'[50]라고 하였으니, 모든 것은 내게 달려 있을 뿐이며 큰 나라가 내게 무슨 소용이 있겠소."라고 하였다.

**君子曰 善自爲謀**

군자는 말한다. "스스로 잘 도모한 사람이다."

**及其敗戎師也 齊侯又請妻之** 欲以他女妻之 **固辭 人問其故 大子曰 無事於齊 吾猶不敢 今以君命奔齊之急 而受室以歸 是以師昏也 民其謂我何 遂辭諸鄭伯** 告鄭伯

---

48) 랑(郎)~있다 : 환공(桓公) 10년 겨울에 제(齊)·위(衛)·정(鄭)나라가 쳐들어와 로(魯)나라와 랑(郎) 땅에서 싸우게 된다.

49) 환공(桓公)이~혼인 : 환공(桓公)과 제(齊)나라 문강(文姜)과의 혼인이다.

50) 스스로~구한다 : 《시경(詩經)》〈대아(大雅)〉 문왕(文王)에 '길이 하늘의 명에 짝하는 것이 스스로 많은 복을 구하는 것이다[永言配命 自求多福].'라고 하였다.

以辭之

정(鄭)나라 홀(忽)이 북융(北戎)의 군대를 패배시키자 제후(齊侯)가 또 딸을 시집보내고자 하였는데 다른 딸을 홀(忽)에게 시집보내고자 한 것이다. 굳이 사양하였다. 어떤 사람이 그 까닭을 물으니 태자가 말하기를 "제(齊)나라에 아무 일이 없었을 때에도 내가 오히려 아내를 취하지 않았는데, 지금 군명(君命)으로 제나라의 위급함을 구원하러 왔다가 아내를 취하여 돌아간다면 이는 군대를 리용해서 혼인을 하는 것이니, 우리 백성이 나를 무어라 이르겠소."라 하고, 마침내 정백(鄭伯)에게 사양하였다. 정백(鄭伯)에게 고하여 사양한 것이다.

---

## 秋 八月 壬午 大閱

가을 8월 임오일에 크게 사열하였다.

---

書大閱之始

경문에 크게 사열한 것을 기록한 시초이다.

### 秋 大閱 簡車馬也 畏鄭懼齊 非時簡閱

가을에 크게 사열하였으니, 병거와 말을 점검하기 위해서였다. 정(鄭)나라와 제(齊)나라를 두려워하여 시기가 아닌데도 점검하고 사열한 것이다.

---

## 蔡人殺陳佗

채인(蔡人)이 진(陳)나라 타(佗)를 죽였다.

---

稱名 以賊討也

이름을 칭한 것은 적도(賊徒)로 여겨[51] 토죄한 것이다.

---

51) 적도(賊徒)로 여겨 : 진환공(陳桓公)의 아우인 타(佗)가 태자 문(免)을 죽이고 대신 태자가 되었기 때문에 적도(賊徒)로 여긴 것이다. 환공(桓公) 5년 봄조 참조.

九月 丁卯 子同生

9월 정묘일에 아들 동(同)이 태어났다.

桓公子莊公也 適夫人之長子 故書

환공(桓公)의 아들 장공(莊公)이다. 적부인(適夫人)의 장자이므로 경문에 기록한 것이다.

九月 丁卯 子同生 以大子生之禮擧之 接以大牢 大牢 牛羊豕 以禮接夫人 重適也 卜士負
之 士妻食之 禮 世子生三日 卜士負之 卜士妻爲乳母 公與文姜宗婦命之 生三月 君夫人立於阼
階西郷 世婦抱子 升自西階 君命之 蓋同宗之婦

9월 정묘일에 아들 동(同)이 태어나니, 태자가 태어난 례로써 거행하여 태뢰(太牢)로 부
인(夫人)을 대접하였다. 태뢰(大牢)는 소·양·돼지이다. 례로써 부인(夫人)을 대접한 것은 적실(適室)을 중
하게 여긴 것이다. 복사(卜士)[52]가 태자를 업어주고, 복사의 처가 젖을 먹였다. 례에 세자가 태어난
지 3일이 되면 복사가 업어주고, 복사의 처가 유모가 된다. 환공(桓公)이 문강(文姜)과 종부(宗婦)와
함께 이름을 지었다. 태어난 지 3개월이 되면 군부인(君夫人)은 동쪽 계단에 서서 서쪽을 향하고, 세부(世
婦)[53]가 태자를 안고 서쪽 계단에서 올라오면 임금이 세자의 이름을 짓는다. 종부(宗婦)는 같은 종실의 부인(婦
人)[54]이다.

公問名於申繻 對曰 名有五 有信 有義 有象 有假 有類 申繻 魯大夫 以名生爲信 若唐
叔虞 魯公子友 生而有文在手 以德命爲義 若文王名昌 武王名發 以類命爲象 若孔子首象尼丘 取
於物爲假 若伯魚生 昭公賜鯉 取於父爲類 若子同生 與父同者 不以國 國 本國也 不以官 不以
山川 不以隱疾 隱 痛 疾 患 辟不祥也 不以畜牲 不以器幣 幣 玉帛 周人以諱事神 名 終將
諱之 人死曰終 故以國則廢名 國不可易 故廢名 以官則廢職 以山川則廢主 國主山川 以畜
牲則廢祀 以器幣則廢禮 晉以僖侯廢司徒 僖侯名司徒 廢爲中軍 宋以武公 廢司空 武公
名司空 廢爲司城 先君獻武廢二山 二山 具敖也 獻公名具 武公名敖 更以其郷名山 是以大物不
可以命 公曰 是其生也 與吾同物 命之曰同 物 類也 謂同日

---

52) 복사(卜士) : 사(士) 가운데 점쳐서 선발된 길한 사람.

53) 세부(世婦) : 궁중(宮中)의 녀관(女官).

54) 같은~부인(婦人) : 동성(同姓) 대부의 처.

　환공(桓公)이 신수(申繻)에게 이름에 대하여 물으니, 대답하기를 "이름에는 다섯 가지가 있으니, 신(信)·의(義)·상(象)·가(假)·류(類)입니다. 신수(申繻)는 로(魯)나라 대부이다. 태어날 때 특징으로 이름을 짓는 것이 신(信)이고, 당숙(唐叔) 우(虞)와 로(魯)나라 공자 우(友)가 태어나면서부터 각각 우(虞)와 우(友)자의 문양이 손에 있었던 경우이다. 덕으로써 이름을 짓는 것이 의(義)이고, 문왕(文王)의 이름이 창(昌)이고, 무왕(武王)의 이름이 발(發)인 경우이다. 비슷한 모양으로 이름을 짓는 것이 상(象)이고, 공자(孔子)의 머리가 니구산(尼丘山)을 닮은 경우이다.[55] 사물에서 취하여 이름을 짓는 것이 가(假)이고, 백어(伯魚)가 태어났을 때 소공(昭公)이 잉어를 보낸 경우이다.[56] 아버지에게서 취하여 이름을 짓는 것이 류(類)입니다. 환공(桓公)의 아들 동(同)은 출생한 날이 아버지의 생일과 같으므로 동(同)이라고 한 경우이다. 나라로 이름을 짓지 않고, 나라는 본국(本國)을 말한다. 벼슬로 이름을 짓지 않고, 산천으로 이름을 짓지 않고, 질병[隱疾]으로 이름을 짓지 않고, 은(隱)은 아픈 것이고 질(疾)은 질환이니, 상서롭지 않은 것을 피하는 것이다. 기르는 희생으로 이름을 짓지 않고, 기물과 폐백으로 이름을 짓지 않습니다. 폐백은 옥과 비단이다. 주인(周人)은 휘(諱)함으로써 신을 섬기니, 이름은 그 사람이 죽으면[終] 반드시 휘합니다.[57] 사람이 죽는 것을 종(終)이라고 한다. 그러므로 나라로 이름을 짓게 되면 그 나라 이름을 폐기해야 하고, 나라는 바꿀 수 없으므로 그 이름을 폐기하는 것이다. 관직으로 이름을 짓게 되면 그 관직을 폐기해야 하고, 산천으로 이름을 짓게 되면 그 주인을 폐기해야 하고, 국가는 산천을 주인으로 삼는다. 기르는 희생으로 이름을 짓게 되면 그 제사를 폐기해야 하고, 기물과 폐백으로 이름을 짓게 되면 그 례를 폐기해야 합니다. 진(晉)나라는 희후(僖侯) 때문에 사도(司徒)를 폐기하였고, 희후(僖侯)의 이름이 사도(司徒)이므로 이를 폐하여 중군(中軍)이라고 하였다. 송(宋)나라가 무공(武公) 때문에 사공(司空)을 폐기하였고, 무공(武公)의 이름이 사공(司空)이므로 이를 폐하여 사성(司城)이라고 하였다. 우리 선군인 헌공(獻公)과 무공(武公) 때문에 두 산을 폐기하였습니다. 두 산은 구(具)와 오(敖)이다. 헌공(獻公)의 이름이 구(具)이고 무공(武公)의 이름이 오(敖)이므로, 고을 이름으로 산 이름을 바꾸었다. 이 때문에 대물(大物)로 이름을 지을 수 없는 것입니다."라고 하였다. 환공이 말하기를 "이 아이는 그 태어난 날이 나와 같다[物]."라 하고, 이름을 동(同)이라고 하였다. 물(物)은 류(類)이니 같은 날임을 이른다.

---

55) 공자(孔子)의~경우이다 : 니구산(尼丘山)은 공자(孔子)가 태어난 산동성(山東省) 곡부현(曲阜縣)에 있는 산으로 공자는 이 산의 이름을 취하여 이름을 구(丘), 자(字)를 중니(仲尼)라고 지은 일을 말한다.

56) 백어(伯魚)가~경우이다 : 백어(伯魚)는 공자(孔子)의 아들 리(鯉)의 자(字)인데, 백어가 태어났을 때 소공(昭公)이 잉어를 보냈기 때문에 이름을 리라고 지은 일을 말한다.

57) 이름은~휘합니다 : 죽으면 신주에 이름을 쓰지 않고 묘호나 직위 따위로써 제사를 모시는 것을 말한다.

冬 紀侯來朝

겨울에 기후(紀侯)가 와서 조견하였다.

冬 紀侯來朝 請王命以求成于齊 公告不能 紀微弱 不能自通於天子 欲因公以請王命

겨울에 기후(紀侯)가 와서 조견하였으니, 왕명으로 제(齊)나라와 화친을 구하기를 요청한 것이다. 그러나 환공(桓公)이 할 수 없다고 고하였다. 기(紀)나라는 미약하여 스스로 천자와 통할 수 없으므로 환공(桓公)을 통하여 왕명을 청하고자 한 것이다.

# 환공(桓公) 7년【丙子 B.C.705】

七年 春 二月 己亥 焚咸丘

7년 봄 2월 기해일에 함구(咸丘)에 불을 놓았다.

焚 火田 咸丘 魯地 譏盡物 故書

분(焚)은 불을 놓아 사냥하는 것이다. 함구(咸丘)는 로(魯)나라 땅이다. 남김없이 잡는 것을 비난하기 위하여 경문에 기록한 것이다.

夏 穀伯綏來朝 鄧侯吾離來朝

여름에 곡백(穀伯) 수(綏)가 와서 조견하였고, 등후(鄧侯) 오리(吾離)가 와서 조견하였다.

七年 春 穀伯鄧侯來朝 名 賤之也 小國 故書名 春來夏朝 故經書夏

7년 봄에 곡백(穀伯)과 등후(鄧侯)가 와서 조견하였는데, 이름을 기록한 것은 천시하였기 때문이다. 소국이기 때문에 경문에 이름을 기록하였다. 봄에 왔지만 여름에 조견하였기 때문에 경문에 여름이라고 기록한 것이다.

## ○夏 盟向求成于鄭 旣而背之 隱十一年 王以盟向與鄭 秋 鄭人齊人衛人伐盟向 王遷盟向之民于郟 郟 王城

○여름에 맹(盟) 땅과 상(向) 땅이 정(鄭)나라에 가서 화친을 구하였다가 얼마 뒤에 배반하였다. 은공(隱公) 11년에 왕이 맹(盟) 땅과 상(向) 땅을 정(鄭)나라에 주었었다.[58] 가을에 정인(鄭人)·제인(齊人)·위인(衛人)이 맹 땅과 상 땅을 치자 왕이 맹 땅과 상 땅의 백성을 겹(郟) 땅으로 옮겼다. 겹(郟)은 왕성(王城)[59]이다.

## ○冬 曲沃伯誘晉小子侯 殺之 曲沃伯 武公也 小子侯 哀侯子

○겨울에 곡옥백(曲沃伯)이 진(晉)나라 소자후(小子侯)를 유인하여 죽였다. 곡옥백(曲沃伯)은 무공(武公)이다. 소자후(小子侯)는 애후(哀侯)의 아들이다.

# 환공(桓公) 8년 【丁丑 B.C.704】

## 八年 春 正月 己卯 烝

8년 봄 정월 기묘일에 증제(烝祭)를 지냈다.

夏之仲月 非過而書 爲五月復烝見瀆也

하(夏)나라 책력으로 중월(仲月)[60]이니, 시기를 넘긴 것은 아닌데도[61] 경문에 기록한 것은 5월에 다시 증

---

58) 은공(隱公)~주었었다 : 은공(隱公) 11년 가을 7월에 왕이 오(鄔)·류(劉)·위(蔿)·우(邘)의 전지(田地)를 정(鄭)나라에서 취하고, 대신 정인(鄭人)에게 소분생(蘇忿生)의 전지인 온(溫)·원(原)·치(絺)·번(樊)·습성(隰郕)·찬모(欑茅)·상(向)·맹(盟)·주(州)·경(陘)·퇴(隤)·회(懷) 등의 땅을 주었다.

59) 왕성(王城) : 동주(東周)의 도성(都城).

60) 중월(仲月) : 봄 정월은 하(夏)나라 책력으로는 겨울의 중월(仲月)이니 11월이다.

61) 하(夏)나라~아닌데도 : 경문의 정월은 하(夏)나라 책력으로는 11월에 해당하며, 증제(烝祭)는 겨울에 지내

제(烝祭)를 지내 신을 번독(煩瀆)하게 함을 드러내기 위한 것이다.

○八年 春 滅翼 曲沃滅之

○8년 봄에 익(翼)을 멸하였다.[62] 곡옥(曲沃)이 멸망시킨 것이다.

---

天王使家父來聘

천왕이 가보(家父)를 보내와서 빙문하였다.

---

家 氏 父 字 天子大夫

가(家)는 씨(氏)이고 보(父)는 자(字)이니, 천자의 대부이다.

---

夏 五月 丁丑 烝

여름 5월 정축일에 증제(烝祭)를 지냈다.

---

秋 伐邾

가을에 주(邾)나라를 쳤다.

---

○隨少師有寵 楚鬪伯比曰 可矣 讎有釁 不可失也 釁 瑕隙也 夏 楚子合諸侯于沈鹿 沈鹿 楚地 黃隨不會 黃 國名 使薳章讓黃 楚子伐隨 軍於漢淮之間 季梁請下之 弗許而 後戰 下之 請服也 所以怒我而怠寇也 少師謂隨侯曰 必速戰 不然 將失楚師 隨侯禦之 望楚師 季梁曰 楚人上左 君必左 君 楚君也 無與王遇 且攻其右 右無良焉 必敗 偏敗

---

는 제사이므로 그 시기가 적합하다는 말이다.

62) 익(翼)을 멸하였다 : 진(晉)나라 공실(公室)이 강(絳) 땅을 국도로 삼으면서 국호를 익(翼)으로 바꾸었다. 이로써 진나라는 환숙(桓叔)이 소유한 곡옥(曲沃)과 공실이 소유한 익으로 나누어졌다가 이때 익이 멸망된 것이다. 은공(隱公) 5년 봄조 및 주석 참조.

衆乃携矣 少師曰 不當王 非敵也 弗從 戰于速杞 速杞 隨地 隨師敗績 隨侯逸 鬪丹獲
其戎車 與其戎右少師 鬪丹 楚大夫 戎車 君所乘兵車

○수(隨)나라 소사(少師)가 임금의 총애를 받자, 초(楚)나라 투백비(鬪伯比)가 말하기를
"이제 수나라를 칠 때가 되었습니다. 원수의 나라에 틈[釁]이 생겼으니[63] 이 기회를 놓쳐서
는 안 됩니다."라고 하였다. 흔(釁)은 틈이다. 여름에 초자(楚子)가 심록(沈鹿)에서 제후들과
회합하였는데, 심록(沈鹿)은 초(楚)나라 땅이다. 황(黃)나라와 수나라가 참여하지 않았다. 황(黃)은
나라 이름이다. 이에 위장(薳章)을 보내어 황나라를 꾸짖고, 초자는 수나라를 치기 위해 한수
(漢水)와 회수(淮水) 사이에 진을 쳤다. 계량(季梁)이 수후(隨侯)에게 초나라에 항복하기를
청하며[下之] 말하기를 하지(下之)는 항복하기를 청함이다. "초나라가 허락하지 않은 뒤에 싸운다
면 우리 군대를 노하게 하고 적군[寇]을 태만하게 만들 수 있습니다."라고 하였다. 소사가
수후에게 말하기를 "반드시 속히 싸워야 합니다. 그렇지 않으면 초나라 군대를 이길 수 있
는 기회를 놓치게 될 것입니다."라고 하였다. 수후가 방어하려고 할 때 초나라 군대를 살펴
보았다. 계량이 말하기를 "초인(楚人)은 왼쪽을 높이니, 임금[君]은 반드시 왼편에 있을 것
입니다. 임금[君]은 초(楚)나라 임금이다. 초나라 임금과 대적하지 말고 우선 오른편을 공격하십시
오. 오른편은 훌륭한 장수가 없으니 반드시 패할 것입니다. 한 쪽이 패하게 되면 나머지
무리가 흩어지게 될 것입니다."라고 하였다. 소사가 말하기를 "초왕(楚王)을 상대하지 않으
면 대적하는 것이 아닙니다."라고 하니, 수후가 계량의 계책을 따르지 않고 속기(速杞)에서
싸웠다. 속기(速杞)는 수(隨)나라 땅이다. 수나라 군대가 크게 패하고 수후가 달아나니, 투단(鬪
丹)이 수나라의 융거(戎車)와 융우(戎右)[64]인 소사를 포획하였다. 투단(鬪丹)은 초(楚)나라 대부
이고, 융거(戎車)는 임금이 타는 병거(兵車)이다.

秋 隨及楚平 楚子將不許 鬪伯比曰 天去其疾矣 謂少師見獲而死 隨未可克也 乃盟而
還

가을에 수(隨)나라가 초(楚)나라와 화평을 맺고자 하였는데 초자(楚子)가 허락하지 않으
려 하였다. 투백비(鬪伯比)가 말하기를 "하늘이 수나라의 병통을 제거하였으니 소사(少師)가
잡혀 죽은 것을 이른다. 수나라를 아직 이길 수는 없습니다."라고 하였다. 이에 초자가 수나라와

---

63) 원수의~생겼으니 : 수(隨)나라 대부 소사(少師)는 교만한 자이고 계량(季梁)은 현신(賢臣)인데, 이때 수후
(隨侯)가 계량을 멀리하고 소사의 계책을 쓰게 될 것이라는 말이다.

64) 융우(戎右) : 융거(戎車)의 오른편에 위치하여 임금의 호위를 담당하는 자.

맹약하고 돌아갔다.

---

## 冬 十月 雨雪
### 겨울 10월에 눈이 내렸다.

夏正八月 書時失

　　하(夏)나라 책력으로 8월이니, 경문에 제 때를 잃었음을 기록한 것이다.

### ○冬 王命虢仲立晉哀侯之弟緡于晉　虢仲 虢公林父

　　○겨울에 왕이 괵중(虢仲)에게 명하여 진(晉)나라로 가서 진애후(晉哀侯)의 아우 민(緡)을 임금으로 세웠다.　괵중(虢仲)은 괵공(虢公)인 림보(林父)이다.

---

## 祭公來 遂逆王后于紀
### 채공(祭公)이 왔다가 드디어 기(紀)나라로 가서 왕후(王后)를 맞이하였다.

祭公 諸侯爲天子三公者 王使魯主昏 故來受命

　　채공(祭公)은 제후(諸侯)로서 천자의 3공(公)[65]이 된 자이다. 왕이 로(魯)나라로 하여금 혼례를 주관하게 하였으므로 로나라에 와서 명을 받은 것이다.

### 祭公來 遂逆王后于紀 禮也

　　채공(祭公)이 왔다가 드디어 기(紀)나라로 가서 왕후(王后)를 맞이하였으니, 례에 맞는 일이었다.

---

65) 3공(公) : 주(周)나라 최고 관직인 태사(大師)·태부(大傅)·태보(大保).

# 환공(桓公) 9년 【戊寅 B.C.703】

---

九年 春 紀季姜歸于京師

9년 봄에 기(紀)나라 계강(季姜)이 경사(京師)로 시집갔다.

---

桓王后 季 字 姜 紀姓 逆稱后 王命也 歸稱字 未廟見也

환왕(桓王)의 후(后)이다. 계(季)는 자(字)이고, 강(姜)은 기(紀)나라의 성(姓)이다. 맞이할 때 후(后)라고 칭한 것은 왕명을 따른 것이고, 시집갈 때 자(字)를 칭한 것은 아직 조묘(祖廟)에 알현하지 않았기 때문이다.

### 九年 春 紀季姜歸于京師 凡諸侯之女行 唯王后書

9년 봄에 기(紀)나라 계강(季姜)이 경사(京師)로 시집갔다. 무릇 제후(諸侯)의 딸이 시집갈 때 왕후(王后)로 가는 경우에만 경문에 기록한다.

---

夏 四月

여름 4월이다.

---

○巴子使韓服告于楚 請與鄧爲好 巴 國名 韓服 巴行人 楚子使道朔將巴客以聘於鄧 道朔 楚大夫 巴客 韓服 鄧南鄙鄾人攻而奪之幣 鄾 音憂 地名 殺道朔及巴行人 楚子使薳章讓於鄧 鄧人弗受 夏 楚使鬬廉帥師及巴師圍鄾 鬬廉 楚大夫 鄧養甥聃甥帥師救鄾 三逐巴師 不克 二甥 皆鄧大夫 鬬廉衡陳其師於巴師之中 以戰 而北 北 音佩 衡 橫也 鄧人逐之 背巴師 而夾攻之 鄧師大敗 鄾人宵潰

○파자(巴子)가 한복(韓服)을 보내 초(楚)나라에 고하여 등(鄧)나라와 우호를 주선해 줄 것을 청하였다. 파(巴)는 나라 이름이고, 한복(韓服)은 파나라의 행인(行人)[66]이다. 이에 초자(楚子)가 도삭(道朔)을 시켜 파객(巴客)을 데리고 등나라를 빙문하게 하였다. 도삭(道朔)은 초(楚)나라 대부이고, 파객(巴客)은 한복(韓服)이다. 등나라 남쪽 변방의 우인(鄾人)이 그들을 공격하여 폐백을

---

66) 행인(行人) : 조근(朝覲)과 빙문(聘問)을 맡은 사신.

빼앗고, 우(鄾)는 음이 우(憂)이니 땅 이름이다. 도삭과 파나라의 행인을 죽였다. 초자가 위장(薳章)을 보내어 등나라에게 책임을 추궁하였는데, 등인(鄧人)이 받아들이지 않았다. 여름에 초나라가 투렴(鬪廉)을 시켜 군대를 거느리고 파나라의 군대와 함께 우(鄾) 땅을 포위하였다. 투렴(鬪廉)은 초(楚)나라 대부이다. 등나라의 양생(養甥)과 담생(聃甥)이 군대를 거느리고 우 땅을 구하려고 파나라의 군대를 세 번 추격하였지만 이기지 못하였다. 두 생(甥)은 모두 등(鄧)나라 대부이다. 이때 투렴이 그 군대를 파나라 군대 가운데에 가로질러[衡] 진을 치고 등나라 군대와 싸우다가 일부러 패배하여 도망가니[北], 패(北)는 음이 패(佩)이다. 횡(衡)은 가로지름이다. 등인이 그를 추격하였다. 이에 초나라 군대가 파나라 군대를 뒤에 두고 군사를 돌려 협공하니 등나라 군대가 크게 패하였고, 우인이 그날 밤에 흩어졌다.

---

## 秋 七月

가을 7월이다.

---

### ○秋 虢仲芮伯梁伯荀侯賈伯伐曲沃 梁荀賈皆國名

○가을에 괵중(虢仲)·예백(芮伯)·량백(梁伯)·순후(荀侯)·가백(賈伯)이 곡옥(曲沃)을 쳤다. 량(梁)·순(荀)·가(賈)는 모두 나라 이름이다.

---

## 冬 曹伯使其世子射姑來朝

겨울에 조백(曹伯)이 그 세자(世子) 역고(射姑)를 보내와서 조견하였다.

---

射 音亦 曹伯有疾 使其子來朝

역(射)은 음이 역(亦)이다. 조백(曹伯)이 병이 들어 그의 아들을 보내와서 조견한 것이다.

**冬 曹大子來朝 賓之以上卿 禮也** 諸侯適子 未誓於天子 攝其君 則以皮帛 繼子男 故賓之以其國 之上卿 享曹大子 初獻 樂奏而歎 施父曰 曹大子其有憂乎 非歎所也 施父 魯大夫

겨울에 조(曹)나라 태자가 와서 조견하였는데 상경(上卿)으로 대우해 주었으니, 례에 맞는 일이었다. 제후(諸侯)의 적자(適子)가 아직 천자에게 서명(誓命)[67]을 받지 못하고 그 임금을 대신하여 조견오는 경우에 피백(皮帛)을 가지고 자작(子爵)과 남작(男爵)의 다음에 서게 된다. 그러므로 그 나라의 상경(上卿)으로 대우해 주는 것이다. 조나라 태자에게 향연을 베풀어 줄 때 첫 번째 잔을 올리고 음악이 연주되자 그가 탄식하였다. 시보(施父)가 말하기를 "조나라 태자에게 아마도 우환이 있을 것이다. 탄식할 장소가 아닌데."라고 하였다. 시보(施父)는 로(魯)나라 대부이다.

# 환공(桓公) 10년 【己卯 B.C.702】

十年 春 王正月

10년 봄 왕정월이다.

此年書王者 十年無王 則人道滅矣

이 해에 경문에 왕이라고 기록한 것은 10년 동안 왕이라는 기록이 없으면 인도(人道)가 끊어지기 때문이다.

庚申 曹伯終生卒

경신일에 조백(曹伯) 종생(終生)이 졸하였다.

十年 春 曹桓公卒

10년 봄에 조환공(曹桓公 : 終生)이 졸하였다.

夏

여름이다.

---

67) 서명(誓命) : 천자에게 충성을 맹세하고 책명을 받음.

**虢仲譜其大夫詹父於王** 詹父 虢仲屬大夫 **詹父有辭 以王師伐虢 夏 虢公出奔虞** 虞 國名

괵중(虢仲)이 그 대부 첨보(詹父)를 왕에게 참소하였다. 첨보(詹父)는 괵중(虢仲)의 속대부(屬大夫)이다. 첨보가 해명하자 왕이 왕사(王師)를 거느리고 괵(虢)나라를 쳤다.[68] 여름에 괵공(虢公 : 虢仲)이 우(虞)나라로 망명나갔다. 우(虞)는 나라 이름이다.

> **五月 葬曹桓公**
>
> 5월에 조(曹)나라 환공(桓公)의 장례를 지냈다.

> **秋**
>
> 가을이다.

**秦人納芮伯萬于芮**

진인(秦人)이 예백(芮伯) 만(萬)을 예(芮)나라로 들여보냈다.[69]

> **公會衛侯于桃丘 弗遇**
>
> 환공(桓公)이 위후(衛侯)와 도구(桃丘)에서 회합하기로 하였으나 만나지 못하였다.

衛侯期會中背 公獨往不遇 桃丘 衛地

위후(衛侯)가 회합하기로 정해놓고서 중간에 배신하였다. 환공(桓公)만이 갔기 때문에 만나지 못한 것이다. 도구(桃丘)는 위(衛)나라 땅이다.

---

68) 첨보가~쳤다 : 첨보(詹父)가 자신의 정당함을 해명하자 왕이 첨보의 편을 들어주었다. 그러므로 왕이 왕사(王師)를 거느리고 괵(虢)나라를 친 것이다.

69) 예백(芮伯)~들여보냈다 : 환공(桓公) 4년 여름에 예백(芮伯) 만(萬)의 어머니 예강(芮姜)은 예백이 총애하는 사람이 많은 것을 미워하였다. 그러므로 예백을 축출하니 예백은 위(魏)나라로 나가 살았다. 그 해 겨울에 왕사(王師)와 진(秦)나라 군대가 위나라를 포위하고 예백을 사로잡아 돌아갔다고 하였는데 지금 예백을 예(芮)나라로 들여보낸 것이다.

○初 虞叔有玉 虞叔 虞公之弟 虞公求旃 旃 之也 弗獻 旣而悔之 曰 周諺有之 匹夫無罪 懷璧其罪 吾焉用此 其以買害也 乃獻之 又求其寶劍 叔曰 是無厭也 無厭 將及我 遂伐虞公 故虞公出奔共池 共池 地名

○이보다 앞서 우숙(虞叔)에게 옥이 있었다. 우숙(虞叔)은 우공(虞公)의 아우이다. 우공(虞公)이 그것[旃]을 요구하였는데 전(旃)은 그것[之]이다. 바치지 않았다가 얼마 뒤에 후회하며 말하기를 "주(周)나라 속언에 '필부가 다른 죄는 없고 다만 옥[璧]을 가지고 있는 것이 죄일 뿐이다.'라 는 말이 있으니, 내가 이것을 어디에 쓰겠는가. 이 옥 때문에 해를 사게 될 것이다."라 하고 는 옥을 바쳤다. 우공이 또 보검을 요구하니, 우숙이 말하기를 "이는 만족함이 없는 사람이 다. 만족함이 없으면 장차 화가 나에게 미칠 것이다."라 하고서 드디어 우공을 쳤다. 그리하 여 우공이 공지(共池)로 망명나갔다. 공지(共池)는 땅 이름이다.

---

**冬 十有二月 丙午 齊侯衛侯鄭伯來戰于郎**

겨울 12월 병오일에 제후(齊侯)·위후(衛侯)·정백(鄭伯)이 쳐들어와 랑(郎) 땅 에서 싸웠다.

---

冬 齊衛鄭來戰于郎 我有辭也 初 北戎病齊 諸侯救之 鄭公子忽有功焉 齊人餼諸侯 使魯次之 魯以周班後鄭 以周五等爵班 鄭在後 鄭人怒 請師於齊 齊人以衛師助之 故不 稱侵伐 書戰 明魯直 先書齊衛 王爵也 鄭主兵 而先書齊衛 猶以周班定之

겨울에 제(齊)·위(衛)·정(鄭)나라가 쳐들어와 랑(郎) 땅에서 싸웠는데 우리는 정당함을 해명하였다. 이보다 앞서 북융(北戎)이 제나라를 괴롭히자 제후들이 구원하였는데 정나라 공자 홀(忽)이 공로가 있었다.[70] 제인(齊人)이 제후들에게 날고기[餼]를 보내면서 로(魯)나 라에게 차례를 정하게 하니, 로나라는 주(周)나라 작반(爵班)[71]에 의거하여 정나라의 차례 를 뒤에 두었다. 주(周)나라의 5등(等) 작반(爵班)에 의거하여 정(鄭)나라를 뒤에 둔 것이다. 이에 정인(鄭 人)이 노하여 제나라에 군대를 요청하자,[72] 제인(齊人)이 위(衛)나라의 군대를 거느리고 정

---

70) 북융(北戎)이~있었다 : 환공(桓公) 6년 여름 4월의 일이다.
71) 주(周)나라 작반(爵班) : 주(周)나라가 제후(諸侯)를 봉하면서 내려 준 작위 체계. 공(公)·후(侯)·백(伯)· 자(子)·남(男)의 5등급의 작위로 위계를 나누었는데, 로(魯)·위(衛)·제(齊)나라는 후(侯)에 봉하고 정(鄭) 나라는 한 등급 아래인 백(伯)에 봉하였다.

나라를 도운 것이다. 그러므로 침벌(侵伐)이라고 칭하지 않았다. 경문에 싸웠다[戰]고 기록한 것은 로(魯)나라가 정당하였음을 밝힌 것이다. 경문에 제나라와 위나라를 먼저 기록한 것은 왕작(王爵)에 의해서이다. 정(鄭)나라가 병사(兵事)를 주도하였는데도 경문에 제(齊)나라와 위(衛)나라를 먼저 기록한 것은 여전히 주(周)나라의 작반(爵班)에 의거하여 차례를 정한 것이다.

# 환공(桓公) 11년 【庚辰 B.C.701】

---

十有一年 春 正月 齊人衛人鄭人盟于惡曹

11년 봄 정월에 제인(齊人)·위인(衛人)·정인(鄭人)이 악조(惡曹)에서 맹약하였다.

---

戰郎而盟 前書爵以著罪 後書人以示貶 惡曹 地名

랑(郎) 땅에서 싸우고 맹약하였으니 앞의 랑 땅의 싸움에서는 경문에 작위(爵位)를 기록하여[73] 죄를 드러내었고, 여기서는 인(人)이라고 기록하여 폄하의 뜻을 보였다. 악조(惡曹)는 땅 이름이다.

**十一年 春 齊衛鄭宋盟于惡曹** 宋不書 經闕文

11년 봄에 제(齊)·위(衛)·정(鄭)·송(宋)나라가 악조(惡曹)에서 맹약하였다. 송(宋)나라를 기록하지 않은 것은 경문에서 글을 빠뜨린 것이다.

○楚屈瑕將盟貳軫 貳軫 二國名 屈瑕 楚大夫 鄖人軍於蒲騷 將與隨絞州蓼伐楚師 鄖絞州蓼 皆國名 蒲騷 鄖邑 莫敖患之 莫敖 楚官名 卽屈瑕 鬪廉曰 鄖人軍其郊 必不誡 且日虞四邑之至也 四邑 隨絞州蓼 君次於郊郢 以禦四邑 郊郢 楚地 我以銳師宵加於鄖 鄖有虞心

---

而恃其城 恃近其城 莫有鬪志 若敗鄖師 四邑必離 莫敖曰 盍請濟師於王 濟 盆也 對曰
師克在和 不在衆 商周之不敵 君之所聞也 成軍以出 又何濟焉 莫敖曰 卜之 對曰
卜以決疑 不疑何卜 遂敗鄖師於蒲騷 卒盟而還 卒盟貳軫

　○초(楚)나라 굴하(屈瑕)가 이(貳)나라·진(軫)나라와 맹약하려 할 때 이(貳)와 진(軫)은 두
나라 이름이다. 굴하(屈瑕)는 초(楚)나라 대부이다. 운인(鄖人)이 포소(蒲騷)에 진을 치고 수(隨)·교
(絞)·주(州)·료(蓼)나라와 함께 초나라 군대를 치려고 하였다. 운(鄖)·교(絞)·주(州)·료(蓼)는 모
두 나라 이름이다. 포소(蒲騷)는 운(鄖)나라 읍이다. 막오(莫敖)[74]가 걱정을 하니 막오(莫敖)는 초(楚)나라
벼슬 이름으로 바로 굴하(屈瑕)이다. 투렴(鬪廉)이 말하기를 "운인이 그들의 교외에 진을 치고 있
으니 반드시 경계하지 않을 것이며, 또 날마다 네 읍의 구원병이 오기만을 헤아릴 것입니
다. 네 읍[75]은 수(隨)·교(絞)·주(州)·료(蓼)이다. 그대가 교영(郊郢)에 주둔하고 네 읍의 군대를 막
는다면 교영(郊郢)은 초(楚)나라 땅이다. 저는 정예병으로 밤에 운(鄖)의 군사를 공격하겠습니다.
운의 군사들은 네 읍의 군대를 기다리는 마음이 있는데다 성을 믿고 있어서 그들의 성이 가까
움을 믿는 것이다. 투지가 없을 것입니다. 만약 운나라 군대를 패배시킨다면 네 읍의 군대는
반드시 흩어질 것입니다."라고 하였다. 막오가 말하기를 "어찌 왕에게 군대를 더[濟] 요청하
지 않소?"라고 하니, 제(濟)는 더함이다. 투렴이 대답하기를 "군대가 이기는 것은 화합에 있는
것이지 수가 많은 것에 있지 않습니다. 상(商)나라가 많은 군사를 가지고도 주(周)나라의
적수가 되지 못했던 것을 그대도 들었을 것입니다. 잘 정돈된 군대로 출동하였는데 또 무슨
군대를 더하겠습니까."라고 하였다. 막오가 "점을 쳐 봅시다."라고 하자, 투렴이 대답하기를
"점이란 의심스런 일을 결정하는 것입니다. 의심할 것이 아닌데 무엇을 점치겠습니까."라고
하였다. 드디어 운나라 군대를 포소에서 패배시키고 마침내 맹약하고 돌아갔다. 마침내 이
(貳)나라·진(軫)나라와 맹약한 것이다.

夏 五月 癸未 鄭伯寤生卒 秋 七月 葬鄭莊公 九月 宋人 執鄭祭仲
突歸于鄭 鄭忽出奔衛
　여름 5월 계미일에 정백(鄭伯) 오생(寤生)이 졸하였다. 가을 7월에 정(鄭)나라
장공(莊公)의 장례를 지냈다. 9월에 송인(宋人)이 정나라 채중(祭仲)을 잡았다.

---

74) 막오(莫敖) : 군사(軍事)를 담당하는 초(楚)나라의 관직. 사마(司馬)와 같다.
75) 네 읍 : 이때의 읍(邑)은 성읍국(城邑國)이다.

> 돌(突)이 정나라로 돌아가니 정나라 홀(忽)이 위(衛)나라로 망명나갔다.

突不稱公子 絕之也 忽書名 失國也 此書執之始 亦書奔之始

돌(突)을 공자라고 칭하지 않은 것은 관계를 단절한 것이다.[76] 홀(忽)이라고 경문에 이름을 기록한 것은 나라를 잃었기 때문이다. 이는 잡은 것을 경문에 기록한 시초이고 또한 망명한 것을 경문에 기록한 시초이다.

鄭昭公之敗北戎也 齊人將妻之 昭公辭 祭仲曰 必取之 君多內寵 子無大援 將不立 三公子 皆君也 弗從 子突子亹子儀母 皆有寵 夏 鄭莊公卒

정소공(鄭昭公 : 忽)이 북융(北戎)을 패배시켰을 때[77] 제인(齊人)이 그를 사위로 삼고자 하였는데 소공(昭公)이 사양하였다. 채중(祭仲)이 말하기를 "반드시 취하셔야 합니다. 지금 임금님께는 총애하는 녀자가 많으므로 만약 그대에게 강성한 원조 세력이 없다면 장차 임금이 되지 못할 것입니다. 세 공자가 모두 임금이 될 수 있습니다."라고 하였으나 소공은 따르지 않았다. 자돌(子突)·자미(子亹)·자의(子儀)의 어머니들이 모두 장공(莊公)의 총애를 받고 있었다. 여름에 정장공(鄭莊公 : 寤生)이 졸하였다.

初 祭封人仲足有寵於莊公 祭 鄭地 莊公使爲卿 爲公娶鄧曼 生昭公 故祭仲立之 曼 鄧姓 宋雍氏女於鄭莊公 曰雍姞 生厲公 雍氏 宋大夫 姞 姓 雍氏宗有寵於宋莊公 故誘 祭仲而執之曰 不立突 將死 亦執厲公而求賂焉 祭仲與宋人盟 以厲公歸而立之 秋 九月 丁亥 昭公奔衛 己亥 厲公立

이보다 앞서 채(祭) 땅의 봉인(封人)인 중족(仲足)이 정장공(鄭莊公)에게 총애를 받았으므로 채(祭)는 정(鄭)나라 땅이다. 정장공이 그를 경(卿)으로 삼았다. 채중(祭仲 : 仲足)이 정장공을 위하여 등만(鄧曼)을 아내로 맞이하게 하여 소공(昭公 : 忽)을 낳았으므로 채중이 그를 임금으로 세웠다. 만(曼)은 등(鄧)나라 성(姓)이다. 송(宋)나라 옹씨(雍氏)도 정장공에게 딸을 시집보내었는데, 옹길(雍姞)이라 하였으며 려공(厲公 : 突)을 낳았다. 옹씨(雍氏)는 송(宋)나라 대부이다. 길(姞)은 성(姓)이다. 옹씨의 종족(宗族)이 송장공(宋莊公)에게 총애를 받고 있었으므로 채중을 유인하여 잡아놓고 말하기를 "돌(突)을 임금으로 세우지 않으면 너를 죽이겠다."라 하고 또 려공을 잡고서 뢰물을 요구하였다. 이에 채중이 송인(宋人)과 맹약하고 려공을 데

---

76) 돌(突)을~것이다 : 돌(突)이 반역한 것을 미워하여 그의 지위를 인정하지 않는다는 의미이다.

77) 정소공(鄭昭公 : 忽)이~때 : 환공(桓公) 6년의 일이다.

리고 돌아가서 그를 임금으로 세우기로 하였다. 가을 9월 정해일에 소공이 위(衛)나라로 망명하였고, 기해일에 려공이 임금이 되었다.

---

柔會宋公陳侯蔡叔 盟于折

　　유(柔)가 송공(宋公)·진후(陳侯)·채숙(蔡叔)과 회합하여 절(折) 땅에서 맹약하였다.

柔 魯大夫 未賜族者 蔡叔 蔡大夫 叔 名也 折 地名 此大夫會盟諸侯之始

　　유(柔)는 로(魯)나라 대부로 족(族)을 하사받지 못한 자이다. 채숙(蔡叔)은 채(蔡)나라 대부이다. 숙(叔)은 이름이다. 절(折)은 땅 이름이다. 이는 대부가 제후(諸侯)와 회맹한 시초이다.

---

公會宋公于夫鍾

　　환공(桓公)이 송공(宋公)과 부종(夫鍾)에서 회합하였다.

鍾 公作童 ○夫鍾 郕地

　　종(鍾)은 《공양전(公羊傳)》에는 동(童)으로 되어 있다. ○부종(夫鍾)은 성(郕)나라 땅이다.

---

冬 十有二月 公會宋公于闞

　　겨울 12월에 환공(桓公)이 송공(宋公)과 감(闞) 땅에서 회합하였다.

闞 魯地

　　감(闞)은 로(魯)나라 땅이다.

# 환공(桓公) 12년【辛巳 B.C.700】

---

十有二年 春 正月

12년 봄 정월이다.

---

夏 六月 壬寅 公會杞侯莒子 盟于曲池

여름 6월 임인일에 환공(桓公)이 기후(杞侯)·거자(莒子)와 회합하여 곡지(曲池)에서 맹약하였다.

---

杞 公穀作紀 曲池 公作毆蛇 ○曲池 魯地

기(杞)는 《공양전(公羊傳)》과 《곡량전(穀梁傳)》에는 기(紀)로 되어 있다. 곡지(曲池)는 《공양전》에는 구사(毆蛇)로 되어 있다. ○곡지(曲池)는 로(魯)나라 땅이다.

---

十二年 夏 盟于曲池 平杞莒也 隱四年 莒人伐杞

12년 여름에 곡지(曲池)에서 맹약하였으니, 이는 기(杞)나라와 거(莒)나라를 화평시키기 위해서였다. 은공(隱公) 4년에 거인(莒人)이 기(杞)나라를 쳤었다.

---

秋 七月 丁亥 公會宋公燕人 盟于穀丘

가을 7월 정해일에 환공(桓公)이 송공(宋公)·연인(燕人)과 회합하여 곡구(穀丘)에서 맹약하였다.

---

燕人 南燕大夫 穀丘 宋地

연인(燕人)은 남연(南燕)의 대부이다. 곡구(穀丘)는 송(宋)나라 땅이다.

---

公欲平宋鄭 秋 公及宋公盟于句瀆之丘 瀆 音豆 句瀆之丘 卽穀丘 宋立厲公 故多責賂 鄭人不
平

환공(桓公)이 송(宋)나라와 정(鄭)나라를 화평시키기 위하여 가을에 환공이 송공(宋公)과 구두(句瀆)의 언덕에서 맹약하였다. 두(瀆)는 음이 두(豆)이다. 구두(句瀆)의 언덕은 곧 곡구(穀丘)이다. 송(宋)나라가 정려공(鄭厲公)을 임금으로 세워주었기 때문에 많은 뢰물을 요구하니[78] 정인(鄭人)이 불평하였다.

---

### 八月 壬辰 陳侯躍卒

8월 임진일에 진후(陳侯) 약(躍)이 졸하였다.

---

厲公也 不書葬 魯不會也 凡諸侯書卒 不書葬 皆倣此

약(躍)은 진려공(陳厲公)이다. 장례 지낸 사실을 경문에 기록하지 않은 것은 로(魯)나라가 참석하지 않았기 때문이다. 제후들에 대하여 경문에 졸이라고 기록하고 장례 지낸 사실을 기록하지 않은 것은 모두 이와 같다.

---

### 公會宋公于虛

환공(桓公)이 송공(宋公)과 허(虛) 땅에서 회합하였다.

---

虛 公作郰 ○虛 宋地

허(虛)는 《공양전(公羊傳)》에는 담(郰)으로 되어 있다. ○허(虛)는 송(宋)나라 땅이다.

**宋成未可知也 故又會于虛**

송(宋)나라가 화친할 마음이 있는지를 알 수 없었으므로 또 허(虛) 땅에서 회합한 것이다.

---

### 冬 十有一月 公會宋公于龜

겨울 11월에 환공(桓公)이 송공(宋公)과 구(龜) 땅에서 회합하였다.

---

龜 宋地

구(龜)는 송(宋)나라 땅이다.

---

78) 송(宋)나라가~요구하니 : 환공(桓公) 11년 여름 5월조 참조.

**冬 又會于龜**

겨울에 또 구(龜) 땅에서 회합하였다.

---

## 丙戌 公會鄭伯 盟于武父

병술일에 환공(桓公)이 정백(鄭伯)과 회합하여 무보(武父)에서 맹약하였다.

---

父 音甫 武父 鄭地

보(父)는 음이 보(甫)이다. 무보(武父)는 정(鄭)나라 땅이다.

**宋公辭平 故與鄭伯盟于武父** 宋公貪賂 卒辭鄭平

송공(宋公)이 화평을 거절하였으므로 환공(桓公)이 정백(鄭伯∶厲公)과 무보(武父)에서 맹약하였다. 송공(宋公)이 뢰물을 탐하였으므로 끝내 정(鄭)나라와의 화평을 거절한 것이다.

---

## 丙戌 衛侯晉卒

병술일에 위후(衛侯) 진(晉)이 졸하였다.

---

重書丙戌 盟卒同日

경문에 병술일을 거듭 기록한 것은 맹약한 것과 위후(衛侯)가 졸한 것이 같은 날이기 때문이다.

---

## 十有二月 及鄭師伐宋 丁未 戰于宋

12월에 정(鄭)나라 군대와 함께 송(宋)나라를 쳤다. 정미일에 송나라에서 싸웠다.

---

不言公 諱之也

환공(桓公)을 언급하지 않은 것은 숨긴 것이다.[79]

---

79) 환공(桓公)을~것이다∶벌(伐)은 죄 있는 나라를 치는 것이다. 그런데 환공(桓公)은 단순히 송장공(宋莊公)
   이 로(魯)나라가 주선한 정(鄭)나라와의 화평을 거절하였기 때문에 송(宋)나라를 쳤다. 그래서 명분상 송

**遂帥師而伐宋 戰焉 宋無信也**

드디어 군대를 거느리고 가서 송(宋)나라를 치고 싸웠으니, 이는 송나라가 신의가 없었기 때문이다.

**君子曰 苟信不繼 盟無益也 詩云 君子屢盟 亂是用長 無信也**

군자는 말한다. "만약 신의가 계속되지 않는다면 맹약하더라도 아무 리익이 없다. 《시(詩)》에 '군자가 자주 맹약을 하는지라, 란이 이 때문에 조장되네.'[80]라고 하였으니, 이는 신의가 없었기 때문이다."

# 환공(桓公) 13년 【壬午 B.C.699】

---

**十有三年 春**

13년 봄이다.

---

**楚伐絞 軍其南門 莫敖屈瑕曰 絞小而輕 輕則寡謀 請無扞采樵者以誘之** 扞 衞也 **從之 絞人獲三十人** 獲楚人也 **明日 絞人爭出 驅楚役徒於山中 楚人坐其北門 而覆諸山下** 坐猶守也 覆 設伏兵 **大敗之 爲城下之盟而還 伐絞之役 楚師分涉於彭 羅人欲伐之 使伯嘉諜之 三巡數之** 彭 水名 羅 國名 熊姓 伯嘉 羅大夫 三數其師之多少

초(楚)나라가 교(絞)나라를 쳐서 그 남문을 공격하려 하였다. 막오(莫敖)인 굴하(屈瑕)가 말하기를 "교나라는 작고 사람들이 경박, 경박하면 지모가 부족합니다. 나무하는 군사들에게 호위병[扞]을 붙이지 말아서 그들을 유인하십시오."라고 하니, 한(扞)은 호위함이다. 초나라 임금이 그의 말을 따랐다. 교인(絞人)들이 30인을 사로잡자 초인(楚人)을 사로잡은 것이다. 다음

---

나라의 죄를 구체적으로 드러낼 수 없었기 때문에 환공을 언급하지 않고 숨긴 것이다.

80) 군자가~조장되네 : 《시경(詩經)》 〈소아(小雅)〉 교언(巧言).

날에는 교인들이 다투어 나와 초나라의 사역병들을 산중까지 몰아붙였다. 초인(楚人)들이
그 북문을 지키고[坐] 산 밑에 복병을 설치하여[覆] 좌(坐)는 지킴[守]과 같다. 부(覆)는 복병을 설치함
이다. 교나라 군사를 대패시키고 성하지맹(城下之盟)81)을 맺고 돌아갔다. 교나라를 치는 싸
움에서 초나라 군대가 나뉘어 팽수(彭水)를 건너니 라인(羅人)들이 초나라 군대를 치고자
하여 백가(伯嘉)로 하여금 정탐하게 하니 백가가 세 번이나 세었다. 팽(彭)은 물 이름이다. 라(羅)
는 나라 이름이니 웅성(熊姓)이다. 백가(伯嘉)는 라나라 대부이다. 세 번이나 초(楚)나라 군대의 수를 센 것이다.

十三年 春 楚屈瑕伐羅 鬪伯比送之 還 謂其御曰 莫敖必敗 舉趾高 心不固矣 志氣揚
則舉足高 遂見楚子曰 必濟師 難言將敗 諷以益師 楚子辭焉 入告夫人鄧曼 鄧曼曰 大夫
其非衆之謂 鄧曼 楚武王夫人 言伯比意不在益衆也 其謂君撫小民以信 訓諸司以德 而威莫
敖以刑也 莫敖狃於蒲騷之役 將自用也 狃 狎習也 必小羅 君若不鎮撫 其不設備乎 言
屈瑕必以不設備取敗 夫固謂君訓衆而好鎮撫之 召諸司而勸之以令德 見莫敖而告諸天
之不假易也 言天不借貸慢易之人 不然 夫豈不知楚師之盡行也 楚子使賴人追之 不及
賴國人仕楚者

13년 봄에 초(楚)나라 굴하(屈瑕)가 라(羅)나라를 칠 때 투백비(鬪伯比)가 그를 전송하고
돌아오면서 자신의 어자(御者)에게 말하기를 "막오(莫敖 : 屈瑕)는 반드시 패할 것이다. 그
가 발을 드는 것이 높은데 이는 마음이 견고하지 못하기 때문이다."라고 하였다. 지기(志氣)가
드날리면 발을 드는 것이 높다. 드디어 초자(楚子 : 武王)를 뵙고 말하기를 "반드시 군대를 더 보
내셔야 합니다."라고 하였다. 패할 것이라고 말하기 어려웠기 때문에 군사를 더 보내주라고 풍간(諷諫)82)
한 것이다. 초자가 거절하고 내전으로 들어가 부인(夫人) 등만(鄧曼)에게 고하자, 등만이 말
하기를 "대부는 군대를 더 보내라고 한 말이 아닙니다. 등만(鄧曼)은 초무왕(楚武王)의 부인(夫人)이
다. 백비(伯比)의 뜻이 군대를 더 보내주라는데 있지 않다는 말이다. 그의 말은 임금님께서는 신(信)으로
백성을 어루만지고, 덕(德)으로 여러 관원을 훈계하고, 형(刑)으로 막오에게 위엄을 보이라
는 것입니다. 막오는 포소(蒲騷)의 싸움83)에 도취되어[狃] 장차 자기 뜻대로 하고서 뉴(狃)는
도취됨이다. 반드시 라나라를 경시할 것입니다. 임금님께서 만약 그를 억제하여 무마하지 않

---

81) 성하지맹(城下之盟) : 성 아래까지 쳐들어가 항복을 받고 체결하는 맹약. 패배자로서는 굴욕적인 맹약이다.

82) 풍간(諷諫) : 완곡한 표현으로 잘못을 고치도록 간하는 일.

83) 포소(蒲騷)의 싸움 : 환공(桓公) 11년 봄에 운인(鄖人)이 포소(蒲騷)에 진을 치고 수(隨)·교(絞)·주(州)·
료(蓼) 등 네 나라와 회합하여 초(楚)나라와 싸운 싸움이다. 초나라 막오(莫敖)인 굴하(屈瑕)가 그들을
격파하였다.

는다면 아마 대비책을 세우지 않을 것입니다. 굴하(屈瑕)가 반드시 대비책을 세우지 않아 패배를 자초하게 된다는 말이다. 투백비의 말은 진실로 임금님께서 대중을 훈계하고 잘 억제하여 어루만지고, 여러 관원을 불러 아름다운 덕으로 권면하며, 막오를 보고서는 하늘은 남을 업신여기는 것을 용서하지 않는다는 것을 고하라는 것입니다. 하늘은 남을 업신여기는 자를 용서하지 않는다는 말이다. 그렇지 않다면 저 투백비가 어찌 초나라 군대가 다 동원된 것을 모르겠습니까."라고 하였다. 초자가 뢰인(賴人)을 시켜 막오를 뒤쫓게 하였으나 미치지 못하였다. 뢰(賴)나라 사람으로 초(楚)나라에서 벼슬하는 자이다.

莫敖使徇于師曰 諫者有刑 及鄢 亂次以濟 鄢 水名 遂無次 且不設備 及羅 羅與盧戎 兩軍之 盧戎 南蠻 兩軍之 夾攻也 大敗之 莫敖縊于荒谷 羣帥囚于冶父 荒谷冶父皆楚地 以聽刑 楚子曰 孤之罪也 皆免之

막오(莫敖)가 사람을 시켜 군중(軍中)을 돌며 명하기를 "나에게 간하는 자는 형벌이 있을 것이다."라 하고서 언수[鄢]에 이르러 무질서하게 물을 건너니, 언(鄢)은 물 이름이다. 드디어 군대가 정돈되지 못하였고 또 그에 대한 대비책도 세우지 않았다. 라(羅)나라에 이르자 라나라 군대와 로융(盧戎)의 군대가 량쪽에서 협공하여[兩軍之] 로융(盧戎)은 남만(南蠻)이다. 량군지(兩軍之)는 협공함이다. 초(楚)나라 군대를 대패시키니, 막오는 황곡(荒谷)에서 목매어 죽고 여러 장수는 야보(冶父)에서 스스로 갇혀 황곡(荒谷)과 야보(冶父)는 모두 초(楚)나라 땅이다. 형벌을 기다렸다. 초자(楚子)가 말하기를 "나의 죄이다."라 하고서 모두 사면하였다.

二月 公會紀侯鄭伯 己巳 及齊侯宋公衛侯燕人戰 齊師宋師衛師燕師敗績

2월에 환공(桓公)이 기후(紀侯)·정백(鄭伯)과 회합하여 기사일에 제후(齊侯)·송공(宋公)·위후(衛侯)·연인(燕人)과 싸우니, 제(齊)·송(宋)·위(衛)·연(燕)나라 군대가 크게 패하였다.

衛宣公未葬 惠公稱侯 以接隣國 非禮也

위선공(衛宣公)의 장례를 아직 지내지 않았는데 위혜공(衛惠公)이 후(侯)라 칭하고서 이웃나라와 접촉하였으니 례가 아니다.

**宋多責賂於鄭 鄭不堪命 故以紀魯及齊與宋衛燕戰 不書所戰 後也** 公後期 故不書戰地

송(宋)나라가 정(鄭)나라에 많은 뢰물을 요구하니[84] 정나라는 그 명을 견딜 수 없었다. 그러므로 기(紀)나라·로(魯)나라 군대를 거느리고 제(齊)·송(宋)·위(衛)·연(燕)나라 군대와 싸운 것이다. 싸운 장소를 경문에 기록하지 않은 것은 늦게 갔기 때문이다. 환공(桓公)이 기일에 늦었기 때문에 싸운 장소를 경문에 기록하지 않은 것이다.

---

**三月 葬衛宣公**

3월에 위(衛)나라 선공(宣公)의 장례를 지냈다.

---

**夏 大水**

여름에 큰물이 졌다.

---

**秋 七月**

가을 7월이다.

---

**冬 十月**

겨울 10월이다.

---

84) 송(宋)나라가~요구하니 : 송(宋)나라가 정려공(鄭厲公)을 세워준 대가로 뢰물을 요구한 것이다. 환공(桓公) 11년 5월조 참조.

# 환공(桓公) 14년 【癸未 B.C.698】

---

十有四年 春 正月 公會鄭伯于曹

14년 봄 정월에 환공(桓公)이 정백(鄭伯)과 조(曹)나라에서 회합하였다.

---

鄭人來請脩好 十四年 春 會于曹 曹人致餼 禮也.

정인(鄭人)이 와서 우호를 다질 것을 요청하였다. 14년 봄에 조(曹)나라에서 회합할 때 조인(曹人)이 날고기[餼]를 보냈으니, 례에 맞는 일이었다.

---

無冰

얼음이 얼지 않았다.

---

夏 五

여름 5이다.

不月闕文

월(月)을 기록하지 않은 것은 글자를 빠뜨린 것이다.

---

鄭伯使其弟語來盟

정백(鄭伯)이 그 아우 어(語)를 보내와서 맹약하였다.

語 穀作禦

어(語)는 《곡량전(穀梁傳)》에는 어(禦)로 되어 있다.

**夏 鄭子人來尋盟 且脩曹之會** 子人 卽弟語也 其後爲子人氏

여름에 정(鄭)나라 자인(子人)이 와서 맹약을 거듭하고[尋] 또 조(曹)나라에서의 회합을 다졌다[脩]. 자인(子人)은 정백(鄭伯)의 아우 어(語)이다. 그 후손이 자인씨(子人氏)가 되었다.

---

**秋 八月 壬申 御廩災 乙亥 嘗**

가을 8월 임신일에 어름(御廩)에 불[災]이 났고 을해일에 상제(嘗祭)를 지냈다.

---

御廩 藏粢盛之倉 天火曰災

어름(御廩)은 자성(粢盛)[85]을 보관하는 창고이다. 자연발화를 재(災)라고 한다.

**秋 八月 壬申 御廩災 乙亥 嘗 書不害也** 災不及穀 故曰不害

가을 8월 임신일에 어름(御廩)에 불이 났고 을해일에 상제(嘗祭)를 지냈다고 하였으니, 경문에 피해가 없었음을 기록한 것이다.[86] 화재가 곡식에까지 미치지 않았으므로 피해가 없었다고 한 것이다.

---

**冬 十有二月 丁巳 齊侯祿父卒**

겨울 12월 정사일에 제후(齊侯) 록보(祿父)[87]가 졸하였다.

---

**宋人以齊人蔡人衛人陳人伐鄭**

송인(宋人)이 제인(齊人)·채인(蔡人)·위인(衛人)·진인(陳人)을 거느리고 정(鄭)나라를 쳤다.

---

85) 자성(粢盛): 제사 때 제기에 담아 올리는 곡식.
86) 상제(嘗祭)를~것이다: 곡식 창고에 불이 났지만 곡식에는 피해가 없었으므로 상제(嘗祭)를 지낼 수 있었다는 말이다.
87) 록보(祿父): 제희공(齊僖公).

蔡人 公在衛人下 ○以一國而用諸侯之始

　채인(蔡人)은 《공양전(公羊傳)》에는 위인(衛人) 다음에 기록되어 있다. ○하나의 나라가 제후들의 군대를 리용한 시초이다.

**冬 宋人以諸侯伐鄭 報宋之戰也 焚渠門 入 及大逵** 渠門 鄭城門 **伐東郊 取牛首** 牛首 鄭邑 **以大宮之椽歸 爲盧門之椽** 盧門 宋東城門

　겨울에 송인(宋人)이 제후들의 군대를 거느리고 정(鄭)나라를 쳤으니, 정나라가 송(宋)나라를 친 싸움에 대한 보복이었다.[88] 거문(渠門)을 불태우고 성안으로 들어가 큰 거리까지 미치고, 거문(渠門)은 정(鄭)나라 성문이다. 동교(東郊)를 쳐서 우수(牛首)를 취하고 우수(牛首)는 정(鄭)나라 읍이다. 태궁(大宮)[89]의 서까래를 뽑아가지고 돌아가서 로문(盧門)의 서까래로 사용하였다. 로문(盧門)은 송(宋)나라 동쪽 성문이다.

# 환공(桓公) 15년 【甲申 B.C.697】

十有五年 春 二月 天王使家父來求車
　15년 봄 2월에 천왕이 가보(家父)를 보내와서 수레를 요구하였다.

**十五年 春 天王使家父來求車 非禮也 諸侯不貢車服 天子不私求財**

　15년 봄에 천왕이 가보(家父)를 보내와서 수레를 요구하였으니, 례가 아니었다. 제후(諸侯)는 수레와 의복을 공물로 바치지 않고, 천자는 사적으로 재물을 요구하지 않는다.

---

88) 정나라가~보복이었다 : 환공(桓公) 12년 12월에 로(魯)나라가 정(鄭)나라 군대와 함께 송(宋)나라를 친 일에 대한 보복이다.

89) 태궁(大宮) : 정(鄭)나라 시조묘(始祖廟)를 이른다.

三月 乙未 天王崩

3월 을미일에 천왕이 붕하였다.

桓王也

환왕(桓王)이다.

夏 四月 己巳 葬齊僖公

여름 4월 기사일에 제(齊)나라 희공(僖公)의 장례를 지냈다.

五月 鄭伯突出奔蔡 鄭世子忽復歸于鄭

5월에 정백(鄭伯) 돌(突)이 채(蔡)나라로 망명나가고, 정(鄭)나라 세자 홀(忽)이 다시 정나라로 돌아갔다.

突書名 譏奪正也 忽稱世子 本當立者 不能保其位 故不稱爵

경문에 돌(突)이라고 이름을 기록한 것은 정당한 지위를 빼앗은 것을 비난한 것이다. 홀(忽)을 세자라고 칭한 것은 본래 마땅히 임금의 자리에 서야할 자인데, 그 지위를 지키지 못하였기 때문에 작위(爵位)를 칭하지 않은 것이다.

祭仲專 鄭伯患之 使其婿雍糾殺之 將享諸郊 雍姬知之 雍姬 雍糾妻 祭中女 謂其母曰 父與夫孰親 其母曰 人盡夫也 父一而已 胡可比也 遂告祭仲曰 雍氏舍其室而將享 子於郊 吾惑之 以告 祭仲殺雍糾 尸諸周氏之汪 汪 池也 周氏 鄭大夫 公載以出 載其尸 共出國 曰 謀及婦人 宜其死也 夏 厲公出奔蔡 六月 乙亥 昭公入

채중(祭仲)이 전횡을 하니 정백(鄭伯 : 突)이 이를 근심하여, 채중의 사위인 옹규(雍糾)를 시켜 채중을 죽이려고 교외에서 향연을 베풀고자 하였다. 옹희(雍姬)가 이를 알고, 옹희(雍姬)는 옹규(雍糾)의 처로 채중(祭仲)의 딸이다. 그 어머니에게 말하기를 "아버지와 지아비 중에 누가 더 가깝습니까?"라고 하니 그 어머니가 말하기를 "남자는 모두 지아비가 될 수 있지만 아버지는 한 분뿐이니 어찌 비교할 수 있겠느냐."라고 하였다. 드디어 옹희가 채중에게 고하기를 "옹씨(雍氏 : 雍糾)는 집을 놓아두고 교외에서 아버지께 향연을 베풀고자 하니 제가 이것이 미심쩍어 고하게 되었습니다."라고 하였다. 이에 채중이 옹규를 죽여 주씨(周氏)의 연못 [汪]에 그 시신을 버렸다. 왕(汪)은 연못이다. 주씨(周氏)는 정(鄭)나라 대부이다. 려공(厲公 : 突)이 그 시신을 수레에 싣고 나가며 그 시신을 싣고 함께 나라를 빠져나간 것이다. 말하기를 "모의한 것을 부인(婦人)까지 알도록 하였으니 죽임을 당한 것이 마땅하다."라고 하였다. 여름에 려공이 채(蔡)나라로 망명나갔고, 6월 을해일에 소공(昭公 : 忽)이 정나라로 들어갔다.

---

## 許叔入于許 公會齊侯于艾

허숙(許叔)이 허(許)나라로 들어갔다. 환공(桓公)이 제후(齊侯)와 애(艾) 땅에서 회합하였다.

艾 公作鄗 穀作蒿

애(艾)는 《공양전(公羊傳)》에는 호(鄗)로 되어 있고, 《곡량전(穀梁傳)》에는 호(蒿)로 되어 있다.

**許叔入于許** 隱十一年 鄭使居許東偏 鄭莊公卒 乃入 **公會齊侯于艾 謀定許也**

허숙(許叔)이 허(許)나라로 들어갔다. 은공(隱公) 11년에 정(鄭)나라가 허숙(許叔)을 허(許)나라 동쪽 변방에 거처하게 하였는데[90] 정장공(鄭莊公)이 졸하자 이에 허나라로 들어간 것이다. 환공(桓公)이 제후(齊侯)와 애(艾) 땅에서 회합하였으니, 허나라를 안정시키는 일을 모의하기 위해서였다.

---

## 邾人牟人葛人來朝

주인(邾人)·모인(牟人)·갈인(葛人)이 와서 조견하였다.

牟葛 國名 天王崩而相朝 故貶

모(牟)와 갈(葛)은 나라 이름이다. 천왕이 붕하였는데 서로 조견하였기 때문에 폄하한 것이다.[91]

---

90) 은공(隱公)~하였는데 : 은공(隱公) 11년 가을 7월에 정백(鄭伯)이 허(許)나라 대부인 백리(百里)를 시켜 허숙(許叔)을 받들어 허나라 동쪽 변방에 거처하게 하였다.

91) 폄하한 것이다 : 작위를 칭하여야 하는데 인(人)이라고 칭하였다는 말이다.

秋 九月 鄭伯突入于櫟

　가을 9월에 정백(鄭伯) 돌(突)이 력(櫟) 땅으로 들어갔다.

櫟 鄭別都

　력(櫟)은 정(鄭)나라의 별도(別都)이다.

### 秋 鄭伯因櫟人殺檀伯 而遂居櫟 檀伯卽曼伯 鄭守櫟大夫

　가을에 정백(鄭伯 : 厲公)이 력인(櫟人)을 통하여 단백(檀伯)을 죽이고 드디어 력(櫟) 땅에 거주하였다. 단백(檀伯)은 만백(曼伯)으로 정(鄭)나라의 력(櫟) 땅을 지키는 대부이다.

冬 十有一月 公會宋公衛侯陳侯于袤 伐鄭

　겨울 11월에 환공(桓公)이 송공(宋公)·위후(衛侯)·진후(陳侯)와 치(袤) 땅에서 회합하여 정(鄭)나라를 쳤다.

宋公上 公有齊侯 袤 公作侈 ○袤 音侈 宋地

　송공(宋公) 앞에 《공양전(公羊傳)》에는 제후(齊侯)가 있다. 치(袤)는 《공양전》에는 치(侈)로 되어 있다. ○치(袤)는 음이 치(侈)이고 송(宋)나라 땅이다.

### 冬 會于袤 謀伐鄭 將納厲公也 弗克而還

　겨울에 치(袤) 땅에서 회합하여 정(鄭)나라를 쳐서 려공(厲公)을 들여보내고자 도모하였는데 성공하지 못하고 돌아왔다.

# 환공(桓公) 16년【乙酉 B.C.696】

十有六年 春 正月 公會宋公蔡侯衛侯于曹

16년 봄 정월에 환공(桓公)이 송공(宋公)·채후(蔡侯)·위후(衛侯)와 조(曹)나라에서 회합하였다.

**十六年 春 正月 會于曹 謀伐鄭也**

16년 봄 정월에 조(曹)나라에서 회합하였으니, 정(鄭)나라를 치는 일을 모의하기 위해서였다.

夏 四月 公會宋公衛侯陳侯蔡侯 伐鄭 秋 七月 公至自伐鄭

여름 4월에 환공(桓公)이 송공(宋公)·위후(衛侯)·진후(陳侯)·채후(蔡侯)와 회합하여 정(鄭)나라를 쳤다. 가을 7월에 환공이 정(鄭)나라를 친 일에서 돌아왔다.

此致伐之始

이는 친 일에서 돌아온 것을 기록한 시초이다.

**夏 伐鄭 秋 七月 公至自伐鄭 以飮至之禮也.**

여름에 정(鄭)나라를 쳤다. 가을 7월에 환공(桓公)이 정나라를 친 일에서 돌아와 음지(飮至)의 례[92]를 행하였다.

冬 城向

겨울에 상(向) 땅에 성을 쌓았다.

---

92) 음지(飮至)의 례 : 출정나갔다가 돌아와서 종묘에 고하고 술을 마시며 전공을 축하하는 례이다. 은공(隱公) 5년 봄조 참조.

**冬 城向 書時也** 經下有十一月 卽夏正九月 不時也 劉炫以爲傳誤

겨울에 상(向) 땅에 성을 쌓았다고 하였으니, 경문에 때에 맞았음을 기록한 것이다. 경문 다음에 11월이 있으니 곧 하력(夏曆)으로 9월이어서 제 때에 행한 것이 아니다. 류현(劉炫)은 전(傳)이 잘못되었다고 하였다.

---

## 十有一月 衛侯朔出奔齊
11월에 위후(衛侯) 삭(朔)이 제(齊)나라로 망명나갔다.

---

惠公殺兄奪國 王命絶之 故名

위혜공(衛惠公 : 朔)이 형을 죽이고 나라를 빼앗자, 왕이 위혜공과의 관계를 단절하라고 명하였기 때문에 이름을 기록한 것이다.

**初 衛宣公烝於夷姜 生急子** 夷姜 宣公庶母 上淫曰烝 **屬諸右公子 爲之娶於齊 而美 公取之 生壽及朔 屬壽於左公子** 左右媵之子 因以爲號 **夷姜縊** 失寵而死 **宣姜與公子朔構急子** 宣姜 宣公所取急子之妻 **公使諸齊 使盜待諸莘 將殺之** 莘 衛地 **壽子告之 使行** 行 出奔也 **不可 曰 棄父之命 惡用子矣 有無父之國則可也 及行 飮以酒 壽子載其旌以先 盜殺之 急子至 曰 我之求也 此何罪 請殺我乎 又殺之 二公子故怨惠公 十一月 左公子洩右公子職立公子黔牟** 黔牟 羣公子 **惠公奔齊**

이보다 앞서 위선공(衛宣公)[93]이 이강(夷姜)과 간음하여[烝] 급자(急子)를 낳아 이강(夷姜)은 선공(宣公)의 서모(庶母)이다. 윗사람과 간음하는 것을 증(烝)이라 한다. 우공자(右公子)에게 맡겼다. 뒤에 급자를 위하여 제(齊)나라에서 아내를 맞이하였는데 그 녀인이 아름다워 선공이 취하여 수(壽)와 삭(朔)을 낳고, 수를 좌공자(左公子)에게 맡겼다. 좌우(左右) 잉첩(媵)의 아들이므로 이로 인하여 좌우를 호칭으로 삼은 것이다. 이로 인하여 이강은 목을 매어 죽었다. 총애를 잃자 죽은 것이다. 선강(宣姜)과 공자 삭이 급자를 모함하니, 선강(宣姜)은 선공(宣公)이 취한 급자(急子)의 처이다. 선공이 급자를 제나라에 사신으로 보내면서 도적을 시켜 신(莘) 땅에서 기다리고 있다가 그를 죽이라고 하였다. 신(莘)은 위(衛)나라 땅이다. 수자(壽子 : 壽)가 이러한 사실을 급자에게 고하여 망명나가도록[行] 하였는데 행(行)은 망명나감이다. 급자가 그럴 수 없다고 하며 말하

---

93) 위선공(衛宣公) : 위혜공(衛惠公)의 아버지.

기를 "아버지의 명을 버린다면 어찌 자식이라고 할 수 있겠는가. 아버지 없는 나라가 있다면 그럴 수 있을 것이다."라고 하였다. 사신으로 떠나려 할 때 미쳐 수자가 급자에게 술을 마시게 하고 수자가 급자의 깃발을 수레에 꽂고 앞장서서 가니 도적이 그를 죽였다. 뒤에 급자가 이르러 말하기를 "나의 목숨을 요구한 것인데 이 사람이 무슨 죄가 있는가. 나를 죽여라."라고 하니, 도적이 또 급자를 죽였다.[94] 두 공자는 이런 연유로 혜공(惠公)을 원망하였다. 11월에 좌공자 설(洩)과 우공자 직(職)이 공자 검모(黔牟)를 세우니 검모(黔牟)는 뭇 공자 중의 한 사람이다. 혜공은 제나라로 망명하였다.

# 환공(桓公) 17년【丙戌 B.C.695】

十有七年 春 正月 丙辰 公會齊侯紀侯 盟于黃

17년 봄 정월 병진일에 환공(桓公)이 제후(齊侯)·기후(紀侯)와 회합하여 황(黃) 땅에서 맹약하였다.

黃 齊地

황(黃)은 제(齊)나라 땅이다.

### 十七年 春 盟于黃 平齊紀 且謀衛故也 齊欲滅紀 衛逐其君

17년 봄에 황(黃) 땅에서 맹약하였으니, 제(齊)나라와 기(紀)나라를 화평시키고 또 위(衛)나라의 일을 모의하기 위해서였다. 제(齊)나라가 기(紀)나라를 멸하고자 하였고, 위(衛)나라가 그 임금을 축출하였기 때문이다.

---

94) 급자를 죽였다 : 이에 대하여 《시경(詩經)》〈패풍(邶風)〉 이자승주(二子乘舟) 서(序)에는 '두 아들이 배를 타니 급(伋)과 수(壽)이다. 위선공(衛宣公)의 두 아들이 서로 죽겠다고 다투니 국인이 서글퍼하여 이 시를 지었다[二子乘舟 思伋壽也 衛宣公之二子 爭相爲死 國人傷而思之 作是詩也].'라고 하였다. 여기서의 급(伋)은 전문에서의 급(急)이다.

---

二月 丙午 公會邾儀父 盟于趡

　2월 병오일에 환공(桓公)이 주(邾)나라 의보(儀父)와 회합하여 유(趡) 땅에서
맹약하였다.

---

會 公穀作及 ○趡 音躍 魯地

　회(會)는 《공양전(公羊傳)》과 《곡량전(穀梁傳)》에는 급(及)으로 되어 있다. ○유(趡)는 음이 유(躍)이고 로
(魯)나라 땅이다.


**及邾儀父盟于趡 尋蔑之盟也**

　주(邾)나라 의보(儀父)와 유(趡) 땅에서 맹약하였으니, 멸(蔑) 땅의 맹약[95]을 거듭한 것
이다.

---

夏 五月 丙午 及齊師戰于奚

　여름 5월 병오일에 제(齊)나라 군대와 해(奚) 땅에서 싸웠다.

---

公無夏字 奚 穀作郎 ○奚 魯地 不言其人 以吾敗也

　《공양전(公羊傳)》에는 하(夏)자가 없다. 해(奚)는 《곡량전(穀梁傳)》에는 랑(郎)으로 되어 있다. ○해(奚)는
로(魯)나라 땅이다. 로(魯)나라 장수의 이름을 말하지 않은 것은 우리가 패하였기 때문이다.


**夏 及齊師戰于奚 疆事也 於是齊人侵魯疆 疆吏來告 公曰 疆場之事 場 音亦 愼守其**
**一 而備其不虞 姑盡所備焉 事至而戰 又何謁焉**

　여름에 제(齊)나라 군대와 해(奚) 땅에서 싸웠으니, 국경 문제 때문이었다. 이때 제인(齊
人)이 로(魯)나라 국경을 침범하자 국경관리가 와서 고하였다. 환공(桓公)이 말하기를 "국
경[疆場]의 일은 역(場)은 음이 역(亦)이다. 한 번 정했던 경계를 신중하게 지켜서 예기치 못하였
던 일을 대비하는 것이다. 우선 대비하는 데에 힘을 다하였다가 일이 생기면 싸우면 되는데
또 어찌하여 아뢰는가."라고 하였다.

---

95) 멸(蔑)~맹약 : 은공(隱公) 원년 3월에 은공이 주(邾)나라 의보(儀父)와 멸(蔑) 땅에서 행한 맹약이다.

> 六月 丁丑 蔡侯封人卒 秋 八月 蔡季自陳歸于蔡
>
> 6월 정축일에 채후(蔡侯) 봉인(封人)이 졸하였다. 가을 8월에 채계(蔡季)가 진(陳)나라에서 채(蔡)나라로 돌아갔다.

季 蔡侯弟 何休以季獻舞爲二人 杜氏合爲一人 誤

　계(季:蔡季)는 채후(蔡侯)의 아우이다. 하휴(何休)는 계와 헌무(獻舞)를 두 사람이라고 하였는데, 두씨(杜氏)가 합하여 한 사람이라고 한 것은[96] 잘못이다.

**蔡桓侯卒 蔡人召蔡季于陳 秋 蔡季自陳歸于蔡 蔡人嘉之也** 去就合宜 故嘉之以字告

　채환후(蔡桓侯:封人)가 졸하자 채인(蔡人)이 진(陳)나라에 있던 채계(蔡季)를 불렀다. 가을에 채계가 진나라에서 채(蔡)나라로 돌아가니 채인이 아름답게 여겼다. 떠나가고 나아옴이 합당했기 때문에 아름답게 여겨 자(字:季)로써 고한 것이다.

> 癸巳 葬蔡桓侯
>
> 계사일에 채(蔡)나라 환후(桓侯)의 장례를 지냈다.

稱侯 請諡於王也

　후(侯)라고 칭한 것은 왕에게 시호를 청한 상태이기 때문이다.[97]

> 及宋人衛人伐邾
>
> 송인(宋人)·위인(衛人)과 함께 주(邾)나라를 쳤다.

背盟伐邾 故不書師 不書人

　맹약[98]을 배반하고 주(邾)나라를 쳤기 때문에 경문에 사(師)라고 기록하지 않았고, 그 사람도 경문에 기록

---

96) 두씨(杜氏)가~것은: 두씨(杜氏)는 계(季)는 채계(蔡季)의 자(字)이고, 헌무(獻舞)는 이름이라고 하였다. 십삼경주소본(十三經注疏本) 장공(莊公) 10년조 참조.

97) 후(侯)라고~때문이다: 천왕에게서 정식 시호가 내려오면 환공(桓公)이라고 하지만 정식 시호가 내려오지 않았기 때문에 환후(桓侯)라고 한 것이다. 즉 시호가 내려오기 전에 일찍 장례를 지낸 것이다.

하지 않았다.[99]

**伐邾 宋志也**

주(邾)나라를 친 것은 송(宋)나라의 뜻이었다.

---

**冬 十月 朔 日有食之**

겨울 10월 초하루에 일식이 있었다.

---

**冬 十月 朔 日有食之 不書日 官失之也** 日食 不書朔 不書日 皆同此 **天子有日官 諸侯有 日御** 日官日御 典歷數者 **日官居卿以底日 禮也** 日官非卿 而位從卿 底 平也 謂平歷數 **日御不 失日 以授百官于朝**

겨울 10월 초하루에 일식이 있었는데, 경문에 일진(日辰)을 기록하지 않은 것은 일관(日官)이 빠뜨린 것이다. 일식이 있었는데 경문에 삭(朔)을 기록하지 않은 것과 일진(日辰)을 기록하지 않은 경우가 모두 이와 같다. 천자에게는 일관이 있고 제후에게는 일어(日御)가 있다. 일관(日官)과 일어(日御)는 력수(歷數)를 맡은 자이다. 일관은 경(卿)의 지위에 있으면서 일력(日歷)을 평형하는[底] 것이 례이다. 일관(日官)은 사실상 경(卿)이 아닌데 지위는 경에 해당한다. 저(底)는 평(平)으로 력수(歷數)를 평형하는 것이다. 일어는 일진을 빠뜨리지 않고 조정에서 백관에게 알려준다.

**○初 鄭伯將以高渠彌爲卿 昭公惡之 固諫 不聽 昭公立 懼其殺己也 辛卯 弑昭公 而立公子亹** 公子亹 昭公弟

○이보다 앞서 정백(鄭伯 : 莊公)이 고거미(高渠彌)를 경(卿)으로 삼으려 하자 소공(昭公 : 忽)이 그를 미워하여 굳이 간하였으나 정백이 듣지 않았다. 소공이 즉위하자 고거미는 소공이 자기를 죽일까 두려워하여 신묘일에 소공을 시해하고 공자 미(亹)를 세웠다. 공자 미(亹)는 소공(昭公)의 아우이다.

---

98) 맹약 : 올 2월 병오일에 환공(桓公)이 주(邾)나라 의보(儀父)와 회합하여 유(趡) 땅에서 행한 맹약이다.
99) 그 사람도~않았다 : 로(魯)나라 장수 이름을 기록하지 않은 것이다.

君子謂 昭公知所惡矣 公子達曰 公子達 魯大夫 高伯其爲戮乎 復惡 已甚矣 復 重也 爲

公所惡 而復弑君 重爲惡也

군자는 이른다. "소공(昭公)은 미워할 바를 아는구나." 또 공자 달(達)은 말한다. 공자 달(達)은 로(魯)나라 대부이다. "고백(高伯 : 高渠彌)이 아마도 죽임을 당할 것이다. 거듭핸[復] 악이 너무 심하도다." 복(復)은 거듭함이다. 소공(昭公)에게 미움을 받고 다시 임금을 시해하였으니, 거듭 악행을 한 것이다.

# 환공(桓公) 18년 【丁亥 B.C.694】

十有八年 春 王正月

18년 봄 왕정월이다.

此年 書王 以王法 終治桓之事

이 해에 왕이라고 경문에 기록한 것은 왕법(王法)으로 환공(桓公)을 다스린 일[100]을 종결지은 것이다.

公會齊侯于濼 公與夫人姜氏遂如齊 夏 四月 丙子 公薨于齊

환공(桓公)이 제후(齊侯)와 록수(濼水)에서 회합하였다. 환공이 부인(夫人) 강씨(姜氏)와 함께 드디어 제(齊)나라로 갔다. 여름 4월 병자일에 환공이 제나라에서 훙하였다.

夫人上 公無與字 ○濼 音鹿 水名 薨不言戕諱之也

부인(夫人)이라는 글자 앞에 《공양전(公羊傳)》에는 여(與)자가 없다. ○록(濼)은 음이 록(鹿)이니 물 이름이

---

100) 왕법(王法)으로~일 : 환공(桓公) 원년 경문주에 '원년에 왕이라고 기록한 것은 환공의 죄를 다스린 것'이라고 한 것을 이른다.

다. 홍(薨)이라 하고 장(戕)[101]이라고 하지 않은 것은 숨긴 것이다.

**十八年 春 公將有行 遂與姜氏如齊 申繻曰 女有家 男有室 無相瀆也 謂之有禮 易此必敗 公會齊侯于濼 遂及文姜如齊 齊侯通焉 公謫之 以告** 謫 譴也 夫人告齊侯 **夏 四月 丙子 享公 使公子彭生乘公 公薨于車** 上車曰乘 彭生多力 拉公幹而殺之 **魯人告于齊曰 寡君畏君之威 不敢寧居 來脩舊好 禮成而不反 無所歸咎 惡於諸侯 請以彭生除之** 除恥辱之惡也 **齊人殺彭生**

18년 봄에 환공(桓公)이 출행을 계획하고 드디어 강씨(姜氏)와 함께 제(齊)나라에 가려 하였다. 신수(申繻)가 말하기를 "녀자는 남편[家]이 있고 남자는 아내[室]가 있어 서로 문란하지 않은 것을 일러 례가 있다고 이르는데 이를 어기면 반드시 패망하게 됩니다."라고 하였다. 환공이 제후(齊侯)와 록수(濼水)에서 회합하고 드디어 문강(文姜)과 제나라로 갔다. 제후가 문강과 간통하자, 환공이 문강을 꾸짖으니[謫] 문강이 제후에게 고하였다. 적(謫)은 꾸짖음이다. 부인(夫人)이 제후(齊侯)에게 고한 것이다. 여름 4월 병자일에 제후가 환공에게 향연을 베풀어 주고 공자 팽생(彭生)을 시켜서 환공을 태워가게[乘] 하였는데, 환공이 수레에서 홍하였다. 수레에 타는 것을 승(乘)이라 한다. 팽생(彭生)은 힘이 세어서 환공(桓公)의 척추를 꺾어서 죽인 것이다. 로인(魯人)이 제나라에 고하기를 "과군이 제나라 임금님의 위엄을 두려워하여 감히 편안히 거처하지 못하고 제나라에 가서 옛 우호를 다졌습니다. 우호의 례는 이루었는데 우리 임금님께서 돌아오지 않으니 허물을 돌릴 곳이 없습니다. 제후들에게 나쁜 소문이 퍼져나가니 팽생을 죽여 이러한 소문을 제거하십시오."라고 하니, 치욕적인 나쁜 소문을 제거하라는 것이다. 제인(齊人)이 팽생을 죽였다.

---

**丁酉 公之喪至自齊**
　정유일에 환공(桓公)의 상여가 제(齊)나라에서 왔다

---

101) 장(戕) : 다른 나라 신하에게 죽임을 당한 것을 말한다.

> ## 秋 七月
> 가을 7월이다.

**秋 齊侯師于首止** 討鄭弑君也 首止 衛地 **子亹會之 高渠彌相 七月 戊戌 齊人殺子亹而
轘高渠彌** 車裂曰轘 **祭仲逆鄭子于陳而立之** 鄭子 昭公弟子儀也 **是行也 祭仲知之 故稱
疾不往 人曰 祭仲以知免 仲曰 信也**

　가을에 제후(齊侯)가 수지(首止)에 진을 쳤다. 정(鄭)나라가 그 임금을 시해한 사건[102]을 토죄하기
위해서이다. 수지(首止)는 위(衛)나라 땅이다. 정(鄭)나라 자미(子亹)가 제(齊)나라와 회합할 때 고거
미(高渠彌)가 상(相)[103]이었다. 7월 무술일에 제인(齊人)이 자미를 죽이고 고거미를 환형
[轘]에 처하니, 수레로 찢어 죽이는 것을 환(轘)이라고 한다. 채중(祭仲)이 정자(鄭子)를 진(陳)나라
에서 맞이하여 임금으로 세웠다. 정자(鄭子)는 소공(昭公)의 아우인 자의(子儀)이다. 이번 출행에서
채중은 죽임을 당할 것을 알았기 때문에 병을 핑계로 가지 않았다. 사람들이 말하기를 “채
중이 지혜로써 화를 면하였다.”라고 하니, 중(仲)이 말하기를 “사실이다.”라고 하였다.

> ## 冬 十有二月 己丑 葬我君桓公
> 겨울 12월 기축일에 우리 임금 환공(桓公)의 장례를 지냈다.

賊未討而書葬 讎在外也

　적도(賊徒)를 토죄하지도 않았는데 경문에 장례를 지냈다고 기록한 것은 원수가 외부에 있었기 때문이다.

○**周公欲弑莊王而立王子克** 莊王 桓王太子 王子克 莊王弟子儀 **辛伯告王 遂與王殺周公
黑肩** 王子克奔燕 辛伯 周大夫 **初 子儀有寵於桓王 桓王屬諸周公 辛伯諫曰 并后** 妾如
后 **匹嫡** 庶如嫡 **兩政** 臣擅命 **耦國** 都如國 **亂之本也 周公弗從 故及** 及於難也

　○주공(周公 : 黑肩)이 장왕(莊王)을 시해하고 왕자 극(克)을 세우려 하였다. 장왕(莊王)은

---

102) 정(鄭)나라가~사건 : 환공(桓公) 17년 10월에 고거미(高渠彌)가 정소공(鄭昭公)이 자기를 죽일까 두려워
　　하여 신묘일에 정소공을 시해하고 공자 미(亹)를 세운 일이다.

103) 상(相) ; 임금을 도와 례를 집행하는 사람.

환왕(桓王)의 태자이고, 왕자 극(克)은 장왕의 아우인 자의(子儀)이다. 신백(辛伯)이 장왕에게 이 계획을 고하니 드디어 신백이 장왕과 함께 주공 흑견(黑肩)을 죽이자, 왕자 극이 연(燕)나라로 망명하였다. 신백(辛伯)은 주(周)나라 대부이다. 이보다 앞서 자의(子儀 : 克)가 환왕(桓王)에게 총애를 받았으므로 환왕이 주공에게 자의를 부탁하였다. 신백이 간하기를 "왕후(王后)와 나란히 하고, 첩(妾)이 왕후(王后)와 대등한 것이다. 적자(嫡子)와 대등하고, 서자(庶子)가 적자(適子)와 대등한 것이다. 두 곳에서 정사가 행하여지고, 신하가 명을 제멋대로 행하는 것이다. 국도와 짝을 이루는 것은 지방 도성이 국도와 규모가 같다는 것이다. 환란의 근본입니다."라고 하였으나, 주공이 따르지 않았다. 그러므로 화난을 당한 것이다. 화난에 미친 것이다.

# 魯桓公

| B.C. | 魯 | 周 | 蔡 | 曹 | 衛 | 滕 | 晉 | 吳 | 鄭 | 燕 | 齊 | 秦 | 楚 | 宋 | 杞 | 陳 | 薛 | 邾 | 莒 | 許 | 越 |
|---|---|---|---|---|---|---|---|---|---|---|---|---|---|---|---|---|---|---|---|---|---|
| 711 | 桓公 1 | 桓王 9 | 桓侯 4 | 桓公 46 | 宣公 8 | | 哀侯 7 | | 莊公 33 | 穆侯 18 | 僖公 20 | 寧公 5 | 武王 30 | 殤公 9 | 武公 40 | 桓公 34 | | | | | |
| 710 | 2 | 10 | 5 | 47 | 9 | | 8 | | 34 | 宣侯 1 | 21 | 6 | 31 | 10 | 41 | 35 | | | | | |
| 709 | 3 | 11 | 6 | 48 | 10 | | 9 | | 35 | 2 | 22 | 7 | 32 | 莊公 1 | 42 | 36 | | | | | |
| 708 | 4 | 12 | 7 | 49 | 11 | | 小子侯 1 | | 36 | 3 | 23 | 8 | 33 | 2 | 43 | 37 | | | | | |
| 707 | 5 | 13 | 8 | 50 | 12 | | 2 | | 37 | 4 | 24 | 9 | 34 | 3 | 44 | 38 | | | | | |
| 706 | 6 | 14 | 9 | 51 | 13 | | 3 | | 38 | 5 | 25 | 10 | 35 | 4 | 45 | 厲公 1 | | | | | |
| 705 | 7 | 15 | 10 | 52 | 14 | | 4 | | 39 | 6 | 26 | 11 | 36 | 5 | 46 | 2 | | | | | |
| 704 | 8 | 16 | 11 | 53 | 15 | | 緡 1 | | 40 | 7 | 27 | 12 | 37 | 6 | 47 | 3 | | | | | |
| 703 | 9 | 17 | 12 | 54 | 16 | | 2 | | 41 | 8 | 28 | 出子 1 | 38 | 7 | 靖公 1 | 4 | | | | | |
| 702 | 10 | 18 | 13 | 55 | 17 | | 3 | | 42 | 9 | 29 | 2 | 39 | 8 | 2 | 5 | | | | | |
| 701 | 11 | 19 | 14 | 莊公 1 | 18 | | 4 | | 43 | 10 | 30 | 3 | 40 | 9 | 3 | 6 | | | | | |
| 700 | 12 | 20 | 15 | 2 | 19 | | 5 | | 厲公 1 | 11 | 31 | 4 | 41 | 10 | 4 | 7 | | | | | |
| 699 | 13 | 21 | 16 | 3 | 惠公 1 | | 6 | | 2 | 12 | 32 | 5 | 42 | 11 | 5 | 莊公 1 | | | | | |
| 698 | 14 | 22 | 17 | 4 | 2 | | 7 | | 3 | 13 | 33 | 6 | 43 | 12 | 6 | 2 | | | | | |
| 697 | 15 | 23 | 18 | 5 | 3 | | 8 | | 4 | 桓侯 1 | 襄公 1 | 武公 1 | 44 | 13 | 7 | 3 | | | | 穆公 1 | |
| 696 | 16 | 莊王 1 | 19 | 6 | 4 | | 9 | | 昭公 1 | 2 | 2 | 2 | 45 | 14 | 8 | 4 | | | | 2 | |
| 695 | 17 | 2 | 20 | 7 | 黔牟 1 | | 10 | | 2 | 3 | 3 | 3 | 46 | 15 | 9 | 5 | | | | 3 | |
| 694 | 18 | 3 | 哀侯 1 | 8 | 2 | | 11 | | 子亹 1 | 4 | 4 | 4 | 47 | 16 | 10 | 6 | | | | 4 | |

# 장공(莊公)¹⁾ 원년 【戊子 B.C.693】

> 元年 春 王正月
> 원년 봄 왕정월이다.

**元年 春 不稱卽位 文姜出故也** 繼弑君 不言卽位 不忍也 陸淳曰 左氏云 文姜出故 非通論也

원년 봄에 즉위(卽位)를 칭하지 않은 것은 문강(文姜)이 나가 있었기 때문이다. 시해당한 임금²⁾을 계승하면서 즉위(卽位)를 말하지 않은 것은 차마 그렇게 할 수 없었기 때문이다. 륙순(陸淳)이 말하기를 "좌씨(左氏)가 문강(文姜)이 나가 있었기 때문이라고 한 것은 통론이 아니다."라고 하였다.

> 三月 夫人孫于齊
> 3월에 부인(夫人)이 제(齊)나라로 피신하였다.

夫人 莊公母也 魯人責之 故出奔 內諱奔 謂之孫

부인(夫人)은 장공(莊公)의 어머니이다. 로인(魯人)이 그녀를 책망하였기 때문에 도망나간 것이다. 그러나 내적으로 도망간 사실을 숨겼으므로 피신하였다[孫]고 이른 것이다.

**三月 夫人孫于齊 不稱姜氏 絶不爲親 禮也** 姜氏 齊姓 文姜宜與齊絶 而復奔齊 故去姜氏以示義

3월에 부인(夫人)이 제(齊)나라로 피신하였는데 강씨(姜氏)라고 칭하지 않은 것은 제나라와의 관계를 끊어서 친속(親屬)으로 여기지 않은 것이니, 례에 맞는 일이었다. 강씨(姜氏)는 제(齊)나라 성(姓)이다. 문강(文姜)은 마땅히 제나라와 관계를 끊어야 하는데 다시 제나라로 도망하였으므로 강씨라는 말을 제거하여 의(義)를 보인 것이다.

---

1) 장공(莊公) : 로(魯)나라 16대 임금. 이름은 동(同)이고 환공(桓公)의 아들이며 어머니는 문강(文姜)이다. 주장왕(周莊王) 4년에 즉위하였다. 시법(諡法)에 적을 이기고 란을 평정하는 것[勝敵克亂]을 장(莊)이라 한다.
2) 시해당한 임금 : 환공(桓公)을 이른다. 환공은 부인(夫人) 강씨(姜氏)와 함께 제(齊)나라에 갔다가 제나라 공자 팽생(彭生)에게 죽임을 당하였다. 환공 18년 여름조 참조.

夏 單伯送王姬

여름에 선백(單伯)이 왕희(王姬)를 호송하여 왔다.

送 公穀作逆 ○單 采地 伯 爵 天子卿也 王嫁女于齊 命魯爲主

송(送)은 《공양전(公羊傳)》과 《곡량전(穀梁傳)》에는 역(逆)으로 되어 있다. ○선(單)은 채지(采地)이고, 백(伯)은 작위로 천자의 경(卿)이다. 왕이 딸을 제(齊)나라에 시집보내면서 로(魯)나라에 명하여 혼사를 주관하게 한 것이다.

秋 築王姬之館于外

가을에 왕희(王姬)가 머무를 집을 성밖에 지었다.

秋 築王姬之館于外 爲外 禮也 公在諒闇 齊侯親迎 不忍禮接 築舍於外 趙匡曰 左氏云爲外 禮也 與讎主昏 縱在城外 豈爲禮乎

가을에 왕희(王姬)가 머무를 집을 성밖에 지었으니, 성밖에 지은 것은 례에 맞는 일이었다. 장공(莊公)이 상중(喪中)에 있었기 때문에 제후(齊侯)가 친영(親迎)할 때 차마 례로 접대할 수가 없어서 성밖에 집을 지은 것이다. 조광(趙匡)이 말하기를 "좌씨(左氏)가 성밖에 지은 것은 례에 맞는 일이었다고 하였으나 원수관계와 혼례를 주관하였으니, 비록 성밖에 있다한들 어찌 례가 되겠는가."라고 하였다.

冬 十月 乙亥 陳侯林卒

겨울 10월 을해일에 진후(陳侯) 림(林)이 졸하였다.

王使榮叔來錫桓公命

왕이 영숙(榮叔)을 보내와서 환공(桓公)에게 추명(追命)을 내렸다.

榮 氏 叔 字 周大夫 王者法天 桓簒君取國 而王不能討 反追命之 故王無天以譏之 此書錫命之始

영(榮)은 씨이고 숙(叔)은 자이니 주(周)나라 대부이다. 왕이 된 자는 하늘을 본받는다. 환공(桓公)은 임금의 자리를 찬탈하고 나라를 취하였는데도 왕이 토죄하지 못하고 도리어 추명(追命)3)하였으므로 왕(王)자 앞에 천(天)자를 없애어 비난한 것이다. 이는 경문에 추명을 내린 것을 기록한 시초이다.

---

王姬歸于齊

　왕희(王姬)가 제(齊)나라로 시집갔다.

---

齊師遷紀郱鄑郚

　제(齊)나라 군대가 기(紀)나라의 평(郱)·자(鄑)·오(郚) 땅의 백성을 이주시켰다.

郱 音萍 鄑 音玆 郚 音吾 齊欲滅紀 故徙其三邑之民 而取其地 此書遷之始

　평(郱)은 음이 평(萍)이다. 자(鄑)는 음이 자(玆)이다. 오(郚)는 음이 오(吾)이다. 제(齊)나라가 기(紀)나라를 멸하고자 하여 세 읍의 백성을 이주시키고 그 땅을 취한 것이다. 이는 경문에 백성을 이주시킨 일을 기록한 시초이다.

---

# 장공(莊公) 2년 【己丑 B.C.692】

---

二年 春 王二月 葬陳莊公

　2년 봄 왕2월에 진(陳)나라 장공(莊公)의 장례를 지냈다.

---

夏 公子慶父帥師伐於餘丘

　여름에 공자 경보(慶父)가 군대를 거느리고 오여구(於餘丘)를 쳤다.

---

3) 추명(追命) : 제후(諸侯)의 사후에 그의 공덕을 칭송하여 왕이 내리는 명.

慶父 莊公庶兄 於餘丘 國名

경보(慶父)는 장공(莊公)의 서형(庶兄)이다. 오여구(於餘丘)는 나라 이름이다.

---

## 秋 七月 齊王姬卒

가을 7월에 제(齊)나라로 시집간 왕희(王姬)가 졸하였다.

---

魯爲之主 猶內女 故卒之

로(魯)나라가 혼례를 주관하여 내녀(內女)4)와 같이 여겼기 때문에 졸이라고 한 것이다.

---

## 冬 十有二月 夫人姜氏會齊侯于禚

겨울 12월에 부인(夫人) 강씨(姜氏)가 제후(齊侯)와 작(禚) 땅에서 만났다.

---

禚 公作郜 ○禚 音灼 齊地

작(禚)은 《공양전(公羊傳)》에는 곡(郜)으로 되어 있다. ○작(禚)은 음이 작(灼)이니 제(齊)나라 땅이다.

---

**二年 冬 夫人姜氏會齊侯于禚 書姦也** 文姜比年出會 其意皆同

2년 겨울에 부인(夫人) 강씨(姜氏)가 제후(齊侯)와 작(禚) 땅에서 만났다고 하였으니, 경문에 간통한 사실을 기록한 것이다. 문강(文姜)이 해마다 나라 밖으로 나가 제후(齊侯)와 만난 것도 그 뜻이 모두 같다.5)

---

## 乙酉 宋公馮卒

을유일에 송공(宋公) 빙(馮)이 졸하였다.

---

4) 내녀(內女) : 임금과 동성(同姓)인 녀자. 《춘추(春秋)》에서는 로(魯)나라 공실(公室)의 녀자를 말한다.
5) 그 뜻이~같다 : 간통하기 위하여 만났다는 것이다.

# 장공(莊公) 3년 【庚寅 B.C.691】

---

三年 春 王正月 溺會齊師 伐衛

3년 봄 왕정월에 닉(溺)이 제(齊)나라 군대와 회합하여 위(衛)나라를 쳤다.

---

溺 魯大夫

닉(溺)은 로(魯)나라 대부이다.

**三年 春 溺會齊師 伐衛 疾之也** 會仇讎而伐同姓 故貶之

3년 봄에 닉(溺)이 제(齊)나라 군대와 회합하여 위(衛)나라를 쳤다고 하였으니,[6] 그를 미워한 것이다. 원수의 나라와 회합하여 동성인 위(衛)나라를 쳤기 때문에 그를 폄하한 것이다.

---

夏 四月 葬宋莊公

여름 4월에 송(宋)나라 장공(莊公)의 장례를 지냈다.

---

五月 葬桓王

5월에 환왕(桓王)의 장례를 지냈다.

---

**夏 五月 葬桓王 緩也** 七年及葬

여름 5월에 환왕(桓王)의 장례를 지냈으니, 그 시기가 늦었다. 7년 만에 장례를 지낸 것이다.

---

6) 닉(溺)이~하였으니 : 닉(溺)이라고 이름을 칭한 것이다.

> 秋 紀季以鄙入于齊
>
> 가을에 기(紀)나라 계(季)가 휴(鄙) 땅을 가지고 제(齊)나라로 들어갔다.

鄙 音攜 紀邑 季 紀侯弟 齊欲滅紀 故季以邑入齊爲附庸 以存先祀 故書字貴之

휴(鄙)는 음이 휴(攜)이니 기(紀)나라 읍이다. 계(季)는 기후(紀侯)의 아우이다. 제(齊)나라가 기나라를 멸하고자 하였기 때문에 계가 휴읍(鄙邑)을 가지고 제나라로 들어가 부용(附庸)[7]하여 선대의 제사를 보존하였다. 그러므로 경문에 자(字)인 계(季)를 기록하여 그를 귀하게 여긴 것이다.

### 秋 紀季以鄙入于齊 紀於是乎始判 判 分也

가을에 기(紀)나라 계(季)가 휴(鄙) 땅을 가지고 제(齊)나라로 들어갔으니, 기나라가 이리하여 비로소 나누어졌다[判].[8] 판(判)은 나누어짐이다.

> 冬 公次于滑
>
> 겨울에 장공(莊公)이 활(滑) 땅에서 여러 날 주둔하였다.

滑 公穀作郎 ○滑 鄭地 此書次之始

활(滑)은 《공양전(公羊傳)》과 《곡량전(穀梁傳)》에는 랑(郎)으로 되어 있다. ○활(滑)은 정(鄭)나라 땅이다. 이는 경문에 여러 날 주둔한 것을 기록한 시초이다.

### 冬 公次于滑 將會鄭伯 謀紀故也 鄭伯 子儀 鄭伯辭以難 厲公在櫟故 凡師 一宿爲舍 再宿爲信 過信爲次

겨울에 장공(莊公)이 활(滑) 땅에서 여러 날 주둔하였으니, 정백(鄭伯)과 회합하여 기(紀)나라를 도모하고자 하였기 때문이다. 정백(鄭伯)은 자의(子儀)이다. 정백은 국내의 화난을 리유로 거절하였다. 정려공(鄭厲公)이 력(櫟) 땅에 있었기 때문이다.[9] 무릇 군대가 하룻밤 머무르는 것을

---

7) 부용(附庸) : 대국에 부속되어 의탁함.

8) 기나라가~나누어졌다[判] : 제(齊)나라에 부용(附庸)한 땅과 그렇지 않은 땅으로 나누어진 것이다.

9) 정려공(鄭厲公)이~때문이다 : 정려공(鄭厲公 : 突)이 단백(檀伯)을 죽이고 력(櫟) 땅에 머물러 있었기 때문에 정백(鄭伯 : 子儀)은 정려공이 란을 일으킬까 우려하여 회합을 거절한 것이다. 환공(桓公) 15년 가을조 참조.

사(舍)라 하고, 이틀 밤 머무르는 것을 신(信)이라 하고, 이틀 밤을 넘기는 것을 차(次)라고 한다.

# 장공(莊公) 4년 【辛卯 B.C.690】

四年 春 王二月 夫人姜氏享齊侯于祝丘

4년 봄 왕2월에 부인(夫人) 강씨(姜氏)가 축구(祝丘)에서 제후(齊侯)에게 향연을 베풀었다.

享 公穀作饗 祝丘 魯地

향(享)은 《공양전(公羊傳)》과 《곡량전(穀梁傳)》에는 향(饗)으로 되어 있다. 축구(祝丘)는 로(魯)나라 땅이다.

三月 紀伯姬卒

3월에 기(紀)나라 백희(伯姬)가 졸하였다.

隱二年 裂繻所逆者 內女唯諸侯夫人 卒葬皆書

은공(隱公) 2년에 기(紀)나라 렬수(裂繻)가 맞이해 간 녀자이다. 내녀(內女)가 제후(諸侯)의 부인(夫人)이 된 경우에만 졸한 사실과 장례를 지낸 사실을 모두 경문에 기록하였다.

○四年 春 王三月 楚武王荊尸 授師子焉 以伐隨 荊 楚本號 尸 陳也 更爲楚陳法 名曰荊尸 子 音結 戟也 將齊 入告夫人鄧曼曰 余心蕩 將授兵於廟 故齊 鄧曼歎曰 王祿盡矣 盈而蕩 天之道也 先君其知之矣 故臨武事 將發大命 而蕩王心焉 若師徒無虧 王薨於行 國之福也 王遂行 卒於樠木之下 樠 音門 木名 令尹鬪祁莫敖屈重 除道梁溠 溠 音乍 水名 梁 橋也 營軍臨隨 隨人懼 行成 莫敖以王命入盟隨侯 且請爲會於漢汭而還 濟漢而後 發喪

○4년 봄 왕3월에 초무왕(楚武王)이 형시(荊尸)를 만들고 군사들에게 창[孑]을 나누어주어 수(隨)나라를 치려 하였다. 형(荊)은 초(楚)나라의 본래 이름이다. 시(尸)는 진법(陳法)의 일종인데, 고쳐서 초나라의 진법으로 삼았으므로 이름을 형시(荊尸)라 한 것이다. 결(孑)은 음이 결(結)이니 창이다. 재계(齋戒)하려 할 때 안으로 들어가 부인(夫人) 등만(鄧曼)에게 말하기를 "내 마음이 동요하고 있소."라고 하였다. 군사들에게 종묘에서 무기를 나누어주려고 하였기 때문에 재계(齋戒)하려 한 것이다. 등만이 탄식하며 말하기를 "왕의 복록이 다 되었습니다. 다 차면 동요하는 것이 하늘의 도입니다. 선군께서 그것을 아셨기 때문에 싸움의 일에 림하여 중대한 명령을 내리려 할 때 왕의 마음을 동요시킨 것입니다. 만약 군대가 손상을 입지 않고 가는 도중에 왕께서 훙하신다면[10] 우리나라의 복일 것입니다."라고 하였다. 초무왕이 드디어 행군을 하다가 문목(樠木) 아래에서 졸하였다. 문(樠)은 음이 문(門)이니 나무 이름이다. 령윤(令尹)인 투기(鬪祈)와 막오(莫敖)인 굴중(屈重)이 길을 열고 사수(溠水)에 다리[梁]를 놓으며, 사(溠)는 음은 사(乍)이니 물 이름이다. 량(梁)은 다리이다. 군진(軍陣)을 쳐서 수나라에 림하였다.[11] 수인(隨人)이 두려워하여 화친을 하고자 하니, 막오가 초왕(楚王)의 명이라 하여 수나라 도성에 들어가 수후(隨侯)와 맹약하였다. 또 청하여 한예(漢汭)[12]에서 회합하고[13] 돌아와 수후가 한수(漢水)를 건넌 뒤에 상(喪)을 발표하였다.

---

**夏 齊侯陳侯鄭伯遇于垂**

여름에 제후(齊侯)·진후(陳侯)·정백(鄭伯)이 수(垂) 땅에서 만났다.

---

**紀侯大去其國**

기후(紀侯)가 그 나라를 아주 떠났다.

大去 不反之辭

---

10) 가는~훙하신다면 : 초무왕(楚武王)이 싸움 중에 죽지 않고 행군 중에 죽는다면 이라는 말이다.

11) 림하였다 : 적진 가까이 진지를 구축한 것이다.

12) 한예(漢汭) : 하수(夏水)와 한수(漢水)가 만나는 곳.

13) 또 청하여~회합하고 : 초왕(楚王)의 명이라 하고서 수후(隨侯)와 맹약한 것은 정식 회합을 통하여 맺은 것이 아니기 때문에 뒤에 정식 회합을 청하여 한예(漢汭)에서 회합한 것이다.

대거(大去)는 돌아오지 않는다는 말이다.

**紀侯不能下齊 以與紀季** 下 降屈也 **夏 紀侯大去其國 違齊難也** 違 辟也

기후(紀侯)는 제(齊)나라에 항복할[下] 수 없어서 기계(紀季)에게 나라를 주었다.[14] 하(下)는 항복하여 굽힘이다. 여름에 기후가 그 나라를 아주 떠났으니, 제나라로 인한 화난을 피하기[違] 위해서였다. 위(違)는 피함이다.

---

## 六月 乙丑 齊侯葬紀伯姬

6월 을축일에 제후(齊侯)가 기(紀)나라 백희(伯姬)의 장례를 지냈다.

---

紀季爲齊附庸 齊侯加禮初附 以夫人禮葬之

기계(紀季)가 제(齊)나라에 부용(附庸)하였기 때문에 제후(齊侯)가 처음 부용한 나라에 대하여 례를 높여 대우하여 부인(夫人)의 례로 장례 지낸 것이다.

---

## 秋 七月

가을 7월이다.

---

## 冬 公及齊人狩于禚

겨울에 장공(莊公)이 제인(齊人)과 작(禚) 땅에서 사냥하였다.

---

禚 公穀作鄁 ○齊人 齊侯也 諱與讎狩 故稱人

작(禚)은 《공양전(公羊傳)》과 《곡량전(穀梁傳)》에는 곡(鄁)으로 되어 있다. ○제인(齊人)은 제후(齊侯)이다. 원수와 함께 사냥한 것을 숨겼기 때문에 제인(齊人)이라고 칭한 것이다.

---

14) 기계(紀季)에게~주었다 : 기계(紀季)는 장공(莊公) 3년에 휴(酅) 땅을 가지고 제(齊)나라에 부용(附庸)하였는데 이제 기(紀)나라의 나머지 땅도 받은 것이다.

# 장공(莊公) 5년【壬辰 B.C.689】

五年 春 王正月

　5년 봄 왕정월이다.

夏 夫人姜氏如齊師

　여름에 부인(夫人) 강씨(姜氏)가 제(齊)나라 군영에 갔다.

秋 郳犁來來朝

　가을에 예(郳)나라 려래(犁來)가 와서 조견하였다.

郳 公作倪 犁 公穀作黎 ○郳 附庸國 犁來 名

　예(郳)는《공양전(公羊傳)》에는 예(倪)로 되어 있다. 려(犁)는《공양전》과《곡량전(穀梁傳)》에는 려(黎)로 되어 있다. ○예(郳)는 부용국이고 려래(犁來)는 이름이다.

**五年 秋 郳犁來來朝 名 未王命也** 王後命以爲小邾子

　5년 가을에 예(郳)나라 려래(犁來)가 와서 조견하였으니, 이름을 기록한 것은 아직 왕명을 받지 못하였기 때문이다. 왕이 뒤에 명을 내려 소주자(小邾子)라고 하였다.

冬 公會齊人宋人陳人蔡人 伐衛

　겨울에 장공(莊公)이 제인(齊人)·송인(宋人)·진인(陳人)·채인(蔡人)과 회합하여 위(衛)나라를 쳤다.

**冬 伐衛 納惠公也**

　겨울에 위(衛)나라를 쳤으니, 위혜공(衛惠公)[15]을 들여보내기 위해서였다.

# 장공(莊公) 6년【癸巳 B.C.688】

六年 春 王正月 王人子突救衛

　6년 봄 왕정월에 왕인(王人)인 자돌(子突)이 위(衛)나라를 구원하였다.

正月 公穀作三月 ○王人 王之微官 奉王命拒朔 故書字以褒之 此書救之始

　정월은 《공양전(公羊傳)》과 《곡량전(穀梁傳)》에는 3월로 되어 있다. ○왕인(王人)은 왕의 미관(微官)이니 왕명을 받들어 삭(朔：衛惠公)이 위(衛)나라로 들어오는 것을 막았다. 그러므로 경문에 자를 기록하여 높인 것이다. 이것은 경문에 구원해 준 사실을 기록한 시초이다.

**六年 春 王人救衛**

　6년 봄에 왕인(王人)이 위(衛)나라를 구원하였다.

夏 六月 衛侯朔入于衛

　여름 6월에 위후(衛侯) 삭(朔)이 위(衛)나라로 들어갔다.

夏 衛侯入 放公子黔牟于周 放甯跪于秦 殺左公子洩右公子職 甯跪 衛大夫 乃卽位

　여름에 위후(衛侯：朔)가 들어가서 공자 검모(黔牟)를 주(周)나라로 추방하고, 녕궤(甯跪)를 진(秦)나라로 추방하였으며, 좌공자(左公子) 설(洩)과 우공자(右公子) 직(職)을 죽이고 녕궤(甯跪)는 위(衛)나라 대부이다. 즉위하였다.

君子以二公子之立黔牟 爲不度矣 夫能固位者 必度於本末 而後立衷焉 不知其本 不謀 知本之不枝 弗强 本弱者枝披 非人力所能强成 詩云 本枝百世

　군자는 두 공자가 검모(黔牟)를 세운 것[16]은 일을 잘 헤아리지 못한 처사라고 여긴다.

---

15) 위혜공(衛惠公)：제(齊)나라로 망명나간 위후(衛侯) 삭(朔). 환공(桓公) 16년 11월조 참조.

16) 두 공자가~것：좌공자 설(洩)과 우공자 직(職)이 뭇 공자 중의 한 사람인 검모(黔牟)를 세운 일을 말한다. 환공(桓公) 16년 11월조 참조.

무릇 지위를 견고하게 하려는 자는 반드시 본말을 헤아린 뒤에 적절한 자를 세운다. 그 사람의 근본을 모르면 세우기를 도모하지 않고, 근본이 가지를 번성시킬 수 없다는 것을 알면 억지로 이루려하지 않는다. 근본이 약한 것은 가지가 번성하지 못하니, 사람의 힘으로 억지로 이룰 수 있는 것이 아니다. 《시(詩)》에 이르기를 '근본과 가지가 백세를 이어 간다.'[17]라고 하였다.

---

秋 公至自伐衛

가을에 장공(莊公)이 위(衛)나라를 친 일에서 돌아왔다.

---

螟

명충의 피해가 있었다.

---

冬 齊人來歸衛俘

겨울에 제인(齊人)이 위(衛)나라에서 로획한 물건을 보내왔다.

俘 公穀作寶

부(俘)는 《공양전(公羊傳)》과 《곡량전(穀梁傳)》에는 보(寶)로 되어 있다.

**冬 齊人來歸衛寶 文姜請之也** 商書 俘厥寶玉 俘者 正文 寶者 釋詞

겨울에 제인(齊人)이 위(衛)나라에서 로획한 물건[寶 : 俘]을 보내왔으니, 문강(文姜)이 요청하였기 때문이다. 〈상서(商書)〉에 '그 보옥(寶玉)을 로획하였다.'[18]라고 하였으니, 부(俘)가 바른 글자이고[19] 보(寶)는 부(俘)를 풀이한 말이다.

---

17) 근본과~간다 : 《시경(詩經)》 〈대아(大雅)〉 문왕지십(文王之什).
18) 그 보옥(寶玉)을 로획하였다 : 《서경(書經)》 〈상서(商書)〉 탕서(湯誓).
19) 부(俘)가~글자이고 : 《공양전(公羊傳)》과 《곡량전(穀梁傳)》에 보(寶)로 되어 있지만 부(俘)로 되어 있는 것이 맞다는 말이다.

楚文王伐申 過鄧 鄧祁侯曰 吾甥也 祁 諡也 文王 鄧曼子 止而享之 雖甥聃甥養甥請殺
楚子 皆鄧甥也 鄧侯弗許 三甥曰 亡鄧國者 必此人也 若不早圖 後君噬齊 若齧腹齊 喩
不可及 其及圖之乎 圖之 此爲時矣 鄧侯曰 人將不食吾餘 餘 餘食也 言自害其甥 必爲人所
賤 對曰 若不從三臣 抑社稷實不血食 而君焉取餘 弗從 還年 伐申還之年 楚子伐鄧 十
六年 楚復伐鄧 滅之

　　초문왕(楚文王)이 신(申)나라를 칠 때 등(鄧)나라에 들렀는데, 등나라 기후(祁侯)가 말하
기를 "나의 생질이다."라 하고 기(祁)는 시호이다. 문왕(文王)은 등만(鄧曼)의 아들이다. 머물게 하여
향연을 베풀어 주었다. 추생(雛甥)·담생(聃甥)·양생(養甥)이 초자(楚子)를 죽이기를 청하
자 세 사람은 모두 등후(鄧侯)의 생질이다. 등후(鄧侯 : 祁侯)가 허락하지 않았다. 세 생질이 말하기
를 "등나라를 망하게 할 자는 바로 이 사람[楚文王]인데, 만약 일찍 도모하지 않으면 나중에
임금님께서 배꼽을 깨물고자 해도 배꼽을 깨무는 경우와 같다는 것은 미칠 수 없음을 비유한 것이다.
어찌 미쳐 도모할 수 있겠습니까.[20] 도모하려면 지금이 그때입니다."라고 하였다. 등후가
말하기를 "사람들은 내가 먹고 남긴 음식[餘]을 먹지 않을 것이다."라고 하였다. 여(餘)는 남긴
음식이다. 스스로 그의 생질[楚文王]에게 해를 입히면 반드시 사람들에게 천시당할 것이라는 말이다. 세 사람이
대답하기를 "만약 우리 세 신하의 말을 따르지 않으신다면 아마도 사직에 혈식(血食)[21]을
바칠 수 없을 것인데 임금님께서 어찌 음식을 남기실 수 있겠습니까."라고 하였으나 등후는
따르지 않았다. 돌아오는 해에 초자(楚子)가 신(申)나라를 치고 돌아오는 해이다. 초자가 등나라를
쳤고, 16년에 초나라가 다시 등나라를 쳐서 멸하였다.[22]

---

20) 배꼽을~있겠습니까 : 전문의 서제(噬齊)는 사향노루가 배꼽을 깨문다는 말로, 사냥꾼이 사향노루의 배꼽
　　을 취하기 위해 사냥을 하는데 사향노루가 잡히기 전에 서둘러 스스로 그 배꼽을 깨물어 사향을 없애면
　　사람들이 취하지 않지만 만약 이미 잡히고 나면 비록 사향노루가 배꼽을 깨물어 사향을 없애고자 하여도
　　또한 미칠 수 없다는 뜻이다.

21) 혈식(血食) : 제사에 쓰는 희생. 사직이나 사당의 큰 제사에는 날고기를 쓰기 때문에 이르는 말이다.

22) 16년에~멸하였다 : 장공(莊公) 16년조에는 이에 관한 기록이 없다.

# 장공(莊公) 7년 【甲午 B.C.687】

---

### 七年 春 夫人姜氏會齊侯于防

7년 봄에 부인(夫人) 강씨(姜氏)가 제후(齊侯)와 방(防) 땅에서 만났다.

---

防 魯地

방(防)은 로(魯)나라 땅이다.

### 七年 春 文姜會齊侯于防 齊志也

7년 봄에 문강(文姜)이 제후(齊侯)와 방(防) 땅에서 만났으니, 이는 제후의 뜻이었다.

---

### 夏 四月 辛卯 夜 恒星不見 夜中 星隕如雨

여름 4월 신묘일 밤에 항성(恒星)이 보이지 않았다. 밤중에 별똥별이 떨어지고 비도 내렸다.

---

上夜 穀作昔 隕 公作霣 ○恒星 常見之星 辛卯 四月五日 如 而也

앞의 야(夜)는 《곡량전(穀梁傳)》에는 석(昔)으로 되어 있다. 운(隕)은 《공양전(公羊傳)》에는 운(霣)으로 되어 있다. ○항성(恒星)은 항상 보이는 별이다. 신묘일은 4월 5일이다. 여(如)는 이(而)이다.

### 夏 恒星不見 夜明也 星隕如雨 與雨偕也

여름에 항성(恒星)이 보이지 않은 것은 밤이 밝았기 때문이다. 별똥별이 떨어지고 비도 내렸다는 것은 비도 함께 온 것이다.[23]

---

23) 별똥별이~것이다 : 이에 대하여 《공양전(公羊傳)》에는 '비 오듯 하였다는 것은 비가 온 것은 아니다[如雨者 非雨也].'라 하였고, 《곡량전(穀梁傳)》에는 '그 떨어짐이 비 오듯 하였다[其隕也如雨].'라고 하여 두 책에서 모두 별똥별이 비 오듯 많이 떨어진 것으로 보았다.

秋 大水 無麥苗

　가을에 큰물이 져서 보리싹이 나지 않았다.

秋 無麥苗 不害嘉穀也 今五月 周之秋 黍稷尙可更種 故曰不害

　가을에 보리싹이 나지 않았으나 가곡(嘉穀 : 黍稷)에는 피해가 없었다. 지금 5월은 주력(周曆)으로 가을이다. 서직(黍稷)은 그래도 다시 심을 수 있기 때문에 피해가 없었다고 한 것이다.

冬 夫人姜氏會齊侯于穀

　겨울에 부인(夫人) 강씨(姜氏)가 제후(齊侯)와 곡(穀) 땅에서 만났다.

穀 齊地

　곡(穀)은 제(齊)나라 땅이다.

# 장공(莊公) 8년 【乙未 B.C.687】

八年 春 王正月 師次于郎 以俟陳人蔡人 甲午 治兵 夏 師及齊師
圍郕 郕降于齊師 秋 師還

　8년 봄 왕정월에 우리나라 군대가 랑(郎) 땅에 주둔하면서 진인(陳人)과 채인(蔡人)을 기다렸다. 갑오일에 군사훈련을 하였다. 여름에 우리나라 군대가 제(齊)나라 군대와 함께 성(郕)나라를 포위하였는데 성나라가 제나라 군대에 항복하였다. 가을에 우리나라 군대가 돌아왔다.

治 公作祠 郕 公作成

　치(治)는 《공양전(公羊傳)》에는 사(祠)로 되어 있다. 성(郕)은 《공양전》에는 성(成)으로 되어 있다.

八年 春 治兵于廟 禮也 夏 師及齊師圍郕 郕降于齊師 仲慶父請伐齊師 公曰 不可 我實不德 齊師何罪 罪我之由 夏書曰 皋陶邁種德 德乃降 今虞書大禹謨 姑務修德 以 待時乎 秋 師還

　8년 봄에 종묘에서 군사훈련을 하였으니, 례에 맞는 일이었다. 여름에 로(魯)나라 군대가 제(齊)나라 군대와 함께 성(郕)나라를 포위하였는데 성나라가 제나라 군대에 항복하였다. 중경보(仲慶父)가 제나라 군대를 칠 것을 청하였는데, 장공(莊公)이 말하기를 "안 된다. 내가 실로 덕이 없어서 그런 것이니 제나라 군대가 무슨 죄가 있겠는가. 죄는 나로 말미암은 것이다. 〈하서(夏書)〉[24]에 이르기를 '고요(皋陶)는 힘써 덕을 심었으니 덕이 있으면 사람들이 항복한다.'라고 하였다. 지금의 〈우서(虞書)〉 대우모(大禹謨)이다. 그러니 우선 덕을 닦는데 힘쓰고 때를 기다려야 할 것이다."라고 하였다. 가을에 로나라 군대가 돌아왔다.

君子是以善魯莊公

　군자는 이 때문에 로장공(魯莊公)을 아름답게 여긴다.

---

> 冬 十有一月 癸未 齊無知弑其君諸兒
>
> 　겨울 11월 계미일에 제(齊)나라 무지(無知)가 그 임금 제아(諸兒)를 시해하였다.

---

齊侯使連稱管至父戍葵丘 二子皆齊大夫 葵丘 齊地 瓜時而往曰 及瓜而代 約以明年瓜熟 期戍 公問不至 期 周年 問 命也 請代 弗許 故謀作亂 僖公之母弟曰夷仲年 生公孫無知 有寵於僖公 衣服禮秩如適 適 大子 襄公絀之 二人因之以作亂 連稱有從妹在公宮 無寵 使間公 伺公間隙 曰 捷 吾以女爲夫人 宣無知之言

　제후(齊侯 : 諸兒)가 련칭(連稱)과 관지보(管至父)로 하여금 규구(葵丘)에 수자리를 가게 하였는데, 두 사람은 모두 제(齊)나라 대부이다. 규구(葵丘)는 제나라 땅이다. 참외 익을 시기에 보내면서 말하기를 "다음해 참외 익을 때 교대해 주겠다."라고 하였다. 다음해 참외가 익을 때를 들어 약속한 것이다. 수자리 간 지 1년[期]이 되었는데도 양공(襄公 : 諸兒)의 명[問]이 이르지 않았고, 기(期)는 1년이다. 문(問)은 명이다. 교대해 줄 것을 청하였는데 허락하지 않았다. 그래서 란을

---

24) 〈하서(夏書)〉 : 《서경(書經)》 4서(書) 가운데 하나.

일으키기로 모의하였다. 희공(僖公)[25]의 동모제로 이중년(夷仲年)이라 하는 이가 공손무지(公孫無知)를 낳았는데 희공에게 총애를 받아 의복과 례우의 등급이 태자[適]와 같았다. 적(適)은 태자이다. 양공이 무지(無知)의 례우를 강등시켰는데 련칭과 관지보가 이 기회를 리용하여 란을 일으키려 하였다. 련칭에게는 공궁에 있는 종매(從妹)가 있었는데 총애를 받지 못하였다. 련칭이 그녀를 시켜서 양공을 렴탐하게 하면서 양공(襄公)의 틈을 렴탐하게 한 것이다. 말하기를 "성공하면 내가 너를 부인(夫人)으로 삼겠다."[26]라고 하였다. 무지(無知)의 말을 선언한 것이다.

冬 十二月 齊侯游于姑棼 遂田于貝丘 姑棼貝丘皆齊地 見大豕 從者曰 公子彭生也 公怒曰 彭生敢見 射之 豕人立而啼 公懼 隊于車 傷足 喪屨 反 誅屨於徒人費 誅 責也 費 徒人名 弗得 鞭之見血 走出 遇賊于門 劫而束之 費曰 我奚御哉 御 同禦 袒而示之背 信之 費請先入 詐欲助賊 伏公而出 鬪死于門中 石之紛如死于階下 石之紛如 齊小臣 遂入 殺孟陽于牀 孟陽亦小臣 代公居牀 曰非君也 不類 見公之足于戶下 遂弒之 而立無知 癸未 十一月六日 傳月誤

거울 12월에 제후(齊侯 : 襄公)가 고분(姑棼)으로 놀이를 갔다가 드디어 패구(貝丘)에서 사냥하였는데 고분(姑棼)과 패구(貝丘)는 모두 제(齊)나라 땅이다. 큰 돼지를 만났다. 종자가 말하기를 "공자 팽생(彭生)[27]입니다."라고 하니, 양공(襄公)이 노하여 말하기를 "팽생이 감히 나타나다니."라고 하며 활로 쏘니 돼지가 사람처럼 서서 울었다. 양공이 겁이 나서 수레에서 떨어져 발을 다치고 신발도 잃어버렸다. 돌아와서는 도인(徒人)[28] 비(費)에게 신발을 찾아오라고 요구하였는데[誅] 주(誅)는 요구함이다. 비(費)는 도인(徒人)의 이름이다. 찾지 못하자 피가 나도록 채찍질을 하였다. 비가 달아나다가 문에서 적도(賊徒)[29]를 만나니 적도가 위협하여 그를 묶으려 하였다. 비가 말하기를 "내가 어찌 그대들을 막으려[御] 하겠소."하며, 어(御)는 막음[禦]과 같다. 웃통을 벗어 등을 보여주니 그를 믿었다. 비가 먼저 들어가기를 청하여 거짓으로 적도를 돕는 것처럼 한 것이다. 양공을 숨기고 나와서 적도와 싸우다가 문안에서 죽고, 석지분

---

25) 희공(僖公) : 양공(襄公)의 아버지.

26) 내가~삼겠다 : 무지(無知)가 자신의 부인(夫人)으로 삼겠다는 것이다.

27) 팽생(彭生) : 로환공(魯桓公)을 죽인 제(齊)나라 공자. 로(魯)나라의 요청으로 죽임을 당하였다. 환공(桓公) 18년조 참조.

28) 도인(徒人) : 내시(內侍).

29) 적도(賊徒) : 련칭(連稱)과 관지보(管至父)의 무리이다.

여(石之紛如)는 섬돌 아래에서 죽었다. 석지분여(石之紛如)는 제(齊)나라의 소신(小臣)이다. 적도가 마침내 들어와서 맹양(孟陽)을 침상에서 죽이고 맹양(孟陽) 또한 소신(小臣)인데, 양공(襄公)을 대신하여 침상에 누워 있었다. 말하기를 "이 자는 임금이 아니다. 닮지 않았다."라고 하였다. 양공의 발을 지게문 아래에서 발견하여 드디어 시해하고 무지(無知)를 임금으로 세웠다. 계미일은 11월 6일이니, 전문에 달이 잘못되었다.

**初 襄公立 無常** 政令無常 **鮑叔牙曰 君使民慢 亂將作矣 奉公子小白出奔莒** 小白 僖公 庶子 鮑叔牙 其傅也 **亂作 管夷吾召忽奉公子糾來奔** 子糾 小白兄 管夷吾召忽皆其傅也

이보다 앞서 제양공(齊襄公)이 임금이 되었을 때 다스림이 한결같지 않았다. 정령이 한결같지 않았다는 것이다. 포숙아(鮑叔牙)가 말하기를 "임금이 백성을 태만하게 만들고 있으니 란이 장차 일어날 것이다."라 하고, 공자 소백(小白)을 받들어 거(莒)나라로 망명나갔다. 소백(小白)은 희공(僖公)의 서자이고, 포숙아(鮑叔牙)는 그의 스승이다. 란이 일어나자 관이오(管夷吾)와 소홀(召忽)은 공자 규(糾)를 받들어 로(魯)나라로 망명왔다. 자규(子糾)는 소백(小白)의 형이고, 관이오(管夷吾)와 소홀(召忽)은 모두 그의 스승이다.

# 장공(莊公) 9년 【丙申 B.C.685】

**九年 春 齊人殺無知**

9년 봄에 제인(齊人)이 무지(無知)를 죽였다.

**初 公孫無知虐于雍廩** 雍廩 齊大夫 **九年 春 雍廩殺無知**

이보다 앞서 공손무지(公孫無知)가 옹름(雍廩)을 학대하였다. 옹름(雍廩)은 제(齊)나라 대부이다. 9년 봄에 옹름이 무지(無知)를 죽였다.

> **公及齊大夫盟于蔇**
>
> 장공(莊公)이 제(齊)나라 대부와 기(蔇) 땅에서 맹약하였다.

蔇 公穀作暨 ○蔇 魯地

　기(蔇)는 《공양전(公羊傳)》과 《곡량전(穀梁傳)》에는 기(暨)로 되어 있다. ○기(蔇)는 로(魯)나라 땅이다.

#### 公及齊大夫盟于蔇 齊無君也

　장공(莊公)이 제(齊)나라 대부와 기(蔇) 땅에서 맹약하였으니, 제나라에 임금이 없었기 때문이었다.

> **夏 公伐齊 納子糾 齊小白入于齊**
>
> 여름에 장공(莊公)이 제(齊)나라를 쳐서 자규(子糾)를 들여보내고자 하였는데, 제나라 소백(小白)이 제나라로 들어갔다.

公穀無子字

　《공양전(公羊傳)》과 《곡량전(穀梁傳)》에는 자(子)라는 글자가 없다.

#### 夏 公伐齊 納子糾 桓公自莒先入

　여름에 장공(莊公)이 제(齊)나라를 쳐서 자규(子糾)를 들여보내고자 하였는데 제환공(齊桓公 : 小白)이[30] 거(莒)나라에서 먼저 제나라로 들어갔다.

> **秋 七月 丁酉 葬齊襄公**
>
> 가을 7월 정유일에 제(齊)나라 양공(襄公)의 장례를 지냈다.

---

30) 자규(子糾)를～제환공(齊桓公 : 小白)이 : 자규(子糾)와 소백(小白) 두 사람 모두 제(齊)나라 공자이다. 련칭(連稱)과 관지보(管至父)가 제양공(齊襄公)을 시해하자 포숙아(鮑叔牙)는 소백을 받들어 거(莒)나라로 망명갔고, 관이오(管夷吾)와 소홀(召忽)은 자규를 받들어 로(魯)나라로 망명갔다. 장공(莊公) 8년 겨울조 참조.

九月乃葬 亂故

아홉 달 만에 장례를 지냈으니, 내란 때문이었다.

---

八月 庚申 及齊師戰于乾時 我師敗績 九月 齊人取子糾 殺之

8월 경신일에 제(齊)나라 군대와 간시(乾時)에서 싸워 우리 군대가 크게 패하였다. 9월에 제인(齊人)이 자규(子糾)를 잡아서 죽였다.

---

乾 音干 乾時 齊地 書及而不諱敗 惡其納讎喪師也

간(乾)은 음이 간(干)이다. 간시(乾時)는 제(齊)나라 땅이다. 경문에 급(及)이라고 기록하면서도[31] 패한 사실을 숨기지 않은 것은 원수[32]를 들여보내려다 군대를 잃은 것을 미워해서이다.

秋 師及齊師戰于乾時 我師敗績 公喪戎路 傳乘而歸 傳乘 乘他車也 秦子梁子以公旗辟于下道 二子 公御及戎右也 以誤齊師 是以皆止 止 獲也 鮑叔帥師來言曰 子糾親也 請君討之 管召讎也 請受而甘心焉 乃殺子糾于生竇 召忽死之 管仲請囚 鮑叔受之 及堂阜而稅之 歸而以告曰 管夷吾治於高傒 高傒 齊卿高敬仲 言管仲治政之才 多於敬仲 使相可也 公從之

가을에 우리 군대가 제(齊)나라 군대와 간시(乾時)에서 싸워[33] 우리 군대가 크게 패하였다. 장공(莊公)은 융로(戎路)[34]를 잃고 수레를 바꾸어 타고[傳乘] 돌아왔다. 전승(傳乘)은 다른 수레를 타는 것이다. 진자(秦子)와 량자(梁子)가 장공의 기(旗)를 가지고 샛길로 피하였는데 두 사람은 장공(莊公)의 어자(御者)와 융우(戎右)로 제(齊)나라 군대를 속인 것이다. 이 때문에 모두 잡혔다[止]. 지(止)는 잡힘이다. 포숙(鮑叔)이 군대를 거느리고 와서 말하기를 "자규(子糾)는 우리 임금님[齊桓公]의 친족이니 임금님[魯莊公]께서 토죄하시고,[35] 관중(管仲)과 소홀(召忽)은 우리

---

31) 경문에~기록하면서도 : 싸운 기록에서 급(及)이라고만 하고 장수의 이름을 기록하지 않은 것은 로장공(魯莊公)이 패한 것을 숨기기 위한 것이다.

32) 원수 : 로환공(魯桓公)을 죽인 원수 나라인 제(齊)나라의 공자이므로 원수라 한 것이다.

33) 가을에~싸워 : 로(魯)나라에 망명와 있던 자규(子糾)를 제(齊)나라로 들여보내 임금으로 삼기 위하여 싸운 것이다.

34) 융로(戎路) : 싸움터에서 임금이 타는 수레.

35) 자규(子糾)는~토죄하시고 : 자규(子糾)는 제(齊)나라 임금인 소백(小白)의 서형이므로 제나라에서 처벌할

의 원수이니 우리가 인수하여 마음대로 처리하겠습니다."라고 하였다. 이에 자규를 생두(生寶)에서 죽이니, 소홀은 따라 죽고 관중은 포로가 되기를 청하였다. 포숙이 그를 인수해 가다가 당부(堂阜)에 이르러 결박을 풀어 주었다. 포숙이 돌아가서 고하기를 "관이오(管夷吾)는 고혜(高傒)보다 나라를 잘 다스리니 고혜(高傒)는 제(齊)나라의 경(卿)인 고경중(高敬仲)이다. 관중(管仲)의 정사를 다스리는 재능이 경중(敬仲)보다 낫다는 말이다. 재상으로 삼음이 좋겠습니다."라고 하자, 제환공(齊桓公)이 그 말을 따랐다.

---

## 冬 浚洙

겨울에 수수(洙水)를 준설하였다.

洙水 在魯城北 浚 深之 爲齊備

수수(洙水)는 로성(魯城)[36] 북쪽에 있다. 준(浚)은 깊이 파는 것이니 제(齊)나라의 침범에 대비하기 위한 것이다.

# 장공(莊公) 10년【丁酉 B.C.684】

## 十年 春 王正月 公敗齊師于長勺

10년 봄 왕정월에 장공(莊公)이 제(齊)나라 군대를 장작(長勺)에서 패배시켰다.

長勺 魯地

장작(長勺)은 로(魯)나라 땅이다.

**十年 春 齊師伐我 公將戰 曹劌請見** 劌 音貴 曹劌 魯人 **其鄉人曰 肉食者謀之 又何間**

---

수 없어 로(魯)나라에서 처벌하도록 한 것이다.

36) 로성(魯城): 여기서는 로(魯)나라 국도를 이른다.

焉 肉食 在位者 間 與也 劇曰 肉食者鄙 未能遠謀 乃入見問 何以戰 公曰 衣食所安 弗敢專也 必以分人 對曰 小惠未徧 民弗從也 公曰 犧牲玉帛 弗敢加也 必以信 祝辭不敢加美 對曰 小信未孚 神弗福也 公曰 小大之獄 雖不能察 必以情 對曰 忠之屬也 可以一戰 戰則請從

10년 봄에 제(齊)나라 군대가 우리나라를 치자 장공(莊公)이 싸우려 할 때 조귀(曹劌)가 뵙기를 청하였다. 귀(劌)는 음이 귀(貴)이다. 조귀(曹劌)는 로(魯)나라 사람이다. 그 향인(鄕人)이 말하기를 "육식자(肉食者)들이 계책을 세울 것인데 무엇 때문에 간여하려[間] 하십니까."라고 하니, 육식(肉食)은 벼슬자리에 있는 자이다. 간(間)은 간여함이다. 귀(劌)가 말하기를 "육식자들은 비루하여 원대한 계책을 세울 수 없기 때문이오."라고 하였다. 이에 들어가 장공을 뵙고 묻기를 "무엇으로써 싸우려 하십니까?"라고 하니, 장공이 말하기를 "옷과 음식의 편안한 바를 감히 독차지하지 않고 반드시 여러 사람에게 나누어주고자 한다."라고 하였다. 귀가 대답하기를 "그것은 작은 은혜여서 두루 미칠 수 없으니 백성이 따르지 않을 것입니다."라고 하였다. 장공이 말하기를 "희생과 옥백을 감히 더하지 않고,[37] 반드시 믿음으로 하겠다."라고 하니, 축사(祝辭)를 감히 더하거나 꾸미지 않겠다는 말이다.[38] 귀가 대답하기를 "그것은 작은 믿음이어서 미더움을 주지 못하니 신이 복을 내리지 않을 것입니다."라고 하였다. 장공이 말하기를 "크고 작은 옥사를 이루 다 살필 수는 없지만 반드시 정상을 헤아리겠다."라고 하니, 귀가 대답하기를 "이는 충(忠)에 속하는 일입니다. 한 번 싸움해 볼 만하니, 싸움을 하게 되면 따르겠습니다."라고 하였다.

公與之乘 戰于長勺 公將鼓之 劇曰未可 齊人三鼓 劇曰可矣 齊師敗績 公將馳之 劇曰未可 下視其轍 登軾而望之曰 可矣 遂逐齊師 旣克 公問其故 對曰 夫戰勇氣也 一鼓作氣 再而衰 三而竭 彼竭我盈 故克之 夫大國 難測也 懼有伏焉 吾視其轍亂 望其旗靡 故逐之

장공(莊公)이 조귀(曹劌)와 같이 수레를 타고 장작(長勺)에서 싸우려고 할 때 장공이 진격의 북을 치려고 하자 귀(劌)가 말하기를 "아직 때가 아닙니다."라고 하였다. 제인(齊人)이 북을 세 차례 치자 귀가 말하기를 "이제 때가 되었습니다."라고 하였다. 제(齊)나라 군대가 크게 패하자 장공이 이를 뒤쫓으려고 하니, 귀가 말하기를 "아직 안 됩니다."라고 하고는

---

37) 희생과~않고 : 신에게 올리는 례물을 례수보다 더하지 않아 신에게 아첨하지 않겠다는 말이다.

38) 축사(祝辭)를~말이다 : 신에게 자신의 치적을 과장하여 고하지 않겠다는 말이다.

내려서 제나라 군대의 수레바퀴 자국을 살펴보고 수레에 올라 식(軾)[39]에 기대어 바라본 뒤 말하기를 "이제 되었습니다."라고 하였다. 그러자 드디어 제나라 군대를 뒤쫓아 갔다. 싸움을 이긴 뒤에 장공이 그 까닭을 물으니, 대답하기를 "무릇 싸움은 용기에 달려 있습니다. 북이 한 차례 울리면 용기가 일어나고, 두 차례 울리면 용기가 쇠하고, 세 차례 울리면 용기가 다합니다. 저들은 용기가 다했고 우리는 가득 찼기 때문에 이긴 것입니다. 무릇 큰 나라는 예측하기 어렵습니다. 복병이 있을까 두려워 제가 수레바퀴 자국이 어지럽게 나있는 것을 살피고 그 깃발이 누워 있는 것을 보았기 때문에 뒤쫓았던 것입니다."라고 하였다.

二月 公侵宋

2월에 장공(莊公)이 송(宋)나라를 침범하였다.

此 書侵之始

이는 경문에 침범한 것을 기록한 시초이다.

三月 宋人遷宿

3월에 송인(宋人)이 숙(宿)나라의 백성을 옮겼다.

強遷之而取其地 此遷國之始

강제로 백성을 옮기고 그 땅을 취한 것이다. 이는 나라를 옮긴 시초이다.

夏 六月 齊師宋師次于郎 公敗宋師于乘丘

여름 6월에 제(齊)나라 군대와 송(宋)나라 군대가 랑(郎) 땅에 주둔하였다. 장공(莊公)이 송나라 군대를 승구(乘丘)에서 패배시켰다.

乘丘 魯地

---

39) 식(軾) : 수레앞턱 가로나무.

승구(乘丘)는 로(魯)나라 땅이다.

**夏 六月 齊師宋師次于郎 公子偃曰 宋師不整 可敗也 公子偃 魯大夫 宋敗 齊必還 請擊之 請伐宋師 公弗許 自雩門竊出 蒙皐比而先犯之 雩門 魯南城門 皐比 虎皮 蒙謂蒙馬 公從之 大敗宋師于乘丘 齊師乃還**

여름 6월에 제(齊)나라 군대와 송(宋)나라 군대가 랑(郎) 땅에 주둔하자, 공자 언(偃)이 말하기를 "송나라 군대는 정돈되지 않았으니 패배시킬 수 있습니다. 공자 언(偃)은 로(魯)나라 대부이다. 송나라가 패하면 제나라 군대도 반드시 돌아갈 것이니 공격하기를 청합니다."라고 하였다. 송(宋)나라 군대를 칠 것을 청한 것이다. 장공(莊公)이 허락하지 않으니, 언이 우문(雩門)으로 몰래 나가 말에 고비(皐比)를 씌우고[蒙] 먼저 공격하였다. 우문(雩門)은 로(魯)나라의 남쪽 성문이다. 고비(皐比)는 범가죽이다. 몽(蒙)은 말에 씌움을 이른다. 그러자 장공도 따라 나가서 송나라 군대를 승구(乘丘)에서 크게 패배시키니, 제나라 군대가 마침내 돌아갔다.

---

> **秋 九月 荆敗蔡師于莘 以蔡侯獻舞歸**
>
> 가을 9월에 형(荆)나라가 채(蔡)나라 군대를 신(莘) 땅에서 패배시키고 채후(蔡侯)인 헌무(獻舞)를 잡아갔다.

---

舞 穀作武 ○莘 蔡地 荆始猾夏 亦專執諸侯之始

무(舞)는 《곡량전(穀梁傳)》에는 무(武)로 되어 있다. ○신(莘)은 채(蔡)나라 땅이다. 형(荆 : 楚)나라가 처음으로 중국을 어지럽혔고 또한 마음대로 제후(諸侯)를 잡아간 시초이다.

**蔡哀侯娶于陳 息侯亦娶焉 息嬀將歸 過蔡 歸 歸寧也 蔡侯曰 吾姨也 妻之姊妹曰姨 止而見之 弗賓 不禮敬也 息侯聞之 怒 使謂楚文王曰 伐我 吾求救於蔡而伐之 楚子從之 秋 九月 楚敗蔡師于莘 以蔡侯獻舞歸**

채애후(蔡哀侯 : 獻舞)가 진(陳)나라에서 아내를 맞이하였고, 식후(息侯)도 진나라에서 아내를 맞이하였다. 식규(息嬀)가 귀녕[歸] 길에 채(蔡)나라를 들르니, 귀(歸)는 귀녕(歸寧)[40]이다. 채후(蔡侯)가 이르기를 "내 처자매[姨]이다."라 하고, 처의 자매를 이(姨)라고 한다. 머물게 하고는

---

40) 귀녕(歸寧) : 시집간 딸이 부모님께 인사를 여쭙기 위해 친정으로 가는 일.

만나 볼 때 빈례(賓禮)를 갖추지 않았다. 례를 갖추어 공경하지 않은 것이다. 식후가 이를 듣고 노하여 초문왕(楚文王)에게 사신을 보내어 말하기를 "우리나라를 치면 우리가 채나라에 구원을 청할 것이니, 이때 채나라를 치십시오."라고 하니, 초자(楚子)가 그 말을 따랐다. 가을 9월에 초나라가 채나라 군대를 신(莘) 땅에서 패배시키고 채후 헌무(獻舞)를 잡아갔다.

---

**冬 十月 齊師滅譚 譚子奔莒**

겨울 10월에 제(齊)나라 군대가 담(譚)나라를 멸하니 담자(譚子)가 거(莒)나라로 망명하였다.

---

譚 國名 此 滅國之始

담(譚)은 나라 이름이다. 이는 나라를 멸한 시초이다.

**齊侯之出也 過譚 譚不禮焉 及其入也 諸侯皆賀 譚又不至 冬 齊師滅譚 譚無禮也 譚子奔莒 同盟故也**

제후(齊侯 : 桓公)가 망명갈 때[41] 담(譚)나라에 들렀는데 담나라에서 례우하지 않았다. 제(齊)나라로 돌아왔을 때 제후들이 모두 하례를 하였으나 담나라는 또 오지 않았다. 겨울에 제나라 군대가 담나라를 멸하였으니 담나라가 무례하였기 때문이고, 담자(譚子)가 거(莒)나라로 망명하였으니 거나라와 동맹하였기 때문이다.

---

41) 제후(齊侯 : 桓公)가~때 : 제양공(齊襄公)이 임금이 되었을 때 포숙아(鮑叔牙)가 공자 소백(小白 : 桓公)을 받들어 거(莒)나라로 망명간 일을 말한다. 장공(莊公) 8년 11월조 참조.

# 장공(莊公) 11년【戊戌 B.C.683】

十有一年 春 王正月

11년 봄 왕정월이다.

夏 五月 戊寅 公敗宋師于鄑

여름 5월 무인일에 장공(莊公)이 송(宋)나라 군대를 자(鄑) 땅에서 패배시켰
다.

鄑 魯地

자(鄑)는 로(魯)나라 땅이다.

十一年 夏 宋爲乘丘之役 故侵我 公禦之 宋師未陳而薄之 敗諸鄑 凡師 敵未陳曰
敗某師 皆陳曰戰 大崩曰敗績 得儁曰克 獲其雄儁 覆而敗之曰取某師 覆 若羅網掩覆 京
師敗曰王師敗績于某

11년 여름에 송(宋)나라가 승구(乘丘)의 싸움[42] 때문에 우리나라를 침범하였다. 장공(莊
公)이 이들을 막을 때 송나라 군대가 진을 치기 전에 공격하여 자(鄑) 땅에서 패배시켰다.
무릇 싸움에서 적이 진을 치기 전에 공격하여 패배시키는 것을 '아무 군대를 패배시켰다[敗
某師].'라 하고, 량 쪽 군대가 모두 진을 친 뒤에 공격하는 것을 '전(戰)'이라 하고, 크게 무너
지는 것을 '패적(敗績)'이라 하고, 우두머리를 잡은 것을 '극(克)'이라 하고, 그 우두머리를 사로
잡음이다. 일망타진[覆]하여 패배시키는 것을 '아무 군대를 취하였다[取某師].'라 하고, 부(覆)는
그물을 쳐서 덮어서 잡는 것과 같다. 경사(京師)가 패배하는 것을 '왕사(王師)가 아무에게 패적(敗
績)하였다.'라고 한다.

---

42) 승구(乘丘)의 싸움 : 장공(莊公) 10년 여름 6월에 제(齊)나라 군대와 송(宋)나라 군대가 랑(郎) 땅에 주둔함
에 장공(莊公)이 송나라 군대를 승구(乘丘)에서 패배시킨 싸움이다.

> 秋 宋大水
>
> 가을에 송(宋)나라에 큰물이 졌다.

來告 故書 凡記外災異 皆倣此

알려왔기 때문에 경문에 기록한 것이다. 무릇 다른 나라에서 일어난 재이(災異)를 기록한 것은 모두 이와 같다.

秋 宋大水 公使弔焉曰 天作淫雨 害於粢盛 若之何不弔 不爲天所愍弔 對曰 孤實不敬 天降之災 又以爲君憂 拜命之辱 臧文仲曰 宋其興乎 臧文仲 魯大夫 禹湯罪己 其興也 悖焉 悖 音勃 盛貌 桀紂罪人 其亡也 忽焉 忽 速貌 且列國有凶 稱孤 禮也 無凶則稱寡人 言懼而名禮 其庶乎 旣而聞之 曰公子御說之辭也 御說 宋莊公子 臧孫達曰 是宜爲君 有恤民之心

가을에 송(宋)나라에 큰물이 지자 장공(莊公)이 사신을 보내어 위문하기를 "하늘이 큰비를 내려 자성(粢盛)43)에 해를 입혔으니 어찌 하늘의 보살핌을 받지 못하였습니까."라고 하니 하늘로부터 보살핌을 받지 못하였다는 것이다. 대답하기를 "고(孤)가 실로 공경하지 않아서 하늘이 재앙을 내렸고, 또 임금님에게 근심을 끼쳐 욕되게도 위로해 주시는 명을 받았습니다."라고 하였다. 장문중(臧文仲)이 말하기를 "송나라는 아마도 부흥할 것이다. 장문중(臧文仲)은 로(魯)나라 대부이다. 우(禹)와 탕(湯)은 죄를 자신에게 돌렸으므로 그 흥하는 것이 성대하였고[悖], 발(悖)은 음이 발(勃)이니 성대한 모양이다. 걸(桀)과 주(紂)는 죄를 남에게 돌렸으므로 그 망하는 것이 빨랐다[忽]. 홀(忽)은 빠른 모양이다. 또 렬국(列國)에 흉사가 있으면 고(孤)라고 칭하는 것이 례이다. 흉사가 없으면 과인이라고 칭한다. 말이 조심스럽고 호칭이 례에 맞았으니 거의 부흥할 것이다."라고 하였다. 얼마 뒤 들리는 소문에 그 말44)은 공자 어열(御說)이 한 말이라고 하니 어열(御說)은 송장공(宋莊公)의 아들이다. 장손달(臧孫達 : 臧文仲)이 말하기를 "이 사람은 임금되기에 합당하다. 백성을 걱정하는 마음이 있다."라고 하였다.

---

43) 자성(粢盛) : 제기(祭器)에 담아 제사에 올리는 곡물. 여기에서는 곡물수확을 의미한다.

44) 그 말 : 로장공(魯莊公)이 위문한 말에 송(宋)나라에서 대답한 말이다.

冬 王姬歸于齊

　겨울에 왕희(王姬)가 제(齊)나라로 시집갔다.

魯主昏 故書

　로(魯)나라가 혼사를 주관하였기 때문에 경문에 기록한 것이다.

冬 齊侯來逆共姬 卽王姬

　겨울에 제후(齊侯)가 와서 공희(共姬)를 아내로 맞이하였다. 바로 왕희(王姬)이다.

# 장공(莊公) 12년【己亥 B.C.682】

十有二年 春 王三月 紀叔姬歸于酅

　12년 봄 왕3월에 기(紀)나라 숙희(叔姬)가 휴(酅) 땅으로 돌아갔다.

紀侯去國而死 叔姬還魯 至是歸酅 稱紀書歸 美其全婦道也

　기후(紀侯)가 나라를 떠나[45] 나가서 죽자, 숙희(叔姬)가 로(魯)나라로 돌아왔다가 이때에 이르러 기(紀)나라의 휴(酅) 땅으로 돌아갔다. 기(紀)라고 일컬었고 경문에 귀(歸)라고 기록한 것은 부도(婦道)를 온전히 지킨 것을 아름답게 여긴 것이다.

夏 四月

　여름 4월이다.

---

45) 기후(紀侯)가~떠나 : 기후(紀侯)가 제(齊)나라에 항복할 수 없어서 기계(紀季)에게 나라를 물려주고 그 나라를 떠난 것을 말한다. 장공(莊公) 4년 여름조 참조.

> 秋 八月 甲午 宋萬弒其君捷及其大夫仇牧 冬 十月 宋萬出奔陳
>
> 가을 8월 갑오일에 송(宋)나라 만(萬)이 그 임금 첩(捷)과 그 대부 구목(仇牧)
> 을 시해하였다. 겨울 10월에 송나라 만이 진(陳)나라로 망명나갔다.

捷 公作接

첩(捷)은 《공양전(公羊傳)》에는 접(接)으로 되어 있다.

乘丘之役 公以金僕姑射南宮長萬 金僕姑 矢名 南宮長萬 宋大夫 公右歂孫生搏之 歂 音遄 搏 取也 宋人請之 宋請還萬而魯聽之 宋公靳之 戲而相愧曰靳 曰 始吾敬子 今子魯囚也 吾弗敬子矣 病之 萬以爲病 十二年 秋 宋萬弒閔公于蒙澤 萬 卽長萬 蒙澤 宋地 遇仇牧于門 批而殺之 萬多力 手批而殺之 遇大宰督于東宮之西 又殺之 立子游 宋公子 羣公子奔蕭 公子御說奔亳 蕭亳 宋邑 南宮牛猛獲帥師圍亳 牛 長萬子 猛獲 其黨

승구(乘丘)의 싸움에서 장공(莊公)이 금복고(金僕姑)로 남궁장만(南宮長萬)을 쏘아 맞히니 금복고(金僕姑)는 화살 이름이고, 남궁장만(南宮長萬)은 송(宋)나라 대부이다. 장공의 거우(車右)인 천손(歂孫)이 그를 산 채로 잡았다[搏]. 천(歂)은 음이 천(遄)이다. 박(搏)은 잡음이다. 그러자 송인(宋人)이 그를 돌려보내라고 요청하였다. 송(宋)나라가 만(萬)을 돌려보내라고 요청하여 로(魯)나라가 들어준 것이다. 송공(宋公:閔公)이 남궁장만을 희롱하여[靳] 희롱하여 상대를 부끄럽게 하는 것을 근(靳)이라고 한다. 말하기를 "처음에는 내가 그대를 존경하였지만 이제 그대가 로(魯)나라의 포로였으니 나는 그대를 존경하지 않는다."라고 하니, 남궁장만이 이를 치욕으로 여겼다. 만(萬)이 치욕으로 여긴 것이다. 12년 가을에 송(宋)나라 만(萬)이 몽택(蒙澤)에서 민공(閔公)을 시해하고, 만(萬)은 바로 장만(長萬)이고, 몽택(蒙澤)은 송(宋)나라 땅이다. 문(門)에서 구목(仇牧)을 만나자 손으로 쳐 죽였다. 만(萬)은 힘이 세어서 손으로 쳐 죽인 것이다. 그리고 동궁(東宮) 서쪽에서 태재(大宰) 독(督)을 만나자 또 죽이고 자유(子游)를 임금으로 세웠다. 자유(子游)는 송(宋)나라 공자이다. 그러자 뭇 공자는 소(蕭) 땅으로 도망가고 공자 어열(御說)은 박(亳) 땅으로 도망가니, 소(蕭)와 박(亳)은 송(宋)나라 읍이다. 남궁우(南宮牛)와 맹획(猛獲)이 군대를 거느리고 박 땅을 포위하였다. 우(牛)는 장만(長萬)의 아들이고, 맹획(猛獲)은 그 당여이다.

冬 十月 蕭叔大心 宋蕭邑大夫 名叔 字 大心 及戴武宣穆莊之族 宋五公之子孫 以曹師伐之 殺南宮牛于師 殺子游于宋 立桓公 桓公 御說 猛獲奔衛 南宮萬奔陳 以乘車輦其母

一日而至 宋去陳 二百六十里 宋人請猛獲于衛 衛人欲勿與 石祁子曰 不可 石祁子 衛大夫
天下之惡一也 惡於宋而保於我 保之何補 得一夫而失一國 與惡而棄好 非謀也 衛
人歸之 亦請南宮萬于陳以賂 陳人使婦人飮之酒 而以犀革裹之 比及宋 手足皆見
宋人皆醢之 幷醢猛獲

　　겨울 10월에 소(蕭) 땅의 숙대심(叔大心)이 송(宋)나라 소읍대부(蕭邑大夫)로 이름은 숙(叔)이고 자
는 대심(大心)이다. 대공(戴公)·무공(武公)·선공(宣公)·목공(穆公)·장공(莊公)의 종족들과 함
께 송(宋)나라 다섯 공(公)의 자손이다. 조(曹)나라의 군대를 거느리고 남궁우(南宮牛)와 맹획(猛
獲)을 쳐서 남궁우를 싸움에서 죽이고 자유(子游)를 송(宋)나라 도성에서 죽이고 환공(桓
公)을 임금으로 세웠다. 환공(桓公)은 어열(御說)이다. 그러자 맹획은 위(衛)나라로 망명하고 남
궁만(南宮萬 : 南宮長萬)은 진(陳)나라로 망명하였는데, 그는 승거(乘車)에 어머니를 태우고
손수 끌어 하루 만에 진나라에 도착하였다. 송(宋)나라에서 진(陳)나라까지의 거리가 260리이다. 송인
(宋人)이 맹획을 돌려보내라고 위나라에 요청하니 위인(衛人)이 돌려보내려 하지 않았다.
그러자 석기자(石祁子)가 말하기를 "안 됩니다. 석기자(石祁子)는 위(衛)나라 대부이다. 천하의 악
은 어디서나 같은 것인데 송나라에서 악행을 저지른 자를 우리나라에서 보호하고 있으니,
보호하는 것이 무슨 도움이 되겠습니까. 한 사람을 얻고 한 나라를 잃는 것이며 악인을
돕고 우호국을 버리는 것이니, 도모할 일이 아닙니다."라고 하였다. 그러자 위인이 맹획을
돌려보냈다. 또 남궁만을 돌려 달라고 뇌물로 진나라에 요청하니, 진인(陳人)이 부인(婦人)
을 시켜 남궁만에게 술을 먹이고 무소 가죽으로 싸서 송나라로 보냈는데 송나라에 도착할
때쯤에는 손발이 가죽을 뚫고 모두 밖으로 드러나 있었다.[46] 송인이 이들을 모두 젓으로
담갔다. 맹획(猛獲)도 함께 젓으로 담근 것이다.

---

46) 손발이~있었다 : 묶인 중에도 무소 가죽을 뚫을 정도로 힘이 세었다는 말이다.

# 장공(莊公) 13년 【庚子 B.C.681】

## 十有三年 春 齊侯宋人陳人蔡人邾人會于北杏

13년 봄에 제후(齊侯)·송인(宋人)·진인(陳人)·채인(蔡人)·주인(邾人)이 북행(北杏)에서 회합하였다.

侯 穀作人 ○北杏 齊地

후(侯)는 《곡량전(穀梁傳)》에는 인(人)으로 되어 있다. ○북행(北杏)은 제(齊)나라 땅이다.

### 十三年 春 會于北杏 以平宋亂 遂人不至 遂 國名 舜之後

13년 봄에 북행(北杏)에서 회합하였으니, 송(宋)나라의 란을 평정하기 위해서였는데 수인(遂人)은 오지 않았다. 수(遂)는 나라 이름이니 순(舜)임금의 후손이다.

## 夏 六月 齊人滅遂

여름 6월에 제인(齊人)이 수(遂)나라를 멸하였다.

### 夏 齊人滅遂而戍之

여름에 제인(齊人)이 수(遂)나라를 멸하고 그곳에 군사를 두어 지켰다.

## 秋 七月

가을 7월이다.

## 冬 公會齊侯 盟于柯

겨울에 장공(莊公)이 제후(齊侯)와 회합하여 가(柯) 땅에서 맹약하였다.

柯 卽齊之阿邑

　　가(柯)는 바로 제(齊)나라의 아읍(阿邑)이다.


**冬 盟于柯 始及齊平也**

　　겨울에 가(柯) 땅에서 맹약하였으니, 처음으로 제(齊)나라와 화평한 것이다.


# 장공(莊公) 14년【辛丑 B.C.680】

---

### 十有四年 春 齊人陳人曹人伐宋 夏 單伯會伐宋

　　14년 봄에 제인(齊人)·진인(陳人)·조인(曹人)이 송(宋)나라를 쳤다. 여름에 선백(單伯)이 송나라를 친 제후들과 회합하였다.

---

**宋人背北杏之會 十四年 春 諸侯伐宋 齊請師于周 夏 單伯會之 取成于宋而還**

　　송인(宋人)이 북행(北杏)의 회합[47]을 배반하였다. 14년 봄에 제후들이 송(宋)나라를 칠 때 제(齊)나라가 주(周)나라에 군대를 요청하니, 여름에 선백(單伯)[48]이 제후들과 회합하여 송나라와 화친하고 돌아갔다.


○**鄭厲公自櫟侵鄭 及大陵 獲傅瑕** 大陵 鄭地 傅瑕 鄭大夫 **傅瑕曰 苟舍我 吾請納君 與之盟而赦之 六月 甲子 傅瑕殺鄭子及其二子 而納厲公** 鄭子不稱君 無諡者 不以君禮成喪告諸侯

　　○정려공(鄭厲公 : 突)이 력(櫟) 땅으로부터[49] 정(鄭)나라를 침범하여 대릉(大陵)에 이르

---

47) 북행(北杏)의 회합 : 제후(齊侯)·송인(宋人)·진인(陳人)·채인(蔡人)·주인(邾人)이 북행(北杏)에서 한 회합이다. 장공(莊公) 13년 봄조 참조.

48) 선백(單伯) : 주(周)나라 왕실의 대부이다.

49) 정려공(鄭厲公 : 突)이~땅으로부터 : 정(鄭)나라 대부인 채중(祭仲)이 전횡을 하자, 정려공(鄭厲公)이 옹규(雍糾)를 시켜 채중을 죽이려고 하다가 실패하여 도리어 채(蔡)나라로 망명갔다가 뒤에 력(櫟) 땅에 들어

러서 부하(傅瑕)를 사로잡았다. 대릉(大陵)은 정(鄭)나라 땅이고, 부하(傅瑕)는 정나라 대부이다. 부하가 말하기를 "만일 저를 놓아주시면 제가 임금님을 맞아들이도록 하겠습니다."라고 하였다. 그러자 려공(厲公)이 부하와 맹약하고 풀어 주었다. 6월 갑자일에 부하가 정자(鄭子 : 子儀)와 그의 두 아들을 죽이고 려공을 맞아들였다. 정자(鄭子)를 임금이라 칭하지 않고 시호도 없는 것은 임금에게 걸맞은 례로 장례를 거행하지 않았고, 제후들에게 통보도 하지 않았기 때문이다.

初 內蛇與外蛇鬪於鄭南門中 內蛇死 六年厲公入 公聞之 問於申繻曰 猶有妖乎 對曰 人之所忌 其氣燄以取之 妖由人興也 人無釁焉 妖不自作 人棄常則妖興 故有妖

이보다 앞서 정(鄭)나라 남문(南門) 안의 뱀과 밖의 뱀이 남문 가운데에서 싸우다가 남문 안의 뱀이 죽었다. 이 일이 있은 지 6년 만에 려공(厲公)이 정나라로 들어간 것이다. 로장공(魯莊公)이 이 일을 듣고 신수(申繻)에게 묻기를 "아직도 요사스런 일이 있는가?"라고 하니, 신수가 대답하기를 "사람이 꺼리는 바가 있으면 그 기운이 불길처럼 솟아 요사함을 취하게 되니, 요사스러운 일은 사람에게서 말미암아 일어나는 것입니다. 사람에게 틈이 없으면 요사스런 일은 저절로 생겨나지 않고, 사람이 상도(常道)를 저버리면 요사스런 일이 일어나게 됩니다. 그러므로 요사스러운 일이 있게 되는 것입니다."라고 하였다.

厲公入 遂殺傅瑕 使謂原繁曰 傅瑕貳 言有二心於己 周有常刑 旣伏其罪矣 納我而無二心者 吾皆許之上大夫之事 吾願與伯父圖之 上大夫卿也 諸侯稱同姓大夫 長曰伯父 少曰叔父 此乃通稱之辭 且寡人出 伯父無裏言 無納我之言 入又不念寡人 寡人憾焉 對曰 先君桓公命我先人典司宗祏 祏 藏主石室 言己世爲宗廟守臣 社稷有主 而外其心 其何貳如之 苟主社稷 國內之民 其誰不爲臣 臣無二心 天之制也 子儀在位十四年矣 而謀召君者 庸非貳乎 莊公之子猶有八人 忽突亹儀四人外 又有弟語 餘皆未詳 若皆以官爵行賂勸貳 而可以濟事 君其若之何 臣聞命矣 乃縊而死

려공(厲公)이 정(鄭)나라로 들어가 드디어 부하(傅瑕)를 죽이고 사람을 보내어 원번(原繁)[50]에게 말하기를 "부하는 두마음을 품었다. 부하(傅瑕)가 자기에게 두마음을 품었다는 말이다. 주(周)나라에는 이에 대한 떳떳한 형벌이 있으므로 그는 이미 죄를 받았지만 나를 받아들이고 두마음을 품지 않은 자들에게는 모두 상대부(上大夫)의 직무를 내리고자 하니, 나는 백부

---

가 거주하였다. 환공(桓公) 15년 5월·9월조 참조.

50) 원번(原繁) : 정(鄭)나라 대부. 정려공(鄭厲公)의 친족이다.

(伯父)와 이 일을 도모하고자 하오. 상대부(上大夫)는 경(卿)이다. 제후(諸侯)가 동성인 대부를 일컬을 때 나이 많은 자를 백부(伯父)라 하고, 나이 적은 자를 숙부(叔父)라 하는데 이는 통칭되는 말이다. 그런데 과인이 나라 밖에 있을 때 백부께서는 안에서 말이 없었고 나를 받아들인다는 말이 없었다는 것이다. 내가 들어왔을 때도 과인을 생각해주지 않았으니, 과인은 유감스럽소."라고 하였다. 원번이 대답하기를 "선군인 환공(桓公)께서 저의 선인(先人)에게 종석(宗祏)을 맡아 관리하라고 명하셨습니다. 석(祏)은 신주(神主)를 보관하는 석실이다. 이는 자신이 대대로 종묘를 지키는 신하라는 말이다. 사직에는 주인이 있는데 그 마음을 나라 밖에 있는 이에게 둔다면 이보다 더한 두마음이 어디에 있겠습니까. 만약에 임금님께서 사직을 주관하신다면 나라 안의 백성 중 그 누가 신하가 되지 않겠습니까. 신하가 두마음을 품지 않는 것은 하늘이 정한 제도입니다. 자의(子儀 : 鄭子)가 재위(在位)한 지가 14년인데,[51] 임금님을 불러들이려고 모의한 자들이 어찌 두마음을 품은 것이 아니겠습니까. 장공(莊公)의 아들이 아직 8명이나 있는데, 홀(忽)·돌(突)·미(亹)·의(儀) 4인 외에 또 제어(弟語)가 있고, 나머지는 모두 자세하지 않다. 만약 이들이 모두 관작을 뢰물로 주고 두마음을 품도록 권한다면 일을 성공시킬 수 있을 것이니,[52] 그렇다면 임금님은 어떻게 하시겠습니까? 신은 명을 따르겠습니다."라 하고서 목을 매어 죽었다.

> # 秋 七月 荊入蔡
> 가을 7월에 형(荊)나라가 채(蔡)나라로 쳐들어갔다.

蔡哀侯爲莘故 繩息嬀以語楚子 繩 譽也 楚子如息 以食入享 遂滅息 以息嬀歸 生堵敖及成王焉 未言 楚人謂未成君爲敖 楚子問之 對曰 吾一婦人而事二夫 縱弗能死 其又奚言 楚子以蔡侯滅息 遂伐蔡 秋 七月 楚入蔡

채애후(蔡哀侯)가 신(莘) 땅의 일 때문에 초자(楚子 : 楚文王)에게 식규(息嬀)의 미모를 칭찬하였다[繩].[53] 승(繩)은 칭찬함이다. 그러자 초자가 식(息)나라로 가서 음식을 가지고 궁중

---

51) 자의(子儀 : 鄭子)가~14년인데 : 환공(桓公) 18년에 채중(祭仲)이 정자(鄭子)를 진(陳)나라에서 맞이하여 정(鄭)나라 임금으로 세웠다.

52) 일을~것이니 : 새로운 임금으로 세울 수 있다는 말이다.

53) 채애후(蔡哀侯)가~칭찬하였다[繩] : 장공(莊公) 10년 9월에 식후(息侯)의 간계(奸計)로 형(荊 : 楚)나라가 채(蔡)나라를 신(莘)땅에서 패배시키고 채애후(蔡哀侯)인 헌무(獻舞)를 잡아갔는데 이에 대한 원한을 풀기 위하여 채애후가 초자(楚子)에게 식규(息嬀)의 미모를 칭찬한 것이다.

에 들어가 향연을 베풀다가 드디어 식나라를 멸하고 식규를 데리고 돌아갔다. 식규는 초(楚
: 荊)나라에 간 뒤 도오(堵敖)와 성왕(成王)을 낳았지만 말을 하지 않았다. 초인(楚人)은 임금이
되지 못한 사람을 오(敖)라고 한다. 초자가 그 까닭을 묻자 식규가 대답하기를 "저는 한 사람의
부인(婦人)으로서 두 지아비를 섬겼습니다. 비록 죽지는 못할망정 또 무슨 말을 하겠습니
까."라고 하였다. 초자는 채후(蔡侯) 때문에 식나라를 멸하였다 하고는 드디어 채나라를
치기로 하였다. 가을 7월에 초나라가 채나라로 쳐들어갔다.

**君子曰 商書所謂 惡之易也 如火之燎于原 不可鄕邇 其猶可撲滅者 其如蔡哀侯乎**

군자는 말한다. "〈상서(商書)〉에 이른바 '악이 쉽게 퍼져 나감이 마치 불이 평원을 태우는
것과 같아서 가까이 갈 수도 없는데 어찌 오히려 끌 수 있겠는가.'[54]라고 하였으니, 이는
채애후(蔡哀侯)와 같은 경우로다."

---

**冬 單伯會齊侯宋公衛侯鄭伯于鄄**

겨울에 선백(單伯)이 제후(齊侯)·송공(宋公)·위후(衛侯)·정백(鄭伯)과 견
(鄄) 땅에서 회합하였다.

---

鄄 音絹 衛地 此諸侯會王臣之始

견(鄄)은 음이 견(絹)이니 위(衛)나라 땅이다. 이것은 제후들이 왕의 신하와 회합한 시초이다.

**冬 會于鄄 宋服故也**

겨울에 견(鄄) 땅에서 회합하였으니, 송(宋)나라가 복종하였기 때문이다.

---

54) 악이~있겠는가 :《서경(書經)》〈상서(商書)〉 반경(盤庚).

# 장공(莊公) 15년【壬寅 B.C.679】

---

十有五年 春 齊侯宋公陳侯衛侯鄭伯會于鄄

　15년 봄에 제후(齊侯)·송공(宋公)·진후(陳侯)·위후(衛侯)·정백(鄭伯)이 견(鄄) 땅에서 회합하였다.

---

**十五年 春 復會焉 齊始霸也**

15년 봄에 다시 회합하였으니, 제(齊)나라가 비로소 패자(霸者)가 되었기 때문이다.

---

夏 夫人姜氏如齊

　여름에 부인(夫人) 강씨(姜氏)가 제(齊)나라에 갔다.

---

文姜復如齊而桓公不拒 特書以累桓也

　문강(文姜)이 다시 제(齊)나라에 갔는데, 제환공(齊桓公)이 거절하지 않았기 때문에 특별히 경문에 기록하여 제환공과 련루시킨 것이다.

---

秋 宋人齊人邾人伐郳 鄭人侵宋

　가을에 송인(宋人)·제인(齊人)·주인(邾人)이 예(郳)나라를 쳤다. 정인(鄭人)이 송(宋)나라를 침범하였다.

---

郳 公作兒

　예(郳)는《공양전(公羊傳)》에는 아(兒)로 되어 있다.

**秋 諸侯爲宋伐郳** 郳屬宋而叛 故齊爲之伐 **鄭人間之而侵宋** 間宋伐郳

　가을에 제후들이 송(宋)나라를 위하여 예(郳)나라를 치자 예(郳)나라는 송(宋)나라에 속하였으나 배반하였기 때문에 제(齊)나라가 송나라를 위하여 친 것이다. 정인(鄭人)이 그 틈을 타서 송나라를 침범하였다. 송(宋)나라가 예(郳)나라를 친 틈을 탄 것이다.

冬 十月

겨울 10월이다.

# 장공(莊公) 16년【癸卯 B.C.678】

十有六年 春 王正月

16년 봄 왕정월이다.

夏 宋人齊人衛人伐鄭

여름에 송인(宋人)·제인(齊人)·위인(衛人)이 정(鄭)나라를 쳤다.

南北爭鄭之始

남쪽에 위치한 나라와 북쪽에 위치한 나라들이 정(鄭)나라를 두고 다툰 시초이다.

### 十六年 夏 諸侯伐鄭 宋故也

16년 여름에 제후들이 정(鄭)나라를 쳤으니, 송(宋)나라 때문이었다.[55]

---

55) 16년~때문이었다 : 제후들이 송(宋)나라를 위하여 예(郳)나라를 치자 정인(鄭人)이 그 틈을 타서 송나라를 침범한 일을 말한다. 장공(莊公) 15년 가을조 참조.

---

**秋 荊伐鄭**

가을에 형(荊)나라가 정(鄭)나라를 쳤다.

---

鄭伯自櫟入 緩告于楚 秋 楚伐鄭及櫟 爲不禮故也 鄭伯治與於雍糾之亂者 在桓十五
年 九月 殺公子閼 刖強鉏 二子 祭仲黨 斷足曰刖 公父定叔出奔衛 共叔段孫 三年而復之
曰 不可使共叔無後於鄭 使以十月入曰 良月也 就盈數焉 數 滿於十

정백(鄭伯 : 厲公)이 력(櫟) 땅에서 국도로 들어가56) 뒤늦게 초(楚 : 荊)나라에 고하였다.
가을에 초나라가 정(鄭)나라를 쳐서 력 땅에 이르니, 이는 정나라가 초나라를 례우하지 않
았기 때문이다. 정백이 옹규(雍糾)를 죽이는 란에 가담했던 자들을 처벌하여 이 란은 환공(桓
公) 15년에 있었다. 9월에 공자 알(閼)을 죽이고 강서(強鉏)의 발뒤꿈치를 베니[刖] 이 두 사람은
채중(祭仲)의 당여이다. 발뒤꿈치를 베는 것을 월(刖)이라고 한다. 공보정숙(公父定叔)이 위(衛)나라로
망명나갔다. 공숙단(共叔段)의 손자이다. 3년 뒤에 정백이 공보정숙을 돌아오게 하며 말하기를
"정나라에 공숙(共叔 : 段)의 후손이 없게 할 수는 없다."라고 하였다. 10월에 공보정숙을
들어오게 하며 말하기를 "좋은 달이니 곧 가득 찬 수(數)이다."라고 하였다. 수(數)는 10에서
가득 찬다.

---

**君子謂 強鉏不能衛其足**

군자는 이른다. "강서(強鉏)는 자신의 발도 지키지 못하였다."57)

---

**冬 十有二月 會齊侯宋公陳侯衛侯鄭伯許男滑伯滕子 同盟于幽**

겨울 12월에 제후(齊侯)·송공(宋公)·진후(陳侯)·위후(衛侯)·정백(鄭伯)·허
남(許男)·활백(滑伯)·등자(滕子)와 회합하여 유(幽) 땅에서 동맹하였다.

---

會上公有公字 滑伯上 公穀有曹伯 ○滑 國名 幽 宋地 不書公缺文 同盟者 同欲也 後皆倣此

---

56) 정백(鄭伯 : 厲公)이~들어가 : 정(鄭)나라 대부인 채중(祭仲)이 전횡을 하자 정백(鄭伯) 돌(突)이 옹규(雍
糾)를 시켜 채중을 죽이려다 실패하고 채(蔡)나라로 망명하였다. 그 뒤 정나라의 력(櫟) 땅에 들어가 머무
르고 있다가 이때 국도로 들어간 것이다. 환공(桓公) 15년 9월조 참조.
57) 강서(強鉏)는~못하였다 : 미리 화를 피하지 못하였다는 말이다.

회(會)자 앞에 《공양전(公羊傳)》에는 공(公)자가 있다. 활백(滑伯)의 앞에 《공양전》과 《곡량전(穀梁傳)》에는 조백(曹伯)이 있다. ○활(滑)은 나라 이름이고 유(幽)는 송(宋)나라 땅이다. 경문에 공(公 : 莊公)을 기록하지 않은 것은 글을 빠뜨린 것이다. 동맹(同盟)은 뜻을 같이 하고자 함이니 이후에도 모두 이와 같다.

## 冬 同盟于幽 鄭成也

겨울에 유(幽) 땅에서 동맹하였으니, 정(鄭)나라와 화친하기 위해서였다.

## ○王使虢公命曲沃伯 以一軍爲晉侯 曲沃武公遂幷晉國 僖王因命爲晉侯 小國故一軍

○왕이 괵공(虢公)을 시켜 곡옥백(曲沃伯)에게 명하여 1군(軍)58)을 만들 수 있는 진후(晉侯)로 삼았다. 곡옥무공(曲沃武公)이 드디어 진(晉)나라 국도를 병합하니 희왕(僖王)이 이로 인하여 명을 내려 진후(晉侯)로 삼은 것이다. 진(晉)은 소국이기 때문에 1군(軍)이다.

## 初 晉武公伐夷 執夷詭諸 蒍國請而免之 詭諸蒍國皆周大夫 夷 采地名 旣而弗報 故子國作亂 子國卽蒍國 謂晉人曰 與我伐夷而取其地 遂以晉師伐夷 殺夷詭諸 周公忌父出奔虢 周公忌父 王卿士 惠王立而復之 桓十五年 經書桓王崩 其後有莊王僖王 崩葬不見經傳 而惠王立在此年

이보다 앞서 진무공(晉武公)이 이(夷)를 쳐서 이의 궤제(詭諸)를 잡았는데 위국(蒍國)이 요청하여 그를 방면시켰으나 궤제(詭諸)와 위국(蒍國)은 모두 주(周)나라 대부이다. 이(夷)는 채지(采地)의 이름이다. 그 뒤 궤제는 은혜에 보답하지 않았다. 그러므로 자국(子國)이 란을 일으켜 자국(子國)은 곧 위국(蒍國)이다. 진인(晉人)에게 이르기를 "우리와 함께 이를 쳐서 그 땅을 취합시다."라 하고서 드디어 진나라 군대를 거느리고 이를 쳐서 이의 궤제를 죽이니, 주공(周公)인 기보(忌父)가 괵(虢)나라로 망명나갔다. 주공(周公) 기보(忌父)는 왕의 경사(卿士)이다. 혜왕(惠王)59)이 즉위하여 기보를 원래의 자리로 회복시켰다. 환공(桓公) 15년 경문에 환왕(桓王)이 붕한 사실을 기록하였으나, 그 뒤에 장왕(莊王)과 희왕(僖王)이 있었는데도 붕한 사실과 장례를 지낸 기록이 경문과 전문에 보이지 않는다. 혜왕(惠王)은 이 해에 즉위하였다.

---

58) 1군(軍) : 1만 2천 5백 명으로 편성된 군대. 천자는 6군(軍), 대국(大國)은 3군(軍), 중국(中國)은 2군(軍), 소국(小國)은 1군(軍)으로 만든다.
59) 혜왕(惠王) : 희왕(僖王)의 아들.

邾子克卒

주자(邾子) 극(克)이 졸하였다.

稱子者 蓋齊桓請王命爲諸侯

자(子)라고 칭한 것은 아마 제환공(齊桓公)이 왕에게 제후로 삼는 명을 청하였기 때문일 것이다.

# 장공(莊公) 17년 【甲辰 B.C.677】

十有七年 春 齊人執鄭詹

17년 봄에 제인(齊人)이 정(鄭)나라 첨(詹)을 잡았다.

詹 公作瞻 後同 ○詹 鄭大夫

첨(詹)은 《공양전(公羊傳)》에는 첨(瞻)으로 되어 있고 이후에도 이와 같다. ○첨(詹)은 정(鄭)나라 대부이다.

### 十七年 春 齊人執鄭詹 鄭不朝也

17년 봄에 제인(齊人)이 정(鄭)나라 첨(詹)을 잡았으니, 정나라가 제(齊)나라에 조견하지 않았기 때문이다.[60]

夏 齊人殲于遂

여름에 제인(齊人)이 수(遂)나라에게 섬멸당하였다.

殲 公作瀸 殲 盡也

---

60) 정나라가~때문이다 : 제환공(齊桓公)이 처음 패자(霸者)가 되었을 때 정(鄭)나라는 제(齊)나라에 조견하지 않았다.

섬(殲)은 《공양전(公羊傳)》에는 첨(瀸)으로 되어 있다. 섬(殲)은 다 죽이는 것이다.

夏 遂因氏頜氏工婁氏須遂氏饗齊戌 醉而殺之 齊人殲焉 頜 音閣 四族 遂之彊宗 齊戌遂
在十三年

여름에 수(遂)나라의 인씨(因氏)·합씨(頜氏)·공루씨(工婁氏)·수수씨(須遂氏)가 수자리 사는 제(齊)나라 병사들에게 향연을 베풀어 술에 취하게 하여 죽이니, 제인(齊人)이 섬멸당하였다. 합(頜)은 음이 합(閣)이다. 4족(族)은 수(遂)나라의 강한 종족이다. 제(齊)나라가 수나라에 수자리를 세운 일은 13년에 있었다.

秋 鄭詹自齊逃來

가을에 정(鄭)나라 첨(詹)이 제(齊)나라에서 도망쳐 왔다.

詹不能解國患而苟免 書逃以賤之

첨(詹)이 나라의 환난을 해결하지 못하고 구차스럽게 죽음을 면하였기 때문에 경문에 도망쳤다고 기록하여 천하게 여긴 것이다.

冬 多麋

겨울에 사슴이 많았다.

麋多害稼

사슴이 많아서 곡식에 피해를 입힌 것이다.

# 장공(莊公) 18년 【乙巳 B.C.676】

十有八年 春
　18년 봄이다.

十八年 春 虢公晉侯朝王 王饗醴 命之宥 饗禮先置醴 示不忘古 宴則命以幣物 宥 助也 皆賜
玉五瑴 馬三匹 非禮也 雙玉爲瑴 王命諸侯 名位不同 禮亦異數 不以禮假人 侯而與公
同賜 是借人禮 虢公晉侯鄭伯 使原莊公逆王后于陳 陳嬀歸于京師 實惠后 爲王子帶起本

　18년 봄에 괵공(虢公)과 진후(晉侯)가 왕[惠王]을 조현하였다. 왕이 단술을 대접하고 폐물
을 내리라고 명하여 흥을 돕게[宥] 하면서 향례(饗禮)에 먼저 단술을 낸 것은 옛일을 잊지 않겠다는
뜻을 보인 것이다. 연회를 베풀 때는 폐물을 내리도록 명한다. 유(宥)는 흥을 도움이다. 모두에게 다섯 쌍의
옥(瑴)과 말 세 필씩을 하사하였으니, 이는 례가 아니었다. 쌍옥을 각(瑴)이라고 한다. 왕이 제후
에게 명을 내릴 때 명칭과 지위가 같지 아니하면 례우도 급수를 달리하니, 례는 남의 것을
차용해서는 안 되기 때문이다. 후(侯)인데 공(公)과 같은 수준으로 폐물을 내렸으니 이는 다른 사람의
례를 차용한 것이다. 괵공과 진후와 정백(鄭伯)이 원장공(原莊公)을 보내어 진(陳)나라에서 왕
후(王后)를 맞이해 오게 하였다. 진규(陳嬀)가 경사(京師)로 시집갔으니, 이가 바로 혜후(惠
后)이다. 왕자 대(帶)가 반란을 일으키는 발단이 된다.[61]

王三月 日有食之
　왕3월에 일식이 있었다.

夏 公追戎于濟西
　여름에 장공(莊公)이 제수(濟水) 서쪽에서 융(戎)을 추격하였다.

---

61) 왕자~된다 : 혜후(惠后)가 작은아들 대(帶)를 총애하여 태자 정(鄭)을 폐하고 대를 왕으로 세우려 하였기
　　때문이다. 희공(僖公) 24년조 참조.

夏 公追戎于濟西 不言其來 諱之也 戎來侵而不知 去乃追之 故諱不言來

여름에 장공(莊公)이 제수(濟水) 서쪽에서 융(戎)을 추격하였으니, 그들이 쳐들어온 것을 말하지 않은 것은 그 사실을 숨긴 것이다. 융(戎)이 침범해 왔는데도 알지 못하다가 그들이 떠난 뒤에 추격하였다. 그러므로 그들이 침범해 온 사실을 숨기고 말하지 않은 것이다.

---

秋 有蜮

　가을에 역(蜮)이 나타났다.

---

蜮 短狐也 含沙射人

　역(蜮)[62]은 물여우이니 모래를 입에 머금고 있다가 사람을 향해 내뿜는다.

秋 有蜮 爲災也

　가을에 역(蜮)이 나타났다고 하였으니, 재해가 되었기 때문이다.

---

冬 十月

　겨울 10월이다.

---

○初 楚武王克權 使鬭緡尹之 權 國名 鬭緡 楚大夫 以叛 圍而殺之 遷權於那處 那處 楚地 使閻敖尹之 閻敖 楚大夫 及文王卽位 與巴人伐申 而驚其師 驚巴師 巴人叛楚而伐那處取之 遂門于楚 功楚城門 閻敖游涌而逸 涌 水名 楚子殺之 其族爲亂 冬 巴人因之 以伐楚

　○이보다 앞서 초무왕(楚武王)이 권(權)나라를 쳐서 이기고 투민(鬭緡)을 그곳의 윤(尹)으로 삼았다. 권(權)은 나라 이름이다. 투민(鬭緡)은 초(楚)나라 대부이다. 그가 반란을 일으키자 초무왕이 포위하여 죽이고 권나라 백성을 나처(那處)로 옮기고 나처(那處)는 초(楚)나라 땅이다. 염오(閻敖)를 그곳의 윤으로 삼았다. 염오(閻敖)는 초(楚)나라 대부이다. 초문왕(楚文王)이 즉위하자

---

62) 역(蜮) : 볏잎을 갉아먹는 해충이라고도 하는데, 그것이 의미상 옳을 듯하다.

파인(巴人)과 함께 신(申)나라를 쳤는데 그 군대를 두렵게 하자, 파(巴)나라 군대를 두렵게 한 것이다. 파인이 초(楚)나라를 배반하고 나처를 쳐서 차지하고는 드디어 초나라 성문을 공격하였다. 초(楚)나라 성문을 공격한 것이다. 염오가 용수(涌水)를 헤엄쳐 달아나니 용(涌)은 물 이름이다. 초자(楚子)가 그를 죽였다. 그러자 염오의 종족이 반란을 일으키니, 겨울에 파인이 그 틈을 타서 초나라를 쳤다.

# 장공(莊公) 19년 【丙午 B.C.675】

十有九年 春 王正月

19년 봄 왕정월이다.

夏 四月

여름 4월이다.

○十九年 春 楚子禦之 禦巴人 大敗於津 還 鬻拳弗納 遂伐黃 津 楚地 鬻拳 楚大閽 敗黃師于踖陵 還 及湫有疾 踖 音迹 踖陵 黃地 湫 音劁 地名 夏 六月 庚申 卒 鬻拳葬諸夕室 亦自殺也 而葬於絰皇 夕室 地名 絰皇 冢前闕 生守門 故死不失職

○19년 봄에 초자(楚子 : 文王)가 그들을 막다가 파인(巴人)을 막은 것이다. 진(津) 땅에서 대패하고 돌아오니, 육권(鬻拳)이 성문을 닫고 받아들이지 않았다. 드디어 초자는 발길을 돌려 황(黃)나라를 쳐서 진(津)은 초(楚)나라 땅이다. 육권(鬻拳)은 초나라의 대혼(大閽 : 守門將)이다. 적릉(踖陵)에서 황나라 군대를 패배시키고 돌아오다가 초(湫) 땅에 이르러 병이 나서 적(踖)은 음이 적(迹)이다. 적릉(踖陵)은 황(黃)나라 땅이다. 초(湫)는 음이 초(劁)이니 땅 이름이다. 여름 6월 경신일에 졸하였다. 육권이 초자를 석실(夕室)에 장사지내고 그 또한 자살하자 그를 질황(絰皇)에 장사지내 주었다. 석실(夕室)은 땅 이름이다. 질황(絰皇)은 무덤 앞에 있는 궐문(闕門)이다. 생전에 수문장이

었으므로 죽어서도 그 직분을 잃지 않게 한 것이다.

初 鬻拳强諫楚子 楚子弗從 臨之以兵 懼而從之 鬻拳曰 吾懼君以兵 罪莫大焉 遂
自刖也 楚人以爲大闇 謂之大伯 使其後掌之 使其子孫 常主此官

　이보다 앞서 육권(鬻拳)이 초자(楚子)에게 강력히 간하였으나 초자가 따르지 않아 병기
로 들이대니 초자가 두려워 그의 말을 따랐다. 육권이 말하기를 "내가 병기로 임금님을 두
렵게 하였으니 이보다 큰 죄는 없다."하고는 드디어 스스로 월형(刖刑)63)을 받았다. 초인
(楚人)이 그를 대혼(大闇)으로 삼아 태백(大伯)이라 이르고는 그의 후손들에게 그 관직을
맡게 하였다. 그 자손들로 하여금 항상 이 관직을 맡게 한 것이다.

君子曰 鬻拳可謂愛君矣 諫以自納於刑 刑猶不忘納君於善

　군자는 말한다. "육권(鬻拳)은 임금을 사랑했다고 이를 수 있다. 임금에게 간하고는 스스
로 형벌을 받았고, 형벌을 받으면서도 임금을 선(善)에 들도록 하는 것을 잊지 않았다."

---

秋 公子結媵陳人之婦于鄄 遂及齊侯宋公盟
　가을에 공자 결(結)이 진인(陳人)에게 출가하는 녀자의 잉첩(媵妾)을 호송하다
가 견(鄄) 땅에 이르러 드디어 제후(齊侯)·송공(宋公)과 맹약하였다.

---

公子結 魯大夫 送魯女媵陳 至鄄而聞齊宋會 權與之盟

　공자 결(結)은 로(魯)나라 대부이다. 진후(陳侯)에게 잉첩(媵妾)으로 가는 로나라 공녀를 호송하여 견(鄄)
땅64)에 이르러 제(齊)나라와 송(宋)나라가 회합한다는 소식을 듣고 권도(權道)로 그들과 맹약한 것이다.

---

夫人姜氏如莒
　부인(夫人) 강씨(姜氏)가 거(莒)나라에 갔다.

---

63) 월형(刖刑) : 발꿈치를 베는 형벌.
64) 견(鄄) 땅 : 위(衛)나라 땅이다.

非父母國而往 書姦

부모의 나라가 아닌데도 갔으니 경문에 간음하러 갔음을 기록한 것이다.

---

**冬 齊人宋人陳人伐我西鄙**

겨울에 제인(齊人)·송인(宋人)·진인(陳人)이 우리나라의 서쪽 변방을 쳤다.

---

齊桓始霸 責魯不恭其事 故來伐 此見伐之始

제환공(齊桓公)이 비로소 패자(霸者)가 되었는데, 로(魯)나라가 그 일에 공손하지 않은 것[65]을 책망하였다. 그러므로 와서 친 것이다. 이것은 로나라가 침벌당한 시초이다.

○初 王姚嬖于莊王 生子穨 王姚 莊王之妾 姚 姓 子穨有寵 蒍國爲之師 及惠王卽位 周惠王 莊王孫 取蒍國之圃以爲囿 邊伯之宮近於王宮 王取之 邊伯 周大夫 王奪子禽祝跪與詹父田 三子 周大夫 而收膳夫之秩 膳夫 石速也 秩 祿也 故蒍國邊伯石速詹父子禽祝跪作亂 因蘇氏 蘇氏 周大夫 蘇忿生之後 桓王奪其邑與鄭 自此不和 秋 五大夫奉子穨以伐王 石速 士也 不在五數 不克 出奔溫 溫 蘇氏邑 蘇子奉子穨以奔衛 衛師燕師伐周 燕 南燕也 衛惠公抗莊王入國 故子穨奔衛 冬 立子穨

○이보다 앞서 왕요(王姚)가 주장왕(周莊王)의 사랑을 받아 자퇴(子穨)를 낳으니 왕요(王姚)는 주장왕(周莊王)의 첩이다. 요(姚)는 성이다. 장왕(莊王)이 자퇴를 총애하여 위국(蒍國)을 그의 스승으로 삼아주었다. 혜왕(惠王)이 즉위하자 주혜왕(周惠王)이니 장왕(莊王)의 손자이다. 위국의 포전(圃田)을 취하여 자신의 동산으로 만들고, 변백(邊伯)의 궁이 왕궁과 가까이 있다고 하여 혜왕이 그것을 취하였다. 변백(邊伯)은 주(周)나라 대부이다. 혜왕이 또 자금(子禽)·축궤(祝跪)·첨보(詹父)의 전지를 빼앗고 세 사람은 주(周)나라 대부이다. 선부(膳夫)[66]의 봉록[秩]을 몰수하였다. 선부(膳夫)는 석속(石速)이다. 질(秩)은 봉록이다. 그러므로 위국·변백·석속(石速)·첨보·자금·축궤가 란을 일으켜 소씨(蘇氏)에게 의지하였다. 소씨(蘇氏)는 주(周)나라 대부 소분생(蘇忿生)의 후손이다. 환왕(桓王)[67]이 그 식읍을 빼앗아 정(鄭)나라에게 주었으니[68] 이로부터 소씨와 불화하였다. 가을에

---

65) 로(魯)나라가~것 : 제(齊)나라와 송(宋)나라가 맹약할 때 로(魯)나라의 공자 결(結)이 잉첩(媵妾)을 호송하는 길에 맹약에 참여한 일을 말한다. 장공(莊公) 19년 가을조 참조.

66) 선부(膳夫) : 주(周)나라 때 궁중의 요리를 맡아보던 관리.

다섯 대부들이 자퇴를 받들어 혜왕을 쳤으나 석속(石速)은 사(士)의 신분이어서 다섯 대부의 수에는 들어있지 않다. 이기지 못하고 온(溫) 땅으로 달아났다. 온(溫)은 소씨(蘇氏)의 읍이다. 소자(蘇子)는 자퇴를 받들고 위(衛)나라로 망명하니, 위나라 군대와 연(燕)나라 군대가 주(周)나라를 치고 연(燕)은 남연(南燕)이다. 위혜공(衛惠公)은 장왕(莊王)의 명에 대항하여 위(衛)나라로 들어갔기 때문에[69] 자퇴가 위나라로 망명한 것이다. 겨울에 자퇴를 주왕(周王)으로 세웠다.

# 장공(莊公) 20년 【丁未 B.C.674】

## 二十年 春 王二月 夫人姜氏如莒

20년 봄 왕2월에 부인(夫人) 강씨(姜氏)가 거(莒)나라에 갔다.

## 夏 齊大災

여름에 제(齊)나라에 큰 화재[70]가 있었다.

## 秋 七月

가을 7월이다.

---

67) 환왕(桓王) : 주장왕(周莊王)의 아버지이며 주혜왕(周惠王)의 증조부.

68) 환왕(桓王)이~주었으니 : 주환왕(周桓王)이 소분생(蘇忿生)의 전지를 정(鄭)나라에 준 일을 말한다. 은공(隱公) 11년조 참조.

69) 위혜공(衛惠公)은~때문에 : 제(齊)나라에 망명해 있던 위혜공(衛惠公) 삭(朔)이 주장왕(周莊王)의 뜻에 반하여 위(衛)나라로 들어가 임금이 된 일을 이른다. 환공(桓公) 16년 11월과 장공(莊公) 6년조 참조.

70) 화재 : 사람이 불을 낸 것을 화(火)라 하고, 자연적으로 불이 난 것을 재(災)라고 한다. 선공(宣公) 16년 여름조 참조.

---

冬 齊人伐戎

겨울에 제인(齊人)이 융(戎)을 쳤다.

---

戎 穀作我

융(戎)은 《곡량전(穀梁傳)》에는 아(我)로 되어 있다.

○二十年 春 鄭伯和王室 不克 執燕仲父 燕仲父 南燕伯 爲伐周故 夏 鄭伯遂以王歸 王 處于櫟 秋 王及鄭伯入于鄔 鄔 王所取鄭邑 遂入成周 取其寶器而還

○20년 봄에 정백(鄭伯 : 厲公)이 왕실을 화해시키려다 실패하자 연중보(燕仲父)를 잡았다. 연중보(燕仲父)는 남연백(南燕伯)이니 주(周)나라를 쳤기 때문에 잡은 것이다.[71] 여름에 정백이 마침내 혜왕(惠王)을 모시고 함께 돌아가니 혜왕이 력(櫟) 땅에 거처하였다. 가을에 혜왕이 정백과 함께 오(鄔) 땅에 들어갔다가 오(鄔)는 환왕(桓王)이 빼앗았던 정(鄭)나라 읍이다.[72] 드디어 성주(成周 : 洛邑)에 들어가 왕실의 보기(寶器)를 취하여 돌아갔다.

冬 王子頹享五大夫 樂及徧舞 徧舞 黃帝堯舜夏商周六代之樂 鄭伯聞之 見虢叔 叔 虢公字 曰 寡人聞之 哀樂失時 殃咎必至 今王子頹歌舞不倦 樂禍也 夫司寇行戮 君爲之不 擧 去盛饌 而況敢樂禍乎 奸王之位 禍孰大焉 臨禍忘憂 憂必及之 盍納王乎 虢公曰 寡人之願也

겨울에 왕자 퇴(頹)가 다섯 대부에게 향연을 베푸는데 음악이 편무(徧舞)에 미쳤다. 편무(徧舞)는 황제(黃帝)·요(堯)·순(舜)·하(夏)·상(商)·주(周) 6대(代)의 음악이다. 정백이 이 소식을 듣고서 괵숙(虢叔)을 만나 숙(叔)은 괵공(虢公)의 자이다. 말하기를 "과인은 슬퍼하고 즐거워하는 것이 때를 잃으면 재앙과 허물이 반드시 이른다고 들었습니다. 지금 왕자 퇴가 가무를 즐김이 지나치니 이는 화를 즐기는 것입니다. 무릇 사구(司寇)가 주륙(誅戮)을 행하면 임금은 그 때문에 성찬(盛饌)을 들지 않는 것인데 성찬(盛饌)을 물리치는 것이다. 하물며 감히 화를 즐겨서야 되겠습니까. 또한 왕의 지위를 범하였으니 화가 무엇이 이보다 더 크겠습니까. 화에 림하면서도 근심을 잊으니 근심할만한 일이 반드시 닥칠 것입니다. 어찌 혜왕을 들여보내지

---

71) 연중보(燕仲父)는~것이다 : 장공(莊公) 19년 가을에 자퇴(子頹)가 위(衛)나라와 연(燕)나라의 도움으로 주 혜왕(周惠王)을 몰아낼 때 연중보(燕仲父)가 자퇴를 도와 혜왕(惠王)을 쳤기 때문이다.

72) 오(鄔)는~읍이다 : 은공(隱公) 11년 가을에 환왕(桓王)이 정(鄭)나라에서 취한 읍이다.

않을 수 있겠습니까."라고 하자, 괵공이 말하기를 "과인도 원하는 바입니다."라고 하였다.


# 장공(莊公) 21년 【戊申 B.C.673】


二十有一年 春 王正月

　21년 봄 왕정월이다.


夏 五月 辛酉 鄭伯突卒

　여름 5월 신유일에 정백(鄭伯) 돌(突)이 졸하였다.


二十一年 春 胥命于弭 鄭虢相命以納王之事 弭 鄭地 夏 同伐王城 鄭伯將王自圉門入 虢
叔自北門入 殺王子穨及五大夫 鄭伯享王于闕西辟 樂備 闕 象魏 辟 偏也 王與之武公
之略 自虎牢以東 略 界也 平王賜鄭武公虎牢以東 後失其地 故今復與之 原伯曰 鄭伯效尤 其
亦將有咎 原伯 原莊公 言效子穨舞偏樂 五月 鄭厲公卒

　21년 봄에 정백(鄭伯)과 괵공(虢公)이 미(弭) 땅에서 서명(胥命)[73]하고 정백(鄭伯)과 괵공(虢
公)이 주왕(周王 : 惠王)을 들여보내는 일로 서명(胥命)한 것이다. 미(弭)는 정(鄭)나라 땅이다. 여름에 함께
왕성(王城)을 쳤다. 정백이 혜왕(惠王)을 모시고 어문(圉門)[74]으로 들어가고, 괵숙(虢叔 :
虢公)은 북문(北門)으로 들어가서 왕자 퇴(穨)와 다섯 대부를 죽였다. 이어 정백이 궐(闕)
의 서편[西辟]에서 혜왕에게 향연을 베푸는데 모든 음악을 연주하였다.[75] 궐(闕)은 상위(象
魏)[76]이다. 벽(辟)은 편(偏)이다. 혜왕은 정백에게 무공(武公)때의 경계[略]였던 호뢰(虎牢) 동쪽

---

73) 서명(胥命) : 서로 명(命 : 約束)하기만 하고 삽혈하지 않는 것. 환공(桓公) 3년 여름조 참조.

74) 어문(圉門) : 주(周)나라 왕성(王城)의 남문(南門).

75) 모든~연주하였다 : 황제(黃帝)·요(堯)·순(舜)·하(夏)·상(商)·주(周) 6대(代)의 음악을 연주한 것이다.

76) 상위(象魏) : 궁문 밖 량쪽에 세운 한 쌍의 높은 건물. 이곳에다 교령(教令)을 게시하였다.

의 땅을 주었다. 략(略)은 경계이다. 평왕(平王)이 정무공(鄭武公)에게 호뢰(虎牢) 동쪽의 땅을 주었으나 그 뒤에 그 땅을 잃었기 때문에 지금 다시 준 것이다. 원백(原伯)[77]이 말하기를 "정백이 왕자 퇴의 잘못을 본받고 있으니 그에게도 장차 재앙이 있을 것이다."라고 하였는데, 원백(原伯)은 원장공(原莊公)이다. 자퇴(子穨)가 모든 음악을 연주하며 춤춘 것을 본받았다는 말이다. 5월에 정려공(鄭厲公 : 突)이 졸하였다.

王巡虢守 巡守虢國 虢公爲王宮于玤 玤 虢地 王與之酒泉 酒泉 周邑 鄭伯之享王也 王以后之鞶鑑予之 后 王后也 鞶帶而以鏡爲飾也 虢公請器 王予之爵 爵 飮酒器 鄭伯由是始惡於王 爲僖二十四年 鄭執王使張本

혜왕(惠王)이 괵(虢)나라를 순수(巡守)할 때 괵(虢)나라를 순수(巡守)한 것이다. 괵공(虢公)이 방(玤) 땅에 따로 왕이 거처할 궁실을 지으니 방(玤)은 괵(虢)나라 땅이다. 왕이 그에게 주천(酒泉)을 주었다. 주천(酒泉)은 주(周)나라 읍이다. 정백(鄭伯)[78]이 왕에게 향연을 베풀 때 왕이 왕후[后]가 차는 반감(鞶鑑)을 그에게 주었다. 후(后)는 왕후(王后)이다. 반감(鞶鑑)은 가죽으로 만든 띠에 거울로 장식을 한 것이다. 그러자 괵공이 기물(器物) 하나를 하사해 줄 것을 청하니, 왕이 작(爵)을 주었다. 작(爵)은 술마시는 그릇이다. 정백은 이 때문에 왕을 미워하기 시작하였다.[79] 희공(僖公) 24년에 정(鄭)나라가 왕의 사신을 잡는 장본이 된다.

---

## 秋 七月 戊戌 夫人姜氏薨
### 가을 7월 무술일에 부인(夫人) 강씨(姜氏)가 훙하였다.

薨寢祔姑 赴於諸侯 故具小君禮書之

정침(正寢)에서 훙하였고[80] 시어머니 사당에 합사하였으며 제후들에게 부고를 내었기 때문에 소군(小君)의 례를 갖추어 경문에 기록한 것이다.

---

77) 원백(原伯) : 주(周)나라 신하.

78) 정백(鄭伯) : 여기에서의 정백(鄭伯)은 려공(厲公)의 아들 문공(文公)을 가리킨다.

79) 정백은~시작하였다 : 자기에게는 녀인이 사용하는 물건을 선물로 주고 괵공(虢公)에게는 작(爵)을 주어 자기보다 우대한 것을 미워한 것이다.

80) 훙하였고 : 문강(文姜)이 죽은 것이다.

冬
　겨울이다.

**王歸自虢**

　혜왕(惠王)이 괵(虢)나라에서 경사(京師)로 돌아갔다.

十有二月　葬鄭厲公
　12월에 정(鄭)나라 려공(厲公)의 장례를 지냈다.

# 장공(莊公) 22년 【己酉 B.C.672】

二十有二年　春　王正月　肆大眚
　22년 봄 왕정월에 큰 죄를 지은 자들을 사면하였다.

眚　公作省　○赦有罪也
　생(眚)은 《공양전(公羊傳)》에는 생(省)으로 되어 있다. ○죄가 있는 자를 사면한 것이다.

癸丑　葬我小君文姜
　계축일에 우리 소군(小君) 문강(文姜)의 장례를 지냈다.

---

陳人殺其公子御寇

진인(陳人)이 그 공자 어구(御寇)를 죽였다.

---

御 公穀作禦 ○御寇 宣公大子 此書專殺之始

어(御)는 《공양전(公羊傳)》과 《곡량전(穀梁傳)》에는 어(禦)로 되어 있다. ○어구(御寇)는 진선공(陳宣公)의 태자이다. 이는 경문에 제멋대로 죽인 것을 기록한 시초이다.

二十二年 春 陳人殺其大子御寇 陳公子完與顓孫奔齊 公子完顓孫 皆御寇之黨 顓孫自齊來奔 齊侯使敬仲爲卿 敬仲 陳公子完 辭曰 羈旅之臣 幸若獲宥 及於寬政 赦其不閑於敎訓 而免於罪戾 弛於負擔 弛 去也 謂去其負擔奔走之勞 君之惠也 所獲多矣 敢辱高位 以速官謗 請以死告 以死自誓 詩云 翹翹車乘 招我以弓 豈不欲往 畏我友朋 逸詩 翹翹 遠貌 古者聘士以弓 使爲工正 掌百工之官 飮桓公酒 樂 公曰 以火繼之 辭曰 臣卜其晝 未卜其夜 不敢

　22년 봄에 진인(陳人)이 그 태자 어구(御寇)를 죽이자 진(陳)나라 공자 완(完)이 전손(顓孫)과 함께 제(齊)나라로 망명하였는데 공자 완(完)과 전손(顓孫)은 모두 어구(御寇)의 당여이다. 전손은 제나라에서 로(魯)나라로 망명왔다. 제후(齊侯)가 경중(敬仲)을 경(卿)으로 삼고자 하자 경중(敬仲)은 진(陳)나라 공자 완(完)이다. 경중이 사양하며 말하기를 “저는 기려지신(羈旅之臣)[81]으로 다행히 임금님의 용서를 받아 관대한 다스림에 미치게 되었습니다.[82] 선현의 가르침을 제대로 익히지 못한 저를 용서해주고 죄를 사면해주어 부담을 없애주시니[弛] 이(弛)는 없앰이니 짐을 지고 도망다니는 수고로움을 없애준 것을 이른다. 이는 임금님의 은혜입니다. 은혜를 입은 것이 많은데 감히 높은 직위를 욕되게 하여 관리들의 비방을 불러서야 되겠습니까. 죽기를 각오하고 고합니다. 죽기를 각오하고 스스로 맹세한 것이다. 《시(詩)》에 이르기를 ‘멀리서[翹翹] 수레를 타고 와서 활로 나를 부르는구나. 어찌 가고 싶지 않으련만 내 벗들의 비방이 두려워서라네.’라 하였습니다.”라고 하였다. 일시(逸詩)[83]이다. 교교(翹翹)는 먼 모양이다. 옛날에는 활로써 선비를 초빙하였다.[84] 그러자 그를 공정(工正)으로 삼았다. 백공(百工)을 맡아 다스리는 관직이다. 경

---

81) 기려지신(羈旅之臣) : 다른 나라에 가서 벼슬하는 신하.
82) 관대한~되었습니다 : 관대한 정치를 하는 제(齊)나라에서 살 수 있게 되었다는 말이다.
83) 일시(逸詩) : 지금의 《시경(詩經)》에 실려 있지 않은 옛 시.
84) 활로써~초빙하였다 : 활을 초빙의 례물로 사용한 것이다.

중이 제환공(齊桓公)에게 술을 대접하니, 환공이 즐거워하며 말하기를 "불을 밝혀 밤까지 계속하자."라고 하였다. 경중이 사양하며 말하기를 "신은 낮에 있을 연회만을 예상했고 밤까지 연회를 베풀어질 것을 예상하지 못하였으니, 감히 계속할 수 없습니다."라고 하였다.

**君子曰 酒以成禮 不繼以淫 義也 以君成禮 弗納於淫 仁也**

군자는 말한다. "술로써 례를 이루어 지나친 데까지 이어지지 않게 한 것은 의(義)이며, 임금을 모시고 례를 이루어 지나친 데에 들지 않게 한 것은 인(仁)이다."

**初 懿氏卜妻敬仲** 懿氏 陳大夫 **其妻占之曰 吉** 懿氏妻 **是謂鳳凰于飛 和鳴鏘鏘 有嬀之後 將育于姜 五世其昌 並于正卿 八世之後 莫之與京** 京 大也

이보다 앞서 의씨(懿氏)가 경중(敬仲)에게 딸을 시집보내려고 점을 쳐 본 일이 있었다. 의씨(懿氏)는 진(陳)나라 대부이다. 그의 아내가 점을 치고 말하기를 "길하다. 의씨(懿氏)의 아내이다. 이 점괘는 '봉황이 날아감이여, 화락한 울음소리가 맑고 맑도다. 규씨(嬀氏)[85]의 후손이 강씨(姜氏)[86]의 나라에서 자라 5세(世) 뒤에는 번창하여 정경(正卿)의 지위와 같게 되고, 8세(世) 뒤에는 그와 더불어 강대함[京]을 겨룰 자가 없을 것이다.'라는 것이다."라고 하였다. 경(京)은 강대함이다.

**陳厲公蔡出也** 姉妹之子曰出 **故蔡人殺五父而立之** 在桓六年 **生敬仲 其少也 周史有以周易見陳侯者** 周大史也 **陳侯使筮之 遇觀**☰☷ 坤下巽上 **之否**☰☷ 坤下乾上 **曰 是謂觀國之光 利用賓于王 此其代陳有國乎 不在此 其在異國 非此其身 在其子孫 光遠而自他有耀者也 坤土也 巽風也 乾天也 風爲天於土上 山也** 巽變爲乾 故曰風爲天 自二至四 有艮 **象** 艮爲山 **有山之材 而照之以天光 於是乎居土上** 山 材之所生 上有乾 下有坤 故曰 居土上 照之以天光 以互體言 **故曰 觀國之光 利用賓于王** 四爲諸侯 變而之乾 有國朝王之象 **庭實旅百 奉之以玉帛 天地之美具焉 故曰 利用賓于王** 艮爲門庭 乾爲金玉 坤爲布帛 諸侯朝王 陳贄幣之象 旅 陳也 百言物備 **猶有觀焉 故曰 其在後乎** 觀者 視他之辭 非在己之言 故知在其子孫也 **風行而著於土 故曰 其在異國乎 若在異國 必姜姓也 姜大嶽之後也** 姜姓之先 爲堯四嶽

---

85) 규씨(嬀氏) : 진(陳)나라의 성씨. 순(舜)임금의 후손이다.
86) 강씨(姜氏) : 제(齊)나라의 성씨. 태공망(太公望) 려상(呂尙)의 후손이다.

### 山嶽則配天 物莫能兩大 陳袤 此其昌乎 變而象艮 故知興於大嶽之後

　　진려공(陳厲公)은 채(蔡)나라 녀자의 소생[出]이다. 자매가 출가하여 낳은 자식을 출(出)이라고 한다. 그러므로 채인(蔡人)이 오보(五父)를 죽이고 그를 세워서 환공(桓公) 6년에 있었다. 경중(敬仲)을 낳았다. 경중이 어렸을 때 주사(周史)가 《주역(周易)》을 가지고 가서 진후(陳侯)를 조견하였는데 주(周)나라 태사(太史)이다. 진후가 그에게 경중에 대하여 시초점을 쳐보게 하니 관괘(觀卦)▤가 곤(坤)이 하괘이고 손(巽)이 상괘이다. 비괘(否卦)▤로 곤(坤)이 하괘이고 건(乾)이 상괘이다. 변한 것을 만났다.[87] 주사가 이에 대하여 다음과 같이 풀이하였다. "이 점괘는 '나라의 빛남을 봄이니 왕에게 손님이 되는 것이 리롭다.'[88]는 것으로, 이는 진나라를 대신하여 나라를 가지되 이 진나라에서가 아니라 다른 나라에서 나라를 가진다는 것이며 또 그 자신이 아니라 자손에게 그런 일이 있을 것이니, 빛은 멀리 나가 다른 곳에서 빛남이 있기 때문입니다. 곤(坤)은 땅이고 손(巽)은 바람이며 건(乾)은 하늘입니다. 바람이 땅 위에서 하늘이 되었으니 이는 산입니다. 손괘(巽卦)가 변하여 건괘(乾卦)가 되었기 때문에 바람이 변하여 하늘이 되었다고 한 것이다. 2효(爻)에서 4효(爻)까지는 산괘(艮卦)의 상(象)이 있으며, 간괘는 산이 된다.[89] 산에는 재목이 있고 하늘의 빛으로써 비추어 주니 이에 흙 위에 거처하는 것이므로 산은 재목이 생기는 곳으로 위에는 건(乾)이 있고 아래에는 곤(坤)이 있다. 그러므로 땅 위에 거처하여 하늘의 빛으로 비춘다고 하였으니 호체법(互體法 : 互卦)으로 말한 것이다. '나라의 빛남을 봄이니 왕에게 손님이 되는 것이 리롭다.'고 하는 것입니다. 4효(爻)는 제후(諸侯)[90]에 해당되는데 변하여 건괘(乾卦)가 되었으니, 나라를 가지고 왕에게 조회하는 상(象)이다. 뜰에 온갖 물건[百]을 진렬하여[旅] 채우고 옥백으로써 왕을 받드니, 천지의 아름다움이 모두 갖추어진 것이므로 '왕에게 손님이 되는 것이 리롭다.'라고 하는 것입니다. 간괘(艮卦)는 문정(門庭)이 되고 건괘(乾卦)는 금옥(金玉)이 되며 곤괘(坤卦)는 포백(布帛)이 되니,[91] 이 세 괘는 제후가 왕에게 조회할 때 폐백을 진렬하는 상이다. 려(旅)는 진렬함이다. 백(百)은 온갖 물건이 갖추어짐

---

87) 관괘(觀卦)▤가~만났다 : 관괘(觀卦)▤의 4효가 변하여 비괘(否卦)▤가 되었다는 의미로, 관괘 륙사(六四)의 효사(爻辭)를 점괘로 얻었다는 말이다. 한 효(爻)가 변하였을 때는 본괘(本卦)의 변효사(變爻辭)로 점단(占斷)하기 때문이다.

88) 나라의~리롭다 : 《주역(周易)》 관괘(觀卦) 륙사(六四)의 효사(爻辭)에 '나라의 빛남을 봄이니 왕에게 손님이 되는 것이 리롭다[觀國之光 利用賓于王].'라고 하였다.

89) 2효에서~된다 : 호괘(互卦)로 풀이한 것으로, 초효(初爻)와 상효(上爻)를 제외한 2·3·4효를 하괘(下卦)로 삼고 3·4·5효를 상괘(上卦)로 삼는데, 이는 지괘(之卦)인 비괘(否卦)의 2·3·4효에서 간괘(艮卦)☶를 얻은 것이다.

90) 제후(諸侯) : 한 괘를 구성하고 있는 6효를 아래에서부터 각각 백성·사(士)·대부(大夫)·제후(諸侯)·천자(天子)·상왕(上王)으로 구분하니, 4효는 제후에 해당하는 것이다.

91) 간괘(艮卦)는~되니 : 《주역(周易)》 설괘전(說卦傳).

을 말한다. 그러나 오히려 봄[觀]이 있으므로 '자손에게 있을 것이다.'라고 하였고 본대觀는 것은 다른 것을 본다는 말이고, 자기에게 있다는 말이 아니다. 그러므로 빛남이 그의 자손에게 있음을 알 수 있다. 바람은 불어 다니다가 땅 위에 안착하므로 '다른 나라에 있을 것이다.'92)라고 한 것입니다. 만약 다른 나라에 있다면 반드시 강성(姜姓)의 나라일 것이니, 강성은 태악(大嶽)93)의 후손이기 때문입니다. 강성(姜姓)의 선조는 요(堯)임금 때의 사악(四嶽)94)이다. 산악(山嶽)은 바로 하늘과 짝하는데 사물은 두 가지가 모두 강성할 수 없기에 진(陳)나라가 쇠하면 이 땅95)에서 번창할 것입니다." 변하여 간괘(艮卦)의 상이 되었기 때문에 태악(大嶽)의 후손 나라에서 흥할 것임을 알 수 있는 것이다.

**及陳之初亡也** 昭八年 楚滅陳 **陳桓子始大於齊** 桓子 敬仲五世孫陳無宇 **其後亡也** 哀十七年 楚復滅陳 **成子得政** 成子 陳常也 敬仲八世孫

진(陳)나라가 처음 망할 때에 미쳐 소공(昭公) 8년에 초(楚)나라가 진(陳)나라를 멸하였다. 진환자(陳桓子)가 제(齊)나라에서 처음 세력이 커졌고 환자(桓子)는 경중(敬仲)의 5세손인 진무우(陳無宇)이다. 그 뒤 망하였을 때에는 애공(哀公) 17년에 초(楚)나라가 다시 진(陳)나라를 멸하였다. 성자(成子)가 제나라에서 정권을 차지하였다. 성자(成子)는 진상(陳常)으로 경중(敬仲)의 8세손이다.

---

**夏 五月**
　여름 5월이다.

---

以五月首時 闕繆也
　5월로 수시(首時)를 삼은 것은 궐문(闕文)이 있거나 잘못된 것이다.96)

---

92) 다른~것이다 : 다른 나라에 안착할 것이라는 말이다.

93) 태악(大嶽) : 태산(泰山).

94) 사악(四嶽) : 사방 제후들을 관장하는 벼슬 이름.

95) 이 땅 : 제(齊)나라를 이름.

96) 5월로~것이다 : 수시(首時)는 사계절의 첫 달인 1·4·7·10월을 말하는 것이니 특별한 사건이 없더라도 《춘추(春秋)》의 경문에는 수시를 기록한 경우가 종종 보이는데, 여기서는 하오월(夏五月) 다음에 궐문이 있거나 하사월(夏四月)을 잘못 기록하였다는 것이다.

秋 七月 丙申 及齊高傒 盟于防

가을 7월 병신일에 제(齊)나라 고혜(高傒)와 방(防) 땅에서 맹약하였다.

諱公盟 始與讎爲昏 惡之大也

장공(莊公)이 맹약하였다는 기록을 숨긴 것은 애초에 원수의 나라와 혼인하여 악이 컸기 때문이다.

冬 公如齊納幣

겨울에 장공(莊公)이 제(齊)나라에 가서 납폐(納幣)하였다.

喪未畢而娶讎女 親往納幣 明書之以示貶

상사(喪事)[97]가 아직 끝나지도 않았는데 원수 나라의 녀자에게 장가들기 위하여 친히 가서 납폐(納幣)[98]하였으므로, 이를 경문에 분명히 기록하어 폄하의 뜻을 보인 것이다.

# 장공(莊公) 23년 【庚戌 B.C.671】

二十有三年 春 公至自齊

23년 봄에 장공(莊公)이 제(齊)나라에서 돌아왔다.

祭叔來聘

채숙(祭叔)이 와서 빙문하였다.

---

97) 상사(喪事) : 장공(莊公)의 어머니인 문강(文姜)의 상사이다.
98) 납폐(納幣) : 혼인의 6례(禮) 중 하나. 신랑 쪽에서 신부 쪽에 례물을 보내는 일이다.

祭叔 天子內臣 不正其外交 故不言使也

　채숙(祭叔)은 천자의 내신(內臣)99)이므로 외교를 담당하는 것이 옳지 않기 때문에 '채숙을 보내어[使]'라고 말하지 않은 것이다.

---

夏 公如齊觀社

　여름에 장공(莊公)이 제(齊)나라에 가서 사제(社祭)를 구경하였다.

---

齊因祭社 蒐軍實 故公往觀之

　제(齊)나라가 사(社)에 제사 지내는 일로 인하여 군실(軍實)100)을 검열하였기 때문에 장공(莊公)이 가서 구경한 것이다.

二十三年 夏 公如齊觀社 非禮也 曹劌諫曰 不可 夫禮 所以整民也 故會以訓上下之則 制財用之節 朝以正班爵之義 帥長幼之序 征伐以討其不然 諸侯有王 從王事 王有巡守 以大習之 大習會朝之禮 非是 君不舉矣 君舉必書 書而不法 後嗣何觀

　23년 여름에 장공(莊公)이 제(齊)나라에 가서 사제(社祭)를 구경하였으니, 례가 아니었다. 조귀(曹劌)가 간하기를 "옳지 않습니다. 대저 례는 백성을 정돈하는 것입니다. 그러므로 회합하여 상하의 의칙(儀則)을 가르치고, 재용(財用)의 절목(節目)을 제정하며, 조회를 열어 반작(班爵)의 의리를 바로잡고, 장유(長幼)의 차례를 따르게 하며, 정벌하여 그렇게 하지 않는 자를 토죄하는 것입니다. 제후(諸侯)에게는 왕이 있고 왕의 일을 따르는 것이다. 왕에게는 순수(巡守)가 있어서 이러한 점을 크게 익히니 회합과 조회의 례를 크게 익히는 것이다. 이것이 아니라면 임금은 거동하지 않습니다. 임금의 거동은 반드시 기록하는데, 기록한 것이 법도에 맞지 않는다면 후손들이 무엇을 보겠습니까."라고 하였다.

---

公至自齊

　장공(莊公)이 제(齊)나라에서 돌아왔다.

---

99) 천자의 내신(內臣) : 기내(畿內)의 신하.
100) 군실(軍實) : 군대와 관련된 병기(兵器)·군량(軍糧)·군사(軍士) 등을 통틀어 일컫는 말.

荊人來聘

　　형인(荊人)이 와서 빙문하였다.

不書荊子使某　未成禮　此楚交中國之始

　　경문에 형자(荊子：楚子)가 아무개를 시켰다고 기록하지 않은 것은 례를 갖추지 않았기 때문이다. 이 일은 초(楚)나라가 중국과 통교한 시초이다.

公及齊侯遇于穀　蕭叔朝公

　　장공(莊公)이 제후(齊侯)와 곡(穀) 땅에서 만났고, 소(蕭)나라 숙(叔)이 장공을 조견하였다.

蕭　附庸國　叔　名　就穀朝公　故不言來

　　소(蕭)는 부용국(附庸國)이고 숙(叔)은 이름이다. 곡(穀)[101] 땅에 나아가 장공(莊公)을 조견하였기 때문에 '소(蕭)나라 숙(叔)이 와서[來]'라고 말하지 않은 것이다.

○晉桓莊之族偪　桓叔莊伯子孫　獻公患之　士蔿曰　去富子則羣公子可謀也已　士蔿　晉大夫　富子　二族富强者　公曰　爾試其事　士蔿與羣公子謀　譖富子而去之

　　○진(晉)나라 환숙(桓叔)과 장백(莊伯)의 종족들이 공실을 핍박하니 환숙(桓叔)과 장백(莊伯)의 자손이다. 헌공(獻公)이 근심하였다. 사위(士蔿)가 말하기를 "부자(富子)를 제거하면 뭇 공자는 도모할 수 있을 것입니다."라고 하니, 사위(士蔿)는 진(晉)나라 대부이고, 부자(富子)는 두 종족에서 가장 부강한 자이다. 헌공이 말하기를 "그대가 그 일을 시도해 보라."고 하였다. 이에 사위가 뭇 공자와 함께 모의해서 부자를 참소하여 제거하였다.

秋　丹桓宮楹

　　가을에 환궁(桓宮)의 기둥에 붉은 칠을 하였다.

---

101) 곡(穀)：제(齊)나라 땅.

**秋 丹桓宮之楹** 桓公廟也 楹 柱也 將逆夫人 故爲盛飾

가을에 환궁(桓宮)의 기둥[楹]에 붉은 칠을 하였다. 환공(桓公)의 사당이다. 영(楹)은 기둥이다. 부인(夫人)을 맞이하려 하였기 때문에 성대하게 꾸민 것이다.

---

**冬 十有一月 曹伯射姑卒**

겨울 11월에 조백(曹伯) 역고(射姑)가 졸하였다.

---

**十有二月 甲寅 公會齊侯 盟于扈**

12월 갑인일에 장공(莊公)이 제후(齊侯)와 회합하여 호(扈) 땅에서 맹약하였다.

扈 鄭地

호(扈)는 정(鄭)나라 땅이다.

# 장공(莊公) 24년 【辛亥 B.C.670】

**二十有四年 春 王三月 刻桓宮桷**

24년 봄 왕3월에 환궁(桓宮)의 서까래에 조각하였다.

桷 椽也

각(桷)은 서까래이다.

二十四年 春 刻其桷 皆非禮也 幷非丹楹 故言皆 御孫諫曰 臣聞之 儉 德之共也 侈 惡之大也 御孫 魯大夫 共 同恭 先君有共德 而君納諸大惡 無乃不可乎

24년 봄에 그 서까래에 조각하였으니, 모두 례가 아니었다. 기둥에 붉은 칠을 한 것과 함께 례가 아니라고 보았기 때문에 모두[皆]라고 한 것이다. 어손(御孫)이 간하기를 "신이 듣건대 검소함은 덕 중의 공경함[共]이고,[102] 사치함은 악 중의 큰 것이라고 하였습니다. 어손(御孫)은 로(魯)나라 대부이다. 공(共)은 공경함[恭]과 같다.[103] 선군께서는 공경하는 덕[儉]이 있으셨는데 임금님께서는 큰 악[侈] 속에 선군을 들이려 하시니 안 되지 않습니까."라고 하였다.

---

## 葬曹莊公

조(曹)나라 장공(莊公)의 장례를 지냈다.

---

## 夏 公如齊逆女 秋 公至自齊 八月 丁丑 夫人姜氏入 戊寅 大夫宗婦覿用幣

여름에 장공(莊公)이 제(齊)나라에 가서 녀인을 맞이하였다. 가을에 장공이 제나라에서 돌아왔다. 8월 정축일에 부인(夫人) 강씨(姜氏)가 들어왔다. 무인일에 대부들의 종부(宗婦)가 폐백을 갖추어 강씨를 뵈었다.

---

宗婦 同姓大夫之婦

종부(宗婦)는 제후(諸侯)와 성(姓)이 같은 대부의 부인(婦人)이다.

---

秋 哀姜至 公使宗婦覿用幣 非禮也 御孫曰 男贄 大者玉帛 公侯伯子男執玉 諸侯世子附庸孤卿執帛 小者禽鳥 卿執羔 大夫執鴈 士執雉 以章物也 女贄 不過榛栗棗脩以告虔也 榛小栗 脩脯也 今男女同贄 是無別也 男女之別 國之大節也 而由夫人亂之 無乃不可乎

가을에 애강(哀姜)이 이르자 장공(莊公)이 종부(宗婦)들로 하여금 폐백을 갖추어 뵙게 하였으니, 례가 아니었다. 어손(御孫)이 말하기를 "남자의 폐백으로 신분이 높은 자는 옥과 비단을 가지고 가며, 공(公)·후(侯)·백(伯)·자(子)·남(男)은 옥을 가지고 가며, 제후(諸侯)의 세자와 부용국

---

102) 검소함은~공경함[共]이고 : 검소함은 덕 가운데에서 공경히 받들어야 할 덕목이라는 것이다.

103) 공(共)은~같다 : 여기서의 공(共)을 홍(洪)과 통용하는 것으로 보아 전문의 '검소함은 덕 중의 공경함[共]'을 '검소함은 덕 중의 큰 것[共]'으로 보는 설도 있다.

의 고경(孤卿)[104]은 비단을 가지고 간다. 신분이 낮은 자는 가금(家禽)이나 새를 가지고 가는데 경(卿)은 염소를 가지고 가며, 대부(大夫)는 기러기를 가지고 가며, 사(士)는 꿩을 가지고 간다. 각각의 례물로 신분[物]을 드러냅니다. 녀자의 폐백으로는 개암[榛]·밤·대추·육포[脩]로 정성을 고하는데 지나지 않습니다. 진(榛)은 개암[小栗]이고 수(脩)는 육포이다. 그런데 지금은 남녀가 폐백을 같게 하니 이는 분별이 없는 것입니다. 남녀의 분별은 나라의 대절(大節)인데 부인(夫人)으로 말미암아 어지럽게 되었으니 안 되지 않습니까."라고 하였다.

---

## 大水

큰물이 졌다.

---

## 冬 戎侵曹 曹羈出奔陳 赤歸于曹

겨울에 융(戎)이 조(曹)나라를 침범하자 조나라 기(羈)는 진(陳)나라로 망명나가고 적(赤)은 조나라로 돌아갔다.

羈 曹世子 赤 曹僖公 爲戎所納

기(羈)는 조(曹)나라 세자이다. 적(赤)은 조희공(曹僖公)이니 융(戎)이 들여보낸 것이다.

---

## 郭公

곽공(郭公)이다.

經闕誤也

경문이 빠졌거나 잘못된 것이다.

○晉士蔿又與羣公子謀 使殺游氏之二子 游氏二子 桓莊之族 士蔿告晉侯曰 可矣 不過

---

104) 고경(孤卿) : 3공(公)의 다음가는 벼슬로 소사(少師)·소부(少傅)·소보(少保)를 일컫는 말이다.

**二年 君必無患**

○진(晉)나라 사위(士蔿)가 또 뭇 공자와 모의하여 유씨(游氏)의 두 아들을 죽이도록 하였다. 유씨(游氏)의 두 아들은 환숙(桓叔)과 장백(莊伯)의 종족이다. 사위가 진후(晉侯:獻公)에게 고하기를 "이제 되었습니다. 2년이 지나지 않아 임금님께서는 반드시 근심이 없게 될 것입니다."라고 하였다.

# 장공(莊公) 25년【壬子 B.C.669】

## 二十有五年 春 陳侯使女叔來聘
25년 봄에 진후(陳侯)가 여숙(女叔)을 보내와서 빙문하였다.

女 氏 叔 字 陳卿 此諸侯交聘之始

여(女)[105]는 씨이고 숙(叔)은 자이며 진(陳)나라 경(卿)이다. 이는 제후들이 서로 빙문한 시초이다.

**二十五年 春 陳女叔來聘 始結陳好也 嘉之 故不名**

25년 봄에 진(陳)나라 여숙(女叔)이 와서 빙문하였으니, 비로소 진나라와 우호를 맺은 것이다. 이를 아름답게 여겼기 때문에 이름을 쓰지 않았다.[106]

## 夏 五月 癸丑 衛侯朔卒
여름 5월 계축일에 위후(衛侯) 삭(朔)이 졸하였다.

---

105) 여(女) : 성(姓)으로 쓰일 때는 음이 여(汝)이다.
106) 이름을~않았다 : 이름을 쓰지 않고 자(字)인 숙(叔)을 쓴 것을 말한다.

六月 辛未 朔 日有食之 鼓用牲于社
6월 초하루 신미일에 일식이 있어서 사(社)에서 북을 치고 희생을 바쳤다.

夏 六月 辛未 朔 日有食之 鼓用牲于社 非常也 不鼓於朝而鼓於社 不用幣而用牲 非常禮也 唯正月之朔 慝未作 周之六月 夏之四月 正陽之月也 慝 陰氣 日有食之 於是乎用幣于社 伐鼓于朝 用幣以請神 伐鼓以自責

여름 6월 초하루 신미일에 일식이 있어서 사(社)에서 북을 치고 희생을 바쳤으니, 상례(常禮)가 아니었다. 조정에서 북을 치지 않고 사(社)에서 북을 치고, 폐백을 바치지 않고 희생을 바친 것은 상례(常禮)가 아니다. 오직 정양(正陽)[107]의 달 초하루는 사특한 기운[慝]이 일어나지 않는 시기인데 주(周)나라의 6월은 하(夏)나라의 4월에 해당하며 정양(正陽)의 달이다. 사특한 기운[慝]은 음기이다. 일식이 일어나면 이때 사(社)에 폐백을 바치고 조정에서 북을 친다. 폐백을 바쳐 신에게 청하고 북을 쳐서 자책하는 것이다.


伯姬歸于杞
백희(伯姬)가 기(杞)나라로 시집갔다.

莊公女也
장공(莊公)의 딸이다.


秋 大水 鼓用牲于社于門
가을에 큰물이 져서 사(社)와 문(門)에서 북을 치고 희생을 바쳤다.

門 國門也
문(門)은 국도의 성문이다.

---

107) 정양(正陽) : 음력 4월을 가리키는 말. 《주역(周易)》에서 양효(陽爻)로만 이루어진 건괘(乾卦)를 의미하는 데서 온 말이다.

**秋 大水 鼓用牲于社于門 亦非常也 凡天災有幣無牲 非日月之眚 不鼓**

　　가을에 큰물이 져서 사(社)와 문(門)에서 북을 치고 희생을 바쳤으니, 또한 상례(常禮)가
아니었다. 무릇 천재(天災)가 생기면 폐백을 바치고 희생을 바치지 않으며, 일식과 월식의
재앙이 아니면 북을 치지 않는다.

---

**冬 公子友如陳**

　　겨울에 공자 우(友)가 진(陳)나라에 갔다.

---

報女叔也 此內大夫出聘之始

　　여숙(女叔)의 빙문에 보답한 것이다. 이는 내대부(內大夫)[108]가 빙문나간 시초이다.

○**晉士蔿使羣公子盡殺游氏之族 乃城聚而處之** 聚 晉邑 **冬 晉侯圍聚 盡殺羣公子**

　　○진(晉)나라 사위(士蔿)가 뭇 공자를 시켜 유씨(游氏)의 종족을 다 죽이고, 취(聚) 땅에
성을 쌓고 공자들을 살게 하였다. 취(聚)는 진(晉)나라 읍이다. 겨울에 진후(晉侯：獻公)가 취 땅
을 포위하고 뭇 공자를 다 죽였다.

# 장공(莊公) 26년 【癸丑 B.C.668】

**二十有六年 春 公伐戎 夏 公至自伐戎**

　　26년 봄에 장공(莊公)이 융(戎)을 쳤다. 여름에 장공이 융을 친 일에서 돌아왔다.

○**二十六年 春 晉士蔿爲大司空** 大司空 卿官也 **夏 士蔿城絳 以深其宮** 是年 晉始都絳

---

108) 내대부(內大夫)：제후국(諸侯國)에서 자기 나라의 대부를 일컫는 말.《춘추(春秋)》에서는 로(魯)나라 대
　　부를 의미한다.

○26년 봄에 진(晉)나라 사위(士蔿)가 대사공(大司空)이 되었다. 대사공(大司空)은 경(卿)의
벼슬이다. 여름에 사위가 강(絳) 땅에 성을 쌓았는데 그 담장을 높게 하였다[深].109) 이 해에
진(晉)나라가 비로소 강(絳) 땅에 도읍하였다.

---

曹殺其大夫

조(曹)나라가 그 대부를 죽였다.

---

不稱名 非其罪 後倣此 此專殺大夫之始

대부의 이름을 칭하지 않은 것은 그의 죄가 아니기 때문이니, 이후에도 이와 같다. 이는 대부를 제멋대로
죽인[專殺]110) 시초이다.

---

秋 公會宋人齊人 伐徐

가을에 장공(莊公)이 송인(宋人)·제인(齊人)과 회합하여 서(徐)나라를 쳤다.

---

徐 國名 嬴姓 子爵

서(徐)는 나라 이름이니 영성(嬴姓)이고 자작(子爵)이다.

---

冬

겨울이다.

---

秋 虢人侵晉 冬 虢人又侵晉

가을에 괵인(虢人)이 진(晉)나라를 침범하였고, 겨울에 괵인이 또 진나라를 침범하였다.

---

109) 그~하였다[深]:《의례(儀禮)》〈근례(覲禮)〉의 '諸侯覲于天子 爲宮方三百步 四門 壇十有二尋 深四尺'에 대
한 정현주(鄭玄注)에 궁(宮)은 장벽(墻壁)이고 심(深)은 고(高)를 이르는데 위에서 아래로 본 거리가 심이
라 하였다.
110) 이는~죽인[專殺] : 제후(諸侯)가 대부 이상의 지위를 가진 신하를 죽일 때는 반드시 천자에게 허낙을 받아
야 하는데, 그렇게 하지 않고 죽이는 것을 전살(專殺)이라고 한다.

十有二月 癸亥 朔 日有食之

12월 초하루 계해일에 일식이 있었다.

# 장공(莊公) 27년 【甲寅 B.C.667】

二十有七年 春 公會杞伯姬于洮

27년 봄에 장공(莊公)이 기(杞)나라 백희(伯姬)와 도(洮) 땅에서 만났다.

洮 魯地

도(洮)는 로(魯)나라 땅이다.

### 二十七年 春 公會杞伯姬于洮 非事也 非諸侯之事 天子非展義 不巡守 諸侯非民事 不 擧 卿非君命 不越竟

27년 봄에 장공(莊公)이 기(杞)나라 백희(伯姬)와 도(洮) 땅에서 만났으니, 공적인 일이 아니었다.[111] 제후(諸侯)의 일이 아니라는 것이다. 천자는 의(義)를 펴는 일이 아니면 순수(巡守) 하지 않고, 제후(諸侯)는 백성을 위한 일이 아니면 거둥[擧]하지 않고, 경(卿)은 임금의 명이 아니면 국경을 넘지 않는다.

夏 六月 公會齊侯宋公陳侯鄭伯 同盟于幽

여름 6월에 장공(莊公)이 제후(齊侯)·송공(宋公)·진후(陳侯)·정백(鄭伯)과 회합하여 유(幽) 땅에서 동맹하였다.

---

111) 장공(莊公)이~아니었다 : 장공(莊公) 25년에 장공의 딸 백희(伯姬)가 기(杞)나라로 시집갔고 지금 도(洮) 땅에서 만났으니, 이는 부녀 사이의 상봉이지 국사(國事)가 아니라는 말이다.

**夏 同盟于幽 陳鄭服也**

여름에 유(幽) 땅에서 동맹하였으니, 진(陳)나라와 정(鄭)나라가 복종하였기 때문이다.[112]

---

**秋 公子友如陳 葬原仲**

가을에 공자 우(友)가 진(陳)나라에 가서 원중(原仲)의 장례를 지냈다.

---

原 氏 仲 字 陳大夫 季友越竟 行私禮 故譏之

원(原)은 씨이고 중(仲)은 자이며 진(陳)나라 대부이다. 계우(季友)가 국경을 넘어 사사로이 례를 행하였으므로 그를 비난한 것이다.

**秋 公子友如陳 葬原仲 非禮也 原仲季友之舊也**

가을에 공자 우(友)가 진(陳)나라에 가서 원중(原仲)의 장례를 지냈으니, 례가 아니었다. 원중은 계우(季友：友)의 오랜 친구이다.

---

**冬 杞伯姬來**

겨울에 기(杞)나라 백희(伯姬)가 왔다.

---

**冬 杞伯姬來 歸寧也 凡諸侯之女 歸寧曰來 出曰來歸 夫人歸寧曰如某 出曰歸于某**

겨울에 기(杞)나라 백희(伯姬)가 왔으니, 귀녕온 것이다. 무릇 제후(諸侯)의 딸이 귀녕온 것을 '왔다[來].'라 하고, 쫓겨나온 것을 '돌아왔다[來歸].'고 한다. 부인(夫人)이 친정 부모님을 뵈러 가는 것을 '아무 데로 갔다[如某].'라 하고, 쫓겨난 것을 '아무 데로 돌아갔다[歸于某].'고 한다.

---

112) 복종하였기 때문이다 : 제(齊)나라를 맹주로 받드는 것을 인정한다는 의미이다.

> 莒慶來逆叔姬
>
> 거(莒)나라 경(慶)이 와서 숙희(叔姬)를 맞이하였다.

慶 莒大夫 叔姬 莊公女

경(慶)은 거(莒)나라 대부이고 숙희(叔姬)는 장공(莊公)의 딸이다.

> 杞伯來朝
>
> 기백(杞伯)이 와서 조견하였다.

杞浸弱 故降爵稱伯

기(杞)나라가 점차 약해졌으므로 작위를 강등하여 백(伯)이라고 칭한 것이다.[113]

> 公會齊侯于城濮
>
> 장공(莊公)이 제후(齊侯)와 성복(城濮)에서 회합하였다.

城濮 衛地 將討衛也

성복(城濮)은 위(衛)나라 땅이다. 위나라를 토죄하려 한 것이다.

○晉侯將伐虢 士蒍曰 不可 虢公驕 若驟得勝於我 必棄其民 無衆而後伐之 欲禦我 誰與 夫禮樂慈愛 戰所畜也 夫民 讓事樂和愛親哀喪 而後可用也 虢弗畜也 亟戰 將饑 數戰妨農 將有饑饉

○진후(晉侯)가 괵(虢)나라를 치려 하자, 사위(士蒍)가 말하기를 "옳지 않습니다. 괵공(虢公)은 교만하니 만약 우리를 자주 이긴다면 반드시 그 백성을 버릴 것입니다. 백성이 없어진 뒤에 그를 친다면 우리를 막고자 하나 누가 돕겠습니까. 대개 례(禮)·악(樂)·자(慈)·애(愛)는 싸움에 앞서 쌓아야 하는 덕입니다. 백성이 일을 양보하고 화목을 즐기고 부모를

---

113) 작위를~것이다 : 환공(桓公) 2년 경문과 12년 경문에 모두 기후(杞侯)라고 칭하였는데, 이때부터 기백(杞伯) 혹은 기자(杞子)라고 칭하였다.

사랑하고 상사(喪事)를 슬퍼한 뒤에야 그들을 부릴 수 있습니다. 그런데 괵나라는 이 덕을 쌓지 않고 자주 싸움을 일으키니 기근이 들게 될 것입니다."라고 하였다. 자주 싸움을 일으켜 농사를 방해하면 기근이 들게 된다는 것이다.

# 장공(莊公) 28년【乙卯 B.C.666】

> 二十有八年 春 王三月 甲寅 齊人伐衛 衛人及齊人戰 衛人敗績
>
> 28년 봄 왕3월 갑인일에 제인(齊人)이 위(衛)나라를 치니, 위인(衛人)이 제인과 싸워 위인이 크게 패하였다.

**王使召伯廖** 召伯廖 王卿士 **賜齊侯命** 賜命爲侯伯 **且請伐衛 以其立子穨也 二十八年 春 齊侯伐衛 戰 敗衛師 數之以王命 取賂而還** 齊侯稱人 貶其取賂

왕[惠王]이 소백(召伯) 료(廖)를 보내어 소백(召伯) 료(廖)는 왕의 경사(卿士)이다. 제후(齊侯)에게 명을 내리고 제후(齊侯)에게 명을 내려 후백(侯伯)[114]으로 삼은 것이다. 또 위(衛)나라 치기를 청하였는데, 이는 위나라가 자퇴(子穨)를 왕으로 세웠기 때문이다.[115] 28년 봄에 제후가 위나라를 쳐서 싸워 위나라 군대를 패배시키고 왕명으로 그 죄를 렬거하고 뢰물을 취하여 돌아왔다. 제후(齊侯)를 제인(齊人)이라고 칭한 것은 뢰물을 취한 것을 폄하한 것이다.

> 夏 四月 丁未 邾子瑣卒
>
> 여름 4월 정미일에 주자(邾子) 쇄(瑣)가 졸하였다.

---

114) 후백(侯伯) : 제후(諸侯)의 우두머리. 백(伯)은 패(霸)와 통용한다.

115) 위나라가~때문이다 : 앞서 주(周)나라 대부들이 자퇴(子穨)를 받들어 혜왕(惠王)을 쳤으나 실패하자 자퇴는 위(衛)나라로 망명갔다. 그 뒤 위나라와 연(燕)나라가 주나라를 쳐서 자퇴를 왕위에 세운 일이 있다. 지금 위나라가 자퇴를 왕으로 세웠다는 것은 이 일을 말한다. 장공(莊公) 19년 겨울조 참조.

○晉獻公娶于賈 無子 賈 國名 姬姓 烝於齊姜 武公妾 生秦穆夫人及大子申生 又娶二
女於戎 大戎狐姬生重耳 大戎 唐叔子孫 別在戎狄者 出自狐伯行 故爲狐氏 小戎子生夷吾 小戎
允姓之戎 晉伐驪戎 驪戎男女以驪姬 驪戎 姬姓 男爵 納女於人曰女 歸 生奚齊 其娣生卓子

○진헌공(晉獻公)이 가(賈)나라에서 아내를 맞이하였으나 아들이 없었다. 가(賈)는 나라 이
름이고 희성(姬姓)이다. 제강(齊姜)과 간음하여[烝]116) 무공(武公)117)의 첩이다. 진목공(秦穆公)의
부인(夫人)과 태자 신생(申生)을 낳았다. 또 융(戎)에서 두 녀자를 아내로 맞이하였는데 대
융(大戎) 출신인 호희(狐姬)는 중이(重耳)를 낳고, 대융(大戎)은 당숙(唐叔)의 자손으로 별도로 융적
(戎狄) 지역에 거주하는 자들이다. 호백행(狐伯行)에서 나왔기 때문에 호씨(狐氏)가 되었다. 소융자(小戎
子)118)는 이오(夷吾)를 낳았다. 소융(小戎)은 윤성(允姓)의 융(戎)이다. 진나라가 려융(驪戎)을 칠
때 려융남(驪戎男)이 려희(驪姬)를 헌공에게 주니[女] 려융(驪戎)은 희성(姬姓)이고 남작(男爵)이다.
딸을 남에게 주는 것을 녀(女)라고 한다. 그녀를 데리고 돌아와서 해제(奚齊)를 낳고 그녀의 아
우119)에게서 탁자(卓子)를 낳았다.

驪姬嬖 欲立其子 賂外嬖梁五與東關嬖五 二五 皆晉大夫 爲公所嬖 使言於公曰 曲沃 君
之宗也 宗廟所在 蒲與二屈 君之疆也 不可以無主 宗邑無主 則民不威 疆場無主 則
啓戎心 戎之生心 民慢其政 國之患也 若使大子主曲沃 而重耳夷吾主蒲與屈 則可
以威民而懼戎 且旌君伐 伐 功也 使俱曰 狄之廣莫 於晉爲都 晉之啓土 不亦宜乎 廣
莫 狄地之曠絶也 卽謂蒲屈 獻公未決 故復使二五俱說

려희(驪姬)가 헌공(獻公)의 총애를 받으니, 려희는 자기 아들을 태자로 세우고자 하여
외폐(外嬖)120)인 량오(梁五)와 동관폐오(東關嬖五)에게 뢰물을 주고 두 오(五)는 모두 진(晉)나라
대부로 헌공(獻公)에게 총애를 받았다. 그들을 시켜 헌공에게 말하기를 "곡옥(曲沃)은 임금님의 종
묘가 있는 곳이고, 종묘가 있는 곳이다. 포(蒲) 땅과 두 굴(屈) 땅은 임금님의 변경(邊境)이니
주인이 없어서는 안 됩니다. 종묘가 있는 읍에 주인이 없으면 백성은 위엄을 느끼지 못하
고, 변경에 주인이 없으면 융(戎)에게 침범할 마음을 열어주는 것입니다. 융이 침범할 마음

---

116) 간음하여[烝] : 증(烝)은 위 항렬과 간음하는 것이다. 아래 항렬과 간음하는 것을 보(報)라고 한다.
117) 무공(武公) : 헌공(獻公)의 아버지.
118) 소융자(小戎子) : 소융(小戎) 출신의 딸. 자(子)는 딸의 의미이다.
119) 그녀의 아우 : 려희(驪姬)의 잉첩으로 따라간 아우이다.
120) 외폐(外嬖) : 궁중 밖의 총애 받는 신하. 궁중 안의 총애 받는 내시나 녀인인 내폐(內嬖)와 상대되는 말이다.

을 갖고 백성이 그 정치를 업신여기는 것은 나라의 근심입니다. 만약 태자를 곡옥의 주인으로 삼고 중이(重耳)와 이오(夷吾)를 포 땅과 굴 땅의 주인으로 삼으신다면 백성에게 위엄을 느끼게 하고 융에게 두려움을 느끼게 하며 또 임금님의 공[伐]을 드러내실 수 있을 것입니다.”라고 하였다. 벌(伐)은 공(功)이다. 또 두 사람을 함께 시켜 말하게 하기를 “적(狄)의 광막(廣莫)한 땅은 진(晉)나라에게 도움이 될 수 있으니 진나라가 령토를 개척하는 것이 또한 마땅하지 않겠습니까.”라고 하였다. 광막(廣莫)은 적(狄)의 땅이 황량하고 외진 것이니 바로 포(蒲) 땅과 굴(屈) 땅을 이른다. 헌공(獻公)이 아직 결정을 내리지 못했기 때문에 다시 두 오(五)를 시켜 함께 설득하게 한 것이다.

**晉侯說之 夏 使大子居曲沃 重耳居蒲城 夷吾居屈 羣公子皆鄙** 鄙 邊邑 **唯二姬之子在絳 二五卒與驪姬譖羣公子 而立奚齊 晉人謂之二五耦** 共耕曰耦 共射亦曰耦 言相比爲奸

진후(晉侯)가 기뻐하여 여름에 태자를 곡옥(曲沃)에 중이(重耳)를 포(蒲) 땅에 이오(夷吾)를 굴(屈) 땅에 거주하게 하였고, 그 밖의 뭇 공자도 모두 변방[鄙]에 있게 하고는 비(鄙)는 변방의 읍이다. 오직 두 희(姬)의 아들만을 도성인 강(絳) 땅에 남아있게 하였다. 두 오(五)는 마침내 려희(驪姬)와 함께 뭇 공자를 참소하여 해제(奚齊)를 태자로 세우니, 진인(晉人)이 이들을 ‘이오우(二五耦)’라 하였다. 함께 밭가는 것을 우(耦)라 하고 함께 활 쏘는 것도 우(耦)라고 하니, 서로 가까이하여 간악한 짓을 한다는 말이다.

---

**秋 荊伐鄭 公會齊人宋人 救鄭**

가을에 형(荊)나라가 정(鄭)나라를 치니, 장공(莊公)이 제인(齊人)·송인(宋人)과 회합하여 정나라를 구원하였다.

---

宋人下 公有邾婁人 ○此諸侯相救之始

송인(宋人) 다음에 《공양전(公羊傳)》에는 주루인(邾婁人)이라는 글이 있다. ○이 일은 제후들이 서로 구원하는 시초이다.

**楚令尹子元 欲蠱文夫人** 文王夫人息嬀也 子元 文王弟 蠱 惑也 **爲館於其宮側 而振萬焉** 振動也 **夫人聞之 泣曰 先君以是舞也** 習戎備也 **今令尹不尋諸仇讎 而於未亡人之側 不亦異乎 御人以告子元** 婦人夫死 稱未亡人 御人 夫人之侍人 **子元曰 婦人不忘襲讎 我反**

### 忘之

초(楚 : 荊)나라 령윤(令尹)인 자원(子元)이 문부인(文夫人)을 유혹하고자[蠱] 초문왕(楚文王)의 부인(夫人)인 식규(息嬀)<sup>121)</sup>이다. 자원(子元)은 초문왕의 아우이다. 고(蠱)는 유혹함이다. 그녀의 궁궐 곁에 집을 짓고 무구(舞具)를 흔들며[振] 만무[萬]<sup>122)</sup>를 추었다. 진(振)은 흔듦이다. 부인(夫人)이 이를 듣고 울면서 말하기를 "선군께서는 이 춤으로 군사훈련을 시켰는데 지금 령윤은 원수를 갚는데 이 춤을 쓰지[尋] 않고 미망인(未亡人)의 곁에서 이 춤을 쓰니 또한 이상하지 아니한가."라고 하였다. 어인(御人)이 이 말을 자원에게 고하니 부인(婦人)이 지아비가 죽으면 미망인(未亡人)이라 칭한다. 어인(御人)은 부인(夫人)을 곁에서 모시는 사람이다. 자원이 말하기를 "부인(婦人)도 원수를 치기를 잊지 아니하는데 내가 도리어 잊고 있었구나."라고 하였다.

**秋 子元以車六百乘伐鄭 入于桔柣之門** 桔柣 鄭遠郊門 **子元鬪御彊鬪梧耿之不比爲旆** 子元與三子 建旆居前 廣幅長尋曰旐 繼旐曰旆 **鬪班王孫游王孫喜殿 衆車入自純門 及逵市** 純門 鄭外郭門也 逵市 郭內道上市 **縣門不發 楚言而出 子元曰 鄭有人焉** 縣門者 編版施機 以懸門上 有寇則發機而下之 鄭示楚以閑暇 故不閉內城門 **諸侯救鄭 楚師夜遁 鄭人將奔桐丘** 桐丘 地名 **諜告曰 楚幕有烏 乃止** 知楚師已遁

가을에 자원(子元)이 병거 6백 승(乘)으로 정(鄭)나라를 치고 길질(桔柣)의 문으로 들어 갔다. 길질(桔柣)은 정(鄭)나라 원교(遠郊)에 있는 문이다. 자원·투어강(鬪御彊)·투오(鬪梧)·경지불비(耿之不比)가 패(旆)가 되고,<sup>123)</sup> 자원(子元)과 세 사람이 패(旆)를 세워 앞장을 선 것이다. 너비가 폭(幅)<sup>124)</sup>이고 길이가 심(尋)<sup>125)</sup>인 기(旗)를 조(旐)<sup>126)</sup>라 하고, 조에 술[旒]을 단 것을 패(旆)라고 한다. 투반(鬪班)·왕손유(王孫游)·왕손희(王孫喜)가 후군[殿]이 되었다. 병거의 무리가 순문(純門)으로 들어가 규시(逵市)에 이르니 순문(純門)은 정(鄭)나라 외곽의 문이다. 규시(逵市)는 외곽 안의 도로 가에 있는 저자이다. 현문(縣門)도 내리지 않고 정나라 사람들이 초(楚)나라 말을 하면서 나오고 있었다. 자원이 말하기를 "정나라에 인재가 있다."라고 하였다. 현문(縣門)은 판자를 엮어 기계를

---

121) 식규(息嬀) : 장공(莊公) 14년에 초문왕(楚文王)이 식(息)나라를 멸하고 데려온 식후(息侯)의 부인(夫人)이다.

122) 만무[萬] : 병기(兵器)를 들고 추는 무무(武舞)와 새 깃과 악기를 들고 추는 문무(文舞)를 아울러 이르는 말이다.

123) 패(旆)가 되고 : 군대가 출동할 때 패(旆)를 앞세우기 때문에 패는 선봉의 뜻으로 쓰인다.

124) 폭(幅) : 2척(尺) 2촌(寸)의 너비.

125) 심(尋) : 8척(尺)의 길이.

126) 조(旐) : 거북과 뱀을 그린 기(旗).

달아 성문 위에 매달아 놓고서 적이 쳐들어오면 기계를 움직여 내리는 것이다. 정(鄭)나라가 초(楚)나라에게 한가함을 보이고자 했기 때문에 내성(內城)의 문을 닫지 않은 것이다. 제후들이 정나라를 구원하니 초나라 군대가 밤에 달아났다. 이때 정인(鄭人)이 동구(桐丘)로 달아나려 하였는데 동구(桐丘)는 땅 이름이다. 첩자가 고하기를 "초나라 군막에 까마귀가 있습니다."라고 하여 이에 멈추었다. 초(楚)나라 군대가 이미 달아났음을 안 것이다.

---

## 冬 築郿

겨울에 미(郿) 땅에 성을 쌓았다.

郿 公穀作微 ○郿 魯下邑

미(郿)는 《공양전(公羊傳)》과 《곡량전(穀梁傳)》에는 미(微)로 되어 있다. ○미(郿)는 로(魯)나라의 하읍(下邑)이다.

## 築郿 非都也 凡邑 有宗廟先君之主曰都 無曰邑 邑曰築 都曰城 四縣爲都 四井爲邑

미(郿) 땅에 성을 쌓았다[築]고 하였으니, 도(都)가 아니기 때문이다. 무릇 읍(邑)에 종묘와 선군의 신주가 모셔져 있는 곳을 도라 하고 없는 곳을 읍이라 한다. 읍에 성을 쌓는 것을 축(築)이라 하고 도에 성을 쌓는 것을 성(城)이라 한다. 4현(縣)이 도(都)가 되고 4정(井)[127]이 읍(邑)이 된다.

---

## 大無麥禾

보리와 벼가 크게 부족하였다.

書於冬者 五穀畢入 計食不足而後書也

경문의 겨울조에 기록한 것은 5곡(穀)을 다 거두어들여 식량을 계산해 보고 부족한 뒤에 기록하였기 때문이다.

---

127) 4정(井) : 정(井)은 시정(市井)의 의미로, 중국 상대(上代)에 우물이 있는 곳에 사람이 모여 살았기 때문에 유래한 말이다.

> 臧孫辰告糴于齊
>
> 장손신(臧孫辰)이 제(齊)나라에서 곡식을 사들일 것을 고하였다.

臧孫辰卽臧文仲

　장손신(臧孫辰)은 곧 장문중(臧文仲)[128]이다.

### 冬饑 臧孫辰告糴于齊 禮也

　겨울에 기근이 들자 장손신(臧孫辰)이 제(齊)나라에서 곡식을 사들일 것을 고하였으니, 례에 맞는 일이었다.

# 장공(莊公) 29년 【丙辰 B.C.665】

> 二十有九年 春 新延廄
>
> 29년 봄에 연구(延廄)를 새로 지었다.

### 二十九年 春 新作延廄 書不時也 經無作字 蓋闕 凡馬 日中而出 日中而入 日中 春秋分也 馬以春分出野 秋分入廄 今以春作 故曰不時

　29년 봄에 새로 연구(延廄)[129]를 지었다고 하였으니, 경문에 때에 맞지 않았음을 기록한 것이다. 경문에 작(作)자가 없는 것은 궐문(闕文)인 듯하다. 무릇 말은 일중(日中 : 春分) 때 방목하였다가 일중(日中 : 秋分) 때 마구간으로 몰아들인다. 일중(日中)은 춘분과 추분이다. 말은 춘분 때 들로 내몰았다가 추분 때 마구간으로 몰아들인다. 지금은 봄인데 마구간을 새로 지었기 때문에 때에 맞지 않다고 한 것이다.

---

128) 장문중(臧文仲) : 로(魯)나라 대부.
129) 연구(延廄) : 로(魯)나라 임금의 마구간.

夏 鄭人侵許

　여름에 정인(鄭人)이 허(許)나라를 침범하였다.

夏 鄭人侵許 凡師 有鐘鼓曰伐 無曰侵 輕曰襲 掩其不備

　여름에 정인(鄭人)이 허(許)나라를 침범하였다. 무릇 군대가 종과 북을 울리며 치는 것을 벌(伐)이라 하고, 울리지 않고 치는 것을 침(侵)이라 하며, 경무장병(輕武裝兵)으로 갑자기 치는 것을 습(襲)이라 한다. 방비하지 않은 틈에 엄습하는 것이다.

秋 有蜚

　가을에 메뚜기의 피해가 있었다.

秋 有蜚 爲災也 凡物 不爲災 不書

　가을에 메뚜기의 피해가 있었다고 하였으니, 재해가 되었기 때문이다. 무릇 물(物)에 재해가 되지 않으면 경문에 기록하지 않는다.

冬 十有二月 紀叔姬卒

　겨울 12월에 기(紀)나라 숙희(叔姬)가 졸하였다.

叔姬守義 故繫紀而賢之

　숙희(叔姬)가 절의를 지켰기 때문에 기(紀)나라를 붙여 어질게 여긴 것이다.[130]

---

130) 숙희(叔姬)가~것이다 : 기후(紀侯)가 제(齊)나라에 항복할 수 없어 그 나라를 떠나자 숙희(叔姬)도 함께 떠났다가 기후가 객사하자, 숙희가 다시 기(紀)나라의 휴(酅) 땅으로 돌아갔기 때문이다. 장공(莊公) 12년 봄조 참조.

> ### 城諸及防
> 제(諸) 땅과 방(防) 땅에 성을 쌓았다.

諸防 皆魯邑也

제(諸)와 방(防)은 모두 로(魯)나라 읍이다.

冬 十二月 城諸及防 書時也 凡土功 龍見而畢務 戒事也 夏九月 龍星角亢 晨見東方 三務 始畢 戒民以事 火見而致用 大火心星 致築作之物 水昏正而裁 夏十月 定星昏中 於是樹板幹而興 作 日至而畢 日南至 微陽始動 故土功息

겨울 12월에 제(諸) 땅과 방(防) 땅에 성을 쌓았다고 하였으니, 경문에 때에 맞았음을 기록한 것이다. 무릇 토목공사는 룡성(龍星)[131]이 나타나면 농사일을 마치므로 공사를 준비하도록 히고, 하력(夏曆)으로 9월에 룡성(龍星)인 각(角)·항(亢)이 새벽에 동방에 나타나면 삼무(三務)[132]를 비로소 마치므로 백성에게 토목공사 일을 준비하도록 한다. 화성(火星)이 나타나면 공사장에 용구를 보내고, 화성(火星)은 대화심성(大火心星)이다. 축성에 필요한 물품을 보내는 것이다. 수성(水星)이 저녁에 정남에 나타나면 일을 시작하고 하력(夏曆)으로 10월에 정성(定星)이 저녁에 정남에 나타나면 이에 판자와 버팀목을 세우고 공사를 일으킨다. 동지가 되면 공사를 마친다. 해가 가장 남쪽에 이르면 미약한 양이 처음으로 발동하기 때문에 토목공사를 그친다.

# 장공(莊公) 30년 【丁巳 B.C.664】

> ### 三十年 春 王正月
> 30년 봄 왕정월이다.

---

131) 룡성(龍星) : 28수(宿) 중 동방 창룡(蒼龍)의 7개의 별자리. 각(角)·항(亢)·저(氐)·방(旁)·심(心)·미(尾)·기(箕) 등의 별이 여기에 속한다.
132) 삼무(三務) : 봄에 파종하고 여름에 김매고 가을에 수확하는 일.

夏 次于成

　여름에 성(成) 땅에 주둔하였다.

夏下 公穀有師字 ○成 魯地 齊將降郚 故設備

　하(夏)자 다음에《공양전(公羊傳)》과《곡량전(穀梁傳)》에는 사(師)자가 있다. ○성(成)은 로(魯)나라 땅이다. 제(齊)나라가 장(郚)나라를 항복시키려고 하였기 때문에 군비를 갖춘 것이다.

○樊皮叛王 樊皮 周大夫 樊 采地 皮 名 三十年 春 王命虢公討樊皮 夏 四月 丙辰 虢公入樊 執樊仲皮 歸于京師

　○번피(樊皮)가 왕[惠王]을 배반하자 번피(樊皮)는 주(周)나라 대부이다. 번(樊)은 채지(采地)이고 피(皮)는 이름이다. 30년 봄에 왕이 괵공(虢公)에게 명하여 번피를 토죄하게 하였다. 여름 4월 병진일에 괵공이 번(樊) 땅으로 쳐들어가 번중피(樊仲皮 : 樊皮)를 잡아 경사(京師)로 보냈다.

秋 七月 齊人降郚

　가을 7월에 제인(齊人)이 장(郚)나라를 항복시켰다.

郚 紀附庸

　장(郚)나라는 기(紀)나라의 부용국(附庸國)이다.

八月 癸亥 葬紀叔姬

　8월 계해일에 기(紀)나라 숙희(叔姬)의 장례를 지냈다.

九月 庚午 朔 日有食之 鼓用牲于社

　9월 초하루 경오일에 일식이 있어 사(社)에서 북을 치고 희생을 바쳤다.

楚公子元 歸自伐鄭 而處王宮 欲遂蠱文夫人 鬪射師諫 則執而梏之 射師 鬪廉 秋 申公

**鬪班殺子元** 申 楚縣也 楚僭號 縣尹皆稱公 **鬪穀於菟爲令尹** 穀 音耨 **自毀其家** 減其祿邑之俸 **以紓楚國之難.**

　초(楚)나라 공자 원(元)이 정(鄭)나라를 치는 일에서 돌아와 왕궁에 거처하였다. 초문왕(楚文王)의 부인(夫人)[133]을 고혹(蠱惑)하려는 뜻을 이루고자 한 것이다. 투역사(鬪射師)가 간하자 그를 잡아서 수갑을 채웠다. 역사(射師)는 투렴(鬪廉)이다. 가을에 신공(申公) 투반(鬪班)이 공자 원을 죽이니 신(申)은 초(楚)나라 현(縣)이다. 초나라는 참칭하여 현윤(縣尹)을 모두 공(公)이라고 칭하였다. 투누오도(鬪穀於菟)가 령윤(令尹)이 되어 누(穀)는 음이 누(耨)이다. 스스로 그 가(家)[134]의 록봉을 덜어 자기 록읍(祿邑)의 록봉을 덜어낸 것이다. 초나라의 어려움을 완화시켰다.

---

> **冬 公及齊侯遇于魯濟**
> 　겨울에 장공(莊公)이 제후(齊侯)와 로제(魯濟)에서 만났다.

濟水歷齊魯界 爲齊濟魯濟

　제수(濟水)가 제(齊)나라와 로(魯)나라의 경계를 지나가므로 제제(齊濟)라고도 하고 로제(魯濟)라고도 한다.

**冬 遇于魯濟 謀山戎也 以其病燕故也** 山戎 北狄

　겨울에 로제(魯濟)에서 만났으니, 산융(山戎)에 대하여 모의한 것으로 산융이 연(燕)나라를 괴롭혔기 때문이다. 산융(山戎)은 북적(北狄)이다.

---

> **齊人伐山戎**
> 　제인(齊人)이 산융(山戎)을 쳤다.

---

133) 초문왕(楚文王)의 부인(夫人) : 식규(息嬀)를 이른다.
134) 가(家) : 경대부(卿大夫)의 식읍(食邑).

# 장공(莊公) 31년 【戊午 B.C.663】

---

### 三十有一年 春 築臺于郎

31년 봄에 랑(郎) 땅에 대(臺)를 쌓았다.

譏勞民也

백성을 괴롭힌 것을 비난한 것이다.

---

### 夏 四月 薛伯卒

여름 4월에 설백(薛伯)이 졸하였다.

---

### 築臺于薛

설(薛) 땅에 대(臺)를 쌓았다.

薛 魯地

설(薛)은 로(魯)나라 땅이다.

---

### 六月 齊侯來獻戎捷

6월에 제후(齊侯)가 와서 융(戎)을 쳐서 얻은 전리품을 바쳤다.

**三十一年 夏 六月 齊侯來獻戎捷 非禮也 凡諸侯有四夷之功 則獻于王 王以警于夷 中國則否 諸侯不相遺俘**

31년 여름 6월에 제후(齊侯)가 와서 융(戎)을 쳐서 얻은 전리품을 바쳤으니, 례가 아니었다. 무릇 제후(諸侯)가 사방의 이적(夷狄)을 토죄하여 얻은 성과가 있으면 왕에게 바치고, 왕은 이로써 이적들에게 경고하지만 중국(中國)의 경우는 그렇게 하지 않는다.[135] 그리고 제후들 사이에는 포로를 서로 보내지 않는다.

---

秋 築臺于秦

　가을에 진(秦) 땅에 대(臺)를 쌓았다.

---

秦 魯地

　진(秦)은 로(魯)나라 땅이다.

---

冬 不雨

　겨울에 비가 내리지 않았다.

---

# 장공(莊公) 32년【己未 B.C.662】

---

三十有二年 春 城小穀

　32년 봄에 소곡(小穀)에 성을 쌓았다.

---

**三十二年 春 城小穀 爲管仲也** 范甯曰 小穀 魯地 高閌曰 杜預以小穀爲齊邑 左氏云爲管仲城之 非也 昭十一年傳云 齊桓城穀而寘管仲 此齊穀也 非魯之小穀

　32년 봄에 소곡(小穀)에 성을 쌓았으니, 관중(管仲)을 위해서였다. 범녕(范甯)이 말하기를 "소곡(小穀)은 로(魯)나라 땅이다."라고 하였다. 고항(高閌)은 말하기를 "두예(杜預)는 소곡을 제(齊)나라 읍이라 하였고, 좌씨(左氏)는 관중(管仲)을 위하여 성을 쌓았다고 하였으니[136] 모두 잘못이다. 소공(昭公) 11년 전문에 '제환

---

135) 중국(中國)의~않는다 : 중국(中國)의 제후(諸侯)를 친 경우에는 전리품을 취해 왕에게 바치지 않는다.
136) 성을~하였으니 : 소곡(小穀)에 성을 쌓았다는 것이다.

공(齊桓公)이 곡(穀) 땅에 성을 쌓아서 관중을 살게 하였다.'라고 하였으니, 이는 제나라의 곡 땅이지 로나라의 소곡은 아니다."라고 하였다.

---

夏 宋公齊侯遇于梁丘

　여름에 송공(宋公)과 제후(齊侯)가 량구(梁丘)에서 만났다.

梁丘 曹邾間地
　량구(梁丘)는 조(曹)나라와 주(邾)나라 사이에 있는 땅이다.

**齊侯爲楚伐鄭之故 請會于諸侯 宋公請先見于齊侯 夏 遇于梁丘**

　제후(齊侯)는 초(楚)나라가 정(鄭)나라를 쳤던 일[137] 때문에 제후들에게 회합을 요청하였는데, 송공(宋公)이 제후(齊侯)에게 먼저 만나기를 청하여 여름에 량구(梁丘)에서 만났다.

---

秋 七月

　가을 7월이다.

**秋七月 有神降于莘** 莘 虢地 **惠王問諸內史過曰 是何故也** 內史過 周大夫 **對曰 國之將興 明神降之 監其德也 將亡 神又降之 觀其惡也 故有得神以興 亦有以亡 虞夏商周皆有之 王曰 若之何 對曰 以其物享焉 其至之日 亦其物也** 若以甲乙日至 祭先脾 玉用蒼 服上靑 以此類祭之 **王從之 內史過往** 聞虢請命 聞虢請神 求賜土田之命 **反曰 虢必亡矣 虐而聽於神**

　가을 7월에 신(神)이 신(莘) 땅에 내렸다.[138] 신(莘)은 괵(虢)나라 땅이다. 혜왕(惠王)이 내사(內史) 과(過)에게 묻기를 "이것은 무슨 까닭인가?"라고 하자, 내사(內史) 과(過)는 주(周)나라 대부이다. 내사가 대답하기를 "나라가 흥하려 할 때는 밝은 신이 내려 그 나라의 덕을 살피고,

---

137) 초(楚)나라가~일 : 장공(莊公) 28년 가을조 참조.
138) 신(神)이~내렸다 : 신(莘) 땅에 신이(神異)한 일이 생긴 것이다.

망하려 할 때도 신이 또 내려 그 악을 살핍니다. 그러므로 신으로 인해 흥하기도 하고 신으로 인해 망하기도 하니 우(虞)·하(夏)·상(商)·주(周 : 西周)나라에 모두 그런 일이 있었습니다."라고 하였다. 혜왕이 말하기를 "어떻게 하는 것이 좋겠는가?"라고 하자, 내사가 대답하기를 "그 신에 해당하는 물품으로 제향하십시오. 그 신이 내린 날에 해당하는 것이 또한 그 물품입니다."라고 하니, 만약 신이 갑일(甲日)이나 을일(乙日)에 내렸으면 비장(脾臟)을 먼저 제향하고, 신에게 바치는 옥으로는 창옥(蒼玉)을 사용하며, 제복(祭服)은 청색(靑色)을 숭상하니 이런 따위로 제사를 지내는 것이다.139) 혜왕이 그 말을 따랐다. 내사 과가 제향하러 갔다가 괵(虢)나라가 신에게 명을 청하려 한다140)는 말을 듣고 괵(虢)나라가 신(神)에게 청하여 토전(土田)을 내려주겠다는 명을 요구했다는 말을 들은 것이다. 돌아와서 말하기를 "괵나라는 반드시 망할 것입니다. 학정을 하면서 신의 명을 들으려 하기 때문입니다."라고 하였다.

神居莘六月 虢公使祝應宗區史嚚享焉 神賜之土田 祝 大祝 宗 宗人 史 大史 應區嚚皆名 史嚚曰 虢其亡乎 吾聞之 國將興 聽於民 將亡 聽於神 神聰明正直而壹者也 依人而行 唯德是與 虢多凉德 其何土之能得 凉 薄也 爲僖二年晉滅下陽傳

신(神)이 신(莘) 땅에 머문 지 여섯 달이 되었을 때 괵공(虢公)이 축응(祝應)·종구(宗區)·사은(史嚚)을 시켜 제향하니 신이 토전을 내려주겠다고 하였다. 축(祝)은 태축(大祝)이고, 종(宗)은 종인(宗人)이고, 사(史)는 태사(大史)이다. 응(應)과 구(區)와 은(嚚)은 모두 이름이다. 사은이 말하기를 "괵(虢)나라는 아마도 망할 것이다. 내가 듣건대 나라가 일어나려 할 때는 임금이 백성의 말을 듣고, 망하려 할 때는 신의 말을 듣는다고 하였다. 신은 총명하고 정직하며 한결같은 존재로서 그 사람에 따라 화복을 시행하는데, 오직 덕 있는 사람을 돕는다는 것이다. 괵나라는 량덕(凉德)이 많으니 어찌 토전을 얻을 수 있겠는가."라고 하였다. 량(凉)은 박함이다. 이 일은 희공(僖公) 2년에 진(晉)나라가 하양(下陽)141)을 멸하는 전(傳)의 배경이 된다.

---

139) 만약~것이다 : 갑을(甲乙)과 비장(脾臟) 및 청색(靑色)은 방위로는 동쪽, 계절로는 봄에 해당하기 때문이다.

140) 신에게~한다 : 신에게 복을 구하는 것이다.

141) 하양(下陽) : 괵(虢)나라의 읍.

> 癸巳 公子牙卒
>
> 계사일에 공자 아(牙)가 졸하였다.

牙 慶父同母弟僖叔

아(牙)는 경보(慶父)의 동모제인 희숙(僖叔)이다.

### 初 公築臺 臨黨氏 黨 音掌 黨氏 魯大夫 見孟任從之 閟 孟任 黨氏女 從之 欲與通也 閟 秘也 而以夫人言 許之 許爲夫人 割臂盟公 生子般焉

이보다 앞서 장공(莊公)이 대(臺)를 쌓아서 장씨(黨氏)의 집을 내려다보다가 장(黨)은 음이 장(掌)이다. 장씨(黨氏)는 로(魯)나라 대부이다. 맹임(孟任)을 보고 따라가니 맹임이 몸을 숨겼다[閟]. 맹임(孟任)은 장씨(黨氏)의 딸이다. 따라간 것은 맹임과 통정하고자 한 것이다. 비(閟)는 숨음이다. 그러자 장공이 부인(夫人)으로 삼겠다고 하자, 맹임은 허락하고서 부인(夫人)이 되는 것을 허락한 것이다. 칼로 팔뚝을 베어 장공과 맹약하고는 자반(子般)을 낳았다.

### 雩 講于梁氏 女公子觀之 雩 祭天也 講 肄也 梁氏 魯大夫 女公子 子般妹 圉人犖自牆外與之戲 圉人 掌養馬者 子般怒 使鞭之 公曰 不如殺之 是不可鞭 犖有力焉 能投蓋于稷門

稷門 魯南城門 投蓋 謂投車蓋 過于稷門

우제(雩祭)를 지내기 위해 량씨(梁氏)의 집에서 그 의식을 연습할[講] 때 녀공자(女公子)가 구경하고 있었는데, 우(雩)는 하늘에 제사를 지내는 것이다. 강(講)은 연습함이다. 량씨(梁氏)는 로(魯)나라 대부이다. 녀공자(女公子)는 자반(子般)의 누이동생이다. 어인(圉人) 락(犖)이 담 밖에서 그녀에게 희롱하니, 어인(圉人)은 말을 기르는 일을 맡은 자이다. 자반(子般)이 노하여 사람을 시켜 그에게 채찍질을 하게 하였다. 그러자 장공(莊公)이 말하기를 "죽이는 것이 낫다. 이 자는 채찍질 정도로 해서는 안 된다. 락은 힘이 세어 직문(稷門) 위로 수레덮개를 던질 수 있다[投蓋]."라고 하였다. 직문(稷門)은 로(魯)나라 남쪽 성문이다. 투개(投蓋)는 수레덮개를 던져서 직문을 넘기는 것을 이른다.

### 公疾 問後於叔牙 對曰 慶父材 問於季友 對曰 臣以死奉般 公曰 鄕者 牙曰慶父材 成季使以君命命僖叔 待于鍼巫氏 成季 季友 鍼巫氏 魯大夫 使鍼季酖之 酖 鳥名 以羽畫酒 飮則死 曰 飮此 則有後於魯國 不然 死且無後 飮之 歸及逵泉而卒 立叔孫氏 逵泉 魯地

不以罪誅 故得立後

　장공(莊公)이 병이 들자 숙아(叔牙)에게 후사에 대하여 물으니, 대답하기를 "경보(慶父)가 임금 재목입니다."라고 하였다.[142] 계우(季友)에게 물으니, 대답하기를 "신은 죽음으로써 자반(子般)을 받들겠습니다."라고 하였다. 장공이 말하기를 "지난번에 숙아는 경보가 재목이라고 하였다."라고 하니, 성계(成季)가 사람을 시켜 임금의 명이라고 하여 희숙(僖叔 : 叔牙)에게 명하여 겸무씨(鍼巫氏)의 집에서 기다리게 하고는 성계(成季)는 계우(季友)이다. 겸무씨(鍼巫氏)는 로(魯)나라 대부이다. 겸계(鍼季 : 鍼巫氏)를 시켜 숙아에게 짐주(鴆酒)를 주며 짐(鴆)은 새 이름인데 그 깃으로 술을 저어 마시면 죽는다. "이것을 마시면 그대의 후손이 로(魯)나라에서 유지될 것이지만 그렇게 하지 않으면 그대가 죽고 후손도 없을 것이오."라고 하였다. 그러자 숙아는 그 독주를 마시고서 돌아오다가 규천(逵泉)에 이르러 졸하니, 그의 후손을 숙손씨(叔孫氏)로 세워주었다. 규천(逵泉)은 로(魯)나라 땅이다. 죄가 있어 죽인 것이 아니기 때문에 후사를 세워준 것이다.

---

## 八月 癸亥 公薨于路寢
　8월 계해일에 장공(莊公)이 로침(路寢)에서 훙하였다.

路寢 正寢
　로침(路寢)은 정침(正寢)이다.

### 八月 癸亥 公薨于路寢 子般卽位 次于黨氏
　8월 계해일에 장공(莊公)이 로침(路寢)에서 훙하자 자반(子般)이 즉위하고 장씨(黨氏) 집에 머물렀다.

---

## 冬 十月 己未 子般卒
　겨울 10월 기미일에 자반(子般)이 졸하였다.

己未 公穀作乙未 ○般稱子 公未葬也 書卒 諱之也

---

142) 숙아(叔牙)에게~하였다 : 경보(慶父)는 장공(莊公)의 서형(庶兄)이고, 숙아(叔牙)는 경보의 동모제이다.

기미(己未)는 《공양전(公羊傳)》과 《곡량전(穀梁傳)》에는 을미(乙未)로 되어 있다. ○자반(子般)을 자(子)라고 칭한 것은 아직 장공(莊公)의 장례를 지내지 않았기 때문이다. 경문에 졸이라고 기록한 것은 살해된 사실을 숨긴 것이다.

## 冬 十月 己未 共仲使圉人犖賊子般于黨氏 <sub>共仲 慶父</sub> 成季奔陳 立閔公 <sub>莊公庶子 時年</sub> 八歲

겨울 10월 기미일에 공중(共仲)이 어인(圉人) 락(犖)을 시켜서 자반(子般)을 장씨(黨氏) 집에서 죽이니, 공중(共仲)은 경보(慶父)이다. 성계(成季)가 진(陳)나라로 망명하였다. 경보가 민공(閔公)을 세웠다. 민공(閔公)은 장공(莊公)의 서자로 이때 나이가 8세였다.

---

## 公子慶父如齊
공자 경보(慶父)가 제(齊)나라에 갔다.

---

國人不與 故適齊求援

국인들이 돕지 않았으므로 제(齊)나라에 가서 구원을 요청한 것이다.

---

## 狄伐邢
적(狄)이 형(邢)나라를 쳤다.

# 魯莊公

| 국명 B.C. | 魯 | 周 | 蔡 | 曹 | 衛 | 滕 | 晉 | 吳 | 鄭 | 燕 | 齊 | 秦 | 楚 | 宋 | 杞 | 陳 | 薛 | 邾 | 莒 | 許 | 越 |
|---|---|---|---|---|---|---|---|---|---|---|---|---|---|---|---|---|---|---|---|---|---|
| 693 | 莊公1 | 莊王4 | 哀侯2 | 莊公9 | 黔牟3 | | 緡12 | | 子儀1 | 桓侯5 | 襄公5 | 武公5 | 武王48 | 莊公17 | 靖公11 | 莊公7 | | | | 穆公5 | |
| 692 | 2 | 5 | 3 | 10 | 4 | | 13 | | 2 | 6 | 6 | 6 | 49 | 18 | 12 | 宣公1 | | | | 6 | |
| 691 | 3 | 6 | 4 | 11 | 5 | | 14 | | 3 | 7 | 7 | 7 | 50 | 閔公1 | 13 | 2 | | | | 7 | |
| 690 | 4 | 7 | 5 | 12 | 6 | | 15 | | 4 | 莊公1 | 8 | 8 | 51 | 2 | 14 | 3 | | | | 8 | |
| 689 | 5 | 8 | 6 | 13 | 7 | | 16 | | 5 | 2 | 9 | 9 | 文王1 | 3 | 15 | 4 | | | | 9 | |
| 688 | 6 | 9 | 7 | 14 | 惠公12 | | 17 | | 6 | 3 | 10 | 10 | 2 | 4 | 16 | 5 | | | | 10 | |
| 687 | 7 | 10 | 8 | 15 | 13 | | 18 | | 7 | 4 | 11 | 11 | 3 | 5 | 17 | 6 | | | | 11 | |
| 686 | 8 | 11 | 9 | 16 | 14 | | 19 | | 8 | 5 | 12 | 12 | 4 | 6 | 18 | 7 | | | | 12 | |
| 685 | 9 | 12 | 10 | 17 | 15 | | 20 | | 9 | 6 | 桓公1 | 13 | 5 | 7 | 19 | 8 | | | | 13 | |
| 684 | 10 | 13 | 11 | 18 | 16 | | 21 | | 10 | 7 | 2 | 14 | 6 | 8 | 20 | 9 | | | | 14 | |
| 683 | 11 | 14 | 12 | 19 | 17 | | 22 | | 11 | 8 | 3 | 15 | 7 | 9 | 21 | 10 | | | | 15 | |
| 682 | 12 | 15 | 13 | 20 | 18 | | 23 | | 12 | 9 | 4 | 16 | 8 | 10 | 22 | 11 | | | | 16 | |
| 681 | 13 | 僖王1 | 14 | 21 | 19 | | 24 | | 13 | 10 | 5 | 17 | 9 | 桓公1 | 23 | 12 | | | | 17 | |
| 680 | 14 | 2 | 15 | 22 | 20 | | 25 | | 14 | 11 | 6 | 18 | 10 | 2 | 共公1 | 13 | | | | 18 | |
| 679 | 15 | 3 | 16 | 23 | 21 | | 26 | | 厲公1 | 12 | 7 | 19 | 11 | 3 | 2 | 14 | | | | 19 | |
| 678 | 16 | 4 | 17 | 24 | 22 | | 武公1 | | 2 | 13 | 8 | 20 | 12 | 4 | 3 | 15 | | | | 20 | |
| 677 | 17 | 5 | 18 | 25 | 23 | | 2 | | 3 | 14 | 9 | 德公1 | 13 | 5 | 4 | 16 | | 瑣1 | | 21 | |
| 676 | 18 | 惠王1 | 19 | 26 | 24 | | 獻公1 | | 4 | 15 | 10 | 2 | 14 | 6 | 5 | 17 | | 2 | | 22 | |
| 675 | 19 | 2 | 20 | 27 | 25 | | 2 | | 5 | 16 | 11 | 宣公1 | 15 | 7 | 6 | 18 | | 3 | | 23 | |

| 국명 B.C. | 魯 | 周 | 蔡 | 曹 | 衛 | 滕 | 晉 | 吳 | 鄭 | 燕 | 齊 | 秦 | 楚 | 宋 | 杞 | 陳 | 薛 | 邾 | 莒 | 許 | 越 |
|---|---|---|---|---|---|---|---|---|---|---|---|---|---|---|---|---|---|---|---|---|---|
| 674 | 20 | 3 | 穆侯1 | 28 | 26 | | 3 | | 6 | 17 | 12 | 2 | 堵敖1 | 8 | 7 | 19 | | 4 | | 24 | |
| 673 | 21 | 4 | 2 | 29 | 27 | | 4 | | 7 | 18 | 13 | 3 | 2 | 9 | 8 | 20 | | 5 | | 25 | |
| 672 | 22 | 5 | 3 | 30 | 28 | | 5 | | 文公1 | 19 | 14 | 4 | 3 | 10 | 德公1 | 21 | | 6 | | 26 | |
| 671 | 23 | 6 | 4 | 31 | 29 | | 6 | | 2 | 20 | 15 | 5 | 成王1 | 11 | 2 | 22 | | 7 | | 27 | |
| 670 | 24 | 7 | 5 | 僖公1 | 30 | | 7 | | 3 | 21 | 16 | 6 | 2 | 12 | 3 | 23 | | 8 | | 28 | |
| 669 | 25 | 8 | 6 | 2 | 31 | | 8 | | 4 | 22 | 17 | 7 | 3 | 13 | 4 | 24 | | 9 | | 29 | |
| 668 | 26 | 9 | 7 | 3 | 懿公1 | | 9 | | 5 | 23 | 18 | 8 | 4 | 14 | 5 | 25 | | 10 | | 30 | |
| 667 | 27 | 10 | 8 | 4 | 2 | | 10 | | 6 | 24 | 19 | 9 | 5 | 15 | 6 | 26 | | 11 | | 31 | |
| 666 | 28 | 11 | 9 | 5 | 3 | | 11 | | 7 | 25 | 20 | 10 | 6 | 16 | 7 | 27 | | 12 | | 32 | |
| 665 | 29 | 12 | 10 | 6 | 4 | | 12 | | 8 | 26 | 21 | 11 | 7 | 17 | 8 | 28 | | 文公1 | | 33 | |
| 664 | 30 | 13 | 11 | 7 | 5 | | 13 | | 9 | 27 | 22 | 12 | 8 | 18 | 9 | 29 | | 2 | | 34 | |
| 663 | 31 | 14 | 12 | 8 | 6 | | 14 | | 10 | 28 | 23 | 成公1 | 9 | 19 | 10 | 30 | | 3 | | 35 | |
| 662 | 32 | 15 | 13 | 9 | 7 | | 15 | | 11 | 29 | 24 | 2 | 10 | 20 | 11 | 31 | | 4 | | 36 | |

# 민공(閔公)[1] 원년【庚申 B.C.661】

---

> 元年 春 王正月
>
> 원년 봄 왕정월이다.

---

**元年 春 不書卽位 亂故也** 國亂不得成禮

원년 봄이다. 경문에 즉위한 사실을 기록하지 않은 것은 나라가 어지러웠기 때문이었다.[2] 나라가 어지러워 즉위의 례를 거행할 수 없었던 것이다.

---

> 齊人救邢
>
> 제인(齊人)이 형(邢)나라를 구원하였다.

---

**狄人伐邢 管敬仲言於齊侯曰 戎狄豺狼 不可厭也** 敬仲 管夷吾 **諸夏親暱 不可棄也 宴安酖毒 不可懷也** 以宴安比酖毒 **詩云 豈不懷歸 畏此簡書 簡書 同惡相恤之謂也** 同恤所惡 **請救邢以從簡書 齊人救邢**

적인(狄人)이 형(邢)나라를 치자[3] 관경중(管敬仲)이 제후(齊侯)에게 말하기를 "융적(戎狄)은 승냥이나 이리와 같아서 만족시킬 수 없고,[4] 경중(敬仲)은 관이오(管夷吾 : 管仲)이다. 제하(諸夏)[5]는 친근하니 버려서는 안 되며, 안일함은 짐독(酖毒)과 같아서 생각해서는 안 됩니다. 안일함을 짐독(酖毒)에 비유한 것이다. 《시(詩)》에 이르기를 '어찌 돌아갈 것을 생각지 않으리

---

1) 민공(閔公) : 로(魯)나라 17대 임금. 이름은 계방(啓方)이고 장공(莊公)의 아들이며 어머니는 숙강(叔姜)이다. 주혜왕(周惠王) 16년에 즉위하였다. 시법(諡法)에 나라를 다스릴 때 환난을 만난 것[在國遭難]을 민(閔)이라 한다.

2) 나라가~때문이었다 : 지난해 자반(子般)이 경보(慶父)에게 피살되고 성계(成季)가 진(陳)나라로 망명한 사실을 말한다.

3) 적인(狄人)이~치자 : 이 일은 지난해 겨울에 있었다.

4) 융적(戎狄)은~없고 : 융적(戎狄)은 성품이 승냥이나 이리와 같이 탐욕스러워 형(邢)나라에서 뜻을 이루었으니 장차 제후들의 땅을 잠식하려 들 것이라는 말이다.

5) 제하(諸夏) : 주(周)나라 때 봉해진 여러 제후국(諸侯國).

오마는 이 간서(簡書)가 두렵기 때문이네.'6)라고 하였으니, 간서의 가르침은 함께 미워하고 서로 근심하라는 것입니다. 미워하는 대상에 대하여 함께 근심하는 것이다. 형나라를 구원하여 간서의 가르침을 따르십시오."라고 하니 제인(齊人)이 형나라를 구원하였다.

---

## 夏 六月 辛酉 葬我君莊公

여름 6월 신유일에 우리 임금 장공(莊公)의 장례를 지냈다.

---

**夏 六月 葬莊公 亂故 是以緩**

여름 6월에 장공(莊公)의 장례를 지냈으니, 란(亂)7) 때문에 늦어진 것이다.

---

## 秋 八月 公及齊侯盟于落姑 季子來歸

가을 8월에 민공(閔公)이 제후(齊侯)와 락고(落姑)에서 맹약하니 계자(季子)가 돌아왔다.

落 公穀作洛 ○落姑 齊地

락(落)은 《공양전(公羊傳)》과 《곡량전(穀梁傳)》에는 락(洛)으로 되어 있다. ○락고(落姑)는 제(齊)나라 땅이다.

**秋 八月 公及齊侯盟于落姑 請復季友也 齊侯許之 使召諸陳 公次于郞以待之 季子 來歸 嘉之也** 季子 公子友 忠於社稷 故賢而字之

가을 8월에 민공(閔公)이 제후(齊侯)와 락고(落姑)에서 맹약하고 계우(季友)가 돌아올 수 있도록 요청하였다.8) 제후가 이를 허락하고 사신을 보내어 진(陳)나라에서 계우를 불러오

---

6) 어찌~때문이네 : 《시경(詩經)》〈소아(小雅)〉 출거(出車). 간서(簡書)는 고계(告誡)·책명(策命)·맹서(盟誓) 등을 기록한 문서이다.

7) 란(亂) : 장공(莊公) 32년 겨울에 경보(慶父)가 자반(子般)을 죽인 일을 이른다.

8) 계우(季友)가~요청하였다 : 장공(莊公) 32년에 공중(共仲 : 慶父)이 어인(圉人) 락(犖)을 시켜 로장공(魯莊公)의 아들 자반(子般)을 장씨(黨氏)의 집에서 죽이자 계우(季友)가 진(陳)나라로 망명하였었다. 그런데 지금 민공(閔公)이 그가 돌아올 수 있도록 제(齊)나라에 요청한 것이다.

게 하니, 민공이 랑(郞) 땅에 머물면서[次]⁹⁾ 그를 기다렸다. '계자(季子)가 돌아왔다.'라고 한 것은 그를 아름답게 여긴 것이다. 계자(季了)는 공자 우(友)이니 사직(社稷 : 나라)에 충성하였다. 그러므로 그를 어질게 여겨 자(字)를 일컬은 것이다.

---

**冬 齊仲孫來**

　겨울에 제(齊)나라 중손(仲孫)이 왔다.

---

冬 齊仲孫湫來省難 湫 仲孫名 齊大夫 書曰仲孫 亦嘉之也 使齊寧魯 故嘉而字之 仲孫歸曰 不去慶父 魯難未已 時慶父已還魯 公曰 若之何而去之 對曰 難不已 將自斃 君其待之 公曰 魯可取乎 對曰 不可 猶秉周禮 周禮 所以本也 臣聞之 國將亡 本必先顚而後 枝葉從之 魯不棄周禮 未可動也 君其務寧魯難而親之 親有禮 因重固 重固則當就成之 間携貳 覆昏亂 霸王之器也

　겨울에 제(齊)나라 중손추(仲孫湫 : 仲孫)가 와서 로(魯)나라의 환난을 살폈다. 추(湫)는 중손(仲孫)의 이름이고 제(齊)나라 대부이다. 경문에 중손(仲孫)이라고 기록한 것은 또한 그를 아름답게 여긴 것이다. 중손(仲孫)이 제(齊)나라로 하여금 로(魯)나라의 환난을 안정시키도록 하였기 때문에 아름답게 여겨 자(字)를 일컬은 것이다. 중손이 제나라로 돌아가서 말하기를 "경보(慶父)를 제거하지 않으면 로나라의 환난은 그치지 않을 것입니다."라고 하였다. 이때 경보(慶父)는 이미 로(魯)나라에 돌아와 있었다.¹⁰⁾ 제환공(齊桓公)이 말하기를 "어찌하면 그를 제거할 수 있겠는가?"라고 하자, 대답하기를 "환난이 끊이지 않는다면 스스로 쓰러질 것이니 임금님께서는 그때를 기다리십시오."라고 하였다. 제환공이 말하기를 "로나라를 취할 수 있겠는가?"라고 하니, 대답하기를 "할 수 없습니다. 로나라는 아직도 주례(周禮)를 지키고 있습니다. 주례는 근본이 되는 것입니다. 신이 듣건대 나라가 망하려 할 때는 반드시 근본이 먼저 넘어진 뒤에 가지와 잎이 그를 따른다고 하였습니다. 로나라는 주례를 버리지 않고 있으니 아직은 동요시킬 수 없습니다. 임금님께서는 로나라의 환난을 안정시키는데 힘쓰시고 그들과 친하게 지내십시오.

---

9) 머물면서[次] : 무릇 군대가 하루 주둔하는 것을 사(舍)라 하고, 이틀 주둔하는 것을 신(信)이라 하고, 사흘 이상 주둔하는 것을 차(次)라고 한다. 지금 민공(閔公)이 군대를 거느리고 가서 머물러 주둔하면서 만일의 사태에 대비하였기 때문에 차(次)라고 한 것이다.

10) 경보(慶父)는~있었다 : 장공(莊公) 32년 겨울 10월에 공자 경보(慶父)가 민공(閔公)을 세우기 위하여 제(齊)나라에 도움을 청하러 갔다.

레가 있는 나라와 친하게 지내고, 안정되고 굳건한 나라를 성취[因]하도록 해주며,[11] 안정되고 굳건하면 마땅히 성취하도록 해주는 것이다. 분렬[携貳]이 있는 나라는 리간(離間)시키고, 혼란한 나라는 패망시키는 것이 패왕(霸王)의 그릇입니다.”라고 하였다.

○晉侯作二軍 晉本一軍 見莊十六年 公將上軍 大子申生將下軍 趙夙御戎 畢萬爲右 爲公御右 夙 趙衰兄 畢萬 魏犨祖父 以滅耿滅霍滅魏 三國 皆姬姓 還 爲大子城曲沃 賜趙夙耿 賜畢萬魏 以爲大夫 士蔿曰 大子不得立矣 分之都城 而位以卿 先爲之極 又焉得立 位以卿 謂將下軍 不如逃之 無使罪至 爲吳大伯 不亦可乎 大伯 周大王適子 讓位適吳 猶有令名 與其及也 勝於留而及禍 且諺曰 心苟無瑕 何恤乎無家 天若祚大子 其無晉乎

○진후(晉侯)가 2군(軍)을 만들어[12] 진(晉)나라는 본래 1군(軍)이었으니, 장공(莊公) 16년에 보인다. 헌공(獻公：晉侯)이 상군(上軍)을 거느리고 태자 신생(申生)이 하군(下軍)을 거느리고, 조숙(趙夙)이 융거를 몰고 필만(畢萬)이 거우가 되어 헌공(獻公)의 어자(御者)와 거우(車右)가 된 것이다. 숙(夙)은 조최(趙衰)의 형이고, 필만(畢萬)은 위주(魏犨)의 조부(祖父)이다. 경(耿)·곽(霍)·위(魏)나라를 멸하였다. 세 나라는 모두 희성(姬姓)이다. 돌아와서 태자를 위해 곡옥(曲沃)에 성을 쌓고, 조숙에게는 경나라를 내려주고, 필만에게는 위나라를 내려주어 대부로 삼았다. 사위(士蔿)가 말하기를 “태자는 임금이 될 수 없을 것이다. 도성(都城)[13]을 나누어주고 경(卿)의 지위를 주어 이미 정상의 자리에 올랐으니, 또 어찌 임금이 될 수 있겠는가. 경(卿)의 지위를 주었다는 것은 하군(下軍)을 거느린 것을 이른다. 도망하여 죄가 이르지 않게 하는 것이 나을 것이니, 오(吳)나라 태백(大伯)처럼 하는 것이 또한 좋지 않겠는가. 태백(大伯)은 주(周)나라 태왕(大王)의 적자(適子)로 태자의 자리를 양보하고 오(吳)나라로 갔다. 그렇게 하면 오히려 아름다운 이름이 남게 될 것이니 화가 미치는 것보다 낫지 않겠는가. 머물러 있다가 화를 당하는 것보다 낫다는 것이다. 또 속담에 ‘마음에 진실로 허물이 없다면 집이 없음을 어찌 근심하랴.’라고 하였으니, 하늘이 만약 태자에게 복을 내린다면 어찌 진(晉)나라를 소유하지 못하겠는가.”라고 하였다.

---

11) 성취[因]하도록 해주며 : 인(因)을 의지함[依]으로 보기도 한다.

12) 진후(晉侯)가~만들어 : 주(周)나라 제도에 대국(大國)은 3군, 차국(次國)은 2군, 소국(小國)은 1군이다. 진(晉)나라는 본래 대국이었으나 곡옥무공(曲沃武公)이 종국(宗國)을 멸망시키자, 로장공(魯莊公) 16년에 주희왕(周僖王)이 무공(武公)을 명하여 1군을 만들 수 있는 진후(晉侯)로 삼은 뒤부터 소국의 제도를 따랐다. 그리고 지금 비로소 2군을 만든 것이다.

13) 도성(都城) : 종묘가 있는 큰 성. 여기서는 곡옥(曲沃)을 말한다.

卜偃曰 畢萬之後必大 卜偃 晉掌卜大夫 萬盈數也 魏大名也 以是始賞 天啓之矣 天子
曰兆民 諸侯曰萬民 今名之大 以從盈數 其必有衆

　복언(卜偃)이 말하기를 "필만(畢萬)의 후손이 반드시 크게 될 것이다. 복언(卜偃)은 진(晉)나
라의 거북점 치는 일을 관장하는 대부이다. 만(萬)은 가득 찬 숫자이고 위(魏)는 대(大)의 명칭인데,
대(大)의 뜻을 가진 위나라를 비로소 상으로 주었으니, 이는 하늘이 계시한 것이다.[14] 천자
가 통치하는 백성을 조민(兆民)이라 하고 제후(諸侯)가 통치하는 백성을 만민(萬民)이라 하
는데, 지금 크다[大]는 명칭을 가진 나라로 가득 찬 숫자를 따르게 하였으니,[15] 그는 반드시
많은 무리를 얻게 될 것이다."라고 하였다.

初 畢萬筮仕於晉 遇屯䷂ 震下坎上 之比䷇ 坤下坎上 辛廖占之曰 吉 辛廖 晉大夫 屯固比
入 吉孰大焉 其必蕃昌 屯 險難 所以爲固 比 親密 所以得入 震爲土 震變爲坤 車從馬 震爲車
坤爲馬 足居之 兄長之 震爲足爲長男 母覆之 衆歸之 坤爲母爲衆 六體不易 合而能固 安
而能殺 公侯之卦也 比 合 屯 固 坤 安 震 殺 公侯之子孫 必復其始 萬 畢公高之後

　이보다 앞서 필만(畢萬)이 진(晉)나라에서 벼슬하는 것에 대하여 시초점을 쳤는데 준괘
(屯卦)䷂가 진(震)이 하괘이고 감(坎)이 상괘이다. 비괘(比卦)䷇로 곤(坤)이 하괘이고 감(坎)이 상괘이다.
변한 것을 만났다. 신료(辛廖)가 풀이하여 말하기를 "길하다. 신료(辛廖)는 진(晉)나라 대부이다.
준(屯)은 견고하고 비(比)는 들어감이니, 이보다 더 큰 길함이 있겠는가. 반드시 번창할 것
이다. 준(屯)은 험난함이니 견고함이 되고, 비(比)는 친밀함이니 들어갈 수 있다는 것이다. 진(震)이 토(土)가
되고, 진괘(震卦)가 변하여 곤괘(坤卦)가 된 것이다. 수레가 말을 따르고, 진(震)은 수레이고 곤(坤)은 말이
다. 발이 땅을 밟고, 형이 길러주고, 진(震)은 발이고 장남이다. 어머니가 덮어주고, 무리가 귀의
하니 곤(坤)은 어머니이고 무리이다. 륙체(六體)가 바뀌지 않아[16] 화합하여 견고하고, 안정되면서
도 숙살(肅殺)의 권한이 있으니 공후(公侯)의 괘(卦)이다. 비(比)는 화합함이고 준(屯)은 견고함이
다. 곤(坤)은 안정됨이고 진(震)은 죽임이다. 공후의 자손이 반드시 그 처음을 회복할 것이다."[17]라
고 하였다. 필만(畢萬)은 필공(畢公) 고(高)[18]의 후손이다.

---

14) 하늘이~것이다 : 필만(畢萬)의 후손이 성대하게 될 것을 계시하였다는 것이다.
15) 지금~하였으니 : 크다[大]는 명칭을 가진 나라는 위(魏)나라이고, 가득 찬 숫자는 만(萬)이다. 즉 필만(畢
　萬)에게 위나라를 준 것을 의미한다.
16) 륙체(六體)가~않아 : 준괘(屯卦)가 변하여 비괘(比卦)가 되었으나 크게 번창한다는 의미는 변하지 않았다
　는 것이다. 륙체(六體)는 괘의 여섯 효이다.
17) 공후의~것이다 : 공후(公侯)의 후손이 그 시조의 지위를 회복한다는 것이다.

# 민공(閔公) 2년【辛酉 B.C.660】

> **二年 春 王正月 齊人遷陽**
>
> 2년 봄 왕정월에 제인(齊人)이 양(陽)나라를 옮겼다.

陽 國名 移其國 爲附庸也

양(陽)은 나라 이름이다. 그 나라를 옮겨 부용국(附庸國)으로 삼은 것이다.

○二年 春 虢公敗犬戎于渭汭 犬戎 西戎別 在中國者 渭 水名 舟之僑曰 無德而祿 殃也 殃將至矣 遂奔晉 舟之僑 虢大夫

○2년 봄에 괵공(虢公)이 위예(渭汭)[19]에서 견융(犬戎)을 패배시키자 견융(犬戎)은 서융(西戎)의 별종으로 중국에 거주하는 자들이다. 위(渭)는 물 이름이다. 주지교(舟之僑)가 말하기를 "덕도 없으면서 천록(天祿)을 받는 것[20]은 재앙이니, 재앙이 장차 이를 것이다."라 하고는 드디어 진(晉)나라로 망명하였다. 주지교(舟之僑)는 괵(虢)나라 대부이다.

> **夏 五月 乙酉 吉禘于莊公**
>
> 여름 5월 을유일에 장공(莊公)의 길체(吉禘)를 지냈다.

夏 吉禘于莊公 速也 魯禘僭也 且喪制未畢 故譏之

여름에 장공(莊公)의 길체(吉禘)[21]를 지냈으니, 시기가 너무 빨랐다.[22] 로(魯)나라에서 체제(禘

---

18) 필공(畢公) 고(高) : 주문왕(周文王)의 서자(庶子). 주무왕(周武王)이 은(殷)나라를 정벌한 뒤 고(高)를 필(畢) 땅에 봉하였다. 고는 성왕(成王) 때에 태사(大史)가 되었고, 성왕이 죽은 뒤 유촉(遺囑)을 받아 태보(大保) 소공(召公)과 함께 강왕(康王)을 보필하였다. 강왕 때에 그에게 동도(東都)인 성주(成周)를 관리하도록 하였다.

19) 위예(渭汭) : 위수(渭水)가 하수(河水)로 들어가는 곳.

20) 덕도~것 : 괵공(虢公)이 임금의 덕도 없으면서 견융(犬戎)을 패배시켜 땅을 획득한 것을 말한다.

21) 길체(吉禘) : 임금의 3년상을 마친 뒤 신주를 종묘로 옮겨 선조의 신주와 함께 안치하고 지내는 제사. 일반인이 망자(亡者)의 신주를 사당에 모시는 것은 부제(祔祭)라고 한다.

祭)를 지내는 것은 참람한 것이며23) 또 상제(喪制)가 끝나지 않았는데 지냈기 때문에 비난한 것이다.

---

## 秋 八月 辛丑 公薨

가을 8월 신축일에 민공(閔公)이 훙하였다.

實弑 書薨 又不地者 諱之

실제로는 시해당하였는데 경문에 훙이라고 기록하고, 또 시해당한 장소를 기록하지 않은 것은 숨긴 것이다.

---

## 初 公傅奪卜齮田 公不禁 齮 音蟻 卜齮 魯大夫 秋 八月 辛丑 共仲使卜齮賊公于武闈

### 宮中小門曰闈

이보다 앞서 민공(閔公)의 스승이 복의(卜齮)의 전지를 빼앗았는데도 민공은 이를 금하지 않았다. 의(齮)는 음이 의(蟻)이다. 복의(卜齮)는 로(魯)나라 대부이다. 가을 8월 신축일에 공중(共仲 : 慶父)이 복의를 시켜 민공을 무위(武闈)에서 죽였다. 궁중의 작은 문을 위(闈)라고 한다.

---

## 九月 夫人姜氏孫于邾

9월에 부인(夫人) 강씨(姜氏)가 주(邾)나라로 피신하였다.

哀姜外淫 故孫 稱姜氏

애강(哀姜)이 외인(外人)과 음란한 짓을 하였으므로 피신하였고[孫] 강씨(姜氏)라고 칭한 것이다.

---

## 閔公哀姜之娣叔姜之子也 故齊人立之 共仲通於哀姜 哀姜欲立之 閔公之死也 哀姜與知之 故孫于邾 齊人取而殺之于夷 以其尸歸 僖公請而葬之 夷 魯地 僖公 閔公庶兄

### 爲僖元年齊人殺哀姜傳

민공(閔公)은 애강(哀姜)24)의 동생인 숙강(叔姜)의 아들이기 때문에 제인(齊人)이 임금

---

22) 시기가~빨랐다 : 민공(閔公) 2년 8월에 지내야 할 길체(吉禘)를 5월에 지냈기 때문에 빠르다고 한 것이다.

23) 로(魯)나라에서~것이며 : 체제(禘祭)는 임금이 하늘과 선조에 지내는 대제(大祭)이다. 본래는 왕(王)만이 지내는 것이었으므로 전문주에 참람하다고 한 것이다.

으로 세웠다. 공중(共仲)이 애강과 간통하니 애강이 공중을 임금으로 세우고자 하였다. 민공이 시해되었을 때 애강도 그 일에 관여하여 알고 있었으므로 주(邾)나라로 피신하였다. 뒤에 제인이 애강을 잡아 이(夷) 땅에서 죽이고 그 시신을 가지고 제나라로 돌아가니, 희공(僖公)이 시신의 반환을 요청하여 장사지냈다.[25] 이(夷)는 로(魯)나라 땅이다. 희공(僖公)은 민공(閔公)의 서형(庶兄)이다. 희공 원년에 제인(齊人)이 애강(哀姜)을 죽이는 전(傳)의 배경이 된다.

---

## 公子慶父出奔莒
  공자 경보(慶父)가 거(莒)나라로 망명나갔다.

---

成季以僖公適邾 共仲奔莒 乃入 立之 以賂求共仲于莒 莒人歸之 及密 使公子魚請 密 魯地 公子魚 奚斯 使請免死 不許 哭而往 共仲曰 奚斯之聲也 乃縊

  성계(成季)가 희공(僖公)을 모시고 주(邾)나라로 갔다가 공중(共仲 : 慶父)이 거(莒)나라로 망명간 뒤에야 로(魯)나라로 들어와서 희공을 임금으로 세웠다. 그리고 거나라에 뢰물을 주며 공중을 넘겨 달라고 요구하니, 거인(莒人)이 그를 로나라로 돌려보냈다. 공중이 밀(密) 땅에 이르러 공자 어(魚)를 보내어 사면을 요청하였다. 밀(密)은 로(魯)나라 땅이다. 공자 어(魚)는 해사(奚斯)이니, 공중(共仲)이 그를 시켜 자기의 죽임을 면하도록 요청하게 한 것이다. 허낙하지 않자 공자 어가 울면서 돌아가니 공중이 말하기를 "이는 해사(奚斯)의 울음소리이다."라 하고서 목매어 죽었다.

成季之將生也 桓公使卜楚丘之父卜之 卜楚丘 魯掌卜大夫 曰 男也 其名曰友 在公之 右 在右 言用事 間于兩社 爲公室輔 周社亳社之間 執政所在 季氏亡 則魯不昌 又筮之 遇 大有☰☰ 乾下離上 之乾☰☰ 曰 同復于父 敬如君所 筮辭也 乾爲君父 離變爲乾 故曰同復于父 見 敬與君同 及生 有文在其手曰友 遂以命之 成風聞成季之繇 乃事之 繇音冑 占辭 成風莊 公妾僖公母 而屬僖公焉 故成季立之

  성계(成季)가 태어나려 할 때 환공(桓公)이 복초구(卜楚丘)의 아버지에게 거북점을 치게

---

24) 애강(哀姜) : 로장공(魯莊公)의 부인(夫人).

25) 희공(僖公)이~장사지냈다 : 희공(僖公) 2년의 일이다.

하니,[26] 복초구(卜楚丘)는 로(魯)나라의 거북점 치는 일을 관장하는 대부이다. 그가 말하기를 "사내아이로 이름은 우(友)이니 임금님의 오른쪽에 있을 것이고 임금의 오른쪽에 있다는 것은 나랏일을 주도한다는 말이다. 량사(兩社) 사이에서 공실을 보좌할 것이니, 주사(周社)와 박사(亳社)[27]의 사이에 집정관의 집무실이 있다. 계씨(季氏)가 없으면 로(魯)나라가 창성하지 못할 것입니다."라고 하였다. 또 시초점을 치게 하니 대유괘(大有卦)☲가 건(乾)이 하괘이고 리(離)가 상괘이다. 건괘(乾卦)☰로 변한 것을 만났다. 그가 말하기를 "아버지의 자리로 함께 돌아감이니 공경을 받음이 임금과 같을 것입니다."라고 하였다. 시초점의 점사(占辭)이다. 건(乾)은 군부(君父)이니 리괘(離卦)가 변하여 건괘(乾卦)가 되었기 때문에 아버지의 자리로 함께 돌아감이니 공경받음이 임금과 같다고 한 것이다. 그가 출생하니 손바닥에 우(友)자의 문양이 있으므로 이에 우라고 이름하였다. 성풍(成風)이 성계가 출생할 때의 주(繇)를 듣고서 그를 섬기면서 주(繇)는 음이 주(冑)이니 점사(占辭)이다. 성풍(成風)은 장공(莊公)의 첩으로 희공(僖公)의 어머니이다. 희공을 부탁하였다. 그러므로 성계가 희공을 임금으로 세운 것이다.

---

## 冬 齊高子來盟

겨울에 제(齊)나라 고자(高子)가 와서 맹약하였다.

---

齊侯使高傒平魯亂 貴之稱子

제후(齊侯)가 고혜(高傒)를 시켜 로(魯)나라의 란(亂)을 평정하게 하였으므로 그를 귀하게 여겨 고자(高子)라고 칭한 것이다.

---

## 十有二月 狄入衛

12월에 적(狄)이 위(衛)나라로 쳐들어갔다.

---

**冬 十二月 狄人伐衛 衛懿公好鶴 鶴有乘軒者** 軒 大夫車 **將戰 國人受甲者 皆曰 使鶴**

---

26) 성계(成季)가~하니 : 성계(成季)는 환공(桓公)의 아들이므로 환공이 아들에 대한 점을 치게 한 것이다.

27) 주사(周社)와 박사(亳社) : 전문의 량사(兩社)를 이른다. 주사(周社)는 로(魯)나라의 사(社)로 로나라는 주(周)나라의 제후국이기 때문에 일컬어진 말이고, 박사(亳社)는 은(殷)나라의 사(社)로 은나라가 박(亳) 땅에 도읍했었기 때문에 일컬어진 말이다.

## 鶴實有祿位 余焉能戰

　겨울 12월에 적인(狄人)이 위(衛)나라를 쳤다. 위의공(衛懿公)은 학을 좋아하여 학 가운데에는 헌(軒)을 타는 것도 있었다. 헌(軒)은 대부의 수레이다. 적(狄)과 싸우려 할 때 갑옷을 받은 국인이 모두 말하기를 "학에게 싸우게 하라. 학이 실로 봉록과 지위가 있으니 우리가 어떻게 싸울 수 있겠는가."라고 하였다.

## 公與石祁子玦 與寗莊子矢 使守曰 以此贊國 擇利而爲之 莊子 寗速 玦示當決 矢示禦難 與夫人繡衣曰 聽於二子 取其文章順序 渠孔御戎 子伯爲右 黃夷前驅 孔嬰齊殿 及狄 人戰于熒澤 衛師敗績 遂滅衛 熒澤在河北 衛侯不去其旗 是以甚敗

　위의공(衛懿公)이 석기자(石祁子)에게 결(玦)[28]을 주고 녕장자(寗莊子)에게 화살을 주어서 도성을 지키게 하며 말하기를 "이것으로 나라를 도와 리로운 쪽을 선택하여 일을 처리하라."고 하고, 장자(莊子)는 녕속(寗速)이다. 결(玦)을 준 것은 결단성있게 행동하라는 뜻을 보인 것이고, 화살을 준 것은 환난을 막으라는 뜻을 보인 것이다. 부인(夫人)에게 수놓은 옷을 주면서 "저 두 사람의 명을 따르시오."라고 하였다. 문장(文章)에 담긴 질서에 순응한다는 뜻을 취한 것이다. 거공(渠孔)을 융거의 어자(禦者)로 자백(子伯)을 거우(車右)로, 황이(黃夷)를 전구(前驅 : 先軍)로 공영제(孔嬰齊)를 전(殿 : 後軍)으로 삼아 적인(狄人)과 형택(熒澤)에서 싸웠는데 위(衛)나라 군대가 크게 패하자 적인이 드디어 위나라를 멸하였다. 형택(熒澤)은 하북(河北)에 있다. 위후(衛侯)가 그 기(旗)를 버리지 않았기 때문에 크게 패한 것이다.[29]

## 狄人囚史華龍滑與禮孔 以逐衛人 二人曰 我大史也 實掌其祭 不先 國不可得也 言 當先白神 乃先之 至則告守曰 不可待也 言不可坐而待滅也 夜與國人出 狄入衛 遂從之 又敗諸河

　적인(狄人)이 태사(大史) 화룡활(華龍滑)과 례공(禮孔)을 잡아 가두고서 위인(衛人)을 추격하자, 두 사람이 말하기를 "우리는 태사이다. 실제로 위(衛)나라의 제사를 맡고 있으니 우리가 먼저 고하지 않으면 그대들이 위나라를 얻을 수 없을 것이다."라고 하였다. 신에게 마땅히 먼저 고해야 한다는 말이다. 이에 적인이 그들을 먼저 돌려보냈다. 이 두 사람은 도성에

---

28) 결(玦) : 한 쪽이 터진 고리 모양의 패옥(佩玉).

29) 위후(衛侯)가~것이다 : 위후(衛侯)가 임금의 기(旗)를 버리지 않으니 적인(狄人)이 위후의 소재를 알고 집중 공격하여 크게 패배시킨 것이다.

이르러 수신(守臣)인 석기자(石祁子)와 녕장자(甯莊子)에게 말하기를 "기다릴 수는 없다." 라고 하니 앉아서 나라가 멸망하기를 기다릴 수는 없다는 말이다. 두 수신은 밤에 국인과 함께 도성을 빠져나갔다. 적인이 위나라 도성으로 들어가 드디어 그들을 추격하여 하수(河水)에서 또 패배시켰다.

初 惠公之卽位也少 齊人使昭伯烝於宣姜 不可 强之 昭伯 公子頑 惠公庶兄 生齊子戴公文公宋桓夫人許穆夫人 文公爲衛之多患也 先適齊 及敗 宋桓公逆諸河 宵濟 迎衛敗衆 夜渡 畏狄 衛之遺民男女七百有三十人 益之以共滕之民 爲五千人 共及滕 衛別邑 立戴公以廬于曹 廬 舍也 曹 衛下邑 戴公 名申 其年卒而立文公 許穆夫人賦載馳 載馳 詩篇名 齊侯使公子無虧帥車三百乘甲士三千人以戍曹 無虧 齊桓公子 歸公乘馬 祭服五稱 牛羊豕雞狗皆三百與門材 歸 遺也 四馬曰乘 衣單複具曰稱 門材 使先立門戶 歸夫人魚軒 夫人車 以魚皮爲飾 重錦三十兩 重錦 細錦 兩 匹也

이보다 앞서 위혜공(衛惠公)[30]이 즉위하였을 때 나이가 어렸다. 제인(齊人)이 소백(昭伯)을 선강(宣姜)과 간통[烝]하게 하니[31] 소백이 옳지 않다고 하였으나 강제로 간통시켜 소백(昭伯)은 공자 완(頑)으로 혜공(惠公)의 서형(庶兄)이다. 제자(齊子)·대공(戴公)·문공(文公)·송환공(宋桓公)의 부인(夫人)·허목공(許穆公)의 부인을 낳았다. 문공은 임금이 되기 전 위(衛)나라에 환난이 많기 때문에 먼저 제(齊)나라로 갔다. 위나라가 패망하기에 이르러 송환공은 도망해오는 위인(衛人)을 하수(河水)에서 맞이하여 밤에 하수를 건넜다. 위(衛)나라의 패한 무리를 맞이한 것이다. 밤에 강을 건넌 것은 적인(狄人)을 두려워해서이다. 이때 위나라의 유민은 남녀 도합 7백30인이었고, 여기에 공(共) 땅과 등(滕) 땅의 백성을 보태니 모두 5천 인이었다. 공(共)과 등(滕)은 위(衛)나라 별읍(別邑)이다. 대공을 임금으로 세우고 조(曹) 땅에 머무르니[廬] 려(廬)는 머묾이다. 조(曹)는 위(衛)나라 하읍(下邑)이다. 대공(戴公)은 이름이 신(申)으로 즉위한 해에 졸하였고 문공(文公)이 즉위하였다. 허목공의 부인이 재치(載馳)[32]를 지었다. 재치(載馳)는 《시(詩)》의 편 이름이다. 제후(齊

---

30) 위혜공(衛惠公) : 위의공(衛懿公)의 아버지.

31) 제인(齊人)이~하니 : 선강(宣姜)은 위선공(衛宣公)의 부인으로 혜공(惠公 : 朔)의 어머니이고 소백(昭伯)의 계모이다. 선강이 제(齊)나라의 딸이기 때문에 제인(齊人)이 소백과 관계하도록 하여 그 후손을 제나라와 인척으로 계속 련결시키려 한 것이다.

32) 재치(載馳) : 《시경(詩經)》〈용풍(鄘風)〉의 편 이름. 허목공(許穆公)의 부인(夫人)은 위(衛)나라 소백(昭伯)의 딸로 위나라의 패망이 가슴 아파 조(曹) 땅으로 가서 오라비인 위후(衛侯 : 戴公)를 위로하고자 하였으나 허(許)나라 대부들의 저지로 갈 수 없었기 때문에 이 시를 지었다고 한다.

侯)가 공자 무휴(無虧)로 하여금 수레 3백 승과 갑사(甲士) 3천 인을 거느리고 조 땅을 지키게 하고, 무휴(無虧)는 제환공(齊桓公)의 아들이다. 대공에게 말 네 필[乘]과 제복(祭服) 다섯 벌[稱]과 소·양·돼지·닭·개 각각 3백 마리와 문(門)을 만들 재료를 보내주고[歸], 귀(歸)는 보내줌이다. 말 네 필을 승(乘)이라 한다. 홑옷과 겹옷이 갖추어진 것을 칭(稱)이라 한다. 문을 만드는 재료를 보낸 것은 먼저 문호(門戶)를 세우게 한 것이다. 부인에게는 어헌(魚軒)과 부인(夫人)의 수레는 물고기 가죽으로 장식한다. 중금(重錦) 30량(兩)을 보내주었다. 중금(重錦)은 고운 비단이다. 량(兩)은 필(匹)이다.

**僖之元年 齊桓公遷邢于夷儀 二年 封衛于楚丘 邢遷如歸 衛國忘亡 衛文公大布之衣大帛之冠** 大布 麤布 大帛 厚繒 **務材訓農 通商惠工 敬教勸學 授方任能** 方 百事之宜也 **元年 革車三十乘 季年乃三百乘**

희공(僖公) 원년에 제환공(齊桓公)이 형(邢)나라 백성을 이의(夷儀)로 옮기고 2년에 위(衛)나라를 초구(楚丘)에 봉하였는데, 형나라 백성은 옮긴 것을 자기들의 집으로 돌아간 것처럼 여겼고 위나라 백성은 자기들의 나라가 멸망된 것을 잊었다. 위문공(衛文公)이 대포(大布)의 옷에 대백(大帛)의 관을 쓰고 대포(大布)는 거친 베이고 대백(大帛)은 두꺼운 명주이다. 재목(材木)을 기르는데 힘쓰고 농사를 가르치며, 상업을 트고 공인(工人)을 대우하고, 교육을 존중하고 학문을 권장하고, 관리(官吏)의 도리[方]를 제시하고 능력 있는 자를 임용하니 방(方)은 모든 일의 마땅함이다. 희공 원년에 30승이던 혁거(革車 : 兵車)가 말년(末年)에는 3백 승이 되었다.

---

**鄭棄其師**

정(鄭)나라가 그 군대를 버렸다.

---

鄭伯惡其卿而兼棄其衆 異其文而譏之

정백(鄭伯 : 文公)이 그 경(卿 : 高克)을 미워하여 그의 무리와 함께 버렸으므로, 글을 별도로 기록하여 정백을 비난한 것이다.

**鄭人惡高克** 高克 鄭大夫 **使帥師次于河上 久而弗召 師潰而歸 高克奔陳 鄭人爲之賦清人**

정인(鄭人)이 고극(高克)을 미워하여 고극(高克)은 정(鄭)나라 대부이다. 그에게 군대를 거느리고 하수(河水) 가에 주둔하게 하고는 오래도록 부르지 않으니 군대가 흩어져 돌아갔다. 이에 고극도 진(陳)나라로 망명하였다. 정인이 그를 위해 청인(淸人)[33]이라는 시를 지었다.

○晉侯使大子申生伐東山皐落氏 赤狄別種 皐落 其氏 里克諫曰 大子奉冢祀社稷之粢盛 里克 晉大夫 冢 大也 以朝夕視君膳者也 故曰冢子 君行則守 有守則從 從曰撫軍 守曰監國 古之制也 夫帥師 專行謀 誓軍旅 君與國政之所圖也 非大子之事也 國政 正卿 師在制命而已 稟命則不威 專命則不孝 故君之嗣適不可以帥師 君失其官 帥師不威 將焉用之 大子統師 是失其官 且臣聞皐落氏將戰 君其舍之 捨申生勿使往 公曰寡人有子 未知其誰立焉 不對而退 見大子 大子曰吾其廢乎 對曰告之以臨民 謂居曲沃 敎之以軍旅 謂將下軍 不共是懼 何故廢乎 且子懼不孝 無懼弗得立 修己而不責人 則免於難

○진후(晉侯 : 獻公)가 태자 신생(申生)을 시켜 동산(東山)의 고락씨(皐落氏)를 치게 하자, 적적(赤狄)의 별종으로 고락(皐落)은 그 씨(氏)이다. 리극(里克)이 간하기를 "태자는 큰[冢] 제사[34]와 사직에 제물을 드리는 일을 받들고, 리극(里克)은 진(晉)나라 대부이다. 총(冢)은 큼이다. 조석으로 임금의 음식을 살피는 자입니다. 그러므로 총자(冢子)라고 합니다. 임금이 밖으로 나가면 도성을 지키고 지킬 사람이 있으면 임금을 따라가는 것입니다. 태자가 임금을 따라나가는 것을 무군(撫軍)이라 하고 도성을 지키는 것을 감국(監國)이라 하니, 이는 옛날부터의 제도입니다. 무릇 군대를 거느리고 계책을 재량껏 행하며 군사들에게 군령을 내는[誓] 일은 임금과 국정(國政)이 도모할 일이고 태자가 할 일이 아닙니다. 국정(國政)은 정경(正卿)이다. 군대는 제명(制命)[35]에 달려 있을 뿐인데 태자가 일일이 임금에게 명령을 품의하면 위엄이 없고 그렇다고 마음대로 명령을 내리게 되면 불효가 됩니다. 그러므로 임금의 후계자는 군대를 거느릴 수 없는 것입니다. 임금님께서는 관원을 임명하는 법도를 잃고 태자는 군대를 거느림에 위엄이 없게 되면 이 일을 장차 어찌하시렵니까? 태자에게 군대를 거느리게 하는 것이 관원을 임명하는 법도를 잃는 것이다. 또 신이 듣건대 고락씨가 싸우려 한다하니 임금님께서는

---

33) 청인(淸人) :《시경(詩經)》〈정풍(鄭風)〉의 편 이름. 고극(高克)이 청(淸) 땅의 군사를 거느리고 적인(狄人)의 침입을 막기 위하여 위(衛)나라를 구원하러 갔으나 정문공(鄭文公)의 미움을 받아 오래도록 귀환(歸還)의 명(命)을 받지 못하여 돌아가지 못하고 하수(河水) 가에 머물러 있다가, 끝내 군사들은 흩어지고 고극은 진(陳)나라로 망명한 사실을 풍자한 시이다.

34) 큰[冢] 제사 : 종묘의 제사.

35) 제명(制命) : 다른 이의 간섭 없이 임의로 군령(軍令)과 생살(生殺)의 권한을 행사함.

태자 보내시는 일을 그만두십시오."라고 하였다. 신생(申生)에게 내린 명령을 거두어 출전시키지 말라는 것이다. 진헌공(晉獻公)이 말하기를 "과인에게 아들들이 있으되 누구를 후계자로 세워야할지 모르겠다."라고 하니 리극은 아무 대답없이 물러나왔다. 리극이 태자를 알현하자 태자가 "내가 폐출되겠는가?"라고 물으니, 대답하기를 "백성을 다스리게 하는 일로 고하셨고 곡옥(曲沃)에 거주하게 한 것을 이른다. 군대를 거느리는 일로 가르치셨으니 하군(下軍)을 거느리게 한것을 이른다. 맡은 일을 이바지 못할까 근심할 뿐이지 무슨 까닭으로 폐출될 것을 근심하십니까. 또 아들로서 효도하지 못할까 근심할 뿐이요, 뒷날 임금이 되지 못할까는 근심하지 마십시오. 내 몸을 닦고 다른 이를 책망하지 않는다면 화난을 면할 수 있을 것입니다."라고하였다.

大子帥師 將上軍 公衣之偏衣 左右異色 其半似公服 佩之金玦 狐突御戎 先友爲右 狐突 伯行 重耳外祖父也 梁餘子養御罕夷 先丹木爲右 罕夷 晉下軍卿 梁餘子養爲罕夷御 羊舌大夫爲尉 羊舌大夫 叔向祖父也 尉 軍尉 先友曰 衣身之偏 握兵之要 在此行也 子其勉之 偏躬無慝 分身衣之半 非惡意也 兵要遠災 威權在己 可以遠害 親以無災 又何患焉

태자가 군대를 거느리고 갈 때 상군(上軍)을 거느린 것이다. 진헌공(晉獻公)이 편의(偏衣)를 입히고 편의(偏衣)는 좌우의 색이 다른 옷으로, 그 반쪽의 색깔이 헌공(獻公)의 복색과 같은 것이다. 금결(金玦)을 채워 주었다. 호돌(狐突)이 태자의 융거를 몰고 선우(先友)가 거우가 되고 호돌(狐突)은백행(伯行)으로 중이(重耳)의 외조부이다. 량여자양(梁餘子養)이 한이(罕夷)의 융거를 몰고 선단목(先丹木)이 거우가 되고 한이(罕夷)는 진(晉)나라 하군(下軍)을 거느린 경(卿)이고, 량여자양(梁餘子養)은한이의 어자(御者)가 된 것이다. 양설대부(羊舌大夫)가 위(尉)가 되었다. 양설대부(羊舌大夫)는 숙향(叔向)의 조부이다. 위(尉)는 군위(軍尉)이다. 그러자 선우가 말하기를 "임금님께서 편의를 입혀주셨고병권의 요체를 장악하게 하셨으니 태자님의 앞으로의 일은 이번 싸움에 달려 있습니다. 태자께서는 힘껏 노력하십시오. 편의를 입히신 것은 태자에 대해 나쁜 뜻이 없다는 것이고자신 옷의 반을 나누어 태자에게 입힌 것은 악의로 한 것이 아니라는 것이다. 병권의 요체를 장악하게 하신 것은 재앙을 멀리하라는 것이니 위의(威儀)와 권한(權限)이 자신에게 있으니 해(害)를 멀리할 수 있다는 것이다. 임금님께서 이처럼 친애하고 재앙을 없게 하셨으니 또 무엇을 근심하십니까."라고하였다.

狐突歎曰 時 事之徵也 衣 身之章也 佩 衷之旗也 旗 表也 所以表明其中心 故敬其事 則命以始 賞以春夏 服其身 則衣之純 必以純色爲服 用其衷 則佩之度 佩玉 君子常度 今命以

時卒 閟其事也 冬十二月 閟盡之時 衣之尨服 遠其躬也 尨 雜色 佩以金玦 棄其衷也 服以遠之 時以閟之 尨涼 冬殺 金寒 玦離 胡可恃也 玦 如環而缺 雖欲勉之 狄可盡乎

호돌(狐突)이 탄식하여 말하기를 "시기는 일의 조짐이고 옷은 신분의 표장(表章)이고, 패옥은 마음속을 드러내는 표시[旗]이다. 기(旗)는 표시이니 그 마음을 밝게 드러내는 것이다. 그러므로 그 일을 공경히 여긴다면 사시(四時)가 시작하는 때에 명령을 내리고 봄과 여름에 상(賞)을 준다는 것이다.36) 그 신분에 맞게 옷을 입히려면 순색의 옷을 입히고 반드시 순색(純色)의 옷으로 복장을 갖춘다는 것이다. 그 마음을 신용한다면 법도에 맞는 옥을 차게 하는 것이다. 옥을 차는 것은 군자의 상도(常道)이다. 그런데 지금 사시가 끝나는 때에 명을 내리니 그 일을 막히게 하는 것이고, 겨울 12월은 사시(四時)가 끝나는 때이다. 잡색[尨] 옷을 입히니 태자를 멀리하는 것이고, 방(尨)은 잡색(雜色)이다. 금결(金玦)로 채워 주었으니 태자의 마음을 버린 것이다. 잡색 옷을 입혀 멀리하고 사시가 끝날 때 명을 내려 일을 막히게 하였으니, 잡색은 랭정(冷情)을, 겨울은 숙살(肅殺)을, 금(金)은 한랭을, 결(玦)은 결별을 뜻하니 어찌 임금의 마음을 믿을 수 있겠으며 결(玦)은 고리와 같으면서 한 쪽이 터진 것이다. 비록 힘쓴다 한들 적(狄)을 전멸시킬 수 있겠는가."라고 하였다.

梁餘子養曰 帥師者 受命於廟 受脤於社 脤 宜社之肉 有常服矣 不獲而尨 命可知也 韋弁服 軍之常也 死而不孝 不如逃之 罕夷曰 尨奇無常 奇怪非常 金玦不復 雖復何爲 君有心矣 有害大子之心 先丹木曰 是服也 狂夫阻之 阻 疑也 言狂夫猶疑 曰盡敵而反 曰 公辭 敵可盡乎 雖盡敵 猶有內讒 不如違之 違 去也

량여자양(梁餘子養)이 말하기를 "군대를 거느린 자는 그 명령을 종묘에서 받고, 사(社)에서 신(脤)을 받을 때 신(脤)은 의사(宜社)37)에 올리는 고기이다. 일정한 복장[常服]이 있는데 이를 얻지 못하고 잡색의 옷을 받았으니, 임금님이 명하신 의도를 알 수 있다. 위변복(韋弁服)38)이 군대의 상복(常服)이다. 죽어서 불효가 되느니39) 도망가는 것만 같지 못할 것이다."라고 하였다. 한이(罕夷)가 말하기를 "잡색의 기이한 옷은 상복(常服)에 맞지 않고, 기괴한 옷은 상복(常服)이

---

36) 봄과~것이다 : 임금이 만약 태자의 일을 중요하게 여겼다면 봄과 여름에 상을 주어 권면하게 하는 뜻에 따라 봄이나 여름에 명했어야 했다는 말이다. 양공(襄公) 26년 여름조에 '봄과 여름에 상을 내리고, 가을과 겨울에 형벌을 내린다[賞以春夏 刑以秋冬].'라고 하였다.

37) 의사(宜社) : 출병(出兵)할 때 토지신에게 지내는 제사.

38) 위변복(韋弁服) : 옅은 적색의 부드러운 가죽으로 만든 싸움 때 입는 모자와 의복.

39) 죽어서~되느니 : 아버지가 아들을 죽였다는 오명(汚名)을 아버지에게 끼친다는 것이다.

아니다. 금결(金玦)은 돌아오지 말라는 뜻이니 비록 돌아온들 무엇 하겠는가. 임금님께서는 이미 다른 마음이 있다."라고 하였다. 태자를 해칠 마음이 있다는 것이다. 선단목(先丹木)이 말하기를 "이러한 복장은 미친 사람도 의심할[阻] 것인데 조(阻)는 의심함이니 미친 사람도 오히려 의심한다는 말이다. '적을 다 죽이고 돌아오라.'고 하니 왈(曰)은 헌공(獻公)의 말이다. 적을 다 죽일 수 있겠는가. 비록 적을 다 죽인다 할지라도 오히려 내부의 참소가 있을 것이니, 떠나는[違] 것만 같지 못하다."라고 하였다. 위(違)는 떠남이다.

**狐突欲行 羊舌大夫曰 不可 違命不孝 棄事不忠 雖知其寒 惡不可取 子其死之** 言君心寒薄 **大子將戰 狐突諫曰 不可 昔辛伯諗周桓公** 諗 音審 告也 **云內寵並后 外寵二政 嬖子配適 大都耦國 亂之本也 周公弗從 故及於難 今亂本成矣 立可必乎 孝而安民 子其圖之 與其危身以速罪也** 言有功益見害

호돌(狐突)이 태자를 모시고 다른 나라로 떠나려고 하자, 양설대부(羊舌大夫)가 말하기를 "안 됩니다. 아버지의 명을 어기는 것은 불효이고 맡은 일을 버리는 것은 불충이니, 임금의 랭담함을 알았다 할지라도 불효불충의 악을 취해서는 안 됩니다. 태자는 이번 싸움에서 죽어야 할 것입니다."라고 하였다. 임금의 마음이 차갑고 박정하다는 말이다. 태자가 싸우려 할 때 호돌이 간하기를 "안 됩니다. 옛날 신백(辛伯)[40]이 주(周)나라 환공(桓公)에게 고하기를[諗] 심(諗)은 음이 심(審)이니 고(告)함이다. '내총(內寵)[41]이 왕후와 대등하고, 외총(外寵)[42]이 집정과 대등하며[二政][43], 폐자(嬖子)[44]가 적자와 짝하고, 대도(大都)[45]가 국도와 맞먹는 것은 란의 근본입니다.'라고 하였는데 주공(周公 : 桓公)이 이 말을 따르지 않았기 때문에 화난을 당하였습니다. 지금 진(晉)나라에는 란의 근본이 형성되었으니 임금의 지위를 이어받는 것을 기필할 수 있겠습니까. 효도하여 백성을 편안하게 함[46]을 태자께서 도모하시는 것이 몸을 위태롭게 하여 죄를 초래하는 것보다 낫지 않겠습니까."라고 하였다. 싸움에서 공을 세우면 더욱 해를 당한다는 말이다.

---

40) 신백(辛伯) : 주(周)나라 대부.

41) 내총(內寵) : 임금의 총애를 받는 희첩(姬妾).

42) 외총(外寵) : 임금의 총애를 받는 조신(朝臣).

43) 집정과 대등하며[二政] : 집정은 상경(上卿)이며, 이(二)는 집정에 버금가는 권력을 행사한다는 의미이다.

44) 폐자(嬖子) : 첩이 낳은 아들. 서자(庶子).

45) 대도(大都) : 임금의 자제가 받은 채읍(采邑).

46) 효도하여~함 : 려희(驪姬)를 피하는 것이 효이고 고락씨(皐落氏)와 싸우지 않는 것이 백성을 편안하게 하는 것이니, 곧 외국으로 도망하라는 말이다.

# 魯閔公

| 국명 B.C. | 魯 | 周 | 蔡 | 曹 | 衛 | 滕 | 晉 | 吳 | 鄭 | 燕 | 齊 | 秦 | 楚 | 宋 | 杞 | 陳 | 薛 | 邾 | 莒 | 許 | 越 |
|---|---|---|---|---|---|---|---|---|---|---|---|---|---|---|---|---|---|---|---|---|---|
| 661 | 閔公 1 | 惠王 16 | 穆侯 14 | 昭公 1 | 懿公 8 | | 獻公 16 | | 文公 12 | 莊公 30 | 桓公 25 | 成公 3 | 成王 11 | 桓公 21 | 德公 12 | 宣公 32 | | 文公 5 | | 穆公 37 | |
| 660 | 2 | 17 | 15 | 2 | 戴公 1 | | 17 | | 13 | 31 | 26 | 4 | 12 | 22 | 13 | 33 | | 6 | | 38 | |

# 희공(僖公)[1] 원년 【壬戌 B.C.659】

> 元年 春 王正月
>
> 원년 봄 왕정월이다.

**元年 春 不稱卽位 公出故也 公出復入 不書 諱之也 諱國惡 禮也**

　원년 봄에 즉위한 것을 기록하지 않은 것은 희공(僖公)이 다른 나라로 나가 있었기 때문이다.[2] 희공이 나가 있다가 다시 들어왔지만 이를 경문에 기록하지 않은 것은 숨긴 것이다. 나라의 좋지 않은 일[3]을 숨긴 것은 례에 맞는 일이었다.

> 齊師宋師曹師次于聶北 救邢 夏 六月 邢遷于夷儀 齊師宋師曹師城邢
>
> 　제(齊)나라 군대·송(宋)나라 군대·조(曹)나라 군대가 섭북(聶北)에 주둔하여 형(邢)나라를 구원하였다. 여름 6월에 형나라가 이의(夷儀)로 옮겨갔다. 제나라 군대·송나라 군대·조나라 군대가 형나라에 성을 쌓았다.

夷 公作陳 後同 ○聶北夷儀皆邢地

　이(夷)는 《공양전(公羊傳)》에는 진(陳)으로 되어 있다. 이후에도 이와 같다. ○섭북(聶北)과 이의(夷儀)는 모두 형(邢)나라 땅이다.

**諸侯救邢** 實大夫而曰諸侯 擨衆國之辭 **邢人潰 出奔師** 奔聶北之師也 **師遂逐狄人 具邢器用**

---

1) 희공(僖公) : 로(魯)나라 18대 임금. 이름은 신(申)이고 장공(莊公)의 아들이며 어머니는 성풍(成風)이고 민공(閔公)의 서형(庶兄)이다. 주혜왕(周惠王) 18년에 즉위하였다. 시법(諡法)에 조심성이 많아 모든 일에 두려워하고 꺼리는 것[小心畏忌]을 희(僖)라고 한다.

2) 원년~때문이다 : 민공(閔公) 2년 가을에 애강(哀姜)과 공중(共仲 : 慶父)이 민공을 시해하고 애강이 공중을 임금으로 세우려 할 때, 성계(成季)가 희공(僖公)을 모시고 주(邾)나라로 갔다.

3) 나라의~일 : 민공(閔公)이 시해될 때 희공(僖公)이 주(邾)나라로 나갔다가 다시 들어왔기 때문에 나라의 좋지 않은 일이라 한 것이다.

**而遷之 師無私焉 夏 邢遷于夷儀 諸侯城之 救患也 凡侯伯 救患分灾討罪 禮也** 有灾
**者 分穀帛**

제후들이 형(邢)나라를 구원하려 할 때 실제로는 대부인데 제후들이라고 한 것은 여러 나라를 총괄한
말이다. 형인(邢人)이 흩어져 제후들의 군대가 있는 곳으로 도망갔다. 섭북(聶北)에 주둔하고 있는
제후들의 군대로 도망간 것이다. 제후들의 군대가 드디어 적인(狄人)을 쫓아내고 형나라의 기물
을 다 꾸려 옮겨주었는데 군대가 사사롭게 차지하는 일이 없었다. 여름에 형나라가 이의(夷
儀)로 옮겨가자 제후들이 그곳에 성을 쌓았으니, 형나라를 환난에서 구원하기 위해서였다.
무릇 후백(侯伯)⁴⁾이 제후국의 환난을 구원하고 재앙을 분담하며 죄 있는 자를 토벌하는
것은 례에 맞는 일이었다. 재앙을 당한 자에게 곡식과 비단을 나누어 준 것이다.

---

**秋 七月 戊辰 夫人姜氏薨于夷 齊人以歸**

　가을 7월 무진일에 부인(夫人) 강씨(姜氏)가 이(夷) 땅에서 훙하니 제인(齊人)
이 시신을 가지고 돌아갔다.

---

不言齊人殺 諱之也

　제인(齊人)이 죽였다고⁵⁾ 말하지 않은 것은 숨긴 것이다.

---

**楚人伐鄭**

　초인(楚人)이 정(鄭)나라를 쳤다.

---

荊始改號曰楚

　형(荊)나라가 비로소 이름을 고쳐 초(楚)라고 하였다.

**秋 楚人伐鄭 鄭卽齊故也**

---

4) 후백(侯伯) : 제후(諸侯)의 우두머리. 여기서는 제환공(齊桓公)을 가리킨다.
5) 제인(齊人)이 죽였다고 : 민공(閔公) 2년 9월조 전문에 제인(齊人)이 애강(哀姜)을 잡아 이(夷) 땅에서 죽이
　고 그 시신을 가지고 제나라로 돌아갔다고 하였다.

가을에 초인(楚人)이 정(鄭)나라를 쳤으니, 정나라가 제(齊)나라에 붙었기 때문이다.

---

## 八月 公會齊侯宋公鄭伯曹伯邾人于檉

8월에 희공(僖公)이 제후(齊侯)·송공(宋公)·정백(鄭伯)·조백(曹伯)·주인(邾人)과 정(檉) 땅에서 회합하였다.

檉 公作朾 ○檉 宋地

정(檉)은 《공양전(公羊傳)》에는 정(朾)으로 되어 있다. ○정(檉)은 송(宋)나라 땅이다.

**盟于犖 謀救鄭也** 犖卽檉也

락(犖) 땅에서 맹약하였으니, 정(鄭)나라 구원을 모의하기 위해서였다. 락(犖)은 곧 정(檉)이다.

---

## 九月 公敗邾師于偃

9월에 희공(僖公)이 주(邾)나라 군대를 언(偃) 땅에서 패배시켰다.

偃 公作纓 ○偃 邾地

언(偃)은 《공양전(公羊傳)》에는 영(纓)으로 되어 있다. ○언(偃)은 주(邾)나라 땅이다.

**九月 公敗邾師于偃 虛丘之戍將歸者也** 虛丘 邾地 書敗於會盟之後 責公棄信也

9월에 희공(僖公)이 주(邾)나라 군대를 언(偃) 땅에서 패배시켰으니, 허구(虛丘)에 수자리 살고 있다가 돌아가려고 하던 자들이었다. 허구(虛丘)는 주(邾)나라 땅이다. 회맹(會盟)한 뒤에 패배시킨 것을 경문에 기록한 것은 희공(僖公)이 신의를 저버린 것을 책망한 것이다.

---

## 冬 十月 壬午 公子友帥師敗莒師于酈 獲莒挐

겨울 10월 임오일에 공자 우(友)가 군대를 거느리고 거(莒)나라 군대를 리(酈)

> 땅에서 패배시키고 거나라의 나(挐)를 사로잡았다.

酈 公作犂 穀作麗 ○酈 魯地

리(酈)는 《공양전(公羊傳)》에는 리(犂)로 되어 있고, 《곡량전(穀梁傳)》에는 리(麗)로 되어 있다. ○리(酈)는 로(魯)나라 땅이다.

### 冬 莒人來求賂 求還慶父之賂 公子友敗諸酈 獲莒子之弟挐 非卿也 嘉獲之也 公賜季友汶陽之田及費 汶 水名 費 邑名

겨울에 거인(莒人)이 와서 뢰물을 요구하니 경보(慶父)를 돌려보내 준 일에 대한 뢰물을 요구한 것이다.[6] 공자 우(友 : 季友)가 리(酈) 땅에서 패배시키고 거자(莒子)의 아우 나(挐)를 사로잡았다. 나(挐)는 경(卿)이 아니었으나 그를 사로잡은 것을 아름답게 여겨[7] 기록한 것이다. 희공(僖公)이 계우(季友)에게 문수(汶水) 북쪽의 전지와 비(費) 땅을 내려주었다. 문(汶)은 물 이름이고 비(費)는 읍 이름이다.

> # 十有二月 丁巳 夫人氏之喪至自齊
> 12월 정사일에 부인씨(夫人氏)의 상구(喪柩)가 제(齊)나라에서 왔다.

不稱姜 貶其與弑也

강(姜)이라고 성(姓)을 칭하지 않은 것은 그녀가 민공(閔公)을 시해하는 일에 관여하였기[8] 때문에 폄하한 것이다.

### 夫人氏之喪至自齊

부인씨(夫人氏)의 상구(喪柩)가 제(齊)나라에서 왔다.

---

6) 경보(慶父)를~것이다 : 민공(閔公) 2년 9월에 공자 경보(慶父)가 거(莒)나라로 망명하였는데, 로(魯)나라에서 뢰물을 주겠다며 경보를 넘겨달라고 요구하니 거인(莒人)이 돌려보내 준 기록이 있다.

7) 아름답게 여겨 : 계우(季友)의 공로를 아름답게 여긴 것이다.

8) 그녀가~관여하였기 : 민공(閔公) 2년 9월에 경보(慶父)가 민공을 시해한 일에 애강(哀姜)이 관여하였다는 기록이 있다.

君子以齊人之殺哀姜也爲已甚矣 女子 從人者也 李廉曰 齊殺哀姜 諸儒皆以爲義 左氏獨謂

已甚 是不察於春秋之公義矣

　군자는 제인(齊人)이 애강(哀姜)을 죽인 것을 너무 심하다고 여긴다. 이는 녀자는 시집을 가면 남편을 따르는 자이기 때문이다.[9] 리렴(李廉)이 말하기를 "제(齊)나라가 애강(哀姜)을 죽인 것에 대하여 제유(諸儒)들이 모두 옳다고 여겼는데 좌씨(左氏)만 너무 심하다고 이르니, 이는 《춘추(春秋)》의 공의(公義)를 살피지 않은 것이다."라고 하였다.

# 희공(僖公) 2년 【癸亥 B.C.658】

二年 春 王正月 城楚丘

　2년 봄 왕정월에 초구(楚丘)에 성을 쌓았다.

楚丘 衛邑

　초구(楚丘)는 위(衛)나라 읍이다.

## 二年 春 諸侯城楚丘而封衛焉 不書所會 後也 魯後至

　2년 봄에 제후들이 초구(楚丘)에 성을 쌓고 위(衛)나라를 그곳에 봉해주었다.[10] 경문에 회합한 장소를 기록하지 않은 것은 희공(僖公)이 늦게 갔기 때문이다. 로(魯)나라가 늦게 간 것이다.

---

9) 녀자는~때문이다 : 녀자는 시집가서 죄가 있어도 친정에서는 토죄하지 않는다는 말이다.

10) 위(衛)나라를~봉해주었다 : 민공(閔公) 2년에 위의공(衛懿公)이 적인(狄人)과의 싸움에서 패하고 나라가 망하자 위대공(衛戴公)을 새로운 임금으로 봉해준 것이다.

> ### 夏 五月 辛巳 葬我小君哀姜
>
> 여름 5월 신사일에 우리 소군(小君) 애강(哀姜)의 장례를 지냈다.

> ### 虞師晉師滅下陽
>
> 우(虞)나라 군대와 진(晉)나라 군대가 하양(下陽)을 멸하였다.

下 公穀作夏 ○下陽 虢邑 晉始見經

하(下)는 《공양전(公羊傳)》과 《곡량전(穀梁傳)》에는 하(夏)로 되어 있다. ○하양(下陽)은 괵(虢)나라 읍이다. 진(晉)나라가 처음으로 경문에 보였다.

晉荀息請以屈産之乘與垂棘之璧 假道於虞 以伐虢 荀息 荀叔也 屈地生良馬 垂棘出美玉 公曰 是吾寶也 對曰 若得道於虞 猶外府也 公曰 宮之奇存焉 宮之奇 虞臣 對曰 宮之奇之爲人也 懦而不能强諫 且少長於君 自少長於公宮 君暱之 雖諫 將不聽

진(晉)나라 순식(荀息)이 굴(屈) 땅에서 나는 4필(匹)의 말과 수극(垂棘)에서 나는 옥[璧]을 우(虞)나라에 주고 길을 빌려 괵(虢)나라를 치겠다고 청하였다. 순식(荀息)은 순숙(荀叔)이다. 굴(屈) 땅에서는 좋은 말이 생산된다. 수극(垂棘)에서는 아름다운 옥이 난다. 진헌공(晉獻公)이 말하기를 "이것들은 나의 보물이다."라고 하였다. 순식이 대답하기를 "만약 우나라에게 길을 빌릴 수 있다면 보물을 바깥 창고에 두는 것과 같습니다."라고 하였다. 헌공(獻公)이 말하기를 "우나라에는 궁지기(宮之奇)가 있다."라고 하니, 궁지기(宮之奇)는 우(虞)나라 신하이다. 순식이 대답하기를 "궁지기의 사람됨이 나약해서 강력하게 간하지 못할 것입니다. 또 어릴 때부터 임금 곁에서 자랐기 때문에 어릴 때부터 공궁에서 자랐다는 것이다. 임금이 그를 만만하게 보니 비록 충간을 해도 듣지 않을 것입니다."라고 하였다.

乃使荀息假道於虞 曰 冀爲不道 入自顚軨 伐鄍三門 鄍 音冥 冀 國名 鄍 虞邑 顚軨 地名 冀嘗伐虞至鄍 冀之旣病 則亦唯君故 言虞能伐冀使病 稱虞彊以說其心 今虢爲不道 保於逆旅 逆旅 客舍 以侵敝邑之南鄙 敢請假道 以請罪于虢

이에 헌공(獻公)이 순식(荀息)을 보내어 우(虞)나라에 길을 빌리도록 하면서 말하기를 "지난날 기(冀)나라가 무도(無道)하여 전령(顚軨)[11]으로부터 쳐들어와 명(鄍) 땅의 세 성문을 친 일이 있었는데 명(鄍)은 음이 명(冥)이다. 기(冀)는 나라 이름이다. 명(鄍)은 우(虞)나라 읍이다. 전령(顚軨)은 땅 이름이다. 기나라가 일찍이 우나라를 쳐서 명 땅에 이른 것이다. 기나라가 이미 약해진 것은 오직 임금님 때문입니다. 우(虞)나라가 기(冀)나라를 쳐서 약화시킨 점을 말하여 우나라의 강성함을 칭찬하여 우공(虞公)의 마음을 기쁘게 한 것이다. 지금 괵(虢)나라가 무도하여 변방의 역려(逆旅)에 보루를 쌓아 역려(逆旅)는 객사(客舍)이다. 우리나라의 남쪽 변방을 침범하고 있습니다. 감히 청하건대 길을 빌려주시어 괵나라에게 그 죄를 물을 수 있게 해주시기 바랍니다."라고 하였다.

虞公許之 且請先伐虢 宮之奇諫 不聽 遂起師 夏 晉里克荀息帥師會虞 師伐虢 滅下陽 先書虞 賄故也 惡貪賄也 虢公敗戎于桑田 桑田 虢地 晉卜偃曰 虢必亡矣 亡下陽不懼 而又有功 是天奪之鑒 鑒 所以自照 而益其疾也 必易晉而不撫其民矣 不可以五稔 稔 熟也 爲下五年 晉滅虢張本

이에 우공(虞公)이 허락하고 또 자기가 먼저 괵(虢)나라를 치겠다고 청하였다. 궁지기(宮之奇)가 간하였으나 듣지 않고 드디어 군대를 일으켰다. 여름에 진(晉)나라 리극(里克)과 순식(荀息)이 군대를 거느리고 우(虞)나라 군대와 회합하여 괵나라를 쳐서 하양(下陽)을 멸하였다. 경문에 우나라 군대를 먼저 기록한 것은 진나라로부터 뢰물을 받았었기 때문이다. 뢰물을 탐내는 것을 미워한 것이다. 괵공(虢公)이 융(戎)을 상전(桑田)에서 패배시키자, 상전(桑田)은 괵(虢)나라 땅이다. 진나라의 복언(卜偃)이 다음과 같이 말하였다. "괵나라는 반드시 망할 것이다. 하양이 멸망을 당하였는데도 두려워하지 않고 다른 곳에 공을 세우고 있으니, 이것은 하늘이 거울을 빼앗고 거울은 자신을 비추는 물건이다. 나라를 망하게 할 병폐를 더하게 하는 것이다. 반드시 진나라를 쉽게 여기고 그 백성을 어루만지지 않을 것이니 5년[稔]을 지탱하기가 어려울 것이다." 임(稔)[12]은 곡식이 익음이다. 다음 5년에 진(晉)나라가 괵(虢)나라를 멸하는 장본이 된다.

秋 九月 齊侯宋公江人黃人盟于貫

가을 9월에 제후(齊侯)·송공(宋公)·강인(江人)·황인(黃人)이 관(貫) 땅에서 맹약하였다.

---

11) 전령(顚軨) : 우(虞)나라 고개 이름.

12) 임(稔) : 곡식이 한 번 익는 기간. 곧 1년이다.

貫 公作貫澤 ○貫 宋地

관(貫)은 《공양전(公羊傳)》에는 관택(貫澤)으로 되어 있다. ○관(貫)은 송(宋)나라 땅이다.

### 秋 盟于貫 服江黃也 江黃 楚與國也

가을에 관(貫) 땅에서 맹약하였으니, 강(江)나라와 황(黃)나라가 제(齊)나라에 복속하였기 때문이다. 강(江)과 황(黃)은 초(楚)나라의 여국(與國 : 同盟國)이다.

### ○齊寺人貂 始漏師于多魚 寺人 內奄官豎貂也 多魚 地名 貂始貴寵 漏洩軍事 爲齊亂張本

○제(齊)나라 시인(寺人) 초(貂)가 처음으로 군대의 일을 다어(多魚)에서 루설하였다. 시인(寺人)은 내엄관(內奄官 : 宦官) 수초(豎貂)이다. 다어(多魚)는 땅 이름이다. 초(貂)가 처음 귀하게 되어 총애를 받아 군대의 일을 루설하니 제(齊)나라가 어지러워지는 장본이 된다.

### 冬 十月 不雨

겨울 10월에 비가 오지 않았다.

### 楚人侵鄭

초인(楚人)이 정(鄭)나라를 침범하였다.

### 冬 楚人伐鄭 鬪章囚鄭聃伯

겨울에 초인(楚人)이 정(鄭)나라를 치고 투장(鬪章)이 정나라 담백(聃伯)을 잡아 가두었다.

# 희공(僖公) 3년【甲子 B.C.657】

三年 春 王正月 不雨 夏 四月 不雨

3년 봄 왕정월에 비가 오지 않더니 여름 4월까지 비가 오지 않았다.

一時不雨 則書首月

한 철 내내 비가 오지 않으면 경문에 머릿달[13]을 기록한다.

徐人取舒

서인(徐人)이 서(舒)나라를 취하였다.

舒 國名

서(舒)는 나라 이름이다.

六月 雨

6월에 비가 왔다.

三年 春 不雨 夏 六月 雨 自十月不雨至于五月 不曰旱 不爲災也

3년 봄에 비가 오지 않더니 여름 6월에야 비가 왔다. 지난해 10월부터 5월에 이르도록 비가 오지 않았는데도 가물었다고 이르지 않은 것은 재해가 되지 않았기 때문이다.

秋 齊侯宋公江人黃人會于陽穀

가을에 제후(齊侯)·송공(宋公)·강인(江人)·황인(黃人)이 양곡(陽穀)에서 회

---

13) 머릿달 : 계절의 머릿달이니 여기서는 봄 정월과 여름 4월을 말한다.

합하였다.

陽穀 齊地

양곡(陽穀)은 제(齊)나라 땅이다.

### 秋 會于陽穀 謀伐楚也

가을에 양곡(陽穀)에서 회합하였으니, 초(楚)나라 치는 일을 모의하기 위해서였다.

### 冬 公子友如齊涖盟

겨울에 공자 우(友)가 제(齊)나라에 가서 맹약에 림하였다.

友 穀作季友 涖 公穀作莅 後同

우(友)는 《곡량전(穀梁傳)》에는 계우(季友)로 되어 있다. 리(涖)는 《공양전(公羊傳)》과 《곡량전》에는 리(莅)로 되어 있으니, 이후에도 이와 같다.

### 齊侯爲陽穀之會來尋盟 冬 公子友如齊涖盟 公不會陽穀 故來尋盟

제후(齊侯)가 양곡(陽穀)의 회합 때문에 로(魯)나라에 와서 맹약을 거듭하였다. 겨울에 공자 우(友)가 제(齊)나라에 가서 맹약에 림하였다. 희공(僖公)이 양곡(陽穀)의 회합에 참석하지 않았기 때문에 제후(齊侯)가 로(魯)나라에 와서 맹약을 거듭한 것이다.[14]

### 楚人伐鄭

초인(楚人)이 정(鄭)나라를 쳤다.

### 楚人伐鄭 鄭伯欲成 孔叔不可 曰 齊方勤我 孔叔 鄭大夫 棄德不祥

초인(楚人)이 정(鄭)나라를 치니, 정백(鄭伯)이 화친하고자 하였다. 공숙(孔叔)이 안 된다고 하며 말하기를 "제(齊)나라가 바야흐로 우리를 도와주고 있는데 공숙(孔叔)은 정(鄭)나라 대부

---

14) 제후(齊侯)가~것이다 : 제후(齊侯)가 직접 온 것이 아니라 사신을 파견한 것이라는 설도 있다.

이다. 그 은덕을 저버리는 것은 상서롭지 못합니다."라고 하였다.

# 희공(僖公) 4년【乙丑 B.C.656】

四年 春 王正月 公會齊侯宋公陳侯衛侯鄭伯許男曹伯侵蔡 蔡潰 遂伐楚 次于陘

4년 봄 왕정월에 희공(僖公)이 제후(齊侯)·송공(宋公)·진후(陳侯)·위후(衛侯)·정백(鄭伯)·허남(許男)·조백(曹伯)과 회합하여 채(蔡)나라를 침범하였다. 채나라 백성이 흩어지니 드디어 초(楚)나라를 쳐서 형(陘) 땅에 주둔하였다.

陘 楚地

형(陘)은 초(楚)나라 땅이다.

齊侯與蔡姬乘舟于囿 蕩公 蔡姬 齊侯夫人 蕩 搖也 蓋池在囿中 公懼變色 禁之 不可 公怒 歸之 未之絶也 蔡人嫁之

제후(齊侯 : 桓公)가 채희(蔡姬)와 함께 동산[囿]에서 뱃놀이를 하였는데 채희가 환공(桓公)을 흔드니[蕩] 채희(蔡姬)는 제후(齊侯)의 부인(夫人)이다. 탕(蕩)은 흔듦이다. 대개 연못이 동산[囿] 안에 있다. 환공이 두려워하여 낯빛을 바꾸며 그만두게 하였으나 할 수 없었다. 환공이 노하여 그녀를 채(蔡)나라로 돌려보내긴 했지만 부부의 연을 끊지는 않았는데 채인(蔡人)이 그녀를 다른 데로 시집보내었다.

四年 春 齊侯以諸侯之師侵蔡 蔡潰 遂伐楚 楚子使與師言曰 君處北海 寡人處南海 唯是風馬牛不相及也 牝牡相誘曰風 喩齊楚遠不相干 不虞君之涉吾地也何故 管仲對曰 昔召康公命我先君大公 召康公 召公奭也 曰 五侯九伯 女實征之 以夾輔周室 五等諸侯 九州之伯 賜我先君履 東至于海 西至于河 南至于穆陵 北至于無棣 穆陵無棣皆齊竟也 履

所踐履之界 爾貢包茅不入 王祭不共 無以縮酒 寡人是徵 包 裹束也 茅 菁茅也 束茅 灌酒爲
縮酒 昭王南征而不復 寡人是問 昭王 成王孫 南巡守 涉漢 船壞而溺 對曰 貢之不入 寡君之
罪也 敢不共給 昭王之不復 君其問諸水濱 昭王時 漢非楚竟 故不受罪 師進 次于陘

　　4년 봄에 제후(齊侯)가 제후들의 군대를 거느리고 채(蔡)나라를 침범하였다. 채나라 백성
이 흩어지자 드디어 초(楚)나라를 치니, 초자(楚子)가 사신을 제후들의 군영에 보내어 말하
기를 “임금님께서는 북해(北海)에 거처하고 과인은 남해(南海)에 거처하니 바람난[風] 말과
소도 서로 미치지 못하거늘 암컷과 수컷이 서로 유혹함을 풍(風)이라 하니 제(齊)나라와 초(楚)나라의 거리
가 멀어서 서로 간섭하지 못함을 비유한 것이다. 임금님께서 내 땅을 밟을 것이라고는 생각지도 않았
는데 이렇게 오신 것은 무슨 까닭입니까?”라고 하였다. 관중(管仲)이 대신 대답하기를 “예
전에 소강공(召康公)께서 우리 선군이신 태공(大公)에게 명하여 소강공(召康公)은 소공(召公) 석
(奭)이다. 말씀하시기를 ‘잘못이 있는 5후(侯)와 9백(伯)을 그대가 실로 정벌하여 주(周) 왕실
을 보좌하시오.’라고 하면서 다섯 등급의 제후(諸侯)[15]와 9주(州)의 우두머리이다. 우리 선군에게 정
벌할 수 있는 경계[履]를 내려주셨으니, 동쪽으로는 바다에 서쪽으로는 하수(河水)에 남쪽
으로는 목릉(穆陵)에 북쪽으로는 무체(無棣)에 이르렀습니다. 목릉(穆陵)과 무체(無棣)는 모두 제
(齊)나라 경계이다. 리(履)는 밟을 수 있는 경계이다. 그런데 그대가 바쳐야 할 포모(包茅)가 들어오지
않아 왕께서 제사를 제대로 받들지 못하고 축주(縮酒)할 수가 없었으니 과인은 이를 징계하
고자 하고, 포(包)는 싸서 묶는 것이고 모(茅)는 띠풀[菁茅]이다. 띠풀을 묶어서 그 위에 술을 부어 거르는 것이
축주(縮酒)이다. 또 소왕(昭王)께서 남으로 순수하였는데 돌아오지 못하셨으니 과인은 이를
묻고자 하오.”라고 하였다. 소왕(昭王)은 성왕(成王)의 손자로서 남방을 순수하던 중에 한수(漢水)을 건너
다가 배가 부서져 빠져죽었다. 사신이 대답하기를 “공물을 들이지 못한 것은 과군의 죄이니 감히
바치지 않겠습니까마는 소왕께서 돌아가시지 못한 것은 임금님께서 물가에 그 리유를 물어
야 할 것입니다.”라고 하였다. 소왕(昭王) 때에 한수(漢水)는 초(楚)나라의 경계가 아니었으므로 죄를 받아
들이지 않는 것이다. 그러자 제후들의 군대가 전진하여 형(陘) 땅에 주둔하였다.

夏 許男新臣卒
　　여름에 허남(許男) 신신(新臣)이 졸하였다.

15) 다섯~제후(諸侯) : 공(公)·후(侯)·백(伯)·자(子)·남(男)이다.

卽許叔也

곧 허숙(許叔)이다.16)

---

楚屈完來盟于師 盟于召陵

초(楚)나라 굴완(屈完)이 제후들의 군영에 와서 맹약을 청하자 소릉(召陵)에서 맹약하였다.

完 楚大夫 召陵 地名

굴완(屈完)은 초(楚)나라 대부이고 소릉(召陵)은 땅 이름이다.

夏 楚子使屈完如師 師退 次于召陵 完請盟故 齊侯陳諸侯之師 與屈完乘而觀之 乘 共載 齊侯曰 豈不穀是爲 先君之好是繼 與不穀同好如何 對曰 君惠徼福於敝邑之社稷 辱收寡君 寡君之願也 齊侯曰 以此衆戰 誰能禦之 以此攻城 何城不克 對曰 君若以德綏諸侯 誰敢不服 君若以力 楚國方城以爲城 漢水以爲池 方城 山名 雖衆 無所用之 屈完及諸侯盟

여름에 초자(楚子 : 成王)가 굴완(屈完)을 보내어 제후들의 군영에 가게 하니 제후들의 군대가 물러나 소릉(召陵)에 주둔하였다. 굴완(屈完)이 맹약을 청하였기 때문이다. 제후(齊侯 : 桓公)가 제후들의 군대를 포진시키고 굴완과 함께 수레를 타고[乘] 관병(觀兵)하였다. 승(乘)은 함께 탄 것이다. 제후가 말하기를 "내[不穀]가 왜 이런 일을 하겠는가. 선군과 맺은 우호를 계승하고자 함이니 나와 더불어 우호를 맺음이 어떠한가?"라고 하였다. 굴완이 대답하기를 "임금님께서 은혜롭게 우리나라의 사직에 복을 얻게 해주셔서 욕되이 과군을 거두어주시니 이는 과군이 원하는 것입니다."라고 하였다. 제후가 말하기를 "이런 무리로 싸운다면 누가 능히 막겠는가. 이런 군대로 성을 공격하면 어떤 성인들 함락시키지 못하겠는가."라고 하니, 대답하기를 "임금님께서 만약 덕으로 제후들을 편하게 해주시면 누가 감히 복종하지 않겠습니까. 그런데 임금님께서 만약 무력을 쓰신다면 초나라는 방성(方城)을 성으로 삼고 한수(漢水)를 못[坑子]으로 삼을 것이니 방성(方城)은 산 이름이다. 비록 많은 무리라 하더라도

---

16) 허숙(許叔)이다 : 허숙(許叔)은 허남(許男)인 신신(新臣)으로 제후들의 군대가 초(楚)나라를 치는 도중에 군영에서 졸한 것이다.

소용이 없을 것입니다."라고 하였다. 굴완이 제후들과 맹약하였다.

---

> **齊人執陳轅濤塗**
>
> 제인(齊人)이 진(陳)나라 원도도(轅濤塗)를 사로잡았다.

轅 公穀作袁 ○轅濤塗 陳大夫

원(轅)은 《공양전(公羊傳)》과 《곡량전(穀梁傳)》에는 원(袁)으로 되어 있다. ○원도도(轅濤塗)는 진(陳)나라 대부이다.

---

**陳轅濤塗謂鄭申侯曰 師出於陳鄭之間 國必甚病** 申侯 鄭大夫 **若出於東方 觀兵於東夷 循海而歸 其可也** 東夷 郯莒徐夷 **申侯曰 善 濤塗以告齊侯 許之 申侯見曰 師老矣 若出於東方而遇敵 懼不可用也 若出於陳鄭之間 共其資糧屝屨 其可也** 屝 草屨 **齊侯說 與之虎牢** 還以鄭邑賜之 **執轅濤塗**

진(陳)나라 원도도(轅濤塗)가 정(鄭)나라 신후(申侯)에게 말하기를 "제후들의 군대가 진나라와 정나라의 사이를 통과한다면 두 나라는 반드시 몹시 해를 입을 것입니다. 신후(申侯)는 정(鄭)나라 대부이다. 만약 군대를 동쪽으로 나가게 하여 동이(東夷)에게 군대의 위엄을 보여주면서 바다를 따라 돌아가게 하면 좋을 것입니다."라고 하니 동이(東夷)는 담(郯)·거(莒)·서(徐) 지역의 이(夷)이다. 신후가 말하기를 "좋습니다."라고 하였다. 도도(濤塗)가 이를 제후(齊侯)에게 고하니 허락하였다. 그런데 신후가 제후를 뵙고 말하기를 "군대가 피로한 상태이니 만약 동쪽으로 가서 적을 만나면 어찌할 수 없을까 두렵습니다. 만약 진나라와 정나라의 사이를 통과하면서 그 군량[資糧]과 신발[屝屨]을 공급받는다면 좋을 것입니다."라고 하였다. 비(屝)는 짚신이다. 제후가 기뻐하여 신후에게 호뢰(虎牢)를 주고[17] 다시 정(鄭)나라 읍을 신후(申侯)에게 내려준 것이다. 원도도를 사로잡았다.

---

> **秋 及江人黃人伐陳**
>
> 가을에 강인(江人)·황인(黃人)과 함께 진(陳)나라를 쳤다.

---

17) 제후가~주고 : 호뢰(虎牢)는 정(鄭)나라 땅이지만 제후(齊侯)가 신후(申侯)에게 내려 준 것이다.

書及微者

경문에 급(及)이라고 기록한 것은 미천한 사람이기 때문이다.

## 秋 伐陳 討不忠也 以濤塗誤軍道

가을에 진(陳)나라를 쳤으니, 불충함을 토죄한 것이다. 도도(濤塗)가 군대의 길을 오도(誤導)하였기 때문이다.

## 八月 公至自伐楚

8월에 희공(僖公)이 초(楚)나라를 치는 일에서 돌아왔다.

## 葬許穆公

허(許)나라 목공(穆公)의 장례를 지냈다.

穆 公作繆

목(穆)은 《공양전(公羊傳)》에는 목(繆)으로 되어 있다.

## 許穆公卒于師 葬之以侯 禮也 凡諸侯薨于朝會 加一等 公上等 侯伯中等 子男下等 死王事 加二等 於是有以袞斂 袞衣 公服

허목공(許穆公)이 군영에서 졸하였는데 후(侯)의 등급으로 장례를 지냈으니,[18] 례에 맞는 일이었다. 무릇 제후가 조회나 회합에서 훙하면 한 등급을 더하고 공(公)은 상등이요, 후(侯)·백(伯)은 중등이요, 자(子)·남(男)은 하등이다. 왕의 일을 하다가 죽으면 두 등급을 더하니, 이런 경우에 곤의(袞衣)를 입혀서 렴습하기도 한다. 곤의(袞衣)는 공(公)의 복식이다.

---

18) 후(侯)의~지냈으니 : 허(許)나라는 본래 남작(男爵)인데 한 등급을 올려 후작(侯爵)의 등급으로 장례를 지낸 것이다.

冬 十有二月 公孫玆帥師會齊人宋人衛人許人曹人侵陳

　겨울 12월에 공손자(公孫玆)가 군대를 거느리고 제인(齊人)·송인(宋人)·위인(衛人)·허인(許人)·조인(曹人)과 회합하여 진(陳)나라를 침범하였다.

玆 公作慈 後同 ○公孫玆 叔牙子 霸國大夫會諸侯大夫侵與國 自此始

　자(玆)는 《공양전(公羊傳)》에는 자(慈)로 되어 있으니 이후에도 이와 같다. ○공손자(公孫玆)는 숙아(叔牙)의 아들이다. 패국(霸國)의 대부가 제후들의 대부와 회합하여 동맹국을 침범한 것이 이로부터 시작되었다.

### 冬 叔孫戴伯帥師會諸侯之師侵陳 陳成 歸轅濤塗

　겨울에 숙손대백(叔孫戴伯 : 公孫玆)이 군대를 거느리고 제후들의 군대와 회합하여 진(陳)나라를 침범하였는데, 진나라가 화친을 요구하니 원도도(轅濤塗)를 돌려보냈다.

# 희공(僖公) 5년【丙寅 B.C.655】

五年 春

　5년 봄이다.

五年 春 王正月 辛亥 朔 日南至 周正月 夏十一月 冬至之日 日南極 公旣視朔 遂登觀臺以望而書 禮也 視朔 親告朔也 觀臺 臺上構屋 可以遠觀 凡分至啓閉 必書雲物 分 春秋分 至 冬夏至 啓 立春立夏 閉 立秋立冬 雲物 氣色灾變 爲備故也 素察妖祥 逆爲之備

　5년 봄 왕정월 초하루 신해일에 해가 남쪽 끝에 이르렀다. 주(周)나라 정월은 하력(夏曆)으로 11월이다. 동짓날에 해가 남쪽 끝에 이른다. 희공(僖公)은 이미 시삭(視朔)하고 드디어 관대(觀臺)에 올라 관망하고서 이를 기록하였으니, 례에 맞는 일이었다. 시삭(視朔)은 친히 곡삭(告朔)[19]을 하는

---

19) 곡삭(告朔) : 주대(周代)에 천자가 매년 설달에 이듬 해 열두 달의 달력을 제후들에게 나누어 주었는데,

것이다. 관대(觀臺)는 대 위에 지은 집으로 멀리 관망할 수 있다. 무릇 분(分)·지(凡至)·계(啓)·폐(閉)에는 반드시 운물(雲物)을 기록하는데, 분(分)은 춘분(春分)과 추분(秋分)이고 지(至)는 동지(冬至)와 하지(夏至)이고 계(啓)는 립춘(立春)과 립하(立夏)이고 폐(閉)는 립추(立秋)와 립동(立冬)이다. 운물(雲物)은 기색(氣色)과 재변(災變)이다. 이는 재변(災變)에 대비하기 위해서였다. 평소에 요상(妖祥)함을 살펴 미리 대비하는 것이다.

---

> # 晉侯殺其世子申生
> 진후(晉侯)가 그 세자 신생(申生)을 죽였다.

初 晉獻公欲以驪姬爲夫人 卜之 不吉 筮之 吉 公曰 從筮 卜人曰 筮短龜長 不如從長 龜象筮數 故象長數短 且其繇曰 專之渝 攘公之羭 渝 變也 攘 除也 羭 美也 言專寵則心變除公所美 蓋指申生也 一薰一蕕 十年尚猶有臭 薰 香草 蕕 臭草 言善易消 惡難除 必不可 弗聽 立之

이보다 앞서 진헌공(晉獻公)이 려희(驪姬)를 부인(夫人)으로 삼으려 할 때 거북점[卜]을 치니 불길하고 시초점[筮]을 치니 길하였다. 헌공(獻公)이 "시초점을 따르겠다."라고 하니, 복인(卜人)이 말하기를 "서(筮)는 잘 안 맞지만 귀(龜)는 잘 맞으니, 잘 맞는 것을 따르는 것만 같지 못합니다. 귀(龜)는 모양으로 판단하고 서(筮)는 수로 판단하니, 모양은 잘 맞고 수는 잘 맞지 않는다는 것이다. 또 그 거북점의 점사(占辭)에 이르기를 '총애를 독차지하면 마음이 변하여[渝] 공이 아름답게[羭] 여기는 것을 제거한다[攘]. 투(渝)는 변함이다. 양(攘)은 제거함이다. 유(羭)는 아름다움이다. 총애를 독차지하면 마음이 변하여 공(公)이 아름답게 여기는 것을 제거한다는 말이니 신생(申生)을 가리킨다. 하나의 향초[薰]와 하나의 악초[蕕]를 같이 두면 10년이 지나도 오히려 악취만이 남게 된다.'고 하였으니, 훈(薰)은 향기로운 풀이고, 유(蕕)는 악취가 나는 풀이다. 좋은 것은 사라지기 쉽고 나쁜 것은 제거하기 어렵다는 말이다. 절대로 안 됩니다."라고 하였다. 그러나 헌공은 듣지 않고 려희를 부인으로 세웠다.

生奚齊 其娣生卓子 及將立奚齊 旣與中大夫成謀 中大夫 里克也 姬謂大子曰 君夢齊

---

제후들이 이를 종묘에 간직해 두고 매달 초하루에 그 달의 달력을 꺼내어 시행하면서 종묘에 고하였다. 이 일이 곡삭(告朔)이다.

姜 必速祭之 齊姜 大子母 大子祭于曲沃 歸胙于公 胙 祭之酒肉 公田 姬寘諸宮六日 公
至 毒而獻之 公祭之地 地墳 地爲墳起 與犬 犬斃 與小臣 小臣亦斃 姬泣曰 賊由大子
大子奔新城 新城 曲沃 公殺其傅杜原款

　려희(驪姬)가 해제(奚齊)를 낳았고 그녀의 녀동생은 탁자(卓子)를 낳았다. 려희가 해제를
태자로 세우려 할 때 이미 중대부(中大夫)와 모의를 마쳤다. 중대부(中大夫)는 리극(里克)이다.
려희가 태자에게 말하기를 "임금님께서 꿈에 제강(齊姜)을 보았다고 하니 반드시 빨리 제사
를 지내도록 하시오."라고 하였다. 제강(齊姜)은 태자(大子)의 어머니이다. 이에 태자는 곡옥(曲沃)
에서 제사를 지내고 제물[胙]을 헌공(獻公)에게 바쳤다. 조(胙)는 제사 지낸 술과 고기이다. 이때
헌공은 사냥을 나갔으므로 려희는 그 제물을 궁에 6일 동안 두었다. 헌공이 돌아오자 려희
는 제물에 독을 넣어서 바쳤다. 헌공이 땅에 제사 지내니[20] 땅이 부풀어 오르고, 땅이 부풀어
오른 것이다. 개에게 주니 개가 죽었고, 소신(小臣)[21]에게 주니 소신이 또한 죽었다. 려희가
울며 말하기를 "임금님을 해치려는 음모는 태자에게서 나온 것입니다."라고 하였다. 이에
태자는 신성(新城)으로 달아났고, 신성(新城)은 곡옥(曲沃)이다. 헌공은 태자의 스승인 두원관(杜
原款)을 죽였다.

或謂大子 子辭 君必辯焉 以六日之狀自理 大子曰 君非姬氏 居不安 食不飽 我辭 姬必
有罪 君老矣 吾又不樂 曰 子其行乎 大子曰 君實不察其罪 被此名也以出 人誰納
我 十二月 戊申 縊于新城 卽前年十二月 書春從告 姬 遂譖二公子曰 皆知之 重耳奔蒲
夷吾奔屈

　어떤 사람이 태자에게 이르기를 "그대는 말씀을 드리십시오. 그러면 임금님께서는 분별
하실 것입니다."라고 하였다. 6일 동안의 정황을 스스로 처리하라는 것이다. 태자가 말하기를 "임금
님께서는 희씨(姬氏 : 驪姬)가 없으면 지내는데 편안하게 여기지 않으시고, 식사를 해도 배
부르게 드시지 않는다. 내가 말씀을 드린다면 려희가 반드시 죄가 있게 된다. 임금님께서는
늙으셨고 나도 또 그렇게 하는 것이 즐겁지 않다."라고 하였다. 그 사람이 말하기를 "그대는
떠나실 것입니까?"라고 하니, 태자가 말하기를 "임금님께서 실로 그 죄를 살피지 않으시는
데 이러한 루명(陋名)을 쓰고 떠난다면 다른 사람 누가 나를 받아주겠는가."라 하고, 12월
무신일에 신성(新城)에서 목매어 죽었다. 이는 이미 전년 12월에 있었던 일인데 봄조에 기록한 것은

---

20) 땅에 제사 지내니 : 음식을 먹기 전에 조금 떼어 지신(地神)에게 바친 것이다.

21) 소신(小臣) : 지위가 낮은 신하.

통고해 온 것에 따른 것이다. 려희가 드디어 다른 두 공자도 참소하여 말하기를 "그들은 모두 이를 알고 있었습니다."라고 하였다. 이에 중이(重耳)는 포(蒲) 땅으로 도망하고, 이오(夷吾)는 굴(屈) 땅으로 도망하였다.22)

**晉侯使以殺大子申生之故來告 初 晉侯使士蒍爲二公子築蒲與屈 不愼 寘薪焉** 寘薪 於土雜而築之 **夷吾訴之 公使讓之 士蒍稽首而對曰 臣聞之 無喪而慼 憂必讎焉** 讎猶對 也 **無戎而城 讎必保焉 寇讎之保 又何愼焉 守官廢命 不敬 固讎之保 不忠 失忠與 敬 何以事君 詩云 懷德惟寧 宗子惟城 君其修德而固宗子 何城如之 三年將尋師焉 焉用愼** 尋 用也 蓋當時驪姬之謀已露 **退而賦曰 狐裘尨茸 一國三公 吾誰適從** 士蒍自作詩也 尨茸 亂貌 公與二公子爲三

진후(晉侯)가 사신을 보내어 태자 신생(申生)을 죽인 연고를 로(魯)나라에 와서 고하였다. 이보다 앞서 진후가 사위(士蒍)를 시켜 두 공자를 위해 포(蒲) 땅과 굴(屈) 땅에 성을 쌓게 하였는데, 그가 신중하게 하지 않고 흙에 땔나무를 넣었다. 흙에 땔나무를 넣어 섞어서 쌓은 것이다. 이오(夷吾)가 이를 고소하니 헌공(獻公)이 사람을 보내어 사위를 꾸짖었다. 사위가 머리를 조아리고 대답하기를 "신이 듣건대 상(喪)을 당하지 않았는데 슬퍼하면 근심이 반드시 대응하고[讎], 수(讎)는 대응함[對]과 같다. 싸움이 없는데 성을 쌓으면 원수가 반드시 그것을 보루(保壘)로 삼게 된다고 합니다. 원수의 보루를 또 어찌 신중하게 쌓겠습니까. 관직에 있으면서 명령을 따르지 않음은 불경(不敬)이고,23) 원수의 보루를 공고히 하는 것은 불충(不忠)입니다. 충(忠)과 경(敬)을 잃고서 어찌 임금을 섬기겠습니까. 《시(詩)》에 이르기를 '덕으로 품는 것이 나라가 편안함이요, 종자(宗子)24)가 성(城)이 되도다.'25)라고 하였습니다. 임금님께서 덕을 닦으시고 종자의 자리를 군건히 하신다면 어떤 성이 이와 같겠습니까. 3년 안에 군대를 쓸[尋] 것인데 어찌 신중히 하겠습니까."26)라고 하였다. 심(尋)은 씀이다. 대개 당시에 려희(驪姬)의 모략이 이미 드러난 것이다. 사위가 물러나오며 시를 지어 말하기를 "호구(狐裘)27)의 털이 어지러워[尨茸] 한 나라에 세 공(公)이 있구나. 내 누구를 따르리오."라고 하였

---

22) 이에~도망하였다 : 이때 두 공자가 국도에 있었기 때문에 도망한 것이다.

23) 관직에~불경(不敬)이고 : 성을 쌓으라는 명을 따르지 않음은 불경(不敬)이 된다는 의미이다.

24) 종자(宗子) : 적장자(嫡長子).

25) 덕으로~되도다 : 《시경(詩經)》 〈대아(大雅)〉 판(板).

26) 3년~하겠습니까 : 3년 안에 진헌공(晉獻公)이 포(蒲) 땅의 중이(重耳)와 굴(屈) 땅의 이오(夷吾)를 치게 될 것이니, 어찌 성을 굳게 쌓겠느냐는 것이다.

다. 사위(士蔿)가 스스로 지은 시이다. 방용(尨茸)은 어지러운 모양이다. 헌공(獻公)과 두 공자를 합하여 셋이
된다.

**及難 公使寺人披伐蒲 重耳曰 君父之命不校 乃徇曰 校者 吾讎也 踰垣而走 披斬
其袪 遂出奔翟** 袪 袂也

환난이 일어나자 진헌공(晉獻公)은 시인(寺人) 피(披)를 보내어 포(蒲) 땅을 치게 하였다.
중이(重耳)가 말하기를 "군부(君父)의 명은 대항해서는 안 된다."라 하고, 이에 돌아다니며
말하기를 "군부의 명에 대항하는 자는 나의 원수이다."라고 하였다. 그리고 담을 넘어 달아
나는데 피(披)가 그의 소매[袪]를 잘랐다. 중이는 드디어 적(翟) 땅으로 망명나갔다. 거(袪)는
소매이다.

---

**杞伯姬來 朝其子**

기(杞)나라 백희(伯姬)가 와서 그 아들을 희공(僖公)에게 조견시켰다.

---

伯姬來寧成風也 子幼弱不成朝禮 故繫於母而曰朝其子

백희(伯姬)가 성풍(成風)[28]에게 귀녕(歸寧)온 것이다. 아들이 어려서 조견의 례를 이루지 못하였으므로 어
머니에게 매어 '그 아들을 조견시켰다.'고 한 것이다.

---

**夏 公孫玆如牟**

여름에 공손자(公孫玆)가 모(牟)나라에 갔다.

---

**夏 公孫玆如牟 娶焉** 因聘而娶

여름에 공손자(公孫玆)가 모(牟)나라에 가서 아내를 맞이하였다. 빙문한 기회를 리용하여 아내
를 맞이한 것이다.

---

27) 호구(狐裘) : 여우 가죽으로 만든 옷. 여기서는 지위가 높은 자를 비유한다.

28) 성풍(成風) : 로장공(魯莊公)의 첩비(妾妃)이며 로희공(魯僖公)과 백희(伯姬)의 어머니.

> 公及齊侯宋公陳侯衛侯鄭伯許男曹伯會王世子于首止
>
> 희공(僖公)과 제후(齊侯)·송공(宋公)·진후(陳侯)·위후(衛侯)·정백(鄭伯)·
> 허남(許男)·조백(曹伯)이 왕세자(王世子)와 수지(首止)에서 회합하였다.

止 公穀作戴 後同 世子不名而殊會 尊之也 首止 衛地

지(止)는 《공양전(公羊傳)》과 《곡량전(穀梁傳)》에는 대(戴)로 되어 있다. 이후에도 이와 같다. 세자(世子)의 이름을 말하지 않고 회합한 것을 다르게 기록한 것[29]은 그를 높인 것이다. 수지(首止)는 위(衛)나라 땅이다.

## 會於首止 會王大子鄭 謀寧周也 惠王將廢大子鄭 而立王子帶 故齊桓會大子以定其位

수지(首止)에서 회합하여 왕태자(王大子) 정(鄭)과 만났으니, 주(周)나라의 평안을 모의하기 위해서였다. 혜왕(惠王)이 태자(大子) 정(鄭)을 폐하고 왕자 대(帶)를 세우려 하였다. 그러므로 제환공(齊桓公)이 태자와 회합함으로써 그 지위를 안정시켜주려 한 것이다.

## 陳轅宣仲怨鄭申侯之反己於召陵 宣仲 轅濤塗 故勸之城其賜邑 齊桓所賜虎牢 曰 美城之 大名也 美設樓櫓 可存大名 子孫不忘 吾助子請 乃爲之請於諸侯而城之 美 遂譖諸鄭伯曰 美城其賜邑 將以叛也 申侯由是得罪 爲七年鄭殺申侯傳

진(陳)나라 원선중(轅宣仲)은 정(鄭)나라 신후(申侯)가 소릉(召陵)에서 자신을 배반한 것[30]을 원망하였다. 선중(宣仲)은 원도도(轅濤塗)이다. 그러므로 신후에게 그 하사받은 읍에 성을 쌓으라고 권하며 제환공(齊桓公)이 하사한 호뢰(虎牢)이다. 말하기를 "훌륭히 성을 쌓으십시오. 그러면 큰 명성이 나서 훌륭히 성의 루대(樓臺)와 망루(望樓 : 櫓)를 설치하면 큰 명성을 보존할 수 있다는 것이다. 자손들이 잊지 않을 것입니다. 나는 당신을 도와 제후들에게 도움을 청하겠습니다."라고 하였다. 그리고 신후를 위해 제후들에게 도움을 요청하여 성을 쌓으니 훌륭하였다. 드디어 정백(鄭伯)에게 신후를 참소하여 말하기를 "하사받은 읍에 훌륭히 성을 쌓은 것은 배반하려는 것입니다."라고 하였다. 신후는 이로 말미암아 죄를 얻었다. 7년에 정(鄭)나라가 신후(申侯)를 죽이는 전(傳)의 배경이 된다.

---

29) 세자(世子)의~것 : 제후들과 왕세자(王世子)가 수지(首止)에서 회합하였다고 하지 않고, 제후들이 왕세자와 수지에서 회합하였다고 기록한 것이다.

30) 소릉(召陵)에서~것 : 희공(僖公) 4년 여름조 참조.

> 秋 八月 諸侯盟于首止 鄭伯逃歸不盟
>
> 가을 8월에 제후들이 수지(首止)에서 맹약하였는데 정백(鄭伯)은 도망쳐 돌아가 맹약하지 않았다.

間無異事 復稱諸侯 王世子不盟故也

그 사이에 다른 일이 없었는데도 다시 제후들이 수지(首止)에서 맹약하였다고 칭한 것은 왕세자는 맹약하지 않기 때문이다.[31]

秋 諸侯盟 王使周公召鄭伯 曰 吾撫女以從楚 輔之以晉 可以少安 周公 宰孔也 王恨齊桓定大子 使鄭伯叛齊 鄭伯喜於王命 而懼其不朝於齊也 故逃歸不盟 孔叔止之 曰 國君不可以輕 輕則失親 失親 患必至 病而乞盟 所喪多矣 君必悔之 弗聽 逃其師而歸

가을에 제후들이 맹약할 때 혜왕(惠王)이 주공(周公)을 보내 정백(鄭伯)을 부르게 하여 말하기를 "내가 그대를 위무하여 초(楚)나라를 따르게 하고 진(晉)나라로 하여금 그대를 돕게 하여 얼마간 정(鄭)나라의 안녕을 취하게 하려 한다"라고 하였다. 주공(周公)은 재공(宰孔)이다. 혜왕(惠王)은 제환공(齊桓公)이 태자(大子)의 지위를 안정시킨 것을 원망하여 정백(鄭伯)으로 하여금 제(齊)나라를 배반하게 한 것이다.[32] 정백은 왕명을 기뻐하였으나 제(齊)나라에 조견하지 않았던 것을 두려워하였기 때문에 도망쳐 돌아가 맹약하지 않았다. 이에 공숙(孔叔)이 막으며 말하기를 "나라의 임금은 가볍게 행동해서는 안 됩니다. 가벼우면 친한 이를 잃게 되고, 친한 이를 잃으면 환난이 반드시 이르게 됩니다. 위태로워진 다음에 동맹을 구걸한다면 잃는 것이 많을 것이니, 임금님께서는 반드시 후회하실 것입니다."라고 하였다. 그래도 정백은 듣지 않고 그 군대를 그대로 두고 도망쳐 돌아갔다.[33]

---

31) 제후들이~때문이다 : 여름에 제후들이 왕세자(王世子)와 수지(首止)에서 회합하였으나 왕세자는 제후들과 맹약할 수 없기 때문에 이때 제후들끼리 별도로 맹약한 것이다.

32) 정백(鄭伯)으로~것이다 : 당시 진(晉)나라와 초(楚)나라는 제(齊)나라에 복종하지 않기 때문에 혜왕(惠王)이 이들 나라를 련결시켜 정백(鄭伯)으로 하여금 제환공(齊桓公)을 배반하게 하고자 한 것이다.

33) 그 군대를~돌아갔다 : 회맹(會盟)의 의식에 제후들은 사(師)의 군대를 거느리고, 경(卿)은 려(旅)의 군대를 거느리고 간다. 지금 정백(鄭伯)은 그 군대를 그대로 두고서 혼자 도망쳐 돌아간 것이다.

> 楚人滅弦 弦子奔黃
>
> 초인(楚人)이 현(弦)나라를 멸하니 현자(弦子)가 황(黃)나라로 망명하였다.

弦 國名 楚滅國之始

　현(弦)은 나라 이름이다. 초(楚)나라가 제후국을 멸한 시초이다.

**楚鬪穀於菟滅弦 弦子奔黃 於是江黃道柏方睦於齊 皆弦姻也** 道柏皆國名 **弦子恃之 而不事楚 又不設備 故亡**

　초(楚)나라 투누오도(鬪穀於菟)가 현(弦)나라를 멸하니 현자(弦子)가 황(黃)나라로 망명하였다. 이때 강(江)·황(黃)·도(道)·백(柏)나라들은 바야흐로 제(齊)나라와 화목한 사이였는데 모두 현나라의 인척이었다. 도(道)와 백(柏)은 모두 나라 이름이다. 현자는 이를 믿고 초나라를 섬기지 않았고 방비도 하지 않았기 때문에 망한 것이다.

> 九月 戊申 朔 日有食之
>
> 9월 초하루 무신일에 일식이 있었다.

> 冬 晉人執虞公
>
> 겨울에 진인(晉人)이 우공(虞公)을 사로잡았다.

**晉侯復假道於虞以伐虢 宮之奇諫曰 虢 虞之表也 虢亡 虞必從之 晉不可啓 寇不可翫 一之謂甚 其可再乎 諺所謂輔車相依 脣亡齒寒者 其虞虢之謂也** 輔 頰輔 車 牙車 **公曰 晉 吾宗也 豈害我哉 對曰 大伯虞仲 大王之昭也 大伯不從 是以不嗣** 虞仲支子 別封西吳 虞公其後 **虢仲虢叔 王季之穆也** 虢仲虢叔 王季之子 仲叔皆虢君字 **爲文王卿士 勳在王室 藏於盟府** 盟府 司盟之官 **將虢是滅 何愛於虞 且虞能親於桓莊乎 其愛之也 桓莊之族何罪 而以爲戮 不唯偪乎** 桓莊之族 晉獻公從祖昆弟 事在莊二十五年 **親以寵偪 猶尙害之 況以國乎**

진후(晉侯)가 다시 우(虞)나라에 길을 빌려 괵(虢)나라를 치려고 하였다. 궁지기(宮之奇)가 우공(虞公)에게 간하기를 "괵나라는 우나라의 울타리입니다. 괵나라가 망하면 우나라도 반드시 따라 망할 것이니, 진(晉)나라에 길을 열어주어서는 안 되고 도둑은 가벼이 보아서는 안 됩니다. 한 번 빌려준 것[34]도 심하다고 하겠는데 다시 빌려주어서야 되겠습니까. 속담에 '뺨[輔]과 아래턱뼈[車]는 서로 의지하고, 입술이 없으면 이가 시리다.'라고 한 것은 우나라와 괵나라를 두고 이른 것입니다."라고 하였다. 보(輔)는 뺨이고 거(車)는 아래턱뼈이다. 우공이 말하기를 "진나라는 우리의 종실인데 어찌 우리를 해치겠는가."라고 하니, 궁지기가 대답하기를 "태백(大伯)과 우중(虞仲)은 태왕(大王)의 아들[昭]인데 태백이 아버지의 명을 따르지 않아 잇지를 못하였습니다. 우중(虞仲)은 지자(支子)여서 따로 서오(西吳) 땅에 봉해졌다. 우공(虞公)은 그 후손이다. 괵중(虢仲)과 괵숙(虢叔)[35]은 왕계(王季)[36]의 아들[穆]인데[37] 괵중(虢仲)과 괵숙(虢叔)은 왕계(王季)의 아들이고, 중(仲)과 숙(叔)은 모두 괵(虢)나라 두 임금의 자(字)이다. 문왕(文王)의 경사(卿士)가 되고 왕실에 공훈이 있어 맹부(盟府)에 보관되어 있습니다. 맹부(盟府)는 맹약의 일을 맡은 관서이다. 그런데도 진나라는 괵나라를 멸하려 하는데 어떻게 우나라를 아끼겠습니까. 또 우나라가 환숙(桓叔)과 장백(莊伯)보다 친할 수 있겠으며,[38] 아낀다면 환숙과 장백의 족속은 무슨 죄로 살륙까지 당하였겠습니까? 자기에게 위협이 된다고 생각해서가 아니겠습니까. 환숙(桓叔)과 장백(莊伯)의 족속은 진헌공(晉獻公)의 6촌 형제들이다. 일이 장공(莊公) 25년에 있었다. 친족이지만 권세로써 위협하는 것도 오히려 죽여 버리는데 하물며 나라의 경우에 있어서는 어떻겠습니까."[39]라고 하였다.

**公曰 吾享祀豊絜 神必據我** 據猶安也 **對曰 臣聞之 鬼神非人實親 惟德是依 故周書曰 皇天無親 惟德是輔 又曰 黍稷非馨 明德惟馨 又曰 民不易物 惟德繄物** 民不易物

34) 한 번~것 : 희공(僖公) 2년 여름에 우(虞)나라가 진(晉)나라에 길을 빌려주면서 진나라와 함께 괵(虢)나라의 하양(下陽)을 멸한 일이다.
35) 괵중(虢仲)과 괵숙(虢叔) : 왕계(王季)의 아들들로 문왕(文王)의 아우.
36) 왕계(王季) : 태왕(大王)의 아들로 태백(大伯)과 우중(虞仲)의 아우.
37) 태백(大伯)과~아들인데 : 전문의 소(昭)와 목(穆)은 아들에 해당된다. 소와 목은 신주의 종묘 배치 순서의 명칭이다. 태조의 묘(廟)는 중앙에 있고, 2세의 묘는 태조묘의 왼쪽[東] 앞에 두는데 이를 소라 한다. 3세묘는 태조묘의 오른쪽[西]에 두는데 이를 목이라 한다. 4세는 다시 소, 5세는 다시 목이라 하여 차례를 둔다. 이런 식으로 차례를 매겨 천자의 사당은 7묘를 두고, 제후는 5묘를 둔다.
38) 우나라가~있겠으며 : 우(虞)나라와 진(晉)나라가 같은 종실이지만 진헌공(晉獻公)이 그 족속인 환숙(桓叔)과 장백(莊伯)보다 우나라와 더 친할 수는 없다는 말이다.
39) 나라의~어떻겠습니까 : 다른 나라일 경우 친척 사이보다 더 위협을 느껴 멸망시키려 들 것이라는 말이다.

以祭 而有德則享 無德則不享 如是 則非德民不和 神不享矣 神所憑依 將在德矣 若晉取虞 而明德以薦馨香 神其吐之乎 弗聽 許晉使 宮之奇以其族行 曰 虞不臘矣 在此行也 晉不更擧矣

우공(虞公)이 말하기를 "우리가 올리는 제사가 풍성하고 정결하니 신은 반드시 우리를 편안하게[據] 해줄 것이다."라고 하니, 거(據)는 편안함[安]과 같다. 궁지기(宮之奇)가 대답하기를 "신이 듣건대 귀신은 사람을 진실로 친하게 여기지 않고 오직 덕 있는 사람을 의지한다고 합니다. 그러므로 〈주서(周書)〉에 이르기를 '황천(皇天)은 친애하는 이가 따로 없고 오직 덕 있는 이를 도울 뿐이다.'[40]라고 하였고, 또 이르기를 '서직(黍稷)이 향기로운 것이 아니라 명덕(明德)이 향기로울 뿐이다.'[41]라고 하였으며, 또 이르기를 '백성이 제물을 바꾸지 않더라도 오직 덕이 그 제물이다.'[42]라고 하였으니, 백성이 제물을 바꾸어 제사 지내지 않더라도 오직 덕이 있으면 신이 흠향하고 덕이 없으면 흠향하지 않는다는 것이다. 그렇다면 덕이 아니면 백성은 화합하지 않고 신도 흠향하지 않는 것입니다. 신이 의지하는 것은 마땅히[將] 덕에 있는 것입니다. 만약 진(晉)나라가 우(虞)나라를 취하고 덕을 밝혀서 향기로운 제물을 올리게 되면 신이 그것을 토해내겠습니까."라고 하였다. 우공이 듣지 않고 진나라 사신에게 길을 빌려주는 것을 허락하였다. 궁지기는 그 가족을 데리고 떠나면서 말하기를 "우나라는 랍제(臘祭)를 지내지 못하게 될 것이다.[43] 진나라는 이번 출병으로 다시 거병하지 않을 것이다.[44]"라고 하였다.

八月 甲午 晉侯圍上陽 上陽 虢國都 問於卜偃曰 吾其濟乎 對曰 克之 公曰 何時 對曰 童謠云 丙之晨 龍尾伏辰 龍尾 尾星也 日月之會曰辰 日在尾 故尾星伏不見 均服振振 取虢之旂 旂音芹 戎事上下同服 故曰均服 振振 盛貌 鶉之賁賁 天策焞焞 火中成軍 虢公其奔 鶉 火星 賁賁 鳥星之體 天策 傅說星 其九月十月之交乎 以星驗推之 夏之九月十月也 交 晦朔交會 丙

---

40) 황천(皇天)은~뿐이다 : 《서경(書經)》〈주서(周書)〉 채중지명(蔡仲之命).

41) 서직(黍稷)이~뿐이다 : 《서경(書經)》〈주서(周書)〉 군진(君陳).

42) 백성이~제물이다 : 《서경(書經)》〈주서(周書)〉 려오(旅獒).

43) 랍제(臘祭)를~것이다 : 랍제(臘祭)는 년말에 조수(鳥獸)를 사냥하여 조상 및 여러 신에게 드리는 제사이다. 따라서 랍제를 지내지 못할 것이라는 말은 나라가 망한다는 것이다. 《례기(禮記)》〈월령(月令)〉에 '臘先祖五祀'라는 말이 있다.

44) 진나라는~것이다 : 진(晉)나라가 우(虞)나라를 멸망시킬 것이기 때문에 다시 우나라 때문에 거병할 리유가 없다는 말이다.

子旦 日在尾 月在策 是夜日月合朔於尾 月行疾 故至朝而過在策 鶉火中 必是時也 冬 十二 月 丙子 朔 晉滅虢 虢公醜奔京師 周十二月 夏之十月 醜 虢公名

8월 갑오일에 진후(晉侯)가 상양(上陽)을 포위하고 상양(上陽)은 괵(虢)나라의 국도이다. 복언(卜偃)에게 묻기를 "우리가 성공하겠는가?"라고 하니, 대답하기를 "이길 것입니다."라고 하였다. 진헌공(晉獻公)이 말하기를 "언제가 되겠는가?"라고 하니, 대답하기를 "동요에 이르기를 '병자일 새벽에 룡미성(龍尾星)이 숨어 보이지 않고, 룡미성(龍尾星)은 미성(尾星)[45]이다. 해와 달이 만나는 것을 신(辰)이라 한다. 해가 미성 자리에 있기 때문에 미성이 숨어 나타나지 않는 것이다. 균복(均服)이 성해서[振振] 괵(虢)나라의 근기(旂旗)를 취할 것이네. 근(旂)은 음이 근(芹)이다. 싸울 때에는 상하가 같은 옷을 입기 때문에 균복(均服)이라고 한 것이다. 진진(振振)은 성한 모양이다. 순화성(鶉火星)은 뚜렷하고[賁賁] 천책성(天策星)은 희미하여 순화성이 정남방에 위치할 때 군대의 일이 이루어지니 괵공(虢公)이 도망갈 것이네.'라고 하니 순(鶉)은 순화성(鶉火星)이다. 분분(賁賁)은 조성(鳥星:鶉火星)의 뚜렷한 모습이다. 천책성(天策星)은 부열성(傅說星)이다. 9월과 10월이 만나는[交] 때일 것입니다. 별의 증험으로 추론한 것이다. 하력(夏曆)으로 9월과 10월이다. 교(交)는 그믐과 초하루가 만나는 때이다. 병자일 새벽에 해가 룡미성에 있고 달이 천책성에 있고, 이 날 밤에 해와 달이 미성(尾星)에서 합삭(合朔)[46]이 된다. 달의 운행이 빠르므로 아침이 되면 미성을 지나 천책성(天策星)에 있게 된다. 순화성이 정남방에 오니 바로 그때입니다."라고 하였다. 겨울 12월 초하루 병자일에 진(晉)나라가 괵나라를 멸하니 괵공 추(醜)가 경사(京師)로 망명하였다. 주력(周曆) 12월은 하력(夏曆) 10월이다. 추(醜)는 괵공(虢公)의 이름이다.

師還 館于虞 遂襲虞 滅之 執虞公及其大夫井伯 以媵秦穆姬 晉獻公女 秦穆夫人 送女曰 媵 以屈辱之 而修虞祀 且歸其職貢於王 虞受王所命之祀 故書曰 晉人執虞公 罪虞 且言 易也

진(晉)나라 군대가 돌아오면서 우(虞)나라에 머물다가 드디어 우나라를 습격하여 멸하였다. 우공(虞公)과 그 대부 정백(井伯)을 잡아 진목희(秦穆姬)의 잉신(媵臣)으로 보내고, 진목희(秦穆姬)는 진헌공(晉獻公)의 딸로 진목공(秦穆公)의 부인(夫人)이다. 시집가는 녀자를 호송하는 것을 잉(媵)이라 하니, 이로써 굴욕을 준 것이다. 우나라 제사를 대신 지내고 또 주(周)나라 왕에게 바치던 직공

---

45) 미성(尾星) : 동방 창룡(蒼龍)에 속한 별자리이다.

46) 합삭(合朔) : 해와 달이 운행하면서 천체의 같은 궤도에 위치하는 일. 음력 매월 초하루를 전후하여 합삭을 한다. 《후한서(後漢書)》〈률력지(律歷志)〉 하편에 '日月相推 日舒月速 當其同所 謂之合朔'이라는 말이 있다.

(職貢 : 貢物)을 대신 보내었다. 우(虞)나라가 왕이 명한 것을 받아 지내던 제사이다.[47] 그러므로 경문에 진인(晉人)이 우공을 사로잡았다고 하였으니, 우나라를 죄준 것이고 또 우나라 정벌이 쉬웠음을 말한 것이다.

# 희공(僖公) 6년【丁卯 B.C.654】

六年 春 王正月

　6년 봄 왕정월이다.

○六年 春 晉侯使賈華伐屈 夷吾不能守 盟而行 賈華 晉大夫 與屈人盟其不背己 將奔狄
郤芮曰 後出同走 罪也 嫌與重耳相隨 不如之梁 梁近秦而幸焉 乃之梁 幸 親幸也

　○6년 봄에 진후(晉侯)가 가화(賈華)를 시켜 굴(屈) 땅을 치게 하니, 이오(夷吾)는 지킬 수가 없어서 굴인(屈人)과 맹약하고 다른 나라로 떠났다. 가화(賈華)는 진(晉)나라 대부이다. 이오(夷吾)가 자기를 배반하지 않기를 굴인(屈人)과 맹약한 것이다. 그가 적(狄) 땅으로 망명하려 할 때 극예(郤芮)가 말하기를 "중이(重耳)보다 뒤에 빠져나가면서 그분과 같은 곳으로 가는 것은 죄가 되니 중이(重耳)와 함께 행동한다는 혐의를 받게 된다는 것이다. 량(梁)나라로 가는 것만 같지 못합니다. 량나라는 진(秦)나라와 가까우면서도 친합니다[幸]."라고 하였다. 이에 이오는 량나라로 갔다. 행(幸)은 친함이다.

夏 公會齊侯宋公陳侯衛侯曹伯伐鄭 圍新城

　여름에 희공(僖公)이 제후(齊侯)·송공(宋公)·진후(陳侯)·위후(衛侯)·조백(曹

---

47) 우(虞)나라가~제사이다 : 주왕(周王)이 우공(虞公)에게 명하여 그 경내(境內) 산천의 신에게 지내게 한 제사이다. 진(晉)나라가 우(虞)나라를 멸한 뒤 우나라가 지내던 제사를 대신 지낸 것이다.

伯)과 회합하여 정(鄭)나라를 쳐 신성(新城)을 포위하였다.

---

**夏 諸侯伐鄭 以其逃首止之盟故也 圍新密 鄭所以不時城也** 鄭以非時 城新密 故經書新
城

여름에 제후들이 정(鄭)나라를 쳤으니 수지(首止)의 맹약에서 도망쳤기 때문이었고,[48]
신밀(新密:新城)을 포위하였으니 정나라가 시기가 아닌데도 성을 쌓았기 때문이었다.[49]
정(鄭)나라가 시기가 아닌데도 신밀(新密)에 성을 쌓았기 때문에 경문에 신성(新城)이라고 기록한 것이다.

---

**秋 楚人圍許 諸侯遂救許 冬 公至自伐鄭**

가을에 초인(楚人)이 허(許)나라를 포위하니 제후들이 드디어 허나라를 구원
하였다. 겨울에 희공(僖公)이 정(鄭)나라를 친 일에서 돌아왔다.

此夷狄圍中國之始

이것은 이적(夷狄)이 중국을 포위한 시초이다.

---

**秋 楚子圍許以救鄭 諸侯救許** 伐鄭諸侯 **乃還 冬 蔡穆侯將許僖公以見楚子於武城** 武
城 楚地 **許男面縛銜璧 大夫衰絰 士輿櫬** 以璧爲贄 手縛 故銜之 **楚子問諸逢伯** 逢伯 楚大夫
**對曰 昔武王克殷 微子啓如是 武王親釋其縛 受其璧而祓之** 祓 除凶之禮 **焚其櫬 禮而
命之 使復其所 楚子從之**

가을에 초자(楚子)가 허(許)나라를 포위하여 정(鄭)나라를 구원하였는데 제후들이 허나
라를 구원하니 정(鄭)나라를 친 제후들이다. 이에 돌아갔다. 겨울에 채목후(蔡穆侯)가 허희공(許
僖公)을 데리고 무성(武城)에서 초자를 만났다.[50] 무성(武城)은 초(楚)나라 땅이다. 허남(許男:許
僖公)이 두 손을 뒤로 묶고 구슬을 입에 물었으며[面縛銜璧][51] 그의 대부들은 상복(喪服)을

---

48) 수지(首止)의~때문이었고 : 희공(僖公) 5년 가을 8월에 이 일이 있었다.

49) 신밀(新密:新城)을~때문이었다 : 농한기가 아닌데도 신밀(新密)에 성을 쌓아 백성을 힘들게 한 것을 구실
로 삼은 것이다.

50) 채목후(蔡穆侯)가~만났다 : 채(蔡)나라는 초(楚)나라의 동맹국이므로 허(許)나라를 설득하여 초나라에 항
복하게 한 것이다.

입었고 사(士)들은 널을 수레에 실었다. 구슬로 폐백을 삼았는데 손이 묶였으므로 입으로 문 것이다. 초자가 봉백(逢伯)에게 묻자, 봉백(逢伯)은 초(楚)나라 대부이다. 대답하기를 "옛날 무왕(武王)께서 은(殷)나라를 쳐서 이겼을 때 미자(微子) 계(啓)가 이같이 하였습니다. 그러자 무왕께서는 친히 결박을 풀어 주고 그 구슬을 받고서 불(祓)을 행하였으며, 불(祓)은 흉함을 제거하는 례이다. 그 널을 불태워 례로 대하고 명하여 그가 있던 곳으로 돌려보내셨습니다."라고 하였다. 이에 초자가 그대로 따랐다.

# 희공(僖公) 7년 【戊辰 B.C.653】

> 七年 春 齊人伐鄭
>
> 7년 봄에 제인(齊人)이 정(鄭)나라를 쳤다.

七年 春 齊人伐鄭 孔叔言於鄭伯曰 諺有之曰 心則不競 何憚於病 競 强也 既不能彊 又不能弱 所以斃也 國危矣 請下齊以救國 公曰 吾知其所由來矣 姑少待我 欲以申侯 說 對曰 朝不及夕 何以待君

7년 봄에 제인(齊人)이 정(鄭)나라를 쳤다. 공숙(孔叔)이 정백(鄭伯 : 文公)에게 말하기를 "속언에 '마음은 강하지[競] 못하면서 어찌 괴롭힘 당하는 것을 꺼리는가.'라고 하였습니다. 경(競)은 강함이다. 이미 강하지 못하면서 또 약하게 처신하지도 못하는 것이 멸망하게 되는 원인입니다. 지금 나라가 위태로우니 제(齊)나라에 굴복하여 나라를 구하십시오."라고 하였다. 이에 정문공(鄭文公)이 말하기를 "나는 제나라가 쳐들어 온 리유를 알고 있다. 우선 내가 하는 대로 잠시 기다려라."라고 하였다. 신후(申侯)로써 제(齊)나라를 설득하고자 한 것이다.[52]

---

51) 두 손을~물었으며[面縛銜璧] : 투항하여 죄를 청함을 나타낸다.

52) 신후(申侯)로써~것이다 : 제(齊)나라가 정(鄭)나라를 친 것은 수지(首止)의 회맹에서 정백(鄭伯)이 도망쳐 초(楚)나라 편을 들었기 때문이다. 그런데 신후(申侯)는 정나라 대부이지만 본래 초문왕(楚文王)에게 총애를 받았다. 그래서 정백이 신후를 죽여 제나라를 설득하고자 한 것이다.

공숙이 대답하기를 "아침에 저녁을 기대할 수 없을 지경인데 어찌 임금님이 하시는 대로 기다리고 있겠습니까."라고 하였다.

---

夏 小邾子來朝

　　여름에 소주자(小邾子)가 와서 조견하였다.

---

郳黎來始得王命 別封小邾

　　예(郳)나라 려래(黎來)가 처음으로 왕명을 얻어 소주(小邾)에 따로 봉해졌다.

---

鄭殺其大夫申侯

　　정(鄭)나라가 그 대부 신후(申侯)를 죽였다.

---

夏 鄭殺申侯 以說于齊 且用陳轅濤塗之譖也 初 申侯 申出也 有寵於楚文王 文王將死 與之璧 使行曰 唯我知女 女專利而不厭 予取予求 不女疵瑕也 從我取 從我求 我不以女爲罪釁 後之人將求多於女 謂嗣君將責以禮義 女必不免 我死 女必速行 無適小國 將不女容焉 既葬 出奔鄭 又有寵於厲公 子文聞其死也 曰 古人有言曰 知臣莫若君 弗可改也已 子文 鬬縠於菟

　　여름에 정(鄭)나라가 신후(申侯)를 죽여서 제(齊)나라를 설득하였으니 또한 진(陳)나라 원도도(轅濤塗)의 참소를 받아드린 결과였다.[53] 이보다 앞서 신후는 신출(申出)[54]로 초문왕(楚文王)에게 총애를 받았다. 문왕(文王)이 죽을 무렵 그에게 벽옥을 주어 다른 나라로 가게 하면서 말하기를 "오직 나만이 너를 잘 안다. 너는 오로지 리익만을 생각하여 만족할 줄 모른다. 너는 나에게서 마음껏 취하였고 마음껏 요구했지만 나는 너를 허물하지 않았다. 나에게서 마음껏 취하였고 나에게 마음껏 요구했지만 나는 네가 죄나 허물을 지었다고 여기지 않았다는 것이다.

---

53) 진(陳)나라~결과였다 : 희공(僖公) 5년 여름에 원도도(轅濤塗)가 정문공(鄭文公)에게 신후(申侯)를 참소하여 죄를 얻게 한 일이 있었다.
54) 신출(申出) : 자매(姉妹)의 아들을 출(出)이라 하니, 신출(申出)은 신후(申侯)가 신(申)나라 임금의 생질(甥姪)이라는 말이다.

그러나 내 뒤를 이을 자는 너에게서 많이 요구하려 할 것이니 사군(嗣君)은 장차 너를 례의(禮義)의 문제로 책망할 것이라고 이른 것이다. 그러면 너는 반드시 화를 면치 못할 것이다. 내가 죽으면 너는 반드시 속히 다른 나라로 떠나되 작은 나라로는 가지 말아라. 작은 나라는 너를 용납할 수 없을 것이다."라고 하였다. 문왕의 장례를 지내고 나서 신후는 정나라로 망명나갔다. 그리하여 또 정려공(鄭厲公)에게 총애를 받았다. 초나라 자문(子文)은 그가 죽었다는 말을 듣고 말하기를 "옛사람이 이르되 '신하의 사람됨을 아는 이는 그 임금만한 이가 없다.'라고 하였는데 이 말은 바꿀 수 없는 것이로구나."라고 하였다. 자문(子文)은 투누오도(鬪穀於菟)이다.

---

秋 七月 公會齊侯宋公陳世子款鄭世子華 盟于甯母

　가을 7월에 희공(僖公)이 제후(齊侯)·송공(宋公)·진(陳)나라 세자(世子) 관(款)·정(鄭)나라 세자 화(華)와 회합하여 녕모(甯母)에서 맹약하였다.

甯 穀作寧 ○甯母 魯地
　녕(甯)은 《곡량전(穀梁傳)》에는 녕(寧)으로 되어 있다. ○녕모(甯母)는 로(魯)나라 땅이다.

秋 盟于甯母 謀鄭故也 管仲言於齊侯曰 臣聞之 招攜以禮 懷遠以德 攜 離也 德禮不易 無人不懷 齊侯修禮於諸侯 諸侯官受方物 諸侯官司 各於齊受當貢天子之方物 鄭伯使大子華聽命於會 言於齊侯曰 洩氏孔氏子人氏三族 實違君命 三族 鄭大夫 君若去之 以爲成 我以鄭爲內臣 以鄭事齊 如封內臣 君亦無所不利焉

　가을에 녕모(甯母)에서 맹약하였으니, 정(鄭)나라 일을 모의하기 위해서였다. 관중(管仲)이 제후(齊侯)에게 말하기를 "신이 들건대 떨어져 나간[攜] 자는 례로써 부르고 멀리 있는 자는 덕으로써 회유한다고 하였으니 휴(攜)는 떨어져 나감이다. 덕과 례를 지켜 바꾸지 아니하면 회유하지 못할 자가 없습니다."라고 하였다. 그래서 제후(齊侯)는 제후들에게 례를 갖추어 행하였고 제후들의 관리는 방물(方物)55)의 물목(物目)을 받았다. 제후들의 관사(官司)가 각각 제(齊)나라에서 천자에게 마땅히 바쳐야 할 방물(方物)의 물목(物目)을 받은 것이다. 정백(鄭伯)은 태자 화(華)를 시켜 회합에서 명을 받게 하였는데 그가 제후(齊侯)에게 말하기를 "설씨(洩氏)·공씨(孔氏)·자인씨(子人氏)의 세 씨족이 실로 우리 임금의 명을 어기고 있습니다. 세 씨족은 정(鄭)나

---

55) 방물(方物) : 천자에게 공물(貢物)로 바치는 지방의 특산물.

라 대부이다. 임금님께서 만약 이들을 제거하여 두 나라의 화친을 이루게 하신다면 저는 정나라를 들어 임금님의 내신(內臣)이 될 것이니 정(鄭)나라를 들어 제(齊)나라 섬기기를 봉내(封內 : 國內)의 신하처럼 한다는 것이다. 그리하면 임금님께서도 불리할 것은 없을 것입니다."라고 하였다.

齊侯將許之 管仲曰 君以禮與信屬諸侯 而以姦終之 無乃不可乎 子父不奸之謂禮 守命共時之謂信 守君命 共時事 違此二者 姦莫大焉 公曰 諸侯有討於鄭 未捷 今苟有 釁 從之 不亦可乎 對曰 君若綏之以德 加之以訓辭 而帥諸侯以討鄭 鄭將覆亡之不 暇 豈敢不懼 若摠其罪人以臨之 鄭有辭矣 何懼 且夫合諸侯 以崇德也 會而列姦 何以示後嗣 夫諸侯之會 其德刑禮義 無國不記 記姦之位 子華姦人 而列在會位 將爲諸侯 所記 君盟替矣 作而不記 非盛德也 君其勿許 鄭必受盟 夫子華旣爲大子 而求介於 大國 以弱其國 亦必不免 介 因也 鄭有叔詹堵叔師叔三良爲政 未可間也 齊侯辭焉 子華由是得罪於鄭 爲十六年殺子華傳

제후(齊侯)가 이를 허락하려 하자, 관중(管仲)이 말하기를 "임금님께서 례(禮)와 신(信)으로 제후들을 모아놓고[屬]56) 간악한 방법으로 일을 끝맺으려 하시니 안 되지 않습니까. 부자가 서로 범하지 않는 것을 례라 하고, 임금의 명을 잘 지키어 제 때에 받드는 것을 신이라 하는데 임금의 명을 지키어 그때의 일을 받듦이다. 이 두 가지를 어긴다면 이보다 더 큰 간악함이 없습니다."라고 하였다. 제환공(齊桓公)이 말하기를 "제후들이 정(鄭)나라를 토벌하였으나 아직 이기지를 못하였다. 그런데 이제 진실로 정나라에 틈이 있으니 그의 말을 따르는 것이 좋지 않겠는가?"라고 하였다. 관중이 대답하기를 "임금님께서 만약 덕으로 편안히 해주고 교훈적인 말씀을 더 하시어 제후들을 이끌고 정나라를 토벌하신다면 정나라는 손볼 겨를도 없이 망하게 될 것이니 어찌 감히 우리를 두려워하지 않겠습니까. 그런데 만약 자화(子華)와 같은 죄인을 이끌고 정나라에 림하면 정나라로서는 변명거리가 있게 되니 무엇을 두려워하겠습니까. 그리고 제후들을 회합시키는 것은 덕을 높이자는 것인데 제후들을 모아놓고 자화와 같은 간악한 자를 렬석(列席)시킨다면 후손들에게 무엇을 보여줄 수 있겠습니까. 제후들과의 회합에서는 그때의 덕(德)·형(刑)·례(禮)·의(義)에 대하여 기록하지 않는 나라가 없습니다. 그런데 간악한 자가 자리를 차지했음을 기록한다면 자화(子華)는 간악한 사람인데 회합의 자리에 렬석(列席)하게 된다면 제후들이 이를 기록하게 된다는 것이다. 임금님께서 주관하신 맹약은 폐기될 것이고, 이런 일을 벌이고 기록하지 않는 것은 성대한 덕이 아니니 임금께서는

---

56) 모아놓고[屬] : 촉(屬)은 모으대[會]라는 뜻이다.

허낙하지 마십시오. 정나라는 반드시 맹약을 받아들일 것입니다. 자화는 이미 정나라의 태자가 되었으면서도 큰 나라에 의지하여[介] 자기 나라를 약화시키기를 구하니<sup>57)</sup> 또한 반드시 화를 면치 못할 것입니다. 개(介)는 의지함이다. 정나라에는 숙첨(叔詹)·도숙(堵叔)·사숙(師叔)의 세 어진 신하들이 있어 정치를 하고 있으니 아직은 틈을 탈 수 없습니다."라고 하였다. 이에 제후는 자화의 요구를 거절하였다. 자화는 이 일로 말미암아 정나라에서 죄를 얻었다. 16년에 정(鄭)나라가 자화(子華)를 죽이는 전(傳)의 배경이 된다.

---

## 曹伯班卒
조백(曹伯) 반(班)이 졸하였다.

班 公作般

반(班)은 《공양전(公羊傳)》에는 반(般)으로 되어 있다.

---

## 公子友如齊
공자 우(友)가 제(齊)나라에 갔다.

罷盟而聘

맹약을 마치고 빙문한 것이다.

---

## 冬
겨울이다.

**鄭伯使請盟于齊** 以齊侯不聽子華故

정백(鄭伯)이 사신을 보내 제(齊)나라에게 맹약하기를 청하였다. 제후(齊侯)가 정(鄭)나라 자화(子華)의 요청을 들어주지 않았기 때문이었다.

---

57) 자기~구하니 : 정(鄭)나라의 훈구대부(勳舊大夫)들을 죽이려는 것이다.

> 葬曹昭公
>
> 　조(曹)나라 소공(昭公)의 장례를 지냈다.

# 희공(僖公) 8년 【己巳 B.C.652】

> 八年 春 王正月 公會王人齊侯宋公衛侯許男曹伯陳世子款 盟于洮
> 鄭伯乞盟
>
> 　8년 봄 왕정월이다. 희공(僖公)이 왕인(王人)·제후(齊侯)·송공(宋公)·위후
> (衛侯)·허남(許男)·조백(曹伯)·진(陳)나라 세자 관(款)과 회합하여 도(洮) 땅에
> 서 맹약하였다. 정백(鄭伯)이 맹약하기를 간청하였다.

陳世子款下 公有鄭世子華 ○王人微者 序諸侯上 先王命也 洮 曹地

　진(陳)나라 세자 관(款)의 다음에 《공양전(公羊傳)》에는 정(鄭)나라 세자 화(華)라는 글이 있다. ○왕인(王人)은 미천한 자이지만 서렬이 제후들의 위에 있는 것은 왕명을 우선으로 하였기 때문이다. 도(洮)는 조(曹)나라 땅이다.

**閏月 惠王崩** 前年閏月 **襄王惡大叔帶之難** 襄王 大子鄭也 大叔帶 襄王弟 惠后子 惠后欲立之 **懼不立 不發喪 而告難于齊**

　윤달에 혜왕(惠王)이 붕하였다. 지난해 윤달이다. 양왕(襄王)이 태숙대(大叔帶)의 환난을 걱정하고 양왕(襄王)은 태자 정(鄭)이다. 태숙대(大叔帶)는 양왕의 아우이고 혜후(惠后)의 아들인데 혜후가 그를 세우고자 하였다. 자신이 즉위하지 못할 것을 두려워하여 상(喪)을 발표하지 않고 제(齊)나라에 환난을 고하였다.

**八年 春 盟于洮 謀王室也 鄭伯乞盟 請服也 襄王定位而後發喪**

　8년 봄에 제후들이 도(洮) 땅에서 맹약하였으니, 주(周)나라 왕실을 안정시키는 일을 모

의하기 위해서였다. 정백(鄭伯)이 맹약하기를 간청하였으니, 제후(齊侯)에게 복종하기를 청한 것이다. 양왕(襄王)은 천자의 지위가 안정된 뒤에 상(喪)을 발표하였다.

---

## 夏 狄伐晉

여름에 적(狄)이 진(晉)나라를 쳤다.

---

晉里克帥師 梁由靡御 虢射爲右 以敗狄于采桑 采桑 地名 梁由靡曰 狄無恥 從之 必大克 不恥走 故可逐 里克曰 懼之而已 無速衆狄 虢射曰 期年狄必至 示之弱矣 夏 狄伐晉 報采桑之役也 復期月

진(晉)나라 리극(里克)이 군대를 거느리고 량유미(梁由靡)가 어자(御者)가 되고 괵석(虢射)이 거우가 되어 적(狄)을 채상(采桑)에서 패배시켰다. 채상(采桑)은 땅 이름이다. 량유미가 말하기를 "적은 부끄러워함이 없으니 추격한다면 반드시 크게 이길 것입니다."라고 하였다. 도망가는 것을 부끄럽게 여기지 않기 때문에 추격할 수 있다는 것이다. 리극이 말하기를 "두렵게 했으면 되었지 추격하여 여러 적을 불러들일 것은 없다."라고 하였다. 괵석이 말하기를 "1년 안에 적이 반드시 다시 올 것이니, 이는 우리가 약하게 보였기 때문입니다."라고 하였다. 여름에 적이 진나라를 쳤으니, 채상의 싸움에 대해 보복한 것이다. 이는 진나라 군대가 돌아간 지 한 달[期月][58] 만의 일이었다.

---

## 秋 七月 禘于大廟 用致夫人

가을 7월에 태묘(大廟)에 체제(禘祭)를 지내고 부인(夫人)의 신주를 안치하였다.

---

致新死之主於廟 而列之昭穆

새로 죽은 사람의 신주를 종묘에 안치하여 소목(昭穆)에 따라 배렬한 것이다.

---

58) 한 달[期月]: 기월(期月)을 1년으로 보기도 한다.

秋 禘而致哀姜焉 非禮也 凡夫人不薨于寢 不殯于廟 不赴于同 不祔于姑 則弗致也

寢 小寢 同 同盟 禮將葬 以殯過廟

가을에 체제(禘祭)를 지내고[59] 애강(哀姜)[60]을 종묘에 안치하였으니, 례가 아니었다. 무릇 부인(夫人)이 자신의 소침[寢]에서 훙하지 않고, 그 빈구(殯柩)가 종묘에 들르지 않고,[61] 동맹국[同]들에게도 부고하지 않고, 시어머니에 합사(合祀)하지 않았으면 신주를 종묘에 안치하지 않는다. 침(寢)은 소침(小寢)[62]이다. 동(同)은 동맹국이다. 례에 장례를 치를 때 빈구(殯柩)를 종묘에 들르게 한다.

---

冬 十有二月 丁未 天王崩

겨울 12월 정미일에 천왕이 붕하였다.

---

冬 王人來告喪 難故也 是以緩 實惠王也 有叔帶難 今始告喪

겨울에 왕인(王人)이 와서 상(喪)을 고하였으니, 환난이 있었기 때문에 늦은 것이다. 바로 혜왕(惠王)의 상(喪)이다. 숙대(叔帶)의 환난이 있었기 때문에 지금 비로소 상을 고한 것이다.

# 희공(僖公) 9년【庚午 B.C.651】

---

九年 春 王三月 丁丑 宋公御說卒

9년 봄 왕3월 정축일에 송공(宋公) 어열(御說)이 졸하였다.

---

59) 체제(禘祭)를 지내고 : 주공(周公)의 사당인 태묘(大廟)에 지낸 것이다.

60) 애강(哀姜) : 장공(莊公)의 부인(夫人).

61) 그 빈구(殯柩)가~않고 : 장례를 지낼 때 빈구(殯柩)를 종묘에 들르게 하여 고유하지 않았다는 것이다.

62) 소침(小寢) : 천자나 제후의 침궁(寢宮).

御 公穀作禦

어(御)는 《공양전(公羊傳)》과 《곡량전(穀梁傳)》에는 어(禦)로 되어 있다.

**宋公疾 太子玆父固請曰 目夷長且仁 君其立之** 玆父 襄公也 目夷 玆父庶兄子魚也 **公命子**
**魚 子魚辭曰 能以國讓 仁孰大焉 臣不及也 且又不順** 立庶不順 **遂走而退**

송환공(宋桓公 : 御說)이 병이 나자, 태자 자보(玆父)가 굳이 청하기를 "목이(目夷)는 나이
도 많고 또 어지니 임금님께서는 그를 태자로 세우십시오."라고 하였다. 자보(玆父)는 송양공(宋
襄公)이다. 목이(目夷)는 자보(玆父)의 서형(庶兄)인 자어(子魚)이다. 송환공이 자어(子魚)에게 태자가 될
것을 명하니, 자어가 사양하여 말하기를 "나라를 사양할 수 있다면 무엇이 이보다 더 큰
어짊이겠습니까. 신은 태자에 미치지 못하고 또 순리에도 맞지 않습니다."라 하고는 서자(庶
子)를 세우는 것은 순리가 아니라는 것이다. 드디어 달아나 태자의 지위를 물리쳤다.

**九年 春 宋桓公卒 宋襄公卽位 以公子目夷爲仁 使爲左師以聽政 於是 宋治 故魚**
**氏世爲左師** 魚氏 子魚之後

9년 봄에 송환공(宋桓公)이 졸하고 송양공(宋襄公)이 즉위하였다. 공자 목이(目夷 : 子魚)
를 어질게 여겨 좌사(左師)로 삼아 정치를 총괄하도록 하니, 이에 송나라가 다스려졌다.
그러므로 어씨(魚氏)가 대대로 좌사가 되었다. 어씨(魚氏)는 자어(子魚)의 후손이다.

---

> **夏 公會宰周公齊侯宋子衛侯鄭伯許男曹伯于葵丘**
>
> 여름에 희공(僖公)이 재주공(宰周公)·제후(齊侯)·송자(宋子)·위후(衛侯)·정
> 백(鄭伯)·허남(許男)·조백(曹伯)과 규구(葵丘)에서 회합하였다.

---

宰孔稱周公 天子三公不字 葵丘 宋地

재공(宰孔)을 주공(周公)이라 칭한 것이다. 천자의 삼공(三公)은 자(字)를 쓰지 않는다.[63] 규구(葵丘)는 송
(宋)나라 땅이다.

---

63) 재공(宰孔)을~않는다 : 천자의 삼공(三公)은 자(字)를 쓰지 않고 관명(官名)을 쓰기 때문에 재공(宰孔)이
라 하지 않고 재주공(宰周公)이라 한 것이다. 공(孔)은 자이다. 재(宰)는 관명이고 주(周)는 채지(采地)의
이름이다.

夏 會于葵丘 尋盟 且修好 禮也 王使宰孔賜齊侯胙 尊之 比二王後 曰 天子有事于文武
有祭事也 使孔賜伯舅胙 天子謂異姓諸侯曰伯舅 齊侯將下拜 孔曰 且有後命 天子使孔曰
以伯舅耋老 加勞 賜一級 無下拜 七十曰耋 級 等也 對曰 天威不違顔咫尺 八寸曰咫 小
白余敢貪天子之命 無下拜 恐隕越于下 隕越 顚隊也 以遺天子羞 敢不下拜 下拜 登受

여름에 희공(僖公)이 규구(葵丘)에서 회합하였으니, 맹약을 거듭하고 또 우호를 다진 것
으로 례에 맞는 일이었다. 왕[襄王]이 재공(宰孔)을 보내어 제후(齊侯 : 桓公)에게 제사 지낸
고기를 하사하며 높여서 두 왕의 후손에 견준 것이다.[64] 말하기를 "천자인 나는 문왕(文王)과 무왕
(武王)께 제사 지낸 일이 있어 제사 지낸 일이 있었다는 것이다. 공(孔)을 보내어 백구(伯舅)에게
제사 지낸 고기를 내리노라."라고 하였다. 천자가 이성(異姓)의 제후(諸侯)를 일러 백구(伯舅)라고 말한
다. 제후가 당 아래로 내려와 절을 하려고 하니, 공이 말하기를 "또 뒤에 내리신 명이 있습니
다. 천자께서는 저 공에게 이르게 하기를 '백구는 년로하니 위로를 더하여 한 등급[級] 올려
주니 당 아래로 내려와 절하지 말라.'[65]고 하셨습니다."라고 하였다. 70살을 질(耋)이라 한다.
급(級)은 등급이다. 제후가 대답하기를 "천자의 위엄이 면전에서 지척(咫尺)도 떨어져 있지 않
으니, 8촌(寸)을 지(咫)라고 한다. 소백(小白)[66] 제가 감히 천자의 명을 탐하여 당 아래로 내려가
절하지 않겠습니까. 아마도 천자의 위엄을 당 아래로 굴러 떨어뜨려[隕越] 운월(隕越)은 굴러
떨어짐이다. 천자께 부끄러움을 끼치게 될까 두려우니 감히 당 아래로 내려가 절하지 않을
수 있겠습니까."라 하고는 당 아래로 내려가 절한 뒤에 당 위로 올라가 제사 지낸 고기를
받았다.

宋桓公卒 未葬而襄公會諸侯 故曰子 凡在喪 王曰小童 公侯曰子 在喪 未葬也 子者 繼
父之辭

송환공(宋桓公)이 졸하였다. 아직 장례를 지내지 않았는데 송양공(宋襄公)이 제후들과
회합을 하였으므로 송자(宋子)라고 하였다. 무릇 상중에 있으면[在喪] 왕의 경우는 소동(小
童)이라 하고, 공후(公侯)의 경우는 자(子)라고 한다. 재상(在喪)은 아직 장례 지내지 않은 것이다.
자(子)라는 것은 아버지를 계승하는 말이다.

---

64) 높여서~것이다 : 본래 주(周)나라에서 제사 지낸 고기는 주나라 동성(同姓)의 나라와 이성(異姓) 중에서는
하(夏)·은(殷)나라 후손인 기(杞)·송(宋)나라에게만 내려 준다. 그런데 지금 제환공(齊桓公)에게 내려준
것은 하·은나라의 후손과 같이 여겨 공경한 것이다.
65) 한 등급[級]~말라 : 천자의 하사품은 당 아래에서 받아야 하는데 한 등급 올려 당 위에서 받게 한 것이다.
66) 소백(小白) : 제환공(齊桓公)의 이름.

秋 七月 乙酉 伯姬卒
　　가을 7월 을유일에 백희(伯姬)가 졸하였다.

內女許嫁爲夫人 亦書卒
　　내녀(內女)[67]가 혼인이 허낙되어 부인(夫人)이 되면 또한 경문에 졸한 사실을 기록한다.

九月 戊辰 諸侯盟于葵丘
　　9월 무진일에 제후들이 규구(葵丘)에서 맹약하였다.

秋 齊侯盟諸侯于葵丘 曰 凡我同盟之人 旣盟之後 言歸于好 宰孔先歸 遇晉侯 曰 可無會也 齊侯不務德而勤遠略 故北伐山戎 在莊三十一年 南伐楚 在四年 西爲此會也 東略之不知 西則否矣 言或向東 必不能復西略 其在亂乎 言齊必有亂 君務靖亂 無勤於行 晉侯乃還

　　가을에 제후(齊侯 : 桓公)가 제후들과 규구(葵丘)에서 맹약할 때 말하기를 "무릇 우리 동맹한 사람들은 맹약한 뒤에 우호로 돌아가자[言歸]."[68]라고 하였다. 재공(宰孔)이 맹약에 앞서 돌아가다가 진후(晉侯 : 獻公)를 만나 말하기를 "회합에 가지 않는 것이 좋습니다. 제후는 덕을 힘쓰지 않고 멀리 공략하는 일만 힘쓰고 있습니다. 그러므로 북쪽으로는 산융(山戎)을 쳤고 장공(莊公) 31년에 있었다. 남쪽으로는 초(楚)나라를 쳤고 4년에 있었다. 서쪽으로는 이러한 회합을 가졌으니, 동쪽을 공략할지는 알 수 없지만 서쪽으로는 공략하지 않을 것입니다. 혹 동쪽으로 향할 수는 있지만 반드시 다시 서쪽을 공략하지 않을 것이라는 말이다. 제(齊)나라는 란이 있을 것이니 제(齊)나라에 반드시 란이 일어날 것이라는 말이다.[69] 임금님께서는 란을 안정시키는데 힘쓰시고 회합에 가는 것에는 수고하지 마십시오."라고 하니, 진후가 이에 돌아갔다.

---

67) 내녀(內女) : 임금과 동성(同姓)인 녀자. 《춘추(春秋)》에서는 로(魯)나라 공실(公室)의 녀자를 말한다.

68) 돌아가자[言歸] : 언귀(言歸)는 회귀(回歸)이다. 언(言)은 어조사이다. 《시경(詩經)》〈주남(周南)〉 갈담(葛覃)에 '사씨에게 여쭈어 귀녕갈 것을 고하게 하였네[言告師氏 言告言歸].'라는 구절이 있다.

69) 제(齊)나라에~말이다 : 진(晉)나라에 란이 일어날 것이라고 보는 설도 있다.

> 甲子 晉侯佹諸卒 冬 晉里克殺其君之子奚齊
>
> 갑자일에 진후(晉侯) 궤제(佹諸)가 졸하였다. 겨울에 진(晉)나라 리극(里克)이
> 그 임금의 아들 해제(奚齊)를 죽였다.

甲子 公作甲戌 佹 公穀作詭 殺 公作弒 ○甲子 九月十一日 戊辰 十五日 書在盟後 從赴

갑자(甲子)는 《공양전(公羊傳)》에는 갑술(甲戌)로 되어 있다. 궤(佹)는 《공양전》과 《곡량전(穀梁傳)》에는 궤(詭)로 되어 있다. 살(殺)은 《공양전》에는 시(弒)로 되어 있다. ○갑자일은 9월 11일이고 무진일은 9월 15일인데 경문에 진후(晉侯)의 졸을 기록한 것이 맹약의 기록보다 뒤에 있는 것은 부고가 온 날을 따른 것이다.

九月 晉獻公卒 里克㔻鄭欲納文公 故以三公子之徒作亂 㔻 音丕 㔻鄭 晉大夫 三公子 申生重耳夷吾 初 獻公使荀息傅奚齊 公疾 召之 曰 以是藐諸孤 藐 音眇 小也 辱在大夫 其若之何 稽首而對曰 臣竭其股肱之力 加之以忠貞 其濟 君之靈也 不濟 則以死繼之 公曰 何謂忠貞 對曰 公家之利 知無不爲 忠也 送往事居 耦俱無猜 貞也 送死事生 兩無疑恨

9월에 진헌공(晉獻公:佹諸)이 졸하였다. 리극(里克)과 비정(㔻鄭)이 진문공(晉文公)[70]을 맞아들이고자 하여 세 공자의 무리를 이끌고 란을 일으켰다. 비(㔻)는 음이 비(丕)이다. 비정(㔻鄭)은 진(晉)나라 대부이다. 세 공자는 신생(申生)·중이(重耳)·이오(夷吾)이다. 이보다 앞서 헌공(獻公)이 순식(荀息)을 해제(奚齊)의 스승으로 삼았다. 헌공이 병이 들자 순식을 불러 말하기를 "이 어리고[藐] 외로운 해제를 묘(藐)는 음이 묘(眇)이니 어림이다. 대부에게 부탁하고자 하는데 어떻게 하겠는가?"라고 하니, 순식이 머리를 조아리며 대답하기를 "신은 고굉(股肱)의 힘을 다하고 충정(忠貞)을 더하겠지만 그 성공은 임금님의 은덕에 달려 있고, 성공하지 못하면 죽음으로써 뒤를 따르겠습니다."라고 하였다. 헌공이 말하기를 "무엇을 일러 충정이라고 하는가?"라고 하니, 순식이 대답하기를 "공가(公家)의 리익에 대하여 알고서 하지 않음이 없는 것이 충(忠)이고, 돌아가신 임금을 잘 보내고 계승한 임금을 잘 섬겨서 두 가지 모두 의심과 여한이 없게 하는 것이 정(貞)입니다."라고 하였다. 죽은 이를 보내고 산 이를 섬기는 두 가지 일에 의심과 여한이 없게 한다는 것이다.

及里克將殺奚齊 先告荀息曰 三怨將作 秦晉輔之 子將何如 荀息曰 將死之 里克曰

---

70) 진문공(晉文公):진(晉)나라 공자 중이(重耳).

無益也 荀叔曰 吾與先君言矣 不可以貳 能欲復言而愛身乎 復言 言可復也 雖無益也
將焉辟之 且人之欲善 誰不如我 我欲無貳 而能謂人已乎 言不能止里克

리극(里克)이 해제(奚齊)를 죽이려 할 때 먼저 순식(荀息)에게 고하기를 "세 공자의 무리
가 원한을 품고 일을 일으키려 하고, 진(秦)나라와 진(晉)나라가 모두 이들을 돕고 있으니
그대는 앞으로 어떻게 하시겠소?"라고 하니, 순식이 대답하기를 "죽을 것이오"라고 하였다.
리극이 말하기를 "그것은 무익한 일이오."라고 하니, 순숙(荀叔 : 荀息)이 말하기를 "나는 선
군과 이미 언약하였으니 두마음을 가질 수는 없소. 그 언약을 실천하고자 하는데[復言] 이
몸을 아낄 수 있겠소. 복언(復言)은 언약을 실천함이다. 비록 무익한 일이라 해도 어찌 죽음을
피하겠소. 또 다른 사람들이 선을 하고자 하는 것이 누군들 나와 같지 않겠소.[71] 나는 두마
음을 갖지 않으려고 하면서 다른 사람에게 그만두라고 할 수 있겠소."라고 하였다. 리극(里
克)을 그만두게 할 수 없다는 말이다.

冬 十月 里克殺奚齊于次 次 喪寢 書曰 殺其君之子 未葬也 荀息將死之 人曰 不如立
卓子而輔之 荀息立公子卓以葬

겨울 10월에 리극(里克)이 해제(奚齊)를 차(次)에서 죽였다. 차(次)는 상침(喪寢)[72]이다. 경문
에 그 임금의 아들을 죽였다고 한 것은 아직 헌공(獻公)의 장례를 지내지 않았기 때문이다.
순식(荀息)이 따라 죽으려 하니, 어떤 사람이 말하기를 "탁자(卓子)[73]를 세우고 보필하는
것만 같지 못합니다."라고 하였다. 이에 순식이 공자 탁(卓 : 卓子)을 세우고 헌공의 장례를
지냈다.

---

71) 다른~않겠소 : 리극(里克)이 중이(重耳)에게 충성하고자 하는 뜻이 자신[荀息]이 해제(奚齊)에게 충성하려
   는 뜻과 같다는 말이다.
72) 상침(喪寢) : 상주(喪主)가 거처하는 곳.
73) 탁자(卓子) : 해제(奚齊)의 이모제(異母弟).

# 희공(僖公) 10년【辛未 B.C.650】

---

十年 春 王正月 公如齊

　10년 봄 왕정월에 희공(僖公)이 제(齊)나라에 갔다.

---

始朝齊也

　처음으로 제(齊)나라에 조견한 것이다.

---

狄滅溫 溫子奔衛

　적(狄)이 온(溫)나라를 멸하니 온자(溫子)가 위(衛)나라로 망명하였다.

---

**十年 春 狄滅溫 蘇子無信也 蘇子叛王卽狄 又不能於狄 狄人伐之 王不救 故滅 蘇子奔衛** 蘇子國於溫 故曰溫子 叛王事在莊十九年

　10년 봄에 적(狄)이 온(溫)나라를 멸하였으니, 소자(蘇子：溫子)가 신의가 없었기 때문이다. 소자가 왕을 배반하고 적의 편에 섰는데 적과도 잘 지내지 못하였다. 적인(狄人)이 그를 치니 왕이 구원하지 않아서 멸망하였고 소자는 위(衛)나라로 망명하였다. 소자(蘇子)가 온(溫) 땅에 나라를 세웠기 때문에 온자(溫子)라고 한 것이다. 왕을 배반한 일은 장공(莊公) 19년에 있었다.

---

晉里克弑其君卓及其大夫荀息

　진(晉)나라 리극(里克)이 그 임금 탁(卓)과 그 대부 순식(荀息)을 시해하였다.

---

卓 公作卓子 ○獻公旣葬 故卓稱君

　탁(卓)은 《공양전(公羊傳)》에는 탁자(卓子)로 되어 있다. ○헌공(獻公)의 장례를 지냈기 때문에 탁(卓)을 임금이라 칭한 것이다.

---

**十一月 里克殺公子卓于朝 荀息死之** 弑在前年十一月 經書今春從赴

11월에 리극(里克)이 조정에서 공자 탁(卓)을 죽이니 순식(荀息)도 따라 죽었다. 시해는 지난해 11월에 있었는데 경문에 올봄조에 기록한 것은 부고가 온 때를 따른 것이다.

君子曰 詩所謂白圭之玷 尙可磨也 斯言之玷 不可爲也 荀息有焉

군자는 말한다. "《시(詩)》에 이른바 '백규(白圭)의 흠은 오히려 갈아낼 수 있지만 이 말의 흠은 어찌할 수 없네.'[74]라고 하였으니 순식(荀息)이 이에 해당된다."[75]

齊侯以諸侯之師伐晉 及高粱而還 討晉亂也 高粱 晉地 令不及魯 故不書

제후(齊侯)가 제후들의 군대를 거느리고 진(晉)나라를 쳐서 고량(高粱)까지 갔다가 돌아왔는데, 이는 진나라의 란을 토죄하기 위해서였다. 고량(高粱)은 진(晉)나라 땅이다. 그러나 그 명령이 로(魯)나라에는 미치지 않았기 때문에 경문에 기록하지 않았다.

晉郤芮使夷吾重賂秦以求入 曰 人實有國 我何愛焉 言國非己有 何愛而不以賂秦 入而能民 土於何有 從之

진(晉)나라 극예(郤芮)가 이오(夷吾)로 하여금 진(秦)나라에 중한 뢰물[76]을 주고 진(晉)나라에 들어가기를 청하도록 하면서 말하기를 "다른 사람이 진실로 나라를 차지하였으니 우리가 무엇을 아끼겠으며, 나라가 자신의 소유도 아닌데 무엇을 아껴서 진(秦)나라에 뢰물을 주지 않겠느냐는 말이다. 만약 우리나라로 들어가서 민심을 얻는다면 땅을 얻는 것이야 무슨 어려움이 있겠습니까."[77]라고 하니, 이오가 그의 말을 따랐다.

齊隰朋帥師會秦師納晉惠公 隰朋 齊大夫 惠公 夷吾 秦伯謂郤芮曰 公子誰恃 對曰 臣聞亡人無黨 有黨必有讎 夷吾弱不好弄 弄 戲也 能鬪不過 有節制 長亦不改 不識其他

---

74) 백규(白圭)의~없네 : 《시경(詩經)》〈대아(大雅)〉 억(抑).
75) 순식(荀息)이~해당된다 : 순식(荀息)은 해제(奚齊)나 탁자(卓子)가 적자가 아닌데도 따라 죽겠다고 하였으니, 이것이 말의 흠이 된다는 것이다.
76) 중한 뢰물 : 진(晉)나라의 땅 일부를 말한다. 진혜공(晉惠公 : 夷吾)이 자신을 진(晉)나라의 임금으로 세워준다면 진(秦)나라에 하남(河南)의 다섯 성과 동으로는 괵(虢)나라 국경까지의 땅 전부, 남으로는 화산(華山)까지의 땅, 하북(河北)으로는 해량성(解梁城)까지의 땅을 뢰물로 주기로 약속한 내용이 희공(僖公) 15년조 전문에 기록되어 있다.
77) 만약~있겠습니까 : 민심을 얻는다면 진(秦)나라에 뢰물로 바친 땅을 다시 차지하는 것은 걱정할 필요가 없다는 말이다.

公謂公孫枝曰 夷吾其定乎 公孫枝 秦大夫 對曰 臣聞之 唯則定國 詩曰 不識不知 順帝
之則 文王之謂也 又曰 不僭不賊 鮮不爲則 僭 差也 賊 害也 無好無惡 不忌不克之謂
也 今其言多忌克 難哉 公曰 忌則多怨 又焉能克 是吾利也

제(齊)나라 습붕(隰朋)이 군대를 거느리고 진(秦)나라 군대와 회합하여 진혜공(晉惠公)을
들여보내려 하였다. 습붕(隰朋)은 제(齊)나라 대부이고 혜공(惠公)은 이오(夷吾)이다. 진백(秦伯 : 穆公)
이 극예(郤芮)에게 말하기를 "공자께서는 누구를 믿는가?"[78]라고 하니, 대답하기를 "신이
듣건대 망명한 사람은 당(黨)이 없으니 당이 있으면 반드시 원수가 있을 것이라 합니다.
이오(夷吾)는 어려서 놀기[弄]를 좋아하지 않았고 롱(弄)은 놂이다. 싸움을 잘하지만 도를 넘지
는 않았고 절제함이 있었다는 것이다. 커서도 그런 자세가 바뀌지 않았는데 그 밖의 일은 잘
모르겠습니다."라고 하였다. 진목공(秦穆公)이 공손지(公孫枝)에게 말하기를 "이오가 나라
를 안정시킬 수 있겠는가?"라고 하니, 공손지(公孫枝)는 진(秦)나라 대부이다. 대답하기를 "신이 듣
건대 오직 법도가 나라를 안정시킨다고 하였습니다. 《시(詩)》에 이르기를 '따지지도 않고
아는 체하지도 않고 상제의 법도를 따른다.'[79]라고 하니 문왕(文王)을 두고 이른 것입니다.
또 이르기를 '어긋나지[僭] 않고 해치지[賊] 않으면 법도가 되지 않음이 드물다.'[80]라고 하니
참(僭)은 어긋남이요 적(賊)은 해침이다. 사사로이 좋아하거나 싫어함이 없고, 시기하지 않고 이기
려 하지 않음을 이른 것입니다. 이제 그의 말에는 시기하고 이기려 함이 많으니 나라를
안정시키기 어려울 것입니다."라고 하였다. 진목공이 말하기를 "시기한다면 원망이 많을
것이니 또 어찌 이길 수 있겠는가. 이는 우리에게 리로운 일이다."라고 하였다.

---

## 夏 齊侯許男伐北戎

여름에 제후(齊侯)와 허남(許男)이 북융(北戎)을 쳤다.

---

## 晉殺其大夫里克

진(晉)나라가 그 대부 리극(里克)을 죽였다.

---

78) 공자께서는~믿는가 : 제(齊)나라와 진(秦)나라 가운데 어느 나라를 더 중요하게 생각하느냐는 말이다.
79) 따지지도~따른다 : 《시경(詩經)》〈대아(大雅)〉 황의(皇矣).
80) 어긋나지[僭]~드물다 : 《시경(詩經)》〈대아(大雅)〉 억(抑).

夏 四月 周公忌父王子黨會齊隰朋立晉侯 王子黨 周大夫 晉侯殺里克以說 自解說不簒
將殺里克 公使謂之曰 微子 則不及此 雖然 子弒二君與一大夫 爲子君者 不亦難乎
對曰 不有廢也 君何以興 欲加之罪 其無辭乎 臣聞命矣 伏劍而死 於是丕鄭聘于秦
且謝緩賂 故不及 丕鄭 里克黨

여름 4월에 주공(周公) 기보(忌父)와 왕자 당(黨)이 제(齊)나라 습붕(隰朋)과 회합하여
진후(晉侯 : 惠公)를 세웠다. 왕자 당(黨)은 주(周)나라 대부이다. 진후가 리극(里克)을 죽여 해명하
였다. 찬탈하지 않았음을 스스로 해명한 것이다. 리극을 죽이려 할 때 진혜공(晉惠公)이 사람을 시
켜 그에게 말하기를 "그대가 없었다면 내가 임금 자리에 오르지 못했을 것이다. 비록 그러
하나 그대가 두 임금과 한 대부를 시해하였으니 그대의 임금된 자는 그 처신이 또한 어렵지
않겠는가."라고 하니, 대답하기를 "해제(奚齊)와 탁자(卓子)를 폐출하지 않았더라면 임금님
께서 어떻게 일어날 수 있었겠습니까. 죄를 가하려 한다면 어찌 구실이 없겠습니까마는
신은 명을 받들겠습니다."라 하고 검에 엎어져서 죽었다. 이때 비정(丕鄭)은 진(秦)나라를
빙문하고 또 뢰물이 늦음을 사죄하러 갔었기 때문에 화가 미치지는 않았다. 비정(丕鄭)은 리극
(里克)의 당여이다.

---

秋 七月

가을 7월이다.

---

○晉侯改葬共大子 共大子 申生也 秋 狐突適下國 下國 曲沃新城 遇大子 大子使登僕 忽
如夢而相見 狐突本爲申生御 故復使登車爲僕 而告之曰 夷吾無禮 余得請於帝矣 將以晉畀
秦 秦將祀余 對曰 臣聞之 神不歆非類 民不祀非族 君祀無乃殄乎 且民何罪 失刑
乏祀 君其圖之 君曰 諾 吾將復請 七日 新城西偏 將有巫者而見我焉 許之 遂不見
及期而往 告之曰 帝許我罰有罪矣 敝於韓 敝 敗也 韓 晉地 爲十五年晉惠公敗於韓張本

○진후(晉侯 : 惠公)가 공태자(共大子)의 장례를 다시 지냈다. 공태자(共大子)[81]는 신생(申生)
이다. 가을에 호돌(狐突)이 하국(下國)에 갔다가 하국(下國)은 곡옥(曲沃)의 신성(新城)이다. 태자를
만났다. 태자가 그를 수레에 태워 몰게 하고서 홀연히 꿈처럼 서로 보게 된 것이다. 호돌(狐突)은

---

81) 공태자(共大子) : 공(共)은 태자 신생(申生)의 시호이다.

본래 신생(申生)의 어자였기 때문에 다시 그를 수레에 태워 몰게 한 것이다. 고하기를 "이오(夷吾)는 무례하다.[82] 내가 상제에게 청하여 허낙을 얻었다. 진(晉)나라를 진(秦)나라에게 줄 것이니 진(秦)나라가 나를 제사 지낼 것이다."라고 하였다. 호돌이 대답하기를 "신이 듣건대 신(神)은 동류(同類)가 지내는 제사가 아니면 흠향하지 않고, 백성은 동족이 아니면 제사 지내지 않는다고 하는데 그렇다면 군(君)의 제사는 끊어지지 않겠습니까. 그리고 백성이 무슨 죄가 있습니까. 형정(刑政)을 잃고 제사를 끊어지게 하는 것이니, 군께서는 그것을 생각하십시오."라고 하였다. 군이 말하기를 "알겠다. 내가 다시 청하겠다. 7일 뒤에 신성(新城) 서쪽 모퉁이에 무당이 있을 테니 그를 통해서 나를 보도록 하라."라고 하였다. 허낙하자 드디어 태자는 보이지 않았다. 기약한 날이 이르러 가보니, 무당이 호돌에게 고하기를 "상제께서 내[共大子]가 죄 있는 사람을 벌주는 것을 허낙하였으니 이오는 한(韓) 땅에서 패망할[敝] 것이다."라고 하였다. 폐(敝)는 패망함이다. 한(韓)은 진(晉)나라 땅이다. 15년에 진혜공(晉惠公)이 한(韓) 땅에서 패망하는 장본이 된다.

---

## 冬 大雨雪
겨울에 크게 눈이 내렸다.

---

雪 公作雹

설(雪)은 《공양전(公羊傳)》에는 박(雹)으로 되어 있다.

---

82) 이오(夷吾)는 무례하다 : 이오(夷吾 : 晉惠公)가 태자 신생(申生)을 위해 개장(改葬)하고 시호까지 올렸는데도 무례하다고 한 것은 이오가 진(晉)나라의 많은 땅을 진(秦)나라에 할양하겠다고 약속한 것을 말한 듯하다. 일설에는 이오가 가군(賈君)과 간음한 것을 말한 것이라고도 한다. 가군에 대해서는 진헌공(晉獻公)의 부인(夫人)이라는 설도 있고, 태자 신생의 부인이라는 설도 있다. 이에 관한 일은 희공(僖公) 15년조에 보인다.

# 희공(僖公) 11년【壬申 B.C.649】

十有一年 春 晉殺其大夫丕鄭父

11년 봄에 진(晉)나라가 그 대부 비정보(丕鄭父)를 죽였다.

丕鄭之如秦也 言於秦伯曰 呂甥郤稱冀芮實爲不從 若重問以召之 冀芮卽郤芮 三子 晉大夫 不從謂不與秦賂 問 聘問之幣 臣出晉君 君納重耳 蔑不濟矣

비정(丕鄭 : 丕鄭父)이 진(秦)나라에 갔을 때 진백(秦伯 : 穆公)에게 말하기를 "려생(呂甥)·극칭(郤稱)·기예(冀芮) 등이 진실로 따르지 않습니다. 만약 후한 폐백[問]을 보내어 부르면 기예(冀芮)는 극예(郤芮)이다. 세 사람은 진(晉)나라 대부이다. 따르지 않는다는 것은 진(秦)나라에 뢰물을 바치는 데에 동조하지 않음을 이른다. 문(問)은 빙문(聘問)할 때의 폐백이다. 신이 진(晉)나라 임금을 몰아낼 테니 임금님께서 중이(重耳)를 들여보내십시오. 그러면 임금님의 뜻이 이루어지지 않음이 없을 것입니다."라고 하였다.

冬 卽前年冬 秦伯使泠至報問 且召三子 泠至 秦大夫 郤芮曰 幣重而言甘 誘我也 遂殺丕鄭祁擧 祁擧 晉大夫 及七輿大夫 侯伯七命 副車七乘 左行共華右行賈華叔堅騅歂纍虎特宮山祁 皆里丕之黨也 七子 七輿大夫 丕豹奔秦 丕豹 丕鄭之子 言於秦伯曰 晉侯背大主而忌小怨 民弗與也 伐之 必出 大主 秦也 小怨 里丕 公曰 失衆 焉能殺 謂殺里丕之黨 違禍 誰能出君 謂豹辟禍也

겨울에 지난해 겨울이다. 진백(秦伯)이 령지(泠至)를 진(晉)나라로 보내어 빙문에 보답하게 하고 또 세 사람을 불렀다. 령지(泠至)는 진(秦)나라 대부이다. 극예(郤芮)가 말하기를 "폐백이 후하고 말이 달콤하니 우리를 유인하는 것이다."라 하고, 드디어 비정(丕鄭)과 기거(祁擧) 기거(祁擧)는 진(晉)나라 대부이다. 및 칠여대부(七輿大夫)[83]인 후백(侯伯)은 7명(命)[84]이고 부거(副車)[85]는

---

83) 칠여대부(七輿大夫) : 제후(諸侯)가 출동할 때 따르는 수레가 7승(乘)인데 그것들을 관장하는 7인의 대부이다.

84) 7명(命) : 후(侯)와 백(伯)이 받는 관작(官爵)의 위계. 주(周)나라 때 왕이 하사하는 관작을 아홉 등급으로 나누었는데 1명(命)에서 9명(命)까지 있다. 1명이 가장 낮고 9명이 최고의 위계이다. 상공(上公)은 9명(命), 왕의 삼공(三公)은 8명, 후(侯)와 백(伯)은 7명, 왕의 경(卿)은 6명, 자(子)와 남(男)은 5명, 왕의 대부

7승(乘)이다. 좌행(左行) 공화(共華)·우행(右行) 가화(賈華)·숙견(叔堅)·추천(騅歂)·루호(纍虎)·특궁(特宮)·산기(山祁) 등을 죽였는데 이들은 모두 리극(里克)과 비정의 당여였다. 일곱 사람은 칠여대부(七輿大夫)이다. 비표(丕豹)가 진(秦)나라에 망명하여 비표(丕豹)는 비정(丕鄭)의 아들이다. 진백에게 말하기를 "진후(晉侯)는 큰 주인을 배반하고 작은 원한을 꺼려하니 백성이 돕지 않습니다. 그를 치면 틀림없이 내쫓을 수 있을 것입니다."라고 하니 큰 주인은 진(秦)나라이고 작은 원한은 리극(里克)과 비정(丕鄭)이다. 진목공(秦穆公)이 말하기를 "민심을 잃었다면 어찌 저들을 죽일 수 있었겠는가. 리극(里克)과 비정(丕鄭)의 당여를 죽인 것을 이른다. 그대가 화를 피해왔으니 누가 임금을 내쫓을 수 있겠는가."라고 하였다. 비표(丕豹)가 화를 피해 온 것을 이른다.

## 十一年 春 晉侯使以丕鄭之亂來告

11년 봄에 진후(晉侯)가 사신을 보내와서 비정(丕鄭)의 란을 고하였다.

## 天王使召武公內史過賜晉侯命 召武公 周卿土 受玉惰 過歸 告王曰 晉侯其無後乎 王賜之命 而惰於受瑞 先自棄也已 其何繼之有 禮 國之幹也 敬 禮之輿也 不敬則禮不行 禮不行則上下昏 何以長世

천왕이 소무공(召武公)과 내사(內史) 과(過)를 시켜 진후(晉侯)에게 작명(爵命)을 내렸는데 소무공(召武公)은 주(周)나라 경사(卿士)이다. 옥을 받는 태도가 태만하였다. 과가 돌아와서 왕에게 고하기를 "진후는 아마도 후사(後嗣)가 없을 것입니다. 왕께서 작명을 내리셨는데 서옥(瑞玉)을 받음에 태만하였습니다. 이는 먼저 자신을 버린 것이니 어찌 그의 후계가 있겠습니까. 례(禮)는 나라를 지탱하는 근간이고 경(敬)은 례를 싣는 수레입니다. 불경스러우면 례가 시행되지 않고 례가 시행되지 않으면 상하가 혼란스러우니 어찌 세대가 오래가겠습니까."라고 하였다.

## 夏 公及夫人姜氏會齊侯于陽穀

여름에 희공(僖公)이 부인(夫人) 강씨(姜氏)와 함께 양곡(陽穀)에서 제후(齊

---

와 공(公)의 고(孤)는 4명, 공·후·백의 경은 3명, 공·후·백의 대부와 자·남의 경은 2명[再命], 공·후·백의 사(士)와 자·남의 대부는 1명이다.

85) 부거(副車) : 임금이 출행할 때 호종하는 수레.

侯)와 회합하였다.

公及夫人會齊侯 參譏之也

희공(僖公)이 부인(夫人)과 함께 제후(齊侯)와 회합하였으니 세 사람을 모두 비난한 것이다.

秋

가을이다.

夏 揚拒泉皐伊雒之戎同伐京師 入王城 焚東門 揚拒泉皐皆戎邑 伊雒皆水名 王子帶召之也 秦晉伐戎以救周 秋 晉侯平戎于王 爲二十四年天王出居鄭傳

여름에 양(揚)·거(拒)·천(泉)·고(皐)·이(伊)·락(雒)의 융(戎)이 함께 경사(京師)를 치고 왕성(王城)에 들어가 동문(東門)을 불태웠다. 양(揚)·거(拒)·천(泉)·고(皐)는 모두 융(戎)의 읍이고, 이(伊)·락(雒)은 모두 물 이름이다. 이는 왕자 대(帶)가 불러들인 것이다. 진(秦)나라와 진(晉)나라가 융을 쳐서 주(周)나라를 구원하였다. 가을에 진후(晉侯)가 융을 왕과 화평하게 하였다. 24년에 천왕이 정(鄭)나라로 나가 거주하게 되는 전(傳)의 배경이 된다.

八月 大雩

8월에 크게 기우제를 지냈다.

冬 楚人伐黃

겨울에 초인(楚人)이 황(黃)나라를 쳤다.

黃人不歸楚貢 冬 楚人伐黃

황인(黃人)이 초(楚)나라에 공물(貢物)을 보내지 않으니,[86] 겨울에 초인(楚人)이 황(黃)

---

86) 황인(黃人)이~않으니 : 황인(黃人)이 제(齊)나라를 믿었기 때문이다.

나라를 쳤다.

# 희공(僖公) 12년【癸酉 B.C.648】

> 十有二年 春
>
> 　12년 봄이다.

**十二年 春 諸侯城衛楚丘之郛 懼狄難也**

　12년 봄에 제후들이 위(衛)나라 초구(楚丘)의 외곽에 성을 쌓았으니, 적(狄)의 환난을 두려워해서였다.

> 王三月 庚午 日有食之
>
> 　왕3월 경오일에 일식이 있었다.

> 夏 楚人滅黃
>
> 　여름에 초인(楚人)이 황(黃)나라를 멸하였다.

**黃人恃諸侯之睦于齊也 不共楚職 曰 自郢及我九百里 焉能害我 夏 楚滅黃 郢 楚都**

　황인(黃人)이 제후들이 제(齊)나라와 화목한 것을 믿고 초(楚)나라에 직공(職貢)을 바치지 않으면서 말하기를 "영(郢) 땅에서 우리나라까지는 9백 리이니 어찌 우리를 해칠 수 있겠는가."라고 하였다. 여름에 초나라가 황(黃)나라를 멸하였다. 영(郢)은 초(楚)나라 국도이다.

秋 七月

가을 7월이다.

冬

겨울이다.

王以戎難故 討王子帶 秋 王子帶奔齊 爲二十二年召子帶張本 冬 齊侯使管夷吾平戎于
王 使隰朋平戎于晉 王以上卿之禮饗管仲 管仲辭曰 臣賤有司也 有天子之二守國
高在 國子高子 天子所命爲齊守臣 皆上卿也 若節春秋 來承王命 何以禮焉 節 時也 陪臣敢辭
諸侯之臣曰陪臣 王曰 舅氏 伯舅之使 故曰舅氏 余嘉乃勳 應乃懿德 謂督不忘 督 篤也 往踐
乃職 無逆朕命 管仲受下卿之禮而還 卒受本位之禮

　왕이 융(戎)의 환난[87] 때문에 왕자 대(帶)를 토죄하였다. 가을에 왕자 대가 제(齊)나라로
망명하였다. 22년에 왕자 대(帶)를 불러들이는 장본이 된다. 겨울에 제후(齊侯)가 관이오(管夷吾)를
보내어 융을 왕과 화평하게 하고, 습붕(隰朋)을 보내어 융을 진(晉)나라와 화평하게 하였다.
왕이 상경(上卿)의 례로 관중(管仲)에게 향연을 베푸니, 관중이 사양하며 말하기를 "신은
천한 벼슬아치입니다. 제나라에는 천자의 두 수신(守臣)[88]인 국씨(國氏)와 고씨(高氏)가 있
으니 국자(國子)와 고자(高子)는 천자가 명하여 제(齊)나라의 수신(守臣)이 되었으니 모두 상경(上卿)이다. 만약
그들이 봄가을의 절후[節]로 빙문와서 왕명을 받는다면 무엇으로 례우하시겠습니까? 절(節)
은 계절이다. 배신(陪臣)인 저는 감히 사양합니다."라고 하자 제후(諸侯)의 신하를 배신(陪臣)이라고
한다. 왕이 말하기를 "구씨(舅氏)여, 백구(伯舅)[89]의 사신이기 때문에 구씨(舅氏)라고 한 것이다. 내가
그대의 공훈을 가상히 여기고 그대의 아름다운 덕에 보답하여 두터이[督] 여겨 잊지 않겠다
는 것이다. 독(督)은 두터움이다. 돌아가서 그대의 직무를 실천하여 짐(朕)의 명을 어기지 말
라."[90]라고 하였다. 그러나 관중은 하경(下卿)의 례우를 받고 돌아갔다. 끝내 본래 지위의 례우

---

87) 융(戎)의 환난 : 지난해 왕자 대(帶)가 융인(戎人)을 불러들여 주(周)나라 경사(京師)를 친 일이다.

88) 천자의 두 수신(守臣) : 후작(侯爵)과 백작(伯爵)의 제후국에는 3경(卿)이 있는데 상경(上卿)이 2인, 하경
　　(下卿)이 1인이다. 상경은 천자가 직접 임명하기 때문에 천자의 수신(守臣)이라 한 것이다.

89) 백구(伯舅) : 천자가 이성(異姓) 제후(諸侯)를 일컫는 말.

90) 짐(朕)의~말라 : 상경(上卿)의 례로 대접하려는 짐(朕)의 명을 어기지 말라는 것이다.

를 받은 것이다.

**君子曰 管氏之世祀也宜哉 讓不忘其上 詩曰 愷悌君子 神所勞矣**

군자는 말한다. "관씨(管氏)의 집안이 대대로 제사가 이어지는 것이 마땅하다. 이는 겸양하여 그 윗사람에 대한 배려를 잊지 않았기 때문이다. 《시(詩)》에 이르기를 '화락한 군자여, 신이 위로하네.'[91]라고 하였다."

---

**十有二月 丁丑 陳侯杵臼卒**

12월 정축일에 진후(陳侯) 저구(杵臼)가 졸하였다.

---

杵 公作處

저(杵)는 《공양전(公羊傳)》에는 처(處)로 되어 있다.

# 희공(僖公) 13년 【甲戌 B.C.647】

**十有三年 春**

13년 봄이다.

---

**十三年 春 齊侯使仲孫湫聘于周 且言王子帶 事畢 不與王言 歸復命曰 未可 王怒 未怠 其十年乎 不十年 王弗召也**

13년 봄에 제후(齊侯)가 중손추(仲孫湫)를 보내어 주(周)나라를 빙문하고, 또 왕자 대(帶)에 관한 일을 말하게 하였다. 중손추가 빙문의 일을 마쳤지만 왕에게 말하지 못하고 돌아와

---

91) 화락한~위로하네 : 《시경(詩經)》〈대아(大雅)〉 한록(旱麓).

복명하기를 "아직 아뢸 때가 아닙니다. 왕의 노여움이 아직 누그러들지 않았으니 아마도 10년은 있어야 할 것입니다. 10년이 되기 전에는 왕께서 대(帶)를 부르지 않을 것입니다." 라고 하였다.

---

狄侵衛

적(狄)이 위(衛)나라를 침범하였다.

---

夏 四月 葬陳宣公

여름 4월에 진(陳)나라 선공(宣公)의 장례를 지냈다.

---

公會齊侯宋公陳侯衛侯鄭伯許男曹伯于鹹

희공(僖公)이 제후(齊侯) · 송공(宋公) · 진후(陳侯) · 위후(衛侯) · 정백(鄭伯) · 허남(許男) · 조백(曹伯)과 함(鹹) 땅에서 회합하였다.

鹹 衛地

함(鹹)은 위(衛)나라 땅이다.

夏 會于鹹 淮夷病杞故 且謀王室也

여름에 함(鹹) 땅에서 회합하였으니, 회이(淮夷)가 기(杞)나라를 괴롭혔기 때문이고 또 왕실의 일을 모의하기 위해서였다.

---

秋

가을이다.

**爲戎難故 諸侯戍周 齊仲孫湫致之** 致戍卒于周

용(戎)의 환난 때문에 제후들이 주(周)나라를 지켰는데, 제(齊)나라 중손추(仲孫湫)가 수졸을 거느리고 도착하였다. 제후들의 수졸(戍卒)을 주(周)나라에 이르게 한 것이다.

---

**九月 大雩**

9월에 크게 기우제를 지냈다.

---

**冬**

겨울이다.

---

**晉荐饑 使乞糴于秦 秦伯謂子桑 與諸乎** 子桑 公孫枝 **對曰 重施而報 君將何求 重施而不報 其民必攜 攜而討焉 無衆 必敗 謂百里 與諸乎** 百里 秦大夫百里奚 **對曰 天災流行 國家代有 救災恤鄰 道也 行道有福 丕鄭之子豹在秦 請伐晉 秦伯曰 其君是惡 其民何罪 秦於是乎輸粟于晉 自雍及絳相繼** 雍 秦國都 絳 晉國都 **命之曰 汎舟之役** 從渭水運入河汾

진(晉)나라가 거듭 기근이 들자 사신을 보내 진(秦)나라에서 곡물을 수입하겠다고 요청하였다. 진백(秦伯)이 자상(子桑)에게 묻기를 "도와주어야 하는가?"라고 하자, 자상(子桑)은 공손지(公孫枝)이다. 대답하기를 "거듭 은혜를 베풀고 보답을 받는다면 임금님께서는 무엇을 더 바라겠습니까. 그러나 거듭 은혜를 베풀었는데도 보답을 하지 않는다면 그 백성의 마음은 반드시 떠날 것입니다. 마음이 떠난 뒤에 토벌하신다면 그를 돕는 무리가 없어 반드시 패배시킬 수 있을 것입니다."라고 하였다. 백리(百里)에게 묻기를 "도와주어야 하는가?"라고 하자, 백리(百里)는 진(秦)나라 대부 백리해(百里奚)이다. 대답하기를 "하늘의 재앙은 류행하므로 나라마다 번갈아 있는 일이니, 재앙을 구제하고 이웃을 돕는 것은 도리입니다. 도리를 행하면 복이 있게 됩니다."라고 하였다. 비정(丕鄭)의 아들 표(豹)가 진(秦)나라에 있으면서 진(晉)나라를 칠 것을 청하니, 진백이 말하기를 "그 임금은 악하지만 그 백성이야 무슨 죄가 있겠는가."라고 하였다. 진(秦)나라가 이리하여 곡식을 진(晉)나라로 운송하였는데 그 행렬이 옹(雍) 땅에서 강(絳) 땅에 이르도록 이어졌다. 옹(雍)은 진(秦)나라의 국도이고 강(絳)은 진(晉)나라의 국도이다. 이를 일컬어 '범주(汎舟)의 역(役)'이라고 하였다. 위수(渭水)로부터 운송하여 하수(河水)와 분수(汾水)로 들어간 것이다.

---

公子友如齊

　공자 우(友)가 제(齊)나라에 갔다.

---

# 희공(僖公) 14년 【乙亥 B.C.646】

---

十有四年 春 諸侯城緣陵

　14년 봄에 제후들이 연릉(緣陵)에 성을 쌓았다.

---

緣陵 杞邑 避淮夷遷都

　연릉(緣陵)은 기(杞)나라 읍이다. 회이(淮夷)를 피하여 도읍을 옮긴 것이다.

---

**十四年 春 諸侯城緣陵 而遷杞焉 不書其人 有闕也** 闕謂器用不具 城池未固而去 爲惠不終也

　14년 봄에 제후들이 연릉(緣陵)에 성을 쌓고 기(杞)나라의 도읍을 그곳으로 옮겼는데, 경문에 주관한 사람을 기록하지 않은 것은 불완전하였기[闕] 때문이다. 궐(闕)은 기용(器用)이 갖추어지지 않고 성(城)과 못[垓子]이 견고하지 못한데도 그만두고 떠나 은혜가 끝까지 베풀어지지 않았음을 이른다.

---

夏 六月 季姬及鄫子遇于防 使鄫子來朝

　여름 6월에 계희(季姬)가 증자(鄫子)와 방(防) 땅에서 만나 증자로 하여금 와서 조견하게 하였다.

鄫 穀作繒 後同 ○鄫 國名 季姬 魯女 鄫夫人也

증(鄫)은 《곡량전(穀梁傳)》에는 증(繒)으로 되어 있다. 이후에도 이와 같다. ○증(鄫)은 나라 이름이다. 계희(季姬)는 로(魯)나라 공녀(公女)로 증자(鄫子)의 부인(夫人)이다.

**鄫季姬來寧 公怒 止之 以鄫子之不朝也 夏 遇于防 而使來朝**

증(鄫)나라 계희(季姬)가 귀녕(歸寧)왔는데 희공(僖公)이 노하여 계희를 억류하였으니, 증자(鄫子)가 조견하지 않았기 때문이다. 여름에 계희가 방(防) 땅에서 증자를 만나 와서 조견하게 하였다.

---

## 秋 八月 辛卯 沙鹿崩

가을 8월 신묘일에 사록(沙鹿)이 무너졌다.

---

沙鹿 晉山名

사록(沙鹿)은 진(晉)나라의 산 이름이다.

**秋 八月 辛卯 沙鹿崩 晉卜偃曰 期年將有大咎 幾亡國**

가을 8월 신묘일에 사록산(沙鹿山)이 무너졌다. 진(晉)나라 복언(卜偃)이 말하기를 "1년 안에 큰 재앙이 있어 나라가 거의 망하게 될 것이다."라고 하였다.

---

## 狄侵鄭

적(狄)이 정(鄭)나라를 침범하였다.

---

## 冬

겨울이다.

---

**秦饑 使乞糴于晉 晉人弗與 慶鄭曰 背施無親** 慶鄭 晉大夫 **幸災不仁 貪愛不祥 怒鄰**

不義 四德皆失 何以守國 虢射曰 皮之不存 毛將安傅 虢射 惠公舅 言旣背秦施 與糴無益 慶鄭曰 棄信背鄰 患孰恤之 無信患作 失援必斃 是則然矣 虢射曰 無損於怨 而厚於寇 不如勿與 慶鄭曰 背施幸災 民所棄也 近猶讎之 況怨敵乎 弗聽 退曰 君其悔是哉

진(秦)나라가 기근이 들자 사신을 보내어 진(晉)나라에서 곡물을 사들이겠다고 요청하였는데 진인(晉人)이 도와주지 않았다. 경정(慶鄭)이 말하기를 "베풀어 준 은혜를 배반하는 것은 친애함이 없는 것이며, 경정(慶鄭)은 진(晉)나라 대부이다. 남의 재앙을 다행으로 여기는 것은 어질지 못한 것이며, 남의 사랑만 탐하는 것[92]은 상서롭지 못한 것이며, 이웃나라를 노하게 하는 것은 의롭지 못한 것입니다. 이 네 가지 덕을 모두 상실한다면 무엇으로 나라를 지키겠습니까."라고 하였다. 괵석(虢射)이 말하기를 "가죽이 없는데 털이 어디에 붙을 수 있겠소.[93]라고 하였다. 괵석(虢射)은 진혜공(晉惠公)의 외숙이다. 이미 진(秦)나라의 은혜를 배반하였으니 곡물을 사들여가게 허락하더라도 무익하다는 말이다. 경정이 말하기를 "신의를 저버리고 이웃을 배반한다면 환난이 닥쳤을 때 누가 구휼해 주겠습니까. 신의가 없으면 환난이 일어나고, 도와주는 나라를 잃으면 반드시 쓰러지니 이런 경우가 그렇습니다."라고 하였다. 괵석이 말하기를 "원한을 줄일 수도 없고 도리어 적의 힘을 강하게 할 뿐이니, 도와주지 않는 것만 같지 못하오."라고 하였다. 경정이 말하기를 "베풀어 준 은혜를 저버리고 남의 재앙을 다행으로 여기면 백성에게 버림을 받게 됩니다. 그러면 친근한 사람들도 오히려 원수로 여기는데 하물며 원한이 있는 적은 어떻겠습니까."라고 하였다. 임금이 듣지 않자 물러나 말하기를 "임금님께서는 이 일을 후회하실 것이다."라고 하였다.

---

蔡侯肹卒

채후(蔡侯) 힐(肹)이 졸하였다.

---

92) 남의~것 : 자기의 것을 탐욕스럽게 아끼는 것으로 보는 설도 있다.
93) 가죽이~있겠소 : 진혜공(晉惠公)이 진(秦)나라의 도움으로 진(晉)나라로 들어갈 때 다섯 성을 뢰물로 주기로 약속하였는데 들어간 뒤에는 약속을 저버리고 주지 않았다. 따라서 여기서 가죽은 진(秦)나라에 주기로 하였던 성을 비유한 것이고, 털은 진(秦)나라가 요구한 곡물을 비유한 것이다. 이미 진(秦)나라의 은혜를 저버려 원한이 깊어졌으니 비록 곡물을 준다 하더라도 가죽이 없는데 털을 붙이는 것과 같이 아무 소용이 없다는 의미이다.

# 희공(僖公) 15년 【丙子 B.C.645】

> ## 十有五年 春 王正月 公如齊
>
> 15년 봄 왕정월에 희공(僖公)이 제(齊)나라에 갔다.

> ## 楚人伐徐
>
> 초인(楚人)이 서(徐)나라를 쳤다.

**十五年 春 楚人伐徐 徐卽諸夏故也**

15년 봄에 초인(楚人)이 서(徐)나라를 쳤으니, 서나라가 제하(諸夏)[94]에 붙었기 때문이다.

> ## 三月 公會齊侯宋公陳侯衛侯鄭伯許男曹伯 盟于牡丘 遂次于匡 公孫敖帥師及諸侯之大夫救徐
>
> 3월에 희공(僖公)이 제후(齊侯)·송공(宋公)·진후(陳侯)·위후(衛侯)·정백(鄭伯)·허남(許男)·조백(曹伯)과 회합하여 모구(牡丘)에서 맹약하고 드디어 광(匡)땅에 머물렀다. 공손오(公孫敖)가 군대를 거느리고 제후들의 대부와 함께 서(徐)나라를 구원하였다.

帥 公作率 後同 ○牡丘 齊地 匡 衛地 公孫敖 慶父子

솔(帥)은 《공양전(公羊傳)》에는 솔(率)로 되어 있다. 이후에도 이와 같다. ○모구(牡丘)는 제(齊)나라 땅이고 광(匡)은 위(衛)나라 땅이다. 공손오(公孫敖)는 경보(慶父)의 아들이다.

---

94) 제하(諸夏) : 당시 사방의 이족에 대하여 중원을 이르는 말.

三月 盟于牡丘 尋葵丘之盟 且救徐也 孟穆伯帥師及諸侯之師救徐 諸侯次于匡以
待之

3월에 모구(牡丘)에서 맹약하였으니, 규구(葵丘)의 맹약95)을 거듭하고 또 서(徐)나라를
구원하기 위해서였다. 맹목백(孟穆伯 : 公孫敖)이 군대를 거느리고 제후들의 군대와 함께
서나라를 구원하였다. 제후들은 광(匡) 땅에 머무르며 그를 기다렸다.

夏 五月 日有食之

여름 5월에 일식이 있었다.

夏 五月 日有食之 不書朔與日 官失之也

여름 5월에 일식이 있었는데 경문에 초하루와 날을 기록하지 않은 것은 일관(日官)이
빠뜨린 것이다.

秋 七月 齊師曹師伐厲

가을 7월에 제(齊)나라 군대와 조(曹)나라 군대가 려(厲)나라를 쳤다.

厲 楚與國

려(厲)나라는 초(楚)나라의 동맹국이다.

秋 伐厲以救徐也

가을에 려(厲)나라를 쳐서 서(徐)나라를 구원하였다.

八月 螽

8월에 메뚜기의 피해가 있었다.

---

95) 규구(葵丘)의 맹약 : 희공(僖公) 9년에 있었다.

九月 公至自會

9월에 희공(僖公)이 회합에서 돌아왔다.

季姬歸于鄫

계희(季姬)가 증(鄫)나라로 돌아갔다.

己卯 晦 震夷伯之廟

기묘일 그믐에 이백(夷伯)의 사당에 벼락이 쳤다.

夷 謚 伯 字 魯大夫展氏之祖父

이(夷)는 시호이고 백(伯)은 자(字)이니 로(魯)나라 대부 전씨(展氏)의 할아버지이다.

震夷伯之廟 罪之也 於是展氏有隱慝焉

이백(夷伯)의 사당에 벼락이 쳤으니, 하늘이 죄를 준 것이다. 이때 전씨(展氏)에게는 알려지지 않은 간특함이 있었다.

冬 宋人伐曹

겨울에 송인(宋人)이 조(曹)나라를 쳤다.

冬 宋人伐曹 討舊怨也 莊十四年 曹與諸侯伐宋

겨울에 송인(宋人)이 조(曹)나라를 쳤으니, 옛 원한을 토죄하기 위해서였다. 장공(莊公) 14년에 조(曹)나라가 제후들과 함께 송(宋)나라를 쳤었다.

> ## 楚人敗徐于婁林
>
> 초인(楚人)이 서(徐)나라를 루림(婁林)에서 패배시켰다.

婁林 徐地

　루림(婁林)은 서(徐)나라 땅이다.


**楚敗徐于婁林 徐恃救也** 恃齊救

　초(楚)나라가 서(徐)나라를 루림(婁林)에서 패배시켰으니, 서나라가 구원을 믿었기 때문이다. 제(齊)나라가 구원해 줄 것을 믿은 것이다.


> ## 十有一月 壬戌 晉侯及秦伯戰于韓 獲晉侯
>
> 11월 임술일에 진후(晉侯)가 진백(秦伯)과 한(韓) 땅에서 싸웠는데 진후가 사로잡혔다.

得大夫曰獲 書獲貶晉侯也 此晉秦兵交之始 秦始見經

　대부를 사로잡는 것을 획(獲)이라 한다. 경문에 획(獲)이라고 기록한 것은 진후(晉侯 : 惠公)를 폄하한 것이다. 이는 진(晉)나라와 진(秦)나라가 교전한 시초이다. 진(秦)나라가 처음으로 경문에 나타났다.


**晉侯之入也 秦穆姬屬賈君焉** 賈君 晉獻公次妃賈女 **且曰 盡納羣公子** 羣公子 晉武獻之族
**晉侯烝於賈君 又不納羣公子 是以穆姬怨之**

　진후(晉侯 : 惠公)가 진(晉)나라로 들어갈 때[96] 진목희(秦穆姬)[97]가 가군(賈君)을 잘 돌보아 주라고 부탁하고 가군(賈君)은 진헌공(晉獻公)의 차비(次妃)인 가(賈)나라 녀자이다.[98] 또 외국에 나가 있는 뭇 공자를 다 국내로 불러들이라고 하였다. 뭇 공자는 진무공(晉武公)과 진헌공(晉獻公)의 족속들이다. 그런데 진후는 나라 안으로 들어와서는 가군과 간통하고 뭇 공자도 불러들이지 않았다. 이 때문에 목희(穆姬)는 진후를 원망하였다.

---

96) 진후(晉侯 : 惠公)~때 : 희공(僖公) 10년의 일이다.
97) 진목희(秦穆姬) : 진목공(秦穆公)의 부인(夫人). 진(晉)나라 태자 신생(申生)의 누이이다.
98) 가군(賈君)은~녀자이다 : 가군(賈君)을 태자 신생(申生)의 부인(夫人)으로 보는 설도 있다.

**晉侯許賂中大夫** 中大夫 國內執政里丕等 **旣而皆背之 賂秦伯以河外列城五 東盡虢略 南及華山 內及解梁城 旣而不與** 河外 河南也 從河南而東盡虢界 華山 西嶽也 解梁城在河北

진후(晉侯)는 중대부(中大夫)들에게 뢰물을 주겠다고 허락하였지만[99] 중대부(中大夫)는 나라 안에서 정치를 맡고 있는 리극(里克)과 비정(丕鄭) 등이다. 들어간 뒤에는 그 약속을 모두 어겼다. 그리고 진백(秦伯)에게는 하외(河外)의 렬성(列城)[100] 다섯과 동으로는 괵(虢)나라 국경까지의 땅 전부, 남으로는 화산(華山)까지, 하내(河內)로는 해량성(解梁城)까지의 땅을 뢰물로 주겠다고 하였으나 들어간 뒤에는 주지 않았다. 하외(河外)는 하남(河南)이다. 하남에서부터 동으로 괵(虢)나라 경계까지의 모든 땅이다. 화산(華山)은 서악(西嶽)이다. 해량성(解梁城)은 하북(河北)에 있다.

**晉饑 秦輸之粟 秦饑 晉閉之糴 故秦伯伐晉 卜徒父筮之 吉** 徒父 秦卜人 **涉河 侯車敗 詰之** 侯者 五等總名 秦伯車敗以爲不祥而詰之 **對曰 乃大吉也 三敗必獲晉君 其卦遇蠱☶☶** 巽 下艮上 **曰 千乘三去 三去之餘 獲其雄狐 夫狐蠱 必其君也 蠱之貞 風也 其悔 山也** 內卦爲貞 外卦爲悔 貞爲己身 秦象 悔爲他人 晉象 **歲云秋矣 我落其實而取其材 所以克也** 艮 爲山 山有木 今歲已秋 風落其實 則人取其材 **實落材亡 不敗何待 三敗 及韓** 秦伯之車 三經敗壞

진(晉)나라에 기근이 들었을 때 진(秦)나라는 곡물을 보내주었으나 진(秦)나라에 기근이 들자 진(晉)나라는 진(秦)나라에서 곡물을 사가는 것을 막았다. 그러므로 진백(秦伯)이 진(晉)나라를 쳤다. 이때 진(秦)나라 복도보(卜徒父)가 시초점을 치니 길하였고 도보(徒步)는 진(秦)나라 복인(卜人)이다. '하수(河水)를 건너면 후거(侯車)가 부서진다.'라는 점사를 얻었다. 진백이 힐책하니 후(侯)는 제후(諸侯)의 다섯 등급을 총괄한 이름이다. 진백(秦伯)은 수레가 부서진다는 것을 상서롭지 못하다고 여겨서 힐책한 것이다. 대답하기를 "크게 길합니다. 적을 세 차례나 패배시키고 반드시 진(晉)나라 임금을 사로잡을 것입니다. 그 괘가 고괘(蠱卦)☶☶를 만났으니 손(巽)이 하괘이고 간(艮)이 상괘이다. 그 괘에 이르기를 '천 승(乘)의 나라가 세 차례 퇴각하고 세 차례 퇴각한 뒤에는 그 숫여우를 잡게 된다.'라고 하였습니다. 여우는 속이기를 잘하니 반드시 진(晉)나라 임금일 것입니다. 고괘의 정(貞)은 바람이고 회(悔)는 산입니다. 내괘(內卦 : 下卦)가 정(貞)이고 외괘(外卦 : 上卦)가 회(悔)이다. 정(貞)은 자기의 몸이 되니 진(秦)나라의 상징이고, 회(悔)는 타인이 되니 진(晉)나라의 상징이다. 지금의 계절은 가을이니 우리가 그 열매를 떨어뜨리고 그 재목을 취하는 격이니 싸워 이길 것입니다. 간(艮)은 산이고 산에는 나무가 있다. 지금의 계절은 이미 가을이니

---

99) 진후(晉侯)는~허락하였지만 : 진혜공(晉惠公)은 중대부(中大夫)들에게 자기가 나라 안으로 들어가 임금이 되도록 도와주면 뢰물을 주겠다고 약속한 것이다.

100) 렬성(列城) : 변방에 늘어서 있는 성읍(城邑).

바람이 그 열매를 떨어뜨리면 사람이 그 재목을 취하게 되는 것이다. 열매가 떨어지고 재목도 베어 없어 지니 진(晉)나라가 패하지 않는 것을 어찌 기대하겠습니까."라고 하였다. 진(晉)나라가 세 차례나 싸움에 지고는 한(韓) 땅으로 물러났다. 진백(秦伯)의 수레가 세 차례나 부서졌다.[101]

晉侯謂慶鄭曰 寇深矣 若之何 對曰 君實深之 可若何 公曰 不孫 卜右 慶鄭吉 弗使
惡其不孫 步揚御戎 家僕徒爲右 步揚 郤犫之父 乘小駟 鄭入也 小駟 鄭所獻馬 慶鄭曰 古者
大事 必乘其産 生其水土而知其人心 安其敎訓而服習其道 唯所納之 無不如志 今
乘異産以從戎事 及懼而變 將與人易 變易人意 亂氣狡憤 陰血周作 張脈憤興 外彊中
乾 憤 動也 言馬狡戾憤滿 則血脈徧身張動 外有彊形 內實乾竭 進退不可 周旋不能 君必悔之 弗
聽

진후(晉侯 : 惠公)가 경정(慶鄭)에게 말하기를 "적이 깊이 들어왔으니 어찌하면 좋겠는 가?"라고 하니, 경정이 대답하기를 "임금님께서 실로 적을 깊이 들어오게 하였는데 어찌할 수 있겠습니까."라고 하였다. 진혜공(晉惠公)이 "불손하다."라고 하였다. 거우를 맡길 자를 점치게 하였더니 경정이 길하다고 나왔으나 그를 쓰지 않았다. 그의 불손함을 미워한 것이다. 보양(步揚)에게 융거를 몰게 하고 가복도(家僕徒)를 거우로 삼았으며 보양(步揚)은 극주(郤犫)의 아버지이다. 소사(小駟)가 끄는 융거를 탔는데 그 말은 정(鄭)나라에서 들어온 것이다. 소사(小 駟)는 정(鄭)나라에서 바친 말이다. 경정이 말하기를 "옛날에는 큰일에 반드시 그 나라에서 태어난 말이 끄는 수레를 탔습니다. 그 나라 땅에서 태어났기에 그 나라 사람들의 마음을 잘 알고 그들의 가르침을 편안히 여기며 그 길에 익숙합니다. 그래서 어자(御者)의 지시를 받아들여 어자의 뜻과 같이 되지 않음이 없었습니다. 그런데 지금 다른 나라에서 태어난 말이 끄는 수레를 타고 싸움에 림하다가 말이 놀랄 일을 만나면 성질이 변하여 부리는 사람과 마음이 달라지고 사람의 뜻과는 다르게 변함이다. 어지러운 기운이 미친 듯이 움직이며[憤] 음혈(陰 血)[102]이 전신에서 일어나 혈맥이 부풀어 올라 흥분하게 될 것입니다. 그러면 겉으로는 강 한 듯 보이지만 안으로는 기력이 말라 분(憤)은 움직이는 것이다. 말이 미친 듯이 움직이고 흥분이 몸에 가득하면 혈맥이 온몸에서 팽창하고 움직여 밖으로는 강한 듯한 모습이지만 안으로는 기력이 말라 없어지게 된다 는 말이다. 진퇴를 제대로 할 수 없고 회전도 잘하지 못할 것이니 임금님께서는 반드시 후회 하실 것입니다."라고 하였다. 그러나 진혜공은 그의 말을 듣지 않았다.

---

101) 진백(秦伯)의~부서졌다 : 진후(晉侯)의 수레가 부서진 것으로 보는 설도 있다.

102) 음혈(陰血) : 혈액(血液). 혈액이 피부 안에 있어 겉으로 드러나지 않기 때문에 이르는 말이다.

九月 周之十一月 夏之九月 羅泌以爲傳據晉史 經則周曆 蓋晉用夏正 晉侯逆秦師 使韓簡視師 韓
簡 晉大夫韓萬之孫 復曰 師少於我 鬪士倍我 公曰 何故 對曰 出因其資 謂奔梁求秦 入用
其寵 爲秦所納 饑食其粟 三施而無報 是以來也 今又擊之 我怠秦奮 倍猶未也 秦之鬪
志 倍猶未止 公曰 一夫不可狃 況國乎 狃 狎也 言我有一國 不可受其狎侮 遂使請戰 曰 寡人
不佞 能合其衆而不能離也 君若不還 無所逃命 秦伯使公孫枝對曰 君之未入 寡人
懼之 入而未定列 猶吾憂也 列 位也 苟列定矣 敢不承命 韓簡退 曰 吾幸而得囚

9월에 주(周)나라의 11월은 하(夏)나라의 9월이다. 라필(羅泌)은 《좌전(左傳)》의 이 전문이 진사(晉史)에 근거
를 둔 것이라 하였다. 경문은 주나라 력법을 사용하였는데 아마 진(晉)나라는 하(夏)나라 정삭(正朔)을 사용한
것 같다. 진후(晉侯)가 진(秦)나라의 군대를 맞이하여 한간(韓簡)에게 적의 군세(軍勢)를 살
펴보게 하였다. 한간(韓簡)은 진(晉)나라 대부 한만(韓萬)의 손자이다. 그가 돌아와서 말하기를 "군대
의 수는 우리보다 적으나 투지가 있는 병사는 우리의 배나 됩니다."라고 하였다. 진혜공(晉
惠公)이 "왜 그런가?"라고 물었다. 대답하기를 "임금님께서 망명나가 계실 때 진(秦)나라의
도움에 의지하였고, 량(梁)나라로 망명했을 때 진(秦)나라에게 도움을 구한 것을 이른다. 우리나라로 들
어올 때에도 진(秦)나라의 은총을 받았으며, 진(秦)나라가 진혜공(晉惠公)을 들여보낸 것이다. 우리나
라가 기근이 들었을 때에는 그 나라에서 준 곡식을 먹었습니다. 이처럼 세 차례의 도움을
주었는데도 갚지 않았기 때문에 그들이 쳐들어왔는데 이제 또 그들을 공격하게 되니 우리
군사는 나태해져 있고 진(秦)나라의 군사는 분발하고 있어 그들의 투지가 우리보다 배가
된다 해도 오히려 모자랄 지경입니다. 진(秦)나라의 투지가 우리보다 배나 된다 해도 오히려 그치지
못한다는 것이다. 진혜공이 말하기를 "한 개인으로서도 업신여김[狃]을 당할 수 없는데 하물며
나라의 경우에 있어서이겠는가."라고 하였다. 뉴(狃)는 업신여김이다. 나는 한 나라를 소유하고 있으니
다른 나라의 업신여김을 받을 수 없다는 말이다. 드디어 사람을 보내어 싸움을 청하게 하면서 말하기
를 "과인이 변변치 못하나 백성을 모을 수는 있지만 그냥 해산시킬 수는 없습니다. 임금님
께서 만약 돌아가시지 않는다면 싸우자는 명을 피할 수는 없습니다."라고 하였다. 진백(秦
伯)이 공손지(公孫枝)를 보내어 대답하기를 "임금님께서 나라로 들어가지 못하였을 때 과
인이 걱정을 하였고, 이미 들어갔으나 임금님의 지위[列]를 안정시키지 못하였을 때에도
나는 오히려 걱정을 하였습니다. 렬(列)은 지위이다. 이제 진실로 임금님의 지위가 안정되었으
니 감히 싸우자는 명을 받들지 않겠습니까."라고 하였다. 한간이 물러나며 말하기를 "나는
운이 좋아야 포로가 되겠구나."라고 하였다.

壬戌 戰于韓原 晉戎馬還濘而止 濘 泥也 還 便旋 公號慶鄭 慶鄭曰 愎諫違卜 愎 戾也
固敗是求 又何逃焉 遂去之 梁由靡御韓簡 虢射爲右 輅秦伯 將止之 輅 音迓 迎也 止

獲也 鄭以救公誤之 遂失秦伯 秦獲晉侯以歸 晉大夫反首拔舍從之 反首 髮反垂也 拔舍
草舍 秦伯使辭焉 曰 二三子何其慼也 寡人之從君而西也 亦晉之妖夢是踐 豈敢以
至 今將晉君而西 以踐狐突之夢 不敢終執 晉大夫三拜稽首 曰 君履后土而戴皇天 皇天后
土實聞君之言 羣臣敢在下風

　임술일에 한원(韓原)에서 싸웠는데 진(晉)나라 임금의 말이 진흙[濘]에 빠져 빙빙 돌며
[還] 나아가지 못하였다. 녕(濘)은 진흙이고 환(還)은 빙빙 돎이다. 진혜공(晉惠公)이 경정(慶鄭)을
부르니, 경정이 말하기를 "충간을 어기고[愎] 점괘에도 따르지 않아 팩(愎)은 어김이다. 진실로
패하기를 스스로 구해 놓고서 또 어찌 도망가려 하십니까."라고 하며 드디어 그곳을 떠났
다. 량유미(梁由靡)가 한간(韓簡)의 어자가 되고 괵석(虢射)이 거우가 되어 진백(秦伯)을
맞아[輅] 사로잡으려는[止] 찰나에 아(輅)는 음이 아(迓)이니 맞이함이다. 지(止)는 사로잡음이다. 경정이
진혜공을 구하라고 오도(誤導)하여 드디어 진백을 놓치고 진(秦)나라 군사가 도리어 진후
(晉侯)를 사로잡아 돌아갔다. 진(晉)나라 대부들은 머리를 풀어 늘어뜨리고[反首] 풀숲에서
잠을 자며[拔舍] 진혜공을 따라갔다. 반수(反首)는 머리를 반대로[아래로] 늘어뜨린 것이고, 발사(拔舍)는
풀숲을 잠자리로 삼는 것이다. 진백이 그러지 못하게 하며 말하기를 "그대들은 어찌 그리 슬퍼하
는가. 과인이 그대들의 임금을 따라 서쪽으로 가는 것은 또한 진(晉)나라 사람이 꾼 요망한
꿈을 밟아 없애자는 것이니, 어찌 그대들의 임금을 포로로 데리고 가려 함이겠는가."라고
하였다. 지금 진(晉)나라 임금을 데리고 서쪽으로 가는 것은 호돌(狐突)의 꿈[103]을 밟는 것이고 감히 진(晉)나
라 임금을 끝까지 포로로 잡아두고자 함은 아니라는 것이다. 진(晉)나라 대부들이 세 번 절하고 머리를
조아리며 말하기를 "임금님께서는 땅을 밟고 계시며 하늘을 머리에 이고 계십니다. 하늘과
땅이 실로 임금님의 말씀을 들었고 뭇 신하도 모두 감히 아랫자리[下風]에서 들었습니다."
라고 하였다.

穆姬聞晉侯將至 以大子罃弘與女簡璧登臺而履薪焉 罃弘 穆姬二子 登臺履薪 示欲自焚
使以免服衰絰逆 且告 免 音問 免衰絰 遭喪之服 令行人服此服 迎秦伯 曰 上天降災 使我兩
君匪以玉帛相見 而以興戎 若晉君朝以入 則婢子夕以死 夕以入 則朝以死 唯君裁
之 乃舍諸靈臺 婢子 婦人之卑稱 靈臺 周之故臺 自曰上天四十七字 古本無

　진목희(秦穆姬)는 진후(晉侯)가 곧 잡혀 도착할 것이라는 소문을 듣고 태자 앵(罃)과 그
아우 홍(弘), 그리고 딸 간(簡)과 벽(璧)을 데리고 대(臺)에 올라 섶을 밟고 있었다. 앵(罃)과

---

103) 호돌(狐突)의 꿈 : 호돌(狐突)에게 태자 신생(申生)이 나타나 이오(夷吾 : 晉惠公)를 비방하고 진(晉)나라
　　를 진(秦)나라에 줄 것이라고 한 꿈이다. 희공(僖公) 10년에 있었다.

홍(弘)은 목희(穆姬)의 두 아들이다. 대에 올라 섶을 밟고 있었던 것은 스스로 불타 죽으려는 뜻을 보인 것이다. 그리고 행인(行人)에게 문복(免服)과 최질(衰絰) 차림으로 진백(秦伯)을 맞이하고 또 고하게 하기를 문(免)은 음이 문(問)이다. 문(免)과 최질(衰絰)은 상을 당했을 때 입는 복장이다.[104] 행인(行人)에게 이러한 복장을 입고 진백(秦伯)을 맞이하게 한 것이다. "하늘이 재앙을 내려 우리 두 나라 임금이 옥백의 선물로 서로 의좋게 만나지 못하고 싸움을 일으키게 하였습니다. 만약 진(晉)나라 임금이 아침에 도성으로 들어온다면 제[婢子]는 저녁에 죽을 것이고 저녁에 들어온다면 아침에 죽을 것입니다. 그러하니 임금님께서는 헤아리시기 바랍니다."라고 하였다. 이에 진백은 진혜공(晉惠公)을 령대(靈臺)에 머물게 하였다. 비자(婢子)는 부인(夫人)의 비칭(卑稱)이다. 령대(靈臺)는 주(周)나라의 옛 루대(樓臺)이다. 왈상천(曰上天)으로부터 47자(字)는 고본(古本)에는 없다.

大夫請以入 公曰 獲晉侯 以厚歸也 厚獲而歸 旣而喪歸 焉用之 恐夫人或自殺 大夫其何有焉 且晉人慼憂以重我 反首拔舍 以示重憂 天地以要我 不圖晉憂 重其怒也 我食吾言 背天地也 重怒難任 背天不祥 必歸晉君

진(秦)나라 대부들이 진혜공(晉惠公)을 데리고 도성으로 들어가기를 청하니, 진목공(秦穆公)이 말하기를 "진후(晉侯)를 생포한 것은 그를 큰 수확으로 삼아 돌아가려 함이었다. 큰 수확으로 삼아 돌아가는 것이다. 이미 상을 당하고 포로를 데리고 돌아간다면 무슨 소용이 있겠는가. 부인이 혹 자살할까 우려한 것이다. 그렇게 된다면 대부들에게도 무슨 리득이 있겠는가. 그리고 진인(晉人)은 슬픔과 근심으로 나의 마음을 무겁게 하였고, 진(晉)나라의 대부들이 머리를 풀어 늘어뜨리고 풀숲을 잠자리로 삼아 그들이 크게 걱정하고 있음을 보인 것이다. 하늘과 땅도 나에게 약속의 실행을 요구하고 있다. 진(晉)나라 사람들의 근심을 헤아리지 않는다면 그들의 노여움을 무겁게 하는 것이고, 내가 나의 말을 지키지 않는다면 이는 하늘과 땅을 배반하는 것이다. 노여움을 무겁게 하면 감당하기 어렵고 하늘을 배반하는 것은 상서롭지 못한 것이니 진(晉)나라 임금을 반드시 돌려보낼 것이다."라고 하였다.

公子縶曰 不如殺之 無聚慝焉 公子縶 秦大夫 子桑曰 歸之而質其大子 必得大成 成 和好也 晉未可滅而殺其君 祇以成惡 且史佚有言曰 無始禍 史佚 周武王時大史尹佚 無怙亂 恃人亂爲己利 無重怒 重怒難任 陵人不祥 乃許晉平

---

104) 문(免)과~복장이다 : 문(免)은 초상 때 관을 벗고 머리를 묶어 매는 것이고, 최질(衰絰)은 상주가 입는 상복(喪服)과 요질(腰絰)이다.

공자 칩(縶)이 말하기를 "죽이는 것만 같지 못합니다. 그를 돌려보내어 그에게 사특함이 모이게 하지 마십시오."라고 하였다. 공자 칩(縶)은 진(秦)나라 대부이다. 자상(子桑)이 말하였다. "돌려보내되 그 태자를 인질로 삼으면 반드시 그 나라와 크게 화친할[成] 수 있을 것입니다. 성(成)은 화호(和好)함이다. 진(晉)나라는 아직 멸망시킬 수 없으니 그 임금을 죽인다면 다만 악을 이루는 것입니다. 또 사일(史佚)의 말에 '화(禍)를 먼저 일으키지 말고, 사일(史佚)은 주무왕(周武王) 때의 태사(大史)였던 윤일(尹佚)이다. 남의 혼란을 믿지 말며, 남의 혼란이 자기의 리익이 된다고 믿는 것이다. 남의 노여움을 무겁게 하지 말라. 노여움을 무겁게 하면 감당하기 어렵고 남을 업신여기는 것은 상서롭지 못한 것이다.'라고 하였습니다." 이에 진백(秦伯)은 진(晉)나라와의 화평을 허낙하였다.

**晉侯使郤乞告瑕呂飴甥 且召之** 郤乞 晉大夫 瑕呂飴甥卽呂甥 姓瑕呂 名飴甥 字子金 蓋召使迎己 **子金教之言曰 朝國人而以君命賞** 恐國人不從 故先賞於朝 **且告之曰 孤雖歸 辱社稷矣 其卜貳圉也** 卜大子圉代爲君 **衆皆哭**

진후(晉侯)가 극걸(郤乞)을 보내어 하려이생(瑕呂飴甥)에게 알리게 하고 또 그를 불렀다. 극걸(郤乞)은 진(晉)나라 대부이다. 하려이생(瑕呂飴甥)은 곧 려생(呂甥)이니 성(姓)은 하려(瑕呂)이고 이름은 이생(飴甥)이며 자(字)는 자금(子金)이다. 그를 불러 자기를 맞이하게 한 것이다. 자금(子金)이 극걸을 가르쳐 말하기를 "국인을 조정에 불러 모아 임금의 명이라 하고는 상을 주고, 국인이 진혜공(晉惠公)을 따르지 않을까 우려하였기 때문에 먼저 조정에서 상을 주게 한 것이다. 또 고하게 하기를 '고(孤)[105]가 비록 돌아가더라도 사직을 욕되게 하였으니 태자 어(圉)를 대신 임금으로 삼는 것이 어떤지 점쳐보도록 하라.'고 하시오"라고 하였다. 태자 어(圉)를 대신 임금으로 삼는 것에 대하여 점치게 한 것이다. 그렇게 하니 사람들이 모두 곡하였다.[106]

**晉於是乎作爰田** 爰 易也 分公田之稅 改易與衆 **呂甥曰 君亡之不恤 而羣臣是憂 惠之至也 將若君何 衆曰 何爲而可 對曰 征繕以輔孺子** 征 賦也 繕 治也 孺子 大子圉 **諸侯聞之 喪君有君 羣臣輯睦 甲兵益多 好我者勸 惡我者懼 庶有益乎 衆說 晉於是乎作州兵** 州 二千五百家

진(晉)나라는 이에 원전(爰田)의 제도를 마련하였다. 원(爰)은 바꿈이니 공전(公田)의 조세를 나누어 사람들에게 주는 것으로 제도를 바꾸는 것이다. 려생(呂甥)이 말하기를 "임금님께서는 망명해 있

---

105) 고(孤) : 제후(諸侯)가 흉한 일을 당했을 때 자신을 이르는 말. 장공(莊公) 11년조 참조.
106) 사람들이~곡하였다 : 임금이 나라로 돌아오지 못함을 슬퍼한 것이다.

는 당신의 처지를 걱정하지 않고 오히려 뭇 신하를 걱정하고 계시니 그 은혜가 지극합니다. 앞으로 임금님을 어떻게 하면 좋겠습니까?"라고 하였다. 사람들이 말하기를 "어찌하면 되겠습니까?"라고 하였다. 려생이 대답하기를 "우리는 조세를 징수하고[征] 무기를 정비하여[繕] 유자(孺子)[107]를 도웁시다. 정(征)은 세금을 징수함이고, 선(繕)은 정비함이고, 유자(孺子)는 태자 어(圉)이다. 제후들이 이 소식을 들으면 '임금을 잃어도 뒤를 잇는 임금이 있고 신하들은 화목하며 갑병(甲兵)들도 더욱 많다.'라고 여겨 우리를 좋아하는 자는 우호가 더 좋아지도록 권장하며 우리를 미워하는 자는 우리를 두려워할 것이니, 그러면 나라에 리익이 있을 것입니다." 라고 하였다. 이 말에 모든 사람들이 기뻐하였다. 진나라는 이리하여 주병(州兵)제도[108]를 제정하였다. 주(州)는 2천 5백 가(家)이다.

初 晉獻公筮嫁伯姬於秦 遇歸妹☳☱ 兌下震上 之睽☲☱ 兌下離上 史蘇占之曰 不吉 史蘇 晉卜筮之史 其繇曰 士刲羊 亦無衁也 女承筐 亦無貺也 衁 音荒 血也 貺 賜也 歸妹上六無應 故下刲羊無血 上承筐無實 離爲中女 震爲長男 故稱士女 西鄰責言 不可償也 兌爲西方爲口舌 以兌 從震 是口舌雷動 不能償其責 歸妹之睽 猶無相也 震之離 亦離之震 二卦變而氣相通 爲雷爲 火 爲嬴敗姬 嬴 秦姓 姬 晉姓 震爲雷 離爲火 火熾而害其母 女嫁反害其家之象 車說其輹 火焚其 旗 不利行師 敗于宗丘 說 音脫 輹 車下縛也 丘猶邑也 震爲車 離爲火 上六爻在震則無應 故車脫輹 在離則失位 故火焚旗 火還害母 故敗不出國 近在宗邑 歸妹睽孤 寇張之弧 處睽之極 故曰睽孤 失位 孤絶 故遇寇難而有弓矢之警 姪其從姑 震爲木 離爲火 火從木生 離爲震妹 於火爲姑 謂子圉質秦 六 年其逋 逃歸其國 而棄其家 逋 亡也 家謂子圉婦懷嬴 數周必復 易六位 故知從姑六年而必逋亡 明年其死於高梁之虛 惠公死之明年 文公入 殺懷公于高梁

이보다 앞서 진헌공(晉獻公)이 그의 딸 백희(伯姬)를 진(秦)나라에 시집보내는 일에 대하여 시초점을 쳤는데 귀매괘(歸妹卦)☳☱가 태(兌)가 하괘이고 진(震)이 상괘이다. 규괘(睽卦)☲☱로 태(兌)가 하괘이고 리(離)가 상괘이다. 변한 것을 만났다. 사소(史蘇)가 그 점괘에 대하여 다음과 같이 말하였다. "불길합니다. 사소(史蘇)는 진(晉)나라의 복서(卜筮)를 맡은 태사(大史)이다. 그 점사(占辭)에 '남자가 양을 찔러도 피[衁]가 나오지 않고 녀자가 대바구니를 들고 있어도 줄[貺] 것이 없다.'라고 하였습니다. 황(衁)은 음이 황(荒)이니 피이다. 황(貺)은 줌이다. 귀매괘(歸妹卦)의 상륙(上六)은 응하는 것이 없으므로 아래로는 양을 찔러도 피가 나지 않고 위로는 대바구니를 들고 있어도 담긴 것이 없는

---

107) 유자(孺子) : 천자(天子)·제후(諸侯)·세경(世卿)의 후계자.

108) 주병(州兵)제도 : 주(州)마다 갑병(甲兵)을 정비하게 한 제도.

것이다. 리(離)는 중녀(中女)이고 진(震)은 장남(長男)이다. 그래서 사(士)와 녀(女)라고 한 것이다. 이는 서쪽의 이웃나라가 책망하는 말을 하여도 갚아 줄 길이 없다는 것입니다. 태(兌)는 서방이니 입과 혀가 된다. 태(兌)로써 진(震)을 따르니 이는 입과 혀가 뢰동(雷動)하는 것으로, 능히 그 책망을 갚을 수 없다는 것이다. 귀매괘가 규괘로 변한 것은 도와 줄 사람이 없는 것과 같은 것이고, 진괘(震卦)가 리괘(離卦)로 변한 것은 또한 리괘가 진괘로 변한 것과 같아서 두 괘가 변하였으나 기(氣)는 서로 통함이다. 우레가 되고 불이 되는 것이니, 영씨(嬴氏)가 희씨(姬氏)를 패하게 하는 것이 됩니다. 영(嬴)은 진(秦)나라의 성(姓)이고 희(姬)는 진(晉)나라의 성(姓)이다. 진(震)은 우레이고 리(離)는 불이다. 불이 거세져서 그 어미를 해치는 격이니 녀자가 시집가서 도리어 그 친정을 해치는 형상이다. 수레에서 복(輹)이 벗겨지고 [說] 불이 그 군기(軍旗)를 태우니 군대를 출동시키는 것이 리롭지 못하여 종구(宗丘)에서 패하게 됩니다. 탈(說)은 음이 탈(脫)이다. 복(輹)은 수레의 아래를 바퀴축대와 련결하는 물건이다. 구(丘)는 읍(邑)과 같다. 진(震)은 수레이고 리(離)는 불이다. 상륙효(上六爻)는 진괘(震卦)에 있으면서 응하는 것이 없다. 그러므로 수레에서 그 복(輹)이 벗겨지는 것이다. 리괘(離卦)에 있어서는 그 위(位)를 잃으므로 불이 군기를 태우고, 불이 도리어 그 어미를 해친다. 그러므로 패하는 것이 나라를 벗어나지 않고 가까운 종읍(宗邑)에 있는 것이다. 귀매괘는 형세가 고립되어[睽孤] 적이 우리에게 활을 당기는 격입니다. 규괘(睽卦)의 끝[上九]에 처하였으므로 규고(睽孤)라고 한 것이다. 위(位)를 잃어 외롭게 단절되었으므로 도적의 환난을 만나 도적이 활을 당긴다는 경계가 있는 것이다. 조카가 고모를 따르고 진(震)은 나무이고 리(離)는 불이다. 불은 나무로 말미암아 생기니 리(離)는 진(震)에게는 녀동생이지만 불에게는 고모가 되니,[109] 자어(子圉)가 진(秦)나라에 인질이 됨을 이른다. 6년 뒤에 도망하여[逋] 자기 나라로 돌아가 그의 아내[家]를 버리고는 포(逋)는 도망함이다. 가(家)는 자어(子圉)의 아내 회영(懷嬴)을 이른다. 수(數)는 두루하여 반드시 돌아와 6효의 위치가 바뀐다. 그래서 고모를 따른 지 6년 만에 반드시 도망할 것임을 안 것이다. 다음해 고량(高梁)의 언덕에서 죽을 것입니다." 진혜공(晉惠公)이 죽은 다음해 진문공(晉文公)이 들어가 진회공(晉懷公 : 子圉)을 고량(高梁)에서 죽이게 된다.

及惠公在秦 曰 先君若從史蘇之占 吾不及此夫 韓簡侍 曰 龜 象也 筮 數也 物生而後有象 象而後有滋 滋而後有數 先君之敗德及可數乎 及謂及今 史蘇是占 勿從何益 詩曰 下民之孽 匪降自天 僔沓背憎 職競由人 職 主也 言僔沓面語 背相憎疾 皆由於人

진혜공(晉惠公)이 진(秦)나라에 머무를 때 말하기를 "선군(先君 : 晉獻公)께서 만약 사소(史蘇)의 점을 따르셨다면[110] 내가 이 지경에 이르지는 않았을 것이다."라고 하였다. 이에

---

109) 진(震)은 나무이고~되니 : 형제 사이에 있어서는 진(震)은 장남이고 리(離)는 중녀이니, 진(震)은 진혜공(晉惠公)이고 리(離)는 그 누이 백희(伯姬)이다. 부자 사이에 있어서는 나무는 진헌공이고 불은 그 아들인 태자 어(圉)이니, 백희는 태자 어의 고모가 되는 것이다.

110) 선군(先君 : 晉獻公)께서~따르셨다면 : '진헌공(晉獻公)이 그의 딸 백희(伯姬)를 진(秦)나라에 시집보내지

옆에서 그를 모시고 있던 한간(韓簡)이 다음과 같이 말하였다. "거북점은 형상으로 나타나고 시초점은 수(數)로 나타납니다. 만물이 생긴 뒤에 형상이 있게 되고 형상이 있은 뒤에 불어나며 불어난 뒤에 수가 있게 됩니다. 선군께서 덕을 잃으신 것을 지금까지[及] 셀 수 있겠습니까. 급(及)은 지금까지를 이른다. 사소의 점을 따르지 않은 것이 무슨 화(禍)를 보태었겠습니까. 《시(詩)》에 이르기를 '백성의 재앙은 하늘에서 내린 것이 아니라네. 면전에서 아첨하고 뒤에서는 미워하니 주로[職] 이런 일에 힘씀은 사람에 달린 것이로다.'[111]라고 하였습니다." 직(職)은 주됨이다. 면전에서는 서로 모여 좋게 말하다가 돌아서서는 서로 미워하는 것은 모두 사람에게 말미암은 것이라는 말이다.

**十月 晉陰飴甥會秦伯 盟于王城** 陰飴甥卽呂甥 食采於陰 王城 秦地 **秦伯曰 晉國和乎 對曰 不和 小人恥失其君而悼喪其親 不憚征繕以立圉也 曰 必報讎 寧事戎狄 君子愛其君而知其罪 不憚征繕以待秦命 曰 必報德 有死無二 以此不和 秦伯曰 國謂君何 對曰 小人慼 謂之不免 君子恕 以爲必歸 小人曰 我毒秦 秦豈歸君** 毒謂三施不報 **君子曰 我知罪矣 秦必歸君 貳而執之 服而舍之 德莫厚焉 刑莫威焉 服者懷德 貳者畏刑 此一役也 秦可以霸 納而不定 廢而不立 以德爲怨 秦不其然 秦伯曰 是吾心也 改館晉侯 饋七牢焉** 牛羊豕各一爲一牢

10월에 진(晉)나라 음이생(陰飴甥)이 진백(秦伯)과 회합하여 왕성(王城)에서 맹약하였다. 음이생(陰飴甥)은 곧 려생(呂甥)이니 식읍이 음(陰) 땅에 있었다. 왕성(王城)은 진(秦)나라 땅이다. 진백이 말하기를 "진(晉)나라는 화목한가?"라고 하니, 이생(飴甥)이 대답하기를 "화목하지 못합니다. 소인들은 그 임금 잃은 것을 부끄러워하고 그 친한 이를 잃은 것을 슬퍼하여 세금을 징수하고 무기를 정비하는 것을 꺼려하지 않아 태자 어(圉)를 세우려 하면서 말하기를 '반드시 원수를 갚으리라. 어찌 융적(戎狄 : 秦)을 섬기겠는가.'라고 합니다. 군자들은 그 임금을 사랑하되 진(秦)나라에 대하여 지은 죄를 알아 세금을 징수하고 무기를 정비하는 것을 꺼려하지 않아 진(秦)나라의 하명을 기다리며 말하기를 '우리는 반드시 진(秦)나라의 은덕에 보답하여 죽어도 두마음을 갖지 않을 것이다.'라고 합니다. 이 때문에 화목하지 못합니다."[112]라고 하였다. 진백이 말하기를 "그대 나라 사람들은 그대의 임금이 어떻게 될 것이라고 생각하는

---

않았다면'의 뜻이다.

111) 백성의~것이로다 : 《시경(詩經)》〈소아(小雅)〉 십월지교(十月之交). 전문의 준(僔)은 《시경》 원문에는 준(噂)으로 되어 있다. 준(僔)은 모인대聚는 뜻이고 답(沓)은 말 잘하다의 뜻으로, 준답(僔沓)은 만나 면전에서 좋은 소리로 말함을 의미한다.

112) 이 때문에~못합니다 : 소인들과 군자들의 생각이 달라 국론이 통일되지 못하여 화목하지 못하다는 말이다.

가?"라고 하니, 이생이 대답하기를 "소인들은 슬퍼하며 '우리 임금이 화를 면치 못할 것이다.'라 하고, 군자들은 자신들의 마음으로 진백의 마음을 헤아려[恕]113) '우리 임금님을 반드시 돌려보낼 것이다.'라고 여기고 있습니다. 그리고 소인들은 '우리가 진(秦)나라를 해롭게[毒] 했으니 진나라가 어찌 우리 임금님을 돌려보내 주겠는가.'라 하고, 독(毒)은 세 번이나 은혜를 베풀어 주었는데도 보답하지 않은 것을 이른다. 군자들은 '우리는 지은 죄를 알고 있으니 진(秦)나라는 반드시 우리 임금님을 돌려보내 줄 것이다. 두마음을 품음에 붙잡아 가고 승복함에 놓아준다면 이보다 더 두터운 덕은 없고 이보다 더 위엄 있는 형벌은 없다. 승복하는 자는 덕에 감복하게 되고 두마음을 품는 자는 형벌을 두려워한다. 이번의 싸움으로 진(秦)나라는 패자(霸者)가 될 수 있게 되었다. 임금을 자기 나라로 들여보내고는 그 자리에 안정하지 못하게 하고, 그 자리를 폐하여 다시 세워주지 않는 것은 덕을 베풀고도 원망을 만드는 격이니 진(秦)나라는 그렇게 하지 않을 것이다.'라고 합니다."라고 하였다. 진백이 말하기를 "이것이 곧 나의 마음이다."라고 하였다. 그리고 그는 진후(晉侯)의 숙소를 좋은 데로 바꾸어 주고 7뢰(牢)114)의 음식을 보냈다. 소·양·돼지 각각 한 마리가 1뢰(牢)이다.

蛾析謂慶鄭曰 盍行乎 蛾析 晉大夫 對曰 陷君於敗 敗而不死 又使失刑 非人臣也 臣而不臣 行將焉入 十一月 晉侯歸 丁丑 殺慶鄭而後入 是歲 晉又饑 秦伯又餼之粟 曰 吾怨其君而矜其民 且吾聞唐叔之封也 箕子曰 其後必大 晉其庸可冀乎 姑樹德焉 以待能者 於是秦始征晉河東 置官司焉 征 賦也 此卽河外五城之地 是始歸之秦

아석(蛾析)이 경정(慶鄭)에게 말하기를 "어찌 다른 나라로 떠나지 않습니까?"라고 하니, 아석(蛾析)은 진(晉)나라 대부이다. 대답하기를 "임금님을 패하게 하는데 빠뜨렸고 나는 패하였으면서도 죽지 않았소. 그리고 임금님이 나에게 형벌을 내리지 못하게 도망한다면 신하의 도리가 아니오. 신하로서 신하의 노릇을 못하였으니 떠난들 어디로 들어갈 수 있겠소."라고 하였다. 11월에 진후(晉侯)가 돌아와 정축일에 경정부터 죽이고 나서 국도로 들어왔다. 이해 진(晉)나라는 다시 기근이 들었다. 진백(秦伯)이 또 곡식을 보내주면서 말하기를 "나는 그 임금을 원망하지만 그 백성을 불쌍히 여기고 있다. 또 내가 들으니 당숙(唐叔)115)이 진(晉)나라에 봉해졌을 때 기자(箕子)가 말하기를 '그 후손은 반드시 크게 될 것이다.'라고 하였다. 그러니 진(晉)나라를 어찌 손에 넣기를 바라겠는가. 우선 덕을 심어 진나라에 훌륭한

---

113) 헤아려[恕] : 자기의 처지를 미루어 남의 마음을 헤아리는 것이 서(恕)이다.

114) 7뢰(牢) : 1뢰(牢)의 일곱 배나 되는 풍성한 음식.

115) 당숙(唐叔) : 주무왕(周武王)의 아들로 진(晉)나라 시조이다.

임금이 나오기를 기대한다.”라고 하였다. 이에 진(秦)나라는 비로소 진(晉)나라 하동(河東)의 세금을 거두고[征] 관사(官司)를 두어 다스렸다. 정(征)은 세금을 거두어들임이다. 이곳은 하외(河外)의 다섯 성의 땅으로 이때 비로소 진(秦)나라에 귀속되었다.

# 희공(僖公) 16년【丁丑 B.C.644】

十有六年 春 王正月 戊申 朔 隕石于宋 五 是月 六鷁退飛 過宋都

　16년 봄 왕정월 초하루 무신일에 송(宋)나라에 다섯 개의 돌이 떨어졌다. 이 달에 여섯 마리의 익새[鷁]가 뒤로 날아 송나라 도성을 지나갔다.

隕 公作霣 鷁 穀作鶃 ○鷁 音亦 重言是月 嫌同日 宋人以爲災 告 故書

　운(隕)은 《공양전(公羊傳)》에는 운(霣)으로 되어 있다. 익(鷁)은 《곡량전(穀梁傳)》에는 역(鶃)으로 되어 있다. ○익(鷁)은 음이 역(亦)이다.[116] 이 달이라고 거듭 말한 것은 같은 날로 여길까 혐의하였기 때문이다. 송인(宋人)이 재앙이라고 여겨서 알려왔기 때문에 경문에 기록한 것이다.

十六年 春 隕石于宋 五 隕星也 星陽物 隕至地 則化爲石 六鷁退飛 過宋都 風也 鷁 水鳥 遇風退飛 周內史叔興聘于宋 宋襄公問焉 曰 是何祥也 吉凶焉在 對曰 今玆魯多大喪 此歲季友公孫玆卒 明年齊有亂 君將得諸侯而不終 退而告人曰 君失問 是陰陽之事 非吉凶所生也 吉凶由人 吾不敢逆君故也 君問不敢逆之 故假他占以對

　16년 봄에 송(宋)나라에 다섯 개의 돌이 떨어졌으니, 운성(隕星)이었다. 별은 양물(陽物)인데 떨어져 땅에 이르면 변해서 돌이 된다. 여섯 마리의 익새[鷁]가 뒤로 날아 송나라 도성을 지나갔으니, 바람 때문이었다. 익(鷁)은 물새이다. 바람을 만나 뒤로 밀려 날아간 것이다. 그때 주(周)나라 내사(內史)인 숙흥(叔興)이 송나라를 빙문하고 있었는데 송양공(宋襄公)이 묻기를 “이것은 무슨 징조인가? 길흉 사이에 어느 쪽인가?”라고 하니, 대답하기를 “올해[今玆] 로(魯)나라에 큰

---

116) 익(鷁)은~역(亦)이다 : 여기서 익(鷁)은 음이 역(亦)이라고 하였으나 본 번역본은 관용음인 ‘익’으로 처리하였다.

상사(喪事)가 많이 있을 것이고, 이 해에 계우(季友)와 공손자(公孫玆)가 졸한다. 다음해에 제(齊)나라에 란이 있을 것이며, 임금님께서는 장차 제후들을 거느릴 수 있겠지만 끝까지 가지는 못할 것입니다."라고 하였다. 그리고 물러 나와 다른 사람에게 말하기를 "임금님은 질문을 잘못하셨다. 이러한 일은 음양의 일이지 길흉이 일어나는 것은 아니다. 길흉은 사람으로 말미암아 일어나는 것인데, 나는 감히 임금님을 거스를 수가 없어서 그렇게 대답한 것이다."라고 하였다. 임금의 질문을 감히 거스를 수 없었기 때문에 다른 점괘를 빌려서 대답한 것이다.

---

**三月 壬申 公子季友卒**

3월 임신일에 공자 계우(季友)가 졸하였다.

---

稱字貴之

자(字)를 칭한 것은 귀하게 여긴 것이다.

---

**夏**

여름이다.

---

**齊伐厲 不克 救徐而還**

제(齊)나라가 려(厲)나라를 쳤으나 이기지 못하고, 서(徐)나라를 구원하고 돌아왔다.

---

**四月 丙申 鄫季姬卒**

4월 병신일에 증(鄫)나라 계희(季姬)가 졸하였다.

---

**秋**

가을이다.

**狄侵晉 取狐廚受鐸 涉汾 及昆都 因晉敗也** 狐廚受鐸昆都 晉三邑 汾 水名

적(狄)이 진(晉)나라를 침범하여 호주(狐廚) 및 수탁(受鐸)을 취하고 분수(汾水)를 건너 곤도(昆都)까지 이르렀으니, 이는 진나라가 패한[117] 틈을 탄 것이다. 호주(狐廚)·수탁(受鐸)· 곤도(昆都)는 진(晉)나라의 세 읍이다. 분(汾)은 물 이름이다.

---

**七月 甲子 公孫玆卒**

7월 갑자일에 공손자(公孫玆)가 졸하였다.

---

○**王以戎難告于齊 齊徵諸侯而戍周**

○왕이 융(戎)의 환난을 제(齊)나라에 알리니 제나라가 제후들의 군사를 징발하여 주(周)나라를 지켰다.

---

**冬**

겨울이다.

---

**十一月 乙卯 鄭殺子華**

11월 을묘일에 정(鄭)나라가 자화(子華)[118]를 죽였다.

---

**十有二月 公會齊侯宋公陳侯衛侯鄭伯許男邢侯曹伯于淮**

12월에 희공(僖公)이 제후(齊侯)·송공(宋公)·진후(陳侯)·위후(衛侯)·정백(鄭伯)·허남(許男)·형후(邢侯)·조백(曹伯)과 회수(淮水)에서 회합하였다.

---

117) 진나라가 패한 : 희공(僖公) 15년에 진(晉)나라가 진(秦)나라와 싸워 패하였다.
118) 정(鄭)나라가~죽였다 : 자화(子華)는 정문공(鄭文公)의 태자인데 희공(僖公) 7년에 녕모(甯母)의 맹약에서 제환공(齊桓公)에게 정(鄭)나라의 대부들을 참소하였다. 이 일로 인하여 정나라가 자화를 죽인 것이다.

淮水之旁

회수(淮水)의 근처이다.

**十二月 會于淮 謀鄫 且東略也** 鄫爲淮夷所病故也 東略終九年宰孔之言 **城鄫 役人病 有夜登丘而呼曰 齊有亂 不果城而還**

12월에 회수(淮水)에서 회합하였으니, 증(鄫)나라를 구원하는 일과 또 동쪽을 공략하는 일을 모의하기 위해서였다. 증(鄫)나라가 회이(淮夷)의 괴롭힘을 받았기 때문이다. 동쪽을 공략하는 일은 9년조 재공(宰孔)의 말[119]을 종결지은 것이다. 증나라에 성을 쌓았는데 일꾼들이 괴로워하여 밤에 언덕에 올라 외치기를 "제(齊)나라에 변란이 일어났다."라고 하니, 축성을 끝내지 않고 돌아갔다.

# 희공(僖公) 17년【戊寅 B.C.643】

十有七年 春 齊人徐人伐英氏

17년 봄에 제인(齊人)과 서인(徐人)이 영씨(英氏)를 쳤다.

**十七年 春 齊人爲徐伐英氏 以報婁林之役也** 英氏 楚與國

17년 봄에 제인(齊人)이 서(徐)나라를 위하여 영씨(英氏)를 쳤으니, 루림(婁林)의 싸움[120]을 보복한 것이었다. 영씨(英氏)는 초(楚)나라의 동맹국이다.

---

119) 동쪽을~말 : 희공(僖公) 9년조에 재공(宰孔)이 규구(葵丘)의 맹약에 앞서 돌아가다가 진헌공(晉獻公)을 만나 "회합에 가지 않는 것이 좋습니다. 제후(齊侯)는 덕을 힘쓰지 않고 멀리 공략하는 일만 힘쓰고 있습니다. 그러므로 북쪽으로는 산융(山戎)을 쳤고, 남쪽으로는 초(楚)나라를 쳤고, 서쪽으로는 이러한 회합을 가졌으니, 동쪽을 공략할지는 알 수 없지만 서쪽으로는 공략하지 않을 것입니다."라고 한 말이다.

120) 루림(婁林)의 싸움 : 희공(僖公) 15년 겨울에 초인(楚人)이 루림(婁林)에서 서(徐)나라를 패배시킨 싸움이다.

夏
여름이다.

晉大子圉爲質於秦 秦歸河東而妻之 惠公之在梁也 梁伯妻之 梁嬴孕 過期 卜招父
與其子卜之 招 音韶 卜招父 梁大卜 其子曰 將生一男一女 招曰 然 男爲人臣 女爲人妾
故名男曰圉 女曰妾 及子圉西質 妾爲宦女焉 宦 事秦爲妾

진(晉)나라 태자 어(圉)가 진(秦)나라에 볼모가 되었는데, 진(秦)나라는 하동(河東)의 땅
을 돌려주고 공녀(公女)를 아내로 삼게 하였다. 진혜공(晉惠公)이 량(梁)나라에 있을 때 량
백(梁伯)이 그의 딸을 아내로 삼게 하였는데, 량영(梁嬴)이 아이를 가져 출산할 기일을 넘
겼다. 복소보(卜招父)가 그 아들과 함께 거북점을 쳤는데, 소(招)는 음이 소(韶)이다. 복소보(卜招
父)는 량(梁)나라 태복(大卜)이다. 그 아들이 말하기를 "사내아이 하나와 계집아이 하나를 낳을
것입니다."라고 하였다. 소(招)가 말하기를 "그렇다. 사내아이는 남의 신하가 될 것이고, 계
집아이는 남의 첩(妾)이 될 것이다."라고 하였다. 그러므로 사내아이는 어(圉)라고 이름 짓
고 계집아이는 첩(妾)이라고 이름 지었다. 태자 어가 서쪽 진(秦)나라에 볼모가 되어 감에
첩은 환녀(宦女)가 되었다. 환(宦)은 진(秦)나라를 섬기는 첩(妾)이 되었다는 것이다.

滅項
항(項)나라를 멸하였다.

師滅項 師 魯師 項 國名 淮之會 公有諸侯之事 會同講禮之事 未歸 而取項 齊人以爲討
而止公 內諱執 皆言止

군대가 항(項)나라를 멸하였다. 군대는 로(魯)나라 군대이다. 항(項)은 나라 이름이다. 회수(淮水)의
회합에 희공(僖公)이 제후들과의 일이 있어 회동(會同)하여 례를 익히는 일이다. 돌아오지 않았는
데 로나라 군대가 항나라를 취하니, 제인(齊人)이 이 일을 성토하고 희공을 붙잡아 두었다
[止]. 붙잡힌 것을 내부적으로 숨기는 것을 모두 지(止)라고 말한다.

459

> 秋 夫人姜氏會齊侯于卞
>
> 가을에 부인(夫人) 강씨(姜氏)가 제후(齊侯)를 변(卞) 땅에서 만났다.

卞 魯地

변(卞)은 로(魯)나라 땅이다.

**秋 聲姜以公故 會齊侯于卞** 聲姜 僖公夫人 齊女

가을에 성강(聲姜)이 희공(僖公)에 대한 일로 제후(齊侯)를 변(卞) 땅에서 만났다. 성강(聲姜)은 희공(僖公)의 부인(夫人)으로 제(齊)나라 녀자이다.

> 九月 公至自會
>
> 9월에 희공(僖公)이 회합에서 돌아왔다.

**九月 公至 書曰 至自會 猶有諸侯之事焉 且諱之也** 恥見執 托會以告廟

9월에 희공(僖公)이 돌아왔다. 경문에 회합에서 돌아왔다고 기록한 것은 제후들과의 일이 남아있었던 것처럼 한 것이고, 또 제(齊)나라에 붙잡혔던 사실을 숨긴 것이다. 붙잡혔던 일을 수치스럽게 여겨 회합에 가탁하여 종묘에 고한 것이다.

> 冬 十有二月 乙亥 齊侯小白卒
>
> 겨울 12월 을해일에 제후(齊侯) 소백(小白)이 졸하였다.

**齊侯之夫人三 王姬徐嬴蔡姬 皆無子 齊侯好內** 好女色也 **多內寵 內嬖如夫人者六人 長衛姬生武孟** 武孟 公子無虧 **少衛姬生惠公** 公子元 **鄭姬生孝公** 公子昭 **葛嬴生昭公** 公子潘 **密姬生懿公** 公子商人 **宋華子生公子雍** 華氏之女 子姓 **公與管仲屬孝公於宋襄公 以爲大子 雍巫有寵於衛共姬 因寺人貂以薦羞於公** 雍 掌食官 名巫 字易牙 共姬 長衛姬 易牙善烹飪 故以滋味進 **亦有寵 公許之立武孟** 易牙爲共姬請 **管仲卒 五公子皆求立 冬 十月 乙亥 齊桓公卒** 乙亥 月八日 **易牙入 與寺人貂因內寵** 內官有權寵者 **以殺羣吏 而立公子**

**無虧 孝公奔宋 十二月 乙亥 赴 辛巳 夜殯** 六十七日乃殯

제후(齊侯)의 부인(夫人)은 셋이니 왕희(王姬)·서영(徐嬴)·채희(蔡姬)로 모두 아들이 없었다. 제후는 녀색(女色 : 內)을 좋아하여 녀색(女色)을 좋아한 것이다. 총애하는 녀인이 많았는데, 내폐(內嬖)[121]로서 부인과 같은 대우를 받는 이가 여섯이었다. 장위희(長衛姬)는 무맹(武孟)을 낳았고, 무맹(武孟)은 공자 무휴(無虧)이다. 소위희(少衛姬)는 혜공(惠公)을 낳았고, 공자 원(元)이다. 정희(鄭姬)는 효공(孝公)을 낳았고, 공자 소(昭)이다. 갈영(葛嬴)은 소공(昭公)을 낳았고, 공자 반(潘)이다. 밀희(密姬)는 의공(懿公)을 낳았고, 공자 상인(商人)이다. 송화자(宋華子)는 공자 옹(雍)을 낳았다. 화씨(華氏)의 딸로 자성(子姓)이다. 제환공(齊桓公 : 小白)이 관중(管仲)과 함께 효공을 송양공(宋襄公)에게 부탁하고 태자로 삼았다. 옹무(雍巫)는 위공희(衛共姬)에게 총애를 받고 있었는데, 시인(寺人) 초(貂)를 통하여 제환공에게 맛있는 음식을 올리니 옹(雍)은 음식을 관장하는 관리이니, 이름이 무(巫)이고 자는 역아(易牙)이다. 공희(共姬)는 장위희(長衛姬)이다. 역아는 료리를 잘하였기 때문에 맛있는 음식을 진상한 것이다. 또한 총애를 받았다. 그리하여 제환공은 무맹을 태자로 세울 것을 허락하였다. 역아(易牙)가 공희(共姬)를 위하여 청한 것이다. 관중이 졸하자 다섯 공자들이 모두 태자가 되기를 구하였다. 겨울 10월 을해일에 제환공이 졸하였다. 을해일은 10월 8일이다. 역아(易牙)는 궁중으로 들어가 시인 초와 더불어 내총(內寵)의 도움으로 내총(內寵)은 내관(內官 : 內侍)으로서 권세가 있고 총애를 받는 자이다. 뭇 관리를 죽인 뒤 공자 무휴(無虧 : 武孟)를 세우니, 효공은 송(宋)나라로 망명하였다. 12월 을해일에 부고를 하고 신사일 밤에 빈(殯)[122]하였다. 67일 만에 빈(殯)한 것이다.

---

121) 내폐(內嬖) : 여기서는 임금의 총애를 받는 녀인이다.

122) 빈(殯) : 시신을 관에 넣어 장사지낼 때까지 빈궁(殯宮)에 안치하는 의식. 《례기(禮記)》〈단궁상(檀弓上)〉에 초상 때에는 3일 만에 빈소를 차린다고 하였다.

# 희공(僖公) 18년 【己卯 B.C.642】

十有八年 春 王正月 宋公曹伯衛人邾人伐齊

　　18년 봄 왕정월에 송공(宋公)·조백(曹伯)·위인(衛人)·주인(邾人)이 제(齊)나라를 쳤다.

宋公下 公有會字

　송공(宋公) 다음에 《공양전(公羊傳)》에는 회(會)자가 있다.

### 十八年 春 宋襄公以諸侯伐齊 三月 齊人殺無虧

　18년 봄에 송양공(宋襄公)이 제후들을 거느리고 제(齊)나라를 쳤다. 3월에 제인(齊人)이 무휴(無虧)를 죽였다.

### ○鄭伯始朝于楚 中國無霸故 楚子賜之金 既而悔之 與之盟曰 無以鑄兵 楚金利故 故以鑄三鐘

　○정백(鄭伯)이 처음으로 초(楚)나라를 조견하니 중국에 패자(霸者)가 없었기 때문이다. 초자(楚子)가 금(金)[123]을 내려주었다. 그런 뒤 후회하면서 정백과 맹약하며 말하기를 "이것으로 병기를 만들지는 마시오."라고 하였다. 초(楚)나라 금(金)은 예리하기 때문이다. 그러므로 정백이 그것으로 종(鐘) 세 개를 주조하였다.

夏 師救齊

　　여름에 로(魯)나라 군대가 제(齊)나라를 구원하였다.

---

123) 금(金) : 《정자통(正字通)》에 의하면 금(金)에는 다섯 가지 종류가 있는데, 백금(白金)은 은(銀)이고, 청금(靑金)은 연석(鉛錫)이고, 적금(赤金)은 동(銅)이고, 흑금(黑金)은 철(鐵)이고, 그리고 황금(黃金)이다.

> 五月 戊寅 宋師及齊師戰于甗 齊師敗績
>
> 5월 무인일에 송(宋)나라 군대가 제(齊)나라 군대와 언(甗) 땅에서 싸웠는데 제나라 군대가 크게 패하였다.

無虧旣死 諸侯先去 故宋師獨與齊戰 甗 齊地

무휴(無虧)가 이미 죽자 제후들이 먼저 떠났다. 그러므로 송(宋)나라 군대가 단독으로 제(齊)나라와 싸운 것이다. 언(甗)은 제나라 땅이다.

齊人將立孝公 不勝四公子之徒 遂與宋人戰 無虧已死 故曰四公子 夏 五月 宋敗齊師于 甗 立孝公而還

제인(齊人)이 효공(孝公)을 세우려 하였는데[124] 네 공자의 무리를 이겨내지 못하고 드디어 송인(宋人)과 싸웠다. 무휴(無虧)가 이미 죽었기 때문에 네 공자라고 한 것이다. 여름 5월에 송(宋)나라 군대가 제(齊)나라 군대를 언(甗) 땅에서 패배시키고 효공을 세운 뒤 돌아갔다.

> 狄救齊
>
> 적(狄)이 제(齊)나라를 구원하였다.

救四公子之徒

네 공자의 무리를 구원한 것이다.

> 秋 八月 丁亥 葬齊桓公
>
> 가을 8월 정해일에 제(齊)나라 환공(桓公)의 장례를 지냈다.

秋 八月 葬齊桓公 十一月而葬 亂故

가을 8월에 제환공(齊桓公)의 장례를 지냈다. 11개월 만에 장례를 지낸 것은 나라가 어지러웠기

---

124) 효공(孝公)을~하였는데 : 이때 효공(孝公 : 공자 昭)은 송(宋)나라에 망명가 있었다.

때문이다.

---

## 冬 邢人狄人伐衛

겨울에 형인(邢人)과 적인(狄人)이 위(衛)나라를 쳤다.

---

狄始書人

적(狄)을 처음으로 경문에 인(人)으로 기록하였다.

---

**冬 邢人狄人伐衛 圍菟圃** 菟圃 衛邑 **衛侯以國讓父兄子弟及朝衆 曰 苟能治之 燬請從焉** 燬 文公名 **衆不可 而後師于訾婁** 訾婁 衛邑 **狄師還** 邢留 獨言狄還

겨울에 형인(邢人)과 적인(狄人)이 위(衛)나라를 쳐서 도포(菟圃)를 포위하였다. 도포(菟圃)는 위(衛)나라 읍이다. 위후(衛侯 : 文公)가 부형 및 자제들과 조정의 중신(衆臣)들에게 나라를 사양하며 말하기를 "진실로 나라를 잘 다스릴 수 있는 사람이 있다면 나 훼(燬)는 따르기를 원하오."라고 하니 훼(燬)는 위문공(衛文公)의 이름이다. 사람들이 그럴 수 없다고 하였다. 그런 뒤에 자루(訾婁)로 군대를 출동시키니 자루(訾婁)는 위(衛)나라 읍이다. 적(狄)의 군대가 돌아갔다. 형(邢)나라 군대는 남아있었기 때문에 다만 적(狄)이 돌아갔다고 말한 것이다.

---

# 희공(僖公) 19년【庚辰 B.C.641】

---

## 十有九年 春

19년 봄이다.

---

**梁伯益其國而不能實也** 多築城邑 而無民以實之 **命曰新里 秦取之 十九年 春 遂城而居之**

량백(梁伯)이 그 국토를 넓혔지만 백성을 채우지 못하고 성읍(城邑)을 많이 축조하였으나 백성을 그곳에 채우지 못한 것이다. 그 땅을 신리(新里)라고 명명(命名)하였다. 진(秦)나라가 그곳을 취하고는 19년 봄에 드디어 성을 쌓고 진나라 백성을 거주시켰다.

---

### 王三月 宋人執滕子嬰齊

왕3월에 송인(宋人)이 등자(滕子) 영제(嬰齊)를 잡았다.

---

宋暴弱 故貶稱人 滕子失地 故名

송(宋)나라가 약한 니라에 횡포를 부렸으므로 폄하하여 인(人)이라고 칭하였다. 등자(滕子)가 땅을 잃었기 때문에 이름을 쓴 것이다.

### 宋人執滕宣公

송인(宋人)이 등선공(滕宣公 : 嬰齊)을 잡았다.

---

### 夏 六月 宋公曹人邾人盟于曹南 鄫子會盟于邾 己酉 邾人執鄫子 用之

여름 6월에 송공(宋公)·조인(曹人)·주인(邾人)이 조남(曹南)에서 맹약하였다. 증자(鄫子)가 주(邾)나라와 회맹하였다. 기유일에 주인이 증자를 잡아서 희생으로 썼다.

---

宋公 公作宋人 〇曹南 曹之南也 鄫子後期 故執之

송공(宋公)은 《공양전(公羊傳)》에는 송인(宋人)으로 되어 있다. 〇조남(曹南)은 조(曹)나라의 남쪽이다. 증자(鄫子)가 약속한 기일에 늦었기 때문에 잡은 것이다.

**夏 宋公使邾文公用鄫子于次睢之社 欲以屬東夷** 睢 水名 次 水旁 蓋殺人用祭 以懼東夷 使來歸已也 **司馬子魚曰 古者六畜不相爲用** 司馬子魚卽目夷也 謂若祭馬先 不用馬 **小事不用大牲** 若釁廟用羊 釁門及夾室用雞之類 **而況敢用人乎 祭祀 以爲人也 民 神之主也 用人 其誰饗之 齊桓公存三亡國以屬諸侯** 三亡國 魯衛邢 **義士猶曰薄德** 謂欲因亂取魯綏救邢衛 **今一會而虐二國之君** 謂執滕子鄫子 **又用諸淫昏之鬼 將以求霸 不亦難乎**

### 得死爲幸

여름에 송공(宋公 : 襄公)이 주문공(邾文公)을 시켜 증자(鄫子)를 차수(次雎)의 사(社)제사[125]에 희생으로 쓰게 하여 동이(東夷)를 복속시키고자 하였다. 수(雎)는 물 이름이고 차(次)는 물가이다. 아마 사람을 죽여 제사의 희생으로 씀으로써 동이(東夷)를 두렵게 하여 그들로 하여금 자기에게 와서 귀부(歸附)하도록 한 듯하다. 사마자어(司馬子魚)가 말하기를 "옛날에는 6축(畜)[126]도 서로 쓰지 않았으며 사마자어(司馬子魚)는 목이(目夷)이다. 말의 선조를 제사 지낼 때 말을 희생으로 쓰지 않는 것과 같음을 이른 것이다. 작은 일에 큰 희생을 쓰지 않았는데 흔묘(釁廟)에는 양을 쓰고 흔문(釁門)과 협실(夾室)에는 닭을 쓰는 따위이다.[127] 하물며 감히 사람을 쓰다니. 제사 지내는 것은 사람을 위한 것이고 백성은 신(神)의 주인인데, 제사에 사람을 희생으로 쓰면 어느 귀신이 흠향하겠는가. 제환공(齊桓公)은 망해가는 세 나라를 존속시켜서 제후들을 복속시켰어도 망해가는 세 나라는 로(魯)나라·위(衛)나라·형(邢)나라이다. 의로운 선비들은 오히려 덕이 적다고 하였는데 란을 틈타 로(魯)나라를 취하고자 하였고[128] 형(邢)나라와 위(衛)나라를 늦게 구원한 것을 이른다.[129] 이제 우리 임금은 한 번의 회합에서 두 나라 임금을 학대하고 등자(滕子)와 증자(鄫子)를 잡은 것을 이른다. 또 음혼(淫昏)한 귀신에게 사람을 희생으로 써서 패자(霸者)가 되기를 구하니 또한 어렵지 않겠는가. 이렇게 하고서도 명대로 살다가 죽을 수 있다면 다행일 것이다."라고 하였다.

---

### 秋 宋人圍曹

가을에 송인(宋人)이 조(曹)나라를 포위하였다.

---

宋人圍曹 討不服也 曹南盟 不脩地主之禮故 子魚言於宋公曰 文王聞崇德亂而伐之 軍三旬而不降 崇 崇侯虎 退脩敎而復伐之 因壘而降 因舊壘而崇自服 詩曰 刑于寡妻 至于兄弟 以御于家邦 刑 法也 今君德無乃猶有所闕 而以伐人 若之何 盍姑內省

---

125) 사(社)제사 : 토지신에게 지내는 제사.

126) 6축(畜) : 소·말·돼지·양·닭·개.

127) 흔묘(釁廟)에는~따위이다 : 흔묘(釁廟)는 새 종묘가 완성되면 양의 피를 바르는 것이고, 흔문(釁門)은 새로운 문이 완성되면 닭의 피를 바르는 것이다.

128) 란을~하였고 : 민공(閔公) 원년의 일이다.

129) 형(邢)나라와~이른다 : 형(邢)나라를 구한 일은 희공(僖公) 원년에 있었고 위(衛)나라를 구한 일은 민공(閔公) 2년에 있었다.

### 德乎 無闕而後動

송인(宋人)이 조(曹)나라를 포위하였으니, 복종하지 않은 것을 토죄한 것이다. 조남(曹南)에서 맹약할 때 지주(地主)[130]의 례를 수행하지 않았기 때문이다. 자어(子魚)가 송공(宋公)에게 말하기를 "문왕(文王)은 숭(崇)나라의 덕이 어지럽다는 말을 들으시고 쳤는데 군대가 공격한 지 30일이 되어도 숭나라가 항복하지 않았습니다. 숭(崇)은 숭후(崇侯) 호(虎)이다. 그러자 군대를 물리고 덕교(德敎)를 닦고서 다시 치면서 예전의 보루를 그대로 썼지만 숭이 스스로 항복하였습니다. 예전의 보루를 그대로 썼지만 숭(崇)이 스스로 항복하였다는 것이다. 《시(詩)》에 이르기를 '아내에게 법[刑]이 되어 형제들에게 미쳐서 집과 나라를 다스리셨네.'[131]라고 하였습니다. 형(刑)은 법이다. 지금 임금님의 덕에는 오히려 부족한 바가 있는 것이 아닙니까. 그런데도 남을 치고자 하시니 어떻게 되겠습니까. 어찌 우선 안으로 덕을 살피지 않으십니까. 덕에 부족함이 없게 된 뒤에 움직이십시오."라고 하였다.

---

### 衛人伐邢
위인(衛人)이 형(邢)나라를 쳤다.

---

秋 衛人伐邢 以報菟圃之役 於是衛大旱 卜有事於山川 不吉 有事 祭也 甯莊子曰 昔周饑 克殷而年豊 今邢方無道 諸侯無伯 天其或者欲使衛 討邢乎 從之 師興而雨

가을에 위인(衛人)이 형(邢)나라를 쳤으니, 도포(菟圃)의 싸움[132]을 보복한 것이다. 이때 위(衛)나라가 크게 가물어 산천에 제사드릴[有事] 것을 점쳤는데 길하지 못하였다. 유사(有事)는 제사함이다. 녕장자(甯莊子)가 말하기를 "옛날 주(周)나라에 기근이 들었을 때 은(殷)나라를 쳐서 이기고 나니 풍년이 들었습니다. 지금 형나라가 바야흐로 무도한데도 그 나라를 칠 제후들의 패자(霸者 : 伯)가 없습니다. 하늘이 혹 위나라로 하여금 형나라를 치게 하는 것이 아니겠습니까."라고 하였다. 위후(衛侯)가 그 말을 따라 군대를 일으키니 비가 내렸다.

---

130) 지주(地主) : 회맹이 이루어지는 나라의 제후(諸侯).
131) 아내에게~다스리셨네 : 《시경(詩經)》 〈대아(大雅)〉 사제(思齊).
132) 도포(菟圃)의 싸움 : 지난해에 있었다.

> 冬 會陳人蔡人楚人鄭人盟于齊
>
> 겨울에 진인(陳人)·채인(蔡人)·초인(楚人)·정인(鄭人)과 회합하여 제(齊)나라에서 맹약하였다.

冬下 公有公字 ○地於齊 齊亦與盟 此楚與齊盟之始

동(冬) 다음에 《공양전(公羊傳)》에는 공(公)자가 있다. ○제(齊)나라 땅에서 행해졌으니 제나라도 맹약에 참여한 것이다. 이는 초(楚)나라가 제나라와 맹약한 시초이다.

陳穆公請脩好於諸侯 以無忘齊桓之德 冬 盟于齊 脩桓公之好也 宋襄暴虐 故思齊桓

진목공(陳穆公)이 제후들에게 우호를 다져 제환공(齊桓公)의 덕을 잊지 말기를 청하였다. 겨울에 제(齊)나라에서 맹약하였으니, 제환공 때의 우호를 다진 것이다. 송양공(宋襄公)이 포학하였기 때문에 제환공(齊桓公)을 생각한 것이다.

> 梁亡
>
> 량(梁)나라가 망하였다.

梁亡 不書其主 自取之也 不書取梁者主名 初 梁伯好土功 亟城而弗處 城其邑而無民以居
民罷而弗堪 則曰某寇將至 乃溝公宮 溝 塹也 曰 秦將襲我 民懼而潰 秦遂取梁

량(梁)나라가 망하였는데 경문에 량나라를 멸망시킨 나라의 임금을 기록하지 않은 것은 량나라가 스스로 멸망을 자초하였기 때문이다. 량(梁)나라를 취한 나라의 임금 이름을 기록하지 않은 것이다. 이보다 앞서 량백(梁伯)이 토목공사를 좋아하여 자주 성을 쌓았으나 거주하는 백성이 없었다. 그 읍에 성을 쌓았으나 거주하는 백성이 없었다는 것이다. 백성이 지쳐서 견디지 못하자 량백이 말하기를 "어떤 적이 곧 쳐들어올 것이다."라고 하였다. 그리고 공궁의 해자를 파면서[溝] 구(溝)는 해자를 팜이다. 말하기를 "진(秦)나라가 우리를 습격할 것이다."라고 하였다. 백성이 두려워하여 흩어지니 진나라가 드디어 량나라를 취하였다.

# 희공(僖公) 20년【辛巳 B.C.640】

## 二十年 春 新作南門

20년 봄에 새로 남문(南門)을 지었다.

魯城南門 本名稷門

로(魯)나라 성의 남문(南門)이다. 본래의 이름은 직문(稷門)이다.

**二十年 春 新作南門 書不時也 凡啓塞從時** 門戶道橋謂之啓 城郭牆塹謂之塞 從時謂隨壞時而治

20년 봄에 새로 남문을 지었다고 하였으니, 경문에 때에 맞지 않았음을 기록한 것이다. 무릇 계(啓)와 새(塞)는 제 시기를 따라야 하는 것이다. 문(門)과 호(戶)와 도로와 다리를 놓는 것을 계(啓)라 이르고, 성(城)과 곽(郭)과 담과 해자를 만드는 것을 새(塞)라 이른다. 제 시기를 따른다는 것은 무너진 때에 따라서 보수하는 것을 이른다.

## 夏 郜子來朝

여름에 고자(郜子)가 와서 조견하였다.

郜 國名

고(郜)는 나라 이름이다.

## 五月 乙巳 西宮災

5월 을사일에 서궁(西宮)에 화재가 있었다.

西宮 公別宮也

서궁(西宮)은 희공(僖公)의 별궁이다.

---

## 鄭人入滑

정인(鄭人)이 활(滑)나라로 쳐들어갔다.

---

**滑人叛鄭而服於衛 夏 鄭公子士洩堵寇帥師入滑** 公子士 文公子 洩堵寇 鄭大夫

활인(滑人)이 정(鄭)나라를 배반하고 위(衛)나라에 복종하였다. 여름에 정(鄭)나라 공자 사(士)와 설도구(洩堵寇)가 군대를 거느리고 활(滑)나라로 쳐들어갔다. 공자 사(士)는 정문공(鄭文公)의 아들이다. 설도구(洩堵寇)는 정(鄭)나라 대부이다.

---

## 秋 齊人狄人盟于邢

가을에 제인(齊人)과 적인(狄人)이 형(邢)나라에서 맹약하였다.

---

**秋 齊狄盟于邢 爲邢謀衛難也 於是衛方病邢**

가을에 제(齊)나라와 적(狄)이 형(邢)나라에서 맹약하였으니, 형나라를 위하여 위(衛)나라의 환난에 대비할 것을 모의한 것이다. 이때 위나라는 바야흐로 형나라를 괴롭히고 있었다.

---

## 冬 楚人伐隨

겨울에 초인(楚人)이 수(隨)나라를 쳤다.

---

**隨以漢東諸侯叛楚 冬 楚鬪穀於菟帥師伐隨 取成而還**

수(隨)나라가 한수(漢水) 동쪽의 제후들을 의지하여 초(楚)나라를 배반하였다. 겨울에 초나라 투누오도(鬪穀於菟)가 군대를 거느리고 수나리를 쳐서 회친을 맺고 돌아갔다.

---

**君子曰 隨之見伐 不量力也 量力而動 其過鮮矣 善敗由己 而由人乎哉** 善 成也 **詩曰 豈不夙夜 謂行多露** 喩違禮而行 必有汙辱

군자는 말한다. "수(隨)나라가 정벌당한 것은 자신의 힘을 헤아리지 못해서였다. 자신의 힘을 헤아려서 행동하면 과실이 적을 것이다. 일의 성공[善]과 실패는 자신으로 말미암는 것이지 남으로 말미암는 것이겠는가. 선(善)은 성공이다.《시(詩)》에 이르기를 '내 어찌 아침저녁으로 가고 싶지 않으리오마는 길에 이슬이 많기 때문이네.'[133]라고 하였다." 례를 어기고 행동하면 반드시 욕됨이 있다는 것을 비유한 것이다.

# 희공(僖公) 21년【壬午 B.C.639】

---

## 二十有一年 春 狄侵衛
21년 봄에 적(狄)이 위(衛)나라를 침범하였다.

---

爲邢故

형(邢)나라를 위해서였다.

---

## 宋人齊人楚人盟于鹿上
송인(宋人)·제인(齊人)·초인(楚人)이 록상(鹿上)에서 맹약하였다.

---

鹿上 宋地

록상(鹿上)은 송(宋)나라 땅이다.

宋襄公欲合諸侯 臧文仲聞之 曰 以欲從人則可 屈己之欲 從衆之善 以人從欲鮮濟 二十一年 春 宋人爲鹿上之盟 以求諸侯於楚 楚人許之 公子目夷曰 小國爭盟 禍也 宋其亡乎 幸而後敗

송양공(宋襄公)이 제후들을 규합하려 하였다. 로(魯)나라 장문중(臧文仲)이 이 소식을 들

---

133) 내 어찌~때문이네 :《시경(詩經)》〈소남(召南)〉 행로(行露).

고 말하기를 "자신의 욕심을 굽혀서 다른 이를 따른다면 괜찮지만 자기의 욕심을 굽혀서 여러 사람의 선을 따른다는 것이다. 다른 사람을 자신의 욕심대로 따르게 한다면 성공하는 경우는 드물다."라고 하였다. 21년 봄에 송인(宋人)이 록상(鹿上)에서 맹약하고 나서 초(楚)나라에 제후들을 규합하겠다고 청하니, 초인(楚人)이 허락하였다. 그러자 공자 목이(目夷)[134]가 말하기를 "작은 나라가 맹주되기를 다투는 것은 화가 되는 것이다. 송(宋)나라는 아마도 망할 것이다. 천행(天幸)이 있어야 패함을 늦출 뿐이다."[135]라고 하였다.

---

## 夏 大旱
여름에 크게 가물었다.

---

夏 大旱 公欲焚巫尩 尩 音汪 巫尩 女巫也 主祈禱請雨者 臧文仲曰 非旱備也 脩城郭 脩築城郭 則飢民得就食 貶食省用 務穡勸分 勸分 有無相濟 此其務也 巫尩何爲 天欲殺之 則如勿生 若能爲旱 焚之滋甚 公從之 是歲也 饑而不害

여름에 크게 가물었다. 희공(僖公)이 무왕(巫尩)을 불에 태워 죽이려 하자, 왕(尩)은 음이 왕(汪)이다. 무왕(巫尩)은 녀자 무당으로 하늘에 기도하여 비 내리기를 청하는 일을 주관하는 사람이다. 장문중 (臧文仲)이 말하기를 "이것은 가뭄에 대비하는 방법이 아닙니다. 성곽을 수리하고 성곽을 수리하여 쌓게 되면 굶주리는 백성이 먹을 것을 얻을 수 있게 된다는 것이다. 음식을 줄이며 비용을 절약하고 농사에 힘쓰며 서로 나누도록 권하십시오. 나누도록 권한다는 것은 있고 없는 것을 가지고 서로 구제하는 것이다. 이것이 당장 힘쓸 일입니다. 무왕이 무엇을 할 수 있겠습니까. 하늘이 그를 죽이려 하였다면 이 세상에 태어나지 않게 하는 것만 같겠습니까. 만약 그가 가뭄을 들게 할 수 있다면 그를 불에 태워 죽이는 것은 가뭄을 더욱 심하게 하는 것입니다."라고 하자 희공은 그의 말을 따랐다. 이 해에 기근이 들기는 하였지만 해가 되지는 않았다.

---

134) 목이(目夷) : 송양공(宋襄公)의 서형인 자어(子魚). 희공(僖公) 9년 봄조에 '송환공(宋桓公)이 졸하고 송양 공(宋襄公)이 즉위하였다. 공자 목이(目夷·子魚)를 어질게 여겨 좌사(左師)로 삼아 정치를 총괄하도록 하니, 이에 송나라가 다스려졌다. 그러므로 어씨(魚氏)가 대대로 좌사가 되었다.'라는 기록이 있다.

135) 천행(天幸)이~뿐이다 : 천행(天幸)이 있은 뒤에야 패전함에 그칠 뿐이라고 보는 설도 있다.

秋 宋公楚子陳侯蔡侯鄭伯許男曹伯會于盂 執宋公以伐宋

　가을에 송공(宋公)·초자(楚子)·진후(陳侯)·채후(蔡侯)·정백(鄭伯)·허남(許男)·조백(曹伯)이 우(盂) 땅에서 회합하였다. 송공을 잡고서 송(宋)나라를 쳤다.

盂 公作霍 穀作雩 〇盂 宋地 楚始與中國行會禮 故稱爵 不言楚執者 不與夷狄之執中國也

　우(盂)는 《공양전(公羊傳)》에는 곽(霍)으로 되어 있고 《곡량전(穀梁傳)》에는 우(雩)로 되어 있다. 〇우(盂)는 송(宋)나라 땅이다. 초(楚)나라가 처음으로 중국과 회합의 례를 행하였으므로 작(爵)을 칭하였다. 초나라가 송공(宋公)을 잡았다고 말하지 않은 것은 이적(夷狄)이 중국의 제후를 잡은 것을 받아들이지 않은 것이다.

秋 諸侯會宋公于盂 子魚曰 禍其在此乎 君欲已甚 其何以堪之 言公貪欲大甚 諸侯必不堪而生變 於是楚執宋公以伐宋

　가을에 제후들이 송공(宋公)과 우(盂) 땅에서 회합하였다. 자어(子魚)가 말하기를 "이번에 화가 있을 것이다. 임금의 욕심이 너무 심하니 제후들이 어찌 견디겠는가."라고 하였다. 송공(宋公)의 탐욕이 너무 심하여 제후들이 반드시 견디지 못하니 변란이 일어날 것이라는 말이다. 이에 초(楚)나라가 송공을 잡고 송(宋)나라를 쳤다.

冬 公伐邾

　겨울에 희공(僖公)이 주(邾)나라를 쳤다.

任宿須句顓臾 風姓也 實司大皞與有濟之祀 四國 大皞之後 故主其祀 封近於濟 故世祀之 以服事諸夏 邾人滅須句 須句子來奔 因成風也 須句 成風家 成風爲之言於公曰 崇明祀保小寡 周禮也 蠻夷猾夏 周禍也 邾國迫近諸戎 雜用夷禮 故曰蠻夷猾夏 若封須句 是崇皞濟而脩祀紓禍也

　임(任)·숙(宿)·수구(須句)·전유(顓臾)는 모두 풍성(風姓)이다. 그 나라들은 실로 태호(大皞:伏羲)와 유제(有濟:濟水)에 대한 제사를 맡고서 네 나라는 태호(大皞)의 후손이므로 그 제사를 주관하였고 제수(濟水) 가까운 곳에 봉해졌으므로 대대로 제수에 제사 지낸 것이다. 제하(諸夏)에 복종하여 섬겼다. 주인(邾人)이 수구를 멸하자 수구자(須句子)가 로(魯)나라로 망명왔는데 그것은 성풍(成風)[136]을 의지해서였다. 수구(須句)는 성풍(成風)의 친가이다. 성풍이 수구자를 위하여 희공(僖公)에게 말하기를 "밝은 신에 대한 제사를 숭상하고 작은 나라를 보호하는 것은 주(周)나라 례법이고, 만이(蠻夷)가 중국을 어지럽게 하는 것은 주나라의 화난이니 주(邾)나라는 제융(諸戎)들과 매우 가까워 이(夷)의 례를 섞어 사용하므로 만이(蠻夷)가 중국을 어지럽힌다고 한 것이다. 만약 수구를 봉해준다면 이는 태호와 제수의 신을 높여 그 제사를 거행하고 화난을 푸는 것이오."라고 하였다.

---

### 楚人使宜申來獻捷

초인(楚人)이 의신(宜申)을 보내와서 전리품을 바쳤다.

---

宜申 楚大夫 鬪氏獻宋捷也 此楚大夫見經之始

의신(宜申)은 초(楚)나라 대부이다. 투씨(鬪氏 : 鬪穀於菟)가 송(宋)나라에서 얻은 전리품을 바친 것이다. 이는 초(楚)나라 대부가 경문에 보인 시초이다.

---

### 十有二月 癸丑 公會諸侯盟于薄 釋宋公

12월 계축일에 희공(僖公)이 제후들과 회합하여 박(薄) 땅에서 맹약하고 송공(宋公)을 풀어 주었다.

---

薄 宋地

박(薄)은 송(宋)나라 땅이다.

---

**冬 會于薄以釋之** 宋公請服於楚故也 **子魚曰 禍猶未也 未足以懲君**

겨울에 박(薄) 땅에서 회합하고 송공(宋公)을 풀어 주었다. 송공(宋公)이 초(楚)나라에 복종할 것을 청하였기 때문이다. 자어(子魚)가 말하기를 "화난이 아직 끝나지 않았다. 임금에 대한 징벌이 부족하다."[137]라고 하였다.

---

136) 성풍(成風) : 수구(須句)에서 시집온 로희공(魯僖公)의 어머니.

137) 화난이~부족하다 : 다음해에 홍수(泓水)에서 초(楚)나라와 싸워 송양공(宋襄公)이 패하는 전의 배경이 된다.

# 희공(僖公) 22년 【癸未 B.C.638】

---

> 二十有二年 春 公伐邾 取須句
>
> 22년 봄에 희공(僖公)이 주(邾)나라를 쳐서 수구(須句)를 취하였다.

句 公作朐 後同

구(句)는 《공양전(公羊傳)》에는 구(朐)로 되어 있다. 이후에도 이와 같다.

**二十二年 春 伐邾 取須句 反其君焉 禮也**

22년 봄에 주(邾)나라를 쳐서 수구(須句)를 취하고 그 임금을 돌려보냈으니, 례에 맞는 일이었다.

---

> 夏 宋公衛侯許男滕子伐鄭
>
> 여름에 송공(宋公)·위후(衛侯)·허남(許男)·등자(滕子)가 정(鄭)나라를 쳤다.

**三月 鄭伯如楚 夏 宋公伐鄭 子魚曰 所謂禍在此矣** 怒鄭至楚 故伐之

3월에 정백(鄭伯)이 초(楚)나라에 가니 여름에 송공(宋公)이 정(鄭)나라를 쳤다. 자어(子魚)가 말하기를 "내가 앞서 말한 화난이라는 것이 이번 싸움에 있을 것이다."라고 하였다. 정(鄭)나라가 초(楚)나라에 간 것을 노여워하였으므로 친 것이다.

---

> 秋
>
> 가을이다.

**初 平王之東遷也 辛有適伊川 見被髮而祭於野者** 辛有 周大夫 伊川 周地 **曰 不及百年 此其戎乎 其禮先亡矣** 被髮而祭 有象夷狄 **秋 秦晉遷陸渾之戎于伊川** 允姓之戎居陸渾 在秦 晉西北 二國誘而徙之

앞서 평왕(平王)이 동천(東遷)할 때[138] 신유(辛有)가 이천(伊川)에 갔었는데, 머리를 풀어헤치고 들에서 제사 지내는 자를 보고서 신유(辛有)는 주(周)나라 대부이다. 이천(伊川)은 주나라 땅이다. 말하기를 "백년이 되기 전에 이곳이 융(戎)의 땅이 될 것이다. 그에 앞서 례법이 먼저 없어졌구나."라고 하였다. 머리를 풀어헤치고 제사를 지내는 것은 이적(夷狄)의 풍속을 본받은 것이다. 가을에 진(秦)나라와 진(晉)나라가 륙혼(陸渾)의 융을 이천으로 이주시켰다. 윤성(允姓)의 융(戎)이 륙혼(陸渾)에 살고 있었다. 륙혼은 진(秦)나라와 진(晉)나라의 서북쪽에 있었는데 두 나라가 회유하여 이천(伊川)으로 옮긴 것이다.

○晉大子圉爲質於秦 將逃歸 謂嬴氏曰 與子歸乎 嬴氏 懷嬴 對曰 子 晉大子 而辱於秦 子之欲歸 不亦宜乎 寡君之使婢子侍執巾櫛 以固子也 從子而歸 棄君命也 不敢從 亦不敢言 遂逃歸

○진(晉)나라 태자 어(圉)가 진(秦)나라에 인질로 잡혀있었다. 장차 도망쳐 돌아가고자 하면서 아내인 영씨(嬴氏)에게 말하기를 "그대와 함께 돌아가겠소."라고 하니, 영씨(嬴氏)는 회영(懷嬴)이다. 대답하기를 "당신은 진(晉)나라 태자로서 진(秦)나라에서 욕을 당하고 있으니 당신이 돌아가고자 하는 것이 또한 마땅하지 않겠습니까. 과군이 저로 하여금 수건과 빗을 들고 당신을 시중들게 한 것은 당신을 이곳에 잡아두려 한 것입니다. 당신을 따라간다면 이는 임금님의 명을 버리는 것입니다. 감히 따라가지는 못하더라도 또한 감히 발설하지는 않겠습니다."라고 하였다. 드디어 태자가 도망쳐 돌아갔다.

○富辰言於王曰 請召大叔 富辰 周大夫 大叔 王子帶 十二年奔齊 詩曰 恊比其鄰 昏姻孔云 孔 甚也 云 旋也 吾兄弟之不恊 焉能怨諸侯之不睦 王說 王子帶自齊復歸于京師 王召之也

○부신(富辰)이 왕[襄王]에게 말하기를 "청컨대 태숙(大叔)을 부르십시오. 부신(富辰)은 주(周)나라 대부이다. 태숙(大叔)은 왕자 대(帶)이다. 12년에 제(齊)나라로 망명하였다.[139] 《시(詩)》에 '그 이웃들과 화합하며 인척 사이에 잘[孔] 어울려 지낸다[云].'[140]라고 하였습니다. 공(孔)은 심함이고

---

운(云)은 주선(周旋)[141]함이다. 나의 형제가 화합하지 못하면서 어찌 제후들이 화목하지 못한 점을 원망할 수 있겠습니까.”라고 하자, 왕이 기뻐하였다. 왕자 대(帶)가 제(齊)나라에서 다시 경사(京師)로 돌아왔으니, 왕이 부른 것이다.

---

**八月 丁未 及邾人戰于升陘**

8월 정미일에 주인(邾人)과 승형(升陘)에서 싸웠다.

---

升陘 魯地 書及不言敗 爲公諱之

승형(升陘)은 로(魯)나라 땅이다. 경문에 급(及)이라 기록하고 패한 사실을 말하지 않은 것은 희공(僖公)을 위하여 숨긴 것이다.

邾人以須句故出師 公卑邾 不設備而禦之 臧文仲曰 國無小 不可易也 無備 雖衆不可恃也 詩曰 戰戰兢兢 如臨深淵 如履薄冰 又曰 敬之敬之 天惟顯思 顯 明也 思 語辭 命不易哉 先王之明德 猶無不難也 無不懼也 況我小國乎 君其無謂邾小 蠭蠆有毒 而況國乎 蠭蠆皆螫蟲 弗聽 八月 丁未 公及邾師戰于升陘 我師敗績 邾人獲公冑 縣諸魚門 冑 兜鍪 魚門 邾城門

주인(邾人)이 수구(須句)의 일[142]로 군대를 출동시켰다. 그러나 희공(僖公)은 주(邾)나라를 얕보아 방비를 설치하지 않고 막으려 하였다. 장문중(臧文仲)이 말하기를 “나라에는 약소함이 없으니 가벼이 여겨서는 안 됩니다. 아무런 방비가 없으면 비록 군사가 많다고 하더라도 믿을 수가 없습니다. 《시(詩)》에 이르기를 ‘두려워하고 조심하여 깊은 연못에 림한 듯하며 얇은 얼음을 밟듯이 하라.’[143]고 하였고, 또 이르기를 ‘공경하고 공경하라, 하늘이 밝은지라[顯思] 현(顯)은 밝음이고 사(思)는 어조사이다. 하늘의 명은 보전하기가 쉽지 않다.’[144]라고 하였습니다. 선왕의 밝은 덕으로도 오히려 어려워하지 않음이 없고 두려워하지 않음이 없었거늘 하물며 우리같이 작은 나라에 있어서는 어떻겠습니까. 임금님께서는 주나라를 작게

---

141) 주선(周旋) : 일이 잘 되도록 힘을 써서 변통해 주는 일. 《주역(周易)》 리괘(履掛) 상구(上九)의 전(傳)에 ‘선(旋)은 주선(周旋)함이니 완비하여 이르지 않음이 없다[旋謂周旋 完備无不至也].’라고 하였다.

142) 수구(須句)의 일 : 올봄에 주(邾)나라를 쳐서 수구(須句)를 취하고 그 임금을 돌려보낸 일이다.

143) 두려워하고~하라 : 《시경(詩經)》 〈소아(小雅)〉 소민(小旻).

144) 공경하고~않다 : 《시경(詩經)》 〈주송(周頌)〉 경지(敬之).

여기지 마십시오. 벌과 전갈도 독이 있거늘 하물며 나라에 있어서는 어떻겠습니까."라고 하였다. 벌과 전갈은 모두 쏘는 벌레이다. 그러나 희공은 듣지 않았다. 8월 정미일에 희공은 주나라 군대와 승형(升陘)에서 싸워 우리나라 군대가 크게 패하였다. 주인이 희공의 투구[冑]를 획득하여 어문(魚門)에 매달아 놓았다. 주(冑)는 투구이다. 어문(魚門)은 주(邾)나라 성문이다.

---

## 冬 十有一月 己巳 朔 宋公及楚人戰于泓 宋師敗績

겨울 11월 초하루 기사일에 송공(宋公)이 초인(楚人)과 홍수(泓水)에서 싸웠는데 송(宋)나라 군대가 크게 패하였다.

---

泓 水名

홍(泓)은 물 이름이다.

**楚人伐宋以救鄭 宋公將戰 大司馬固諫** 大司馬卽司馬子魚也 固諫 堅辭以諫 **曰 天之棄商久矣 君將興之 弗可赦也已** 言違天 天必不宥 **弗聽**

초인(楚人)이 송(宋)나라를 쳐서 정(鄭)나라를 구원하려고 하였다. 송공(宋公)이 싸우려 하자 대사마(大司馬)가 단호하게 간하기를[固諫][145] 대사마(大司馬)는 곧 사마자어(司馬子魚)이다. 고간(固諫)은 단호한 말로 간하는 것이다. "하늘이 상(商)나라를 버린 지 오래되었습니다. 임금님께서 부흥시키려고 하지만 하늘이 용서하지 않을 것입니다."라고 하였는데 하늘의 명을 어겼으므로 하늘이 반드시 용서하지 않을 것이라는 말이다. 송공은 듣지 않았다.

**冬 十一月 己巳 朔 宋公及楚人戰于泓 宋人旣成列 楚人未旣濟** 未盡渡泓水 **司馬曰 彼衆我寡 及其未旣濟也 請擊之 公曰 不可 旣濟而未成列 又以告 公曰 未可 旣陳而後擊之 宋師敗績 公傷股 門官殲焉** 門官 守門者 師行則在君左右 **國人皆咎公 公曰 君子不重傷** 敵已被傷者 不忍再傷之 **不禽二毛** 頭白有二色 **古之爲軍也 不以阻隘也** 不因阻隘

---

145) 대사마(大司馬)가~간하기를[固諫] : 일설에는 고(固)를 송장공(宋莊公)의 손자 공손고(公孫固)로 보고 이 대목을 공손고가 송장공에게 간하는 것으로 해석하기도 한다. 그러나 겨울 11월 전문에 '자어왈(子魚曰)'이라는 글이 있는 점으로 볼 때 대사마(大司馬)는 자어(子魚)이지 공손고(公孫固)는 아니다. 따라서 고(固)는 '단호하게'라고 번역하는 것이 옳다.

以求勝 寡人雖亡國之餘 宋 商之後 不鼓不成列 敵未成陳 我不擊鼓

　겨울 11월 초하루 기사일에 송공(宋公)이 초인(楚人)과 홍수(泓水)에서 싸웠다. 송인(宋人)은 이미 전렬(戰列)을 갖추었으나 초인(楚人)은 아직 물을 건너지 못하였다. 홍수(泓水)를 다 건너지 못한 것이다. 사마(司馬)가 말하기를 "저들은 수가 많고 우리는 적으니, 아직 물을 다 건너지 못하였을 때 치십시오."라고 하였다. 송공이 말하기를 "그럴 수 없다."라고 하였다. 초나라 군대가 이미 물을 건넜으나 아직 전렬을 갖추지 못하였다. 사마가 또 칠 것을 고하였으나 송공이 말하기를 "그럴 수 없다."라고 하였다. 초나라 군대가 이미 전렬을 갖춘 뒤에야 공격하여 송나라 군대가 크게 패하고, 송공은 다리에 상처를 입고 호위하던 군사[門官]들은 모두 죽었다. 문관(門官)은 문을 지키는 자들로 군대가 출동할 때에는 임금의 곁에 있는 자들이다. 국인이 모두 송공을 탓하자 송공이 말하기를 "군자는 거듭 상처를 입히지 않으며, 이미 상처 입은 적을 차마 다시 상처를 입힐 수가 없다는 것이다. 반백(斑白)의 늙은이를 사로잡지 않는다. 머리가 희끗하여 두 가지 색이 있는 것이다. 그리고 옛날의 싸우는 법은 험하고 좁은 지형을 리용하지 않았다. 험하고 좁은 지형을 리용하여 승리를 구하지 않는다는 것이다. 과인이 비록 망한 나라의 후손이나 송(宋)나라는 상(商)나라의 후손이다. 전렬을 갖추지 못한 적군에 대하여 북을 울릴 수는 없다."라고 하였다. 적들이 전렬을 갖추지 못하였으므로 나는 진격의 북을 울리지 않았다는 것이다.


子魚曰 君未知戰 勍敵之人隘而不列 天贊我也 勍 强也 阻而鼓之 不亦可乎 猶有懼焉 猶恐不勝 且今之勍者 皆吾敵也 雖及胡耇 獲則取之 何有於二毛 胡耇 耆老之稱 明恥敎戰 求殺敵也 傷未及死 如何勿重 若愛重傷 則如勿傷 愛其二毛 則如服焉 言不如早服 三軍以利用也 金鼓以聲氣也 利而用之 阻隘可也 聲盛致志 鼓儳可也 儳 音攙 陳未成列也

　자어(子魚)가 말하였다. "임금님께서는 싸움을 모르십니다. 강한[勍] 적들이 지형이 험하여 전렬을 갖추지 못한 것은 하늘이 우리를 도와주는 것입니다. 경(勍)은 강함이다. 적이 험한 곳에 있을 때 진격의 북을 치는 것이 또한 옳지 않겠습니까. 이렇게 하고도 오히려 이기지 못할까 두려워해야 합니다. 오히려 이기지 못할까 두려워해야 한다는 것이다. 또 지금의 강한 자들146)은 모두 우리의 적이니, 비록 호구(胡耇)라도 잡을 수 있으면 취해야 하거늘 반백(斑白)의 늙은이에 대하여 마음을 두십니까. 호구(胡耇)는 기로(耆老)147)를 일컫는다. 군사들에게 부

---

146) 지금의~자들 : 송(宋)나라와 패권을 놓고 다투는 나라들이다.
147) 기로(耆老) : 60~70세의 로인. 《례기(禮記)》〈곡례상(曲禮上)〉에 '60세를 기(耆)'라 하니 지시하여 일을 시

끄러움에 대하여 밝게 알려주고 전법을 가르치는 것은 적을 죽이기를 요구하는 것이니, 적이 상처를 입고 죽지 않았으면 어찌 거듭 상해를 가하지 않겠습니까. 만약 거듭 상해하기를 아끼신다면 애초에 상해를 입히지 않는 것이 나으며, 반백의 늙은이를 아끼신다면 항복하는 것이 낫습니다. 일찍 항복하는 것만 같지 못하다는 말이다. 3군(軍)은 유리한 때를 리용해야 하고, 징과 북은 소리로 사기를 북돋우는 것입니다. 유리한 때를 리용한다면 험하고 좁은 지형을 리용하는 것은 당연하며, 소리를 성대히 하여 싸울 의지를 북돋운다면 북을 쳐서 정렬되지 않은 적[儳]을 치는 것은 당연한 것입니다." 참(儳)은 음이 참(攙)이니 진(陳)이 아직 전렬을 갖추지 못한 것이다.

## 丙子 晨 鄭文夫人羋氏姜氏勞楚子於柯澤 羋 音弭 羋氏 楚女 姜氏 齊女 鄭文公夫人 柯澤 鄭地 楚子使師縉示之俘馘 師縉 楚樂師 俘 所得囚 馘 所截耳

병자일 새벽에 정문공(鄭文公)의 부인(夫人) 미씨(羋氏)와 강씨(姜氏)가 가택(柯澤)에서 초자(楚子)를 위로하니, 미(羋)는 음이 미(弭)이다. 미씨(羋氏)는 초(楚)나라 녀자이고 강씨(姜氏)는 제(齊)나라 녀자로 정문공(鄭文公)의 부인(夫人)들이다. 가택(柯澤)은 정(鄭)나라 땅이다. 초자가 사진(師縉)을 시켜 포로[俘]와 괵(馘)[148]을 구경시켜 주었다. 사진(師縉)은 초(楚)나라 악사(樂師)이다. 부(俘)는 사로잡은 포로이고 괵(馘)은 베어낸 귀이다.

## 君子曰 非禮也 婦人送迎不出門 見兄弟不踰閾 閾 門限 戎事不邇女器 女器 女子所御之物

군자는 말한다. "이는 례가 아니다. 부인(婦人)은 사람을 배웅하거나 맞이할 때 문 밖을 나가지 않으며, 형제를 만날 때도 문지방[閾]을 넘지 않는다. 역(閾)은 문지방이다. 그리고 군사의 일에는 녀자가 쓰는 물건[女器]을 가까이하지 않는 것이다."[149] 녀기(女器)는 녀자들이 사용하는 물건이다.

## 丁丑 楚子入享于鄭 爲鄭所饗 九獻 用上公之禮 庭實旅百 加籩豆六品 食物六品加於籩豆享畢 夜出 文羋送于軍 取鄭二姬以歸 二姬 文羋女也 叔詹曰 楚王其不沒乎 不以壽終

---

키는 나이이고, 70세를 로(老)라 하니 집안일을 아들에게 물려주는 나이이다[六十日耆指使 七十日老而傳].'라고 하였다.

148) 괵(馘) : 싸움 중에 베어낸 적(敵)의 귀. 자신이 죽인 적의 왼쪽 귀를 잘라 전공(戰功)의 표식으로 삼는다.

149) 군사의~것이다 : 군사의 일에 녀자가 접근하게 해서는 안 된다는 말이다.

**爲禮卒於無別 無別不可謂禮 將何以沒 諸侯是以知其不遂霸也**

정축일에 초자(楚子)가 정(鄭)나라에 들어가 향연을 받을 때 정(鄭)나라에게 향연을 받은 것이다. 9헌(九獻)을 받고, 상공(上公)의 례를 쓴 것이다.[150] 뜰에는 백 가지의 례물을 벌여 놓았으며, 변두(籩豆)[151]에 6품(品)을 더하였다.[152] 음식물의 6품(品)을 변두(籩豆)에 더한 것이다. 향연을 마치고 밤에 돌아갈 때 문미(文羋)[153]가 군영까지 배웅을 하였고, 초자는 정나라의 두 희(姬)를 취하여 돌아갔다. 두 희(姬)는 문미(文羋)의 딸이다. 숙첨(叔詹)이 말하기를 "초왕(楚王 : 成王)은 제명대로 살 수 없을 것이다. 제명대로 마치지 못한다는 것이다. 례를 행할 때 분별이 없는 것[154]으로 마쳤으니, 분별이 없다면 례라고 할 수 없다. 그러니 어찌 명대로 살 수 있겠는가."라고 하였다. 제후들은 이 일로 초왕이 패업(霸業)을 이루지 못할 것을 알았다.

# 희공(僖公) 23년 【甲申 B.C.637】

> **二十有三年 春 齊侯伐宋 圍緡**
>
> 23년 봄에 제후(齊侯)가 송(宋)나라를 쳐서 민(緡) 땅을 포위하였다.

緡 穀作閔 後同 ○緡 宋邑

민(緡)은 《곡량전(穀梁傳)》에는 민(閔)으로 되어 있다. 이후에도 이와 같다. ○민(緡)은 송(宋)나라 읍이다.

---

150) 상공(上公)의~것이다 : 헌(獻)은 향연에서 주인이 손님에게 술을 올리는 례이다. 9헌(獻)은 상공(上公)을 대접하는 례다. 《주례(周禮)》에 의하면 상공에게는 9헌을, 후(侯)와 백(伯)에게는 7헌을, 자(子)와 남(男)에게는 5헌을 쓴다.

151) 변두(籩豆) : 변(籩)은 과실 따위를 담는 데 쓰는 제기(祭器)로 대를 엮어 만든 것이고, 두(豆)는 고기붙이나 국 따위를 담는 데 쓰는 제기로 나무를 깎아서 만든 것이다.

152) 6품(品)을 더하였다 : 상공(上公)의 향례(饗禮)에 쓰는 변두(籩豆)는 각각 40개인데, 여섯 가지 씩을 더하여 각각 46개의 변두를 썼다는 말이다.

153) 문미(文羋) : 정문공(鄭文公)의 부인(夫人) 미씨(羋氏).

154) 분별이~것 : 초자(楚子)가 향연에서 상공(上公)의 례를 받은 것과 밤에 문미(文羋)의 배웅을 받고 두 희(姬)를 취하여 돌아간 것을 말한다. 두 희를 초자의 생질녀로 보는 설도 있다.

## 二十三年 春 齊侯伐宋 圍緡 以討其不與盟于齊也 盟于齊在十九年

23년 봄에 제후(齊侯)가 송(宋)나라를 쳐서 민(緡) 땅을 포위하였으니, 송나라가 제(齊)나라에서의 맹약에 참여하지 않은 것을 토죄한 것이다. 제(齊)나라에서의 맹약은 19년에 있었다.

---

## 夏 五月 庚寅 宋公玆父卒

여름 5월 경인일에 송공(宋公) 자보(玆父)가 졸하였다.

---

玆 公作慈

자(玆)는 《공양전(公羊傳)》에는 자(慈)로 되어 있다.

## 夏 五月 宋襄公卒 傷於泓故也

여름 5월에 송양공(宋襄公 : 玆父)이 졸하였으니, 홍수(泓水)의 싸움[155]에서 입은 부상 때문이다.

---

## 秋 楚人伐陳

가을에 초인(楚人)이 진(陳)나라를 쳤다.

---

## 秋 楚成得臣帥師伐陳 討其貳於宋也 成得臣 子玉也 遂取焦夷 城頓而還 焦夷皆陳邑 頓 國名 子文以爲之功 使爲令尹 叔伯曰 子若國何 叔伯 楚大夫蔿呂臣也 言子玉不任令尹 對曰 吾以靖國也 夫有大功而無貴仕 其人能靖者與 句 有幾 言不多也

가을에 초(楚)나라 성득신(成得臣)이 군대를 거느리고 진(陳)나라를 쳤으니, 진나라가 송(宋)나라에 붙은[貳] 것을 토죄한 것이다. 성득신(成得臣)은 자옥(子玉)이다. 드디어 초(焦) 땅과 이(夷) 땅을 취하고 돈(頓)나라에 성을 쌓고 돌아갔다. 초(焦)와 이(夷)는 모두 진(陳)나라 읍이다. 돈(頓)은 나라 이름이다. 자문(子文)이 이를 성득신의 공으로 여겨 그를 령윤(令尹)으로 삼았다. 숙백(叔伯)이 말하기를 "그대는 나라를 어찌하시려고 합니까?"라고 하니, 숙백(叔伯)은 초(楚)나

---

155) 홍수(泓水)의 싸움 : 지난해 겨울에 있었던 송(宋)나라와 초(楚)나라의 싸움이다.

라 대부 위려신(蔿呂臣)이다. 자옥(子玉)이 령윤(令尹)의 직위를 감당하지 못할 것이라는 말이다. 자문이 대답하기를 "나는 나라를 안정시키려는 것이오. 큰 공이 있는데 귀한 벼슬이 없다면 그런 사람 가운데 조용히 있을 사람이 구두(句讀)이다. 몇이나 있겠소."라고 하였다. 많지 않다는 말이다.

---

**冬 十有一月 杞子卒**

겨울 11월에 기자(杞子)가 졸하였다.

---

**十一月 杞成公卒 書曰子 杞 夷也** 成公行夷禮 故於卒貶之 **不書名 未同盟也 凡諸侯同盟 死則赴以名 禮也 赴以名 則亦書之 不然則否 辟不敏也** 敏猶審也

11월에 기성공(杞成公)이 졸하였다. 경문에 자(子)라고 기록한 것은 기(杞)나라가 이(夷)의 례를 행하였기 때문이다. 기성공(杞成公)이 이(夷)의 례를 행하였으므로 졸하였을 때 그를 폄하한 것이다.[156] 경문에 이름을 기록하지 않은 것은 로(魯)나라와 동맹을 맺지 않았기 때문이다. 무릇 동맹을 맺은 제후(諸侯)가 죽으면 이름을 써서 부고(訃告)하는 것이 례이다. 이름을 써서 부고하였으면 또한 경문에 이름을 기록하고, 그렇지 않으면[157] 이름을 기록하지 않는데 이는 제대로 살피지[敏] 못하는 것을 피하기 위해서이다.[158] 민(敏)은 살핌[審]과 같다.

---

# 희공(僖公) 24년【乙酉 B.C.636】

---

**二十有四年 春 王正月**

24년 봄 왕정월이다.

---

156) 폄하한 것이다 : 기(杞)나라는 작위가 백(伯)인데 낮추어 자(子)로 기록한 것이다.
157) 그렇지 않으면 : 동맹을 맺었어도 이름을 기록하여 부고하지 않은 경우이다.
158) 제대로~위해서이다 : 부고가 온 대로 기록하니, 이는 잘못 기록하는 것을 피하기 위해서이다.

> ## 夏 狄伐鄭
>
> 여름에 적(狄)이 정(鄭)나라를 쳤다.

鄭之入滑也 滑人聽命 入滑在二十年 師還 又卽衛 鄭公子士洩堵兪彌帥師伐滑 洩堵兪
彌 鄭大夫 王使伯服游孫伯如鄭請滑 二子 周大夫 鄭伯怨惠王之入而不與厲公爵也 事
在莊二十一年 又怨襄王之與衛滑也 故不聽王命而執二子 王怒 將以狄伐鄭

　정(鄭)나라가 활(滑)나라로 쳐들어갔을 때 활인(滑人)이 명을 듣겠다고 하였는데 활(滑)나
라로 쳐들어간 것은 20년에 있었다. 정나라 군대가 돌아가자 또 위(衛)나라에 붙었다. 그리하여
정나라 공자 사(士)와 설도유미(洩堵兪彌)[159]가 군대를 거느리고 활나라를 쳤다. 설도유미(洩
堵兪彌)는 정(鄭)나라 대부이다. 양왕(襄王)이 백복(伯服)과 유손백(游孫伯)을 보내어 정나라로
가서 활나라를 용서해 줄 것을 요청하였다. 두 사람은 주(周)나라 대부이다. 정백(鄭伯 : 文公)은
혜왕(惠王)이 경사(京師)로 들어갔을 때 정려공(鄭厲公)에게 술잔을 선사하지 않았던 일을
원망하고, 이 일은 장공(莊公) 21년에 있었다. 또 양왕이 위나라와 활나라를 편드는 것을 원망하였
다. 그러므로 왕명을 듣지 않고 두 사람을 사로잡았다. 양왕이 노하여 적(狄)의 힘을 빌려
정나라를 치려고 하였다.

富辰諫曰 不可 臣聞之 大上以德撫民 無親疏也 其次親親以相及也 先親及疏 昔周公吊
二叔之不咸 故封建親戚以蕃屛周 吊 傷也 咸 同也 二叔 夏殷之叔世 管蔡郕霍魯衛毛聃
郜雍曹滕畢原酆郇 文之昭也 十六國皆文王子也 邘晉應韓 武之穆也 四國皆武王子 凡蔣
邢茅胙祭 周公之亂也 召穆公思周德之不類 故糾合宗族于成周而作詩 類 善也 召穆
公 周卿士 名虎 召 采地 曰 常棣之華 鄂不韡韡 凡今之人 莫如兄弟 其四章曰 兄弟鬩
于墻 外禦其侮 如是 則兄弟雖有小忿 不廢懿親 今天子不忍小忿以棄鄭親 其若之
何 庸勳 親親 暱近 尊賢 德之大者也 庸 用也 卽聾 從昧 與頑 用嚚 姦之大者也 棄德
崇姦 禍之大者也 鄭有平惠之勳 鄭輔平王 納惠王 又有厲宣之親 鄭桓公友 厲王子 宣王母弟
棄嬖寵而用三良 三良 叔詹堵叔師叔 於諸姬爲近 在姬姓諸國與周接壤 四德具矣 耳不聽五
聲之和爲聾 目不別五色之章爲昧 心不則德義之經爲頑 口不道忠信之言爲嚚 狄

---

159) 설도유미(洩堵兪彌) : 희공(僖公) 20년조의 설도구(洩堵寇)이다.

皆則之 四姦具矣 周之有懿德也 猶曰莫如兄弟 故封建之 其懷柔天下也 猶懼有外
侮 扞禦侮者 莫如親親 故以親屛周 召穆公亦云 今周德旣衰 於是乎又渝周召 以從
諸姦 無乃不可乎 民未忘禍 有子穨叔帶之亂 王又興之 其若文武何 王弗聽 使頹叔桃
子出狄師 二子 周大夫

이에 부신(富辰)이 다음과 같이 간하였다. "안 됩니다. 신이 듣건대 가장 좋은 다스림은
덕으로 백성을 어루만지는 것이요, 친밀한 사람과 소원한 사람을 구분 없이 대하는 것이다. 그다음은
친한 이를 친하게 대하여 소원한 사람까지 친하게 되는 것이라 합니다. 친한 이와 먼저 친한
뒤에 소원한 이에게까지 미치는 것이다. 옛날 주공(周公)께서는 하(夏)나라와 은(殷)나라의 말세[二
叔]에 화합하지[咸] 못한 것을 마음 아파하여[弔] 친척들을 제후로 봉하여 주(周)나라의 울타
리로 삼았습니다. 조(弔)는 마음 아파함이고 함(咸)은 화합함이다. 이숙(二叔)[160]은 하(夏)나라와 은(殷)나라
의 말세다. 관(管)·채(蔡)·성(郕)·곽(霍)·로(魯)·위(衛)·모(毛)·담(聃)·고(郜)·옹(雍)·조
(曹)·등(滕)·필(畢)·원(原)·풍(酆)·순(郇) 등의 나라는 문왕(文王)의 소(昭)[161]를 봉한 나
라이고, 16국(國)은 모두 문왕(文王)의 아들을 봉한 나라이다. 우(邘)·진(晉)·응(應)·한(韓) 등의 나라
는 무왕(武王)의 목(穆)을 봉한 나라이며, 4국(國)은 모두 무왕(武王)의 아들을 봉한 나라이다. 범(凡)
·장(蔣)·형(邢)·모(茅)·조(胙)·채(祭) 등은 주공(周公)의 후손을 봉한 나라입니다. 소목공
(召穆公)은 주나라의 덕이 선하지[類] 않을까 걱정하였습니다. 그리하여 성주(成周)[162]에서
종족들을 규합해 놓고 시를 지어 류(類)는 선함이다. 소목공(召穆公)은 주(周)나라 경사(卿士)이니 이름은
호(虎)이고 소(召)는 그의 채지(采地)이다. 말하기를 '아가위 꽃이여, 꽃송이가 활짝 피지 않았는가.
지금 사람 중에서 형제만한 이가 없네.'[163]라고 하였고, 그 넷째 장에서는 '형제들 담 안에
서 다투지만 밖에서부터의 모욕은 함께 막아내네.'라고 하였습니다. 이렇다면 형제 사이에
는 비록 사소한 분한 일이 있다 하더라도 아름다운 친분은 폐할 수 없는 것입니다. 지금
천자께서 조그마한 분을 참지 못하여 정(鄭)나라와의 친분을 버리신다면 어찌 되겠습니까.

---

160) 이숙(二叔) : 관숙(管叔)과 채숙(蔡叔)이라고 하는 설도 있다.

161) 소(昭) : 소(昭)는 목(穆)과 함께 종묘에 신위(神位)를 배열하는 순서의 명칭이다. 불천위(不遷位 : 始祖)를
중심으로 왼편[東]에 모시는 2세·4세·6세를 소(昭)라 하고, 오른편[西]에 모시는 3세·5세·7세를 목(穆)이
라고 한다. 주(周)나라 묘제(廟制)에 시조의 신위는 중앙에 배치하는데, 그 아들은 왼쪽에 배치하여 소
(昭)가 되고, 손자는 오른쪽에 배치하여 목(穆)이 된다. 증손은 또 소가 되고 이하는 좌우로 번갈아 배렬
하여 소목(昭穆)이 된다. 문왕(文王)의 세차(世次)는 목이기 때문에 그 아들은 소가 되고, 무왕(武王)은
세차가 소이기 때문에 그 아들은 목이 된다.

162) 성주(成周) : 주(周)나라 동도인 락읍(洛邑).

163) 아가위~없네 : 《시경(詩經)》〈소아(小雅)〉 당체(常棣).

공훈이 있는 이를 등용하고[庸], 친척을 친하게 대하며, 가까이 있는 이와 화목하고, 어진 이를 높임은 덕의 큰 것입니다. 용(庸)은 등용함이다. 귀먹은 자에게 나아가고, 눈먼 자를 따르며, 완악한 자와 한 편이 되고, 어리석은 자를 등용하는 것은 간악함의 큰 것이며, 덕을 버리고 간사한 자를 높이는 것은 화의 큰 것입니다. 정나라는 평왕(平王)과 혜왕(惠王)에게 공훈이 있고,[164] 정(鄭)나라는 평왕(平王)을 보좌하였고, 혜왕(惠王)을 경사(京師)로 들여보냈다. 또 려왕(厲王)과 선왕(宣王)의 친속이며, 정환공(鄭桓公) 우(友)는 려왕(厲王)의 아들이고 선왕(宣王)의 동모제(同母弟)이다. 가까이 총애 받았던 자들을 물리치고[165] 세 어진 이를 등용하였으며, 세 어진 이는 숙첨(叔詹)과 도숙(堵叔)과 사숙(師叔)이다. 희성(姬姓)의 제후 중에서도 주(周)왕실과 가까이 있으며 희성(姬姓)의 여러 나라 중에서도 정(鄭)나라가 주(周)나라와 땅을 접하고 있다. 4덕(德)[166]을 갖추고 있습니다. 귀로 오성(五聲)의 화음을 듣지 못하는 것을 롱(聾)이라 하고, 눈으로 오색(五色)의 문채를 구별하지 못하는 것을 매(昧)라 하며, 마음으로 덕의(德義)의 법을 본받지 않는 것을 완(頑)이라 하고, 입으로 충신(忠信)의 말을 하지 않는 것을 은(嚚)이라 하는데 적(狄)은 모두 이러한 잘못을 본받아 이 네 가지 간악함을 갖추고 있습니다. 주나라는 아름다운 덕이 있을 때도 오히려 형제만한 이가 없다고 하여 형제를 제후로 봉하였습니다. 천하를 이미 안무하였지만 그래도 밖으로부터의 업신여김이 있을 것을 두려워하였습니다. 그러므로 밖으로부터의 업신여김을 막는 것은 친척을 친히 하는 것 만한 것이 없다고 하여 친척의 나라들로 주나라의 울타리로 삼았습니다. 소목공도 또한 그러한 뜻을 말한 것입니다. 지금 주(周)나라의 덕이 쇠퇴하였는데 이에 또 주공(周公)과 소공(召公)의 법을 위배하여 여러 간사한 무리를 따른다면 안 되지 않습니까. 백성은 아직도 전에 있었던 화란(禍亂)을 잊지 않고 있는데 왕자 퇴(頹)와 숙대(叔帶)의 반란이 있었다. 왕께서 또 화란을 일으키시면 문왕(文王)과 무왕(武王)께서 쌓으신 공덕이 어찌 되겠습니까.” 그러나 왕은 그의 말을 따르지 않고 퇴숙(頹叔)과 도자(桃子)를 시켜 적(狄)의 군대를 출동시키게 하였다. 두 사람은 주(周)나라 대부이다.

**夏 狄伐鄭 取櫟 王德狄人 將以其女爲后 富辰諫曰 不可 臣聞之 曰 報者倦矣 施者未厭 狄固貪惏 王又啓之** 惏同婪 殺人取財曰惏 **女德無極 婦怨無終** 婦女之志 近之則不知止

---

164) 정나라는~있고 : 주평왕(周平王)이 호경(鎬京)에서 락읍(洛邑)으로 옮길 때 정(鄭)나라가 그 일을 도왔고, 혜왕(惠王)이 도망갔을 때 정나라가 도와서 다시 경사(京師)로 들어가게 하였던 공훈을 말한다.

165) 가까이~물리치고 : 희공(僖公) 7년에 신후(申侯)를 죽이고, 16년에 태자 화(華)를 죽였다.

166) 4덕(德) : 공훈이 있는 이를 등용하괴用勳, 친척을 친하게 대하며[親親], 가까이 있는 이와 화목하괴睦近], 어진 이를 높이는 일[尊賢]을 말한다.

**足** 遠之則怨怨無已 **狄必爲患 王又弗聽**

여름에 적(狄)이 정(鄭)나라를 쳐서 력(櫟) 땅을 취하였다. 양왕(襄王)이 적인(狄人)에게 덕을 베풀어 적인의 딸을 왕후로 삼으려 하자 부신(富辰)이 간하기를 "안 됩니다. 신이 듣건대 은혜를 갚는 자는 오래되면 싫증을 내지만 은혜를 베푼 자는 보답에 만족해하지 않는다고 합니다. 적은 진실로 탐욕스러운데[貪惏] 왕께서는 또 그들의 욕심을 열어주는 것입니다. 림(惏)은 탐욕[婪]과 같으니 사람을 죽여서 재물을 취하는 것을 림(惏)이라고 한다. 그리고 녀자의 마음[德]은 요구함이 한이 없고 부인(婦人)의 원망은 끝이 없습니다. 부녀자의 마음은 가까이 해주면 만족함이 그칠 줄 모르고, 멀리하면 분함과 원망이 그치지 않는다는 것이다. 적은 반드시 우리의 근심거리가 될 것입니다."라고 하였다. 그러나 왕은 또 듣지 않았다.

---

### 秋 七月
가을 7월이다.

---

○**鄭子華之弟子臧出奔宋 好聚鷸冠** 鷸 音律 鳥名 聚鷸羽以爲冠 **鄭伯聞而惡之 使盜誘之 八月 盜殺之于陳宋之間**

○정(鄭)나라 자화(子華)의 아우 자장(子臧)이 송(宋)나라로 망명나갔는데, 도요새[鷸] 깃털을 모아 만든 관을 좋아하였다.[167] 률(鷸)은 음이 률(律)이고 새 이름이다. 도요새의 깃털을 모아 관(冠)을 만든 것이다. 정백(鄭伯)이 그 소식을 듣고 미워하여 도적을 시켜 그를 유인하였다. 8월에 도적이 진(陳)나라와 송(宋)나라의 경계에서 자장을 죽였다.

**君子曰 服之不衷 身之災也** 衷猶適也 **詩曰 彼己之子 不稱其服 子臧之服 不稱也夫 詩曰 自詒伊慼 其子臧之謂矣 夏書曰 地平天成 稱也** 今虞書大禹謨 上下相稱爲宜

군자는 말한다. "의복이 적절하지[衷] 않으면 몸의 재앙이 된다. 충(衷)은 적절함[適]과 같다. 《시(詩)》에 이르기를 '저 사람이여. 의복이 어울리지 않는구나.'[168]라고 하였으니, 자장(子臧)의 복장이 어울리지 않은 것이다. 《시》에 이르기를 '스스로 이 걱정거리를 끼치었도다

---

167) 도요새[鷸]~좋아하였다 : 도요새[鷸] 깃털로 만든 관 모으기를 좋아하였다고 보는 설도 있다.

168) 저 사람이여~않는구나 : 《시경(詩經)》〈조풍(曹風)〉 후인(候人).

.'169)라고 하였으니, 자장을 두고 이르는 말이다. 〈하서(夏書)〉에 이르기를 '땅은 평평하고 하늘은 만물의 화육(化育)을 이루었도다.'라고 하였으니, 상하가 잘 어울려야 함을 말한 것이다." 지금의 〈우서(虞書)〉 대우모(大禹謨)이다. 상하가 서로 잘 어울림이 마땅함이 된다는 것이다.

○宋及楚平 宋成公如楚 還 入於鄭 鄭伯將享之 問禮於皇武子 皇武子 鄭卿 對曰 宋先代之後也 於周爲客 天子有事膰焉 有喪拜焉 宋吊周喪 王特拜謝之 豊厚可也 鄭伯從之 享宋公有加 禮也

○송(宋)나라가 초(楚)나라와 화평하게 되었다. 송성공(宋成公)이 초나라에 갔다가 돌아가는 길에 정(鄭)나라에 들렀다. 정백(鄭伯)이 송성공에게 향연을 베풀려 할 때 황무자(皇武子)에게 대접하는 례를 물었다. 황무자(皇武子)는 정(鄭)나라 경(卿)이다. 황무자가 대답하기를 "송나라는 선대(先代 : 殷나라)의 후손으로 주(周)나라에 있어서는 손님입니다. 그래서 천자께서 제사를 지낼 때는 제사 지낸 고기를 나누어 보내시고, 상(喪)을 당하여 조문을 가면 절을 하시니 송(宋)나라가 주(周)나라의 상사(喪事)에 조문을 가면 왕이 특별히 절을 하여 사례하였다. 후하게 대접함이 옳습니다."라고 하였다. 정백이 그 말을 따라 송공(宋公)에게 향연을 베풀 때 음식의 가짓수를 더하였으니, 례에 맞는 일이었다.

冬 天王出居于鄭
겨울이다. 천왕이 정(鄭)나라에 나가 거하였다.

襄王也 天子以天下爲家 故所在稱居 天子無外而書出者 譏其失位也

양왕(襄王)이다. 천자는 천하를 집으로 여긴다. 그러므로 있는 곳을 거한다(居)라고 칭한다. 천자는 밖이 없는데 경문에 나갔다(出)라고 기록한 것은 그 자리를 잃은 것을 비난한 것이다.

初 甘昭公有寵於惠后 甘昭公 王子帶 食邑於甘 惠后將立之 未及而卒 昭公奔齊 王復之 又通於隗氏 王替隗氏 隗氏 王所立狄后 替 廢也 頹叔桃子曰 我實使狄 狄其怨我 遂奉大叔以狄師攻王 王御士將禦之 周禮 王之御士十二人 王曰 先后其謂我何 寧使諸侯圖之 王遂出及坎欿 國人納之 坎欿 周地 秋 頹叔桃子奉大叔 以狄師伐周 大敗周師

169) 스스로~끼치었도다 :《시경(詩經)》〈소아(小雅)〉 소명(小明).

**獲周公忌父原伯毛伯富辰** 原毛皆采邑 **王出適鄭 處于氾** 氾 音凡 鄭南氾 **大叔以隗氏居
于溫**

　　이보다 앞서 감소공(甘昭公)이 혜후(惠后)에게 총애를 받았다. 감소공(甘昭公)은 왕자 대(帶)이
니 감(甘)을 식읍으로 하였다. 혜후가 그를 태자로 세우려고 하였으나 뜻을 이루지 못하고 졸하
니, 감소공이 제(齊)나라로 망명하였다. 양왕(襄王)이 그를 불러들였는데 또 외씨(隗氏)와
정을 통하였다. 그래서 양왕이 외씨를 폐위하였다[替]. 외씨(隗氏)는 양왕(襄王)이 세운 적후(狄后)이
다. 체(替)는 폐위함이다. 퇴숙(頹叔)과 도자(桃子)가 말하기를 "우리가 실로 적(狄)을 부렸으
니170) 적은 우리를 원망할 것이다."라 하고, 드디어 태숙(大叔 : 왕자 帶)을 받들어 적의 군
대를 거느리고 왕을 공격하였다. 왕의 어사(御士)들이 막으려고 하니 주례(周禮)에 왕의 어사(御
士)는 12인이다. 왕이 말하기를 "돌아가신 혜후께서 나를 어떻게 생각하시겠는가. 차라리 제후
들로 하여금 도모하게 할 것이다."라고 하였다. 왕이 드디어 도성에서 나가서 감감(坎欿)에
이르니 국인이 왕을 받아들였다. 감감(坎欿)은 주(周)나라 땅이다. 가을에 퇴숙과 도자가 태숙을
받들어 적의 군대로 주(周)나라를 쳐서 주나라 군대를 크게 패배시키고 주공(周公)인 기보
(忌父)와 원백(原伯)·모백(毛伯)·부신(富辰)을 사로잡았다. 원(原)과 모(毛)는 모두 채읍(采邑)이
다. 왕은 주나라에서 나와 정나라로 가서 범(氾) 땅에 머물렀고, 범(氾)은 음이 범(凡)이니 정나라
남범(南氾)이다. 태숙은 외씨를 데리고 온(溫) 땅에 거하였다.

**冬 王使來告難曰 不穀不德** 穀 善也 不穀 謙稱 **得罪于母弟之寵子帶** 爲惠后所寵 故云寵子
帶 **鄙在鄭地氾** 鄙 野也 **敢告叔父** 臧文仲對曰 **天子蒙塵于外 敢不奔問官守** 官守 王之
羣臣 **王使簡師父告于晉 使左鄢父告于秦** 二子 周大夫 **天子無出 書曰 天王出居于鄭**
**辟母弟之難也 天子凶服降名 禮也** 凶服 素服 降名 稱不穀 得恐懼脩省之禮 **鄭伯與孔將鉏**
**石甲父侯宣多省視官具于氾** 三子 鄭大夫 省官司 具器用 **而後聽其私政 禮也** 得先君後己
之禮

　　겨울에 양왕(襄王)이 사신을 보내와서 환난이 있었음을 알리며 말하기를 "내[不穀]가 부
덕하여 곡(穀)은 선(善)이다. 불곡(不穀)은 겸칭이다. 어머니가 총애하시던 동모제 대(帶)에게 죄를
얻어 혜후(惠后)의 총애를 받았기 때문에 총자(寵子) 대(帶)라고 한 것이다. 궁벽한[鄙] 정(鄭)나라의 범
(氾) 땅에 있게 되었으니 비(鄙)는 궁벽한 곳이다. 이를 감히 숙부(叔父)171)에게 고하노라."라고

---

170) 우리가~부렸으니 : 올여름에 퇴숙(頹叔)과 도자(桃子)가 적(狄)의 군대를 출동시켜 정(鄭)나라를 치게 한
　　일이다.

하였다. 장문중(臧文仲)이 대답하기를 "천자께서 경사(京師) 밖의 땅에서 몽진(蒙塵)[172]하고 계시니, 감히 달려가서 관수(官守)에게 안부를 묻지 않을 수 있겠습니까."라고 하였다. 관수(官守)는 왕의 뭇 신하이다. 왕이 간사보(簡師父)를 시켜 진(晉)나라에 알리게 하고, 좌언보(左鄢父)를 시켜 진(秦)나라에 알리게 하였다. 두 사람은 주(周)나라 대부이다. 천자는 나가는 법이 없는데[173] 경문에 천왕이 정나라에 나가 거하였다고 기록하였으니, 동모제가 일으킨 환난을 피하기 위해서였다. 천자가 흉복(凶服)을 입으면 스스로 명호(名號)를 낮추는 것[降名]이 례이다. 흉복(凶服)은 소복(素服)이다. 강명(降名)은 불곡(不穀)이라고 칭한 것이다. 두려워하여 몸을 닦고 반성하는[174] 례를 행한 것이다. 정백(鄭伯)이 공장서(孔將鉏)·석갑보(石甲父)·후선다(侯宣多)와 함께 범 땅으로 가서 천자의 관구(官具)를 살펴보고 세 사람은 정(鄭)나라 대부이다. 관사(官司)[175]를 살피고 기용(器用)을 갖춘 것이다. 그 뒤에 자기 나라의 정사를 처리하였으니, 례에 맞는 일이었다. 왕의 일에 먼저 힘쓰고 자신의 일을 뒤에 하는 례에 맞았다는 것이다.

---

## 晉侯夷吾卒

진후(晉侯) 이오(夷吾)가 졸하였다.

---

九月 晉惠公卒 九月卽前年九月 經在此年冬 文公定位而後告 懷公命無從亡人 懷公 子圉 亡人 重耳 期 期而不至 無赦 上期約也 下期周年也 狐突之子毛及偃從重耳在秦 弗召 偃 子犯也 冬 懷公執狐突 曰 子來則免 對曰 子之能仕 父敎之忠 古之制也 策名委質 貳乃辟 也 辟 罪也 言名書所臣之策 委身事之 不可貳心 今臣之子名在重耳 有年數矣 若又召之 敎 之貳也 父敎子貳 何以事君 刑之不濫 君之明也 臣之願也 淫刑以逞 誰則無罪 臣 聞命矣 乃殺之 卜偃稱疾不出 曰 周書有之 乃大明服 言君能大明則民服 己則不明而 殺人以逞 不亦難乎 民不見德而唯戮是聞 其何後之有 言必無後

---

171) 숙부(叔父) : 천자가 동성(同姓)의 제후를 일컫는 말.

172) 몽진(蒙塵) : 임금이 난리를 피하여 안전한 곳으로 떠나는 일.

173) 천자는~없는데 : 천자는 온 천하를 소유하였기 때문에 나라 밖으로 나간다는 표현을 쓰지 않는다는 뜻이다.

174) 두려워하여~반성하는 : 《주역(周易)》 진괘(震卦) 상사(象辭)에 '우레가 거듭된 것이 진(震)이니, 군자가 이를 본받아 두려워하여 몸을 닦고 반성한다[洊雷震 君子以恐懼脩省].'라고 하였다.

175) 관사(官司) : 관리(官吏)와 관아(官衙).

9월에 진혜공(晉惠公 : 夷吾)이 졸하였다. 9월은 지난해 9월이다. 경문이 올겨울조에 있는 것은 진문공(晉文公)의 위(位)가 정해진 뒤에 알려왔기 때문이다. 진회공(晉懷公)[176]이 명하기를 "망명가 있는 자를 따르지 말라. 회공(懷公)은 자어(子圉)이다. 망명가 있는 자는 중이(重耳)이다. 기한[期]을 줄 것이니, 1년[期] 내로 돌아오지 않으면 용서하지 않을 것이다."라고 하였다. 앞의 기(期)는 기한이고 뒤의 기(期)는 1년이다. 이때 호돌(狐突)의 아들 모(毛)와 언(偃)이 중이(重耳)를 따라 진(秦)나라에 있었는데, 호돌은 아들을 부르지 않았다. 언(偃)은 자범(子犯)이다. 겨울에 진회공이 호돌을 붙잡아 말하기를 "그대의 아들이 돌아온다면 용서할 것이다."라고 하였다. 호돌이 대답하기를 "자식이 벼슬할 나이가 되면 아버지는 충성을 가르치는 것이 옛 법도입니다. 신책(臣策)에 이름을 올리고 폐백을 바치고서[177] 두마음을 품는다면 죄[辟]입니다. 벽(辟)은 죄이다. 이름을 신하가 된다는 간책(簡策)에 기록하고 몸을 맡겨 섬기면 두마음을 품어서는 안 된다는 말이다. 지금 신의 자식이 이름을 중이의 신책에 올린 지 여러 해가 되었습니다. 만약에 또 그들을 부른다면 이는 두마음을 품도록 가르치는 것입니다. 아버지가 자식에게 두마음을 품도록 가르친다면 무엇으로 임금을 섬기겠습니까. 형벌을 함부로 쓰지 않는 것은 임금님의 밝은 덕이고 신의 바람입니다. 형벌을 지나치게 하여 마음에 만족을 얻으려 하신다면 누군들 죄가 없겠습니까. 신은 명을 따르겠습니다."라고 하였다. 마침내 회공(懷公)은 호돌을 죽였다. 복언(卜偃)이 병을 핑계로 조정에 나오지 않고 말하기를 "〈주서(周書)〉에 이르기를 '임금이 크게 밝으면 복종한다.'[178]라고 하였으니 임금이 크게 밝으면 백성이 복종한다는 말이다. 임금 자신이 밝지 못하고, 사람을 죽여서 만족하려 한다면 또한 어렵지 않겠는가. 백성이 임금의 덕을 보지 못하고 오직 죽이는 것만을 들을 것이니 어찌 후손이 있겠는가."라고 하였다. 반드시 후손이 없을 것이라는 말이다.

晉公子重耳之及於難也 晉人伐諸蒲城 蒲城人欲戰 重耳不可 曰 保君父之命而享其生祿 保猶恃也 於是乎得人 有人而校 罪莫大焉 校 勝負 吾其奔也 遂奔狄 從者狐偃趙衰 衰 趙夙弟 顚頡魏武子 武子 魏犨 司空季子 胥臣臼季 時狐毛賈佗亦從

진(晉)나라 공자 중이(重耳)에게 환난이 닥쳤을 때 진인(晉人)이 포성(蒲城)을 쳤다.[179]

---

176) 진회공(晉懷公) : 진혜공(晉惠公)의 아들.

177) 폐백을 바치고서 : 전문의 위지(委質)는 처음 벼슬하는 사람이 임금에게 폐백을 바치는 것으로, 이때 죽은 꿩을 폐백으로 쓰는 데 이는 목숨을 바쳐 충성을 다하겠다는 의미이다.

178) 임금이~복종한다 : 《서경(書經)》 〈주서(周書)〉 강고(康誥).

179) 진(晉)나라~쳤다 : 진헌공(晉獻公)의 부인(夫人) 려희(驪姬)가 아들 해제(奚齊)를 태자의 자리에 앉히려

포성인(蒲城人)이 싸우고자 하거늘 중이가 안 된다고 하며 말하기를 "군부(君父)의 명에 의지하여[保] 살아갈 봉록을 누리고 있다. 보(保)는 의지함[恃]과 같다. 이리하여 사람들을 얻게 되었는데, 사람들이 있다 하여 아버지와 승부를 겨룬다면[校] 이보다 더 큰 죄는 없을 것이다. 교(校)는 겨룸이다. 그러니 나는 도망가겠다."라고 하였다. 드디어 적(狄) 땅으로 도망가니, 따르는 사람은 호언(狐偃)·조최(趙衰)·조최(趙衰)는 조숙(趙夙)의 아우이다. 전힐(顚頡)·위무자(魏武子)·무자(武子)는 위주(魏犨)이다. 사공계자(司空季子) 등이었다. 서신구계(胥臣臼季)[180]이다. 이 당시에 호모(狐毛)·가타(賈佗)도 따랐다.

狄人伐廧咎如 廧 音墻 咎 音羔 廧咎如 赤狄別種 隗姓 獲其二女叔隗季隗 納諸公子 公子取季隗 生伯儵叔劉 以叔隗妻趙衰 生盾 儵 音紬 盾 音遯 將適齊 謂季隗曰 待我二十五年 不來而後嫁 對曰 我二十五年矣 又如是而嫁 則就木焉 言將死入木 請待子

적인(狄人)이 장고여(廧咎如)를 치고 장(廧)은 음이 장(墻)이고 고(咎)는 음이 고(羔)이다. 장고여(廧咎如)는 적적(赤狄)의 별종으로 외성(隗姓)이다. 그 두 딸인 숙외(叔隗)와 계외(季隗)를 사로잡아 공자[重耳]에게 바쳤다. 공자는 계외를 취하여 백주(伯儵)와 숙류(叔劉)를 낳았고, 숙외를 조최의 아내로 주어 돈(盾)을 낳았다. 주(儵)는 음이 주(紬)이다. 돈(盾)은 음이 돈(遯)이다. 공자가 제(齊)나라로 가려할 때 계외에게 말하기를 "나를 25년 동안 기다리다가 돌아오지 않으면 그 뒤에 다른 사람에게 시집을 가시오."라고 하였다. 계외가 대답하기를 "저는 지금 25세입니다. 또 그와 같이하여 시집을 간다면 관에 들어갈 나이입니다. 죽어서 관에 들어갈 것이라는 말이다. 그러니 당신을 기다리겠습니다."라고 하였다.

處狄 十二年而行 過衛 衛文公不禮焉 出於五鹿 五鹿 衛地 乞食於野人 野人與之塊 與以土塊 公子怒 欲鞭之 子犯曰 天賜也 得土 有國之祥 稽首 受而載之 及齊 齊桓公妻之 妻以宗女姜氏 有馬二十乘 公子安之 從者以爲不可 將行 謀於桑下 齊桓旣卒 知孝公不足恃 蠶妾在其上 以告姜氏 姜氏殺之 恐孝公怒其去 殺之滅口 而謂公子曰 子有四方之志 其聞之者吾殺之矣 公子曰無之 姜曰 行也 懷與安 實敗名 懷寵安居 實敗功名 公子

고 태자 신생(申生)을 모함하여 죽게 하고, 이오(夷吾)와 중이(重耳)를 공격하였다. 포성(蒲城)은 중이가 다스리던 성(城)이다. 이 일은 희공(僖公) 5년조에 보였다.

180) 서신구계(胥臣臼季) : 서(胥)는 씨이고 신(臣)은 이름이다. 구(臼)는 식읍이고 계(季)는 자(字)이다. 뒷날 사공(司空)을 지내 사공계자(司空季子)라고도 한다.

**不可 姜與子犯謀 醉而遣之 醒 以戈逐子犯** 無去志 故怒

중이(重耳)가 적(狄) 땅에 머문 지 12년 만에 떠났다. 위(衛)나라에 들렀을 때 위문공(衛文公)이 중이를 례우하지 않았다. 오록(五鹿)을 벗어나서 오록(五鹿)은 위(衛)나라 땅이다. 들에 있는 사람에게 음식을 구걸하였는데 그 사람이 흙덩이를 주었다. 흙덩이를 준 것이다. 공자[重耳]가 노하여 채찍으로 때리려 하니, 자범(子犯)이 말하기를 "하늘이 주신 것입니다."라 하고 흙을 얻은 것은 나라를 얻을 조짐이라는 것이다. 머리를 조아려서 받아가지고[181] 수레에 실었다. 제(齊)나라에 이르니 제환공(齊桓公)이 종녀(宗女)를 아내로 삼게 하고 종녀(宗女)인 강씨(姜氏)를 아내로 삼게 한 것이다. 말 20승(乘)을 주었다. 공자가 편안히 여겨 머물고자 하니, 따르는 사람들이 안 된다고 여겨 떠날 것에 대해 뽕나무 아래에서 모의하였다. 제(齊)나라 환공(桓公)은 이미 졸하였고, 효공(孝公)은 믿을 수 없음을 안 것이다. 누에치는 녀자가 뽕나무 위에 있다가 이 말을 듣고 강씨(姜氏)에게 고하였다. 강씨가 그 녀자를 죽이고 제효공(齊孝公)이 공자가 떠나가는 것에 대해 노할 것을 두려워하여 그 녀자를 죽여 입을 막은 것이다. 공자에게 이르기를 "당신은 사방을 다스리려는 뜻을 가지고 있습니다. 그것을 엿들은 자를 제가 죽였습니다."라고 하였다. 공자가 말하기를 "그럴 마음이 없소."라고 하였다. 강씨가 말하기를 "떠나셔야 합니다. 그리워하고 편안함에 머물게 되면 실로 공명(功名)을 무너뜨립니다."라고 하였다. 총애하는 녀인을 그리워하고 거처를 편안하게 여기는 것은 실로 공명을 무너뜨린다는 것이다. 그래도 공자는 그렇게 할 수 없다고 하였다. 강씨는 자범과 함께 모의하여 공자를 술에 취하게 해서 제나라에서 떠나보냈다. 술에서 깨어나자 공자는 창을 들고 자범을 쫓아 다녔다. 떠날 뜻이 없었기 때문에 노한 것이다.

**及曹 曹共公聞其駢脅 欲觀其裸** 句 **浴薄而觀之** 薄 迫也 駢脅 合幹 **僖負羈之妻** 僖負羈 曹大夫 **曰 吾觀晉公子之從者 皆足以相國 若以相夫子 必反其國** 夫子謂重耳 **反其國 必得志於諸侯 得志於諸侯 而誅無禮 曹其首也 子盍蚤自貳焉** 自貳於曹 **乃饋盤飧 寘璧焉** 臣無外交 故藏璧飧中 不欲令人見 **公子受飧反璧**

조(曹)나라에 이르니 조공공(曹共公)은 중이(重耳)가 변협(駢脅)이라는 소문을 듣고 그 벗은 몸을 보려고 구두(句讀)이다. 목욕할 때 다가가서[薄] 보았다. 박(薄)은 다가감이다. 변협(駢脅)은 통으로 된 갈비뼈이다. 희부기(僖負羈)의 아내가 희부기(僖負羈)는 조(曹)나라 대부이다. 말하기를 "내가 진(晉)나라 공자를 따르는 자들을 보니 모두 재상이 될 만합니다. 만약 그들이 부자(夫子)를 돕는다면 그는 반드시 그 나라로 돌아갈 것입니다. 부자(夫子)는 중이(重耳)를 이른다. 그

---

181) 머리를~받아가지고 : 머리를 조아려 받은 사람을 중이(重耳)로 보는 설도 있다.

나라로 돌아가면 반드시 제후들에게서 뜻을 얻을 것입니다. 제후들에게서 뜻을 얻어서 무례한 나라를 주벌한다면 조나라가 가장 먼저일 것입니다. 당신은 어찌 일찍 스스로 다른 방도를 취하지 않습니까."라고 하였다. 자진해서 조(曹)나라와는 다른 방도를 취하라는 것이다. 이에 그릇에 저녁밥을 보내주면서 거기에 구슬을 넣었다. 신하는 외교(外交)[182]를 못하기 때문에 저녁밥 속에 구슬을 감추어 다른 사람이 알지 못하게 한 것이다. 공자는 저녁밥은 받고 구슬은 돌려보냈다.[183]

及宋 宋襄公贈之以馬二十乘 及鄭 鄭文公亦不禮焉 叔詹諫曰 臣聞天之所啓 人弗及也 晉公子有三焉 天其或者將建諸 君其禮焉 男女同姓 其生不蕃 晉公子 姬出也 而至于今 一也 狐姬之子 故曰姬出 離外之患 出奔在外 而天不靖晉國 殆將啓之 二也 有三士足以上人 而從之 三也 國語 狐偃趙衰賈佗三人皆卿才 晉鄭同儕 儕 等也 其過子弟 固將禮焉 況天之所啓乎 弗聽

송(宋)나라에 이르니 송양공(宋襄公)은 중이(重耳)에게 말 20승(乘)을 주었다. 정(鄭)나라에 이르니 정문공(鄭文公)이 또한 례우하지 않았다. 숙첨(叔詹)이 간하여 말하였다. "신이 듣건대 하늘이 앞길을 열어줄 때는 사람의 힘으로는 미치지 못한다고 합니다. 진(晉)나라 공자에게는 세 가지 특이한 점이 있으니 하늘이 아마 그를 임금으로 세우려고 하는 듯합니다. 임금님께서는 그를 례우하십시오. 남녀가 같은 성이면 그 자손이 번성하지 못하는 것이거늘, 진나라 공자는 희성(姬姓) 소생인데 지금까지 이른 것이 그 첫 번째입니다. 호희(狐姬)의 아들이기 때문에 희성(姬姓) 소생이라고 한 것이다.[184] 그리고 나라를 떠나 밖에 있는 환난을 겪고 있으나 망명나가 밖에 있다는 것이다. 하늘은 진나라를 안정시키지 않으니, 아마도 그에게 길을 열어주려 하는 것이 그 두 번째입니다. 그리고 그에게 뛰어난 세 사람이 있는데 남의 위에 있기에 충분한 데도 그를 따르는 것이 그 세 번째입니다. 《국어(國語)》에 호언(狐偃)·조최(趙衰)·가타(賈佗) 세 사람은 모두 경(卿)의 재목이라고 하였다. 진나라와 정나라는 동등한(儕) 나라이니 제(儕)는 동등함이다. 지나가는 그의 자제(子弟)라도 진실로 례우해야 하거늘, 하물며 하늘이 길을 열어주는 사람에 있어서이겠습니까." 그러나 정문공은 듣지 않았다.

---

182) 외교(外交): 신하가 외국의 제후(諸侯)와 사사로이 만나는 것.
183) 공자는~돌려보냈다: 밥을 받아서 그 뜻을 받아들이고, 구슬을 돌려주어 탐욕하지 않음을 보인 것이다.
184) 호희(狐姬)의~것이다: 호희(狐姬)는 대융(大戎) 출신이다. 대융은 진(晉)나라 시조 당숙(唐叔)의 자손으로 융적(戎狄) 지역에 거주하였고 희성(姬姓)이다.

及楚 楚子饗之 曰 公子若反晉國 則何以報不穀 對曰 子女玉帛則君有之 羽毛齒革
則君地生焉 其波及晉國者 君之餘也 其何以報君 曰 雖然 何以報我 對曰 若以君
之靈 得反晉國 晉楚治兵 遇於中原 其辟君三舍 三十里爲一舍 若不獲命 三退不得楚止命
也 其左執鞭弭 右屬櫜鞬 以與君周旋 弭 弓末無緣者 櫜 音皐 箭器 鞬 音犍 弓衣 屬 著也 子玉
請殺之 楚子曰 晉公子廣而儉 文而有禮 其從者肅而寬 忠而能力 晉侯無親 外內惡
之 晉侯 惠公 吾聞 姬姓唐叔之後 其後衰者也 其將由晉公子乎 天將興之 誰能廢之
違天必有大咎 乃送諸秦

초(楚)나라에 이르니 초자(楚子)가 향연을 베풀어 주며 말하기를 "공자가 만약 진(晉)나라로 돌아간다면 무엇으로 내[不穀]에게 보답하겠소?"라고 하니, 중이(重耳)가 대답하기를 "자녀(子女)[185]나 옥백(玉帛)은 임금님께서 소유하고 계시고, 우모(羽毛)[186]나 치혁(齒革)[187]도 임금님의 땅에서 생산되는 것입니다. 그것들이 진나라에까지 흘러 미치는 것은 임금님께서 쓰고 남은 것인데, 그 무엇으로 임금님께 보답하겠습니까."라고 하였다. 초자가 말하기를 "그렇더라도 무엇으로 나에게 보답하겠소?"라고 하니, 대답하기를 "만약 임금님의 덕택[靈]으로 진나라로 돌아갈 수 있게 되면 진나라와 초나라가 군대를 거느리고 중원(中原)에서 만나게 될 때 임금님을 피해 3사(舍)를 물러날 것이고, 30리(里)가 1사(舍)이다. 그리고도 만약 싸움을 그만둔다는 명을 듣지 못한다면 3사(舍)를 물러났는데도 싸움을 중지하자는 초왕(楚王)의 명을 받지 못한다는 것이다. 그 왼쪽에는 채찍과 활[弭]을 잡고 오른쪽에는 화살집[櫜]과 활집[鞬]를 차고서[屬] 임금님과 힘을 겨루어[周旋][188] 보겠습니다."라고 하였다. 미(弭)는 활 끝에 장식이 없는 것이다. 고(櫜)는 음이 고(皐)이니 화살집이다. 건(鞬)은 음이 건(犍)이니 활집이다. 촉(屬)은 차는 것이다. 이에 자옥(子玉)이 그를 죽이자고 요청하니, 초자가 말하기를 "진나라 공자는 뜻이 크고 검소하며 글을 잘하면서 례의가 있으며, 그 따르는 이들은 엄숙하고 관대하며 충성스럽고 능력이 있다. 그런데 지금의 진후(晉侯)는 친한 이가 없고 내외가 다 그를 미워하고 있다. 진후(晉侯)는 혜공(惠公)이다. 내가 듣건대 희성(姬姓) 중에서 당숙(唐叔)의 후손[189]이 가장 뒤에 쇠할 것이라고 하니, 아마도 장차 진나라 공자 때문일 것이다. 하늘이 그를 흥성하

---

185) 자녀(子女) : 노비(奴婢). 또는 미녀(美女)로 보기도 한다.

186) 우모(羽毛) : 새나 짐승의 털. 또는 새나 짐승.

187) 치혁(齒革) : 상아와 서피(犀皮). 진귀한 자재를 두루 이른다.

188) 겨루어[周旋] : 서로 쫓고 쫓김. 서로 겨루는 것을 이른다.

189) 당숙(唐叔)의 후손 : 진(晉)나라를 이르는 말. 진나라의 시조가 주무왕(周武王)의 아들 당숙우(唐叔虞)이
기 때문에 일컫는 말이다.

게 하려 하는데 누가 능히 그를 폐할 수 있겠는가. 하늘의 뜻을 거스르면 반드시 큰 재앙이 있을 것이다.”라 하고는 이에 진(秦)나라로 보내주었다.

**秦伯納女五人 懷嬴與焉 奉匜沃盥 旣而揮之** 匜 盛水器 沃 澆水也 懷嬴奉匜澆水 公子以濕手 **揮之 怒曰 秦晉匹也 何以卑我 公子懼 降服而囚** 去上服 自拘囚以謝 **他日 公享之 子犯 曰 吾不如衰之文也 請使衰從 公子賦河水** 逸詩 義取河水朝宗于海 **公賦六月 趙衰曰 重 耳拜賜 公子降 拜 稽首 公降一級而辭焉** 下階一級 **衰曰 君稱所以佐天子者命重耳 重耳敢不拜** 六月次章 言佐天子 故衰言如此

진백(秦伯 : 穆公)이 다섯 녀인을 중이(重耳)에게 들였는데 회영(懷嬴)[190]이 끼어 있었다. 회영이 물그릇[匜]을 받들어 대야에 물을 부어[沃] 주었는데 공자가 손을 씻고 나서 물을 뿌리니, 이(匜)는 물을 담는 그릇이다. 옥(沃)은 물을 부음이다. 회영(懷嬴)이 물그릇을 받들어 물을 부어 주었는데 공자가 젖은 손으로 그녀에게 물을 뿌린 것이다. 회영이 화를 내며 말하기를 “진(秦)나라와 진(晉)나라는 대등한 나라인데 어찌 나를 업신여깁니까.”라고 하니, 공자는 두려워서 웃옷을 벗고 죄인처럼 용서를 빌었다. 웃옷을 벗고 스스로 잡혀온 죄인 모양을 하여 사죄한 것이다. 다른 날에 진목공(秦穆公)이 향연을 베풀어 주었는데, 자범(子犯)이 말하기를 “저는 조최(趙衰)만큼 글을 잘하지 못하니 조최를 데리고 가십시오.”라고 하였다. 공자가 하수(河水)의 시를 읊으니 일시(逸詩)이다. 하수(河水)가 바다로 흘러들어간다는 뜻을 취한 것이다. 진목공이 륙월(六月)[191]의 시를 읊었다. 조최가 말하기를 “중이께서는 은덕에 절을 하십시오.”라고 하자, 공자가 뜰로 내려가 절을 하고 머리를 조아리니 진목공이 한 계단 내려가 사양하였다. 한 계단을 내려간 것이다. 조최가 말하기를 “임금님께서 천자를 도우라는 일을 들어[稱] 중이에게 명하셨으니, 중이가 감히 절하지 않겠습니까.”라고 하였다. 륙월(六月)의 시 두 번째 장에서 천자를 도우라고 말하였기 때문에 조최(趙衰)의 말이 이와 같은 것이다.

**二十四年 春 王正月 秦伯納之 不書 不告入也** 納重耳也 **及河 子犯以璧授公子** 授璧意 欲爲誓 **曰 臣負羈絏從君巡於天下** 羈 馬羈 絏 馬繮 **臣之罪甚多矣 臣猶知之 而況君乎**

---

190) 회영(懷嬴) : 진목공(秦穆公)의 딸. 자어(子圉 : 晉懷公)가 진(秦)나라에 인질로 잡혀있을 때의 처였는데, 자어가 진(晉)나라로 돌아갈 때 따라가지 않았다. 이 일은 희공(僖公) 22년조에 기록되어 있다.

191) 륙월(六月) : 《시경(詩經)》〈소아(小雅)〉의 편 이름. 주(周)나라 윤길보(尹吉甫)가 주선왕(周宣王)의 정벌을 도운 것을 찬미한 시이다.

請由此亡 公子曰 所不與舅氏同心者 有如白水 子犯 重耳舅也 投其璧于河 質信於河 濟
河 圍令狐 入桑泉 取白衰 二月 甲午 晉師軍于廬柳 秦伯使公子縶如晉師 師退 軍
于郇 令狐桑泉白衰廬柳郇皆晉地 辛丑 狐偃及秦晉之大夫盟于郇 壬寅 公子入于晉師 丙
午 入于曲沃 丁未 朝于武宮 文公祖武公廟 戊申 使殺懷公于高梁 不書 亦不告也

24년 봄 왕정월에 진백(秦伯)이 중이(重耳)를 진(晉)나라로 들여보냈다. 이를 경문에 기
록하지 않은 것은 중이가 들어간 것을 알려오지 않았기 때문이다. 중이(重耳)를 들여보낸 것이다.
하수(河水)에 이르렀을 때 자범(子犯)이 벽옥(璧玉)을 공자에게 주며 벽옥(璧玉)을 준 뜻은 맹세
를 하고자 한 것이다. 말하기를 "신이 말굴레[羈]와 말고삐[絏]를 짊어지고 주군을 따라 천하를
돌아다니는 동안에 기(羈)는 말굴레이다. 설(絏)은 말고삐이다. 신이 지은 죄가 매우 많습니다. 신도
오히려 그 죄를 알고 있사온데 하물며 주군이야 말할 것이 있겠습니까. 그러니 여기서 떠나
게 해주십시오."라고 하니, 공자가 말하기를 "맹세코[所] 외숙[舅]과 마음을 함께하지 않는다
면 저 흰 물이 용서하지 않을 것입니다."라고 하며, 자범(子犯)은 중이(重耳)의 외숙이다. 벽옥을
하수에 던졌다. 하수(河水)의 신에게 신의를 지킨다고 맹세한 것이다. 그들은 하수를 건너 령호(令狐)
를 포위하고, 상천(桑泉)으로 들어가서 구최(臼衰)를 취하였다. 2월 갑오일에 진(晉)나라
군대[192]가 려류(廬柳)에 진을 쳤다. 진백이 공자 집(縶)을 진(晉)나라 군영에 보내자 진(晉)
나라 군대가 물러나 순(郇) 땅에 진을 쳤다. 령호(令狐)·상천(桑泉)·구최(臼衰)·려류(廬柳)·순(郇)은
모두 진(晉)나라 땅이다. 신축일에 호언(狐偃 : 子犯)이 진(秦)나라와 진(晉)나라의 대부들과 순
땅에서 맹약하였다. 임인일에 공자가 진(晉)나라 군영으로 들어갔고 병오일에 곡옥(曲沃)
으로 들어갔다. 정미일에 무궁(武宮)에 조알(朝謁)하고, 진문공(晉文公 : 重耳)의 할아버지 무공(武
公)의 사당이다. 무신일에 사람을 보내어 회공(懷公)을 고량(高梁)에서 죽였다. 이 일을 경문
에 기록하지 않은 것도 알려오지 않았기 때문이다.

呂郤畏偪 呂甥郤芮 惠公舊臣 將焚公宮而弒晉侯 寺人披請見 公使讓之 且辭焉 曰 蒲
城之役 君命一宿 女卽至 卽日至 其後余從狄君以田渭濱 田 獵 女爲惠公來求殺余 命
女三宿 女中宿至 雖有君命 何其速也 夫袪猶在 披所斬文公衣袪也 女其行乎 對曰 臣
謂君之入也 其知之矣 知君人之道 若猶未也 又將及難 君命無二 古之制也 除君之惡
唯力是視 蒲人狄人 余何有焉 當二君世 君爲蒲狄之人 今君卽位 其無蒲狄乎 齊桓公置

---

射鉤而使管仲相 乾時之役 管仲射桓公 中帶鉤 君若易之 何辱命焉 言若反齊桓 己將自去 不須
辱君命 行者甚衆 豈唯刑臣 披 奄人 故稱刑臣 公見之 以難告 告呂郤欲焚公宮

려생(呂甥)과 극예(郤芮)가 핍박받을 것을 두려워하여 려생(呂甥)과 극예(郤芮)는 진혜공(晉惠公)
의 옛 신하이다. 공궁에 불을 질러 진후(晉侯 : 文公)를 시해하려 하였다. 시인(寺人) 피(披)가
알현하기를 청하니 진문공(晉文公)이 사람을 시켜 꾸짖고 또 거절하면서 말하였다. "포성
(蒲城)의 싸움에 임금님193)께서는 하룻밤을 묵고 가라고 명하셨는데 너는 바로 그날에 이
르렀다.194) 바로 그날에 이르렀다는 것이다. 그 뒤 내가 적(狄)의 임금을 따라 위수(渭水) 가에서
사냥[田]을 하였는데 전(田)은 사냥이다. 너는 혜공(惠公)을 위하여 찾아와 나를 죽이려 하였을
때 혜공은 너에게 사흘을 묵으면서 가라고 명하였는데 너는 이틀을 묵으면서 이르렀다.
비록 임금의 명이 있었다고는 하지만 어찌 그렇게 빨리 이르렀느냐. 그때의 옷소매가 아직
도 있다. 피(披)가 베어낸 문공(文公)의 옷소매이다. 너는 떠나거라." 피가 다음과 같이 대답하였다.
"신은 임금님께서 들어오심에 임금의 도리를 아실 것이라 여겼습니다. 임금의 도리를 안다는
것이다. 만약 아직도 모르신다면 또 앞으로 환난에 미치게 될 것입니다. 임금의 명령에 두마
음이 없어야 한다는 것은 예로부터의 법도입니다. 임금에게 악이 되는 것을 제거함에 오직
힘을 다해 살필 뿐이니, 포인(蒲人)과 적인(狄人)이 저에게 무슨 상관이겠습니까. 두 임금의
세상을 당하여195) 임금님은 포(蒲)와 적(狄)의 사람으로 있었다는 것이다. 이제 임금님께서 즉위하셨지만
어찌 포(蒲)와 적(狄)에서와 같은 일이 없겠습니까.196) 제환공(齊桓公)은 띠고리를 맞춘 것
을 놓아두고 관중(管仲)을 재상이 되게 하였습니다. 간시(乾時)의 싸움197)에서 관중(管仲)이 환공(桓
公)을 쏘아 그의 띠고리를 맞추었었다. 임금님께서 만약 그와 달리하시겠다면 어찌 수고롭게 명을
내릴 필요가 있겠습니까. 만약 제환공(齊桓公)과 반대로 하려한다면 자기는 장차 스스로 떠나가서 임금의
명을 욕되게 하지 않을 것이라는 말이다. 떠나갈 사람이 매우 많을 것이니 어찌 형신(刑臣) 뿐이겠
습니까." 피(披)는 환관이기 때문에 형신(刑臣)이라고 칭한 것이다. 이에 문공(文公)이 그를 만나보자
환난에 대하여 고하였다. 려생(呂甥)과 극예(郤芮)가 공궁에 불을 지르려고 한 일을 고한 것이다.

---

193) 임금님 : 중이(重耳)의 아버지인 진헌공(晉獻公)을 이른다.

194) 포성(蒲城)의~이르렀다 : 희공(僖公) 5년에 있었다.

195) 두 임금의~당하여 : 진(晉)나라 혜공(惠公)과 회공(懷公)의 시대를 말한다.

196) 포(蒲)와~없겠습니까 : 임금님께서 포(蒲)와 적(狄)에 있을 때처럼 임금님을 해치고자 하는 자가 없겠느
냐는 말이다.

197) 간시(乾時)의 싸움 : 장공(莊公) 9년에 있었다.

三月 晉侯潛會秦伯于王城 己丑 晦 公宮火 瑕甥郤芮不獲公 乃如河上 秦伯誘而殺
之 晉侯逆夫人嬴氏以歸 秦穆公女文嬴 秦伯送衛於晉三千人 實紀綱之僕 言其可任 初
晉侯之豎頭須 守藏者也 頭須一曰 里鳧須 豎 左右小吏 其出也 竊藏以逃 文公出時 盡用以
求納之 求納文公 及入 求見 公辭焉以沐 謂僕人曰 沐則心覆 心覆則圖反 宜吾不得
見也 沐則低頭故心覆 心覆則所圖亦反 居者爲社稷之守 行者爲羈紲之僕 其亦可也 何必
罪居者 國君而讎匹夫 懼者甚衆矣 僕人以告 公遽見之

3월에 진후(晉侯:文公)가 은밀히 진백(秦伯)과 왕성(王城)에서 회합하였다. 기축일 그믐
에 진후가 거처하던 공궁에 불이 났다. 하생(瑕甥)과 극예(郤芮)가 진문공(晉文公)을 잡지
못하자 하수(河水) 가로 도망하였는데, 진백이 유인하여 그들을 죽였다. 진후가 부인(夫人)
영씨(嬴氏)를 맞이하여 돌아갈 때 진목공(秦穆公)의 딸 문영(文嬴)이다. 진백이 호위할 군사 3천인
을 진(晉)나라로 보내니 실로 기강이 있는 종복들이었다. 그 임무를 감당할 만하다는 말이다. 이보
다 앞서 진후의 하급 신해[豎]인 두수(頭須)는 창고를 지키는 사람이었다. 두수(頭須)는 일설에
리부수(里鳧須)라고도 한다. 수(豎)는 측근의 하급 관리이다. 진후가 망명나가 있을 때 창고의 재물을
훔쳐 도망하여 문공(文公)이 나가 있을 때이다. 그것을 다 써가며 문공(文公)을 들여보내 주기를
구하였다. 제후들에게 문공(文公)을 들여보내 주기를 구한 것이다. 문공이 들어갈 때 미쳐 두수가 뵙
기를 청하니, 문공은 머리를 감고 있다면서 거절하였다. 그러자 두수가 진문공의 복인(僕
人)에게 말하기를 "머리를 감으면 심장이 거꾸로 되고, 심장이 거꾸로 되면 생각도 뒤집혀
지니 내가 만나볼 수 없는 것은 당연한 일이다. 머리를 감으면 곧 머리를 낮추어야 하기 때문에 심장이
거꾸로 되는 것이고, 심장이 거꾸로 되면 생각하는 바도 또한 뒤집힌다는 것이다. 나라 안에 있던 사람들은
사직을 지켰고 따라다녔던 사람들은 말굴레와 고삐를 잡는 시종이 되었으니, 그 또한 할
일을 한 것인데 어찌 반드시 남아있던 사람들만 죄를 주려 하는가. 나라의 임금으로서 필부
를 원수로 여긴다면 두려워할 자들이 매우 많을 것이로구나."라고 하였다. 복인이 이를 문
공에게 고하니 문공이 황급히 만나 보았다.

狄人歸季隗于晉而請其二子 二子 伯儵叔劉 請其進退之命 文公妻趙衰 文公以女妻趙衰 生
原同屛括樓嬰 原屛樓 三子之邑 趙姬請逆盾與其母 趙姬 文公女也 子餘辭 子餘 趙衰字 姬
曰 得寵而忘舊 何以使人 必逆之 固請 許之 來 以盾爲才 固請于公 以爲嫡子 而使
其三子下之 以叔隗爲內子而己下之 卿之嫡妻爲內子

적인(狄人)이 계외(季隗)를 진(晉)나라로 보내면서 그 두 아들의 거취에 대하여 청하였

다, 두 아들은 백주(伯儵)와 숙류(叔劉)이니 그들을 보낼지 머무르게 할지에 대한 명을 청한 것이다. 진문공(晉文公)이 딸을 조최(趙衰)에게 시집보냈는데 문공(文公)이 딸을 조최(趙衰)에게 시집보낸 것이다. 원동(原同)·병괄(屏括)·루영(樓嬰)을 낳았다. 원(原)·병(屏)·루(樓)는 세 아들의 읍이다. 조희(趙姬)가 돈(盾)과 그 어머니를 맞이하자고 청하니[198] 조희(趙姬)는 문공(文公)의 딸이다. 자여(子餘)가 거절하였다. 자여(子餘)는 조최(趙衰)의 자(字)이다. 그러자 조희가 말하기를 "총애하는 사람을 얻었다고 옛사람을 잊는다면 어떻게 다른 사람을 부릴 수 있겠습니까. 반드시 맞이해야 합니다."라고 하면서 굳이 요청하니, 조최가 허락하였다. 그들이 오자 조희는 돈이 재주가 있다고 여겨 굳이 문공(文公)에게 청하여 적자로 삼고 자기가 낳은 세 아들을 그 아래에 있게 하고, 숙외(叔隗)를 내자(內子)로 하여 자기는 그 아래가 되었다. 경(卿)의 적처(嫡妻)를 내자(內子)라 한다.

晉侯賞從亡者 介之推不言祿 祿亦弗及 介推 文公微臣 之 語助 推曰 獻公之子九人 唯君在矣 惠懷無親 外內棄之 天未絕晉 必將有主 主晉祀者 非君而誰 天實置之 而二三子以爲己力 不亦誣乎 竊人之財猶謂之盜 況貪天之功以爲己力乎 下義其罪 以罪反以爲義 上賞其姦 上下相蒙 蒙 欺也 難與處矣 其母曰 盍亦求之 以死誰懟 不求而死 將以誰怨 對曰 尤而效之 罪又甚焉 且出怨言 不食其食 其母曰 亦使知之 若何 欲言於文公 對曰 言 身之文也 身將隱 焉用文之 是求顯也 其母曰 能如是乎 與女偕隱 遂隱而死 晉侯求之 不獲 以緜上爲之田 曰 以志吾過 且旌善人 旌 表也 綿上 地名 以爲介推私田 供其祭祀

진후(晉侯)가 망명시 따라다녔던 사람들에게 상을 줄 때 개지추(介之推)는 록(祿)을 말하지 않았고 록도 또한 미치지 않았다. 개추(介推)는 문공(文公)의 미천한 신하이다. 지(之)는 어조사이다. 개지추가 말하기를 "헌공(獻公)의 아들 아홉 사람 가운데 오직 임금님만이 살아계신다. 혜공(惠公)과 회공(懷公)에게는 친한 이가 없어서 국내외의 사람들이 그들을 버렸다. 그런데도 하늘이 진(晉)나라의 제사가 끊어지지 않게 하였으니 반드시 장차 주인이 있게 하려한 것이다. 진나라의 제사를 주관할 사람이 임금님이 아니면 누구이겠는가. 하늘이 실로 우리 임금님을 두었는데 몇몇 사람들이 자기들의 힘이라고 여기니 또한 하늘을 속이는 것이 아니겠는가. 남의 재물을 훔쳐도 오히려 도둑이라고 하는데 하물며 하늘의 공을 탐하여

---

198) 조희(趙姬)가~청하니 : 조최(趙衰)가 적(狄) 땅에 있을 때 숙외(叔隗)를 아내로 맞아 돈(盾)을 낳았기 때문에 돌아오게 하기를 청한 것이다.

자기의 힘이라고 여기는 경우에 있어서야 말할 것이 있겠는가. 아랫사람은 그 죄를 의(義)라고 여기고 죄를 도리어 의(義)라고 한다는 것이다. 윗사람은 그 간악한 행위에 상을 주어서 상하가 서로 속이니[蒙] 몽(蒙)은 속임이다. 그들과 더불어 지내기는 어렵겠다."라고 하였다. 그 어머니가 말하기를 "어찌 상을 요구하지 않느냐? 이대로 죽는다면 누구를 원망하겠느냐?"라고 하니, 상을 요구하지 않고 죽는다면 장차 누구를 원망하겠느냐는 것이다. 개지추가 대답하기를 "잘못이라고 탓하면서 그들을 본받는다면 죄가 더욱 심해집니다. 또 원망하는 말을 내었으니 그 록을 먹지 않겠습니다."라고 하였다. 그 어머니가 말하기를 "너의 생각을 알게 하는 것이 어떠하겠느냐?"라고 하니, 문공(文公)에게 말하고자 한 것이다. 대답하기를 "말은 몸을 꾸미는 것입니다. 몸을 장차 숨기려고 하는데 어찌 꾸미겠습니까. 그렇게 하는 것은 드러나기를 구하는 것입니다."라고 하니, 그 어머니가 말하기를 "이와 같이 할 수 있겠느냐? 그렇다면 너와 함께 숨어 지내겠다."라고 하였다. 그는 드디어 숨어 지내다가 죽었다. 진후가 그를 찾았으나 발견하지 못하고 면상(緜上)을 그의 전지로 만들어 주고 이르기를 "이로써 내 잘못을 기억하게 하고, 또 선인(善人)을 표창하노래[旌]."라고 하였다. 정(旌)은 표창함이다. 면상(緜上)은 땅 이름이니 개추(介推)의 사전(私田)으로 삼아 그의 제사를 받들게 한 것이다.

# 희공(僖公) 25년【丙戌 B.C.635】

> 二十有五年 春 王正月 丙午 衛侯燬滅邢
>
> 25년 봄 왕정월 병오일에 위후(衛侯) 훼(燬)가 형(邢)나라를 멸하였다.

衛人將伐邢 禮至曰 不得其守 國不可得也 禮至 衛大夫 守謂邢正卿國子 我請昆弟仕焉 乃往 得仕 二十五年 春 衛人伐邢 二禮從國子巡城 二禮 禮至兄弟 掖以赴外 殺之 正月 丙午 衛侯燬滅邢 同姓也 故名 禮至爲銘曰 余掖殺國子 莫余敢止 惡其滅同姓而銘功於器

위인(衛人)이 형(邢)나라를 치려고 할 때 례지(禮至)가 말하기를 "수(守)를 잡지 못하면 그 나라를 얻을 수 없습니다. 례지(禮至)는 위(衛)나라 대부이다. 수(守)는 형(邢)나라 정경(正卿)[199]인 국자(國子)를 이른다. 우리 형제가 형나라에 가서 벼슬하기를 청합니다."라 하고, 이에 형나라에 가서 벼슬하였다. 25년 봄에 위인이 형나라를 치자, 두 례(禮)가 국자(國子)를 따라 성을 순시하다가 두 례(禮)는 례지(禮至) 형제이다 좌우에서 국자의 겨드랑이를 끼고 성밖으로 던져 죽였다.[200] 정월 병오일에 위후(衛侯) 훼(燬)가 형나라를 멸하였다고 기록한 것은 동성국(同姓國)이었기 때문에 이름을 기록한 것이다. 례지가 명(銘)을 지어 말하기를 "내가 국자의 겨드랑이를 끼고 던져 죽였는데도 감히 나를 막는 자가 없었다."[201]라고 하였다. 그가 동성국(同姓國)을 멸하고 기물(器物)에 공로를 새긴 것을 미워한 것이다.[202]

---

夏 四月

여름 4월이다.

---

秦伯師于河上 將納王 狐偃言於晉侯曰 求諸侯 莫如勤王 勤納王也 諸侯信之 且大義也 繼文之業而信宣於諸侯 今爲可矣 晉文侯仇爲平王侯伯 使卜偃卜之 曰吉 遇黃帝戰于阪泉之兆 黃帝與神農之後姜氏 戰于阪泉之野 勝之 公曰 吾不堪也 對曰 周禮未改 今之王 古之帝也 言周王自當帝兆 不謂晉 公曰 筮之 筮之 遇大有☲ 乾下離上 之睽☲ 兌下離上 曰吉 遇公用享于天子之卦 大有九三爻辭 三爲三公而得位 變而爲兌 兌爲說 故能爲王所饗 戰克而王饗 吉孰大焉 且是卦也 天爲澤以當日 天子降心以逆公 不亦可乎 乾爲天 兌爲澤 乾變爲兌 而上當離 離爲日 日之在天 垂曜在澤 是降心逆公之象 大有去睽而復 亦其所也 言去睽卦 還論大有 乾尊離卑 降尊下卑 亦其義也 晉侯辭秦師而下 順流故曰下

진백(秦伯)이 하수(河水) 가에 군대를 주둔시키고 양왕(襄王)을 경사(京師)로 들여보내려고 하였다. 호언(狐偃)이 진후(晉侯)에게 말하기를 "제후들의 패자가 되기를 구하는 것은 왕사(王事)에 힘쓰는 것만 한 것이 없습니다. 왕을 들여보내는 일에 힘쓰는 것이다. 이는 제후들이 신임하고 또 대의(大義)에 맞는 행동입니다. 문후(文侯)의 공업을 계승하여[203] 제후들에게

---

199) 정경(正卿) : 제후국(諸侯國)의 최고 대신. 상경(上卿)이라고도 한다.
200) 좌우에서~죽였다 : 좌우에서 국자의 겨드랑이를 끼고 성밖으로 나와 죽인 것으로 보는 설도 있다.
201) 내가~없었다 : 례지(禮至)가 자신의 용맹을 뽐낸 것이다.
202) 그가~것이다 : 례지(禮至)가 지은 명(銘)을 전문에 기록한 것은 좌씨(左氏)가 그의 행위를 미워하였다는 것이다.

신의를 펼 수 있는 기회로는 지금이 좋습니다."라고 하였다. 진문후(晉文侯) 구(仇)가 평왕(平王)의 후백(侯伯)이 되었었다. 이에 진후가 복언(卜偃)에게 거북점을 쳐보게 하니, 복언이 말하기를 "길합니다. 황제(黃帝)가 판천(阪泉)에서 싸울 때 쳤던 점의 조짐을 만났습니다."라고 하였다. 황제(黃帝)가 신농(神農)의 후손인 강씨(姜氏)와 판천(阪泉)의 들판에서 싸워 이겼다. 진문공(晉文公)이 말하기를 "내가 감당하기 어렵다."[204]라고 하자, 복언이 대답하기를 "주(周)나라의 례가 바뀌지 않았으니 지금의 왕은 옛날의 황제(黃帝)에 해당합니다."라고 하였다. 주왕(周王)이 응당 황제(皇帝)의 조짐에 해당하는 것이고 진(晉)나라를 두고 이른 것은 아니라는 말이다. 진문공이 말하기를 "시초점을 쳐보라."고 하자, 복언이 시초점을 치니 대유괘(大有卦)䷌가 건(乾)이 하괘이고 리(離)가 상괘이다. 규괘(睽卦)䷥로 태(兌)가 하괘이고 리(離)가 상괘이다. 변한 것을 만났다. 이에 복언이 말하기를 "길합니다. 공(公)이 천자에게 향연을 베푼다[205]는 괘를 만났습니다. 대유괘(大有卦) 구삼(九三)의 효사(爻辭)이다. 삼(三)은 삼공(三公)이니 지위를 얻고 변하여 태(兌)가 되었다. 태(兌)는 기쁨이 되기 때문에 왕에게 향연을 베풀 수 있다는 것이다. 싸움에 이기고서 왕께서 흠향하시니 이보다 더한 길함은 없습니다. 또 이 괘는 하늘이 연못이 되어 해를 대하고 있습니다. 천자께서 마음을 낮추어 공(公)을 맞이하려는 상(象)이니 또한 좋지 않겠습니까. 건(乾)은 하늘이고 태(兌)는 연못이다. 건이 변하여 태가 되어서 위로 리(離)를 대하고 있는 상(象)이다. 리(離)는 해이고 해가 하늘에 있어 연못에 햇빛을 비추니 이는 천자가 마음을 낮추어 공(公)을 맞이하는 상이다. 대유괘가 규괘를 버리고 다시 대유괘로 돌아오는 것이 또한 당연합니다."라고 하였다. 규괘(睽卦)를 버리고 다시 대유괘(大有卦)로 론하더라도 건(乾)은 존귀하고 리(離)는 비천한데도 존귀함을 낮추어 비천한 것의 아래에 있으니 또한 그 뜻[206]이라는 말이다. 진후(晉侯)가 진(秦)나라 군대의 도움을 사양하고[207] 아래로 내려갔다. 물길을 따라갔기 때문에 아래로 내려갔다고 한 것이다.

三月 甲辰 次于陽樊 陽樊 周地 右師圍溫 大叔在溫 左師逆王 夏 四月 丁巳 王入于王城 取大叔于溫 殺之于隰城 戊午 晉侯朝王 王饗醴 命之宥 以幣帛宥勸也 請隧 弗許

---

203) 문후(文侯)의~계승하여 : 진문후(晉文侯)가 주평왕(周平王)의 사업을 도와 준 일을 계승하라는 뜻이다.

204) 내가~어렵다 : 진문공(晉文公)은 이 조짐이 자기에게 해당하는 것으로 여겼기 때문에 감당하기 어렵다고 한 것이다.

205) 공(公)이~베푼다 :《주역(周易)》대유(大有)괘의 구삼(九三) 효사(爻辭)에 '구삼(九三)은 공(公)이 천자(天子)에게 향연을 베푸니, 소인(小人)은 능하지 못하다[公用亨于天子 小人弗克].'라고 하였다.

206) 그 뜻 : 천자가 마음을 낮춘다는 말이다.

207) 진후(晉侯)가~사양하고 : 진문공(晉文公)이 진(秦)나라의 도움 없이 양왕(襄王)을 경사(京師)로 들여보내어 공을 독차지하려는 것이다.

闕地通路曰隧 王之葬禮 曰 王章也 未有代德而有二王 亦叔父之所惡也 與之陽樊溫原
欑茅之田 晉於是始啓南陽 在晉山南河北 故曰南陽 陽樊不服 圍之 倉葛呼曰 倉葛 陽樊人
德以柔中國 刑以威四夷 宜吾不敢服也 此誰非王之親姻 其俘之也 言不可俘囚 乃出
其民 取其土而已

　3월 갑진일에 진후(晉侯)가 양번(陽樊)에 주둔하여 양번(陽樊)은 주(周)나라 땅이다. 우군은 온
(溫) 땅을 포위하고 태숙(大叔)이 온(溫) 땅에 있었다. 좌군은 양왕(襄王)을 맞이하였다. 여름 4월
정사일에 왕이 왕성(王城)으로 들어가 온 땅에서 태숙(大叔 : 왕자 帶)을 잡아 습성(隰城)에
서 죽였다. 무오일에 진후가 왕을 조현하니 왕이 단술을 내리고 유(宥)[208]를 명하였다. 폐백
(幣帛)으로 마음을 부드럽게 하여 식사를 권한 것이다. 진후가 수장(隧葬)을 청하자 허낙하지 않으면
서 땅을 파서 통로를 만든 것을 수(隧)[209]라고 한다. 이는 왕의 장례(葬禮)이다. 말하기를 "이는 왕의 전장
(典章)이다. 주(周)나라의 덕을 대신할 만한 인물이 나오지 않았는데도 두 왕이 있는 것은
숙부(叔父 : 晉侯)도 싫어할 것이다."라 하고, 양번·온·원(原)·찬모(欑茅)의 땅을 주었다.
진(晉)나라는 이에 비로소 남양(南陽)으로 령토를 넓힐 수 있게 되었다. 진(晉)나라 태항산(大行
山) 남쪽과 하수(河水) 북쪽에 있기 때문에 남양(南陽)이라고 한 것이다. 양번인(陽樊人)이 진나라에 복종
하지 않자 이를 포위하니, 창갈(倉葛)이 소리쳐 말하기를 창갈(倉葛)은 양번인(陽樊人)이다. "덕으
로써 중국을 회유하고 형벌로써 사방 이(夷)를 위협하는 것이니, 우리가 감히 복종하지 않
는 것은 마땅한 일이오. 이곳에 있는 사람으로 왕의 친인척이 아닌 이가 누구겠소.[210] 어찌
포로가 될 수 있겠소."라고 하였다. 포로가 될 수 없다는 말이다. 이에 그 백성을 다른 곳으로
나가게 하였다. 그 땅만을 취한 것이다.

---

癸酉 衛侯燬卒

　계유일에 위후(衛侯) 훼(燬)가 졸하였다.

---

208) 유(宥) : 향연에서 손님에게 식사를 권할 때 손님의 마음을 부드럽게 해주기 위하여 폐백(幣帛)을 주는
　　것.
209) 수(隧) : 천자 무덤의 통로. 천자의 관은 무겁고 크며 광중(壙中)은 지면에서 깊기 때문에 지면에서 광중까
　　지 비스듬히 통로를 내어 관을 안치한다.
210) 이곳에~누구겠소 : 양번(陽樊)은 본래 왕의 직할지로서 왕의 친인척이 많이 살고 있다는 말이다.

---

宋蕩伯姬來逆婦

　송(宋)나라 탕백희(蕩伯姬)가 와서 며느리를 맞이하였다.

---

伯姬 魯女 宋大夫蕩氏妻 婦人越竟迎婦非禮 故書

　백희(伯姬)는 로(魯)나라 녀자로 송(宋)나라 대부 탕씨(蕩氏)의 처이다. 부인(婦人)이 국경을 넘어 며느리를 맞이하는 것은 례가 아니다. 그러므로 경문에 기록한 것이다.

---

宋殺其大夫

　송(宋)나라가 그 대부를 죽였다.

---

其事未聞

　이 일에 대해서는 그 리유가 알려지지 않았다.

---

秋 楚人圍陳 納頓子于頓

　가을에 초인(楚人)이 진(陳)나라를 포위하여 돈자(頓子)를 돈(頓)나라로 들여보냈다.

---

頓迫於陳而奔楚 故楚圍陳

　돈자(頓子)가 진(陳)나라에 핍박을 받아 초(楚)나라로 망명하였다. 그러므로 초나라가 진나라를 포위한 것이다.

**秋 秦晉伐鄀** 鄀 音若 小國 **楚鬪克屈禦寇以申息之師戍商密** 鬪克 申公子儀 屈禦寇 息公子邊 商密 鄀別邑 **秦人過析隈 入而係輿人 以圍商密 昏而傅焉** 析 楚邑 隈 隱蔽之處 係縛輿人 詐爲析俘 昏而傅城 **宵 坎血加書** 僞與子儀子邊盟者 **商密人懼曰 秦取析矣 戍人反矣 乃降秦師 秦師囚申公子儀息公子邊以歸 楚令尹子玉追秦師 弗及 遂圍陳 納頓子于頓**

　가을에 진(秦)나라와 진(晉)나라가 약(鄀)나라[211]를 쳤다. 약(鄀)은 음이 약(若)이니 소국이다.

---

[211] 약(鄀)나라: 초(楚)나라 부용국. 자작(子爵)이며 윤성(允姓)이다.

초(楚)나라 투극(鬪克)과 굴어구(屈禦寇)가 신(申)나라와 식(息)나라의 군대를 거느리고 상밀(商密)을 지키고 있었다. 투극(鬪克)은 신공(申公) 자의(子儀)이다. 굴어구(屈禦寇)는 식공(息公) 자변(子邊)이다. 상밀(商密)은 약(鄀)나라 별읍(別邑)이다. 진인(秦人)이 석(析) 땅의 후미진 곳[隈]을 지나다가 들어가 많은 사람들을 결박하여 끌고 가서 상밀을 포위하고, 날이 저물자 성 아래로 다가갔다. 석(析)은 초(楚)나라 읍이다. 외(隈)는 은폐된 곳이다. 많은 사람들을 묶어 거짓으로 석 땅의 포로로 위장하여 저녁에 성 아래로 다가간 것이다.[212] 밤이 되자 구덩이를 파고 삽혈한 흔적을 만들고 맹약문을 그 위에 올려놓고[213] 자의(子儀) 및 자변(子邊)과 맹약한 것으로 위장하였다.[214] 상밀인(商密人)이 두려워하여 말하기를 "진(秦)나라가 석 땅을 취하였고, 상밀을 지키던 사람들도 배반하였다."라 하고 이에 진(秦)나라 군대에 항복하였다. 진(秦)나라 군대가 신공(申公) 자의와 식공(息公) 자변을 포로로 잡아 돌아갔다. 초나라 령윤(令尹) 자옥(子玉)이 진(秦)나라 군대를 추격하였으나 따라잡지 못하였다. 드디어 진(陳)나라를 포위하여 돈자(頓子)를 돈(頓)나라로 들여보냈다.

---

**葬衛文公**

위(衛)나라 문공(文公)의 장례를 지냈다.

---

**冬**

겨울이다.

---

晉侯圍原 命三日之糧 原不降 命去之 諜出 諜 間也 曰 原將降矣 軍吏曰 請待之 公曰 信 國之寶也 民之所庇也 得原失信 何以庇之 所亡滋多 退一舍而原降 遷原伯貫于冀 伯貫 周守原大夫也 趙衰爲原大夫 狐溱爲溫大夫 狐溱 狐毛之子 晉侯問原守於寺

---

212) 저녁에~것이다 : 결박된 자들이 석읍인(析邑人)이 아닌 것을 알아채지 못하게 하기 위해서였다.

213) 구덩이를~올려놓고 : 맹약의 의식은 맹약문을 죽간에 기록하고 희생을 잡아 삽혈한 뒤에 희생을 구덩이에 넣고 그 위에 맹약문을 올려놓고 구덩이를 덮는다.

214) 자의(子儀)~위장하였다 : 자의(子儀)와 자변(子邊)이 배반하여 진(秦)나라와 맹약한 것처럼 위장하였다는 것이다.

**人勃鞮** 勃鞮 披也 **對曰 昔趙衰以壺飧從徑 餒而弗食** 言其廉且仁 不忘君也 徑猶行也 **故使處原**

진후(晉侯 : 文公)가 원(原)나라를 포위할 때 사흘치 식량만을 준비하도록 명하였다. 원나라가 항복하지 않자 철수하도록 명하였다. 첩자[諜]가 나와 첩(諜)은 간자(間者)이다. 말하기를 "원나라가 곧 항복할 것입니다."라고 하니, 군리(軍吏)[215]가 말하기를 "좀더 기다리십시오."라고 하였다. 진문공(晉文公)이 말하기를 "신의는 나라의 보배이고 이로써 백성이 보호받는 것이다. 원나라를 얻고 신의를 잃는다면 무엇으로써 백성을 보호하겠는가. 잃는 것이 더욱 많을 것이다."라고 하였다. 이에 1사(舍 : 30里)를 물러나자 원나라가 항복하였다. 진후는 원백(原伯) 관(貫)을 기(冀) 땅으로 옮기고 원백(原伯) 관(貫)은 원(原)나라를 지키던 주(周)나라 대부이다. 조최(趙衰)를 원대부(原大夫)로 삼고 호진(狐溱)을 온대부(溫大夫)로 삼았다. 호진(狐溱)은 호모(狐毛)의 아들이다. 이보다 앞서 진후가 시인(寺人) 발제(勃鞮)에게 원나라를 지킬만한 인물에 대해 물으니, 발제(勃鞮)는 피(披)이다. 발제가 대답하기를 "예전에 조최가 음식을 병에 담아 따라다닐[徑] 때 굶주렸는데도 먹지 않았습니다."라고 하였다. 그는 청렴하고 어질어 임금을 잊지 않았다는 말이다. 경(徑)은 다님[行]과 같다. 그러므로 조최를 원나라에 거처하게 한 것이다.

---

**十有二月 癸亥 公會衛子莒慶 盟于洮**

12월 계해일에 희공(僖公)이 위자(衛子) 및 거경(莒慶)과 회합하여 도(洮) 땅에서 맹약하였다.

---

洮 魯地 衛成公稱子 喪未踰年也

도(洮)는 로(魯)나라 땅이다. 위성공(衛成公)을 위자(衛子)라고 칭한 것은 그 아버지의 상(喪)이 해를 넘기지 않았기 때문이다.

**衛人平莒于我 十二月 盟于洮 脩衛文公之好 且及莒平也** 莒以元年酈之役怨魯 衛文公將平之 未及而卒 成公追成父志

위인(衛人)이 거(莒)나라를 우리나라와 화평하게 지내도록 주선하여 12월에 도(洮) 땅에서 맹약하였다. 이는 위문공(衛文公) 때의 우호를 다지고 또 거나라와 화평을 이룬 것이다.

---

215) 군리(軍吏) : 군대의 규률과 기강을 감독하는 관리.

거(莒)나라는 원년의 리(酈) 땅의 싸움216)으로 로(魯)나라를 원망하였다. 위문공(衛文公)이 화평시키려 하였으나 뜻을 이루지 못하고 졸하였고, 위성공(衛成公)이 아버지의 뜻을 좇아 이룬 것이다.

# 희공(僖公) 26년 【丁亥 B.C.634】

> 二十有六年 春 王正月 己未 公會莒子衛甯速 盟于向
>
> 26년 봄 왕정월 기미일에 희공(僖公)이 거자(莒子) 및 위(衛)나라 녕속(甯速)과 회합하여 상(向) 땅에서 맹약하였다.

速 公作邀 ○向 莒地
　속(速)은 《공양전(公羊傳)》에는 속(邀)으로 되어 있다. ○상(向)은 거(莒)나라 땅이다.

### 二十六年 春 王正月 公會莒玆丕公 玆丕 時君之號 莒夷無諡以號爲稱 甯莊子 盟于向 尋洮之盟也

　26년 봄 왕정월에 희공(僖公)이 거(莒)나라 자비공(玆丕公) 자비(玆丕)는 당시 거(莒)나라 임금의 호(號)이다. 거나라는 이(夷)이므로 시호가 없어서 호를 칭호로 삼은 것이다. 및 녕장자(甯莊子 : 甯速)와 회합하여 상(向) 땅에서 맹약하였으니, 도(洮) 땅의 맹약을 거듭한 것이다.

> 齊人侵我西鄙 公追齊師至酅 弗及
>
> 제인(齊人)이 우리나라 서쪽 변방을 침범하니 희공(僖公)이 제(齊)나라 군대를 추격하여 휴(酅) 땅까지 갔으나 미치지 못하였다.

---

216) 리(酈)~싸움 : 희공(僖公) 원년 겨울에 공자 우(友)가 거(莒)나라 군대를 리(酈) 땅에서 패배시키고 거자(莒子)의 아우 나(挐)를 사로잡은 싸움이다.

酅 公作嶲 穀作嶲 弗 公穀作不 ○酅 齊地

휴(酅)는 《공양전(公羊傳)》에는 휴(嶲)로 되어 있고 《곡량전(穀梁傳)》에는 휴(嶲)로 되어 있다. 불(弗)은 《공양전》과 《곡량전》에는 불(不)로 되어 있다. ○휴(酅)는 제(齊)나라 땅이다.

## 齊師侵我西鄙 討是二盟也

제(齊)나라 군대가 우리나라 서쪽 변방을 침범하였으니, 이는 거(莒)나라 및 위(衛)나라와 두 번 맹약한 것[217]에 대하여 토죄한 것이다.

---

### 夏 齊人伐我北鄙

　여름에 제인(齊人)이 우리나라 북쪽 변방을 쳤다.

---

齊侯爭盟侵伐 故人之

제후(齊侯)가 맹주(盟主)되기를 다투어 로(魯)나라를 침벌하였기 때문에 제인(齊人)이라 한 것이다.

夏 齊孝公伐我北鄙 衛人伐齊 洮之盟故也 公使展喜犒師 勞齊師 使受命于展禽 柳下惠 齊侯未入竟 展喜從之 往從齊侯 曰 寡君聞君親擧玉趾 將辱於敝邑 使下臣犒執事 齊侯曰 魯人恐乎 對曰 小人恐矣 君子則否 齊侯曰 室如縣罄 野無靑草 何恃而不恐 罄 國語作磬 言府藏空虛 但有棟梁如懸磬也 對曰 恃先王之命 昔 周公大公股肱周室 夾輔成王 成王勞之而賜之盟 曰 世世子孫 無相害也 載在盟府 載 載書也 大師職之 周大師 主司盟之官 桓公是以糾合諸侯而謀其不恊 彌縫其闕而匡救其災 昭舊職也 及君卽位 諸侯之望曰 其率桓之功 率 循也 我敝邑用不敢保聚 用此舊盟 故不聚衆保守 曰 豈其嗣世九年而棄命廢職 其若先君何 君必不然 恃此以不恐 齊侯乃還

　여름에 제효공(齊孝公)이 우리나라 북쪽 변방을 치자 위인(衛人)이 제(齊)나라를 쳤으니, 도(洮) 땅의 맹약 때문이었다. 희공(僖公)이 전희(展喜)를 보내어 음식물로 제나라 군대를 위로할 때 제(齊)나라 군대를 위로한 것이다. 전금(展禽)에게 명을 받게 하였다.[218] 류하혜(柳下惠)이

---

217) 거(莒)나라~것 : 지난해 12월 도(洮) 땅의 맹약과 올봄 상(向) 땅의 맹약을 이른다.

218) 전금(展禽)에게~하였다 : 전희(展喜)를 전금(展禽)에게 보내어 제후(齊侯)에게 응대할 말을 받아가게 한 것이다.

다. 제후(齊侯)가 아직 우리나라 국경에 들어오지 않았을 때 전희가 찾아가서 제후(齊侯)를 찾아간 것이다. 말하기를 "과군은 임금님께서 몸소 귀한 걸음을 하여 우리나라로 수고롭게 오신다는 소식을 듣고 하신(下臣)을 보내어 귀군의 집사를 위로하게 하였습니다."라고 하였다. 제후가 말하기를 "로인(魯人)은 지금 두려워하는가?"라고 하니, 전희가 대답하기를 "소인들이야 두려워하지만 군자들은 그렇지 않습니다."라고 하였다. 제후가 말하기를 "집집마다 마치 경쇠[罄]를 매달아 놓은 듯하고, 들판에는 푸른 풀 하나 없는데도 무엇을 믿고 두려워하지 않는다는 말인가?"라고 하니, 경(罄)은 《국어(國語)》에는 경(磬)으로 되어 있다. 나라의 곳간이 비어있어서 다만 집에 서까래와 기둥만 있는 것이 매달려 있는 경쇠와 같다는 말이다. 전희가 대답하기를 "선왕의 명을 믿기 때문입니다. 옛날에 주공(周公)과 태공(大公 : 姜大公)께서는 주(周)왕실의 팔다리가 되어 성왕(成王)을 같이 도왔습니다. 성왕께서는 두 분을 위로하고 맹세의 글을 내리어 말씀하기를 '대대로 그대들의 자손은 서로 해치지 말지어다.'라고 하였습니다. 그 재서[載]219)가 지금 맹부(盟府)220)에 있고, 재(載)는 재서(載書)이다. 태사(大師)가 이를 맡고 있습니다. 주(周)나라 태사(大師)는 사맹(司盟)221)을 주관하는 벼슬이다. 환공(桓公)께서는 이 때문에 제후들을 규합하여 화합하지 않은 점에 대하여 도모하고, 잘못된 점을 원만하게 봉합하였으며, 재난이 있으면 널리 구원하여 옛날 태공의 직분을 이어서 밝히셨습니다. 임금님께서 즉위하심에 제후들이 바라보며 말하기를 환공의 공업을 따를[率] 것이라고 하였습니다. 솔(率)은 따름이다. 우리나라는 이 때문에 감히 무리를 모아 성을 지키지 않고 옛날의 맹세를 쓸 것이기 때문에 무리를 모아 지키지 않는다는 것이다. 말하기를 '어찌 대를 이어 임금이 된 지 9년 만에 명222)을 버리고 직분223)을 폐기하겠는가. 그렇다면 선군을 어떻게 대하겠는가. 임금님께서는 반드시 그렇게 하지 않을 것이다.'라고 하였습니다. 우리나라 군자들은 이를 믿고서 두려워하지 않습니다."라고 하였다. 이에 제후가 곧 되돌아갔다.

---

219) 재서[載] : 맹약한 내용을 담은 문서.

220) 맹부(盟府) : 맹약문을 보관하는 창고.

221) 사맹(司盟) : 주대(周代)에 맹세와 그 의식에 관한 일을 맡아보던 관리.

222) 명 : 주공(周公)과 태공(大公)의 자손은 서로 해치지 말라는 성왕(成王)의 명이다.

223) 직분 : 제후들을 규합하여 화합과 봉합에 힘쓰고, 재난이 있으면 널리 구원하였던 제환공(齊桓公)의 직분이다.

## 衛人伐齊

위인(衛人)이 제(齊)나라를 쳤다.

---

## 公子遂如楚乞師

공자 수(遂)가 초(楚)나라에 가서 군대를 요청하였다.

志中國之屈於夷狄也 書乞師始此

중국이 이적(夷狄)에게 굴복한 일을 기록하였다. 경문에 군대를 요청하였다(乞師)고 기록한 것은 이로부터 시작되었다.

**東門襄仲臧文仲如楚乞師** 公子遂 魯卿 居東門 故以爲氏 **臧孫見子玉而道之伐齊宋 以其不臣也** 言其不臣事周室

동문양중(東門襄仲 : 遂)과 장문중(臧文仲)이 초(楚)나라에 가서 군대를 요청하였다. 공자 수(遂)는 로(魯)나라 경(卿)이다. 동문(東門)에 살았기 때문에 그것으로 씨(氏)를 삼았다. 장손(臧孫 : 臧文仲)이 자옥(子玉)을 만나보고 그를 인도하여 제(齊)나라와 송(宋)나라를 쳤으니, 이는 두 나라가 신하 노릇하지 않았기 때문이다. 두 나라가 신하로서 주(周)나라 왕실을 섬기지 않았다는 말이다.[224]

---

## 秋 楚人滅夔 以夔子歸

가을에 초인(楚人)이 기(夔)나라를 멸하고 기자(夔子)를 잡아 데리고 돌아갔다.

夔 公作隗 ○夔 楚同姓國

기(夔)는 《공양전(公羊傳)》에는 외(隗)로 되어 있다. ○기(夔)나라는 초(楚)나라의 동성국(同姓國)이다.

**夔子不祀祝融與鬻熊** 祝融 高辛氏火正 楚之遠祖 鬻熊 祝融十二世孫 夔亦世紹其祀 **楚人讓之 對曰 我先王熊摯有疾** 熊摯 卽楚熊渠之中子紅 立爲鄂王者也 **鬼神弗赦 而自竄于夔** 熊摯 楚

---

224) 두 나라가~말이다 : 이때 초(楚)나라는 왕을 참칭하였는데 제(齊)나라와 송(宋)나라가 초나라를 섬기지 않았다고 보는 설도 있다.

嫡子 有疾不得嗣位 故別封爲夔子 吾是以失楚 又何祀焉 秋 楚成得臣鬪宜申帥師滅夔 以夔子歸

기자(夔子)가 축융(祝融)과 육웅(鬻熊)의 제사를 지내지 않았다. 축융(祝融)은 고신씨(高辛氏)의 화정(火正)[225]이니 초(楚)나라의 먼 조상이다. 육웅(鬻熊)은 축융(祝融)의 12세손이다. 기(夔)나라가 또한 대대로 그 제사를 이었다. 초인(楚人)이 이를 꾸짖자 기자가 대답하기를 "나의 선왕 웅지(熊摯)께서 병이 들었을 때 웅지(熊摯)는 초(楚)나라 웅거(熊渠)의 중자(中子)인 홍(紅)이니 즉위하여 악왕(鄂王)이 된 자이다. 귀신이 용서하지 않으니[226] 스스로 기(夔) 땅으로 피하셨소. 웅지(熊摯)는 초(楚)나라 적자(嫡子)였으나 병이 들어서 자리를 이어받을 수 없었기 때문에 별도로 그를 봉하여 기자(夔子)로 삼은 것이다. 우리는 이 때문에 초나라를 잃었는데 또 어찌 제사 지내겠소."라고 하였다. 가을에 초나라 성득신(成得臣)과 투의신(鬪宜申)이 군대를 거느리고 기나라를 멸하고 기자를 잡아 데리고 돌아갔다.

---

冬 楚人伐宋 圍緡

겨울에 초인(楚人)이 송(宋)나라를 쳐서 민(緡) 땅을 포위하였다.

---

宋以其善於晉侯也 重耳之出 宋襄公贈馬二十乘 叛楚卽晉 冬 楚令尹子玉司馬子西帥師伐宋 圍緡 子西 鬪宜申也

송(宋)나라는 진후(晉侯)를 잘 대우해 주었기 때문에 중이(重耳)가 망명나갔을 때 송양공(宋襄公)이 말 20승(乘)을 주었다. 초(楚)나라를 배반하고 진(晉)나라에 붙었다. 겨울에 초나라 령윤(令尹) 자옥(子玉:成得臣)과 사마(司馬) 자서(子西)가 군대를 거느리고 송나라를 쳐서 민(緡) 땅을 포위하였다. 자서(子西)는 투의신(鬪宜申)이다.

---

公以楚師伐齊 取穀

희공(僖公)이 초(楚)나라 군대를 거느리고 제(齊)나라를 쳐서 곡(穀) 땅을 취하

---

225) 화정(火正): 불을 맡아 보았던 벼슬.
226) 귀신이~않으니: 축융(祝融)과 육웅(鬻熊)에게 빌었지만 병이 낫지 않았다는 말이다.

> 였다.

**公以楚師伐齊 取穀** 凡師能左右之曰以 左右 謂進退在己 **寘桓公子雍於穀 易牙奉之以為魯援 楚申公叔侯戍之 桓公之子七人 爲七大夫於楚** 言孝公不能撫公族

　희공(僖公)이 초(楚)나라 군대를 거느리고 제(齊)나라를 쳐서 곡(穀) 땅을 취하였다. 무릇 군대를 좌우(左右)할 수 있는 것을 이(以)라고 한다. 좌우(左右)는 진퇴가 자기에게 달려 있음을 이른다. 제환공(齊桓公)의 아들 옹(雍)을 곡 땅에 두고[227] 역아(易牙)에게 그를 받들게 하면서 로(魯)나라를 지원하도록 하고, 초나라 신공숙후(申公叔侯：申叔)가 그곳을 지키도록 하였다.[228] 제환공의 아들 일곱이 초나라에서 일곱 대부가 되었다. 제효공(齊孝公)이 공족들을 위무하지 못하였음을 말한 것이다.

---

**公至自伐齊**

　희공(僖公)이 제(齊)나라를 친 일에서 돌아왔다.

---

# 희공(僖公) 27년 【戊子 B.C.633】

---

**二十有七年 春 杞子來朝**

　27년 봄에 기자(杞子)가 와서 조견하였다.

---

二十七年 春 杞桓公來朝 用夷禮 故曰子 公卑杞 杞不共也

---

227) 옹(雍)을~두고 : 옹(雍)은 제효공(齊孝公)과 임금 자리를 두고 다툰 자이므로 초자(楚子)는 그를 곡(穀) 땅에 거주시켜 제효공을 견제하게 한 것이다.

228) 신공숙후(申公叔侯：申叔)가~하였다 : 초자(楚子)가 신공숙후(申公叔侯)를 곡(穀) 땅에 두어 지키게 하였다가 이후 희공(僖公) 28년 여름에 진(晉)나라와의 충돌을 피하기 위하여 그곳에서 떠나게 한다.

27년 봄에 기환공(杞桓公)이 와서 조견하였다. 조견할 때 이(夷)의 례를 사용하였기 때문에 기자(杞子)라고 한 것이다.[229] 희공(僖公)이 기자를 비천하게 여겼으니, 기자가 공경하지 않았기 때문이다.

---

## 夏 六月 庚寅 齊侯昭卒

여름 6월 경인일에 제후(齊侯) 소(昭)가 졸하였다.

---

**夏 齊孝公卒 有齊怨** 前年 齊再伐魯 **不廢喪紀 禮也** 吊贈之數不廢

여름에 제효공(齊孝公 : 昭)이 졸하였다. 제(齊)나라에 원한이 있었지만 지난해에 제(齊)나라가 로(魯)나라를 두 번 쳤다.[230] 상사(喪事)의 법도를 폐기하지 않은 것은 례에 맞는 일이었다. 조문하고 부의(賻儀)하는 수(數)[231]를 폐기하지 않은 것이다.

---

## 秋 八月 乙未 葬齊孝公

가을 8월 을미일에 제(齊)나라 효공(孝公)의 장례를 지냈다.

---

## 乙巳 公子遂帥師入杞

을사일에 공자 수(遂)가 군대를 거느리고 기(杞)나라로 쳐들어갔다.

---

**秋 入杞 責禮也** 本或作責無禮

가을에 기(杞)나라로 쳐들어갔으니, 이(夷)의 례를 행한 것에 대하여 꾸짖은 것이다. 다른

---

229) 이(夷)의~것이다 : 기(杞)나라 임금의 작위는 본래 백(伯)이다. 따라서 《춘추(春秋)》의 경문에 기(杞)나라 임금은 대부분의 경우 기백(杞伯)으로 기록되어 있다. 문공(文公) 12년·성공(成公) 4년·5년·7년·9년·18년의 경우가 그렇다. 그런데 여기서 기자(杞子)라고 낮추어 기록한 것은 그가 이(夷)의 례를 사용하였기 때문이다.

230) 지난~쳤다 : 희공(僖公) 26년 봄과 여름에 제(齊)나라가 로(魯)나라를 두 번 쳐들어간 일이 있었다.

231) 수(數) : 신분에 따라 각각 구별하는 례우의 도수(度數).

본에는 간혹 '무례함을 꾸짖었다.'라고 되어 있다.

---

> **冬 楚人陳侯蔡侯鄭伯許男圍宋**
>
> 겨울에 초인(楚人)·진후(陳侯)·채후(蔡侯)·정백(鄭伯)·허남(許男)이 송(宋)나라를 포위하였다.

楚子稱人 貶其合諸侯圍宋也

초자(楚子)를 초인(楚人)이라고 칭한 것은 그가 제후들과 련합하여 송(宋)나라를 포위한 것을 폄하한 것이다.

楚子將圍宋 使子文治兵於睽 睽 楚邑 終朝而畢 不戮一人 欲委重於子玉 故略其事 子玉 復治兵於蒍 蒍 楚邑 終日而畢 鞭七人 貫三人耳 以矢穿其耳 國老皆賀子文 子文飮之 酒 國老 卿大夫致仕者 賀其所舉得人 蒍賈尙幼 後至不賀 蒍賈 孫叔敖之父 子文問之 對曰 不 知所賀 子之傳政於子玉 曰 以靖國也 靖諸內而敗諸外 所獲幾何 子玉之敗 子之舉 也 舉以敗國 將何賀焉 子玉剛而無禮 不可以治民 過三百乘 其不能以入矣 苟入而 賀 何後之有 三百乘 二萬二千五百人 言過此必不能入前敵矣

초자(楚子 : 成王)가 송(宋)나라를 포위하려 할 때 자문(子文)으로 하여금 규(睽) 땅에서 군사를 훈련하게 하니, 규(睽)는 초(楚)나라 읍이다. 자문은 종조(終朝)[232]에 마치고 한 사람도 처벌하지 않았다. 자문(子文)은 자옥(子玉)에게 중책을 맡기려고 하였기 때문에 그 일을 소략하게 한 것이다. 자옥(子玉)에게 다시 위(蒍) 땅에서 군사를 훈련하게 하니 위(蒍)는 초(楚)나라 읍이다. 해가 져서야 마치고 일곱 사람에게 매질을 하고 세 사람의 귀를 꿰었다.[233] 화살로 그 귀를 꿴 것이다. 국로(國老)들이 다 자문에게 축하하니 자문이 술을 대접하였다. 국로(國老)는 경대부(卿大夫)로서 벼슬을 그만둔 자이다. 그가 적절한 인재를 천거한 것[234]에 대하여 축하한 것이다. 위가(蒍賈)는 아직 젊었는데 뒤늦게 오고 축하도 하지 않았다. 위가(蒍賈)는 손숙오(孫叔敖 : 敖)의 아버지이다. 자문이 그 까닭을 물으니 대답하기를 "축하해야 할 바를 알지 못하겠습니다. 당신이 정사를 자옥에게

---

232) 종조(終朝) : 새벽부터 아침 먹을 때까지의 시간.

233) 귀를 꿰었다 : 화살로 죄인의 귀를 꿰는 형벌을 준 것이다.

234) 그가~것 : 자문(子文)이 자옥(子玉)을 천거한 일이다.

전해 주면서 '나라를 편안하게 하려는 것이다.'라고 하셨는데, 나라 안은 안정되더라도 나라 밖에서 실패한다면 얻는 것이 얼마나 되겠습니까. 자옥이 실패한다면 당신의 천거 때문입니다. 천거해서 나라를 망친다면 무엇을 축하할 수 있겠습니까. 자옥은 성격이 강하고 례의가 없어 백성을 다스릴 수 없고, 3백 승(乘)이 넘는 군대를 인솔하면 온전하게 쳐들어갈 수 없을 것입니다. 적어도 그가 쳐들어갔을 때 축하해도 어찌 늦다고 하겠습니까. 3백 승(乘)은 2만 2천 5백 인이다. 이 인원을 넘기면 반드시 앞의 적진으로 쳐들어갈 수 없다는 말이다.235)

冬 楚子及諸侯圍宋 宋公孫固如晉告急 固 莊公孫 先軫曰 報施救患 取威定霸 於是乎在矣 先軫 晉下軍佐原軫 報宋贈馬之施 狐偃曰 楚始得曹 而新昏於衛 曹共公始服楚 若伐曹衛 楚必救之 則齊宋免矣 前年 楚戍穀以偪齊 於是乎蒐于被盧 被盧 晉地 作三軍 閔元年 獻公作二軍 謀元帥 中軍帥 趙衰曰 郤縠可 臣亟聞其言矣 說禮樂而敦詩書 詩書 義之府也 禮樂 德之則也 德義 利之本也 夏書曰 賦納以言 明試以功 車服以庸 今虞書益稷 賦猶取也 庸 功也 君其試之 乃使郤縠將中軍 郤溱佐之 使狐偃將上軍 讓於狐毛而佐之 命趙衰爲卿 讓於欒枝先軫 欒枝 欒賓之孫 使欒枝將下軍 先軫佐之 荀林父御戎 爲文公御 魏犫爲右

겨울에 초자(楚子)가 제후들과 함께 송(宋)나라를 포위하니, 송나라 공손고(公孫固)가 진(晉)나라에 가서 위급함을 알렸다. 고(固)는 송장공(宋莊公)의 손자이다. 선진(先軫)이 말하기를 "베풀어 준 은혜를 갚고 환난을 구하며, 위엄을 취하고 패업을 정하는 것이 바로 이 일에 있습니다."라고 하였다. 선진(先軫)은 진(晉)나라 하군의 부장(副將 : 佐)인 원진(原軫)이다. 송(宋)나라가 진문공(晉文公)에게 말을 주었던 시혜에 보답한다는 것이다. 호언(狐偃)이 말하기를 "초(楚)나라가 비로소 조(曹)나라를 얻었고 새로 위(衛)나라와 혼인을 하였습니다. 조공공(曹共公)이 처음으로 초(楚)나라에 복종하였다. 만약 우리가 조나라와 위나라를 치면 초나라는 반드시 이들을 구원할 것이니, 제(齊)나라와 송나라가 환난을 면할 것입니다."라고 하였다. 지난해에 초(楚)나라가 곡(穀) 땅을 지켜서 제(齊)나라를 핍박하였다. 이에 피려(被盧)에서 군대를 검열하고 피려(被盧)는 진(晉)나라 땅이다. 3군(軍)을 만들어 민공(閔公) 원년에 진헌공(晉獻公)이 2군(軍)을 만들었다. 원수(元帥)에 대하여 론의하였다. 중군수(中軍帥)이다. 조최(趙衰)가 말하기를 "극곡(郤縠)이 좋습니다. 신은 자주 그의 말을 들었는데 례(禮)와 악(樂)을 좋아하고 시(詩)와 서(書)에 힘썼습니다. 시와 서는 의리의 곳집이고 례와 악은 덕의 준칙이며, 덕과 의리는 리로움의 근본입니다. 〈하서(夏

---

235) 이 인원을~말이다 : 군대가 전멸하여 다시 초(楚)나라로 들어올 수 없다고 보는 설도 있다.

書)〉에 이르기를 '사람을 취하여[賦] 받아들임은 말로써 하고,236) 밝게 시험함은 일[功]로써 하며,237) 수레와 의복을 줌은 그 공[庸]으로써 한다.'고 하였으니, 금문(今文) 〈우서(虞書)〉 익직(益 稷)이다. 부(賦)는 취함(取)과 같다. 용(庸)은 공(功)이다. 임금님께서는 그를 시험해 보십시오."라고 하였다. 이에 극곡을 중군의 장수로 삼고 극진(郤溱)을 그의 부장(副將 : 佐)으로 삼았다. 호언을 상군의 장수로 삼으니 호모(狐毛)에게 양보하고 자신은 그의 부장이 되었다. 조최를 명하여 경(卿)으로 삼으니 란지(欒枝)와 선진에게 양보하거늘 란지(欒枝)는 란빈(欒賓)의 손자이다. 란지를 하군의 장수로 삼고 선진을 그의 부장으로 삼았다. 순림보(荀林父)가 융거를 몰고 진문공(晉文公)의 어자가 된 것이다. 위주(魏犨)가 거우가 되었다.

**晉侯始入而敎其民 二年 欲用之 子犯曰 民未知義 未安其居 於是乎出定襄王** 以示 事君之義 **入務利民 民懷生矣 將用之 子犯曰 民未知信 未宣其用** 宣 明也 **於是乎伐原 以示之信 民易資者不求豐焉** 明徵其辭 不詐以求多 契卷要約皆分明 **公曰 可矣乎 子犯 曰 民未知禮 未生其共** 共同恭 **於是乎大蒐以示之禮 作執秩以正其官** 執秩 主爵秩之官 **民聽不惑 而後用之 出穀戍 釋宋圍 一戰而霸 文之敎也**

진후(晉侯 : 文公)가 처음 나라에 들어가서 그 백성을 교화하고 2년 만에 쓰려고 하자, 자범(子犯 : 狐偃)이 말하기를 "백성이 아직 의리를 모르니 생활이 안정되어 있지 않습니다."라고 하였다. 이에 나가서 주(周)나라 양왕(襄王)의 지위를 안정시키고 임금을 섬기는 도리를 보인 것이다. 들어와 백성을 리롭게 하는데 힘을 쓰니, 백성이 생활을 편안히 여겼다. 이에 백성을 쓰려고 하자, 자범이 말하기를 "백성이 아직 신의를 알지 못하니 쓰기에 적합한지 아직 분명하지[宣] 않습니다."라고 하였다. 선(宣)은 분명함이다. 이에 원(原)나라를 쳐서 신의를 보이니,238) 백성 중의 물자를 교역하는 자들이 많은 리익을 구하지 않고 그 말을 분명히 지키게 되었다. 속여서 많은 것을 구하지 않고 계약서나 약속을 모두 분명히 한 것이다. 문공(文公)이 말하기를 "이제는 되겠는가?"라고 하니, 자범이 말하기를 "백성이 아직 례의를 알지 못하니 공경심[共]이 생기지 않았습니다."라고 하였다. 공(共)은 공경함(恭)과 같다. 이에 크게 군대를 검열하여 례의를 보이고 집질(執秩)을 두어 관작을 바로 잡으니, 집질(執秩)은 관작의 질서를 주관하

---

236) 사람을~하고 : 그 사람을 취하는 것은 그가 하는 말로써 판단한다는 것이다.

237) 밝게~하며 : 그 사람의 능력을 시험하는 것은 그가 처리하는 일[功]로써 판단한다는 것이다.

238) 이에~보이니 : 이 일은 희공(僖公) 25년에 있었다. 이때 군사들에게 사흘 치 식량만을 준비하도록 하였는데 원(原)나라가 항복하지 않았다. 그러자 군리(軍吏)가 항복하기를 좀 더 기다리자고 하였으나 진문공(晉文公)은 1사(舍)를 물려 군사들과의 신의를 지켰다.

는 관리이다. 백성이 명을 듣고 의혹을 가지지 않게 되었다. 이러한 뒤에 그들을 써서 곡(穀)땅에 주둔하고 있던 수병(戍兵)을 물러나게 하고[239] 송(宋)나라를 포위에서 풀려나게 하였으며[240] 한 번의 싸움[241]으로 패업을 이루었으니, 문공이 백성을 교화하였기 때문이다.

---

### 十有二月 甲戌 公會諸侯 盟于宋

12월 갑술일에 희공(僖公)이 제후들과 회합하여 송(宋)나라에서 맹약하였다.

---

公與楚有好 故往會之

희공(僖公)이 초(楚)나라와 우호가 있었기 때문에 가서 회합에 참여한 것이다.[242]

# 희공(僖公) 28년 【己丑 B.C.632】

---

### 二十有八年 春 晉侯侵曹 晉侯伐衛

28년 봄에 진후(晉侯)가 조(曹)나라를 침범하고 진후가 위(衛)나라를 쳤다.

---

再擧晉侯者 曹衛兩來告

진후(晉侯)를 두 번 거론한 것은 조(曹)나라와 위(衛)나라 량쪽에서 알려왔기 때문이다.

---

239) 곡(穀)~하고 : 희공(僖公) 26년 겨울에 희공이 초(楚)나라 군대를 거느리고 제(齊)나라를 쳐서 곡(穀) 땅을 취하였고 초나라 신공숙후(申公叔侯)가 그곳을 지키고 있었는데, 희공 28년에 초자(楚子)가 진(晉)나라와의 충돌을 피하기 위하여 수병(戍兵)을 물러나게 한 것을 이른다.

240) 송(宋)나라를~하였으며 : 이해 겨울에 초자(楚子)가 제후들과 련합하여 송(宋)나라를 포위하고 있었는데, 다음해인 희공(僖公) 28년에 초자가 진(晉)나라와의 충돌을 피하기 위하여 송나라를 포위하고 있던 군대를 철수하도록 명한 것을 이른다.

241) 한 번의 싸움 : 희공(僖公) 28년 진(晉)나라와 초(楚)나라가 벌인 성복(城濮)의 싸움을 이른다.

242) 희공(僖公)이~것이다. : 진(晉)나라가 주도한 회합에 참여하였음을 이른다. 기존의 초(楚)나라와의 관계를 단절하고 진나라를 맹주로 받드는 일에 동의한 것이다.

二十八年 春 晉侯將伐曹 假道于衛 衛人弗許 還 自南河濟 侵曹伐衛 正月 戊申 取
五鹿 二月 晉郤縠卒 原軫將中軍 胥臣佐下軍 上德也 上 尊上之也 晉侯齊侯盟于斂盂
斂盂 衛地 衛侯請盟 晉人弗許 衛侯欲與楚 國人不欲 故出其君以說于晉 衛侯出居于
襄牛 襄牛 衛地

28년 봄에 진후(晉侯 : 文公)가 조(曹)나라를 치려고 위(衛)나라에 길을 빌려달라고 하
니,[243] 위인(衛人)이 허낙하지 않았다. 그러자 진(晉)나라가 군대를 돌려 하수(河水)의 남쪽
에서 물을 건너 조나라를 침범하고 위나라를 쳐, 정월 무신일에 오록(五鹿)을 취하였다.
2월에 진(晉)나라 극곡(郤縠)이 졸하자 원진(原軫)이 중군의 장수가 되었고 서신(胥臣)이
하군의 부장이 되었으니, 이는 그들의 덕을 높게[上] 여긴 것이다. 상(上)은 높이는 것이다. 진후
와 제후(齊侯)가 렴우(斂盂)에서 맹약하였다. 렴우(斂盂)는 위(衛)나라 땅이다. 위후(衛侯 : 成公)
도 맹약하기를 청하였으나 진인(晉人)이 허낙하지 않았다. 그러자 위후가 초(楚)나라를 따
르려고 하니 위나라 국인이 원하지 않았다. 그러므로 위나라에서 그 임금을 내쫓아 진나라
를 달래었다. 이에 위후가 도성에서 나와 양우(襄牛)에 거주하였다. 양우(襄牛)는 위(衛)나라 땅
이다.

---

公子買戍衛 不卒戍 刺之 楚人救衛

　공자 매(買)가 위(衛)나라를 지켰는데 지키는 책임을 다하지 못하였다하여 그
를 죽였다. 초인(楚人)이 위나라를 구원하였다.

---

公子買 魯大夫子叢 內殺大夫皆書刺

　공자 매(買)는 로(魯)나라 대부인 자총(子叢)이다. 내적으로 자기 나라 대부를 죽인 경우 경문에 모두 자
(刺)라고 기록하였다.

公子買戍衛 魯欲與楚 故戍衛 楚人救衛 不克 公懼於晉 殺子叢以說焉 謂楚人 不卒戍
也 殺子叢在楚救衛下 經在上者 救衛赴晚至

　공자 매(買)가 위(衛)나라를 지켰는데 로(魯)나라가 초(楚)나라를 따르려 하였기 때문에 위(衛)나라를

---

243) 위(衛)나라에~하니 : 조(曹)나라는 위(衛)나라 동쪽에 있었는데 진(晉)나라와 조나라 사이에 위나라가 있
　었기 때문에 길을 빌리려 한 것이다. 이때 조나라와 위나라는 초(楚)나라 편이었다.

지킨 것이다. 초인(楚人)이 위나라를 구원하였으나 이기지 못하였다.[244] 희공(僖公)이 진(晉)나라를 두려워하여 자총(子叢)을 죽여서 달래고, 초인에게는 자총이 지키는 책임을 다하지 못하여 죽인 것이라고 하였다. 자총(子叢)을 죽였다는 말은 초(楚)나라가 위(衛)나라를 구원하였다는 말의 다음에 있어야 하는데, 경문에서 앞에 있는 것은 위나라 구원에 대한 일을 늦게 알려왔기 때문이다.

---

三月 丙午 晉侯入曹 執曹伯 畀宋人

　　3월 병오일에 진후(晉侯)가 조(曹)나라로 쳐들어가 조백(曹伯)을 잡아 송인(宋人)에게 넘겨주었다.

---

晉侯圍曹 句 門焉 多死 攻曹城門 曹人尸諸城上 晉侯患之 聽輿人之謀曰 稱舍於墓 揚言舍墓將發冢 師遷焉 曹人兇懼 兇 恐懼聲 爲其所得者棺而出之 因其兇也而攻之 三月 丙午 入曹 數之以其不用僖負羈而乘軒者三百人也 且曰 獻狀 無德居位 故責其功狀 令無入僖負羈之宮而免其族 報施也 魏犫顚頡怒曰 勞之不圖 報於何有 二子各有從亡之勞 爇僖負羈氏 魏犫傷於胷 公欲殺之而愛其材 使問 且視之 病 將殺之 魏犫束胷 見使者曰 以君之靈 不有寧也 不以病故自安 距躍三百 曲踊三百 距躍 直跳 曲踊 橫跳也 百猶阡陌之陌 三陌 蓋躍踊之度 大約有此 乃舍之 殺顚頡以徇于師 立舟之僑以爲戎右

　　진후(晉侯)가 조(曹)나라를 포위하여 구두(句讀)이다. 성문을 공격하였는데, 진(晉)나라 군사 가운데 죽은 자가 많았다. 조(曹)나라 성문을 공격한 것이다. 조인(曹人)이 진군(晉軍)의 시신을 성 위에 늘어놓으니 진후가 근심하였다. 여인(輿人)[245]의 의론을 들으니 '묘지에 막사를 설치하자.'는 것이었다. 조(曹)나라 묘지에 막사를 설치하여 무덤을 파헤치려는 것처럼 떠들어대라는 것이다. 군대를 묘지로 옮기니 조인이 두려워 소리[兇]를 지르면서, 흉(兇)은 두려워서 내는 소리이다. 얻은 시신을 관에 넣어 성밖으로 내보냈다. 진나라 군대는 조나라가 두려워하는 틈을 리용해 공격하여, 3월 병오일에 조나라로 쳐들어가서 희부기(僖負羈)를 등용하지 않은 것과 헌(軒)을 타는 자가 3백 인이나 되는 것에 대한 죄를 따졌다. 또 말하기를 '그들의 행적에 대한 문서를 올리라.'고 하였다. 덕이 없이 자리에 있기 때문에 그들의 공적을 기록한 문서를 요구한 것이

---

244) 초인(楚人)이~못하였다 : 이는 진(晉)나라가 위(衛)나라를 공격하니, 초(楚)나라가 위나라를 구원하였으나 위나라에 침입해 온 진나라 군대를 이기지 못하였다는 말이다.

245) 여인(輿人) : 여러 사람.

다. 또 희부기의 집은 침입하지 말라고 하여 그 일족이 화를 당하는 것을 면하게 해주니, 이는 베풀어 준 은혜를 갚은 것이다.[246) 그런데 위주(魏犫)와 전힐(顚頡)이 노하여 말하기를 "우리의 공로는 생각하지 않고 희부기의 은혜를 갚는 것에 어찌 마음을 두는가."[247)라 하고는 두 사람은 각기 망명길에 따라다닌 공로가 있었다. 희부기의 집[氏][248)을 불태우다가 위주가 가슴에 상처를 입었다. 진문공(晉文公)이 그를 죽이고자 하였다가 재주를 아껴 사람을 시켜 위문하고 또 살펴서 병이 깊으면 죽이려 하였다. 위주가 가슴을 동여매고 심부름 온 사람을 만나 말하기를 "임금님의 덕택[靈]으로 내가 평안하지 않은가."라고 하면서 병이 있다고 해서 스스로 편안하게 있을 수는 없다는 것이다. 3맥(百) 정도를 뛰어오르고[距躍], 3맥 정도를 횡으로 뛰었다[曲踊]. 거약(距躍)은 수직으로 뛰어오름이다. 곡용(曲踊)은 횡으로 뜀이다. 맥(百)은 천맥(阡陌)의 맥(陌)과 같으니, 3맥(陌)은 뛰어오른 정도가 대략 이와 같다는 것이다.[249) 이에 그를 놓아두고 전힐을 죽여 서 군사들에게 널리 돌려 보이었다. 그리고 주지교(舟之僑)를 세워 융우(戎右)로 삼았다.

宋人使門尹般如晉師告急 門尹般 宋大夫 公曰 宋人告急 舍之則絶 與晉絶 告楚不許 告楚釋宋 我欲戰矣 齊秦未可 若之何 先軫曰 使宋舍我而賂齊秦 藉之告楚 借齊秦爲宋請 我執曹君 而分曹衞之田以賜宋人 楚愛曹衞 必不許也 喜賂怒頑 能無戰乎 言齊秦喜宋賂而怒楚頑 公說 執曹伯 分曹衞之田以畀宋人

송인(宋人)이 문윤반(門尹般)을 시켜 진(晉)나라 군영에 가게 하여 위급함을 알렸다. 문윤반(門尹般)은 송(宋)나라 대부이다. 진문공(晉文公)이 말하기를 "송인이 위급함을 알려왔으니 버려두면 관계를 단절할 것이고, 진(晉)나라와 우호를 끊는다는 것이다. 초(楚)나라에 요청한들 허락하지 않을 것이다. 초(楚)나라에 송(宋)나라의 포위를 풀어 달라고 요청한다는 것이다. 내가 싸우고자 한들 제(齊)나라와 진(秦)나라가 들어주지 않을 것이니, 이를 어찌해야 하겠는가?"라고 하니, 선진(先軫)이 말하기를 "송나라로 하여금 우리는 버려두고 제나라와 진(秦)나라에 뇌물을 주게 하여 그들의 힘을 빌려 초나라에 요청하도록 하십시오. 제(齊)나라와 진(秦)나라의 힘을

---

246) 베풀어~것이다 : 진문공(晉文公)이 망명하며 조(曹)나라에서 모욕을 당했을 때, 희부기(僖負羈)가 음식에 구슬을 넣어 베풀어 준 은혜에 대하여 이제 그 가족이 당할 화를 면하게 해줌으로써 보답해 주었다는 말이다. 진문공이 조나라에서 모욕을 당한 일은 희공(僖公) 24년조에 보인다.

247) 은혜를~두는가 : 전문의 '報於何有'는 '何有於報'의 도치 구문이다.

248) 집[氏] : 가(家)와 통용한다.

249) 맥(百)은~것이다 : 맥(百)은 동서로 난 밭두둑이다. 남북으로 난 밭두둑이라는 설도 있다. 3맥을 뛰었다는 것은 세 밭두둑만큼의 거리를 상하좌우로 뛰어다닌 것이다.

빌려 송(宋)나라를 위하여 요청하도록 한다는 것이다. 우리는 조(曹)나라 임금을 잡고, 조나라와 위(衛)나라의 전지를 나누어 송인(宋人)에게 주십시오. 초나라는 조나라와 위나라를 아끼고 있으니 반드시 허낙하지 않을 것입니다.[250] 그러면 제나라와 진(秦)나라는 뢰물을 좋아하고 초나라의 완고함에 분노할 것이니, 초나라와 싸우지 않을 수 있겠습니까." 제(齊)나라와 진(秦)나라가 송(宋)나라의 뢰물을 좋아하면서 초(楚)나라의 완고함에 분노할 것이라는 말이다. 진문공이 기뻐하여 조백(曹伯)을 잡고, 조나라와 위나라의 전지를 나누어 송인에게 넘겨주었다.

---

> 夏 四月 己巳 晉侯齊師宋師秦師及楚人戰于城濮 楚師敗績
>
> 여름 4월 기사일에 진후(晉侯)·제(齊)나라 군대·송(宋)나라 군대·진(秦)나라 군대가 초인(楚人)과 성복(城濮)에서 싸웠는데 초(楚)나라 군대가 크게 패하였다.

楚子入居于申 使申叔去穀 使子玉去宋 曰 無從晉師 晉侯在外十九年矣 而果得晉國 險阻艱難 備嘗之矣 民之情僞 盡知之矣 天假之年 而除其害 除惠懷呂郤 天之所置 其可廢乎 軍志曰 允當則歸 軍志 兵書 又曰 知難而退 又曰 有德不可敵 此三志者 晉之謂矣 子玉使伯棼請戰 伯棼 子越椒也 鬪伯比之孫 曰 非敢必有功也 願以間執讒慝之口 間執猶塞也 讒慝 若蔿賈之言 王怒 少與之師 唯西廣東宮與若敖之六卒實從之 楚有左右廣 又大子有宮甲 若敖 子玉之祖 六卒 子玉宗人之兵六百人

초자(楚子 : 成王)가 신(申) 땅에 들어가 머무르면서[251] 신숙(申叔)을 곡(穀) 땅에서 철수하게 하고 자옥(子玉)도 송(宋)나라에서 철수하게 하면서[252] 말하기를 "진(晉)나라 군대를 쫓지 말라. 진후(晉侯)는 외국으로 망명하여 19년 동안 있었지만 결국 진나라를 얻었으니,

---

250) 초나라는~것입니다 : 초(楚)나라는 송(宋)나라의 포위를 풀어 주라는 제(齊)나라와 진(秦)나라의 요청을 들어주지 않을 것이라는 말이다.

251) 초자(楚子 : 成王)가~머무르면서 : 신(申)나라는 초(楚)나라에게 멸망당한 뒤에 초나라 땅으로 흡수되었다. 그리하여 초자(楚子)가 신(申) 땅에 들어가 머물렀던 것이다.

252) 신숙(申叔)을~하면서 : 희공(僖公) 26년에 희공이 초(楚)나라 군대를 거느리고 제(齊)나라를 쳐서 곡(穀) 땅을 빼앗았는데 초나라는 신숙(申叔)으로 하여금 그곳을 수비하게 하였다. 그리고 초나라를 배반하고 진(晉)나라 편이 된 송(宋)나라를 초나라 자옥(子玉)이 쳐들어가 민(緡) 땅을 포위하였는데 지금 이들을 다 철수시킨 것이다.

그는 온갖 험하고 어려운 일을 두루 맛보았고 백성의 실정과 허위를 잘 알고 있다. 하늘이 그에게 수명을 주었고 그에게 해가 되는 자를 제거해 주었다. 혜공(惠公)과 회공(懷公)과 려생(呂省)과 극예(郤芮) 등이 제거된 것이다. 하늘이 세워준 사람을 폐할 수 있겠는가. 《군지(軍志)》에 '적당하면[允當] 군사를 돌이킨다.'라고 하였고, 군지(軍志)는 병서(兵書)이다. 또 '이기기 어려운 줄을 알면 물러난다.'라고 하였으며, 또 '덕이 있는 자는 대적할 수 없다.'라고 하였으니 이 세 가지 기록은 진나라를 두고 이른 것이다."라고 하였다. 그러자 자옥이 백분(伯棼)을 시켜 싸우기를 청하게 하여 백분(伯棼)은 자월초(子越椒)인데 투백비(鬪伯比)의 손자이다. 말하기를 "제가 감히 꼭 공을 세우자는 것이 아니고 이 기회를 리용하여 헐뜯는[讒慝] 자의 입을 막으려는 [間執] 것입니다."라고 하였다. 간집(間執)은 막음[塞]과 같다. 참특(讒慝)은 위가(蔿賈)가 한 말[253]과 같은 것이다. 초왕이 노하여 소수의 군대만을 그에게 주었으니 서광(西廣)의 군대와 동궁(東宮)의 군대 및 약오(若敖)씨의 6졸(卒)만이 실로 그를 따랐다. 초(楚)나라에는 좌광(左廣)과 우광(左廣)의 군대가 있고 또 태자(大子)에게는 태자궁에 직속된 갑병(甲兵)이 있다. 약오(若敖)는 자옥(子玉)의 할아버지이다. 6졸(卒)은 자옥의 집안에 소속된 병사로서 6백 인이다.

子玉使宛春告於晉師 宛春 楚大夫 曰 請復衛侯而封曹 臣亦釋宋之圍 子犯曰 子玉無禮哉 君取一 臣取二 一謂釋宋圍 二謂復曹衛 不可失矣 先軫曰 子與之 與 許也 定人之謂禮 楚一言而定三國 我一言而亡之 我則無禮 何以戰乎 不許楚言 是棄宋也 救而棄之 謂諸侯何 楚有三施 我有三怨 怨讎已多 將何以戰 不如私許復曹衛以攜之 執宛春以怒楚 既戰而後圖之

자옥(子玉)이 완춘(宛春)을 보내 진(晉)나라 군대에 고하여 완춘(宛春)은 초(楚)나라 대부이다. 말하기를 "위후(衛侯)를 복위시키고 또 조(曹)나라를 다시 봉해주기를 청합니다. 그러면 신도 송(宋)나라에 대한 포위를 풀겠습니다."라고 하였다. 그러자 자범(子犯 : 狐偃)이 말하기를 "자옥은 무례합니다. 우리 임금님은 하나만을 취할 뿐인데 초(楚)나라의 신하된 자가 둘을 취하려 하니 하나란 송(宋)나라의 포위를 풀어 주는 것을 이르고, 둘이란 조(曹)나라와 위(衛)나라를 복위시키는 것을 이른다. 그를 놓쳐서는 안 됩니다."라고 하니, 선진(先軫)이 다음과 같이 말하였다. "그대[子犯]는 저들의 요구를 허락하십시오[與]. 여(與)는 허락함이다. 남을 안정시키는 것을 례라고 합니다. 초나라는 한마디 말로 세 나라를 안정시키는 것이고,[254] 우리는 한마디

---

253) 위가(蔿賈)가~말 : 희공(僖公) 27년 겨울에 자옥(子玉)의 성격이 강하고 례의가 없어 백성을 다스릴 수 없고, 3백 승(乘)이 넘는 군대를 인솔하면 온전하게 쳐들어갈 수 없을 것이라고 한 위가(蔿賈)의 말이다.

254) 초나라는~것이고 : 자옥(子玉)은 한마디 말로 위후(衛侯)을 복위시키고 조(曹)나라를 봉하고 송(宋)나라

말로 세 나라를 망하게 하는 것입니다.[255] 그렇다면 우리가 무례한 것이 되니 어떻게 그들과 싸우겠습니까. 초나라의 말을 허락하지 않는다면 이는 송나라를 버리는 것이 되니, 구원한다고 하면서 버린다면 제후들에게 무엇이라 변명하겠습니까. 초나라는 세 나라에 혜택을 베푸는 것이 되고 우리는 세 나라에 원한을 사는 것이 되어 원수가 너무 많아질 것이니 장차 어떻게 싸우겠습니까. 그러니 은밀히 조나라와 위(衛)나라의 복위를 허락하여 초나라와는 관계를 끊게 하고, 완춘을 잡아 초나라를 노하게 하여 그들과 싸우고 난 뒤에 도모하는 것만 같지 못합니다."[256]

**公說 乃拘宛春於衛 且私許復曹衛 曹衛告絶於楚 子玉怒 從晉師 晉師退 軍吏曰 以君辟臣 辱也 且楚師老矣 何故退 子犯曰 師直爲壯 曲爲老 豈在久乎 微楚之惠 不及此 退三舍辟之 所以報也 背惠食言 以亢其讎 亢猶當也 我曲楚直 其衆素飽 氣壯 而飽 不可謂老 我退而楚還 我將何求 若其不還 君退臣犯 曲在彼矣 退三舍 楚衆欲 止 子玉不可**

진문공(晉文公)이 기뻐하여 완춘(宛春)을 위(衛)나라에 잡아두었다. 또 은밀히 조(曹)나라와 위나라의 복위를 허락하니, 조나라와 위나라는 초(楚)나라에 우호를 끊겠다고 알렸다. 이에 자옥(子玉)이 노하여 진(晉)나라 군대를 추격하니 진나라 군대가 물러났다. 그러자 군리(軍吏)가 말하기를 "임금으로서 남의 나라 신하된 자를 피하는 것은 치욕이고 또 초나라 군대는 지쳤는데[老] 무엇 때문에 물러서는 것입니까?"라고 하니, 자범(子犯)이 대답하기를 "군대는 명분이 바르면 기세가 씩씩하게 되고 명분이 바르지 못하면 기세가 쇠약하게 되니, 기세의 강약이 어찌 오래 전장에 머무른 것에 달려 있겠습니까. 또한 초나라의 은혜가 없었더라면 임금님께서 오늘에 이르지 못했을 것이니, 우리 군대가 3사(舍)를 물러나 초나라 군대를 피하는 것은 그 은혜에 보답하는 것입니다. 은혜를 저버리고 말을 실천하지 않고서 적과 맞선다면[亢] 항(亢)은 맞섬[當]과 같다. 우리가 바르지 못하고 초나라가 바른 것이 되며, 그 무리는 평소 사기가 충만하니 기세가 씩씩하면서도 충만되어 있다는 것이다. 그들을 지쳤다고 할 수 없습니다. 우리가 물러나고 초나라도 돌아간다면 우리가 무엇을 더 바라겠습니까.

---

에 대한 포위를 풀게 되는 방안을 제시하였으니, 이것이 세 나라를 안정시킨다는 것이다.

255) 우리는~것입니다 : 진(晉)나라가 초(楚)나라의 요청을 허락하지 않는다면 진나라는 조(曹)나라와 위(衛)나라를 멸망시키게 되고 초나라도 송(宋)나라를 멸망시키게 될 것이니, 이것이 바로 세 나라를 망하게 한다는 것이다.

256) 그들과~못합니다 : 싸워 승부를 정하고 나서 조(曹)나라와 위(衛)나라의 복위 여부를 해결하라는 말이다.

만약 저들이 돌아가지 않는다면 임금은 물러났는데 남의 신하된 자가 범하는 것이니 잘못은 저들에게 있게 됩니다."라고 하였다. 진나라 군대가 3사를 물러나니 초나라 군중은 추격을 그만두려 하였지만 자옥이 허낙하지 않았다.

夏 四月 戊辰 晉侯宋公齊國歸父崔夭秦小子憖次于城濮 國歸父崔夭 齊大夫 小子憖 秦穆公子 楚師背鄘而舍 鄘 丘陵險阻名 晉侯患之 聽輿人之誦 曰 原田每每 舍其舊而新是謀 喩晉軍美盛 若田草每每 可以立新功 不足念舊惠 公疑焉 子犯曰 戰也 戰而捷 必得諸侯 若其不捷 表裏山河 必無害也 晉國外河內山 公曰 若楚惠何 欒貞子 貞子 欒枝 曰 漢陽諸姬 姬姓之國在漢北者 楚實盡之 思小惠而忘大恥 不如戰也 晉侯夢與楚子搏 搏 手搏 楚子伏己而鹽其腦 鹽 㗲也 是以懼 子犯曰 吉 我得天 楚伏其罪 吾且柔之矣 晉侯上向 故得天 楚子下向 故伏罪 腦 所以柔物

여름 4월 무진일에 진후(晉侯)·송공(宋公)·제(齊)나라 국귀보(國歸父)와 최요(崔夭)·진(秦)나라 소자(小子) 은(憖)이 성복(城濮)에 주둔하였다. 국귀보(國歸父)와 최요(崔夭)는 제(齊)나라 대부이고, 소자(小子) 은(憖)은 진목공(秦穆公)의 아들이다. 초(楚)나라 군대가 휴(鄘) 땅을 등지고 진을 치니 휴(鄘)는 험한 구릉의 이름이다. 진후가 이를 걱정하고 있었는데, 여인(輿人)의 노래를 들으니 '원전(原田)에 풀이 무성하니 그 옛것을 버리고 새것을 도모할지어다.'라고 하였다. 진(晉)나라 군대의 훌륭하고 장성함이 밭의 풀이 우거진 것과 같아서 새로운 공을 세울 만하니 옛날의 은혜는 생각할 필요가 없다는 것을 비유한 것이다. 진문공(晉文公)이 이를 의심하니,257) 자범(子犯)이 말하기를 "싸워야 합니다. 싸워서 이기면 반드시 제후들을 얻을 것이고 만약 이기지 못한다 하더라도 밖과 안으로 산과 하수(河水)가 있으니 반드시 해될 것이 없을 것입니다."라고 하였다. 진(晉)나라는 밖으로 하수(河水)가 흐르고 안으로는 산이 있다는 것이다. 진문공이 말하기를 "초나라에게서 입은 은혜는 어찌할 것인가?"라고 하니, 란정자(欒貞子)가 정자(貞子)는 란지(欒枝)이다. 말하기를 "한수(漢水) 북쪽에 있던 여러 희성국(姬姓國)을 희성(姬姓)으로 한수(漢水) 북쪽에 있었던 나라들이다. 초나라가 모두 멸망시켰습니다. 지난날의 작은 은혜만 생각하고 큰 수치를 잊는 것은 싸우는 것만 같지 못합니다."라고 하였다. 진후가 꿈에 초자(楚子)와 손으로 치며[搏] 싸우다가 박(搏)은 손으로 침이다. 초자가 자기[晉文公] 위에 엎드려 머리의 골을 빨고[鹽] 있었다. 고(鹽)는 빪이다. 이 때문에 두려워하자, 자범이 말하기를 "그 꿈은 길합니다. 우리는 하늘의

---

257) 진문공(晉文公)이~의심하니 : 진문공(晉文公)은 병사들이 자기를 옛 은혜를 배반하고 새로운 공(功)만을 도모하는 사람으로 여긴다고 의심한 것이다.

도움을 얻게 되고 초나라는 우리에게 복죄(伏罪)하는 격이니, 우리가 그들을 유약하게 할 수 있을 것입니다."라고 하였다. 진후(晉侯)는 위로 향하니 하늘의 도움을 얻는 것이고, 초자(楚子)는 아래로 향하니 복죄(伏罪)하는 것이다. 뇌(腦)는 물건을 부드럽게 하는 것이다.258)

子玉使鬪勃請戰 鬪勃 楚大夫 曰 請與君之士戲 君馮軾而觀之 得臣與寓目焉 晉侯使欒枝對曰 寡君聞命矣 楚君之惠 未之敢忘 是以在此 爲大夫退 其敢當君乎 旣不獲命矣 敢煩大夫謂二三子 戒爾車乘 敬爾君事 詰朝將見 詰朝 平明 晉車七百乘 韅靷鞅靽 七百乘 五萬二千五百人 駕具在背曰韅 在胸曰靷 在腹曰鞅 在後曰靽 晉侯登有莘之虛以觀師 曰 少長有禮 其可用也 有莘 故國名 遂伐其木以益其兵 以益攻戰之具

자옥(子玉)이 투발(鬪勃)을 보내어 싸움을 청하며 투발(鬪勃)은 초(楚)나라 대부이다. 말하기를 "임금님의 병사들과 한바탕 놀기를 청하오니 임금님께서는 수레의 횡목(橫木)에 기대어 구경하십시오. 득신(得臣 : 子玉) 저도 구경하겠습니다."라고 하였다. 진후(晉侯)가 란지(欒枝)를 시켜 대답하게 하기를 "과군은 당신의 명을 들으셨소. 초(楚)나라 임금님의 은혜를 아직도 감히 잊지 못하여 여기까지 물러나 계신 것이오. 대부[子玉]를 위해서도 물러나셨는데 어찌 감히 우리 임금님과 대적하려 하시오. 그래도 싸움을 중지하겠다는 명을 받지 못하였으니 감히 대부[鬪勃]를 번거롭게 하여 그대들259)에게 다음과 같이 이르노니, 그대들의 수레를 정비하고 그대들의 임금님이 지시하는 일을 공경히 받들어 래일 이른 아침[詰朝]에 만날 것이오."라고 하였다. 힐조(詰朝)는 이른 아침이다. 진나라 수레는 7백 승(乘)인데 등끈[韅]·가슴걸이끈[靷]·뱃대끈[鞅]·엉덩이끈[靽] 등을 갖추었다. 7백 승(乘)은 5만 2천 5백 인이다. 말에 갖추는 도구[駕具]로서 등에 매는 끈을 현(韅)이라 하고, 가슴에 매는 끈을 인(靷)이라 하고, 배에 매는 끈을 앙(鞅)이라 하고, 뒤에 매는 끈을 반(靽)이라 한다. 진후가 유신(有莘)의 터에 올라 군대를 살펴보면서 말하기를 "젊은이나 나이든 이나 모두 례법대로 질서정연하니 잘 부릴 수 있겠다."라 하고는. 유신(有莘)은 옛 나라 이름이다. 드디어 나무를 베어서 병기를 더 만들게 하였다. 공격하는 기구를 더 만들게 한 것이다.

己巳 晉師陳于莘北 莘北 卽城濮 胥臣以下軍之佐當陳蔡 子玉以若敖之六卒將中軍 曰 今日必無晉矣 子西將左 子上將右 子上 鬪勃 胥臣蒙馬以虎皮 先犯陳蔡 陳蔡奔

---

258) 뇌(腦)는~것이다 : 초자(楚子)가 진문공(晉文公)의 뇌를 빨았기 때문에 초자가 유약하게 된다는 것이다.
259) 그대들 : 자옥(子玉)과 자서(子西) 등을 이른다.

楚右師潰 陳蔡屬楚右師 狐毛設二旆而退之 欒枝使輿曳柴而僞遁 使衆曳柴起塵 楚師馳之 原軫郤溱以中軍公族橫擊之 公族 公所率之軍 狐毛狐偃以上軍夾攻子西 楚左師潰 楚師敗績 子玉收其卒而止 故不敗 唯中軍完 晉師三日館穀 館 舍也 食楚軍穀三日 及癸酉而還 甲午 至于衡雍 作王宮于踐土 衡雍踐土皆鄭地 襄王自往勞晉 故爲作宮

기사일에 진(晉)나라 군대가 신북(莘北)에 진을 쳤는데 신북(莘北)은 곧 성복(城濮)이다. 서신(胥臣)은 하군의 부장으로서 진(陳)나라와 채(蔡)나라 군대와 대적하였다. 자옥(子玉)은 약오(若敖)의 6졸을 거느리고 중군을 통솔하며 말하기를 "오늘 반드시 진(晉)나라 군사를 다 없앨 것이다."라고 하였다. 자서(子西)가 좌군을 거느리고 자상(子上)은 우군을 거느렸다. 자상(子上)은 투발(鬪勃)이다. 서신은 말에 범 가죽을 씌우고서 먼저 진(陳)나라와 채나라 군대를 공격하니 진나라와 채나라 군대가 도망쳐 초나라 우군이 흩어졌다. 진(陳)나라와 채(蔡)나라 군대는 초(楚)나라 우군에 속해 있었다. 호모(狐毛)는 패(旆)[260] 두 개를 세우고 퇴각하는 체하였고, 란지(欒枝)는 무리에게 섶을 끌게 하여 거짓 물러나는 체하니 무리에게 섶을 끌게 하여 먼지를 일으키도록 한 것이다. 초(楚)나라 군대가 추격하였다. 원진(原軫)과 극진(郤溱)이 중군의 공족(公族)을 거느리고 초군(楚軍)의 측면을 공격하고, 공족(公族)은 진문공(晉文公)이 직접 통솔하는 군대이다. 호모와 호언(狐偃)이 상군을 거느리고 초나라 자서의 군대를 협공하니 초나라 좌군이 무너져 초나라 군대가 대패하였다. 자옥은 그의 군대를 수습하여 움직이지 않았기 때문에 패하지 않았다. 오직 중군만이 온전하였던 것이다. 진(晉)나라 군대가 사흘 동안 머물러[館] 곡식을 먹고 관(館)은 머묾이다. 사흘 동안 초(楚)나라 군대의 곡식을 먹은 것이다. 계유일에 돌아왔다. 갑오일에 형옹(衡雍)에 이르러 천토(踐土)에 왕궁을 지었다. 형옹(衡雍)과 천토(踐土)는 모두 정(鄭)나라 땅이다. 양왕(襄王)이 스스로 가서 진(晉)나라 군사를 위로하였기 때문에 양왕을 위하여 왕궁을 지은 것이다.

鄕役之三月 鄕猶屬也 城濮役之前三月 鄭伯如楚致其師 爲楚師旣敗而懼 使子人九行成于晉 子人 氏 九 名 晉欒枝入盟鄭伯 五月 丙午 晉侯及鄭伯盟于衡雍 丁未 獻楚俘于王 駟介百乘 徒兵千 駟介 四馬被甲 鄭伯傳王 用平禮也 傳 相也 用平王享晉文侯仇之禮 己酉 王享醴 命晉侯宥 助以束帛 王命尹氏及王子虎內史叔興父策命晉侯爲侯伯 周禮九命作伯 尹氏王子虎皆王卿士 叔興父 大夫也 賜之大輅之服 戎輅之服 大輅 金輅 服鷩冕 戎輅 戎車 服韋弁 彤弓一 彤矢百 旅弓矢千 彤 赤色 旅 音盧 黑色 諸侯賜弓矢然後專征伐 秬鬯一卣 秬

---

260) 패(旆) : 술[旒]을 단 기(旗).

黑黍 鬯 香酒 卣 器名 虎賁三百人 虎賁 王衞士 曰 王謂叔父 敬服王命 以綏四國 糾逖王
慝 有惡於王者 糾而遠之 晉侯三辭 從命 曰 重耳敢再拜稽首 奉揚天子之丕顯休命 受
策以出 出入三覲 出入猶去來 從來至去 凡三見王

마침[鄕] 싸움이 있기 전 3월에 향(鄕)은 마침[屬]과 같다. 성복(城濮)의 싸움이 있기 전 3월이다.261)
정백(鄭伯)이 초(楚)나라에 가서 그의 군대를 보내주었는데 초나라 군대가 패하였기 때문
에 두려워서 자인구(子人九)를 보내어 진(晉)나라에 화친을 청하였다. 자인(子人)은 씨이고 구
(九)는 이름이다. 이에 진나라 란지(欒枝)가 정(鄭)나라로 들어가 정백과 맹약하였다. 5월 병오
일에 진후(晉侯)가 정백과 형옹(衡雍)에서 맹약하고 정미일에 초군(楚軍)에게서 얻은 전리
품을 왕에게 바쳤으니, 사개(駟介) 백 승(乘)과 보졸 1천이었다. 사개(駟介)는 갑옷을 입힌 네 필의
말이다. 이때 정백이 왕의 의식(儀式)을 도우니[傅] 그것은 평왕(平王)의 례법을 따른 것이었
다. 부(傅)는 도움이다. 평왕(平王)이 진문후(晉文侯) 구(仇)를 대접한 례법을 따른 것이다.262) 기유일에 왕이
단술을 내려 잔치를 베풀고 진후에게 유(宥)263)를 명하였다. 속백(束帛)264)으로 향연을 도운 것이
다. 그리고 왕이 윤씨(尹氏)와 왕자 호(虎)와 내사(內史) 숙흥보(叔興父)에게 명하여 진후에
게 책명(策命)을 내려 후백(侯伯)으로 삼고, 주례(周禮)에 9명(命)265)이 백(伯)이 된다. 윤씨(尹氏)와
왕자 호(虎)는 모두 왕의 경사(卿士)이다. 숙흥보(叔興父)는 대부이다. 대로(大輅)의 복(服)266)과 융로(戎
輅)의 복(服), 대로(大輅)는 금로(金輅)인데 이 수레를 타는 사람은 꿩 털로 만든 관(鷩冕)을 쓴다. 융로(戎輅)는
융거(戎車)인데 이 수레를 타는 사람은 위변(韋弁 : 가죽모자)을 쓴다. 동궁(彤弓) 하나와 동시(彤矢) 백
개 및 로궁시(旅弓矢)267) 천 개, 동(彤)은 붉은색이고, 로(旅)는 음이 로(盧)이니 검은색이다. 제후(諸侯)가
궁시(弓矢)를 하사받은 뒤에야 정벌을 마음대로 할 수 있다. 거창(秬鬯) 한 통[卣], 거(秬)는 검은 기장이고
창(鬯)은 향기나는 술이고 유(卣)는 그릇 이름이다. 호분(虎賁) 3백 인을 하사하고 호분(虎賁)은 왕의 호위
병이다. 말하기를 "왕은 숙부에게 이르노니 왕명에 공경히 복종하여 사방의 나라를 편안히
다스려 왕에게 잘못하는 자를 규찰해 멀리 쫓아 주시오."라고 하였다. 왕에게 잘못하는 자가

---

261) 향(鄕)은~3월이다 : 향(鄕)을 향(曏 : 이전에)의 의미로 해석하여 성복(城濮)의 싸움이 있기 석 달 전으로
    보는 설도 있다.
262) 평왕(平王)이~것이다 : 앞서 진문후(晉文侯)가 융(戎)에게서 빼앗은 전리품을 평왕(平王)에게 바칠 때 정
    무공(鄭武公)이 왕의 시중을 들었다. 그래서 그 례법을 따른 것이라 한 것이다.
263) 유(宥) : 향연에서 손님에게 식사를 권하면서 폐백을 주는 례. 손님의 마음을 편안하게 하기 위함이다.
264) 속백(束帛) : 다섯 필을 한 묶음으로 묶은 비단. 빙문이나 향연에 례물로 썼다.
265) 9명(命) : 주대(周代) 관계(官階)의 가장 높은 단계. 상공(上公)은 9명(命)으로 제후들의 백(伯)이 된다.
266) 복(服) : 관작을 임명할 때 하사하는 기물(器物)과 의복(衣服).
267) 로궁시(旅弓矢) : 검은 칠을 한 활과 화살.

있으면 이를 규찰해 멀리 내치라는 것이다. 그러자 진후가 세 번 사양하고 명을 따라 말하기를 "중이(重耳)는 감히 재배하고 머리를 조아려 천자의 크게 드러난 아름다운 명을 받들어 선양하겠습니다."라 하고 책명을 받아 가지고 나왔다. 진후는 와서 갈 때까지[出入] 세 번 천자를 배알하였다. 출입(出入)은 거래(去來)와 같으니, 왔을 때부터 갈 때까지 모두 세 번 왕을 알현한 것이다.

---

**楚殺其大夫得臣**

초(楚)나라가 그 대부 득신(得臣)을 죽였다.

---

楚始書大夫

초(楚)나라에 대하여 처음으로 경문에 대부를 기록하였다.

初 楚子玉自爲瓊弁玉纓 未之服也 弁 用鹿子皮 瓊 美玉 次之以飾弁及纓 先戰 夢河神謂己曰 畀余 余賜女孟諸之麋 孟諸 宋藪澤 水草之交曰麋 弗致也 大心與子西使榮黃諫 大心 子玉之子 子西 子玉之族 榮黃 榮季 使以弁纓禱于河神 弗聽 榮季曰 死而利國 猶或爲之 況瓊玉乎 是糞土也 而可以濟師 將何愛焉 弗聽 出告二子曰 非神敗令尹 令尹其不勤民 實自敗也 旣敗 王使謂之曰 大夫若入 其若申息之老何 申息二邑子弟 皆從子玉而死 何以見其父老 子西孫伯曰 得臣將死 二臣止之曰 君其將以爲戮 孫伯卽大心 答言二臣止子玉死 令就君戮 及連穀而死 連穀 楚地 王無赦命 故自殺 晉侯聞之而後喜可知也 喜見顏色 曰 莫余毒也已 毒 害也 蔿呂臣實爲令尹 奉己而已 不在民矣

이보다 앞서 초(楚)나라 자옥(子玉)이 스스로 경변(瓊弁)과 옥영(玉纓)을 만들었는데 아직 착용하지 않고 있었다. 변(弁)은 사슴새끼 가죽으로 만든다. 경(瓊)은 아름다운 옥이니, 경옥(瓊玉)을 엮어 모재[弁]와 관끈[纓]을 장식한 것이다.[268] 싸움을 하기 전에 꿈에서 하수(河水)의 신이 자옥에게 이르기를 "그것을 나에게 달라. 그러면 내가 너에게 맹저(孟諸)의 늪지[麋]를 주겠노라.[269]"라고 하였으나 맹저(孟諸)는 송(宋)나라 늪지이다. 물과 풀이 맞닿은 지역을 미(麋)라 한다. 그는

---

268) 경(瓊)은~것이다 : 이에 대하여 경변(瓊弁)은 말 머리에 씌우는 붉은 구슬로 만든 가죽 모자이고, 옥영(玉纓)은 말 가슴에 다는 구슬로 만든 끈으로 보는 설도 있다.

269) 맹저(孟諸)의~주겠노라 : 적을 방어하기 좋은 곳을 알려주어 승리하도록 하겠다는 의미이다. 미(麋)는 미(湄 : 물가)와 통용하니, 《시경(詩經)》〈소아(小雅)〉 소민(小旻)에 '저 사람 누구인가. 하수(河水)의 물가

그것을 주지 않았다. 대심(大心)이 자서(子西)와 함께 영황(榮黃)을 시켜 간하였으나 대심(大心)은 자옥(子玉)의 아들이다. 자서(子西)는 자옥의 종족이다. 영황(榮黃)은 영계(榮季)이다. 그를 시켜 경변(瓊弁)과 옥영(玉纓)으로 하수(河水)의 신에게 기도하라고 간한 것이다. 자옥은 듣지 않았다. 영계(榮季 : 榮黃)가 말하기를 "죽어서 국가에 리익이 된다면 오히려 죽기도 하는데 하물며 경옥에 있어서이겠습니까. 이는 썩은 흙이니, 이것을 주어서 군대의 일이 성공한다면 무엇을 아끼겠습니까."라고 하였으나 자옥은 그래도 듣지 않았다. 영계가 나와서 두 사람에게 말하기를 "신(神)이 령윤(令尹)을 패배시키려는 것이 아니라 령윤께서 백성에게 힘쓰지 않으니[270] 실로 패배를 자초하는 것입니다."라고 하였다. 싸움에서 패한 뒤 초왕(楚王)이 사람을 보내 자옥에게 이르기를 "대부가 도성에 들어온다면 신(申) 땅과 식(息) 땅의 부로(父老)를 어찌 대하려는가."라고 하니, 신(申)과 식(息) 두 읍의 자제들이 모두 자옥(子玉)을 따라 갔다가 죽었으니 어떻게 그들의 부로(父老)를 볼 수 있겠느냐는 것이다. 자서와 손백(孫伯)이 말하였다. "득신(得臣 : 子玉)은 죽으려고 하였는데 우리 두 신하가 말리며 '임금께서 장차 벌하여 죽여주실 것입니다.'라고 하였습니다." 손백(孫伯)은 대심(大心)이다. 두 신하가 자옥(子玉)이 죽으려는 것을 말려 그로 하여금 임금이 명하는 죽음에 나아가게 하였다는 말로 대답한 것이다. 련곡(連穀)에 이르러 자옥이 죽었다. 련곡(連穀)은 초(楚)나라 땅이다. 초왕(楚王)의 사면한다는 명이 없었기 때문에 자살한 것이다. 진후(晉侯)가 이 소식을 듣고 기뻐하는 표정을 사람들이 알아차릴 수 있었다. 기뻐하는 표정이 얼굴에 나타난 것이다. 진후가 말하기를 "나를 해칠[毒] 자가 없어졌도다. 독(毒)은 해침이다. 위려신(蔿呂臣)이 실로 령윤이 될 것이니, 그는 자기만을 위할 뿐이고 백성에게는 마음을 두지 않을 것이다."라고 하였다.

---

### 衛侯出奔楚
위후(衛侯)가 초(楚)나라로 망명나갔다.

---

**衛侯聞楚師敗 懼 出奔楚 遂適陳** 自襄牛出 **使元咺奉叔武以受盟** 叔武 成公弟 元咺 衛大夫 奉 使攝君之事

---

에 살고 있네[彼何人斯 居河之麋].'라는 구절이 있다.

270) 신(神)이~않으니 : 자옥(子玉)이 하수의 신에게 옥을 바쳐 신을 만족시켰다면 백성이 안심하고 싸움에 림하였을 것인데 그러지 않아 백성이 불안해하였다는 말이다.

위후(衛侯 : 成公)가 초(楚)나라 군대의 패배 소식을 듣고 두려워하여 초나라로 망명나갔다가 드디어 진(陳)나라로 갔다. 양우(襄牛)에서 나간 것이다. 그리고 원훤(元咺)으로 하여금 숙무(叔武)를 받들고[奉] 맹약을 받게 하였다. 숙무(叔武)는 위성공(衛成公)의 아우이고 원훤(元咺)은 위(衛)나라 대부이다. 봉(奉)은 임금의 일을 대행하도록 한 것이다.

---

> ## 五月 癸丑 公會晉侯齊侯宋公蔡侯鄭伯衛子莒子 盟于踐土
>
> 5월 계축일에 희공(僖公)이 진후(晉侯)·제후(齊侯)·송공(宋公)·채후(蔡侯)·정백(鄭伯)·위자(衛子)·거자(莒子)와 회합하여 천토(踐土)에서 맹약하였다.

---

王子虎臨盟 不同歃 故不書 衛叔武從未成君之禮 故稱子

왕자 호(虎)가 맹약에 참석하였으나 같이 삽혈(歃血)하지 않았으므로 경문에 기록하지 않았다. 위(衛)나라 숙무(叔武)는 임금으로 즉위하기 이전의 례에 따랐기 때문에 위자(衛子)라고 칭하였다.

**癸亥 王子虎盟諸侯于王庭** 踐土宮之庭也 經書癸丑 月十八日 傳書癸亥 月二十八日 經傳必有誤 **要言曰 皆獎王室 無相害也 有渝此盟 明神殛之 俾隊其師 無克祚國** 獎 助也 隊 隕也 **及而玄孫 無有老幼**

계해일에 왕자 호(虎)가 왕정(王庭)에서 제후들과 맹약하며 왕정(王庭)은 천토(踐土)에 있는 왕궁의 뜰이다. 경문에 기록된 계축일은 이 달 18일이고 전문에 기록된 계해일은 이 달 28일이니, 경문이나 전문에 반드시 잘못이 있다. 약속하여 말하기를 "모두 왕실을 도와[獎] 서로 해치지 말라. 이 맹약을 어기면 밝은 신이 그를 죽이고, 그 군대를 무너뜨리며[隊], 나라를 향유하지[祚] 못하게 하며, 장(獎)은 돕는 것이고 추(隊)는 무너뜨림이다. 너의 현손(玄孫)에 이르기까지 로소(老少)의 구분 없이 벌을 받게 될 것이다."라고 하였다.

**君子謂 是盟也信 謂 晉於是役也 能以德攻**

군자는 이른다. "이 맹약은 신의에 맞았다." 또 이른다. "진(晉)나라는 이번 싸움에 덕으로써 잘 공격하였다."[271]

---

271) 진(晉)나라는~공격하였다 : 진문공(晉文公)이 덕으로써 백성을 교화한 뒤에 쓴 것을 말한다. 희공(僖公) 27년조 참조.

## 陳侯如會

진후(陳侯)가 회합에 갔다.

楚敗 陳懼而屬晉 不及盟 故曰如會

초(楚)나라가 패하자 진(陳)나라는 두려워하여 진(晉)나라에 복속하였다. 맹약할 때 미처 이르지 못하였기 때문에 '회합에 갔다.'라고 한 것이다.

## 公朝于王所

희공(僖公)이 왕소(王所)에서 조현하였다.

非京師 故曰王所 書朝王始此

경사(京師)가 아니기 때문에 왕소(王所)라고 한 것이다. 경문에 왕을 조현하였다고 기록한 것은 이로부터 시작되었다.

## 六月 衛侯鄭自楚復歸于衛 衛元咺出奔晉

6월에 위후(衛侯) 정(鄭)이 초(楚)나라에서 다시 위(衛)나라로 돌아갔다. 위나라 원훤(元咺)이 진(晉)나라로 망명나갔다.

衛侯殺弟 故名之 元咺訟君 亦著其罪

위후(衛侯)가 아우[叔武]를 죽였기 때문에 이름을 밝힌 것이다. 원훤(元咺)이 임금을 송사하였기 때문에 또한 그 죄를 드러낸 것이다.

### 或訴元咺於衛侯曰 立叔武矣 其子角從公 公使殺之 角 元咺子 咺不廢命 奉夷叔以入 守 夷叔卽叔武

혹자가 위후(衛侯)에게 원훤(元咺)을 참소하여 말하기를 "원훤이 숙무(叔武)를 세우려고 합니다."라고 하였다. 원훤의 아들 각(角)이 위성공(衛成公)을 따르고 있었는데[272] 위성공

---

272) 위성공(衛成公)을~있었는데 : 위성공(衛成公)을 따라 망명나간 것이다.

이 사람을 시켜 그를 죽였다. 각(角)은 원훤(元暄)의 아들이다. 그러나 원훤은 명을 어기지 않고 이숙(夷叔)을 받들어 국도로 들어가 나라를 지켰다. 이숙(夷叔)은 곧 숙무(叔武)이다.

**六月 晉人復衛侯 甯武子與衛人盟于宛濮** 武子 甯兪 宛 地名 近濮水 **曰 天禍衛國 君臣不協 以及此憂也 今天誘其衷 使皆降心以相從也 不有居者 誰守社稷 不有行者 誰扞牧圉** 牛曰牧 馬曰圉 **不協之故 用昭乞盟于爾大神以誘天衷 自今日以往 既盟之後 行者無保其力** 無恃其勞 **居者無懼其罪 有渝此盟 以相及也** 以惡相及 **明神先君 是糾是殛 國人聞此盟也 而後不貳**

6월에 진인(晉人)이 위후(衛侯)를 복위시켰다. 녕무자(甯武子)가 위인(衛人)과 완복(宛濮)에서 맹약하여[273] 녕무자(甯武子)는 녕유(甯兪)이다. 완(宛)은 땅 이름이니 복수(濮水) 가까이 있다. 다음과 같이 말하였다. "하늘이 위(衛)나라에 화를 내려 임금과 신하가 화합하지 못하여 이러한 근심에 이르게 되었다. 지금 하늘이 우리의 충심(衷心)을 유도하여 모두에게 겸손한 마음으로 서로 따르게 하였다. 나라에 남아있는 사람이 없었다면 누가 사직을 지켰겠으며 임금님을 따라 외국으로 간 사람이 없었다면 누가 임금님의 우마(牧圉)를 돌보았겠는가. 소를 목(牧)이라 하고 말을 어(圉)라고 한다. 그런데 이들이 서로 화합하지 못하기 때문에 밝게 그대들의 큰 신에게 맹약하여 우리를 하늘의 충심으로 유도해 주기를 비는 것이다. 오늘부터 이후로는 이미 맹약한 뒤이니 외국으로 갔던 사람들은 그 힘쓴 것을 믿지 말고, 그 공로에 의지하지 말라는 것이다. 나라에 남아있던 사람들은 그 죄를 받을까 두려워하지 말라. 이 맹약을 어기고서 서로에게 해악을 미치게 하는 자가 있다면 해악이 서로에게 미치게 함이다. 밝은 신과 선군이 이를 규찰하고 죽일 것이다." 국인은 이 맹약을 듣고 난 뒤에는 두마음을 품지 않았다.

**衛侯先期入** 不信叔武 **甯子先 長牂守門 以爲使也 與之乘而入** 長牂 衛大夫 **公子歂犬華仲前驅** 二子 衛大夫 **叔武將沐 聞君至 喜 捉髮走出 前驅射而殺之 公知其無罪也枕之股而哭之** 以尸枕股 **歂犬走出 公使殺之 元咺出奔晉**

위후(衛侯)가 정한 기일보다 먼저 위(衛)나라로 들어갈 때 숙무(叔武)를 믿지 않은 것이다. 녕자(甯子 : 甯武子)가 앞서 들어갔다. 그때 장장(長牂)이 성문을 지키고 있다가 녕자를 임금이

---

273) 녕무자(甯武子)가~맹약하여 : 녕무자(甯武子)가 위성공(衛成公)을 따라 망명나가 있다가 이때 돌아와 국인과 맹약한 것이다.

보낸 사자라고 여겨 함께 수레를 타고 성안으로 들어갔다. 장장(長牂)은 위(衛)나라 대부이다. 그 뒤 공자 천견(歂犬)과 화중(華仲)이 앞장서서 들어갈 때 두 사람은 위(衛)나라 대부이다. 숙무(叔武)가 머리를 감으려고 하다가 임금이 이르렀다는 소식을 듣고는 기뻐서 머리카락을 움켜잡고 달려 나오니 앞장서서 가던 자가 활을 쏘아 죽였다. 위성공(衛成公)이 아우의 죄 없음을 알고는 그의 머리를 넓적다리에 올려놓고 통곡하였다. 시신의 머리를 자신의 넓적다리에 올려놓은 것이다. 천견이 도주해 나가니[274] 위성공이 사람을 시켜 그를 죽였다. 원훤(元咺)은 진(晉)나라로 망명나갔다.[275]

---

### 陳侯款卒

진후(陳侯) 관(款)이 졸하였다.

---

### 秋

가을이다.

---

城濮之戰 晉中軍風于澤 牛馬因風而走 皆失之 亡大旆之左旃 大旆 旗名 繫旐曰旆 通帛曰旃 祁瞞奸命 二事不修 爲奸軍令 司馬殺之 以徇于諸侯 使茅茷代之 茷 音䟽 師還 壬午 濟河 舟之僑先歸 士會攝右 士會 士蔿之孫 秋 七月 丙申 振旅 愷以入于晉 愷 樂也 獻俘 授馘 飮至大賞 授 數也 徵會討貳 徵召諸侯爲會 殺舟之僑以徇于國 討棄軍之罪 民於是大服

성복(城濮)의 싸움에서 진(晉)나라 중군이 늪지대에서 바람을 만나 소와 말이 바람 때문에 달아나서 모두 잃은 것이다. 대패(大旆)의 좌전(左旃)[276]을 잃었다. 대패(大旆)는 기(旗) 이름이다. 조(旐)에 술을 단 것을 패(旆)라 하고 통폭의 비단으로 만든 기를 전(旃)이라 한다. 기만(祁瞞)이 군령을 어기니 두 일을 수행하지 못한 것[277]이 군령을 어긴 것이 된다. 사마(司馬)가 그를 죽여 제후들에게 돌려

---

274) 천견이~나가니 : 자기들이 숙무(叔武)를 죽인 것을 두려워하였기 때문이다.

275) 원훤(元咺)은~망명나갔다 : 위성공(衛成公)의 선발대가 원훤(元咺)이 받들었던 숙무(叔武)를 쏘아 죽이자 원훤이 망명나간 것이다.

276) 대패(大旆)의 좌전(左旃) : 대패(大旆)에는 좌전(左旃)과 우전(右旃)이 있다.

보이고 모폐(茅筏)에게 기만의 직무를 대행하게 하였다. 폐(筏)는 음이 폐(吠)이다. 진나라 군대가 귀환하여 임오일에 하수(河水)를 건넜다. 주지교(舟之僑)가 먼저 돌아가니[278] 사회(士會)가 거우를 대행하였다. 사회(士會)는 사위(士蒍)의 손자이다. 가을 7월 병신일에 군대를 정렬하고 개선악[愷]을 울리며 진(晉)나라로 들어가 개(愷)는 음악이다. 포로를 종묘에 바치고 적병을 죽여 자른 귀의 수를 헤아렸으며[授], 음지(飮至)[279]하고 크게 상을 내렸다. 수(授)는 헤아림이다. 그리고 제후들을 불러 모아 두마음을 가지고 있는 자를 토벌하기로 하고 제후들을 소집해서 회합을 가진 것이다. 주지교를 죽여 나라 안에 돌려 보이니 군대를 버린 죄를 토죄한 것이다. 백성이 이에 크게 복종하였다.

## 君子謂 文公其能刑矣 三罪而民服 三罪 顚頡祁瞞舟之僑 詩云 惠此中國 以綏四方 不失賞刑之謂也

군자는 이른다. "진문공(晉文公)은 형벌을 잘 행하였다. 세 사람의 죄인을 처형하니 백성이 복종하였다. 세 사람의 죄인은 전힐(顚頡)·기만(祁瞞)·주지교(舟之僑)이다. 《시(詩)》에 '이 나라 안에 은혜를 베풀어 사방의 나라를 편안하게 할지어다.'[280]라고 하였으니, 이는 곧 상벌을 행함에 옳음을 잃지 않은 것을 이른 것이다."

---

## 杞伯姬來

기(杞)나라 백희(伯姬)가 왔다.

---

來寧成風

성풍(成風)[281]에게 귀녕(歸寧)온 것이다.

---

277) 두~것 : 우마(牛馬)와 대패(大斾)의 좌전(左旃)을 잃은 것이다.
278) 주지교(舟之僑)가~돌아가니 : 이때 주지교(舟之僑)는 진문공(晉文公)의 거우였는데 제멋대로 먼저 돌아간 것이다. 주지교는 괵(虢)나라 대부로서 민공(閔公) 2년에 진(晉)나라에 망명하였다.
279) 음지(飮至) : 군대가 개선할 때 종묘에 고하고 음복례(飮福禮)를 행하는 것.
280) 이 나라~할지어다 :《시경(詩經)》〈대아(大雅)〉 민로(民勞).
281) 성풍(成風) : 로희공(魯僖公)과 백희(伯姬)의 어머니. 장공(莊公)의 첩비(妾妃)이다.

---

公子遂如齊

공자 수(遂)가 제(齊)나라에 갔다.

---

聘也

빙문한 것이다.

---

冬 公會晉侯齊侯宋公蔡侯鄭伯陳子莒子邾子秦人于溫

겨울에 희공(僖公)이 진후(晉侯)·제후(齊侯)·송공(宋公)·채후(蔡侯)·정백(鄭伯)·진자(陳子)·거자(莒子)·주자(邾子)·진인(秦人)과 온(溫) 땅에서 회합하였다.

---

晉侯下 穀無齊侯 ○陳共公稱子 先君未葬也 秦會諸侯始此

진후(晉侯) 다음에 《곡량전(穀梁傳)》에는 제후(齊侯)라는 글이 없다. ○진공공(陳共公)을 진자(陳子)라고 칭한 것은 선군의 장례를 마치지 않았기 때문이다. 진(秦)나라가 제후들과 회합한 것이 이로부터 시작되었다.

---

**冬 會于溫 討不服也** 討衛許

겨울에 온(溫) 땅에서 회합하였으니, 복종하지 않는 나라를 토벌하기 위해서이다. 위(衛)나라와 허(許)나라를 토벌하는 것이다.

---

天王狩于河陽 壬申 公朝于王所

천왕이 하양(河陽)에 순수(巡守)하였다. 임신일에 희공(僖公)이 왕소(王所)에서 조현하였다.

---

狩 穀作守 下于 穀作於 ○河陽 晉地 壬申 十月十日 有日無月

수(狩)는 《곡량전(穀梁傳)》에는 수(守)로 되어 있고, 다음의 우(于)자는 《곡량전(穀梁傳)》에는 어(於)로 되어 있다. ○하양(河陽)은 진(晉)나라 땅이다. 임신일(壬申日)은 10월 10일인데 일(日)만 있고 월(月)은 없다.

**是會也 晉侯召王 以諸侯見 且使王狩** 狩 巡守也 **仲尼曰 以臣召君 不可以訓 故書曰 天王狩于河陽 言非其地也 且明德也** 杜氏謂欲明晉功德 趙匡曰 謂此爲德過矣 趙汸曰 左氏所 記 乃流俗傳聞之辭 **壬申 公朝于王所**

이번 회합에 진후(晉侯)가 왕[襄王]을 불러 제후들을 거느리고 조현하고 또 왕으로 하여 금 순수하게[狩] 하였다. 수(狩)는 순수(巡守)함이다.[282] 중니(仲尼)는 말하기를 "신하의 신분으로 임금을 부른 것은 교훈이 될 수 없다."라고 하였다. 그러므로 경문에 기록하기를 '천왕이 하양(河陽)에 순수하였다.'라고 하였으니, 이는 그 순수할 땅이 아님을 말한 것이고[283] 또 덕을 밝힌 것이다. 두씨(杜氏)가 이르기를 "진(晉)나라의 공덕을 밝히고자 한 것이다."라고 하였다. 조광(趙匡) 이 말하기를 "이는 덕이 지나쳤음을 이른 것이다."[284]라고 하였고, 조방(趙汸)이 말하기를 "좌씨(左氏)가 기록한 것[285]은 세속에서 전해들은 말이다."라고 하였다. 임신일에 희공(僖公)이 왕소(王所)에서 왕을 조현 하였다.

---

**晉人執衛侯 歸之于京師 衛元咺 自晉復歸于衛**

진인(晉人)이 위후(衛侯)를 잡아서 경사(京師)로 보냈다. 위(衛)나라 원훤(元 咺)이 진(晉)나라에서 다시 위나라로 돌아갔다.

---

晉助臣執君 故稱人以貶 自晉者 譏晉有力也

진(晉)나라 조신(助臣)[286]이 위(衛)나라 임금을 잡았기 때문에 진인(晉人)이라고 칭하여 폄하한 것이다. '진(晉)나라에서'라고 한 것은 진나라가 힘을 가진 것을 비난한 것이다.[287]

**衛侯與元咺訟** 爭殺叔武事 **甯武子爲輔 鍼莊子爲坐 士榮爲大士** 大士 治獄官 臣不宜與君

---

282) 수(狩)는 순수(巡守)함이다 : 수(狩)를 사냥으로 풀이하기도 한다. 그러나 순수(巡守 : 巡狩)는 천자가 제후 국을 시찰하는 것으로 거기에는 사냥도 포함하고 있다. 즉 제후국 군대의 정돈 상태를 사냥을 통해 시찰 하는 것이다.

283) 순수할~것이고 : 진문공(晉文公)이 신하의 신분으로 왕을 자기의 땅인 하양(河陽)에 불러들여 순수(巡守) 하게 한 것은 례가 아니기 때문에 순수할 땅이 아니라고 한 것이다.

284) 이는~것이다 : 진문공(晉文公)이 자기의 덕을 지나치게 과시하였다고 본 것이다.

285) 좌씨(左氏)가~것 : 전문의 '경문에~밝힌 것이다.'까지를 이른다.

286) 조신(助臣) : 하급 관리.

287) 진나라가~것이다 : 진(晉)나라가 과도하게 힘을 과시하는 것을 비난한 것이다.

對坐 故使鍼莊子爲主 武子士榮質正之 衛侯不勝 三子辭屈 殺士榮 刖鍼莊子 謂甯兪忠而免
之 執衛侯 歸之于京師 寘諸深室 別爲囚室 甯子職納橐饘焉 職 主也 橐 衣襄 饘 鬻也 元
咺歸于衛 立公子瑕 瑕 衛公子適也

　위후(衛侯 : 成公)와 원훤(元咺)이 송사하였다. 숙무(叔武)를 죽인 일로 다툰 것이다. 녕무자(甯
武子)는 보좌인이 되고 겸장자(鍼莊子)가 대리인이 되고 사영(士榮)은 태사(大士)가 되었
다. 태사(大士)는 형옥(刑獄)을 다스리는 관리이다. 신하가 임금과 대좌(對坐)하는 것은 옳지 않다. 그러므로 겸
장자(鍼莊子)를 주(主 : 衛成公의 대리인)로 삼고, 녕무자(甯武子)와 사영(士榮)으로 하여금 질정(質正)하게 한 것
이다. 위후가 이기지 못하자 세 사람의 말이 굴복당한 것이다.[288] 진후(晉侯)는 사영을 죽이고 겸
장자에게 월형(刖刑)[289]을 주었지만 녕유(甯兪 : 甯武子)는 충성스럽게 여겨 형벌을 면해
주었다. 그리고 위후를 잡아 경사(京師)로 보내어 깊숙한 방에 가두었다. 별도로 가두는 방을
만든 것이다. 녕자(甯子 : 甯武子)는 위후에게 옷자루[橐]와 죽[饘]을 넣어주는 일을 맡았다[職].
직(職)은 맡음이다. 탁(橐)은 옷을 넣는 자루이다. 전(饘)은 죽이다. 원훤이 위나라로 돌아가 공자 하(瑕)
를 세웠다. 하(瑕)는 위(衛)나라 공자 적(適)이다.

---

## 諸侯遂圍許
　제후들이 드디어 허(許)나라를 포위하였다.

---

丁丑 諸侯圍許 會溫諸侯也 許再會不至 故伐之 丁丑 十月十五日 有日無月

　정축일에 제후들이 허(許)나라를 포위하였다. 온(溫) 땅에서 제후들이 회합하였는데 허(許)나라는
두 번이나 회합에 오지 않았기 때문에 친 것이다. 정축일은 10월 15일인데 일(日)만 있고 월(月)은 없다.

---

## 曹伯襄復歸于曹 遂會諸侯圍許
　조백(曹伯) 양(襄)이 다시 조(曹)나라로 돌아가다가 드디어 제후들과 회합하여
허(許)나라를 포위하였다.

---

288) 세 사람의~것이다 : 녕무자(甯武子)와 겸장자(鍼莊子)와 사영(士榮)이 원훤(元咺)의 말을 이기지 못한 것
　이다.
289) 월형(刖刑) : 발꿈치를 베는 형벌.

晉侯有疾 曹伯之豎侯獳貨筮史 豎 小臣 侯獳 姓名 納賂於晉掌筮之官 使曰 以曹爲解 使以
滅曹爲解 齊桓公爲會而封異姓 封邢衞 今君爲會而滅同姓 曹叔振鐸 文之昭也 振鐸 曹
始封君 文王之子 先君唐叔 武之穆也 且合諸侯而滅兄弟 非禮也 與衛偕命 私許復曹衞
而不與偕復 非信也 同罪異罰 非刑也 禮以行義 信以守禮 刑以正邪 舍此三者 君
將若之何 公說 復曹伯 遂會諸侯于許

　　진후(晉侯)가 병이 나자 조백(曹伯 : 共公)의 수(豎)인 후누(侯獳)가 진(晉)나라의 서사(筮
史)에게 뢰물을 주면서, 수(豎)는 소신(小臣)이다. 후누(侯獳)는 성명이다. 진(晉)나라의 시초점을 관장하는
관리에게 뢰물을 들인 것이다. 조(曹)나라 때문이라고 풀이하게 하였다. 조(曹)나라를 멸하였기 때문에
생긴 병이라고 점괘를 풀이하게 한 것이다. 이에 서사는 진후에게 "제환공(齊桓公)은 회합하여 이성
(異姓)의 나라를 봉해주었는데 형(邢)나라와 위(衞)나라를 봉해준 것이다. 지금 임금님께서는 회합
하여 동성(同姓)의 나라를 멸하였습니다. 조나라의 시조 숙진탁(叔振鐸)은 문왕(文王)의 아
들[昭]이고 숙진탁(叔振鐸)은 조(曹)나라에 처음 봉해진 임금이고 문왕(文王)의 아들이다. 선군 당숙(唐叔)
은 무왕(武王)의 아들[穆]입니다. 제후들을 모아서 형제의 나라를 멸하는 것은 례가 아닙니
다. 위(衞)나라와 함께 회복시켜준다고 하고 은밀히 조(曹)나라와 위(衞)나라의 회복을 허락한 것이
다.290) 함께 회복시키지 않은 것은 신의가 아니며 죄가 같은데 벌을 달리하는 것은 올바른
형벌이 아닙니다. 례로써 의를 행하고, 신의로써 례를 지키고, 형벌로써 사특함을 바로 잡
는 것입니다. 이 세 가지를 버려두고 임금님께서는 앞으로 어떻게 하시려고 합니까?"라고
하니, 진문공(晉文公)은 기뻐하여 조백을 복위시키고 드디어 허(許)나라에서 제후들과 회합
하였다.

○晉侯作三行以禦狄 荀林父將中行 屠擊將右行 先蔑將左行 晉置三軍 今復增置三行
以辟天子六軍之名

　　○진후(晉侯)가 3항(行)의 부대를 만들어 적(狄)을 막을 때 순림보(荀林父)가 중항(中行)
을 거느리고 도격(屠擊)이 우항(右行)을 거느리고 선멸(先蔑)이 좌항(左行)을 거느렸다. 진
(晉)나라는 3군(軍)을 두었는데 지금 다시 3항(行)의 부대를 더 설치하여 천자의 6군(軍)의 이름을 피한 것이
다.291)

---

290) 은밀히~것이다 : 이 일은 희공(僖公) 28년 4월조에 있다.
291) 천자의~것이다 : 제후(諸侯)는 6군(軍)을 둘 수 없기 때문에 증설한 부대의 이름을 항(行)이라고 하여
　　천자의 6군의 이름을 피하였다.

# 희공(僖公) 29년【庚寅 B.C.631】

---

## 二十有九年 春 介葛盧來
29년 봄에 개(介)나라 갈로(葛盧)가 왔다.

---

介 東夷國 葛盧 介君名 不稱朝 公在會也

개(介)는 동이(東夷)의 나라이고 갈로(葛盧)는 개(介)나라 임금의 이름이다. 조견하였다고 칭하지 않은 것은 희공(僖公)이 회합에 가 있었기 때문이다.

二十九年 春 介葛盧來朝 舍于昌衍之上 昌衍 地名 公在會 饋之芻米 禮也

29년 봄에 개(介)나라 갈로(葛盧)가 조견하러 와서 창연(昌衍) 가에 머물렀다. 창연(昌衍)은 땅 이름이다. 그때 희공(僖公)은 회합에 가 있으면서도 갈로에게 건초와 식량을 보내주었으니, 례에 맞는 일이었다.

---

## 公至自圍許
희공(僖公)이 허(許)나라를 포위한 일에서 돌아왔다.

---

## 夏 六月 會王人晉人宋人齊人陳人蔡人秦人 盟于翟泉
여름 6월에 왕인(王人)·진인(晉人)·송인(宋人)·제인(齊人)·진인(陳人)·채인(蔡人)·진인(秦人)과 회합하여 적천(翟泉)에서 맹약하였다.

---

會上公穀有公字 翟公作狄 ○翟泉 周地

회(會)자 앞에 《공양전(公羊傳)》과 《곡량전(穀梁傳)》에는 공(公)자가 있다. 적(翟)은 《공양전》에는 적(狄)으로 되어 있다. ○적천(翟泉)은 주(周)나라 땅이다.

夏 公會王子虎晉狐偃宋公孫固齊國歸父陳轅濤塗秦小子憖 盟于翟泉 尋踐土之盟

且謀伐鄭也 蔡人無名微者 卿不書 罪之也 王子虎下盟列國諸侯 大夫上敵王人公侯 故諱公而人諸
侯 王子虎不名 同貶也 在禮 卿不會公侯 會伯子男可也

여름에 희공(僖公)이 왕자 호(虎)·진(晉)나라 호언(狐偃)·송(宋)나라 공손고(公孫固)·제
(齊)나라 국귀보(國歸父)·진(陳)나라 원도도(轅濤塗)·진(秦)나라 소자은(小子憖)과 회합하
여 적천(翟泉)에서 맹약하였으니, 이는 천토(踐土)의 맹약을 거듭하고 또 정(鄭)나라 칠 것
을 모의하기 위해서였다. 채인(蔡人)의 이름이 없는 것은 미천한 자이기 때문이다. 회합에 참석한 경
(卿)들의 이름을 경문에 기록하지 않은 것은 그들을 죄준 것이다. 왕자 호(虎)는 격을 낮추어
렬국(列國)의 제후들과 맹약하고, 대부들은 격을 올려 왕인(王人)과 공후(公侯)를 상대하였기 때문에 희공(僖公)을
숨겼고 제후들을 인(人)이라고 기록한 것이다. 왕자 호의 이름을 기록하지 않은 것은 함께 폄하한 것이다. 례에
있어서 제후의 경은 공(公)·후(侯)와는 회합하지 못하고 백(伯)·자(子)·남(男)과는 회합을
가질 수 있다.

秋 大雨雹

가을에 크게 우박이 내렸다.

秋 大雨雹 爲灾也 周之秋 今之五六七月

가을에 크게 우박이 내렸다고 하였으니, 재해가 되었기 때문이다. 주(周)나라 가을은 지금의
5·6·7월이다.

冬 介葛盧來

겨울에 개(介)나라 갈로(葛盧)가 왔다.

冬 介葛盧來 以未見公 故復來朝 禮之 加燕好 燕 燕禮也 好 好貨也 一歲再來 故加之 介葛
盧聞牛鳴 曰 是生三犧 皆用之矣 其音云 問之而信

겨울에 개(介)나라 갈로(葛盧)가 왔으니, 희공(僖公)을 만나지 못하였기 때문에 다시 와
서 조견한 것이다. 그를 례로써 접대할 때 연례[燕]를 베풀고 례물[好]도 더해주었다. 연(燕)은
연례(燕禮)이다. 호(好)는 좋은 재화이다. 한 해에 두 차례나 왔기 때문에 더해준 것이다. 개나라 갈로가 소의

울음소리를 듣고 말하기를 "저 소가 희생으로 쓸 만한 새끼 세 마리를 낳았었는데 이번 제사에 모두 희생으로 쓰였을 것입니다. 그래서 그 울음소리가 그렇습니다."라고 하였다. 물어보니 그의 말이 확실하였다.

# 희공(僖公) 30년 【辛卯 B.C.630】

---

### 三十年 春 王正月

30년 봄 왕정월이다.

---

### 夏 狄侵齊

여름에 적(狄)이 제(齊)나라를 침범하였다.

**三十年 春 晉人侵鄭 以觀其可攻與否 狄間晉之有鄭虞也 夏 狄侵齊** 齊晉與國

30년 봄에 진인(晉人)이 정(鄭)나라를 침범하였으니, 공격할 수 있는지의 여부를 살핀 것이다. 적(狄)은 진(晉)나라가 정나라를 치는 일로 고심하고 있는 틈을 탔다. 그래서 여름에 적이 제(齊)나라를 침범하였다. 제(齊)나라와 진(晉)나라는 동맹국이다.

---

### 秋 衛殺其大夫元咺及公子瑕 衛侯鄭歸于衛

가을에 위(衛)나라가 그 대부 원훤(元咺)과 공자 하(瑕)를 죽였다. 위후(衛侯) 정(鄭)이 위나라로 돌아갔다.

---

瑕 元咺所假立 故以殺大夫之辭言之 而書及

하(瑕)는 원훤(元咺)이 림시로 세운 임금이다. 그러므로 대부를 죽였다고 말하고서 경문에 급(及)이라고

기록한 것이다.292)

**晉侯使醫衍酖衛侯** 衍 醫名 **甯兪貨醫 使薄其酖 不死 公爲之請 納玉於王與晉侯 皆**
**十瑴 王許之 秋 乃釋衛侯 衛侯使賂周歂冶廑 曰 苟能納我 吾使爾爲卿 周冶殺元**
**咺及子適子儀** 子適卽瑕 子儀 瑕母弟 **公入祀先君 周冶旣服 將命** 服 卿服 將入廟受命 **周歂**
**先入 及門 遇疾而死 冶廑辭卿** 見周歂死而懼

　　진후(晉侯)가 의원(醫員) 연(衍)을 시켜 위후(衛侯：鄭)에게 짐독[酖]을 먹여 죽이게 하였
다. 연(衍)은 의원의 이름이다. 그러자 녕유(甯兪)가 의원에게 뢰물을 주어 짐독을 약하게 타게
하였으므로 죽지 않았다. 희공(僖公)은 위후를 위하여 용서할 것을 요청하여, 왕과 진후에
게 옥을 바치니 모두 열 쌍이었다. 왕이 그 요청을 허락하니, 진후도 가을에 위후를 풀어
주었다. 위후가 사람을 시켜 주천(周歂)과 야근(冶廑)에게 뢰물을 주고 말하기를 "만일 나
를 받아들여 준다면 나는 그대들을 경(卿)으로 삼겠다."라고 하였다. 주천과 야근은 원훤
(元咺)과 자적(子適)과 자의(子儀)를 죽였다. 자적(子適)은 곧 하(瑕)이다. 자의(子儀)는 하의 동모제이
다. 위성공(衛成公：鄭)이 국도로 들어가 선군에게 제사를 지낼 때 주천과 야근은 례복[服]
을 입고 장차 임명을 받으려 하였다. 복(服)은 경(卿)의 복식이다. 종묘에 들어가 임명을 받으려고 한
것이다. 주천이 먼저 종묘로 들어가다가 문에 이르자 병이 나 죽었다. 그러자 야근이 경을
사양하였다. 주천(周歂)이 죽는 것을 보고 두려워한 것이다.

---

**晉人秦人圍鄭**

　　진인(晉人)과 진인(秦人)이 정(鄭)나라를 포위하였다.

---

秦晉結釁始此 書人貶之

　　진(秦)나라와 진(晉)나라가 틈이 생긴 것이 이로부터 시작되었다. 경문에 인(人)이라고 기록한 것은 폄하한
것이다.

**九月 甲午 晉侯秦伯圍鄭 以其無禮於晉** 文公亡過鄭 鄭不禮 **且貳於楚也 晉軍函陵 秦**

---

292) 급(及)이라고~것이다 : 하(瑕)를 임금으로 여기지 않고 대부와 동급으로 여겼기 때문에 급(及)이라고 하
　　였다는 것이다.

軍氾南 函陵氾南 鄭地 佚之狐言於鄭伯曰 國危矣 若使燭之武見秦君 師必退 佚之狐燭 之武皆鄭大夫 公從之 辭曰 臣之壯也 猶不如人 今老矣 無能爲也已 公曰 吾不能早用 子 今急而求子 是寡人之過也 然鄭亡 子亦有不利焉 許之

9월 갑오일에 진후(晉侯)와 진백(秦伯 : 穆公)이 정(鄭)나라를 포위하였으니, 정나라가 진(晉)나라에 무례하였고 진문공(晉文公)이 망명다닐 때 정(鄭)나라에 들렀는데 정나라가 례우하지 않은 것이다.[293] 또 초(楚)나라에 붙었기 때문이다. 진(晉)나라는 함릉(函陵)에 진을 치고, 진(秦)나라는 범남(氾南)에 진을 치고 있었다. 함릉(函陵)과 범남(氾南)은 정(鄭)나라 땅이다. 일지호(佚之狐)가 정백(鄭伯 : 文公)에게 말하기를 "나라가 위태롭습니다. 만약 촉지무(燭之武)를 보내어 진(秦)나라 임금을 만나게 한다면 그 군대는 반드시 물러날 것입니다."라고 하자 일지호(佚之狐)와 촉지무(燭之武)는 모두 정(鄭)나라 대부이다. 정문공(鄭文公)이 그의 말을 따랐다. 그러나 촉지무가 사양하며 말하기를 "신은 젊었을 때도 오히려 남보다 못하였는데 지금은 늙기까지 하였으니 할 수 있는 일이 없습니다."라고 하였다. 이에 정문공이 말하기를 "내가 일찍이 그대를 쓰지 않았다가 이제 다급하게 되어서야 그대에게 요구하니 이는 과인의 잘못이다. 그러나 정나라가 망하면 그대도 리롭지 못함이 있을 것이다."라고 하니, 촉지무가 허낙하였다.

夜縋而出 縋 音墜 縣城而下也 見秦伯曰 秦晉圍鄭 鄭旣知亡矣 若亡鄭而有益於君 敢 以煩執事 越國以鄙遠 君知其難也 設得鄭爲邊邑 越晉而難保 焉用亡鄭以陪鄰 陪 益也 鄰 之厚 君之薄也 若舍鄭以爲東道主 行李之往來 共其乏困 行李 使人 君亦無所害 且 君嘗爲晉君賜矣 許君焦瑕 朝濟而夕設版焉 君之所知也 晉君謂惠公 焦瑕 晉河外五城之 二邑 夫晉 何厭之有 旣東封鄭 又欲肆其西封 封 疆也 肆 申也 若不闕秦 將焉取之 闕猶 削也 闕秦 以利晉 唯君圖之

촉지무(燭之武)가 밤에 밧줄[縋]을 타고 성을 빠져나가 추(縋)는 음이 추(墜)이니 성에 매달려 내려간 것이다. 진백(秦伯)을 만나 다음과 같이 말하였다. "진(秦)나라와 진(晉)나라가 우리 정(鄭)나라를 포위하였으니, 정나라가 망할 것을 이미 알고 있습니다. 만약 정나라를 멸망시켜 임금님께 리익이 있다면 감히 집사를 번거롭게 하겠습니까. 다른 나라를 넘어 먼 정나라를 변읍(邊邑 : 鄙)으로 삼는다는 것은 임금님께서도 그 어려움을 알고 계실 것입니다. 가령 정(鄭)나라를 얻어 변읍(邊邑)으로 삼는다 하더라도 진(晉)나라를 넘어야 하기 때문에 보존하기가 어렵다는 것이다. 어찌하여 정나라를 멸망시켜 이웃나라에게 령토를 더해주려[陪] 하십니까. 배(陪)는

---

293) 진문공(晉文公)이~것이다 : 이 일은 희공(僖公) 24년조에 있다.

더해줌이다. 이웃나라의 땅이 많아지는 것은 임금님의 땅이 줄어드는 것입니다. 만약 정나라 를 그대로 놓아두고서 동방으로 진출하는 주역으로 삼아 행리(行李)가 왕래할 때 부족한 물자를 공급하게 하신다면 행리(行李)는 사인(使人)이다. 임금님께서도 손해가 없을 것입니다. 또 임금님께서 일찍이 진(晉)나라 임금에게 은혜를 베푸셨을 때 진(晉)나라 임금이 초(焦) 땅과 하(瑕) 땅을 임금님에게 바치기로 하였습니다. 그러나 아침에 하수(河水)를 건너 본국 으로 돌아가자 저녁에 성을 쌓아 방비한 것을 임금님께서도 아시는 바입니다. 진(晉)나라 임금 은 혜공(惠公)을 이른다. 초(焦)와 하(瑕)는 진(晉)나라 하수(河水) 밖 다섯 성 가운데 두 읍이다. 저 진(晉)나라 가 어찌 만족함이 있겠습니까. 동쪽으로 정나라를 령토[封]로 삼고나면 다시 서쪽으로 령토 를 넓히려고[肆] 할 것인데 봉(封)은 령토이다. 사(肆)는 넓힘이다. 만약 진(秦)나라 땅을 깎아내지 [闕] 않고서는 어디에서 취하겠습니까. 궐(闕)은 깎아냄[削]과 같다. 진(秦)나라 땅을 깎아내어 진 (晉)나라를 리롭게 한다는 것을 임금님께서는 헤아리십시오."

**秦伯說 與鄭人盟 使杞子逢孫楊孫戌之 乃還** 三子 秦大夫 反爲鄭守 **子犯請擊之** 請擊秦 也 **公曰 不可 微夫人之力 不及此 因人之力而敝之 不仁 失其所與 不知 以亂易整 不武 吾其還也 亦去之**

진백(秦伯)이 기뻐하여 정인(鄭人)과 맹약하고 기자(杞子)와 봉손(逢孫)과 양손(楊孫)으 로 하여금 정(鄭)나라를 지키게 하고 돌아갔다. 세 사람은 진(秦)나라 대부인데 도리어 정(鄭)나라를 위하여 지킨 것이다. 이에 진(晉)나라 자범(子犯)이 치기를 요청하니, 진(秦)나라 치기를 요청한 것이 다. 진문공(晉文公)이 말하기를 "안 된다. 저 사람[秦伯]의 힘이 아니었다면 내가 여기에 이 르지 못하였을 것이다. 남의 힘에 의지하였다가 그 사람을 해치는 것은 어질지 못하고, 같 은 편을 잃음은 지혜롭지 못하며, 란(亂)으로써 안정을 바꾸는 것[294]은 올바른 무(武)가 아니니 나는 돌아가겠다."라 하고, 또한 정나라를 떠났다.

**初 鄭公子蘭出奔晉** 蘭 鄭穆公 **從於晉侯伐鄭 請無與圍鄭 許之 使待命于東** 晉東界 **鄭 石甲父侯宣多逆以爲大子 以求成于晉 晉人許之**

이보다 앞서 정(鄭)나라 공자 란(蘭)이 진(晉)나라로 망명나가 있다가 란(蘭)은 뒷날의 정목공 (鄭穆公)이다. 진후(晉侯)가 정나라를 칠 때 따라갔는데 정나라를 포위하는 일에는 참가하지

---

294) 란(亂)으로써~것 : 진(晉)나라는 진(秦)나라와 사이가 안정되었는데 공격하면 다시 분란(紛亂)이 일어난 다는 말이다.

않을 것을 요청하였다. 이에 진후가 허락하여 동쪽에서 명을 기다리게 하였다. 진(晉)나라 동쪽 경계이다. 정나라 석갑보(石甲父)와 후선다(侯宣多)가 공자 란을 맞이하여 태자로 삼고 진나라에 화친할 것을 요청하니 진인(晉人)이 이를 허락하였다.

---

## 介人侵蕭

개인(介人)이 소(蕭)나라를 침범하였다.

---

## 冬 天王使宰周公來聘

겨울에 천왕(天王)이 총재(冢宰)인 주공(周公)을 보내와서 빙문하였다.

周公 天子三公 兼冢宰也

주공(周公)은 천자의 삼공(三公)으로 총재(冢宰)를 겸하였다.

**冬 王使周公閱來聘 饗有昌歜白黑形鹽** 歜 音劅 昌歜 昌蒲菹 白 熬稻 黑 熬黍 形鹽 鹽形象虎 **辭曰 國君 文足昭也 武可畏也 則有備物之饗 以象其德 薦五味 羞嘉穀 鹽虎形 以獻其功** 嘉穀以象文 形鹽以象武 **吾何以堪之**

겨울에 왕이 주공(周公) 열(閱)을 보내와서 빙문하였다. 그에게 향연을 베풀 때 창잠(昌歜)·백(白)·흑(黑)·형염(形鹽)을 올려놓았다. 잠(歜)은 음이 잠(劅)이니 창잠(昌歜)은 창포절임이다. 백(白)은 볶은 쌀이고, 흑(黑)은 볶은 기장이다. 형염(形鹽)은 소금의 모양이 범 형상이다. 주공이 사양하며 말하기를 "나라의 임금으로서 문(文)이 밝게 드러나고 무(武)가 세상을 경외(敬畏)하게 할 만하면 여러 가지 물건을 갖춘 향연을 베풀어 그 덕을 형상하고, 오미(五味)를 올리고 좋은 곡식을 바치며[羞], 범 모양의 소금을 만들어 그 공을 나타내는 것입니다. 좋은 곡식으로 문(文)을 형상하고 범 모양의 소금으로 무(武)를 형상한다. 그러니 내가 어찌 이를 감당할 수 있겠습니까." 라고 하였다.

公子遂如京師 遂如晉

　공자 수(遂)가 경사(京師)에 갔다가 드디어 진(晉)나라로 갔다.

如京師報宰周公 此魯聘周聘晉之始

　경사(京師)에 간 것은 총재(冢宰)인 주공(周公)의 빙문에 답방한 것이다. 이는 로(魯)나라가 주(周)나라를 빙문하고 진(晉)나라를 빙문한 시초이다.

### 東門襄仲將聘于周 遂初聘于晉

　동문양중(東門襄仲 : 遂)이 주(周)나라를 빙문하려 하였다. 드디어 처음으로 진(晉)나라를 빙문하였다.[295]

# 희공(僖公) 31년【壬辰 B.C.629】

三十有一年 春 取濟西田

　31년 봄에 제수(濟水) 서쪽 전지를 취하였다.

三十一年 春 取濟西田 分曹地也 晉分其地 使臧文仲往 宿於重館 重館 地名 重館人告曰 晉新得諸侯 必親其共 曉其恭順 不速行 將無及也 從之 分曹地 自洮以南 東傳于濟 盡曹地也

　31년 봄에 제수(濟水) 서쪽 전지를 취하였으니, 조(曹)나라 땅을 나누어 받은 것이다. 진(晉)나라가 조(曹)나라의 땅을 나누어 준 것이다. 이때 희공(僖公)이 장문중(臧文仲)을 가게 하였는데

---

295) 동문양중(東門襄仲 : 遂)이~빙문하였다 : 희공(僖公)이 동문양중(東門襄仲)을 명하여 주(周)나라를 빙문하라고 하였는데 아직 가지 않았기 때문에 전문에 '將'이라고 기록하였다. 또 주나라를 빙문하고 나서 진(晉)나라를 빙문하라고 명하였기 때문에 '遂'라고 기록하였으며, 로(魯)나라가 처음으로 진나라를 빙문하였기 때문에 '初'라고 기록한 것이다.

중관(重館)에서 묵게 되었다. 중관(重館)은 땅 이름이다. 중관인(重館人)이 고하기를 "진(晉)나라가 새로 제후들을 얻었으니 반드시 공순한 나라를 친애할 것입니다. 공순(恭順)한 나라를 친애한다는 것이다. 빨리 가지 않는다면 미치지 못할 것입니다."[296]라고 하였다. 장문중은 그의 말을 따라 하여 조나라의 땅을 나누어 받았으니, 도수(洮水)의 남쪽으로부터 동쪽으로 제수(濟水)에 이르기까지였고, 모두 조나라 땅이었다.[297]

## 公子遂如晉

공자 수(遂)가 진(晉)나라에 갔다.

**襄仲如晉 拜曹田也**

양중(襄仲)이 진(晉)나라에 갔으니, 조(曹)나라 전지를 나누어 준 일에 대하여 배사한 것이다.

## 夏 四月 四卜郊 不從 乃免牲 猶三望

여름 4월에 교제(郊祭)지내는 것에 대하여 네 번이나 점쳤지만 불길하여 이에 희생을 놓아주고 오히려 삼망제(三望祭)는 지냈다.

不從 不吉也 魯郊 僭也 四卜三望 皆非禮 故譏之 三望 分野之星國中山川

불종(不從)은 불길함이다. 로(魯)나라가 교제(郊祭)를 지내는 것은 참람된 것이다.[298] 네 번 거북점을 친 것과 세 곳에 망제를 지낸 것[三望]은 모두 례가 아니기 때문에 비난한 것이다. 삼망(三望)은 분야(分野)[299]의

---

296) 빨리~것입니다 : 먼저 간 자들이 땅을 전부 받아 가면 뒤에 간 자는 아마도 땅을 받을 수 없을 것이라는 말이다.

297) 도수(洮水)의~땅이었다 : 도수(洮水)로부터 제수(濟水) 서쪽에 이르기까지의 땅은 본래 로(魯)나라 땅이었는데 조(曹)나라에게 빼앗긴 지 오래되었다. 그 뒤 희공(僖公) 28년 진문공(晉文公)이 조나라를 토벌하였고 지금 그 땅을 제후들에게 나누어 준 것이다.

298) 로(魯)나라가~것이다 : 제후(諸侯)는 천지에 교제(郊祭)를 지낼 수 없으나 로(魯)나라만은 주공(周公) 때문에 천자의 례악을 사용할 수 있었다. 그러나 그것도 례가 아니라는 것이다.

299) 분야(分野) : 중국 전역을 하늘의 12성차(星次)에 배속하여 나눈 칭호. 이를테면 진(秦)나라의 분야(分野)는 순수(鶉首), 주(周)나라는 순화(鶉火), 연(燕)나라는 석목(析木), 오(吳)나라와 월(越)나라는 성기(星紀)

성차(星次)와 나라 안의 산(山)과 천(川)에 지내는 제사이다.

夏 四月 四卜郊 不從 乃免牲 非禮也 猶三望 亦非禮也 禮不卜常祀 而卜其牲日 卜牲與日 牛卜日曰牲 旣得吉日 則牛改名曰牲 牲成而卜郊 上怠慢也 旣卜牲日 復卜郊之可否 故曰怠慢 望 郊之細也 不郊 亦無望可也

  여름 4월에 교제(郊祭)지내는 것에 대하여 네 번이나 점쳤지만 불길하여 이에 희생을 놓아주었으니, 례가 아니었다.[300] 오히려 삼망제(三望祭)를 지냈으니,[301] 또한 례가 아니었다. 례에 의하면 일상적인 제사는 그 길흉을 점치지 않고 그 제사에 쓸 희생과 날만을 점치며 희생과 날을 점친다. 점을 쳐서 희생으로 쓸 날이 정해진 소를 생(牲)이라 한다. 점을 쳐서 길일을 잡은 뒤에는 소의 이름을 바꾸어 생(牲)이라 한다. 생이 이미 정해졌는데 교제의 길흉을 점치는 것은 윗사람이 태만(怠慢)[302]해서이다. 생(牲)과 날을 점치고 나서 다시 교제(郊祭)를 지내는 것의 가부에 대하여 점을 쳤기 때문에 태만하다고 한 것이다. 망제는 교제의 작은 부분이니 교제를 지내지 않으면 망제도 지내지 않는 것이 옳다.

秋 七月

  가을 7월이다.

○秋 晉蒐于淸原 作五軍以禦狄 晉罷三行 更爲上下新軍 淸原 晉地名 趙衰爲卿 爲新軍帥

  ○가을에 진(晉)나라가 청원(淸原)에서 군대를 검열하고서 5군(軍)으로 만들어 적(狄)을 방어할 때 진(晉)나라가 3항(行)을 혁파하고 다시 상하(上下)의 신군(新軍)으로 만든 것이다. 청원(淸原)은 진나라 땅 이름이다. 조최(趙衰)를 경(卿)으로 삼았다.[303] 신군(新軍)의 장수가 된 것이다.

---

따위이다.

300) 교제(郊祭)지내는~아니었다 : 교제(郊祭)를 지내는 것이 길한지의 여부에 대하여 점을 친 것과 교제에 쓰기로 하였던 희생을 놓아주고 교제를 지내지 않은 것이 례가 아니라는 것이다.

301) 오히려~지냈으니 : 로(魯)나라가 천지에 지내는 교제(郊祭)는 중지하고 작은 제사인 망제(望祭)는 지냈기 때문에 '오히려'라고 한 것이다.

302) 태만(怠慢) : 례법을 무시하고 공경하지 않는 것을 이른다.

303) 조최(趙衰)를~삼았다 : 희공(僖公) 27년에 조최(趙衰)를 경(卿)으로 임명하자 조최는 란지(欒枝)에게 양보하였고, 이제 경(卿)이 된 것이다.

冬 杞伯姬來求婦

　겨울에 기(杞)나라 백희(伯姬)가 와서 며느리를 구하였다.

自爲其子成昏

　스스로 그 아들의 성혼(成婚)을 위하여 온 것이다.

狄圍衛

　적(狄)이 위(衛)나라를 포위하였다.

十有二月 衛遷于帝丘

　12월에 위(衛)나라가 제구(帝丘)로 옮겼다.

于 穀作於 ○辟狄難也 帝丘 帝顓頊之虛

　우(于)는 《곡량전(穀梁傳)》에는 어(於)로 되어 있다. ○적(狄)의 난을 피한 것이다. 제구(帝丘)는 제(帝) 전욱(顓頊)의 옛터이다.

冬 狄圍衛 衛遷于帝丘 卜曰三百年 衛成公夢 康叔曰 相奪予享 相 夏后啓之孫 享 祭也 公命祀相 甯武子不可 曰 鬼神非其族類 不歆其祀 杞鄫何事 杞鄫 夏後 自當祀相 相之 不享於此久矣 非衛之罪也 不可以間成王周公之命祀 諸侯受命 各有常祀 請改祀命

　겨울에 적(狄)이 위(衛)나라를 포위하자 위나라가 제구(帝丘)로 옮기며 점을 치니, 점사(占辭)에 이르기를 '국운이 3백 년은 갈 것이다.'라고 하였다. 위성공(衛成公)이 꿈을 꾸니, 강숙(康叔)[304]이 나타나 말하기를 "상(相)이 나의 제사[享]를 빼앗아 먹는다."고 하였다. 상(相)은 하후(夏后) 계(啓)의 손자이다. 향(享)은 제사이다. 위성공이 상의 제사를 지내라고 명하니, 녕무자(甯武子)가 안 된다고 하며 말하기를 "귀신은 그 종족이 아니면 그 제사를 흠향하지 않는 법인데 기(杞)나라와 증(鄫)나라는 무슨 일을 한다는 것입니까. 기(杞)나라와 증(鄫)나라가

---

304) 강숙(康叔) : 위(衛)나라 시조.

하후(夏后)의 후손이니, 마땅히 상(相)에게 제사를 지내야 한다는 것이다. 상이 이곳에서 제사를 받아먹지 못한 지 오래되었으니 우리 위나라의 죄가 아닙니다. 성왕(成王)과 주공(周公)이 명한 제사를 범할 수 없으니305) 제후(諸侯)는 천자의 명을 받아 각기 정해진 제사가 있다. 상의 제사를 지내라는 명을 고치십시오."라고 하였다.

○**鄭洩駕惡公子瑕 鄭伯亦惡之 故公子瑕出奔楚** 瑕 文公子 洩駕 亦鄭大夫 隱五年洩駕 距此九十年 疑非一人

　○정(鄭)나라 설가(洩駕)가 공자 하(瑕)를 미워하고 정백(鄭伯)도 그를 미워하였다. 그러므로 공자 하가 초(楚)나라로 망명나갔다. 하(瑕)는 정문공(鄭文公)의 아들이고, 설가(洩駕) 또한 정(鄭)나라 대부이다. 은공(隱公) 5년조의 설가(洩駕)는 이 시기로부터 90년이나 떨어져 있으니 아마도 같은 사람이 아닐 것이다.

# 희공(僖公) 32년【癸巳 B.C.628】

> 三十有二年 春 王正月
> 32년 봄 왕정월이다.

○**三十二年 春 楚鬭章請平于晉 晉陽處父報之 晉楚始通** 陽處父 晉大夫

　○32년 봄에 초(楚)나라 투장(鬭章)이 진(晉)나라에 가서 화평을 청하였고 진나라 양처보(陽處父)가 답방하였으니, 진나라와 초나라가 처음으로 통교한 것이다. 양처보(陽處父)는 진(晉)나라 대부이다.

---

305) 성왕(成王)과~없으니 : 지금 위(衛)나라가 상(相)의 제사를 지낸다면 이는 성왕(成王)과 주공(周公)의 명을 어기게 된다는 것이다.

> ## 夏 四月 己丑 鄭伯捷卒
> 여름 4월 기축일에 정백(鄭伯 : 文公) 첩(捷)이 졸하였다.

捷 公作接

첩(捷)은 《공양전(公羊傳)》에는 접(接)으로 되어 있다.

> ## 衛人侵狄 秋 衛人及狄盟
> 위인(衛人)이 적(狄)을 침범하였다. 가을에 위인이 적과 맹약하였다.

**夏 狄有亂 衛人侵狄 狄請平焉 秋 衛人及狄盟** 不地者 就狄廬帳盟

여름에 적(狄)에 란이 나자 위인(衛人)이 적을 침범하니 적이 화평하기를 청하였다. 가을에 위인이 적과 맹약하였다. 맹약한 땅을 기록하지 않은 것은 적(狄)의 막사에 가서 맹약하였기 때문이다.

> ## 冬 十有二月 己卯 晉侯重耳卒
> 겨울 12월 기묘일에 진후(晉侯) 중이(重耳)가 졸하였다.

**冬 晉文公卒 庚辰 將殯于曲沃** 曲沃有舊宮 **出絳 柩有聲如牛** 如牛吼聲 **卜偃使大夫拜曰 君命大事 將有西師過軼我** 句 **擊之 必大捷焉** 卜偃聞秦密謀 故因柩聲以正衆心

겨울에 진문공(晉文公)이 졸하였다. 경진일에 곡옥(曲沃)에서 빈례(殯禮)를 행하려고[306] 곡옥(曲沃)에는 옛날 궁이 있다. 강도(絳都)에서 나가는데, 령구[柩]에서 소 울음 같은 소리가 났다. 소가 우는 소리 같았다. 복언(卜偃)이 대부들에게 절하게 하며 말하기를 "임금님이 대사(大事)를 명하시기를 장차 서쪽의 군대가 우리나라를 지나갈 것이니[307] 구두(句讀)이다. 저들을 공격하면 반드시 크게 승리할 것이라고 하셨습니다."라고 하였다. 복언(卜偃)이 진(秦)나라의 은

---

306) 곡옥(曲沃)에서~행하려고 : 곡옥(曲沃)은 진(晉)나라의 종묘가 있는 곳인데, 이곳에서 빈례(殯禮)를 행하는 것은 종묘에 고유를 편하게 하기 위한 것이다.

307) 장차~것이니 : 진(秦)나라 군대가 정(鄭)나라를 치기 위해 진(晉)나라를 지나갈 것이라는 말이다.

밀한 계획을 들었기 때문에 령구[柩]에서 난 소리를 리용하여 대중의 마음을 바로잡은 것이다.[308]

# 희공(僖公) 33년【甲午 B.C.627】

> 三十有三年 春 王二月 秦人入滑
>
> 33년 봄 왕2월에 진인(秦人)이 활(滑)나라로 쳐들어갔다.

杞子自鄭使告于秦 三十年 秦使杞子戍鄭 曰 鄭人使我掌其北門之管 管 籥也 若潛師以
來 國可得也 穆公訪諸蹇叔 蹇叔曰 勞師以襲遠 非所聞也 蹇叔 秦大夫 師勞力竭 遠
主備之 遠主謂鄭 無乃不可乎 師知所爲 鄭必知之 秦師旣知其事 鄭必知之 勤而無所 必有
悖心 秦兵勞而無得 必生悖心 且行千里 其誰不知 公辭焉 召孟明西乞白乙 百里孟明視西乞
術白乙丙 使出師於東門之外

  기자(杞子)가 정(鄭)나라에서 사람을 보내어 진(秦)나라에 고하여 30년에 진(秦)나라가 기자(杞
子)를 시켜 정(鄭)나라를 지키게 하였다. 말하기를 "정인(鄭人)이 나에게 북문의 열쇠[管]를 맡겼으
니, 관(管)은 열쇠이다. 만약 은밀히 군대를 이끌고 온다면 정나라를 얻을 수 있습니다."라고
하였다. 진목공(秦穆公)이 건숙(蹇叔)을 찾아가 물으니, 건숙이 말하기를 "군대를 수고롭게
하여 원방(遠方)의 나라를 습격한다는 말은 듣지 못하였습니다. 건숙(蹇叔)은 진(秦)나라 대부이
다. 군대는 지쳐서 힘이 고갈될 것이고, 멀리 있는 임금[遠主]은 이를 대비할 것이니 원주(遠
主)는 정(鄭)나라를 이른다. 안 되지 않습니까. 우리 군대가 행할 바를 알고 있으니[309] 정나라도
반드시 알고 있을 것입니다. 진(秦)나라 군대가 이미 그 일을 알고 있으니 정(鄭)나라도 반드시 그 일을
알고 있을 것이라는 것이다. 군사들이 고생만 하고 얻는 것이 없으면 반드시 불순한 마음을 가질
것입니다. 진(秦)나라 병사가 고생만 하고 얻는 것이 없으면 반드시 불순한 마음이 생긴다는 것이다. 또한

---

308) 대중의~것이다 : 혼란스러워하는 사람들의 마음을 안정시킨 것이라는 말이다.

309) 우리~있으니 : 전문의 '師知所爲'의 '知'를 '之'로 보는 설도 있다. 이 설에 따른다면 '우리 진(秦)나라 군대
     의 하려는 바를'로 해석된다.

1천 리를 가는데 그 누가 모르겠습니까."라고 하였다. 진목공은 그 말을 듣지 않고 맹명(孟明)과 서걸(西乞)과 백을(白乙)을 불러 백리맹명시(百里孟明視)[310]와 서걸술(西乞術)과 백을병(白乙丙)[311]이다. 군대를 동문 밖에서 출발하게 하였다.

**蹇叔哭之曰 孟子 吾見師之出 而不見其入也 公使謂之曰 爾何知 中壽 爾墓之木拱矣** 上壽百二十 中壽百 下壽八十 合手曰拱 言汝但中壽則墓木已拱 謂其老悖不可用 **蹇叔之子與師 哭而送之曰 晉人禦師必於殽** 殽 晉地 殽有二陵焉 大阜曰陵 **其南陵 夏后皐之墓也** 皐 桀之祖 **其北陵 文王之所辟風雨也 必死是間** 以深險故 **余收爾骨焉 秦師遂東**

건숙(蹇叔)이 울면서 말하기를 "맹자(孟子)[312]야. 나는 군대가 나가는 것은 보지만 들어오는 것은 보지 못할 것이다."라고 하였다. 이에 진목공(秦穆公)이 사람을 보내어 건숙에게 말하기를 "네가 무엇을 아느냐. 네가 중수(中壽)[313]만 살았더라도 네 무덤에 심은 나무가 한 아름[拱]은 되었을 것이다."라고 하였다. 상수(上壽)는 1백 20세, 중수(中壽)는 1백세, 하수(下壽)는 80세이다. 두 손으로 감싸는 굵기를 공(拱)이라 한다. 네가 단지 중수만 살았더라도 무덤의 나무가 한 아름으로 자랐을 것이라는 말이니, 그가 로망이 들어 그의 말이 쓸 만하지 못하다고 이른 것이다. 이때 건숙의 아들도 그 군대에 끼어 있었다. 건숙은 울면서 아들을 보내며 말하기를 "진인(晉人)은 반드시 우리 군대를 효(殽) 땅에서 막을 것이다. 효(殽)는 진(晉)나라 땅이다. 효 땅에는 두 언덕[陵]이 있는데 큰 언덕을 릉(陵)이라 한다. 그 남쪽 언덕은 하후(夏后) 고(皐)의 무덤이 있는 곳이고, 고(皐)는 하(夏)나라 걸(桀)의 할아버지이다. 그 북쪽 언덕은 문왕(文王)께서 비바람을 피했던 곳이다. 너는 반드시 이 두 언덕 사이에서 죽을 것이니 깊고 험하기 때문이다. 나는 그곳에서 너의 뼈를 거두리라."라고 하였다. 진(秦)나라 군대는 드디어 동쪽으로 출발하였다.

**三十三年 春 秦師過周北門 左右免胄而下** 王城北門 兵車非大將 御者在中 故左右下 御不下 **超乘者三百乘 王孫滿尙幼** 周之王孫 名 滿 **觀之 言於王曰 秦師輕而無禮 必敗** 謂過天子門 不卷甲束兵 超乘示勇 **輕則寡謀 無禮則脫** 脫 易也 **入險而脫 又不能謀 能無敗乎 及 滑 鄭商人弦高將市於周 遇之 以乘韋先 牛十二 犒師** 弦 姓 高 名 遺人之物 以輕先重 故先

---

310) 백리맹명시(百里孟明視) : 백리해(百里奚)의 아들.
311) 서걸술(西乞術)과 백을병(白乙丙) : 건숙(蹇叔)의 두 아들. 《사기(史記)》〈진본기(秦本紀)〉 참조.
312) 맹자(孟子) : 백리맹명시(百里孟明視)를 이른다.
313) 중수(中壽) : 중수(中壽)에 대하여 《장자(莊子)》에서는 80세, 《회남자(淮南子)》에서는 70세, 《려씨춘추(呂氏春秋)》에서는 60세라고 하였다.

以四韋而致十二牛 曰 寡君聞吾子將步師出於敝邑 敢犒從者 步 猶行也 不腆敝邑 爲從者之淹 居則具一日之積 積 音恣 芻米菜薪也 行則備一夕之衛 且使遽告于鄭 遽 傳車也

33년 봄에 진(秦)나라 군대가 주(周)나라 북문을 지날 때 좌우가 투구를 벗고 수레에서 내렸다가 왕성(王城)의 북문이다. 대장의 병거가 아닌 경우에는 어자는 가운데 있기 때문에 좌우만 내리고 어자는 내리지 않는다. 다시 뛰어 올라타는 그 수레의 수가 3백 승이었다. 이때 왕손(王孫) 만(滿)이 아직 어렸는데, 주(周)나라 왕손(王孫)으로 이름이 만(滿)이다. 이 광경을 보고 왕에게 말하기를 "진나라 군대는 경솔하고 무례하니 반드시 패할 것입니다. 천자의 성문을 지나면서 갑옷을 벗어 말지 않고 병기를 한데 모아 묶지 않고서[314] 가는 수레에 뛰어올라 탄 것은 용맹을 보인 것입니다. 경솔하면 계책이 부족하고 무례하면 적을 쉽게 여기니[脫], 탈(脫)은 쉽게 여김이다. 험한 곳에 들어가면서 적을 쉽게 여기고 또 계책도 없다면 패하지 않을 수 있겠습니까."라고 하였다. 진나라 군대가 활(滑)나라[315]에 이르니 정(鄭)나라 상인 현고(弦高)가 주나라로 장사하러 가다가 진나라 군대를 만났다. 현고는 먼저 네 장의 가죽[316]으로 진나라 군대에게 례를 표한 뒤에 소 열두 마리를 주어 그들을 호궤(犒饋)[317]하며 현(弦)은 성(姓)이고 고(高)는 이름이다. 남에게 주는 물건은 가벼운 물건을 중한 물건에 앞서 주는 것이다. 그러므로 먼저 네 장의 가죽을 준 뒤에 소 열두 마리를 준 것이다. 말하기를 "과군은 그대들이 행군하는[步] 군대를 거느리고 우리나라로 출동하였다는 말을 듣고 나를 보내어 종자(從者)[318]를 호궤하게 하였습니다. 보(步)는 행군함[行]과 같다. 우리나라가 넉넉하지는 못하지만 진나라 군대의 체류를 위하여, 머물게 되면 하루 분의 물자[積]를 준비할 것이고 자(積)는 음이 자(恣)이니 건초·쌀·채소·땔감 등이다. 떠난다면 하룻밤의 호위를 갖추겠습니다."라 하고서 또 거(遽)를 보내어 정나라에 알렸다. 거(遽)는 전거(傳車)[319]이다.

鄭穆公使視客館 視秦三大夫之舍 則束載厲兵秣馬矣 束矢載弓 使皇武子辭焉 曰 吾子淹久於敝邑 唯是脯資餼牽竭矣 資 糧也 牽謂牛羊豕 爲吾子之將行也 鄭之有原圃 猶秦之有具囿也 原圃具囿皆囿名 吾子取其麋鹿 以間敝邑 若何 間 音閑 使自取麋鹿爲行資 令敝

---

314) 천자의~않고서 : 천자의 나라에서는 갑옷을 벗어서 말고, 병기를 한데 묶어 군대를 사용하지 않는다는 뜻을 보여야 하는데 그렇게 하지 않았다는 것이다.
315) 활(滑)나라 : 당시 정(鄭)나라의 부용국(附庸國).
316) 네 장의 가죽 : 승거(乘車)는 네 마리의 말을 멍에하기 때문에 전문의 '乘'은 4를 의미한다.
317) 호궤(犒饋) : 군사에게 음식을 주어 위로함.
318) 종자(從者) : 진(秦)나라 군대를 이른다.
319) 전거(傳遽) : 급한 통신을 전하기 위하여 역참에 비치한 수레.

邑得閒暇 杞子奔齊 逢孫楊孫奔宋 孟明曰 鄭有備矣 不可冀也 攻之不克 圍之不繼
吾其還也 滅滑而還

　　정목공(鄭穆公)이 사람을 보내어 객관을 살피게 하였는데, 진(秦)나라 세 대부가 머무는 객사를
살피게 한 것이다.[320] 기자(杞子) 등은 화살을 묶고 활을 수레에 실으며 병기를 갈고 말에 먹이
를 먹이고 있었다.[321] 화살을 묶고 활을 실은 것이다. 정목공이 황무자(皇武子)를 보내어 기자
등에게 말하기를 "그대들이 우리나라에 오래 머물러 있으니, 우리나라의 포(脯)·자(資)·희
(餼)[322]·견(牽)이 모두 고갈되었다. 자(資)는 량곡이다. 견(牽)은 소·양·돼지이다. 그대들이 떠나려
고 한다 하니, 정나라에 원포(原圃)가 있는 것은 진나라에 구유(具囿)가 있는 것과 같으니
원포(原圃)와 구유(具囿)는 모두 금수(禽獸)를 기르는 곳의 이름이다. 그대들이 그곳의 미록(麋鹿)을 직
접 잡아 쓰고 우리나라 사람을 한가롭게[閒] 해주는 것이 어떻겠는가?"[323]라고 하였다. 한
(閒)은 음이 한(閒)이다. 스스로 미록(麋鹿)을 잡아 행자(行資)로 쓰고 우리나라를 한가롭게 하라는 것이다. 이에
기자는 제(齊)나라로 달아나고, 봉손(逢孫)과 양손(楊孫)은 송(宋)나라로 달아났다.[324] 맹명
(孟明)이 말하기를 "정나라가 대비하고 있으니 승리를 기대할 수 없다. 공격해도 이기지
못할 것이고 포위해도 지속할 수 없으니, 나는 돌아갈 것이다."라 하고 활(滑)나라를 멸하고
돌아갔다.

---

## 齊侯使國歸父來聘

　　제후(齊侯)가 국귀보(國歸父)를 보내와서 빙문하였다.

---

齊國莊子來聘 自郊勞至于贈賄 禮成而加之以敏 迎來曰郊勞 送去曰贈賄 臧文仲言於
公曰 國子爲政 齊猶有禮 君其朝焉 臣聞之 服於有禮 社稷之衛也

---

320) 진(秦)나라~것이다 : 희공(僖公) 30년에 진백(秦伯)이 정인(鄭人)과 맹약하고 기자(杞子)와 봉손(逢孫)과
　　양손(楊孫)으로 하여금 정(鄭)나라를 지키게 하고 돌아갔는데, 정목공(鄭穆公)이 이들이 머무는 객관을
　　살피게 한 것이다.
321) 기자(杞子)~있었다 : 병사들을 배치하여 내응할 태세를 갖추고 진(秦)나라 군대를 기다린 것이다.
322) 희(餼) : 살아 있는 희생. 또는 날고기.
323) 그대들이~어떻겠는가 : 정(鄭)나라가 진(秦)나라 군대의 동태를 이미 파악하고 있음을 보인 것이다.
324) 기자는~달아났다 : 이들 진(秦)나라 세 대부는 정(鄭)나라를 도모하려는 계획이 드러나 실패하자 감히
　　본국으로 돌아가지 못하고 망명한 것이다.

제(齊)나라 국장자(國莊子 : 國歸父)가 와서 빙문할 때 영접할[郊勞] 때부터 전송할[贈賄] 때까지 례에 따라 행동하고 더욱이 민첩하기까지 하였다. 올 때 영접하는 것을 교로(郊勞)라 하고, 갈 때 전송하는 것을 증회(贈賄)라고 한다. 장문중(臧文仲)이 희공(僖公)에게 말하기를 "국자(國子 : 國莊子)가 집정이 되어 제나라는 오히려 례를 지키고 있으니, 임금님께서는 제나라에 조견하십시오. 신이 듣건대 례가 있는 나라에 복종하는 것이 사직을 지키는 것이라고 하였습니다."라고 하였다.

---

**夏 四月 辛巳 晉人及姜戎敗秦師于殽 癸巳 葬晉文公**

여름 4월 신사일에 진인(晉人)과 강융(姜戎)이 진(秦)나라 군대를 효(殽) 땅에서 패배시켰다. 계사일에 진(晉)나라 문공(文公)의 장례를 지냈다.

---

秦下 公無師字 ○晉侯諱背喪用兵 故通以賤者告 姜戎 姜姓之戎 居晉南鄙 戎子駒支之先

진(秦) 다음에 《공양전(公羊傳)》에는 사(師)라는 글자가 없다. ○진후(晉侯)가 상중(喪中)임을 어기고 군대를 쓴 것을 숨겼기 때문에 미천한 자로써 통고하였다.[325] 강융(姜戎)은 강성(姜姓)의 융(戎)으로 진(晉)나라 남쪽 변방에 거주하였고, 융자(戎子)인 구지(駒支)의 선조이다.

晉原軫曰 秦違蹇叔 而以貪勤民 天奉我也 奉不可失 敵不可縱 縱敵患生 違天不祥 必伐秦師 欒枝曰 未報秦施 而伐其師 其爲死君乎 言以君死 故忘秦施 先軫曰 秦不哀 吾喪 而伐吾同姓 秦則無禮 何施之爲 吾聞之 一日縱敵 數世之患也 謀及子孫 可 謂死君乎 遂發命 遽興姜戎 以傳車 起姜戎之兵 子墨衰絰 晉文公未葬 故襄公稱子 以凶服從戎 故墨之 梁弘御戎 萊駒爲右

진(晉)나라 원진(原軫)[326]이 말하기를 "진(秦)나라가 건숙(蹇叔)의 말을 어기고 탐욕으로 백성을 수고롭게 하고 있으니, 이는 하늘이 우리에게 기회를 준 것입니다. 하늘이 준 기회를 잃어서는 안 되고 적은 놓아주어서는 안 됩니다. 적을 놓아주면 환난이 생기고 하늘을 어기면 상서롭지 못하니, 반드시 진(秦)나라 군대를 쳐야 합니다."라고 하였다. 란지(欒枝)

---

325) 미천한~통고하였다 : 미천한 자가 출정한 것으로 로(魯)나라에 알려왔기 때문에 진인(晉人)이라고 기록한 것이다.

326) 원진(原軫) : 선진(先軫)의 별칭. 선진의 채지(采地)가 원(原) 땅이었기 때문에 이르는 말이다.

가 말하기를 "진(秦)나라의 은혜를 아직 갚지 못했는데 그 군대를 치는 것이 어찌 돌아가신 임금님을 위하는 것이겠습니까."라고 하니, 임금[晉文公]이 죽었기 때문에 진(秦)나라의 은혜를 잊느냐는 말이다. 선진(先軫)이 말하기를 "진(秦)나라는 우리의 상(喪)을 애도하지 않고 우리와 동성인 나라[327]를 쳤으니, 진(秦)나라가 무례한 것인데 무슨 은혜를 베풀었다는 것입니까. 내가 들으니 하루에 적을 놓아주면 여러 대에 걸쳐 환난이 된다고 합니다. 진(秦)나라를 도모하는 것은 자손에게까지 미치는 것인데 돌아가신 임금님을 말할 필요가 있겠습니까."라고 하였다. 드디어 명령을 내려 전거[遽]를 보내 강융(姜戎)의 군대를 일으키게 하고, 전거(傳車)를 보내어 강융(姜戎)의 군대를 일으키게 한 것이다. 자(子)가 검은 상복을 입고, 진문공(晉文公)의 장례를 아직 치르지 않았기 때문에 진양공(晉襄公)을 자(子)라고 칭한 것이다. 흉복으로 싸움에 나섰기 때문에 검게 한 것이다. 량홍(梁弘)은 융거를 몰고 래구(萊駒)는 거우가 되었다.

夏 四月 辛巳 敗秦師于殽 獲百里孟明視西乞術白乙丙以歸 遂墨以葬文公 晉於是始墨 記禮所由變 文嬴請三帥 文嬴 襄公嫡母 曰 彼實構吾二君 寡君若得而食之 不厭 君何辱討焉 使歸就戮于秦 以逞寡君之志 若何 公許之 先軫朝 問秦囚 公曰 夫人請之 吾舍之矣 先軫怒曰 武夫力而拘諸原 婦人暫而免諸國 力 力戰 暫 暫言 墮軍實而長寇讐 亡無日矣 墮 音隳 毁也 不顧而唾 公使陽處父追之 及諸河 則在舟中矣 釋左驂 以公命贈孟明 欲使還拜謝 因執之 孟明稽首曰 君之惠 不以纍臣釁鼓 纍 囚繫也 以血塗鼓 謂之釁鼓 使歸就戮于秦 寡君之以爲戮 死且不朽 若從君惠而免之 三年將拜君賜 意 欲報伐晉 秦伯素服郊次 鄉師而哭曰 孤違蹇叔以辱二三子 孤之罪也 不替孟明 孤之過也 替 廢也 大夫何罪 且吾不以一眚掩大德

여름 4월 신사일에 진양공(晉襄公)이 효(殽) 땅에서 진(秦)나라 군대를 패배시키고, 백리맹명시(百里孟明視)와 서걸술(西乞術)과 백을병(白乙丙)을 잡아 돌아갔다. 드디어 검은 상복을 입고 진문공(晉文公)의 장례를 지내니 진(晉)나라는 이로부터 검은 상복을 입기 시작하였다. 례가 바뀐 연유를 기록한 것이다. 문영(文嬴)[328]이 세 장수의 방면을 요청하면서 말하기를 문영(文嬴)은 진양공(晉襄公)의 적모(嫡母)[329]이다. "저들은 실로 우리 두 임금을 싸우도록 꾸민

---

327) 동성인 나라 : 진(晉)나라와 같은 희성국(姬姓國)인 활(滑)나라를 이른다.
328) 문영(文嬴) : 진문공(晉文公)의 부인(夫人). 진문공이 진(秦)나라에서 망명할 때 맞이한 진목공(秦穆公)의 딸이다.
329) 적모(嫡母) : 첩의 자식이 아버지의 정실부인(正室夫人)에 대한 지칭이다.

자들이니 과군[秦穆公]이 그들을 얻기만 한다면 씹어 먹어도 분이 풀리지 않아 할 것이니, 임금께서 어찌 욕되이 죽일 것까지 있겠소. 그들을 돌려보내 진(秦)나라에서 죽게 하여 과군의 뜻을 풀게 하는 것이 어떻겠소?"라고 하니 진양공이 허락하였다. 선진(先軫)이 진양공을 알현하고 진(秦)나라 죄수에 대하여 물으니, 진양공이 말하기를 "부인(夫人)께서 요청하셔서 내가 풀어 주었다."라고 하였다. 선진이 노하여 말하기를 "무부(武夫)들이 힘들게 싸워[力] 들판에서 잡았는데, 아녀자가 잠시 하는 말[暫]에 국도에서 놓아주었다는 말입니까? 력(力)은 힘써 싸움이다. 잠(暫)은 잠시 하는 말이다. 군대의 실적을 훼손시키고[墮] 원수를 키워주었으니 나라가 망할 날도 멀지 않았습니다."라 하고는 휴(墮)는 음이 휴(隳)이니 훼손함이다. 고개를 돌리지도 않고 침을 뱉었다. 이에 진양공이 양처보(陽處父)를 시켜 그들을 뒤쫓게 하여 하수(河水)에 이르니 그들은 배 안에 있었다. 양처보는 수레의 왼쪽 참마(驂馬)를 풀어서 진양공이 맹명(孟明)에게 주라고 명하였다고 하였다. 맹명(孟明)으로 하여금 돌아와 배사하게 하여 잡으려고 한 것이다. 맹명이 머리를 조아리며 말하기를 "임금님의 은혜는 갇혀 묶인[纍] 신을 흔고(釁鼓)하지 않고 루(纍)는 가두어 묶음이다. 피로 북을 바르는 것을 흔고(釁鼓)330)라고 이른다. 돌아가게 하여 진(秦)나라에서 죽임을 당하게 한 것이니, 과군이 죽인다면 죽어서도 그 은혜를 잊지 않을 것이오. 만약 임금님의 은혜로 죽음을 면하게 된다면 3년 뒤에 임금님께서 내리신 은혜에 대하여 배사하겠소."라고 하였다. 진(晉)나라를 쳐서 보복하겠다는 뜻이다. 진백(秦伯)이 소복 차림으로 교외에 머무르며 군대를 향하여 곡하면서 말하기를 "내가 건숙(蹇叔)의 말을 어기고 그대들을 욕보게 하였으니 이것은 나의 죄이고, 맹명을 폐하지[替] 않은 것도 나의 잘못이다.331) 체(替)는 폐함이다. 대부들이 무슨 죄가 있는가. 또 나는 한 번의 잘못으로 큰 덕을 가리게 하지는 않을 것이다."332)라고 하였다.

---

> ## 狄侵齊
> 적(狄)이 제(齊)나라를 침범하였다.

---

### 狄侵齊 因晉喪也

---

330) 흔고(釁鼓) : 사람이나 희생을 죽여서 그 피를 북에 바르던 의식.

331) 맹명을~잘못이다 : 맹명(孟明)을 폐하지 않고 썼다가 실패하게 한 것이 나의 잘못이라는 것이다.

332) 나는~것이다 : 신하들이 한 번 패전하였다고 그들이 평소에 쌓은 공덕을 무시하지 않겠다는 말이다.

적(狄)이 제(齊)나라를 침범하였으니, 진(晉)나라가 상(喪)을 당한 것을 틈탄 것이다.

---

## 公伐邾 取訾婁 秋 公子遂帥師伐邾

희공(僖公)이 주(邾)나라를 쳐서 자루(訾婁)를 취하였다. 가을에 공자 수(遂)가 군대를 거느리고 주(邾)나라를 쳤다.

訾婁 公作叢 穀作訾樓

자루(訾婁)는 《공양전(公羊傳)》에는 총(叢)으로 되어 있고 《곡량전(穀梁傳)》에는 자루(訾樓)로 되어 있다.

### 公伐邾 取訾婁 以報升陘之役 在二十二年 邾人不設備 秋 襄仲復伐邾

희공(僖公)이 주(邾)나라를 쳐서 자루(訾婁)를 취하였으니, 승형(升陘)의 싸움에 대한 보복이었다. 22년에 있었다. 주인(邾人)이 방비를 하지 않자, 가을에 양중(襄仲 : 遂)이 다시 주(邾)나라를 쳤다.

---

## 晉人敗狄于箕

진인(晉人)이 적(狄)을 기(箕) 땅에서 패배시켰다.

箕 晉地

기(箕)는 진(晉)나라 땅이다.

### 狄伐晉 及箕 八月 戊子 晉侯敗狄于箕 郤缺獲白狄子 白狄 狄別種 子 爵也 先軫曰 匹夫 逞志於君 謂不顧而唾 而無討 敢不自討乎 免冑入狄師 死焉 狄人歸其元 元 首也 面如生

적(狄)이 진(晉)나라를 쳐서 기(箕) 땅에 이르렀다. 8월 무자일에 진후(晉侯)가 기 땅에서 적을 패배시키고, 극결(郤缺)은 백적자(白狄子)를 사로잡았다. 백적(白狄)은 적(狄)의 별종이다. 자(子)는 작위이다. 선진(先軫)이 말하기를 "필부인 내가 임금님 앞에서 제멋대로 행동하였지만 고개를 돌리지도 않고 침을 뱉은 것을 이른다. 징벌하지 않으셨으니, 감히 스스로를 징벌하지 않을 수 있겠는가."라 하고는 투구를 벗고 적의 군중(軍中) 속으로 들어가 죽었다. 적인(狄人)이 그의 머리[元]를 돌려보냈는데 원(元)은 머리이다. 얼굴이 살아있는 것 같았다.

初 臼季使過冀 見冀缺耨 其妻饁之 冀 晉邑 冀缺 卽郤缺 耨 鋤也 野饋曰饁 敬 相待如賓 與之歸 言諸文公曰 敬 德之聚也 能敬必有德 德以治民 君請用之 臣聞之 出門如賓 承事如祭 仁之則也 公曰 其父有罪 可乎 缺父冀芮欲殺文公 對曰 舜之罪也殛鯀 其擧也興禹 管敬仲 桓之賊也 實相以濟 相桓公 濟伯業 康誥曰 父不慈 子不祗 兄不友 弟不共 不相及也 詩曰 采葑采菲 無以下體 君取節焉可也 葑菲之菜 上善下惡 言可取其善節 文公以爲下軍大夫

이보다 앞서 구계(臼季)가 사신이 되어 기(冀) 땅을 지나다가, 기결(冀缺)이 김매고[耨] 그 아내가 들밥[饁]을 내어 와서 기(冀)는 진(晉)나라 읍이다. 기결(冀缺)은 곧 극결(郤缺)이다. 누(耨)는 김맴이다. 들밥을 엽(饁)이라고 한다. 공경하여 서로 대하는 것이 손님을 대하듯이 하는 것을 보고, 데리고 돌아와서 진문공(晉文公)에게 말하기를 "공경은 덕이 모인 것이니 공경할 수 있는 사람은 반드시 덕이 있는 자입니다. 덕으로써 백성을 다스릴 것이니 임금님께서 이 사람을 쓰시기를 청합니다. 신이 들으니 문을 나가서는 손님을 대하듯 하고 일을 받들기는 제사를 모시듯 하는 것이 인(仁)의 법칙이라 합니다."라고 하였다. 진문공이 말하기를 "그 아버지가 죄를 지었는데 그래도 괜찮겠는가?"라고 하니, 기결(冀缺)의 아버지인 기예(冀芮 : 郤芮)는 문공(文公)을 죽이려 했었다.[333] 대답하기를 "순(舜)이 죄를 줄 때는 곤(鯀)을 죽였지만 인재를 등용할 때는 우(禹)를 썼습니다.[334] 관경중(管敬仲)은 제환공(齊桓公)의 원수인데도 실로 제환공을 도와 패업을 이루게 하였습니다. 제환공(齊桓公)을 도와 패업(伯業)을 이루게 하였다는 것이다. 〈강고(康誥)〉에 이르기를 '아버지가 자애하지 않고 자식이 공경하지 않으며, 형이 우애하지 않고 아우가 받들지 않는다 해도 벌을 서로에게 주지 않는다.'고 하였으며, 《시(詩)》에 이르기를 '봉(葑)을 캐고 비(菲)를 캠에 뿌리를 보고 캐는 것은 아니다.'[335]라고 하였으니, 임금님께서는 그 부분만을 취하시면 됩니다."라고 하였다. 봉(葑)과 비(菲)라는 채소는 윗부분은 좋고 밑부분은 나쁘니, 그 좋은 부분만을 취한다는 말이다. 그러자 진문공이 그를 하군대부(下軍大夫)로 삼았다.

---

333) 기결(冀缺)의~했었다. : 이 일은 희공(僖公) 24년에 있었다.

334) 순(舜)이~썼습니다 : 곤(鯀)은 일찍이 요(堯)에게서 치수(治水)를 하라는 명을 받았는데 9년 동안에 이를 이루지 못하자, 순(舜)이 우산(羽山)에서 그를 죽였다. 그런데도 순은 곤의 아들인 우(禹)에게 다시 치수의 명을 내려 공을 이루게 한 일을 말한다.

335) 봉(葑)을~아니다 : 《시경(詩經)》 〈패풍(邶風)〉 곡풍(谷風).

反自箕 襄公以三命命先且居將中軍 且居 先軫之子 以再命命先茅之縣賞胥臣 曰 擧
郤缺 子之功也 先茅 晉大夫 絶後故取其縣賞之 以一命命郤缺爲卿 復與之冀 還其父故邑 亦
未有軍行 雖登卿位 未有軍列

　기(箕) 땅에서 돌아와 진양공(晉襄公)은 3명(命)[336]으로써 선저거(先且居)를 명하여 중군
을 거느리게 하고, 저거(且居)는 선진(先軫)의 아들이다. 재명(再命)[337]으로써 선모(先茅)의 현(縣)
을 서신(胥臣 : 曰季)에게 상으로 주라는 명을 내리며 말하기를 "극결(郤缺)을 천거한 것은
그대의 공이니라."라고 하였다. 선모(先茅)는 진(晉)나라 대부인데 후손이 끊겼기 때문에 그 현(縣)을
취하여 서신(胥臣)에게 상으로 준 것이다. 그리고 1명(命)[338]으로써 극결을 명하여 경(卿)으로 삼고
다시 기(冀) 땅을 주었으나 그 아버지의 옛 읍을 돌려준 것이다. 군항(軍行)은 갖지 못하게 하였다.
비록 경(卿)의 자리에는 올랐으나 군렬(軍列)[339]은 갖지 못한 것이다.

---

冬 十月 公如齊

　겨울 10월에 희공(僖公)이 제(齊)나라에 갔다.

---

冬 公如齊 朝 且吊有狄師也

　겨울에 희공(僖公)이 제(齊)나라에 가서 조견하고 또 적(狄)의 군대와 싸움이 있었던 것
을 위문하였다.

---

十有二月 公至自齊 乙巳 公薨于小寢

　12월에 희공(僖公)이 제(齊)나라에서 돌아왔다. 을사일에 희공이 소침(小寢)에
서 훙하였다.

---

336) 3명(命) : 주대(周代) 관계(官階)의 하나. 공(公)·후(侯)·백(伯)의 경(卿)이 해당한다.
337) 재명(再命) : 주대(周代) 관계(官階)의 하나. 공(公)·후(侯)·백(伯)의 대부(大夫)와 자(子)·남(男)의 경
　　(卿)이 해당한다. 2명(命)이라고도 한다.
338) 1명(命) : 주대(周代) 관계(官階)의 가장 낮은 단계. 공(公)·후(侯)·백(伯)의 사(士)와 자(子)·남(男)의 대
　　부(大夫)가 해당한다.
339) 군렬(軍列) : 군대의 항렬(行列). 곧 군직(軍職)이다.

**反 薨于小寢 卽安也** 小寢 夫人寢也 譏公就所安 不終于路寢

희공(僖公)이 돌아와서 소침(小寢)에서 훙하였으니, 편안한 곳에서 죽은 것이다. 소침(小寢)340)은 부인(夫人)의 침소이다. 희공(僖公)이 편안한 곳에 가서 죽고 로침(路寢 : 正寢)에서 생을 마치지 않은 것을 비난한 것이다.

---

**隕霜不殺草 李梅實**

서리가 내렸어도 풀이 시들지 않았고 오얏과 매화가 열매를 맺었다.

---

隕 公作實 ○書時失也

운(隕)은 《공양전(公羊傳)》에는 운(實)으로 되어 있다. ○경문에 제 때를 잃었음을 기록한 것이다.

---

**晉人陳人鄭人伐許**

진인(晉人)·진인(陳人)·정인(鄭人)이 허(許)나라를 쳤다.

---

**晉陳鄭伐許 討其貳於楚也 楚令尹子上侵陳蔡 陳蔡成 遂伐鄭 將納公子瑕 門于桔秩之門 瑕覆于周氏之汪** 車覆池中 **外僕髡屯禽之以獻** 鄭之外僕 髡髮而名屯者 殺瑕以獻 **文夫人** 鄭文公夫人 **斂而葬之鄶城之下** 鄶城 故鄶國

진(晉)·진(陳)·정(鄭)나라가 허(許)나라를 쳤으니, 허나라가 초(楚)나라에 붙은 것에 대하여 토죄한 것이다. 초나라 령윤(令尹)인 자상(子上)이 진(陳)나라와 채(蔡)나라를 침범하니 진(陳)나라와 채나라가 초나라와 화친을 맺었다. 드디어 자상이 정나라를 치고 공자 하(瑕)를 본국으로 들여보내려고341) 길질(桔秩)의 성문을 공격하였는데, 하의 수레가 주씨(周氏)의 못에 빠져 전복되었다. 수레가 못 안으로 전복된 것이다. 그러자 외복(外僕)342)인 곤둔(髡屯)이 하를 잡아서 바치니, 정(鄭)나라의 외복(外僕)이니, 머리를 깎았으며 이름이 둔(屯)이라는 자이다.

---

340) 소침(小寢) : 제후(諸侯) 부인(夫人)의 침소. 이를 제후의 연침(燕寢)으로 보기도 한다. 연침은 제후가 공무에서 벗어나 편안히 쉬는 곳이다.

341) 공자 하(瑕)를~들여보내려고 : 희공(僖公) 31년에 정(鄭)나라 공자 하(瑕)가 초(楚)나라로 망명하였었다.

342) 외복(外僕) : 임금이나 대신들이 림시로 머무는 장소의 업무를 관장하였던 벼슬 이름.

공자 하(瑕)를 죽여서 바친 것이다. 문부인(文夫人)[343]이 정문공(鄭文公)의 부인(夫人)이다. 렴하여 회성(鄶城) 밑에 장례를 지냈다. 회성(鄶城)은 옛 회(鄶)나라이다.

晉陽處父侵蔡 楚子上救之 與晉師夾泜而軍 泜 音雉 水名 陽子患之 使謂子上曰 吾聞之 文不犯順 武不違敵 子若欲戰 則吾退舍 子濟而陳 遲速唯命 不然 紓我 老師費財 亦無益也 乃駕以待 子上欲涉 大孫伯曰 不可 大孫伯卽成大心 晉人無信 半涉而薄我 悔敗何及 不如紓之 乃退舍 楚退 欲使晉渡 陽子宣言曰 楚師遁矣 遂歸 楚師亦歸 大子商臣譖子上曰 受晉賂而辟之 楚之恥也 罪莫大焉 王殺子上 商臣怨子上止王立己 故譖之

진(晉)나라 양처보(陽處父)가 채(蔡)나라를 침범하니, 초(楚)나라 자상(子上)이 구원에 나서 진나라 군대와 치수(泜水)를 끼고 주둔하였다. 치(泜)는 음이 치(雉)이니 물 이름이다. 양자(陽子 : 陽處父)가 걱정하여 사신을 보내어 자상에게 말하기를 "내가 들으니 문덕이 있는 자는 순리를 범하지 않고 무덕이 있는 자는 적을 피하지 않는다고 하였소. 그대가 만약 싸우려 한다면 우리가 군영을 1사(舍 : 30里) 물릴 것이니 그대는 물을 건너와서 진을 치시오. 천천히 하거나 빨리하는 것은 오직 그대의 명을 따르겠소. 그렇게 하지 않으려면 우리에 대한 방비를 늦추어 주시오. 군대를 오래 주둔시켜 물자를 낭비하는 것은 그대 또한 리롭지 못할 것이오."라고 하였다. 그러면서 수레에 탄 채로 기다렸다. 자상이 물을 건너려고 하자, 대손백(大孫伯)이 말하기를 "안 됩니다. 대손백(大孫伯)은 곧 성대심(成大心)이다. 진인(晉人)은 신의가 없어서 반쯤 건넜을 때 우리를 덮친다면 패배를 후회한들 무슨 소용이겠습니까. 오히려 저들에 대한 방비를 늦추어 주는 것만 같지 못합니다."라고 하였다. 이에 초나라 군대가 군영을 1사 물렸다. 초(楚)나라 군대가 물러난 것은 진(晉)나라 군대로 하여금 물을 건너게 하고자 한 것이다. 양자가 선언하며 말하기를 "초나라 군대가 도망쳤다."라 하고는 드디어 군대를 돌리니, 초나라 군대도 돌아갔다. 태자 상신(商臣)이 자상을 참소하여 말하기를 "진나라의 뢰물을 받고서 피하였으니 초나라의 수치입니다. 죄가 이보다 큰 것이 없습니다."라고 하니 초성왕(楚成王)이 자상을 죽였다. 상신(商臣)은 초성왕(楚成王)이 자신을 태자로 세우려 할 때 자상(子上)이 저지한 것[344]을 원망하였기 때문에 그를 참소한 것이다.

---

343) 문부인(文夫人) : 공자 하(瑕)의 어머니이다.
344) 상신(商臣)은~것 : 이 일은 문공(文公) 원년조에 기록되어 있다.

# 魯僖公

| B.C. | 魯 | 周 | 蔡 | 曹 | 衛 | 滕 | 晉 | 吳 | 鄭 | 燕 | 齊 | 秦 | 楚 | 宋 | 杞 | 陳 | 薛 | 邾 | 莒 | 許 | 越 |
|---|---|---|---|---|---|---|---|---|---|---|---|---|---|---|---|---|---|---|---|---|---|
| 659 | 僖公1 | 惠王18 | 穆侯16 | 昭公3 | 文公1 | | 獻公18 | | 文公14 | 莊公32 | 桓公27 | 穆公1 | 成王13 | 桓公23 | 德公14 | 宣公34 | | 文公7 | | 穆公39 | |
| 658 | 2 | 19 | 17 | 4 | 2 | | 19 | | 15 | 33 | 28 | 2 | 14 | 24 | 15 | 35 | | 8 | | 40 | |
| 657 | 3 | 20 | 18 | 5 | 3 | | 20 | | 16 | 襄公1 | 29 | 3 | 15 | 25 | 16 | 36 | | 9 | | 41 | |
| 656 | 4 | 21 | 19 | 6 | 4 | | 21 | | 17 | 2 | 30 | 4 | 16 | 26 | 17 | 37 | | 10 | | 42 | |
| 655 | 5 | 22 | 20 | 7 | 5 | | 22 | | 18 | 3 | 31 | 5 | 17 | 27 | 18 | 38 | | 11 | | 僖公1 | |
| 654 | 6 | 23 | 21 | 8 | 6 | | 23 | | 19 | 4 | 32 | 6 | 18 | 28 | 成公1 | 39 | | 12 | | 2 | |
| 653 | 7 | 24 | 22 | 9 | 7 | | 24 | | 20 | 5 | 33 | 7 | 19 | 29 | 2 | 40 | | 13 | | 3 | |
| 652 | 8 | 25 | 23 | 共公1 | 8 | | 25 | | 21 | 6 | 34 | 8 | 20 | 30 | 3 | 41 | | 14 | | 4 | |
| 651 | 9 | 襄王1 | 24 | 2 | 9 | | 26 | | 22 | 7 | 35 | 9 | 21 | 31 | 4 | 42 | | 15 | | 5 | |
| 650 | 10 | 2 | 25 | 3 | 10 | | 惠公1 | | 23 | 8 | 36 | 10 | 22 | 襄公1 | 5 | 43 | | 16 | | 6 | |
| 649 | 11 | 3 | 26 | 4 | 11 | | 2 | | 24 | 9 | 37 | 11 | 23 | 2 | 6 | 44 | | 17 | | 7 | |
| 648 | 12 | 4 | 27 | 5 | 12 | | 3 | | 25 | 10 | 38 | 12 | 24 | 3 | 7 | 45 | | 18 | | 8 | |
| 647 | 13 | 5 | 28 | 6 | 13 | | 4 | | 26 | 11 | 39 | 13 | 25 | 4 | 8 | 穆公1 | | 19 | | 9 | |
| 646 | 14 | 6 | 29 | 7 | 14 | | 5 | | 27 | 12 | 40 | 14 | 26 | 5 | 9 | 2 | | 20 | | 10 | |
| 645 | 15 | 7 | 莊侯1 | 8 | 15 | | 6 | | 28 | 13 | 41 | 15 | 27 | 6 | 10 | 3 | | 21 | | 11 | |
| 644 | 16 | 8 | 2 | 9 | 16 | | 7 | | 29 | 14 | 42 | 16 | 28 | 7 | 11 | 4 | | 22 | | 12 | |
| 643 | 17 | 9 | 3 | 10 | 17 | | 8 | | 30 | 15 | 43 | 17 | 29 | 8 | 12 | 5 | | 23 | | 13 | |
| 642 | 18 | 10 | 4 | 11 | 18 | | 9 | | 31 | 16 | 孝公1 | 18 | 30 | 9 | 13 | 6 | | 24 | | 14 | |
| 641 | 19 | 11 | 5 | 12 | 19 | | 10 | | 32 | 17 | 2 | 19 | 31 | 10 | 14 | 7 | | 25 | | 15 | |
| 640 | 20 | 12 | 6 | 13 | 20 | | 11 | | 33 | 18 | 3 | 20 | 32 | 11 | 15 | 8 | | 26 | | 16 | |
| 639 | 21 | 13 | 7 | 14 | 21 | | 12 | | 34 | 19 | 4 | 21 | 33 | 12 | 16 | 9 | | 27 | | 17 | |
| 638 | 22 | 14 | 8 | 15 | 22 | | 13 | | 35 | 20 | 5 | 22 | 34 | 13 | 17 | 10 | | 28 | | 18 | |

| 국명 B.C. | 魯 | 周 | 蔡 | 曹 | 衛 | 滕 | 晉 | 吳 | 鄭 | 燕 | 齊 | 秦 | 楚 | 宋 | 杞 | 陳 | 薛 | 邾 | 莒 | 許 | 越 |
|---|---|---|---|---|---|---|---|---|---|---|---|---|---|---|---|---|---|---|---|---|---|
| 637 | 23 | 15 | 9 | 16 | 23 | | 14 | | 36 | 21 | 6 | 23 | 35 | 14 | 18 | 11 | | 29 | | 19 | |
| 636 | 24 | 16 | 10 | 17 | 24 | | 文公1 | | 37 | 22 | 7 | 24 | 36 | 成公1 | 桓公1 | 12 | | 30 | | 20 | |
| 635 | 25 | 17 | 11 | 18 | 25 | | 2 | | 38 | 23 | 8 | 25 | 37 | 2 | 2 | 13 | | 31 | | 21 | |
| 634 | 26 | 18 | 12 | 19 | 成公1 | | 3 | | 39 | 24 | 9 | 26 | 38 | 3 | 3 | 14 | | 32 | | 22 | |
| 633 | 27 | 19 | 13 | 20 | 2 | | 4 | | 40 | 25 | 10 | 27 | 39 | 4 | 4 | 15 | | 33 | | 23 | |
| 632 | 28 | 20 | 14 | 21 | 3 | | 5 | | 41 | 26 | 昭公1 | 28 | 40 | 5 | 5 | 16 | | 34 | | 24 | |
| 631 | 29 | 21 | 15 | 22 | 4 | | 6 | | 42 | 27 | 2 | 29 | 41 | 6 | 6 | 共公1 | | 35 | | 25 | |
| 630 | 30 | 22 | 16 | 23 | 5 | | 7 | | 43 | 28 | 3 | 30 | 42 | 7 | 7 | 2 | | 36 | | 26 | |
| 629 | 31 | 23 | 17 | 24 | 6 | | 8 | | 44 | 29 | 4 | 31 | 43 | 8 | 8 | 3 | | 37 | | 27 | |
| 628 | 32 | 24 | 18 | 25 | 7 | | 9 | | 45 | 30 | 5 | 32 | 44 | 9 | 9 | 4 | | 38 | | 28 | |
| 627 | 33 | 25 | 19 | 26 | 8 | | 襄公1 | | 穆公1 | 31 | 6 | 33 | 45 | 10 | 10 | 5 | | 39 | | 29 | |

# 문공(文公)[1] 원년 【乙未 B.C.626】

## 元年 春 王正月 公卽位

원년 봄 왕정월에 문공(文公)이 즉위(卽位)하였다.

魯自隱至文 六君 唯文公承國於先君 得書卽位

로(魯)나라는 은공(隱公)으로부터 문공(文公)에 이르기까지 여섯 임금인데 오직 문공만이 선군에게서 나라를 이어받았으므로 경문에 즉위(卽位)라고 기록한 것이다.[2]

## 二月 癸亥 日有食之

2월 계해일에 일식이 있었다.

癸亥下 公有朔字

계해(癸亥) 다음에 《공양전(公羊傳)》에는 삭(朔)이라는 글자가 있다.

## 天王使叔服來會葬

천왕이 숙복(叔服)을 보내와서 희공(僖公)의 장례에 참석하게 하였다.

叔 氏 服 字 諸侯喪 天子使大夫會葬 禮也

숙(叔)은 씨(氏)이고 복(服)은 자(字)이다. 제후(諸侯)의 상(喪)에 천자가 대부를 보내어 장례에 참석하게 하는 것이 례이다.

---

1) 문공(文公) : 로(魯)나라 19대 임금. 이름은 흥(興)이고 희공(僖公)의 아들이며 어머니는 성강(聲姜)이다. 주양왕(周襄王) 26년에 즉위하였다. 시법(諡法)에 자애로이 백성을 사랑하는 것[慈惠愛民]을 문(文)이라 한다.
2) 로(魯)나라는~것이다 : 여섯 임금 중 문공(文公)만이 선군에게서 임금을 물려받아 즉위하였다는 뜻이 아니라 문공만이 순리대로 나라를 물려받았다는 뜻이다. 한편 환공(桓公)도 즉위(卽位)라고 기록하였는데 이는 서형인 은공(隱公)을 죽이고 임금이 되었지만 혜공(惠公)의 적자였기 때문에 즉위(卽位)라고 한 것이다.

元年 春 王使內史叔服來會葬 公孫敖聞其能相人也 見其二子焉 叔服曰 穀也食子
難也收子 食 音嗣 穀 文伯 難 惠叔 食謂養生 收謂送死 穀也豐下 必有後於魯國 豐下 蓋面方

원년 봄에 왕이 내사(內史)인 숙복(叔服)을 보내와서 장례에 참석하게 하였다. 공손오(公孫敖)3)는 숙복이 사람의 관상을 잘 본다는 소문을 듣고 그의 두 아들을 보였다. 숙복이 말하기를 "큰아들 곡(穀)은 당신을 봉양해[食] 줄 것이고, 작은아들 난(難)은 당신을 거두어[收] 줄 것입니다. 사(食)는 음이 사(嗣)이다. 곡(穀)은 문백(文伯)이고 난(難)은 혜숙(惠叔)이다. 사(食)는 부모를 잘 봉양함을 이르고, 수(收)는 장례를 잘 치름을 이른다. 곡은 얼굴의 아랫부분이 풍만하니[豐下] 반드시 그의 자손이 로(魯)나라에서 번성할 것입니다."라고 하였다. 풍하(豐下)는 얼굴이 방정한 것이다.4)

○於是閏三月 非禮也 於歷法閏當在僖公末年 誤於今年三月置閏 先王之正時也 履端於始
擧正於中 歸餘於終 步歷之始以爲端首 擧中氣以正月 有餘日 則歸之於終 積而爲閏 履端於始
序則不愆 擧正於中 民則不惑 歸餘於終 事則不悖

○이 해에 윤3월을 두었으니 례법이 아니다. 력법에 따르면 윤달은 마땅히 희공(僖公) 말년에 있어야 하는데 잘못하여 올 3월에 윤달을 둔 것이다. 선왕이 때를 바로잡음에 있어 한 해의 시작에 첫날[端:端首]5)을 시행하고, 한 해 중에 절기를 바르게 배치하며,6) 한 해의 마지막에 남은 날을 돌렸다. 보력(步歷)7)의 시작을 단수(端首)라 한다. 중기(中氣)를 들어 달을 바로잡고,8) 남은 날이 있으면 곧 해의 끝으로 돌리되 그것이 쌓여 윤달이 된다. 한 해의 시작에 첫날을 시행하니 네 시절의 순서가 어긋남이 없었고, 한 해 중에 절기를 바르게 배치하니 백성이 시절에 대하여 의혹됨이 없었으며, 한 해의 마지막에 남은 날을 돌리니 일이 어긋남이 없었다.

---

3) 공손오(公孫敖) ; 맹손씨(孟孫氏)의 시조인 경보(慶父)의 아들.
4) 얼굴이~것이다 : 얼굴이 방정하대[面方]는 것은 얼굴이 방정하기가 밭과 같대[面方如田]는 말에서 연유한 것이다. 아래턱이 풍만하여 얼굴이 네모난 것으로 귀한 관상이라고 한다.
5) 첫날[端 : 端首] : 설날. 혹은 동지(冬至)로 보기도 한다.
6) 한 해 중에~배치하며 : 24절기를 12달 가운데에 적절히 배치하여 태양력과 태음력의 차이에서 오는 절후의 어긋남을 바로잡는 것이다.
7) 보력(步歷) : 세시(歲時)와 절후(節候)를 추산함. 일월의 운행이 사람의 행보(行步)와 같다고 여겨 책력(冊曆)을 계산하기 때문에 이르는 말이다.
8) 중기(中氣)를~바로잡고 : 24절기 중 월초(月初)에 있는 것을 절기(節氣)라 하고, 월중(月中) 이후에 있는 것을 중기(中氣)라고 한다.

夏 四月 丁巳 葬我君僖公

　여름 4월 정사일에 우리 임금 희공(僖公)의 장례를 지냈다.

夏 四月 丁巳 葬僖公 此下傳文 本在前年 杜氏以爲錯簡 葬僖公 緩 作主 非禮也 主所以依神 殷用栢 周用栗 葬後十月乃作主 故譏之 劉敞以緩作主爲句 凡君薨 卒哭而祔 祔而作主 特祀於 主 烝嘗禘於廟

　여름 4월 정사일에 희공(僖公)의 장례를 지냈다. 이 다음의 전문은 본래 전년도에 실려 있어야 하는데 두씨(杜氏)는 착간(錯簡)이라고 여겼다. 희공(僖公)의 장례를 지냄이 늦었고 신주를 늦게 만든 것도 례에 맞지 않았다.9) 신주는 신이 의지하는 것이다. 은(殷)나라는 잣나무로 신주를 만들었고 주(周)나라는 밤나무로 신주를 만들었다. 장례 뒤 10개월이 지나서야 신주를 만들었으므로 비난한 것이다. 류창(劉敞)은 '緩作主늦게 신주를 만들었다.'로 한 구(句)를 삼았다. 무릇 임금이 훙하면 졸곡(卒哭)을 하고 나서 부묘(祔廟)10)하고, 부묘할 때에 신주를 만들어 그 신주에게만 제사를 지낸다.11) 그런 다음 증제(烝祭)·상제(嘗祭)·체제(禘祭)12)를 종묘에서 지낸다.

天王使毛伯來錫公命

　천왕이 모백(毛伯)을 보내와서 문공(文公)에게 작명(爵命)을 내렸다.

毛 國 伯 爵 諸侯爲王卿士者

　모(毛)는 나라이고 백(伯)은 작위이니, 모백(毛伯)은 제후로서 왕의 경사(卿士)가 된 자이다.

王使毛伯衛來錫公命 衛 毛伯字

---

9) 희공(僖公)의~않았다 : 천자는 7월장이고 제후는 5월장이다. 그런데 희공(僖公)은 즉위 33년 12월에 죽었고 문공(文公) 원년 4월에 장례를 지냈는데 그 사이 윤달이 있어 6개월 만에 장례를 지낸 것이다. 그러므로 제후의 장례법보다 1개월 늦었다. 그리고 문공 2년 2월에 희공의 신주를 만들었으니 이 또한 례법보다 늦게 만든 것이다.

10) 부묘(祔廟) : 새로 죽은 자의 신주를 조상의 사당에 모시는 일.

11) 그 신주에게만~지낸다 : 새로 죽은 자의 신주를 모실 방을 만들어 부묘(祔廟)할 때에는 그 신주에게만 제사를 지내고 종묘에 모셔진 모든 신주와 함께 제사 지내지 않는다는 것이다.

12) 증제(烝祭)·상제(嘗祭)·체제(禘祭) : 겨울제사를 증(烝), 가을제사를 상(嘗), 하늘과 선조에 대한 큰 제사를 체(禘)라고 한다.

왕이 모백(毛伯) 위(衛)를 보내와서 문공(文公)에게 작명(爵命)을 내렸다. 위(衛)는 모백(毛伯)의 자(字)이다.

---

**晉侯伐衛**

진후(晉侯)가 위(衛)나라를 쳤다.

---

晉文公之季年 諸侯朝晉 衛成公不朝 使孔達侵鄭 伐縣訾及匡 孔達 衛大夫 縣訾匡 鄭地
晉襄公旣祥 使告于諸侯而伐衛 及南陽 南陽 邑名 先且居曰 效尤 禍也 尤 衛不朝故伐
今不朝王 是效衛致禍也 請君朝王 臣從師 晉侯朝王于溫 先且居胥臣伐衛 五月 辛酉 朔
晉師圍戚 六月 戊戌 取之 獲孫昭子 昭子 衛大夫 食戚邑

진문공(晉文公) 말년에 제후들이 진(晉)나라에 조견하였지만 위성공(衛成公)은 조견하지 않고 공달(孔達)을 시켜 정(鄭)나라를 침범하게 하여 면(縣)·자(訾)·광(匡) 땅을 쳤다. 공달(孔達)은 위(衛)나라 대부이다. 면(縣)·자(訾)·광(匡)은 정(鄭)나라 땅이다. 진양공(晉襄公)은 소상(小祥)을 치르고 나서 제후들에게 사신을 보내어 알리고 위(衛)나라를 쳐서 남양(南陽)까지 쳐들어갔다. 남양(南陽)은 읍 이름이다. 그때 선저거(先且居)13)가 말하기를 "잘못[尤]을 본받는 것은 화를 부르는 것입니다. 우(尤)는 위(衛)나라가 진(晉)나라를 조견하지 않았기 때문에 친 일이다. 지금 진(晉)나라가 왕을 조현하지 않는다면 이는 위(衛)나라의 허물을 본받아서 화를 불러들인다는 것이다. 그러니 임금님께서는 왕을 조현하십시오. 그러면 신도 군대를 따르겠습니다."14)라고 하였다. 진후(晉侯)가 온(溫) 땅에서 왕을 조현하였다. 선저거와 서신(胥臣)이 위나라를 쳐서 5월 초하루 신유일에 진나라 군대가 척(戚) 땅을 포위하였다. 6월 무술일에는 그 땅을 취하고 손소자(孫昭子)를 잡았다. 손소자(孫昭子)는 위(衛)나라 대부인데 척읍(戚邑)을 자신의 식읍으로 하였다.

---

**叔孫得臣如京師**

숙손득신(叔孫得臣)이 경사(京師)에 갔다.

---

13) 선저거(先且居) : 선진(先軫)의 아들로 중군장수이다.
14) 신도~따르겠습니다 : 군대를 거느리고 위(衛)나라를 치겠다는 말이다.

得臣 叔牙之孫

득신(得臣)은 숙아(叔牙)의 손자이다.

## 叔孫得臣如周拜 謝賜命

숙손득신(叔孫得臣)이 주(周)나라에 가서 배사하였다. 작명(爵命)을 내려준 것에 사례한 것이다.

---

### 衛人伐晉

위인(衛人)이 진(晉)나라를 쳤다.

---

衛不自反 稱兵伐晉 故孔達貶稱人

위(衛)나라가 스스로 반성하지 않고 군사를 일으켜 진(晉)나라를 쳤으므로 공달(孔達)을 위인(衛人)이라고 폄하하여 칭한 것이다.

## 衛人使告于陳 陳共公曰 更伐之 我辭之 使衛報伐 己爲之請平於晉 衛孔達帥師伐晉

위인(衛人)이 사신을 보내어 진(陳)나라에 위급함을 알리니, 진공공(陳共公)이 말하기를 "다시 진(晉)나라를 친다면 내가 화해의 말을 해주겠소."라고 하였다. 위(衛)나라로 하여금 진(晉)나라에 보복하여 치게 하고는 자기는 위나라를 위하여 진(晉)나라에 화평을 요청하겠다는 것이다. 그러자 위(衛)나라 공달(孔達)이 군대를 거느리고 진(晉)나라를 쳤다.

## 君子以爲古 合古之道 古者 越國而謀

군자는 다음과 같이 여긴다. "위(衛)나라가 한 일은 옛날의 법도이다. 옛날의 법도에 맞다는 것이다. 옛날에는 월국(越國)하여 중재를 도모하였다."15)

---

### 秋 公孫敖會晉侯于戚

가을에 공손오(公孫敖)가 척(戚) 땅에서 진후(晉侯)와 회합하였다.

---

15) 위나라(衛)가~도모하였다 : 약소국인 위(衛)나라는 패자(霸者)인 진(晉)나라에 바로 복종해야 하는데, 진(陳)나라에게 화해를 중재하도록 부탁한 것은 시대에 맞지 않는 외교책이라는 것이다.

此大夫專會諸侯之始

이는 대부가 독단적으로 제후(諸侯)와 회합한 시초이다.

### 秋 晉侯疆戚田 故公孫敖會之 正戚田之疆界

가을에 진후(晉侯)가 척전(戚田)의 경계를 정하였다. 그러므로 공손오(公孫敖)가 진후를 만난 것이다. 척전(戚田)의 경계를 바로 잡은 것이다.

### 冬 十月 丁未 楚世子商臣弑其君頵

겨울 10월 정미일에 초(楚)나라 세자 상신(商臣)이 그 임금 균(頵)을 시해하였다.

頵 公穀作髡 ○頵 音麕 春秋之初 弑君者 不稱公子公孫以明大義 其後 皆以屬稱以著其弑之實 立義各不同

균(頵)은 《공양전(公羊傳)》과 《곡량전(穀梁傳)》에는 곤(髡)으로 되어 있다. ○균(頵)은 음이 균(麕)이다. 《춘추(春秋)》를 기술한 처음에는 임금을 시해한 자를 공자나 공손으로 칭하지 않음으로써 대의를 밝혔다. 이 뒤에는 모두 그의 소속으로 칭하여[16] 그가 시해한 실상을 드러내었으니 의를 내세운 방식이 각각 같지 않다.

初 楚子將以商臣爲大子 訪諸令尹子上 子上曰 君之齒未也 言年尙少 而又多愛 黜乃亂也 又多愛子 若立而又黜 取亂之道 楚國之舉 恒在少者 舉 立也 且是人也 蠭目而豺聲 忍人也 不可立也 弗聽 旣 又欲立王子職而黜大子商臣 職 商臣庶弟 商臣聞之而未察 告其師潘崇曰 若之何而察之 潘崇曰 享江芈而勿敬也 江芈 成王妹 嫁於江 從之 江芈怒曰 呼 役夫 呼 音賀 發聲也 役夫 賤者稱 宜君王之欲殺女而立職也 告潘崇曰 信矣 潘崇曰 能事諸乎 曰 不能 能行乎 曰 不能 能行大事乎 曰能 大事謂弑君

이보다 앞서 초자(楚子 : 成王 頵)가 상신(商臣)을 태자로 삼으려고 령윤(令尹)인 자상(子上)을 찾아가 물었다. 자상이 말하기를 "임금님께서는 아직 년치(年齒)가 많지 않으시고 나이가 아직 젊다는 말이다. 또 사랑하는 자식이 많습니다. 이미 태자를 세워놓고 그를 내치면 란이 일어날 것입니다. 또 사랑하는 자식이 많으므로 만약 누구를 태자로 세웠다가 그를 내치면 이는 혼란을 취하는 길이라는 것이다. 초(楚)나라가 태자를 세우는[舉] 일에서는 항상 나이 적은 사람을 택하

---

16) 모두~칭하여 : 공자나 공손 또는 세자에 대하여 그들의 신분을 밝혔다는 것이다.

였습니다. 거(擧)는 세움이다. 그리고 상신, 이 사람은 벌 같은 눈에다가 승냥이 같은 목소리를 내는 잔인한 사람이니 태자로 세워서는 안 됩니다."라고 하였다. 그러나 초자는 이 말을 듣지 않고 상신을 태자로 세웠는데, 얼마 뒤 또 왕자 직(職)을 세우고 태자 상신을 내치려고 하였다. 직(職)은 상신(商臣)의 서제(庶弟)이다. 상신은 이 소문을 들었으나 확인할 수 없어서 그 스승인 반숭(潘崇)에게 이 일을 고하기를 "어떻게 하면 확인할 수 있겠습니까?"라고 하였다. 반숭이 말하기를 "강미(江芈)에게 향연을 베풀되 공손히 대하지 마십시오."라고 하였다. 강미(江芈)는 초성왕(楚成王)의 누이동생인데 강(江)나라로 시집갔다. 이 말을 따라 하니, 강미가 노하여 말하기를 "아이고[呼], 이 역부(役夫)야. 하(呼)는 음이 하(賀)이니 발성어이다. 역부(役夫)는 천한 자의 칭호이다. 군왕께서 너를 죽이고 왕자 직을 태자로 세우려고 하는 것이 마땅하구나."라고 하였다. 이에 반숭에게 고하기를 "이 소문은 믿을 만합니다."라고 하였다. 반숭이 말하기를 "왕자 직을 섬길 수 있겠습니까?"라고 하니, 상신이 말하기를 "할 수 없습니다."라고 하였다. 또 반숭이 말하기를 "다른 나라로 달아날 수 있겠습니까?"라고 하니 상신이 말하기를 "할 수 없습니다."라고 하였다. 또 반숭이 말하기를 "큰일을 저지를 수 있겠습니까?"라고 하니 상신이 말하기를 "할 수 있습니다."라고 하였다. 큰일이란 임금을 시해하는 것을 이른다.

冬 十月 以宮甲圍成王 宮甲 東宮之卒 王請食熊蹯而死 熊掌難熟 冀久將有外救 弗聽 丁未 王縊 謚之曰 靈 未斂而加惡謚 不瞑 曰成 乃瞑 穆王立 以其爲大子之室與潘崇 使爲大師 且掌環列之尹 宮衛之官

겨울 10월에 상신(商臣)은 궁갑(宮甲)을 이끌고 초성왕(楚成王)을 포위하였다. 궁갑(宮甲)은 동궁(東宮)의 병사들이다. 왕이 곰 발바닥 료리를 먹고 죽겠다고 청하였으나 곰 발바닥은 익히기가 어려우므로 시간을 오래 끌어 외부에서의 구원이 있기를 바란 것이다. 들어주지 않았다. 정미일에 왕이 목을 매어 죽었다. 시호를 령(靈)이라고[17] 하자 시신을 렴하지도 않고 나쁜 시호를 준 것이다. 눈을 감지 않으므로 성(成)이라고 하니 눈을 감았다. 목왕(穆王 : 商臣)은 즉위하자 자기가 태자였을 때의 가산을 반숭(潘崇)에게 주고 그를 태사(大師)로 삼았으며 또 왕궁을 호위하는 우두머리로 삼았다. 궁궐을 호위하는 관직이다.

---

17) 시호를 령(靈)이라고 : 시법(謚法)에 나라를 어지럽게 하였지만 나라를 잃지 않은 것[亂而不損]을 령(靈)이라 한다.

公孫敖如齊

　공손오(公孫敖)가 제(齊)나라에 갔다.

穆伯如齊 始聘焉 禮也 凡君卽位 卿出並聘 使卿出外而並行聘禮於鄰國 踐脩舊好 要結
外援 好事鄰國 以衛社稷 忠信卑讓之道也 忠 德之正也 信 德之固也 卑讓 德之
基也

　목백(穆伯 : 公孫敖)이 제(齊)나라에 갔으니, 문공(文公)이 즉위한 뒤 처음으로 빙문한 것
으로 례에 맞는 일이었다. 무릇 임금이 즉위하면 그 나라 경(卿)이 출국하여 각 국을 두루
빙문하면서 경(卿)을 외국에 보내어 이웃나라에 두루 빙례(聘禮)를 행하게 한 것이다. 옛 우호를 리행하여
다지고 밖으로부터의 원조를 결속하며 이웃나라와의 사이를 좋게 하여 사직을 지켜야 하
니, 이것이 충(忠)과 신(信)과 비양(卑讓)의 도이다. 충은 덕의 바름이며 신은 덕의 견고함
이며 비양은 덕의 바탕이다.

# 문공(文公) 2년【丙申 B.C.625】

二年 春 王二月 甲子 晉侯及秦師戰于彭衙 秦師敗績

　2년 봄 왕2월 갑자일에 진후(晉侯)가 진(秦)나라 군대와 팽아(彭衙)에서 싸웠
는데 진(秦)나라 군대가 크게 패하였다.

彭衙 秦地
　팽아(彭衙)는 진(秦)나라 땅이다.

殽之役 晉人旣歸秦帥 秦大夫及左右皆言於秦伯曰 是敗也 孟明之罪也 必殺之 秦
伯曰 是孤之罪也 周芮良夫之詩曰 大風有隧 隧 蹊徑也 貪人敗類 聽言則對 誦言如
醉 聽塗說則喜對 誦善言則如醉 匪用其良 覆俾我悖 覆 反也 是貪故也 孤之謂矣 孤實貪以

## 禍夫子 夫子何罪 覆使爲政

효(殽) 땅의 싸움에서 진인(晉人)이 진(秦)나라 장수를 돌려보냈다.[18] 진(秦)나라 대부와 좌우의 신하들이 모두 진백(秦伯)에게 말하기를 "이번의 패배는 맹명(孟明)의 죄이니 반드시 그를 죽여야 합니다."라고 하였다. 진백이 말하기를 "이번의 일은 나의 죄이다. 주(周)나라 예량부(芮良夫)의 시에 이르기를 '큰바람이 지나는 곳에 길[隧]이 있게 되니[19] 수(隧)는 좁은 길이다. 탐욕스런 사람이 선한 사람[類]을 해치네. 쓸데없는 말 들으면 대답하면서도 좋은 말을 하면 술에 취한 듯하는구나. 길에서 하는 말[20]을 들으면 기쁘게 대답하고 좋은 말을 하면 술에 취한 듯이 한다는 것이다. 좋은 사람의 말을 쓰지 않아서 도리어[覆] 나로 하여금 어그러지게 하네.'[21]라고 하였다. 복(覆)은 도리어이다. 이는 탐욕 때문이니 나를 두고 이른 것이다. 내가 진실로 탐욕을 부려 부자(夫子 : 孟明)에게 화를 입게 한 것이다. 부자에게 무슨 죄가 있겠는가."라 하고서 다시 맹명에게 정사를 맡게 하였다.

## 二年 春 秦孟明視帥師伐晉 以報殽之役 二月 晉侯禦之 先且居將中軍 趙衰佐之 王官無地御戎 狐鞫居爲右 鞫居 續簡伯 甲子 及秦師戰于彭衙 秦師敗績 晉人謂秦拜賜之師 孟明言三年將拜君賜 故嗤之

2년 봄에 진(秦)나라 맹명시(孟明視 : 孟明)가 군대를 거느리고 진(晉)나라를 쳤는데, 효(殽) 땅의 싸움[22]에 대한 보복이었다. 2월에 진후(晉侯)가 이를 방어할 때 선저거(先且居)가 중군을 거느리고 조최(趙衰)가 그의 부장이 되었으며, 왕관무지(王官無地)가 융거의 어자가 되었고 호국거(狐鞫居)가 거우가 되었다. 호국거(狐鞫居)는 속간백(續簡伯)이다. 갑자일에 진(秦)나라 군대와 팽아(彭衙)에서 싸웠는데 진(秦)나라 군대가 크게 패하였다. 진인(晉人)이 진(秦)나라 군대를 일러 절하여 사례하는 군대라고 하였다. 맹명(孟明)이 '3년 뒤에 임금이 내려준 은혜에 절을 하겠다.'[23]라고 말하였기 때문에 비웃은 것이다.

---

18) 효(殽) 땅의~돌려보냈다 : 희공(僖公) 33년에 있었다.

19) 큰바람이~되니 : 큰바람이 지나는 곳에는 중물(衆物)이 파괴되어 좁은 길이 생긴다는 말이다.

20) 길에서~말 : 근거 없는 허튼 소리.

21) 큰바람이~하네 : 《시경(詩經)》 〈대아(大雅)〉 상유(桑柔).

22) 효(殽) 땅의 싸움 : 희공(僖公) 33년에 있었다.

23) 3년~하겠다 : 희공(僖公) 33년 여름 4월에 진(秦)나라 맹명(孟明)이 잡혀있던 진(晉)나라에서 도망치면서 뒤쫓아 온 진(晉)나라 양처보(陽處父)에게 한 말이다.

戰于殽也 晉梁弘御戎 萊駒爲右 戰之明日 晉襄公縛秦囚 使萊駒以戈斬之 囚呼 懼
而叫呼 萊駒失戈 狼瞫取戈以斬囚 瞫 音審 狼瞫 晉人 禽之以從公乘 遂以爲右 禽 獲也 生
死皆曰禽 箕之役 先軫黜之 而立續簡伯 狼瞫怒 其友曰 盍死之 瞫曰 吾未獲死所 其
友曰 吾與女爲難 欲共殺先軫 瞫曰 周志有之 勇則害上 不登于明堂 周志 周書 明堂 祖廟
所以策功序德 故不義之士不得升 死而不義 非勇也 共用之謂勇 謂以死共國家之用 吾以勇求
右 無勇而黜 亦其所也 謂上不我知 黜而宜 乃知我矣 子姑待之 及彭衙 旣陳 以其
屬馳秦師 死焉 屬 屬己兵 晉師從之 大敗秦師

효(殽) 땅에서 싸울 때 진(晉)나라 양홍(梁弘)이 융거의 어자가 되고 래구(萊駒)가 거우가
되었다. 싸움을 하고 난 다음 날에 진양공(晉襄公)이 진(秦)나라의 포로를 묶어놓고 래구에
게 창으로 죽이게 하였다. 그때 포로가 소리를 지르니 두려워서 소리를 지른 것이다. 래구가 창을
놓쳤다. 랑심(狼瞫)이 그 창을 집어들고 포로를 죽이고는 심(瞫)은 음이 심(審)이다. 랑심(狼瞫)은
진(晉)나라 사람이다. 래구를 잡아가지고[禽] 진양공의 수레 뒤를 따랐다.[24] 그리하여 드디어
랑심을 거우로 삼았다. 금(禽)은 잡음이니 산 채로 잡거나 죽여서 잡는 것 모두를 금(禽)이라 한다. 기(箕)
땅의 싸움[25]에서 선진(先軫)이 랑심을 내치고 속간백(續簡伯)을 거우로 세우니 랑심이 노
하였다. 그러자 그의 친구가 말하기를 "어찌 죽지 않는가?"라고 하니, 심(瞫)이 말하기를
"나는 아직 내가 죽을 곳을 얻지 못하였네."라고 하였다. 친구가 말하기를 "내가 자네와
함께 난을 일으키겠다."라고 하니 함께 선진(先軫)을 죽이고자 한 것이다. 심이 말하기를 "〈주지(周
志)〉에 '용기가 있다고 윗사람을 해친 자는 명당(明堂)에 오르지 못한다.'는 말이 있네. 〈주지
(周志)〉는 〈주서(周書)〉이다. 명당(明堂)은 조묘(祖廟)이니 공을 기록하고 덕을 차례 짓는 곳이므로 의롭지 못한
선비는 오르지 못한다는 것이다. 죽어도 의롭지 못하다면 용맹이 아니고, 죽어 나라의 쓰임에 이
바지하는 것을 용맹이라 하는 것이네. 죽음으로써 나라의 쓰임에 이바지하는 것을 이른다. 나는 용맹
으로써 거우가 되기를 구했지만 용맹이 없어 내쳐졌으니 또한 당연한 것이네. 윗사람이
나를 알아주지 않는다고 하지만 내쳐진 것이 마땅하니 이는 나를 안다고 이를 수 있는 것이
네. 자네는 잠깐 기다리게나."라고 하였다. 팽아(彭衙)에 이르러 진을 친 뒤에 랑심은 소속
된 군사[屬]를 이끌고 진(秦)나라 군대로 돌격하여 싸우다가 죽었다. 속(屬)은 자기에게 소속된
병사이다. 진(晉)나라 군대가 그를 따라 진격하여 진(秦)나라 군대를 크게 패배시켰다.

---

24) 래구를~따랐다 : 랑심(狼瞫)이 죽인 포로의 귀를 베어 가지고 진양공(晉襄公)의 수레를 따른 것으로 보는
설도 있다.
25) 기(箕) 땅의 싸움 : 희공(僖公) 33년에 있었다.

**君子謂 狼瞫於是乎君子 詩曰 君子如怒 亂庶遄沮 又曰 王赫斯怒 爰整其旅 怒不作亂 而以從師 可謂君子矣**

　　군자는 이른다. "랑심(狼瞫)은 이번 일에 있어 군자다웠다. 《시(詩)》에 이르기를 '군자가 노하면 란은 빨리 그친다.'[26]라 하고, 또 '왕이 크게 노하여 이에 그 군대를 정돈하였도다.'[27]라고 하였다. 그는 노하였지만 란을 일으키지 않고서 종군하였으니 군자라 이를 만하다."

**秦伯猶用孟明 孟明增脩國政 重施於民 趙成子言於諸大夫曰** 成子 趙衰 **秦師又至 將必辟之 懼而增德 不可當也 詩曰 毋念爾祖 聿脩厥德 孟明念之矣 念德不怠 其可敵乎**

　　진백(秦伯)이 여전히 맹명(孟明)을 쓰니, 맹명이 더욱 국정에 힘을 써서 백성에게 많은 덕을 베풀었다. 조성자(趙成子)가 여러 대부에게 말하기를 조성자(趙成子)는 조최(趙衰)이다. "진(秦)나라 군대가 또 이르게 되면 그때엔 반드시 그 군대를 피해야 할 것이오. 맹명은 싸움에 지고 두려워하며 덕을 쌓고 있으니 그를 당해낼 수가 없소. 《시(詩)》에 이르기를 '그대의 조상을 생각하지 않겠는가. 이에 그 덕을 닦을지어다.'[28]라고 하였소. 맹명은 이를 염두에 두어 덕 닦을 것을 생각하여 게을리하지 않고 있소. 그러니 어찌 대적할 수가 있겠소."라고 하였다.

---

**丁丑 作僖公主**
　　정축일에 희공(僖公)의 신주를 만들었다.

---

**丁丑 作僖公主 書不時也**

　　정축일에 희공(僖公)의 신주를 만들었다고 하였으니, 경문에 때에 맞지 않았음을 기록한 것이다.[29]

---

26) 군자가~그친다 : 《시경(詩經)》〈소아(小雅)〉 교언(巧言).

27) 왕이~정돈하였도다 : 《시경(詩經)》〈대아(大雅)〉 황의(皇矣).

28) 그대의~닦을지어다 : 《시경(詩經)》〈대아(大雅)〉 문왕(文王).

29) 때에~것이다 : 제후(諸侯)는 죽은 뒤 5개월 만에 장례를 지내고 신주를 만들어 부묘(祔廟)한다. 그런데 지금 장례 뒤 10개월 만에 신주를 만들었으니 때에 맞지 않았다는 것이다.

> 三月 乙巳 及晉處父盟
>
> 3월 을사일에 진(晉)나라 처보(處父)와 맹약하였다.

不地者 盟晉都也 朝而盟始此

장소를 기록하지 않은 것은 진(晉)나라 도성에서 맹약하였기 때문이다. 조견을 하고 맹약한 것이 이로부터 시작되었다.

**晉人以公不朝來討 公如晉 夏 四月 己巳 晉人使陽處父盟公以恥之** 經書三月乙巳 經 **傳必有誤 書曰 及晉處父盟 以厭之也** 厭 音葉 損也 損處父不使與公敵 故不書氏 **適晉不書 諱 之也**

진인(晉人)이 문공(文公)이 조견하지 않았다고 하여 와서 토죄하니 문공이 진(晉)나라에 갔다. 여름 4월 기사일에 진인이 양처보(陽處父)를 시켜 문공과 맹약하게 하여 문공을 수치스럽게 하였다. 경문에는 3월 을사일이라고 기록되어 있으니, 경문이나 전문에 반드시 잘못이 있다. 경문에 진나라 처보(處父)와 맹약하였다고만 기록한 것은 그를 깎아내린 것이다. 엽(厭)은 음이 엽(葉)이니 깎아내림이다. 처보(處父)라고 깎아내려 문공(文公)과 상대할 수 없게 하였다. 그러므로 경문에 씨(氏)를 기록하지 않은 것이다.[30] 경문에 문공이 진나라에 간 것을 기록하지 않은 것은 그 일을 숨긴 것이다.

> 夏 六月 公孫敖會宋公陳侯鄭伯晉士穀 盟于垂隴
>
> 여름 6월에 공손오(公孫敖)가 송공(宋公)·진후(陳侯)·정백(鄭伯)·진(晉)나라 사곡(士穀)과 회합하여 수롱(垂隴)에서 맹약하였다.

穀 穀作穀 隴 公穀作斂 ○垂隴 鄭地 此大夫敵諸侯之始

곡(穀)은 《곡량전(穀梁傳)》에는 곡(穀)으로 되어 있다. 롱(隴)은 《공양전(公羊傳)》과 《곡량전(穀梁傳)》에는 렴(斂)으로 되어 있다. ○수롱(垂隴)은 정(鄭)나라 땅이다. 이는 대부가 제후(諸侯)를 상대하는 시초이다.

**公未至** 未歸至國 **六月 穆伯會諸侯及晉司空士穀 盟于垂隴 晉討衛故也** 士穀 士蔿子

---

30) 씨(氏)를~것이다 : 회맹(會盟)에서 씨(氏)를 기록하지 않은 것은 그를 폄하한 것이다.

**書士縠 堪其事也** 司空非卿 以士縠能堪卿事 故書 **陳侯爲衛請成于晉 執孔達以說**

문공(文公)이 진(晉)나라에서 아직 돌아오지 않았는데도 아직 나라에 돌아오지 않은 것이다. 6월에 목백(穆伯:公孫敖)이 제후(諸侯) 및 진나라 사공(司空)인 사곡(士縠)과 회합하여 수롱(垂隴)에서 맹약하였으니, 진나라가 위(衛)나라를 토죄하려고 하였기 때문이다.[31] 사곡(士縠)은 사위(士蔿)의 아들이다. 경문에 사곡이라고 기록한 것은 그 일을 잘 감당하였기 때문이다. 사공(司空)이 경(卿)은 아니지만 사곡(士縠)이 경의 일을 잘 감당하였기 때문에 경문에 기록한 것이다. 진후(陳侯)가 위나라를 위하여 진나라에 화친하기를 요청하면서[32] 위나라 공달(孔達)을 잡아가 진나라에 해명하였다.

---

**自十有二月不雨 至于秋七月**

　12월부터 비가 내리지 않아 가을 7월에 이르렀다.

---

**八月 丁卯 大事于大廟 躋僖公**

　8월 정묘일에 태묘(大廟)에 큰 제사를 지내고 희공(僖公)을 올려 모셨다.

---

大事 禘也

　대사(大事)는 체제(禘祭)이다.

**秋 八月 丁卯 大事于大廟 躋僖公 逆祀也** 僖雖閔兄 嘗爲臣而居閔上 故曰逆祀 **於是夏父弗忌爲宗伯** 宗伯 掌宗廟昭穆之禮 **尊僖公 且明見曰 吾見新鬼大 故鬼小** 僖公年長 閔公年少 弗忌明言其所見 **先大後小 順也 躋聖賢 明也** 以僖公爲聖賢 明順 禮也

　가을 8월 정묘일에 태묘(大廟)에 큰 제사를 지내고 희공(僖公)의 신주를 올려 모셨으니,

---

31) 진나라가~때문이다 : 문공(文公) 원년에 위(衛)나라가 진(晉)나라를 친 것에 대하여 토죄하고자 한 것이다.

32) 진후(陳侯)가~요청하면서 : 문공(文公) 원년에 진(晉)나라가 위(衛)나라를 쳐 척(戚) 땅을 취하자 위인(衛人)이 사신을 진(陳)나라에 보내어 위급함을 알렸다. 이때 진공공(陳共公)은 위나라가 진(晉)나라를 치면 자기가 진(晉)나라에게 화평을 요청하겠다고 하였다.

이는 역사(逆祀)였다. 희공(僖公)이 비록 민공(閔公)의 형이지만 일찍이 그 신하였는데 민공의 위로 올렸기 때문에 역사(逆祀)라고 한 것이다. 이때 하보불기(夏父弗忌)가 종백(宗伯)이었는데 종백(宗伯)은 종묘에서 소목(昭穆)의 례를 관장한다. 희공을 높이고 또 귀신을 분명히 보았다고 하며 말하기를33) "내가 보기에 새 귀신은 크고 옛 귀신은 작으니 희공(僖公)이 나이가 많고 민공(閔公)이 나이가 적으니 불기(弗忌)는 자기가 본 바라고 분명히 말한 것이다. 큰 분을 앞에 모시고 작은 분을 뒤에 모시는 것이 순리이고, 성현을 올려 모시는 것이 명철함이요, 희공(僖公)을 성현으로 여긴 것이다. 명철함과 순리가 례이다."라고 하였다.

君子以爲失禮 禮無不順 祀 國之大事也 而逆之 可謂禮乎 子雖齊聖 不先父食 久矣 齊 肅也 臣繼君猶子繼父 故禹不先鯀 湯不先契 鯀 禹父 契 湯十三世祖 文武不先不窋 不窋后稷子 宋祖帝乙 鄭祖厲王 猶上祖也 帝乙 微子父 厲王 鄭桓公父 上 尊尙也 是以魯頌曰 春秋匪解 享祀不忒 皇皇后帝 皇祖后稷 君子曰 禮 謂其后稷親而先帝也 先稱帝也 詩曰 問我諸姑 遂及伯姊 君子曰 禮 謂其姊親而先姑也

군자는 다음과 같이 여긴다. "이 일은 례를 잃은 것이다. 례는 순리 아님이 없고 제사는 나라의 큰일인데 그 순서를 어겼으니 례라고 할 수 있겠는가. 아들이 비록 엄숙하고[齊] 성스럽다 하더라도 아버지보다 먼저 제사를 받지 않는 것은 오래된 법도이다. 제(齊)는 엄숙함이다. 신하가 임금을 잇는 것은 아들이 아버지를 잇는 것과 같다. 그러므로 우(禹)임금은 곤(鯀)보다 먼저 제사를 받지 않았고, 탕왕(湯王)도 설(契)보다 먼저 제사를 받지 않았으며, 곤(鯀)은 우(禹)임금의 아버지이고 설(契)은 탕왕(湯王)의 13세 조상이다. 문왕(文王)과 무왕(武王)도 불굴(不窋)보다 먼저 제사를 받지 않았다. 불굴(不窋)은 후직(后稷)의 아들이다. 송(宋)나라가 제을(帝乙)을 조상으로 삼고 정(鄭)나라가 려왕(厲王)을 조상으로 삼았으니 그들이 불초하더라도 오히려 조상으로 존숭한[上] 것이다.34) 제을(帝乙)은 송(宋)나라 시조 미자(微子)의 아버지이고, 려왕(厲王)은 정(鄭)나라 시조 환공(桓公)의 아버지이다. 상(上)은 높여 올리는 것이다. 그러므로 〈로송(魯頌)〉에 이르기를 '봄가을로 게을리하지 않아 제사의 례법에 어긋남이 없도다. 크고 크신 후제(后帝 : 天帝)와 위대한 조상 후직(后稷)이로다.'35)라고 하였다. 이를 두고 군자는 례에 맞는다고 하였으니,

---

33) 희공을~말하기를 : 하보불기(夏父弗忌)는 귀신의 일을 맡은 종백(宗伯)이기 때문에 자신이 귀신을 보았다고 꾸며 사람들을 속인 것이다.

34) 송(宋)나라가~것이다 : 두 나라가 제을(帝乙)과 려왕(厲王)을 불초하게 여기지 않고 오히려 존숭하였다는 것이다.

35) 봄가을로~후직(后稷)이로다 : 《시경(詩經)》〈로송(魯頌)〉 비궁(閟宮).

이는 후직은 친한 조상이지만 천제(天帝)를 먼저 앞세운 것을 이른 것이다. 먼저 천제를 칭한 것이다. 《시(詩)》에 이르기를 '나의 여러 고모에게 묻고 마침내 큰누이에게 미치도다.'[36]라고 하였는데 이를 두고 군자는 례에 맞는다고 하였으니, 그것은 누이는 친형제이지만 촌수가 위인 고모를 먼저 찾은 것을 이른 것이다."

**仲尼曰 臧文仲 其不仁者三 不知者三 下展禽** 知展禽賢 而使在下位 **廢六關** 塞關陽關之屬 凡六關 所以禁絶末遊而廢之 **妾織蒲 三不仁也** 家人販席 言其與民爭利 **作虛器** 謂居蔡 山節藻梲 也 **縱逆祀** 聽夏父 躋僖公 **祀爰居 三不知也** 爰居 海鳥 止魯東門 文仲以爲神 命國人祀之

중니(仲尼)는 말하였다. "장문중(臧文仲)은 그 어질지 못한 것이 세 가지이고, 지혜롭지 못한 것이 세 가지이다. 전금(展禽)을 아래 지위에 있게 하였고, 전금(展禽 : 柳下惠)이 현명한 것을 알고도 그를 아래 지위에 있게 한 것이다. 여섯 관문을 폐지하였으며, 새관(塞關)과 양관(陽關)[37] 따위로 모두 여섯 관문이니, 말유(末遊 : 商人)들이 다니는 것을 금절하기 위하여 이를 폐쇄한 것이다.[38] 첩에게 자리를 짜게 한 것은 그의 세 가지 어질지 못한 점이다. 집안사람이 자리를 짜서 판 것이니 그 백성과 더불어 리익을 다투었다는 말이다. 신분에 어울리지 않는 기물을 만들고, 큰 거북을 보관하되 두공(斗栱 : 節)에 산 모양을 조각하고 동자기둥(梲)에 수초 모양을 그려넣은 것[39]을 이른 것이다. 거꾸로 순서를 어겨 제사를 지내게 하였으며, 하보(夏父)의 말을 듣고 희공(僖公)을 올려 모신 것이다. 원거(爰居)에게 제사를 지낸 것은 그의 세 가지 지혜롭지 못한 점이다." 원거(爰居)는 바닷새인데 로(魯)나라 동쪽 문에 머무르니 문중(文仲)이 신으로 여겨 국인에게 제사 지낼 것을 명한 것이다.

---

**冬 晉人宋人陳人鄭人伐秦**

겨울에 진인(晉人)·송인(宋人)·진인(陳人)·정인(鄭人)이 진(秦)나라를 쳤다.

---

**冬 晉先且居宋公子成陳轅選鄭公子歸生伐秦 取汪及彭衙而還** 汪 秦地 **以報彭衙之 役** 卿不書 爲穆公故 **辱秦也** 謂之崇德 程子曰 晉復伐秦 殘民結怨 故貶稱人 李廉曰 左氏辱秦

---

36) 나의~미치도다 : 《시경(詩經)》〈패풍(邶風)〉 천수(泉水).

37) 새관(塞關)과 양관(陽關) : 여섯 관문 중 두 관문이다.

38) 말유(末遊 : 商人)들이~것이다 : 자유로운 통상을 막은 것이다.

39) 두공(斗栱 : 節)에~것 : 천자의 종묘에 쓰는 장식이다.

之義 非經意也

　　겨울에 진(晉)나라 선저거(先且居)·송(宋)나라 공자 성(成)·진(陳)나라 원선(轅選)·정(鄭)나라 공자 귀생(歸生)이 진(秦)나라를 쳐서 왕(汪) 땅을 취하고 팽아(彭衙)까지 쳐들어 갔다가 돌아왔는데, 왕(汪)은 진(秦)나라 땅이다. 이는 팽아의 싸움에 대하여 보복한 것이다. 경문에 경(卿)들의 이름을 기록하지 않은 것은 진목공(秦穆公) 때문에 진(秦)나라를 높인 것이니, 이를 일러 덕 있는 사람을 존숭하는 것이라 한다. 정자(程子)가 말하기를 "진(晉)나라가 다시 진(秦)나라를 쳐서 백성에게 잔인하게 하여 원망을 맺게 하였으므로 폄하하여 진인(晉人)이라고 칭하였다."라고 하였다. 리렴(李廉)이 말하기를 "좌씨(左氏)가 진(秦)나라를 높인 의미는 경문의 뜻이 아니다."라고 하였다.

---

## 公子遂如齊納幣
　　공자 수(遂)가 제(齊)나라에 가서 납폐(納幣)하였다.

---

**襄仲如齊納幣 禮也 凡君卽位 好舅甥 脩昏姻 娶元妃以奉粢盛 孝也 孝 禮之始也**
公羊傳曰 譏喪娶也 劉敞曰 左氏以喪娶爲禮 悖矣

　　양중(襄仲 : 遂)이 제(齊)나라에 가서 납폐(納幣)[40]하였으니, 례에 맞는 일이었다. 무릇 임금이 즉위하면 구생(舅甥)의 나라 사이에는 사이좋게 하고, 서로 혼인을 맺어 원비(元妃)를 맞이하여 제사를 받드는 것이 효이니 효는 례의 시작이다. 《공양전(公羊傳)》에 이르기를 "상중(喪中)에 처를 맞이한 것을 비난한 것이다."라고 하였다. 류창(劉敞)이 말하기를 "좌씨(左氏)가 상중에 처를 맞이한 것을 례에 맞다고 한 것은 잘못이다."라고 하였다.

---

40) 납폐(納幣) : 혼인의 6례 중 하나. 신랑 집에서 신부 집으로 혼서(婚書)와 함께 례물을 보내는 일.

# 문공(文公) 3년【丁酉 B.C.624】

---

> 三年 春 王正月 叔孫得臣會晉人宋人陳人衛人鄭人伐沈 沈潰
>
> 3년 봄 왕정월에 숙손득신(叔孫得臣)이 진인(晉人)·송인(宋人)·진인(陳人)·
> 위인(衛人)·정인(鄭人)과 회합하여 심(沈)나라를 치니 심나라 백성이 흩어졌다.

---

沈 國名 霸國大夫會諸大夫伐國自此始

심(沈)은 나라 이름이다. 패국(霸國)의 대부가 제후국의 여러 대부와 회합하여 나라를 친 것이 이로부터 시작되었다.


三年 春 莊叔會諸侯之師伐沈 以其服於楚也 沈潰 凡民逃其上曰潰 在上曰逃

3년 봄에 장숙(莊叔 : 叔孫得臣)이 제후들의 군대와 회합하여 심(沈)나라를 쳤으니, 심나라가 초(楚)나라에 복종하였기 때문이다. 심나라 백성이 흩어졌다. 무릇 백성이 그 임금으로부터 도망가는 것을 궤(潰)라 하고, 임금이 도망하는 것을 도(逃)라 한다.


○衛侯如陳 拜晉成也

○위후(衛侯)가 진(陳)나라에 가서 진(晉)나라와 화친을 이루어 준 것[41]에 대하여 배사하였다.

---

> 夏 五月 王子虎卒
>
> 여름 5월에 왕자 호(虎)가 졸하였다.

---

夏 四月 乙亥 王叔文公卒 來赴 吊如同盟 禮也 同盟翟泉 故赴以名 經書五月 又不書日 從赴也

여름 4월 을해일에 왕숙문공(王叔文公 : 虎)[42]이 졸하였다. 부고를 보내 알려왔으므로 동

---

41) 진(晉)나라와~것 : 문공(文公) 2년에 진후(陳侯)가 위(衛)나라를 위하여 진(晉)나라에 화친하기를 요청하였다.
42) 왕숙문공(王叔文公 : 虎) : 후손이 왕숙(王叔)씨가 되었고 문공(文公)은 시호이다.

맹관계의 례로써 조문하였으니, 례에 맞는 일이었다. 적천(翟泉)에서 동맹하였기 때문에 이름을 써서 부고한 것이다.[43] 경문에 5월이라고만 기록하고 또 날을 기록하지 않은 것은 부고를 따른 것이다.

---

**秦人伐晉**
　　진인(秦人)이 진(晉)나라를 쳤다.

---

**秦伯伐晉 濟河焚舟** 示必死也 **取王官及郊** 王官郊 晉地 **晉人不出 遂自茅津濟 封殽尸而還** 茅津 晉地 封 埋藏之 **遂霸西戎 用孟明也**

　　진백(秦伯)이 진(晉)나라를 칠 때 하수(河水)를 건넌 뒤 타고 온 배를 불태우고 죽을 각오를 보인 것이다. 왕관(王官)을 취하고 교(郊) 땅에까지 이르렀다. 왕관(王官)과 교(郊)는 진(晉)나라 땅이다. 진인(晉人)이 싸우러 나오지 않자[44] 드디어 모진(茅津)에서 하수를 건너 앞서 효(殽) 땅의 싸움에서 죽은 진(秦)나라 병사들의 시신을 거두어 매장하고[封] 돌아갔다. 모진(茅津)은 진(晉)나라 땅이다. 봉(封)은 매장함이다. 드디어 서융(西戎)의 패자(霸者)가 되니, 맹명(孟明)을 썼기 때문이다.

---

**君子是以知秦穆之爲君也 舉人之周也** 周 備也 **與人之壹也 孟明之臣也 其不解也** 不以敗而懈怠 **能懼思也** 懼而思改 **子桑之忠也 其知人也 能舉善也** 謂舉孟明 **詩曰 于以采蘩 于沼于沚 于以用之 公侯之事 秦穆有焉** 喩秦穆不遺小善 **夙夜匪解 以事一人 孟明有焉 詒厥孫謀 以燕翼子 子桑有焉** 燕 安也 翼 成也 言子桑有舉善之謀

　　군자는 이로써 진목공(秦穆公)의 임금됨을 알았다. 사람을 쓸 때에는 그 사람의 갖춘[周] 것을 살펴보고 주(周)는 갖춤이다. 그 사람을 허여하면 한결같은 마음으로 신임하였다. 맹명(孟明)은 신하 노릇함에 게으르지 않았고 싸움에 패하였다고 해서 게으르게 하지 않은 것이다. 일에 림하여 두려워하고 개선할 것을 생각하였으며, 두려워하고 고칠 것을 생각한 것이다. 자상(子桑)은 충

---

43) 적천(翟泉)에서~것이다: 희공(僖公) 29년 6월에 왕자 호(虎)가 희공(僖公) 및 제후국의 대부들과 적천(翟泉)에서 동맹하였다. 은공(隱公) 7년에 제후들이 동맹을 하면 이름을 일컫고 제후가 훙할 때도 이름으로 부고한다고 하였다. 적천의 동맹은 희공(僖公) 때에 이루어졌지만 문공(文公)은 희공의 아들이므로 희공에 대한 례를 따라 이름으로 부고한 것이다.

44) 진인(晉人)이~않자: 지난해에 조최(趙衰)가 말하기를 진(秦)나라 군대가 다시 이르면 반드시 피해야 한다고 하였기 때문이다.

성함에 사람을 알아보고 좋은 이를 천거하였다. 맹명(孟明)을 천거한 것을 이른다. 《시(詩)》에 이르기를 '이에 흰 쑥 뜯기를 못가에서 하고 물가에서 하도다. 이에 쓰기를 공후(公侯)의 제사에 하도다.'[45]라고 하였으니, 진목공이 이에 해당된다. 진목공(秦穆公)이 작은 선도 버리지 않은 점을 비유한 것이다. 또 '밤낮으로 게을리하지 않고 한 사람만을 섬기도다.'[46]라고 하였으니, 맹명이 이에 해당된다. 또 '자손에게 계책을 남겨 자손을 편안하게[燕] 하고 일을 이루게[翼] 하네.'[47]라고 하였으니, 자상이 이에 해당된다. 연(燕)은 편안함이고, 익(翼)은 이룸이다. 자상(子桑)이 좋은 이를 천거하는 계책이 있음을 말한 것이다.

## 秋 楚人圍江

가을에 초인(楚人)이 강(江)나라를 포위하였다.

**楚師圍江 晉先僕伐楚以救江** 先僕 晉大夫

초(楚)나라 군대가 강(江)나라를 포위하니, 진(晉)나라 선복(先僕)이 초나라를 쳐서 강나라를 구원하였다. 선복(先僕)은 진(晉)나라 대부이다.

## 雨螽于宋

송(宋)나라에 메뚜기가 비 오듯 하였다.

自上而墮 有似於雨

위로부터 떨어지는 것이 비 오듯 한 것이다.

**秋 雨螽于宋 隊而死也**

가을에 송(宋)나라에 메뚜기가 비 오듯 하였으니, 땅에 떨어져 죽은 것이다.

---

45) 이에~하도다 : 《시경(詩經)》〈소남(召南)〉 채번(采蘩).
46) 밤낮으로~섬기도다 : 《시경(詩經)》〈대아(大雅)〉 증민(烝民).
47) 자손에게~하네 : 《시경(詩經)》〈대아(大雅)〉 문왕유성(文王有聲).

冬 公如晉 十有二月 己巳 公及晉侯盟

　겨울에 문공(文公)이 진(晉)나라에 갔다. 12월 기사일에 문공이 진후(晉侯)와
맹약하였다.

此公如晉之始

　이는 문공(文公)이 진(晉)나라에 간 시초이다.[48]

晉人懼其無禮於公也 請改盟 改二年處父之盟 公如晉 及晉侯盟 晉侯饗公 賦菁菁者
莪 取其旣見君子 樂且有儀 莊叔以公降拜 曰 小國受命於大國 敢不愼儀 君貺之以大禮
何樂如之 抑小國之樂 大國之惠也 晉侯降辭 登成拜 俱還上 成拜禮 公賦嘉樂 取其顯顯
令德 宜民宜人 受祿于天

　진인(晉人)이 문공(文公)에게 무례하게 대했던 점[49]을 두려워하여 맹약을 다시 할 것을
청하였다. 문공(文公) 2년에 처보(處父)와 했던 맹약을 다시 하고자 한 것이다. 이에 문공이 진(晉)나라로
가서 진후(晉侯)와 맹약하였다. 진후가 문공에게 향연을 베풀고 청청자아(菁菁者莪)[50]를
읊었다. 이미 군자를 보니 즐겁고 위의가 있다는 뜻을 취한 것이다. 그러자 장숙(莊叔)이 문공을 모시
고 뜰 아래로 내려가 절하게 하고 말하기를 "작은 나라가 큰 나라에게 명을 받음에 감히
삼가는 례의를 취하지 않겠습니까. 임금께서 큰 례로써 대해 주시니 어떤 즐거움이 이와
같겠습니까. 작은 나라의 즐거움은 큰 나라의 은혜를 입었기 때문입니다."라고 하였다. 그
러자 진후는 뜰로 내려가 사양하고 같이 올라가 배례(拜禮)를 행하였다. 함께 자리 위로 돌아가
배례(拜禮)를 행한 것이다. 그때 문공은 가락(嘉樂)[51]을 읊었다. 드러나고 드러난 훌륭한 덕이 백성에게
마땅하고 신하에게 마땅하니 하늘에서 복록을 받는다는 뜻을 취한 것이다.

---

48) 이는~시초이다 : 문공(文公)은 2년에 진(晉)나라에 갔지만 이 사실을 경문에 기록하지 않았기 때문에 시초
　라고 한 것이다.

49) 진인(晉人)이~점 : 문공(文公) 2년에 진인(晉人)이 그 대부 양처보(陽處父)로 하여금 문공과 맹약하도록
　하여 문공을 수치스럽게 한 일을 말한다.

50) 청청자아(菁菁者莪) : 《시경(詩經)》〈소아(小雅)〉 청청자아(菁菁者莪).

51) 가락(嘉樂) : 《시경(詩經)》〈대아(大雅)〉 가락(嘉樂). 《시경》 원문에는 가락(假樂)으로 되어 있다.

晉陽處父帥師伐楚以救江

진(晉)나라 양처보(陽處父)가 군대를 거느리고 초(楚)나라를 쳐서 강(江)나라를 구원하였다.

公穀無以字 ○晉大夫書帥師 於是始

《공양전(公陽傳)》과 《곡량전(穀梁傳)》에는 이(以)자가 없다. ○진(晉)나라 대부가 군대를 거느렸다고 경문에 기록한 것은 여기에서 비롯되었다.

冬 晉以江故告于周 王叔桓公晉陽處父伐楚以救江 桓公 周卿士王叔文公之子 門于方城 遇息公子朱而還 子朱 楚大夫 伐江之師解 故晉亦還

겨울에 진(晉)나라가 강(江)나라의 일을 주(周)나라에 고하였다. 왕숙환공(王叔桓公)과 진나라 양처보(陽處父)가 초(楚)나라를 쳐서 강나라를 구원하려고 환공(桓公)은 주(周)나라 경사(卿士)인 왕숙문공(王叔文公 : 虎)의 아들이다. 방성(方城)52)의 성문을 공격하다가 회군하는 식공(息公) 자주(子朱)를 만나게 되어 돌아갔다. 자주(子朱)는 초(楚)나라 대부이다. 강(江)나라를 치던 군대가 포위를 풀었기 때문에 진(晉)나라도 돌아간 것이다.53)

# 문공(文公) 4년 【戊戌 B.C.623】

四年 春

4년 봄이다.

四年 春 晉人歸孔達于衛 以爲衛之良也 故免之

---

52) 방성(方城) : 초(楚)나라 북쪽 변경의 장성(長城).

53) 강(江)나라를~것이다 : 진(晉)나라가 초(楚)나라를 치기 위하여 군대를 일으켰다는 소식을 듣고 초나라 자주(子朱)가 강(江)나라의 포위를 풀고 회군하니 진나라도 회군하였다는 것이다.

4년 봄에 진인(晉人)이 공달(孔達)을 위(衛)나라로 돌려보냈는데[54] 위나라의 어진 신하라고 여겼기 때문에 사면한 것이다.

---

## 公至自晉

문공(文公)이 진(晉)나라에서 돌아왔다.

---

## 夏

여름이다.

---

**衛侯如晉拜** 謝歸孔達 **曹伯如晉會正** 會受貢賦之政

위후(衛侯)가 진(晉)나라에 가서 배사하였다. 공달(孔達)을 돌려보내 준 것에 대하여 사례한 것이다. 조백(曹伯)이 진(晉)나라에 가서 정사(政事)에 회합하였다. 회합하여 공부(貢賦)를 정하는 정사(政事)의 결정을 받아들인 것이다.

---

## 逆婦姜于齊

부강(婦姜)을 제(齊)나라에서 맞이하였다.

---

稱婦 有姑之辭 不稱夫人不言氏 責文公首紊喪禮也

부(婦)라고 칭한 것은 시어머니가 살아 있을 때 쓰는 말이다. 부인(夫人)이라 칭하지 않고 씨(氏)를 말하지 않은 것은 문공(文公)이 먼저 상례(喪禮)를 어지럽힌 점[55]을 책망한 것이다.

---

**逆婦姜于齊 卿不行 非禮也 君子是以知出姜之不允於魯也** 允 信也 公薨而見出 故曰出
**姜 曰 貴聘而賤逆之** 卿納幣 是貴聘 **君而卑之 立而廢之** 不以夫人禮迎 是卑廢之 **棄信而壞**

---

54) 진인(晉人)이~돌려보냈는데 : 문공(文公) 2년에 진(陳)나라가 위(衛)나라 공달(孔達)을 잡아 진(晉)나라로 보내면서 위나라와 진(晉)나라의 화친을 요청했었는데, 지금 진(晉)나라가 공달을 위나라로 돌려보낸 것이다.
55) 상례(喪禮)를~점 : 희공(僖公)의 상(喪) 중에 처를 맞이한 일이다.

其主 在國必亂 在家必亡 主 內主也 不允宜哉 詩曰 畏天之威 于時保之 敬主之謂也

부강(婦姜)을 제(齊)나라에서 맞이할 때 경(卿)이 가지 않았으니, 례가 아니었다. 군자는 이로써 출강(出姜)이 로(魯)나라에서 신뢰받지[允] 못할 것을 알고 윤(允)은 신뢰함이다. 문공(文公)이 훙하자 쫓겨났기 때문에 출강(出姜)이라고 한 것이다. 말하기를 "귀한 이가 빙문하고 천한 이가 맞이하였으며, 경(卿)이 납폐하였으니 이것이 귀한 이가 빙문한 것이다.56) 군(君 : 小君)인데도 비천한 례로 대우하였으며, 부인(夫人)으로 세웠다가 폐위시켰으며, 부인(夫人)의 례로 맞이하지 않았으니 이것이 비천한 례로 맞이하였다가 폐위시킨 것이다. 신의를 저버리고 안주인[主]의 권위를 무너뜨렸으니 나라에 이런 일이 있으면 반드시 어지러워지고 집안에 이런 일이 있으면 반드시 망하게 된다. 주(主)는 안주인이다. 그러니 부강이 신뢰받지 못하는 것이 당연하다. 《시(詩)》에 이르기를 '하늘의 위엄을 두려워하여 이에 보전할지어다.'57)라고 하였으니, 이는 안주인을 공경하라는 말이다."58)라고 하였다.

---

## 狄侵齊

적(狄)이 제(齊)나라를 침범하였다.

---

## 秋 楚人滅江

가을에 초인(楚人)이 강(江)나라를 멸하였다.

---

楚人滅江 秦伯爲之降服 出次 不擧 過數 降服 素服也 出次 辟正寢 不擧 去盛饌 過數 過禮也
大夫諫 公曰 同盟滅 雖不能救 敢不矜乎 吾自懼也

초인(楚人)이 강(江)나라를 멸하니, 진백(秦伯)은 강나라를 위하여 소복(素服)을 하고[降服] 정침(正寢)을 피하였으며[出次] 성찬(盛饌)을 물리쳤으니[不擧] 례가 지나쳤다[過數].59)

---

56) 경(卿)이~것이다 : 문공(文公) 2년에 공자 수(遂)가 제(齊)나라를 빙문하여 납폐(納幣)한 것을 말한다.

57) 하늘의~보전할지어다 : 《시경(詩經)》 〈주송(周頌)〉 아장(我將).

58) 이는~말이다 : 《시경(詩經)》의 본뜻은 문왕(文王)을 상제에게 배향하여 제사 지낼 때 하늘의 위엄을 두려워하여 복록을 잘 보존하라는 것이다. 그런데 전문에서는 단장취의(斷章取義)하여 안주인을 공경하라는 의미로 사용하였다.

강복(降服)은 소복(素服)이고, 출차(出次)는 정침(正寢)을 피하는 것이며, 불거(不擧)는 성찬(盛饌)을 물리치는 것이고, 과수(過數)는 례가 지나친 것이다. 대부가 간하니, 진목공(秦穆公)이 말하기를 "동맹국이 멸망하였는데 비록 구원하지는 못하였지만 불쌍히 여기지 않을 수 있겠는가. 내 스스로 조심하는 것이다."라고 하였다.

## 君子曰 詩云 惟彼二國 其政不獲 惟此四國 爰究爰度 其秦穆之謂矣 二國 夏商 四國 四方諸侯

군자는 말한다. "《시(詩)》에 '저 두 나라는 그 정사(政事)가 인심을 얻지 못한지라. 이 사방의 나라[四國]에서 이에 찾고 이에 헤아리시네.'[60)]라고 하였으니, 진목공(秦穆公)을 두고 이른 것이다." 두 나라는 하(夏)나라와 상(商)나라이다. 사국(四國)은 사방의 제후들이다.

---

### 晉侯伐秦

진후(晉侯)가 진(秦)나라를 쳤다.

---

### 秋 晉侯伐秦 圍邧新城 以報王官之役 邧 音阮 邧新城 皆秦邑

가을에 진후(晉侯)가 진(秦)나라를 쳐서 원(邧) 땅과 신성(新城)을 포위하였으니, 이는 왕관(王官)의 싸움[61)]에 대하여 보복한 것이다. 원(邧)은 음이 원(阮)이다. 원(邧) 땅과 신성(新城)은 모두 진(秦)나라 읍이다.

---

### 衛侯使甯兪來聘

위후(衛侯)가 녕유(甯兪)를 보내와서 빙문하였다.

---

59) 진백은(秦伯은~지나쳤다[過數] : 이웃나라를 위한 례에는 일정한 수가 있는데 진백(秦伯)이 지나치게 례를 차렸다는 것이다.

60) 저~헤아리시네 : 《시경(詩經)》〈대아(大雅)〉 황의(皇矣). 상제가 상(商)나라를 대신하여 천하를 다스릴 나라를 찾고 헤아린다는 뜻이다. 《시경》 원문에는 '惟此二國 其政不獲 惟彼四國 爰究爰度'으로 되어 있다.

61) 왕관(王官)의 싸움 : 지난해에 있었다.

衛甯武子來聘 公與之宴 爲賦湛露及彤弓 不辭 又不答賦 使行人私焉 私問之 對曰
臣以爲肆業及之也 魯人失所賦 甯武子佯不知 昔諸侯朝正於王 朝而受政教也 王宴樂之 於
是乎賦湛露 則天子當陽 諸侯用命也 義取湛湛露斯 匪陽不晞 諸侯敵王所愾 而獻其功
王於是乎賜之彤弓一彤矢百旅弓矢千 以覺報宴 覺 明也 今陪臣來繼舊好 方論天子之
樂 故自稱陪臣 君辱貺之 其敢干大禮以自取戾

　위(衛)나라 녕무자(甯武子 : 甯兪)가 와서 빙문하니, 문공(文公)이 연회를 베풀어 줄 때
담로(湛露)와 동궁(彤弓)62)을 읊었으나 녕무자는 사례도 하지 않고 답가(答歌)도 부르지
않았다. 문공이 행인(行人)63)을 시켜 사사로이 그 까닭을 묻게 하니, 사사로이 물은 것이다. 대
답하기를 "신은 악공들이 노래 연습을 하다가 이들 시에 이른 것으로 여겼습니다. 로인(魯人)
이 노래하는 례를 잃었기 때문에 녕무자(甯武)가 거짓으로 모르는 체 한 것이다. 옛날에 제후들이 왕에게
조회하여 정교(正敎)를 받으면 조회하여 정교(政敎)를 받는 것이다. 왕이 연회를 베풀어 즐기며
이에 담로(湛露)를 읊었으니, 이는 천자는 태양에 해당하고 제후는 천자의 명을 따른다는
것입니다. '흠뻑 맺힌 이슬이여 햇볕이 아니면 마르지 않도다.'라는 뜻을 취한 것이다. 그리고 제후들이
왕께서 분개하는 자를 대적하여 그 공을 바치면 왕은 이에 제후들에게 붉은 칠을 한 활
하나와 붉은 칠을 한 화살 백 개, 검은 칠을 한 활과 화살 천 개를 하사하여 공로에 보답하
는 연회임을 밝혔습니다[覺]. 각(覺)은 밝힘이다. 지금 배신(陪臣)인 제가 여기에 와서 예전의
우호를 계속하려 함에 천자의 음악을 론하기 때문에 스스로 배신(陪臣)이라고 일컫은 것이다. 임금님께서
욕되이 이 노래를 내려주셨으나 어찌 감히 큰 례를 범하여 스스로 죄를 취하겠습니까."라고
하였다.

---

冬 十有一月 壬寅 夫人風氏薨

　겨울 11월 임인일에 부인(夫人) 풍씨(風氏)가 훙하였다.

---

冬 成風薨 莊公妾 僖公母 自成風之後 妾母皆僭用夫人之禮 故亦書薨 著其非禮

　겨울에 성풍(成風)이 훙하였다. 장공(莊公)의 첩이고 희공(僖公)의 어머니이다. 성풍(成風)으로부터 첩

---

62) 담로(湛露)와 동궁(彤弓) : 《시경(詩經)》〈소아(小雅)〉의 편 이름.

63) 행인(行人) : 조근(朝覲)과 빙문(聘問)을 맡은 관리.

모(妾母)⁶⁴들이 모두 부인(夫人)의 례를 참용하였기 때문에 경문에 훙이라고 기록하여 그 례가 아님을 드러낸 것이다.

# 문공(文公) 5년 【己亥 B.C.622】

---

五年 春 王正月 王使榮叔歸含且賵 三月 辛亥 葬我小君成風 王使召伯來會葬

5년 봄 왕정월에 왕이 영숙(榮叔)을 시켜 함(含)과 봉(賵)을 보내주었다. 3월 신해일에 우리 소군(小君) 성풍(成風)의 장례를 지냈다. 왕이 소백(召伯)을 보내와서 장례에 참석하게 하였다.

---

召 穀作毛 ○珠玉曰含 車馬曰賵 召 采地 伯 爵 天子卿也 成風以妾僭嫡而王成之 故於榮叔召伯之來 王不稱天

소(召)는 《곡량전(穀梁傳)》에는 모(毛)로 되어 있다. ○주옥(珠玉)을 함(含)⁶⁵이라 하고 수레와 말을 봉(賵)⁶⁶이라고 한다. 소(召)는 채지(采地)이고 백(伯)은 작위로 천자의 경(卿)이다. 성풍(成風)이 첩으로서 적부인(嫡夫人)을 참칭하였는데 왕이 이를 인정하였으므로 영숙(榮叔)과 소백(召伯)이 온 일에 있어서 왕을 천왕이라고 칭하지 않은 것이다.

### 五年 春 王使榮叔來含且賵 召昭公來會葬 禮也 劉敞曰 妾母稱夫人 王不能正 又使公卿會之葬 何禮之有 左氏非也

5년 봄에 왕이 영숙(榮叔)을 시켜 함(含)과 봉(賵)을 보내주고, 소소공(召昭公 : 召伯)을 보내와서 성풍(成風)의 장례에 참석하게 하였으니, 례에 맞는 일이었다. 류창(劉敞)이 말하기를 "첩모(妾母)를 부인(夫人)이라 칭하였는데 왕이 이를 바로잡지 못하고 또 공경(公卿)을 보내어 장례에 참석하게 하였으니, 무슨 례가 있겠는가. 좌씨(左氏)의 말은 잘못되었다."라고 하였다.

---

64) 첩모(妾母) : 선대 임금의 첩이면서 아들이 임금인 녀인을 말한다.

65) 함(含) : 죽은 이의 입에 넣는 구슬. 반함(飯含).

66) 봉(賵) : 장례에 쓰는 수레와 말. 봉조(賵吊).

夏 公孫敖如晉

여름에 공손오(公孫敖)가 진(晉)나라에 갔다.

秦人入鄀

진인(秦人)이 약(鄀)나라로 쳐들어갔다.

初 鄀叛楚卽秦 又貳於楚 夏 秦人入鄀

이보다 앞서 약(鄀)나라가 초(楚)나라를 배반하고 진(秦)나라를 가까이하였다가 또 초나라에 붙었으므로 여름에 진인(秦人)이 약나라로 쳐들어간 것이다.

秋 楚人滅六

가을에 초인(楚人)이 륙(六)나라를 멸하였다.

六 國名

륙(六)은 나라 이름이다.

六人叛楚卽東夷 秋 楚成大心中歸帥師滅六 仲歸 子家

륙인(六人)이 초(楚)나라를 배반하고 동이(東夷)를 가까이하였으므로 가을에 초나라 성대심(成大心)과 중귀(中歸)가 군대를 거느리고 륙(六)나라를 멸하였다. 중귀(中歸)는 자가(子家)이다.

冬

겨울이다.

楚公子燮滅蓼 臧文仲聞六與蓼滅 曰 皐陶庭堅不祀忽諸 德之不建 民之無援 哀哉

庭堅皐陶字 蓼六其後 傷二國忽然而亡

초(楚)나라 공자 섭(燮)이 료(蓼)나라를 멸하였다. 장문중(臧文仲)이 륙(六)나라와 료나라가 멸망하였다는 소식을 듣고 말하기를 "고요정견(皐陶庭堅)이 제사를 받아먹지 못하는 일이 홀연히 일어났도다. 덕을 세우지 못하여 백성이 구원하지 않았으니 애석하도다."라고 하였다. 정견(庭堅)은 고요(皐陶)의 자(字)이고, 료(蓼)나라와 륙(六)나라는 그 후손이다.[67] 두 나라가 홀연히 망한 것을 상심한 것이다.

---

**十月 甲申 許男業卒**

10월 갑신일에 허남(許男) 업(業)이 졸하였다.

---

# 문공(文公) 6년 【庚子 B.C.621】

---

**六年 春**

6년 봄이다.

---

晉陽處父聘于衛 反過甯 甯嬴從之 甯 晉邑 嬴 逆旅大夫 及溫而還 其妻問之 嬴曰 以剛 商書曰 沈漸剛克 高明柔克 今周書洪範 夫子壹之 其不沒乎 言其一於用剛 必不善終 天爲剛德 猶不干時 寒暑相順 況在人乎 且華而不實 怨之所聚也 言過其行 犯而聚怨 不可以定身 余懼不獲其利 而離其難 是以去之 離 麗也 晉趙成子欒貞子霍伯臼季皆卒 霍伯 先且居

진(晉)나라 양처보(陽處父)가 위(衛)나라를 빙문하고 돌아올 때 녕(甯) 땅에 들르니, 녕영(甯嬴)이 따라나섰다가 녕(甯)은 진(晉)나라 읍이다. 영(嬴)은 객관(客館)의 관리를 맡은 대부이다. 온(溫) 땅에 이르러 되돌아갔다. 그 아내가 까닭을 묻자, 영(嬴)이 대답하였다. "강(剛)하기 때문이

---

67) 정견(庭堅)은~후손이다 : 고요(皐陶)는 륙(六)나라의 선조이고, 정견(庭堅)은 료(蓼)나라의 선조로 보는 설도 있다.

오. 〈상서(商書)〉에 이르기를 '품성이 활달하지 못하고 소극적인 자는 강함으로써 그 유약함을 극복하고,[68] 기세가 드높고 적극적인 자는 유순함으로써 그 강함을 극복한다.'라고 하였는데, 지금의 〈주서(周書)〉 홍범(洪範)에 있는 말이다. 그분은 한결같이 강함만을 행하니 제명대로 죽지 못할 것이오. 그가 한결같이 강함만을 사용하므로 반드시 제명대로 죽지 못할 것이라는 말이다. 하늘은 강한 덕을 행하면서도 오히려 사시(四時)의 운행을 범하지 않는데 추위와 더위가 서로 순서를 따른다는 것이다. 하물며 사람에 있어서 어찌 강함만을 행할 수 있겠소. 또 말만 화려하고 진실하지 못한 것도 원망이 모이는 것인데, 말이 행동보다 지나침이다. 그는 남을 침범하여 원망을 모으고 있으니 몸을 안정시키지 못할 것이오. 나는 그에게서 리익은 얻지 못하고 그의 화난에 걸릴까[離] 두려웠기 때문에 그를 버리고 돌아왔소." 리(離)는 걸림이다. 진나라 조성자(趙成子：趙衰)·란정자(欒貞子：欒枝)·곽백(霍伯)·구계(臼季：胥臣)가 모두 졸하였다. 곽백(霍伯)은 선저거(先且居)이다.

六年 春 晉蒐于夷 舍二軍 僖三十一年 晉作五軍 今復三軍之制 夷 晉地 四卿卒 故蒐以謀軍帥 使狐射姑將中軍 射姑 狐偃子 趙盾佐之 陽處父至自溫 聘衛過溫 改蒐于董 易中軍 以趙盾爲帥 射姑佐之 董 晉地 陽子成季之屬也 成季卽趙衰 故黨於趙氏 且謂趙盾能 曰 使能 國之利也 是以上之 宣子於是乎始爲國政 宣 趙盾諡 制事典 正法罪 辟獄刑 辟猶理也 董逋逃 由質要 由 用也 質要 券契也 治舊洿 治理洿穢 本秩禮 貴賤不失其本 續常職 脩廢官 出滯淹 拔賢能也 旣成 以授大傅陽子與大師賈佗 使行諸晉國 以爲常法 賈佗 公族

6년 봄에 진(晉)나라가 이(夷) 땅에서 군대를 검열할 때 2군(軍)을 감축하고서 희공(僖公) 31년에 진(晉)나라가 5군(軍)으로 만들었는데 지금 3군(軍)의 제도로 돌아간 것이다. 이(夷)는 진(晉)나라 땅이다. 네 사람의 경(卿)이 졸하였기 때문에 검열하여 군대의 원수(元帥)를 뽑으려고 도모한 것이다. 호역고(狐射姑)에게 중군을 거느리게 하고 호역고(狐射姑)는 호언(狐偃)의 아들이다. 조돈(趙盾)을 그 부장으로 삼았다. 양처보(陽處父)가 온(溫) 땅에서 와서 위(衛)나라를 빙문하고 온(溫) 땅에 들른 것이다. 다시 동(董) 땅에서 검열하고서 중군장을 바꾸었다. 조돈(趙盾)을 원수로 삼고 역고(射姑)를 부장으로 삼은 것이다. 동(董)은 진(晉)나라 땅이다. 양자(陽子：陽處父)는 성계(成季)의 소속이었기 때문에 성계(成季)는 곧 조최(趙衰)이다. 조씨(趙氏)를 편들고 또 조돈이 유능하다고 하며 말하기를 "유능한 사람을 시키는 것이 나라의 리익이다."라고 하였다. 그러므로 조돈을 호역고의 위로 올렸

---

68) 품성이~극복하고[沈漸剛克] : 전문의 '沈漸'은 현행《서경(書經)》〈주서(周書)〉 홍범(洪範)에는 '沈潛'으로 되어 있다.

다. 선자(宣子)가 이때 비로소 국정(國政)이 되어 선(宣)은 조돈(趙盾)의 시호이다. 사전(事典)[69]을 제정하여 법죄(法罪)[70]를 바로잡고, 옥형(獄刑)을 다스리고[辟], 벽(辟)은 다스림[理]과 같다. 포도(逋逃)[71]를 감독하여 살피고, 질요(質要)를 사용하고[由], 유(由)는 사용함이고 질요(質要)는 계약서이다. 구오(舊洿)[72]를 다스리고, 더러움을 다스림이다. 질례(秩禮)[73]를 근본으로 되돌리고, 귀천이 그 근본을 잃지 않음이다. 상직(常職)[74]을 존속시키고, 폐기된 관직을 회복함이다. 체엄(滯淹)[75]을 진출시키도록 하였다. 현명하고 능력 있는 자를 뽑아 씀이다. 이 법제가 완성되자 태부(大傳) 양자와 태사(大師) 가타(賈佗)에게 주어 진나라에 시행하여 상법(常法)으로 삼게 하였다. 가타(賈佗)는 공족(公族)이다.

---

## 葬許僖公

허(許)나라 희공(僖公)의 장례를 지냈다.

---

## 夏 季孫行父如陳

여름에 계손행보(季孫行父)가 진(陳)나라에 갔다.

---

行父 季友孫

행보(行父)는 계우(季友)의 손자이다.

---

**臧文仲以陳衛之睦也 欲求好於陳 夏 季文子聘于陳 且娶焉** 臣非君命不越竟 故因聘而娶

장문중(臧文仲)은 진(陳)나라와 위(衛)나라가 서로 화목하다고 여겨서 진나라와 우호를 구하고자 하였다. 여름에 계문자(季文子 : 季孫行父)가 진나라에 빙문하고 또 아내를 맞이

---

69) 사전(事典) : 일의 법칙이나 제도.
70) 법죄(法罪) : 형벌에 관한 률령.
71) 포도(逋逃) : 죄망(罪網)에서 달아남.
72) 구오(舊洿) : 옛날의 부패한 정치나 나쁜 습속.
73) 질례(秩禮) : 상하와 귀천을 분별하는 례.
74) 상직(常職) : 정해져 있는 고유의 직무.
75) 체엄(滯淹) : 침체되거나 적체되어 쓰이지 못함.

하여 왔다. 신하는 임금의 명이 아니면 국경을 넘을 수 없다. 그러므로 빙문한 기회를 리용하여 아내를 맞이한 것이다.

○秦伯任好卒 任好 秦穆公名 以子車氏之三子奄息仲行鍼虎爲殉 子車 秦大夫氏 以人從葬 爲殉 皆秦之良也 國人哀之 爲之賦黃鳥 黃鳥 詩篇名

○진백(秦伯) 임호(任好)가 졸하자 임호(任好)는 진목공(秦穆公)의 이름이다. 자거씨(子車氏)의 세 아들 엄식(奄息)·중항(仲行)·겸호(鍼虎)를 순장하였으니[殉] 자거(子車)는 진(秦)나라 대부의 씨(氏)이다. 산 사람을 죽은 자에 딸려 매장하는 것을 순(殉)이라 한다. 이들은 모두 진(秦)나라의 훌륭한 신하들이었다. 그러므로 국인이 슬퍼하여 그들을 위해 황조(黃鳥)를 읊었다. 황조(黃鳥)는 《시(詩)》의 편 이름이다.

君子曰 秦穆之不爲盟主也 宜哉 死而棄民 先王違世 猶詒之法 而況奪之善人乎 詩曰 人之云亡 邦國殄瘁 無善人之謂 若之何奪之 古之王者 知命之不長 是以並建聖哲 建立聖知 以司牧民 樹之風聲 樹立風化聲敎 分之采物 旌旗衣服 各有分制 著之話言 爲作善言遺戒 爲之律度 鍾律度量 皆有定法 陳之藝極 藝 準也 極 中也 立其準限中正以制貢獻多少 引之表儀 引 道也 表儀猶威儀 予之法制 告之訓典 先王之書 敎之防利 防惡興利 委之常秩 委任也 常秩 官司之常職 道之以禮則 使毋失其土宜 衆隸賴之而後卽命 卽 就也 言民安而後順受正命 聖王同之 今縱無法以遺後嗣 而又收其良以死 難以在上矣 君子是以知秦之不復東征也

군자는 말한다. "진목공(秦穆公)이 맹주가 되지 못한 것은 당연하다. 죽으면서도 백성을 버렸기 때문이다. 선왕들은 세상을 떠나면서도 오히려 후세 사람에게 법도를 남겼는데, 하물며 백성에게서 선인(善人)을 빼앗아 간다는 말인가. 《시(詩)》에 이르기를 '선인이 없으니 나라가 병드네.'[76]라고 하였으니, 이는 나라에 선인이 없음을 말한 것인데 목공은 어째서 선인을 빼앗아 갔단 말인가. 옛날의 왕자(王者)는 자기의 생명이 길지 않을 것을 알았기 때문에 성덕(聖德)과 지혜를 갖춘 사람을 아울러 세워서 덕과 지혜가 있는 사람을 관직에 세워 목민의 일을 맡기는 것이다. 풍성(風聲)[77]을 세우게 하고 풍화(風化)[78]와 성교(聲敎)[79]를 세우는 것이다. 채물

---

76) 선인이~병드네:《시경(詩經)》〈대아(大雅)〉 첨앙(瞻卬).

77) 풍성(風聲) : 지역이나 풍속에 따라 교화하는 법.

78) 풍화(風化) : 풍속의 감화.

(采物)80)을 구분하게 하고 정기(旌旗)와 의복은 각각 신분에 따라 정해진 제도가 있다. 화언(話言)81)을 짓게 하고 유익한 말로 글을 지어 경계로 남기는 것이다. 률도(律度)를 제정하고 종률(鍾律 : 音律)과 도량(度量)은 모두 정해진 법이 있다. 예극(藝極)82)을 선포하고 예(藝)는 표준이고 극(極)은 중(中)이다. 그 기준의 한계와 중정(中正)을 세워서 공부(貢賦)의 수량을 정하는 법을 제정한 것이다. 표의(表儀)로 인도하고 [引] 인(引)은 인도함이요. 표의(表儀)는 위의(威儀)와 같다. 법제를 만들어 주고 훈전(訓典)83)을 일러 주고 선왕의 글이다. 방리(防利)를 가르치고 해악을 막고 리익을 일으키는 것이다. 상질(常秩)을 맡기고[委] 위(委)는 맡김이다. 상질(常秩)은 관사(官司)의 일정한 직무이다. 례칙(禮則)으로 가르쳐 인도하되 토속(土俗)의 적합함을 잃지 않게 하고서84) 중예(衆隷)85)가 이를 신뢰한 뒤에 명(命)에 나아갔다[卽]. 즉(卽)은 나아감이니 백성이 편안한 뒤에 바른 명(命)을 순하게 받는다는 말이다.86) 성왕(聖王)도 이와 같이 하였는데, 지금 목공은 법도를 세워 후사에게 남겨 주지는 못할망정 또 훌륭한 신하마저 거두어 죽게 하였으니, 남의 윗자리에 있기가 어려운 것이다." 군자는 이로써 진(秦)나라가 다시 동정(東征)하지 못할 줄을 알았다.

---

> **秋 季孫行父如晉**
>
> 가을에 계손행보(季孫行父)가 진(晉)나라에 갔다.

### 秋 季文子將聘於晉 使求遭喪之禮以行 聞晉侯疾故 其人曰 將焉用之 其人 從者 文子曰 備豫不虞 古之善敎也 求而無之 實難 過求何害

가을에 계문자(季文子 : 季孫行父)가 진(晉)나라를 빙문하려 할 때 사람을 시켜 상(喪)을 당했을 경우에 행할 례법을 알아보게 한 뒤에 떠났다. 진후(晉侯)가 병을 앓고 있다는 말을 들었기 때문이다. 그 사람[其人]이 말하기를 "어디에 쓰려고 하십니까?"라고 하자, 기인(其人)은 종자(從

---

79) 성교(聲敎) : 교화(敎化).

80) 채물(采物) : 신분을 구별하기 위하여 색채가 들어간 기(旗)나 의복 따위.

81) 화언(話言) : 화(話)는 선(善)이니 유익한 말 또는 좋은 말이다.

82) 예극(藝極) : 준칙.

83) 훈전(訓典) : 선왕의 전장(典章)이나 제도(制度)를 적은 책.

84) 토속(土俗)의~하고서 : 지역마다 풍속이 다르므로 그 토속(土俗)에 따라 적절히 인도하는 것이다.

85) 중예(衆隷) : 모든 관료.

86) 즉(卽)은~말이다 : 상명(上命)을 받들어 행한다는 말이다.

者)이다. 문자(文子)가 말하기를 "뜻밖의 일에 미리 대비하는 것은 예로부터의 좋은 가르침이다. 일을 당하여 구할 수가 없으면 실로 난처할 것이니, 지나치게 구한다고 무슨 해가 되겠는가."[87]라고 하였다.

---

### 八月 乙亥 晉侯驩卒
8월 을해일에 진후(晉侯) 환(驩)이 졸하였다.

驩 公作讙

환(驩)은 《공양전(公羊傳)》에는 환(讙)으로 되어 있다.

---

八月 乙亥 晉襄公卒 靈公少 晉人以難故 欲立長君 趙孟曰 立公子雍 趙孟 趙盾也 公子雍 襄公庶弟 杜祁之子 好善而長 先君愛之 且近於秦 時子雍仕於秦 秦 舊好也 置善則固 事長則順 立愛則孝 結舊則安 爲難故 故欲立長君 有此四德者 難必抒矣 抒 除也 賈季曰 不如立公子樂 賈季 狐射姑 樂 文公子 辰嬴嬖於二君 辰嬴 懷嬴也 二君 懷公文公也 立其子 民必安之

8월 을해일에 진양공(晉襄公 : 驩)이 졸하였다. 그 태자 령공(靈公)이 어려서 진인(晉人)은 화난이 일어날까 걱정하여 나이가 찬 임금을 세우고자 하였다. 조맹(趙孟)[88]이 말하기를 "공자 옹(雍)을 세워야 한다. 조맹(趙孟)은 조돈(趙盾)이다. 공자 옹(雍)은 양공(襄公)의 서제(庶弟)이고 두기(杜祁)의 아들이다. 그는 선을 좋아하고 나이도 찼으며 선군[晉文公]께서 총애하였다. 또 진(秦)나라와 친근하니 당시에 공자 옹(雍)은 진(秦)나라에서 벼슬하고 있었다. 진(秦)나라는 오랜 우호국이다. 선한 사람을 임금으로 세우는 것이 나라를 견고히 하는 것이고, 나이가 찬 사람을 임금으로 섬기는 것이 순리이며, 선군이 사랑한 사람을 세우는 것이 효도이며, 오랜 우호국과 친분을 맺는 것이 나라를 편안히 하는 것이다. 화난 때문에 나이가 찬 임금을 세우고자 한다면 이 네 가지 덕이 있는 사람이어야만 화난이 반드시 제거될[抒] 것이다."라고 하였다. 서(抒)는 제거됨이다. 가계(賈季)가 말하기를 "공자 악(樂)을 세우는 것만 같지 못하다.

---

87) 뜻밖의~되겠는가 : 이것이 이른바 '계문자(季文子)가 세 번 생각한 뒤에 행하였다[季文子三思而後行].'는 《론어(論語)》〈공야장(公治長)〉 대목의 한 사례이다.
88) 조맹(趙孟) : 진(晉)나라 조(趙)씨 가문의 후계자를 이른다.

가계(賈季)는 호역고(狐射姑)이다. 악(樂)은 진문공(晉文公)의 아들이다. 그 어머니 신영(辰嬴)이 두 임금에게 총애를 받았으니 신영(辰嬴)은 회영(懷嬴)이다. 두 임금은 진회공(晉懷公)과 진문공(晉文公)이다. 그 아들을 세우면 백성이 반드시 편안해 할 것이다."라고 하였다.

趙孟曰 辰嬴賤 班在九人 其位列在第九 其子何震之有 震 威也 且爲二嬖 淫也 爲先君子 不能求大 而出在小國 辟也 時公子樂在陳 辟 陋也 母淫子辟 無威 陳小而遠 無援 將何安焉 杜祁以君故 讓偪姞而上之 杜祁 杜伯後祁姓 偪姞 偪國女姞姓 生襄公 故讓使在己上 以狄故 讓季隗而己次之 故班在四 先君是以愛其子 而仕諸秦 爲亞卿焉 秦大而近 足以爲援 母義子愛 足以威民 立之 不亦可乎 使先蔑士會如秦 逆公子雍 賈季亦使召公子樂于陳 趙孟使殺諸郫 郫 晉地

조맹(趙孟)이 말하기를 "신영(辰嬴)은 신분이 미천하여 서렬(序列)[89]이 아홉 번째이니 그 서렬(序列)이 아홉 번째라는 것이다. 그 아들[樂]이 무슨 위엄[震]이 있겠는가. 진(震)은 위엄이다. 그리고 또 두 임금에게 총애를 받은 것은 음탕해서이고, 선군의 아들이 되어 대국으로 가서 벼슬을 구하지 않고 작은 나라로 나가 있는 것은 식견이 좁아서이다[辟]. 당시에 공자 악(樂)이 진(陳)나라에 있었다. 벽(辟)은 좁음이다. 어미는 음탕하고 아들은 식견이 좁으니 위엄이 없고, 진(陳)나라는 작은 나라이고 멀리 있으니 도움이 되지 못할 것인데 장차 무엇으로 백성을 편안히 하겠는가. 그런데 두기(杜祁)는 임금[晉襄公] 때문에 핍길(偪姞)에게 서렬을 양보하여 자기의 윗자리에 있게 하고, 두기(杜祁)는 두백(杜伯)의 후손으로 기성(祁姓)이다. 핍길(偪姞)은 핍(偪)나라의 녀자로서 길성(姞姓)인데 진양공(晉襄公)을 낳았기 때문에 두기가 그녀에게 서렬을 양보하여 자기의 윗자리에 있게 한 것이다. 적(狄)에서의 연고 때문에 계외(季隗)에게 서렬을 양보하고[90] 자기는 그 다음이 되었다. 그러므로 서렬이 네 번째가 된 것이다.[91] 선군[晉文公]께서 이 때문에 그 아들을 총애하여 진(秦)나라로 보내 벼슬시켜 아경(亞卿)이 되게 하셨다. 진(秦)나라는 큰 나라로서 가까운 거리에 있으니 충분히 도움이 될 수 있고, 어머니는 의롭고 아들은 선군의 총애를 받았으니 충분히 백성을 위엄으로 다스릴 수 있다. 그를 세우는 것이 옳지 않겠는가."라 하고서, 선멸(先蔑)과 사회(士會)를 진(秦)나라로 가게 하여 공자 옹(雍)을 맞아오게 하였다. 가계(賈季)도 또한 사람을 보내어 진(陳)나라에서 공자 악(樂)을 불러오게 하였는

---

89) 서렬(序列) : 진문공(晉文公)의 적부인(嫡夫人)으로부터의 서렬(序列)이다.
90) 적(狄)에서의~양보하고 : 계외(季隗)는 진문공(晉文公)이 망명길에 적(狄)에 있을 때 맞이한 아내로서 두기(杜祁)보다 먼저 진문공의 아내가 되었다. 이 때문에 두기가 계외에게 서렬을 양보한 것이다.
91) 그러므로~것이다 : 두기(杜祁)의 본래 서렬은 두 번째였다.

데, 조맹이 사람을 보내어 공자 악을 비(邳) 땅에서 죽였다. 비(邳)는 진(晉)나라 땅이다.

> 冬 十月 公子遂如晉 葬晉襄公
>
> 겨울 10월에 공자 수(遂)가 진(晉)나라에 가서 진(晉)나라 양공(襄公)의 장례를 지냈다.

**冬 十月 襄仲如晉 葬襄公** 卿共葬事 文襄之制

겨울 10월에 양중(襄仲 : 遂)이 진(晉)나라에 가서 양공(襄公)의 장례를 지냈다.[92] 경(卿)이 장례 지내는 일에 이바지하는 것은 진문공(晉文公)과 진양공(晉襄公) 때 행한 제도이다.

> 晉殺其大夫陽處父 晉狐射姑出奔狄
>
> 진(晉)나라가 그 대부 양처보(陽處父)를 죽이니, 진나라 호역고(狐射姑)가 적(狄)으로 망명나갔다.

射 公作夜

역(射)은 《공양전(公羊傳)》에는 야(夜)로 되어 있다.

賈季怨陽子之易其班也 而知其無援於晉也 少族多怨 九月 賈季使續鞫居 殺陽處父 鞫居 狐氏之族 書曰 晉殺其大夫 侵官也 處父易帥 是侵官 故貶之 十一月 丙寅 晉殺續簡伯 賈季奔狄 宣子使臾駢送其帑 帑 妻子也 夷之蒐 賈季戮臾駢 戮 辱也 臾駢之人欲盡殺 賈氏以報焉 臾駢曰 不可 吾聞前志有之 曰 敵惠敵怨 不在後嗣 忠之道也 敵猶對也 夫子禮於賈季 夫子指趙盾 我以其寵報私怨 無乃不可乎 言已蒙宣子寵位 介人之寵 非勇 也 介 因也 損怨益仇 非知也 殺季家以除怨 宣子將復怨己 是益仇 以私害公 非忠也 釋此三 者 何以事夫子 盡具其帑與其器用財賄 親帥扞之 送致諸竟

---

92) 양중(襄仲 : 遂)이~지냈다 : 제후(諸侯)의 상(喪)에는 대부를 보내는 것이 례인데, 이때 로(魯)나라는 경(卿)의 신분인 양중(襄仲 : 遂)을 보낸 것이다.

가계(賈季 : 狐射姑)는 양자(陽子 : 陽處父)가 자기의 반렬을 바꾼 일[93]에 원한을 품고 또 진(晉)나라 안에 그를 돕는 세력이 없다는 것을 알고서 친족은 적고 원망하는 이가 많다는 것이다. 9월에 가계가 속국거(續鞫居)를 시켜 양처보를 죽였다. 국거(鞫居)는 호씨(狐氏)의 일족이다. 경문에 진나라가 그 대부를 죽였다고 기록하였으니, 이는 침관(侵官)[94]하였기 때문이다. 처보(處父)가 원수[帥]를 바꾸었으니 이것이 침관(侵官)한 것이다. 그러므로 그를 폄하한 것이다.[95] 11월 병인일에 진(晉)나라가 속간백(續簡伯 : 續鞫居)을 죽이니, 가계가 적(狄)으로 망명하자 선자(宣子 : 趙盾)는 유병(臾騈)을 시켜 가계의 처자[帑]를 적(狄)으로 보내주었다. 노(帑)는 처자이다. 이(夷) 땅에서 군대를 검열할 때[96] 가계가 유병에게 모욕[戮]을 준 일이 있었으므로 륙(戮)은 모욕이다. 유병의 부하가 가씨(賈氏)의 일족을 모두 죽여 보복하려 하였다. 유병이 말하기를 "안 된다. 내가 듣건대 전대(前代)의 기록에 '은혜와 원수는 직접 상대하고[敵] 그 후손에게 남기지 않는 것이 충성스런 도이다.'라고 하였다. 적(敵)은 상대함[對]과 같다. 부자(夫子)께서는 가계를 례우하는데 부자(夫子)는 조돈(趙盾)을 가리킨다. 나는 부자의 총애를 리용하여 사사로운 원한을 갚는다면 옳지 못한 일이 아닌가. 자기가 선자(宣子)에게 총애와 지위를 받았다는 말이다. 남의 총애를 리용하는[介] 것은 용맹이 아니고 개(介)는 리용함이다. 원수를 제거하였다가 원수를 더 만드는 것은 지혜가 아니며 가계(賈季)의 일가를 죽여서 원수를 제거한다면 선자(宣子)가 장차 다시 자기를 원수로 여길 것이니, 이것이 원수를 더 만든다는 것이다. 사적인 일로 공적인 일을 해치는 것은 충성이 아니다. 이 세 가지를 버린다면 무엇으로 부자를 섬기겠는가."라 하고서, 그의 처자와 기용(器用)과 재물을 모두 싣고 친히 군사를 거느리고서 호위하여 국경까지 보내주었다.

> **閏月不告月 猶朝于廟**
> 윤달에 고월(告月)은 하지 않고 그래도 종묘에 조알은 하였다.

告朔朝廟禮也 文公以閏非常月 不告朔而猶朝廟 猶者 幸其不已也

---

93) 양자(陽子 : 陽處父)가~일 : 올봄에 진(晉)나라가 이(夷) 땅에서 군대를 검열할 때 호역고(狐射姑)가 중군 장(中軍將 : 元帥)이었고 조돈(趙盾)이 그 부장이었는데, 동(董) 땅에서 군대를 검열할 때는 양처보(陽處父)가 조돈을 원수(元帥)로 삼고 호역고를 부장으로 삼아 반렬을 바꾼 일을 말한다.

94) 침관(侵官) : 자신의 권한을 과도하게 사용하여 남의 직책을 침범함.

95) 그러므로~것이다 : 경문에 가계(賈季)가 양처보(陽處父)를 죽였다고 하지 않고 진(晉)나라가 죽였다고 한 것을 말한다.

96) 이(夷)~때 : 올봄에 있었다.

곡삭(告朔 : 告月)97)은 종묘에 조알하는 례이다. 문공(文公)은 윤달이 정상적인 달이 아니라고 여겨서 곡삭하지 않았는데 그래도 종묘에 조알은 하였다. 유(猶)는 그만두지 않음을 다행으로 여긴 것이다.

**閏月不告朔 非禮也** 經稱告月 傳稱告朔 明告月必以朔 **閏以正時 時以作事 事以厚生 生民之道 於是乎在矣 不告閏朔 棄時政也 何以爲民**

윤달에 곡삭(告朔)하지 않았으니, 례가 아니었다. 경문에 고월(告月)이라고 칭하였으나 전문에 곡삭(告朔)이라고 칭한 것은 고월(告月)은 반드시 초하루에 한다는 것을 밝힌 것이다. 윤달로 사시(四時)를 바로잡고, 사시에 의거하여 농사를 짓고, 농사로써 백성의 생활을 넉넉하게 하는 것이다. 백성을 기르는 도가 여기에 있는데 윤달 초하루에 고하지 않았으니, 이는 사시를 바로잡는 정사를 버린 것이다. 그러니 무엇으로써 백성을 다스리겠는가.

# 문공(文公) 7년【辛丑 B.C.620】

> 七年 春 公伐邾 三月 甲戌 取須句 遂城郚
>
> 7년 봄에 문공(文公)이 주(邾)나라를 쳤다. 3월 갑술일에 수구(須句)를 취하고 드디어 오(郚) 땅에 성을 쌓았다.

郚 魯邑 因伐邾師以城郚

오(郚)는 로(魯)나라 읍이다. 주(邾)나라 군대를 쳤던 기회를 리용하여 오 땅에 성을 쌓은 것이다.

**七年 春 公伐邾 間晉難也 三月 甲戌 取須句 寘文公子焉 非禮也** 邾文公子叛在魯 故公使爲守須句大夫 絶大皥之祀以與鄰國叛臣 故曰非禮

---

97) 곡삭(告朔 : 告月) : 주대(周代)에 천자가 매년 섣달에 이듬 해 열두 달의 달력을 제후들에게 나누어 주었는데, 제후들이 이를 종묘에 간직해 두고 매달 초하루에 그 달의 달력을 꺼내어 시행하면서 종묘에 고하였다. 이 일이 곡삭(告朔)이다.

7년 봄에 문공(文公)이 주(邾)나라를 쳤으니, 진(晉)나라의 화난을 틈탄 것이다. 3월 갑술일에 수구(須句)를 취하고 주문공(邾文公)의 아들을 그곳에 두었으니, 례가 아니었다. 주문공(邾文公)의 아들이 자기 나라를 배반하고 로(魯)나라에 있었기 때문에 로문공(魯文公)이 그를 수구(須句)를 지키는 대부로 삼은 것이다. 이는 태호(大皞 : 伏羲氏)의 제사를 끊고[98] 이웃나라의 배반한 신하에게 주었기 때문에 례가 아니라고 한 것이다.

---

**夏 四月 宋公王臣卒 宋人殺其大夫**

여름 4월에 송공(宋公) 왕신(王臣)이 졸하였다. 송인(宋人)이 그 대부를 죽였다.

---

王 穀作壬

왕(王)은 《곡량전(穀梁傳)》에는 임(壬)으로 되어 있다.

夏 四月 宋成公卒 於是公子成爲右師 莊公子 公孫友爲左師 目夷子 樂豫爲司馬 戴公玄孫 鱗矔爲司徒 矔 音貫 桓公孫 公子蕩爲司城 桓公子 華御事爲司寇 華元父 昭公將去羣公子 樂豫曰 不可 公族 公室之枝葉也 若去之 則本根無所庇廕矣 葛藟猶能庇其本根 故君子以爲比 況國君乎 此諺所謂庇焉而縱尋斧焉者也 八尺曰尋 所以量木 必不可 君其圖之 親之以德 皆股肱也 誰敢攜貳 若之何去之 不聽 穆襄之族率國人以攻公 穆公襄公之子孫 殺公孫固公孫鄭于公宮 六卿和公室 樂豫舍司馬以讓公子卬 卬 昭公弟 昭公卽位而葬 書曰 宋人殺其大夫 不稱名 衆也 且言非其罪也 殺者衆 死者無罪 故俱不稱名

여름 4월에 송성공(宋成公 : 王臣)이 졸하였다. 이때 공자 성(成)이 우사(右師)였고 송장공(宋莊公)[99]의 아들이다. 공손우(公孫友)가 좌사(左師)였고 목이(目夷)의 아들이다. 악예(樂豫)가 사마(司馬)였고 송대공(宋戴公)[100]의 현손(玄孫)이다. 린관(鱗矔)이 사도(司徒)였고 관(矔)은 음이 관(貫)이니 송환공(宋桓公)[101]의 손자이다. 공자 탕(蕩)이 사성(司城)[102]이었고 송환공(宋桓公)의 아들이다. 화

---

98) 태호(大皞 : 伏羲氏)의~끊고 : 수구(須句)는 로(魯)나라 국경 안에 있는 속국이었는데 태호(大皞)의 후손으로 그 제사를 주관하였다. 이 수구를 로나라가 취하였기 때문에 태호의 제사를 끊었다고 한 것이다. 희공(僖公) 21년 겨울조 참조.

99) 송장공(宋莊公) : 송성공(宋成公)의 증조부.

100) 송대공(宋戴公) : 송성공(宋成公)의 6대조.

어사(華御事)가 사구(司寇)였다. 화원(華元)의 아버지이다. 송소공(宋昭公)[103]이 뭇 공자를 제거하려고 하자, 악예가 말하기를 "옳지 않습니다. 공족은 공실의 지엽(枝葉)입니다. 만약 지엽을 제거해 버린다면 뿌리를 보호할 그늘이 없어집니다. 칡넝쿨[葛藟]도 오히려 그 뿌리를 보호하기 때문에 군자[104]가 이를 비유하였습니다.[105] 하물며 국군(國君)에 있어서이겠습니까. 이는 속언에서 말하는 '보호받으면서도 함부로 재고[尋] 도끼로 찍어낸다.'는 것입니다. 8척(尺)을 심(尋)이라 하니 나무를 재는 것이다. 반드시 해서는 안 되니 임금님께서는 헤아리십시오. 그들을 덕으로 친애하시면 모두 팔다리가 되는 것인데 누가 감히 두마음을 가지겠습니까. 그런데 어찌하여 제거하려 하십니까."라고 하였으나, 송소공은 듣지 않았다. 이에 송목공(宋穆公)과 송양공(宋襄公)의 일족들이 국인을 거느리고 송소공을 공격하여 송목공(宋穆公)과 송양공(宋襄公)의 자손이다.[106] 공손고(公孫固)와 공손정(公孫鄭)을 공궁에서 죽였다. 그러자 6경(卿)이 공실을 화해시키고, 악예는 사마 벼슬을 내어놓아 공자 앙(卬)에게 양보하였다. 앙(卬)은 송소공(宋昭公)의 아우이다. 송소공이 즉위하여 송성공의 장례를 지냈다. 경문에 이르기를 '송인(宋人)이 그 대부를 죽였다.'라고 하여 이름을 칭하지 않은 것은 군중이 죽인 것이고 또 그 죽은 자들은 죄가 없다는 것을 말한 것이다. 죽인 자가 무리이고 죽은 자도 죄가 없었기 때문에 모두 이름을 칭하지 않은 것이다.

---

**戊子 晉人及秦人戰于令狐 晉先蔑奔秦**

무자일에 진인(晉人)이 진인(秦人)과 령호(令狐)에서 싸웠다. 진(晉)나라 선멸(先蔑)이 진(秦)나라로 망명하였다.

---

蔑 公作眜 奔秦上 公有以師字 ○趙盾廢嫡 秦伯納不正 稱人 交貶之也 先蔑不言出者 在外奔也

---

) 송환공(宋桓公) : 송성공(宋成公)의 조부.

) 사성(司城) : 벼슬 이름. 송무공(宋武公)의 이름이 사공(司空)이었기 때문에 이를 휘하여 사공이라는 관직명을 사성(司城)으로 바꾼 것이다.

) 송소공(宋昭公) : 송성공(宋成公)의 아들.

) 군자 : 여기서의 군자는 《시경(詩經)》 갈류(葛藟)의 작자이다.

) 칡넝쿨[葛藟]도~비유하였습니다 : 갈류(葛藟)는 《시경(詩經)》〈왕풍(王風)〉의 편 이름으로 주(周)왕실이 쇠미하여 친족 형제가 흩어져 주왕실을 보호할 수 없게 되었다는 내용이다.

) 송목공(宋穆公)과~자손이다 : 송목공(宋穆公)은 송소공(宋昭公)의 5대조이고 송양공(宋襄公)은 송소공의 조부이다.

멸(蔑)은 《공양전(公羊傳)》에는 매(眛)로 되어 있다. '奔秦' 앞에 《공양전》에는 '以師'라는 글자가 있다. ○조돈(趙盾)은 적자(嫡子)를 폐하였고 진백(秦伯)은 바르지 못한 것을 용납하였기 때문에 인(人)이라고 칭하여 모두 폄하한 것이다. 선멸(先蔑)107)이 나갔다[出]고 말하지 않은 것은 외국에 있다가 망명하였기 때문이다.

**秦康公送公子雍于晉 曰 文公之入也無衛 故有呂郤之難 乃多與之徒衛 穆嬴日抱大子以啼于朝 曰 先君何罪 其嗣亦何罪 舍適嗣不立 而外求君 將焉寘此** 穆嬴 襄公夫人 靈公母也 **出朝 則抱以適趙氏 頓首於宣子 曰 先君奉此子也 而屬諸子 曰 此子也才 吾受子之賜 不才 吾唯子之怨 今君雖終 言猶在耳 而棄之 若何 宣子與諸大夫皆患穆嬴 且畏偪** 畏國人以大義偪己 **乃背先蔑而立靈公 以禦秦師**

진강공(秦康公)이 공자 옹(雍)을 진(晉)나라에 보내면서 말하기를 "진문공(晉文公)이 들어갈 때는 호위하는 군대가 없어서 려씨(呂氏)와 극씨(郤氏)의 화난108)이 있었다."라 하고는 보병[徒]을 많이 주어 호위하게 하였다. 이때 목영(穆嬴)이 날마다 태자를 안고 조정에 나와 울며 말하기를 "선군에게 무슨 죄가 있고 그 후사에게는 또한 무슨 죄가 있는가. 적자를 버려두어 세우지 않고 밖에서 임금을 구하려 하니 앞으로 이 아이를 어떻게 하려는 것인가."라 하고 목영(穆嬴)은 진양공(晉襄公)의 부인이고 진령공(晉靈公)의 어머니이다. 조정을 나와서는 태자를 안고 조씨(趙氏) 집에 가서 선자(宣子 : 趙盾)에게 이마를 땅에 대고[頓首]109) 말하기를 "선군께서 이 아이를 받들고 그대에게 부탁하며 말씀하기를 '이 아이를 임금 재목으로 키워준다면 나는 그대의 은혜를 받은 것으로 여기겠지만 그러한 재목으로 키우지 못한다면 나는 오직 그대를 원망할 것이다.'라고 하시었소. 지금 선군은 비록 돌아가셨지만 그 말씀은 오히려 귓가에 남아있을 것인데 이 아이를 버리려 하니 어찌하려는 것이오?"라고 하였다. 이에 선자와 여러 대부는 모두 목영을 걱정하고 국인의 핍박을 두려워해서 국인이 대의로써 자기들을 핍박할 것을 두려워한 것이다. 선멸(先蔑)을 배신하여110) 진령공(晉靈公)을 세우고, 공자

---

107) 선멸(先蔑) : 진(晉)나라 대부. 일명 사백(士伯). 선멸(先蔑)은 진(晉)나라 좌항(左行)을 거느렸었는데 이때에는 진(秦)나라 지역에 나가 있었다.

108) 려씨(呂氏)와~화난 : 진문공(晉文公)이 망명생활을 끝내고 진(秦)나라에서 고국으로 돌아왔을 때 진혜공(晉惠公)의 구신인 려생(呂甥)과 극예(郤芮)가 진문공을 죽이려고 공궁에 불을 질렀던 사건이다. 희공(僖公) 24년에 있었다.

109) 이마를~대고[頓首] : 돈수(頓首)는 《주례(周禮)》〈춘관(春官)〉 태축(大祝)조에 나오는 구배(九拜)의 하나로 이마를 땅에 대고 례를 올리는 것을 말한다. 이에 대하여 정현(鄭玄)은 '머리를 땅에 찧는다[頭叩地也].'라고 주석하였다.

110) 선멸(先蔑)을 배신하여 : 이때 선멸(先蔑)은 공자 옹(雍)을 맞아 진(秦)나라에서 돌아오는 중이었다. 본래 조돈(趙盾)은 진(秦)나라에 가 있는 공자 옹을 임금으로 세우고자 선멸과 사회(士會)를 진(秦)나라로 보내

옹을 호송해오는 진(秦)나라 군대를 막았다.

**箕鄭居守 趙盾將中軍 先克佐之** 克 先且居子 **荀林父佐上軍 先蔑將下軍 先都佐之 步招御戎 戎津爲右 及菫陰** 菫陰 晉地 趙汸曰 上言背先蔑而禦秦師 則將下軍非先蔑 傳誤 杜氏謂先蔑前還 亦非 **宣子曰 我若受秦 秦則賓也 不受 寇也 旣不受矣 而復緩師 秦將生心 先人有奪人之心 軍之善謀也 逐寇如追逃 軍之善政也 訓卒利兵 秣馬蓐食** 早食於寢蓐也 **潛師夜起 戊子 敗秦師于令狐 至于刳首** 刳首 秦地 **己丑 先蔑奔秦 士會從之**

기정(箕鄭)은 남아서 나라를 지키고, 조돈(趙盾)은 중군을 거느리고 선극(先克)이 그의 부장이 되고, 극(克)은 선저거(先且居)의 아들이다. 순림보(荀林父)가 상군의 부장이 되고, 선멸(先蔑)은 하군을 거느리고 선도(先都)가 그의 부장이 되고, 보초(步招)는 융거를 몰고 융진(戎津)이 거우가 되었다. 근음(菫陰)에 이르러 근음(菫陰)은 진(晉)나라 땅이다. 조방(趙汸)이 말하기를 "앞에서 선멸(先蔑)을 배신하고 진(秦)나라 군대를 막았다고 말하였으므로 곧 하군을 거느린 것은 선멸이 아니니 전문이 잘못된 것이다. 두씨(杜氏)는 선멸이 먼저 돌아왔다고 하였으니[111] 또한 잘못이다."라고 하였다. 선자(宣子 : 趙盾)가 말하기를 "우리가 만약 진(秦)나라에서 오는 옹(雍)을 받아들인다면 진나라는 손님이 되지만 받아들이지 않는다면 적이 되는 것이다. 받아들이지 않기로 한 뒤에 다시 군대를 늦춘다면 진나라는 다른 마음을 품을 것이다. 남을 먼저 공격하여 남의 마음을 빼앗는 것[112]은 군사(軍事)에 좋은 계책이고, 적을 몰아내기를 도망가는 자를 쫓아내듯이 하는 것은 군사에 좋은 방법이다."라 하고, 군사를 훈련시키고 병기를 예리하게 손질하게 하고 말을 배불리 먹이고 군사들을 잠자리에서 밥을 먹게 하여 일찍 잠자리에서 밥을 먹게 한 것이다. 군대를 은밀히 밤에 출발시켰다. 무자일에 진(秦)나라 군대를 령호(令狐)에서 패배시키고 고수(刳首)에 이르렀다. 고수(刳首)는 진(秦)나라 땅이다. 기축일에 선멸(先蔑)이 진(秦)나라로 망명하자[113] 사회(士會)도 그를 따라갔다.

---

어 공자 옹을 맞아오게 하였으나 지금 계획을 바꾸어 진령공(晉靈公)을 세우고 선멸을 배신한 것이다.

111) 두씨(杜氏)는~하였으니 : 십삼경주소본(十三經注疏本) 두예주(杜預注)에 의하면 선멸(先蔑)과 사회(士會)가 공자 옹(雍)을 맞이하기 위하여 진(秦)나라에 갔다가 먼저 진(晉)나라로 돌아왔다고 되어 있다.

112) 남을~것 : 적(敵)을 먼저 공격하여 적의 전의를 빼앗는 것이다.

113) 선멸(先蔑)이~망명하자 : 앞에서 '선멸(先蔑)이 하군을 거느렸다.'고 하는 것에 대하여 선유(先儒)들은 전문의 내용이 잘못된 것 같다고 하였다. 그런데 만약 선멸이 하군을 거느린 것이 사실이라면 아마도 선멸은 공자 옹(雍)보다 먼저 귀국하여 진(秦)나라가 공자 옹을 호송해 온다는 것을 보고하고 진(秦)나라의 군대를 막은 것이다. 그리고 지금 진(秦)나라로 망명간 것은 자기가 섬긴 공자 옹을 위하여 일을 성사시키지도 못하였고 새로운 임금을 섬기기도 어려웠기 때문이었을 것이다.

先蔑之使也 荀林父止之 曰 夫人大子猶在 而外求君 此必不行 子以疾辭 若何 不然 將及 攝卿以往 可也 使大夫攝卿以往 何必子 同官爲寮 吾嘗同寮 敢不盡心乎 弗聽 爲賦板之三章 義取芻蕘之言猶不可忽 僖二十八年 林父將中行 先蔑將左行 又弗聽 及亡 荀伯盡送其帑及器用財賄於秦 曰 爲同寮故也 荀伯 林父 士會在秦三年 不見士伯 士伯 先蔑 其人曰 能亡人於國 言能與人俱亡 不能見於此 焉用之 士季曰 卽士會 吾與之同罪 非義之也 將何見焉 及歸 遂不見 會歸在十三年

　　선멸(先蔑)이 사신으로 갈 때[114] 순림보(荀林父)가 말리며 말하기를 "부인(夫人)과 태자가 그대로 있는데 임금을 밖에서 구하면 이는 반드시 이루지 못할 것이오. 그대는 병을 핑계로 사양하는 것이 어떻겠소. 그렇게 하지 않는다면 화가 미칠 것이오. 다른 사람을 경(卿)의 대리로 하여 가게 해도 되는데 대부를 경(卿)의 대리로 하여 가게 한다는 것이다. 어찌 반드시 그대가 가야 하오. 동관(同官)을 료(寮)라 하는데 우리는 일찍이 동료였으니 감히 마음을 다해 말해주지 않을 수 있겠소."라고 하였으나 듣지 않았다. 순림보가 그를 위하여 판(板)의 세 번째 장(章)을 읊었으나 목동이나 나무꾼의 말도 오히려 소홀히 여길 수 없다[115]는 뜻을 취한 것이다. 희공(僖公) 28년에 림보(林父)는 중항(中行)을 거느렸고 선멸(先蔑)은 좌항(左行)을 거느렸다. 또 듣지 않았다. 이제 그가 망명하자 순백(荀伯)이 그의 처자와 기용(器用) 및 재물을 모두 진(秦)나라에 보내주면서 말하기를 "동료이기 때문이다."라고 하였다. 순백(荀伯)은 림보(林父)이다. 사회(士會)가 진(秦)나라에 3년 동안 있으면서 사백(士伯)을 만나지 않으니, 사백(士伯)은 선멸(先蔑)이다. 그를 따르는 사람이 말하기를 "능히[能] 진(晉)나라에서 그 사람과 함께 망명하였는데, 능히 그 사람과 함께 망명하였다는 말이다. 이곳에서는 능히 만나지 않으니 어째서입니까?"[116]라고 하니, 사계(士季)가 말하기를 곧 사회(士會)이다. "내가 그와 함께 온 것은 죄가 같기 때문이지[117] 그를 의롭게 여겨서가 아니니 무엇 때문에 그를 만나겠는가."라 하고는 귀국할 때까지 만나지 않았다.[118] 사회(士會)의 귀국은 13년에 있다.

---

114) 선멸(先蔑)이~때 : 문공(文公) 6년 8월에 공자 옹(雍)을 맞이하러 진(秦)나라에 간 일이다.

115) 목동이나~없다 : 《시경(詩經)》 〈대아(大雅)〉 판(板).

116) 능히[能] 진(晉)나라에서~어째서입니까 : 망명하는 큰 치욕은 참아내면서 사백(士伯)을 만나는 작은 치욕은 참지 못하는 것을 비난한 것이다.

117) 죄가~때문이지 : 선멸(先蔑)과 함께 공자 옹(雍)을 맞이하려 한 죄가 같다는 말이다.

118) 귀국할~않았다 : 사회(士會)는 선멸(先蔑)이 정경(正卿)이 되어 잘못을 바로잡지 못한 죄를 책망하는 뜻과 또 함께 망명하였기 때문에 편당(偏黨)한다는 비난받기를 싫어하는 뜻에서 만나지 않은 것이다.

狄侵我西鄙

적(狄)이 우리나라 서쪽 변방을 침범하였다.

狄侵我西鄙 公使告于晉 趙宣子使因賈季問酆舒 且讓之 酆舒 狄相 時賈季奔在狄 酆
舒問於賈季曰 趙衰趙盾孰賢 對曰 趙衰 冬日之日也 趙盾 夏日之日也 冬日可愛 夏
日可畏

  적(狄)이 우리나라 서쪽 변방을 침범하니, 문공(文公)이 사신을 보내어 진(晉)나라에 알
렸다. 이에 조선자(趙宣子)가 사신을 보내 가계(賈季)를 통하여 풍서(酆舒)를 문안하게 하
고 또 책망하게 하였다. 풍서(酆舒)는 적(狄)의 재상이다. 그때 가계(賈季)가 적(狄)에 망명해 있었다. 풍서
가 가계에게 묻기를 "조최(趙衰)와 조돈(趙盾) 가운데 누가 더 낫소?"라고 하자, 대답하기를
"조최는 겨울날의 햇볕이고 조돈은 여름날의 햇볕이오."라고 하였다. 겨울 햇볕은 사랑스럽고
여름 햇볕은 두려운 것이다.

秋 八月 公會諸侯晉大夫 盟于扈

  가을 8월에 문공(文公)이 제후(諸侯) 및 진(晉)나라 대부와 회합하여 호(扈)
땅에서 맹약하였다.

扈 鄭地

  호(扈)는 정(鄭)나라 땅이다.

秋 八月 齊侯宋公衛侯陳侯鄭伯許男曹伯會晉趙盾 盟于扈 晉侯立故也 公後至 故
不書所會 凡會諸侯 不書所會 後也 不書所會 謂不具列公侯及卿大夫 後至 不書其國 辟不
敏也

  가을 8월에 제후(齊侯)·송공(宋公)·위후(衛侯)·진후(陳侯)·정백(鄭伯)·허남(許男)·조
백(曹伯)이 진(晉)나라 조돈(趙盾)과 회합하여 호(扈) 땅에서 맹약하였으니, 진후(晉侯)가
즉위하였기 때문이다. 문공(文公)이 늦게 도착하였기 때문에 회합에 참가한 사람들을 경문
에 기록하지 않았다. 무릇 '제후(諸侯)의 회합에 참가한 사람들을 경문에 기록하지 않는
것[不書所會]'은 로(魯)나라 임금이 늦게 도착하였을 경우이다. 불서소회(不書所會)라는 말은 공후

(公侯) 및 경대부(卿大夫)를 다 갖추어 라렬(羅列)하지 않는 것을 이른다. 늦게 도착한 경우 그 나라를 경문에 기록하지 않는 것은 잘못 기록함을 피하기 위함이다.[119]

---

冬 徐伐莒 公孫敖如莒涖盟

　겨울에 서(徐)나라가 거(莒)나라를 쳤다. 공손오(公孫敖)가 거나라에 가서 맹약에 림하였다.

---

穆伯娶于莒 曰戴己 生文伯 其娣聲己生惠叔 己 莒氏 戴己卒 又聘于莒 莒人以聲己辭 則爲襄仲聘焉 襄仲 敖之從父昆弟 冬 徐伐莒 莒人來請盟 見伐故欲結援 穆伯如莒涖盟 且爲仲逆 因爲襄仲逆女 及鄢陵 登城見之 美 鄢陵 莒邑 自爲娶之 仲請攻之 公將許之 叔仲惠伯諫 叔牙孫 曰臣聞之 兵作於內爲亂 於外爲寇 寇猶及人 亂自及也 今臣作亂 而君不禁 以啓寇讐 若之何 公止之 惠伯成之 平二子 使仲舍之 舍 不娶 公孫敖反之 還莒女 復爲兄弟如初 從之

목백(穆伯：公孫敖)이 거(莒)나라에서 아내를 맞이하였으니 이름이 대기(戴己)이다. 그녀는 문백(文伯)을 낳았고 그 녀동생 성기(聲己)는 혜숙(惠叔)을 낳았다. 기(己)는 거(莒)나라 씨(氏)이다. 대기가 졸하자 목백이 또 거(莒)나라에 혼인을 청하니, 거인(莒人)이 성기(聲己)가 있다는 리유로 사절하였다. 그러자 목백은 양중(襄仲)을 위하여 혼인을 청하였다. 양중(襄仲)은 공손오(公孫敖)의 사촌형제이다. 겨울에 서(徐)나라가 거나라를 치니 거인이 로(魯)나라에 와서 맹약을 요청하였다. 침벌을 당하였기 때문에 결맹하여 도움을 받고자 한 것이다. 목백이 거나라에 가서 맹약에 림하고, 또 중(仲)을 위하여 녀자를 맞이하였다. 이 일을 기회로 양중(襄仲)을 위하여 녀자를 맞이한 것이다. 언릉(鄢陵)에 이르러 성에 올라 그 녀자를 보니 아름다워서 언릉(鄢陵)은 거(莒)나라 읍이다. 자기의 아내로 삼았다. 그러자 중이 목백을 칠 수 있도록 문공(文公)에게 요청하니, 문공이 허락하려 하였다. 숙중혜백(叔仲惠伯)이 간하여 숙아(叔牙)의 손자이다. 말하기를 "신이 듣건대 병란이 안에서 일어나는 것을 란(亂)이라 하고 밖에서 일어나는 것을

---

구(寇)라고 하는데, 구는 그래도 그 화가 남에게 미치는 정도이지만 란은 스스로에게 미친다고 합니다. 지금 신하가 란을 일으키려고 하는데 임금께서 막지 않으시어 외구가 침입할 기회를 열어주니 이를 어찌하시렵니까."라고 하니, 문공이 그만두었다. 혜백(惠伯)이 두 사람을 화해시켜 두 사람을 화평케 한 것이다. 중은 아내를 맞이하는 것을 포기하게[舍] 하고, 사(舍)는 아내로 맞지 않은 것이다. 공손오(公孫敖)는 그 녀자를 돌려보내게 하여 거(莒)나라 녀자를 돌려보낸 것이다. 형제 사이가 다시 처음처럼 되게 하니 두 사람 모두 따랐다.

# 문공(文公) 8년【壬寅 B.C.619】

> 八年 春 王正月
>
> 　8년 봄 왕정월이다.

○晉郤缺言於趙宣子曰 日衛不睦 故取其地 日 往日 事在元年 今已睦矣 可以歸之 叛而不討 何以示威 服而不柔 何以示懷 非威非懷 何以示德 無德 何以主盟 子爲正卿 以主諸侯 而不務德 將若之何 夏書曰 戒之用休 董之用威 勸之以九歌 勿使壞 今虞書 大禹謨 九功之德皆可歌也 謂之九歌 六府三事 謂之九功 水火金木土穀 謂之六府 正德利用厚生 謂之三事 義而行之 謂之德禮 無禮不樂 所由叛也 無禮則民不樂 若吾子之德 莫可歌也 其誰來之 盡使睦者歌吾子乎 諸侯睦於晉者 宣子說之

　○진(晉)나라 극결(郤缺)이 조선자(趙宣子 : 趙盾)에게 말하기를 "지난날[日]에는 위(衛)나라와 화목하지 못하였으므로 그 땅을 취하였습니다. 일(日)은 지난날이다. 이 일은 원년에 있었다. 그러나 지금은 이미 화목하고 있으니 그 땅을 되돌려 주는 것이 좋습니다. 배반하는데도 토벌하지 않는다면 무엇으로 위엄을 보이며, 복종하는데도 부드럽게 대하지 않는다면 무엇으로 포용하는 뜻을 보이겠습니까. 위엄과 포용이 아니면 무엇으로 덕을 보일 수 있으며, 덕이 없으면 무엇으로 맹약을 주관하겠습니까. 그대는 정경(正卿)이 되어 제후들을 주관하면서 덕을 닦는 것에 힘쓰지 않으면 장차 어떻게 하시렵니까? 〈하서(夏書)〉에 이르기를 '경

계시키기를 아름다운 마음으로써 하고, 독책(督責)하기를 위엄으로써 하며, 권면하기를 9가(歌)로써 하여 공(功)이 무너지지 않게 하소서.'라고 하였습니다. 지금 〈우서(虞書)〉 대우모(大禹謨)이다. 9공(功)의 덕을 모두 노래 부를 만한 것을 9가라 합니다. 6부(府)와 3사(事)를 9공이라 하니, 수(水)·화(火)·금(金)·목(木)·토(土)·곡(穀)을 6부라 하고 정덕(正德)·리용(利用)·후생(厚生)을 3사라 합니다. 그리고 6부와 3사를 사의(事宜 : 義)에 맞게 행하는 것을 덕과 례라 합니다. 례가 없으면 즐거워하지 않으니, 이것이 배반이 일어나는 연유가 됩니다. 례가 없으면 백성이 즐거워하지 않는다는 것이다. 만약 그대의 덕이 노래할 만하지 않으면 그 누가 따라 오겠습니까. 그대는 어찌 화목한 자로 하여금 그대의 덕을 노래하게 하지 않으십니까."라고 하였다. 제후(諸侯)로서 진(晉)나라와 화목한 자이다. 이 말에 선자(宣子)가 기뻐하였다.[120]

**八年 春 晉侯使解揚歸匡戚之田于衛** 解揚 晉大夫 匡 本衛邑 中屬鄭 晉令鄭還衛 **且復致公壻池之封 自申至于虎牢之竟** 公壻池 晉君女壻 申虎牢 鄭地 晉取之以封池 今乃歸鄭

8년 봄에 진후(晉侯)가 해양(解揚)을 정(鄭)나라에 보내어 광(匡) 땅과 척(戚) 땅의 전지를 위(衛)나라에 돌려주게 하고 해양(解揚)은 진(晉)나라 대부이다. 광(匡)은 본래 위(衛)나라 읍이었는데 중간에 정(鄭)나라로 귀속되었다. 이제 진나라가 정나라에 명하여 위나라에 돌려주게 한 것이다. 또 공서지(公壻池)에게 봉하여 주었던 곳을 다시 정나라에 돌려주게 하였으니, 신(申) 땅에서 호뢰(虎牢)에 이르는 령역이었다. 공서지(公壻池)는 진(晉)나라 임금의 사위이다. 신(申)과 호뢰(虎牢)는 정(鄭)나라 땅이었는데 진나라가 취하여 지(池)에게 봉하여 주었다가 지금 정나라에 돌려준 것이다.

> **夏 四月**
> 여름 4월이다.

**○夏 秦人伐晉 取武城 以報令狐之役**

○여름에 진인(秦人)이 진(晉)나라를 쳐서 무성(武城)을 취하였으니, 령호(令狐)의 싸움[121]에 대하여 보복한 것이다.

---

120) 선자(宣子)가 기뻐하였다 : 올봄에 진(晉)나라가 정(鄭)나라와 위(衛)나라의 땅을 되돌려주는 배경이 된다.

秋 八月 戊申 天王崩

　가을 8월 무신일에 천왕이 붕하였다.

**秋 襄王崩**

　가을에 양왕(襄王)이 붕하였다.

冬 十月 壬午 公子遂會晉趙盾 盟于衡雍 乙酉 公子遂會雒戎 盟于暴

　겨울 10월 임오일에 공자 수(遂)가 진(晉)나라 조돈(趙盾)과 회합하여 형옹(衡雍)에서 맹약하였다. 을유일에 공자 수가 락(雒) 땅의 융(戎)과 회합하여 포(暴) 땅에서 맹약하였다.

雒上 公有伊字 ○暴 鄭地

　락(雒) 앞에 《공양전(公羊傳)》에는 이(伊)자가 있다. ○포(暴)는 정(鄭)나라 땅이다.

**晉人以扈之盟來討 冬 襄仲會晉趙盾 盟于衡雍 報扈之盟也 遂會伊雒之戎 戎將伐魯 故 書曰公子遂 珍之也 珍 貴也**

　진인(晉人)이 호(扈) 땅의 맹약의 일로 와서 토죄하였다. 겨울에 양중(襄仲 : 遂)이 진(晉)나라 조맹(趙孟 : 趙盾)과 회합하여 형옹(衡雍)에서 맹약하였으니, 이는 호 땅의 맹약에 대한 보답이었다.[122] 그리고 공자 수(遂)가 이락(伊雒)의 융(戎)과 회합하였으니 융(戎)이 로(魯)나라를 치고자 하였기 때문이다. 경문에 공자 수(遂)라고 기록한 것은 그를 귀하게[珍] 여긴 것이다.[123] 진(珍)은 귀함이다.

---

121) 령호(令狐)의 싸움 : 지난해에 있었다.

122) 이는~보답이었다 : 지난해 있었던 호(扈) 땅의 맹약에 문공(文公)이 늦게 참석했었던 일에 대하여 조맹(趙孟)에게 사과한 것이다.

123) 경문에~것이다 : 외교적으로 나라를 평안하게 한 것에 대하여 공자라고 기록하여 그를 귀하게 여긴 것이다.

---

## 公孫敖如京師 不至而復 丙戌 奔莒

공손오(公孫敖)가 경사(京師)에 가다가 도착하기 전에 되돌아오면서 병술일에 거(莒)나라로 망명하였다.

---

公無而字

《공양전(公羊傳)》에는 이(而)자가 없다.

**穆伯如周吊喪 不至 以幣奔莒 從己氏焉** 己氏 莒女

목백(穆伯 : 公孫敖)이 주(周)나라에 가서 양왕(襄王)의 상에 조문하려다가 도착하기 전에 가지고 간 폐백을 갖고 거(莒)나라로 망명하여 기씨(己氏)를 찾아갔다.[124] 기씨(己氏)는 거(莒)나라 녀자이다.

---

## 螽

메뚜기의 피해가 있었다.

---

## 宋人殺其大夫司馬 宋司城來奔

송인(宋人)이 그 대부 사마(司馬)를 죽이니 송(宋)나라 사성(司城)이 망명왔다.

---

**宋襄夫人 襄王之姊也** 昭公嫡祖母 **昭公不禮焉 夫人因戴氏之族** 華樂皇皆戴族 **以殺襄公之孫孔叔公孫鍾離及大司馬公子卬 皆昭公之黨也 司馬握節以死 故書以官** 節 符信也 **司城蕩意諸來奔 效節於府人而出** 效猶致也 意諸 公子蕩孫 **公以其官逆之 皆復之 亦書以官 皆貴之也** 卿違從大夫 公賢其效節 以本官逆之 請宋並其屬而復之

---

124) 기씨(己氏)를 찾아갔다 : 기씨(己氏)는 문공(文公) 7년에 목백(穆伯)이 양중(襄仲)의 아내로 삼아주기 위하여 거(莒)나라에서 맞이하여 오다가 도중에 자기가 취하였던 녀자이다. 이 때문에 목백과 양중이 다투게 되자 숙중혜백(叔仲惠伯)이 두 사람을 화해시키고 기씨를 거나라로 돌려보냈다. 그런데 지금 목백이 거나라에 망명하여 기씨를 찾아간 것이다.

송양공(宋襄公)의 부인(夫人)은 양왕(襄王)의 누이이다. 송소공(宋昭公)의 적조모(嫡祖母)이다. 송소공(宋昭公)이 례우하지 않으니 부인이 대씨(戴氏) 종족의 힘을 빌려 화(華)·악(樂)·황(皇)씨로 모두 대씨(戴氏)의 종족이다. 송양공의 손자 공숙(孔叔)과 공손종리(公孫鍾離) 및 대사마(大司馬)인 공자 앙(卬)을 죽였으니 모두 송소공의 당여이다. 사마(司馬)는 절(節)을 쥐고 죽었기 때문에[125] 경문에 그의 관명을 기록하였다. 절(節)은 부신(符信)이다. 사성(司城) 탕의저(蕩意諸)가 망명왔는데 절을 부인(府人)에게 되돌려주고[効] 나라를 떠났기 때문에 효(効)는 되돌림[致]과 같다. 의저(意諸)는 공자 탕(蕩)의 손자이다. 문공(文公)이 그 본래의 관직인 사성의 직으로 맞이하였고, 그 관속들도 모두 본래의 관직으로 회복시켜 주었다. 경문에도 관명으로 기록한 것은 모두 귀하게 여긴 것이다. 경(卿)이 망명해 오면 대부의 지위에 따른다. 문공(文公)은 부신(符信)을 되돌려준 것을 어질게 여겨 본래의 관직인 경으로 맞이하였으며, 송(宋)나라에 요청하여 아울러 그 관속들의 지위도 회복시켜 주도록 한 것이다.[126]

# 문공(文公) 9년 【癸卯 B.C.618】

九年 春

9년 봄이다.

夷之蒐 晉侯將登箕鄭父先都 登之上軍 而使士縠梁益耳將中軍 先克曰 狐趙之勳 不可廢也 從之 狐偃趙衰 先克奪蒯得田于董陰 故箕鄭父先都士縠梁益耳蒯得作亂 九年 春 王正月 己酉 使賊殺先克

이(夷) 땅에서 군대를 검열할 때[127] 진후(晉侯)가 기정보(箕鄭父)와 선도(先都)의 품계를

---

125) 절(節)을~때문에 : 군명(君命)을 버리지 않는다는 뜻을 보인 것이다.

126) 송(宋)나라에~것이다 : 이에 대하여 탕의저(蕩意諸)를 따라온 관속(官屬)들의 지위를 송(宋)나라에 요청하여 회복시켜 주도록 한 것이 아니라 로문공(魯文公)이 그들 본래의 관직으로 대우한 것이라고 보는 설도 있다.

127) 이(夷)~때 : 문공(文公) 6년 봄에 있었다.

올려주고 상군으로 올리는 것이다. 사곡(士穀)과 량익이(梁益耳)에게 중군을 거느리게 하고자 하였다. 그러자 선극(先克)이 말하기를 "호(狐)와 조(趙)의 공훈을 폐기해서는 안 됩니다." 라고 하니, 진후가 그 말을 따랐다.[128] 호(狐)와 조(趙)는 호언(狐偃)과 조최(趙衰)이다. 선극이 근음(菫陰)에 있는 괴득(蒯得)의 전지를 빼앗았다. 이 때문에 기정보·선도·사곡·량익이·괴득이 란을 일으켰고, 9년 봄 왕정월 기유일에 적도(賊徒)를 시켜 선극을 죽였다.

---

## 毛伯來求金
> 모백(毛伯)이 와서 금을 요구하였다.

**毛伯衛來求金 非禮也** 求金以共葬事 **不書王命 未葬也**

모백(毛伯) 위(衛)가 와서 금을 요구하였으니,[129] 례가 아니었다.[130] 금을 요구하여 양왕(襄王)의 장례를 지내는데 이바지하고자 한 것이다. 경문에 왕명이라고 기록하지 않은 것은 아직 장례를 지내지 않아서이다.

---

## 夫人姜氏如齊
> 부인(夫人) 강씨(姜氏)가 제(齊)나라에 갔다.

歸寧也

귀녕한 것이다.[131]

---

128) 진후가~따랐다 : 문공(文公) 6년 봄에 진(晉)나라가 호언(狐偃)의 아들 호역고(狐射姑)를 중군장으로 조최(趙衰)의 아들 조돈(趙盾)을 부장으로 삼았는데, 이제 사곡(士穀)을 중군장으로 량익이(梁益耳)를 부장으로 삼으려다 선극(先克)의 권고로 중지한 것이다.

129) 모백(毛伯)~요구하였으니 : 주(周)나라가 로(魯)나라에 재물을 요구한 일은 은공(隱公) 3년에 부의[賻]를, 환공(桓公) 15년에 수레를, 이번에 금을 요구한 것까지 세 차례이다. 이 뒤로는 그러한 일이 없다.

130) 례가 아니었다 : 천자는 사사로이 제후(諸侯)에게 재물을 요구하지 않기 때문이다.

131) 귀녕한 것이다 : 문공(文公)의 부인(夫人) 강씨(姜氏)가 귀녕한 것이다.

二月 叔孫得臣如京師 辛丑 葬襄王

　2월에 숙손득신(叔孫得臣)이 경사(京師)에 가서 신축일에 양왕(襄王)의 장례를 지냈다.

二月 莊叔如周 葬襄王 卿共葬事 禮也

　2월에 장숙(莊叔：叔孫得臣)이 주(周)나라에 가서 양왕(襄王)의 장례를 지냈다. 경(卿)이 왕의 장례 지내는 일에 이바지하는 것이 례이다.

晉人殺其大夫先都

　진인(晉人)이 그 대부 선도(先都)를 죽였다.

乙丑 晉人殺先都梁益耳 乙丑 正月十九日 經書二月 從告

　을축일에 진인(晉人)이 선도(先都)와 량익이(梁益耳)를 죽였다. 을축일은 정월 19일인데 경문에 2월이라고 기록한 것은 알려온 것에 따른 것이다.

三月 夫人姜氏至自齊

　3월에 부인(夫人) 강씨(姜氏)가 제(齊)나라에서 돌아왔다.

晉人殺其大夫士穀及箕鄭父

　진인(晉人)이 그 대부 사곡(士穀)과 기정보(箕鄭父)를 죽였다.

三月 甲戌 晉人殺箕鄭父士穀蒯得 梁益耳蒯得不書 皆非卿

　3월 갑술일에 진인(晉人)이 기정보(箕鄭父)·사곡(士穀)·괴득(蒯得)을 죽였다. 경문에 량익이(梁益耳)와 괴득(蒯得)을 기록하지 않은 것은 모두 경(卿)이 아니기 때문이다.

楚人伐鄭 公子遂會晉人宋人衛人許人救鄭

초인(楚人)이 정(鄭)나라를 치니, 공자 수(遂)가 진인(晉人)·송인(宋人)·위인(衛人)·허인(許人)과 회합하여 정나라를 구원하였다.

范山言於楚子曰 晉君少 不在諸侯 北方可圖也 范山 楚大夫 言晉志不在諸侯 楚子師于狼淵以伐鄭 狼淵 鄭地 囚公子堅公子尨及樂耳 三子 鄭大夫 生獲曰囚 鄭及楚平 公子遂會晉趙盾宋華耦衛孔達許大夫救鄭 不及楚師 卿不書 緩也 以懲不恪 華耦 華父督曾孫 楚子無故伐鄭 諸大夫救而不及 故貶稱人 公子遂獨不貶 從國史也

범산(范山)이 초자(楚子)에게 말하기를 "진(晉)나라 임금이 어려서 제후(諸侯)에게 뜻을 두지 않고 있으니[132] 북방을 도모할 수 있습니다."라고 하였다. 범산(范山)은 초(楚)나라 대부이다. 진(晉)나라의 뜻이 제후(諸侯)에게 있지 않음을 말한 것이다. 이에 초자가 랑연(狼淵)에 진을 치고서 정(鄭)나라를 쳐서 랑연(狼淵)은 정(鄭)나라 땅이다. 공자 견(堅)·공자 방(尨)·악이(樂耳)를 사로잡았다[囚]. 세 사람은 정(鄭)나라 대부이다. 사로잡는 것을 수(囚)라고 한다. 정나라는 초나라와 화평을 맺었다. 공자 수(遂)는 진(晉)나라 조돈(趙盾)·송(宋)나라 화우(華耦)·위(衛)나라 공달(孔達)·허(許)나라 대부와 회합하여 정나라를 구원하였으나 초나라 군대와 만나지는 못하였다. 경문에 경(卿)들의 이름을 기록하지 않은 것은 늦게 도착하였기 때문이니, 성실히 행하지 않은 점을 징계한 것이다. 화우(華耦)는 화보독(華父督)의 증손자이다. 초자(楚子)가 까닭없이 정(鄭)나라를 쳤기 때문에 여러 대부가 구원하고자 하였으나 제 때에 도착하지 못하였다. 그래서 인(人)이라고 폄하하여 칭한 것이다. 공자 수(遂)만을 폄하하지 않은 것은 로(魯)나라 국사(國史)의 기록을 따른 것이다.

夏 狄侵齊

여름에 적(狄)이 제(齊)나라를 침범하였다.

---

132) 진(晉)나라~있으니 : 이때 진령공(晉靈公)의 나이가 어려서 제후들의 패주(霸主)가 되는 데에 뜻을 두지 않았다는 말이다.

秋
　가을이다.

夏 楚侵陳 克壺丘 <sub>壺丘 陳邑</sub> 以其服於晉也 秋 楚公子朱自東夷伐陳 陳人敗之 獲公子茷 陳懼 乃及楚平 <sub>以小勝大 故懼</sub>

　여름에 초(楚)나라가 진(陳)나라를 침범하여 호구(壺丘)에서 이겼으니, 호구(壺丘)는 진(陳)나라 읍이다. 이는 진(陳)나라가 진(晉)나라에 복종하였기 때문이다. 가을에 초나라 공자 주(朱)가 동이(東夷)로부터 진(陳)나라를 치니, 진인(陳人)이 그를 패배시키고 공자 패(茷)를 사로잡았다. 그렇지만 진(陳)나라는 두려워하여 이에 초나라와 화평하였다. 작은 나라로 큰 나라를 이겼기 때문에 두려워한 것이다.

八月 曹伯襄卒
　8월에 조백(曹伯) 양(襄)이 졸하였다.

九月 癸酉 地震
　9월 계유일에 지진이 일어났다.

冬 楚子使椒來聘
　겨울에 초자(楚子)가 초(椒)를 보내와서 빙문하였다.

椒 穀作萩 ○椒不書氏 史略文 楚君臣始幷見於經

　초(椒)는 《곡량전(穀梁傳)》에는 추(萩)로 되어 있다. ○경문에 초(椒)의 씨(氏)를 기록하지 않은 것은 사관이 글을 생략한 것이다. 초(楚)나라 임금과 신하가 처음으로 경문에 함께 보였다.

冬 楚子越椒來聘 執幣傲 叔仲惠伯曰 是必滅若敖氏之宗 傲其先君 神弗福也 <sub>奉使告廟 故言傲其先君 爲宣四年楚滅若敖氏張本</sub>

겨울에 초(楚)나라 자월초(子越椒)가 와서 빙문할 때 폐백을 드리는 것이 오만하였다. 그러자 숙중혜백(叔仲惠伯)이 말하기를 "이 사람은 반드시 약오씨(若敖氏)의 종족을 멸망시킬 것이다. 그 선군에게 오만하게 하니 신은 복을 내리지 않을 것이다."라고 하였다. 사신의 직을 받들 때는 종묘에 고하기 때문에 그 선군에게 오만하게 했다고 말한 것이다.[133] 선공(宣公) 4년에 초(楚)나라가 약오씨(若敖氏)를 멸하는 장본이 된다.

---

## 秦人來歸僖公成風之襚

진인(秦人)이 와서 희공(僖公)과 성풍(成風)의 수의(襚衣)를 바쳤다.

---

衣服曰襚

의복을 수(襚)라고 한다.

---

**秦人來歸僖公成風之襚 禮也** 秦慕諸夏 故以接好爲禮 **諸侯相吊賀也 雖不當事 苟有禮焉 書也 以無忘舊好** 送死不及尸 故曰不當事

진인(秦人)이 와서 희공(僖公)과 성풍(成風)의 수의(襚衣)를 바쳤으니, 례에 맞는 일이었다.[134] 진(秦)나라가 제하(諸夏)를 사모하였기 때문에 우호로 대하는 것을 례로 여긴 것이다. 제후(諸侯)가 서로 조문하고 하례할 때 비록 일에 미치지 못하였다 하더라도 진실로 례가 있다면 경문에 이를 기록하였으니, 지난날부터 내려오는 우호를 잊지 않았기 때문이다. 죽은 이를 보내는데 시신이 떠날 때에 미치지 못하였기 때문에 일에 미치지 못하였다고 말한 것이다.

---

## 葬曹共公

조(曹)나라 공공(共公)의 장례를 지냈다.

---

133) 사신의~것이다 : 사신은 겸양의 례를 갖추어 직분을 다할 것을 종묘의 선군에게 고하고 떠나는데, 이제 초(楚)나라 자월초(子越椒)가 로(魯)나라에 와서 오만하게 했다는 것은 초나라 선군에게 오만하게 대한 것과 같다는 것이다.

134) 진인(秦人)이~일이었다 : 진(秦)나라가 로(魯)나라와 통호하고자 하여 희공(僖公) 29년에 적천(翟泉)에서 동맹한 일을 계기로 삼아 비록 때에 늦었지만 선군의 수의를 보내어 례를 표하였다. 이에 로나라에서는 늦은 것을 탓하지 않고 례에 부합하였다고 여긴 것이다.

# 문공(文公) 10년 【甲辰 B.C.617】

十年 春 王三月 辛卯 臧孫辰卒

10년 봄 왕3월 신묘일에 장손신(臧孫辰)이 졸하였다.

夏 秦伐晉

여름에 진(秦)나라가 진(晉)나라를 쳤다.

十年 春 晉人伐秦 取少梁 夏 秦伯伐晉 取北徵

10년 봄에 진인(晉人)이 진(秦)나라를 쳐서 소량(少梁)을 취하니, 여름에 진백(秦伯)이 진(晉)나라를 쳐서 북징(北徵)을 취하였다.

楚殺其大夫宜申

초(楚)나라가 그 대부 의신(宜申)을 죽였다.

初 楚范巫矞似 矞 音聿 矞似 范邑之巫 謂成王與子玉子西曰 三君皆將强死 不以壽終 城濮之役 王思之 故使止子玉曰 毋死 不及 止子西 子西縊而縣絶 王使適至 遂止之 使爲商公 商 楚邑 沿漢泝江 將入郢 王在渚宮 下見之 懼而辭曰 臣免於死 又有讒言 謂臣將逃 臣歸死於司敗也 陳楚名司寇爲司敗 王使爲工尹 掌百工之官 又與子家謀弑穆王 穆王聞之 五月 殺鬪宜申及仲歸 仲歸不書 非卿

이보다 앞서 초(楚)나라 범(范) 땅의 무당 율사(矞似)가 율(矞)은 음이 율(聿)이다. 율사(矞似)는 범읍(范邑)의 무당이다. 초성왕(楚成王)과 자옥(子玉) 및 자서(子西 : 宜申)에게 말하기를 "세 분께서는 모두 제명대로 죽지 못할 것입니다."라고 하였다. 천수대로 생을 마치지 못한다는 것이다. 성복(城濮)의 싸움[135]에서 초성왕은 율사의 말이 생각나서 사람을 보내어 자옥의 자살을 만류하며 죽지 말라고 하였는데 이미 때가 늦었다. 또 사람을 보내어 자서의 자살을 만류하였다. 자서는 이미 목을 매었으나 줄이 끊어졌고 때마침 초성왕의 사신이 이르러 드디어 멈추게 하고 자서를 상공(商公)으로 삼았다. 상(商)은 초(楚)나라 읍이다. 자서가 한수(漢水)를 따라 내려가다가 다시 강수(江水)를 거슬러 올라가 영(郢)[136] 땅으로 들어가려 할 때[137] 초성왕이 저궁(渚宮)에 있다가 내려와 자서를 만나니, 자서는 두려워서 변명하기를 "신은 죽음에서 면하였는데 또 신이 도망갈 것이라는 참언이 있어 사패(司敗)에게 목숨을 맡기려고 합니다."라고 하자, 진(陳)나라와 초(楚)나라에서는 사구(司寇)를 사패(司敗)라고 한다. 초성왕이 그를 공윤(工尹)으로 삼았다. 백공(百工)을 관장하는 관리이다. 자서는 또 자가(子家)와 함께 초목왕(楚穆王)[138]을 시해하려고 모의하였는데, 초목왕이 그 말을 듣고 5월에 투의신(鬪宜申 : 子西)과 중귀(仲歸 : 子家)를 죽였다. 중귀(仲歸)를 경문에 기록하지 않은 것은 경(卿)이 아니기 때문이다.

## 自正月不雨 至于秋七月

정월부터 비가 내리지 않아 가을 7월에 이르렀다.

## 及蘇子盟于女栗

소자(蘇子)와 여률(女栗)에서 맹약하였다.

蘇子 周卿士 女栗 地名 不書公 諱獨與天子大夫盟

소자(蘇子)는 주(周)나라 경사(卿士)이다. 여률(女栗)은 땅 이름이다. 경문에 문공(文公)을 기록하지 않은 것은 단독으로 천자의 대부와 맹약한 것을 숨긴 것이다.

### 秋 七月 及蘇子盟于女栗 頃王立故也 王新立 故親魯

가을 7월에 소자(蘇子)와 여률(女栗)에서 맹약하였으니, 경왕(頃王)이 즉위하였기 때문이

---

135) 성복(城濮)의 싸움 : 희공(僖公) 28년에 진문공(晉文公)·제인(齊人 : 國歸父·崔夭)·송성공(宋成公)·진인(秦人 : 小子憖)이 초인(楚人 : 子玉)과 성복(城濮)에서 싸운 싸움이다. 초(楚)나라가 패하였다.

136) 영(郢) : 초(楚)나라 국도.

137) 자서가~때 : 반란을 일으키려 한 것이다.

138) 초목왕(楚穆王) : 초성왕(楚成王)의 아들 상신(商臣). 아버지를 죽이고 왕이 되었다. 이 일은 문공(文公) 원년 겨울 10월에 있었다.

다. 왕이 새로 즉위하였기 때문에 로(魯)나라와 친히 지내고자 한 것이다.

---

## 冬 狄侵宋

겨울에 적(狄)이 송(宋)나라를 침범하였다.

---

## 楚子蔡侯次于厥貉

초자(楚子)와 채후(蔡侯)가 궐맥(厥貉)에 주둔하였다.

厥 公作屈 ○厥貉 地名

궐(厥)은 《공양전(公羊傳)》에는 굴(屈)로 되어 있다. ○궐맥(厥貉)은 땅 이름이다.

陳侯鄭伯會楚子于息 息 楚邑 冬 遂及蔡侯次于厥貉 陳鄭宋預會而不預次 故不書 將以伐宋 宋華御事曰 楚欲弱我也 先爲之弱乎 何必使誘我 我實不能 民何罪 乃逆楚子勞且聽命 時楚欲誘宋共戰 遂道以田孟諸 道同導 孟諸 宋大藪 宋公爲右盂 鄭伯爲左盂 盂 田獵陳名 期思公復遂爲右司馬 復遂 楚期思邑公 子朱及文之無畏爲左司馬 無畏 楚大夫 命夙駕載燧 燧 取火者 宋公違命 無畏抶其僕以徇 抶 撻也 或謂子舟曰 國君不可戮也 子舟曰 當官而行 何彊之有 子舟 無畏字 詩曰 剛亦不吐 柔亦不茹 母從詭隨 以謹罔極 是亦非辟彊也 辟 音避 敢愛死以亂官乎 爲宣十四年宋人殺子舟張本

진후(陳侯)와 정백(鄭伯)이 초자(楚子)와 식(息) 땅에서 회합하였다. 식(息)은 초(楚)나라 읍이다. 겨울에 드디어 초자가 채후(蔡侯)와 함께 궐맥(厥貉)에 주둔하고는 진(陳)·정(鄭)·송(宋)나라는 회합에 참여하였으나 주둔하는 데는 참여하지 않았기 때문에 경문에 기록하지 않은 것이다. 송(宋)나라를 치려 하였다. 송나라 화어사(華御事)가 말하기를 "초(楚)나라는 우리를 약하게 하려는 것이니 우리가 먼저 약한 체하면 될 것입니다. 어찌 반드시 저들로 하여금 우리를 싸움터로 끌어들이게 할 필요가 있습니까. 우리가 실로 능력이 없는 것이지 백성이 무슨 죄가 있습니까."라고 하였다. 이에 송공(宋公)은 초자를 맞이하여 위로하고 명을 들었다. 이때 초(楚)나라는 송(宋)나라를 유인하여 송나라와 싸우려 한 것이다. 드디어 초자를 인도하여[道] 맹저(孟諸)에서 사냥하였는데 도(道)는 인도함[導]과 같다. 맹저(孟諸)는 송(宋)나라의 큰 늪지대이다. 송공이 우우(右盂)

가 되고 정백이 좌우(左盂)가 되었으며, 우(盂)는 사냥할 때의 진형(陳形) 이름이다. 기사공(期思公) 복수(復遂)가 우사마(右司馬)가 되고 복수(復遂)는 초(楚)나라 기사읍(期思邑)의 공(公)이다. 자주(子朱)와 문지무외(文之無畏)는 좌사마(左司馬)가 되었다. 무외(無畏)는 초(楚)나라 대부이다. 초자가 이른 아침에 불쏘시개[燧]를 싣고 가도록 명하였는데 수(燧)는 불을 붙이는 물건이다. 송공이 명을 어기자 무외(無畏)가 송공의 어자를 매질하여[抶] 조리돌렸다. 질(抶)은 매질함이다. 어떤 사람이 자주(子舟)에게 말하기를 “나라의 임금을 욕보여서는 안 됩니다.”라고 하자, 자주(子舟)가 말하기를 “맡은 관직의 일을 행할 뿐인데 무슨 강한 자가 있단 말이오.[139] 자주(子舟)는 무외(無畏)의 자(字)이다. 《시(詩)》에 이르기를 ‘강해도 뱉지 아니하고 부드러워도 삼키지 아니하네.’[140]라고 하였고 또 ‘함부로 남의 뜻을 따르지[141] 않아 망극(罔極)[142]한 사람을 단속하네.’[143]라고 하였다. 이 또한 강함을 피(辟)하지 않는 것이니 피(辟)는 음이 피(避)이다. 감히 목숨을 아껴 관직을 어지럽힐 수 있겠소.”라고 하였다. 선공(宣公) 14년에 송인(宋人)이 자주(子舟)를 죽이는 장본이 된다.

# 문공(文公) 11년 【乙巳 B.C.616】

---

**十有一年 春 楚子伐麇**

11년 봄에 초자(楚子)가 균(麇)나라를 쳤다.

---

麇 公作圈 ○麇 國名 嬴姓 子爵 楚書君將 於是始

균(麇)은 《공양전(公羊傳)》에는 권(圈)으로 되어 있다. ○균(麇)은 나라 이름이니 영성(嬴姓)이며 자작(子爵)이다. 경문에 초(楚)나라에서 임금이 직접 군대를 거느린 것을 기록한 것이 이때부터 시작되었다.

---

139) 무슨~말이오 : 송공(宋公)이 강하다고 하여 그 잘못을 묵과해서는 안 된다는 것이다.

140) 강해도~아니하네 : 《시경(詩經)》 〈대아(大雅)〉 증민(烝民).

141) 함부로~따르지 : 옳고 그름을 따지지도 않고 함부로 남의 뜻을 따른다는 뜻이다.

142) 망극(罔極) : 악을 행함에 다함이 없음.

143) 함부로~단속하네 : 《시경(詩經)》 〈대아(大雅)〉 민로(民勞).

**厥貉之會 麇子逃歸 十一年 春 楚子伐麇 成大心敗麇師于防渚** 防渚 麇地 **潘崇復伐麇 至于錫穴** 錫 音羊 錫穴 麇地

궐맥(厥貉)의 회합[144]에서 균자(麇子)가 도망하여 돌아갔다. 11년 봄에 초자(楚子)가 균(麇)나라를 치니 성대심(成大心)이 방저(防渚)에서 균나라 군대를 패배시키고 방저(防渚)는 균(麇)나라 땅이다. 반숭(潘崇)[145]이 다시 균나라를 쳐서 양혈(錫穴)까지 이르렀다. 양(錫)은 음이 양(羊)이다. 양혈(錫穴)은 균(麇)나라 땅이다.

---

**夏 叔仲彭生會晉郤缺于承筐**

여름에 숙중팽생(叔仲彭生)이 진(晉)나라 극결(郤缺)과 승광(承筐)에서 회합하였다.

---

公穀無仲字 筐 公穀作匡 ○承筐 宋地 此大夫特相會之始

《공양전(公羊傳)》과 《곡량전(穀梁傳)》에는 중(仲)자가 없다. 광(筐)은 《공양전》과 《곡량전》에는 광(匡)으로 되어 있다. ○승광(承筐)은 송(宋)나라 땅이다. 이는 대부들만 서로 회합을 한 시초이다.

---

**夏 叔仲惠伯會晉郤缺于承筐 謀諸侯之從於楚者**

여름에 숙중혜백(叔仲惠伯 : 叔仲彭生)이 진(晉)나라 극결(郤缺)과 승광(承匡)에서 회합하였으니, 제후들이 초(楚)나라를 따르는데 대한 대책을 모의한 것이다.[146]

---

**秋 曹伯來朝**

가을에 조백(曹伯)이 와서 조견하였다.

---

144) 궐맥(厥貉)의 회합 : 지난해 겨울에 있었다.

145) 반숭(潘崇) : 초목왕(楚穆王) 상신(商臣)의 스승. 상신을 꾀어 초성왕(楚成王)을 시해하도록 하였다. 상신이 즉위하자 태사(大師)가 되었다.

146) 제후들이~것이다 : 문공(文公) 9년에 정(鄭)나라가 초(楚)나라와 화평하였고 10년에 송(宋)나라가 초나라에 복종한 일에 대하여 대책을 모의한 것이다.

### 秋 曹文公來朝 卽位而來見也

가을에 조문공(曹文公)이 와서 조견하였으니, 임금의 자리에 오른 뒤 접견하러 온 것이다.

---

### 公子遂如宋

공자 수(遂)가 송(宋)나라에 갔다.

---

### 襄仲聘于宋 且言司城蕩意諸而復之 因賀楚師之不害也

양중(襄仲 : 遂)이 송(宋)나라를 빙문하고 또 사성(司城) 탕의저(蕩意諸)에 대하여 잘 말하여 복직시키고자 하였다.[147) 이어서 초(楚)나라 군대에게 해를 당하지 않은 것에 대하여 하례하였다.

---

### 狄侵齊 冬 十月 甲午 叔孫得臣敗狄于鹹

적(狄)이 제(齊)나라를 침범하였다. 겨울 10월 갑오일에 숙손득신(叔孫得臣)이 적(狄)을 함(鹹) 땅에서 패배시켰다.

---

鹹 魯地

함(鹹)은 로(魯)나라 땅이다.

---

**鄋瞞侵齊** 鄋 音搜 鄋瞞 狄國名 防風之後 漆姓 **遂伐我 公卜使叔孫得臣追之 吉 侯叔夏御 莊叔 緜房甥爲右 富父終甥駟乘** 駟乘 四人共車 **冬 十月 甲午 敗狄于鹹 獲長狄僑如** 僑如 鄋瞞國君 長三丈 獲不書 賤夷狄也 **富父終甥舂其喉以戈殺之** 舂 音春 猶衝也 **埋其首於子駒之門** 子駒 魯郭門 **以命宣伯** 得臣名其子宣伯曰僑如 以旌其功

수만(鄋瞞)이 제(齊)나라를 침범하고 수(鄋)는 음이 수(搜)이다. 수만(鄋瞞)은 적(狄)의 나라 이름으로

---

147) 사성(司城)~하였다 : 문공 7년에 송성공(宋成公)이 졸하자 송소공(宋昭公)이 뭇 공자를 제거하려고 하였다. 문공(文公) 8년 겨울에 송(宋)나라 사성(司城) 탕의저(蕩意諸)가 로(魯)나라에 망명왔는데, 문공이 그 본래의 관직인 사성의 직으로 맞이하였고 그 관속들도 본래의 관직으로 회복시켜주도록 송나라에 요청한 일이 있었다. 그리고 지금 탕의저를 복직시키고자 한 것이다.

방풍(防風)의 후손이며 칠성(漆姓)이다. 드디어 우리나라를 쳤다. 문공(文公)이 숙손득신(叔孫得臣)을 보내어 수만을 추격하는 것에 대하여 점치니 길하였다. 후숙하(侯叔夏)가 장숙(莊叔 : 叔孫得臣)의 어자가 되고 면방생(緜房甥)이 거우가 되었으며 부보종생(富父終甥)이 사승(駟乘)이 되었다.[148] 사승(駟乘)은 네 사람이 수레에 함께 타는 것이다. 겨울 10월 갑오일에 적(狄)을 함(鹹) 땅에서 패배시키고 장적교여(長狄僑如)[149]를 사로잡았다. 교여(僑如)는 수만국(鄋瞞國)의 임금으로 키가 3장(丈)이다. 경문에 사로잡은 것을 기록하지 않은 것은 이적(夷狄)을 천시하였기 때문이다. 부보종생이 창으로 장적교여의 목을 찔러[揹] 죽이니 용(揹)은 음이 용(舂)이니 찌름[刺]과 같다. 숙손득신이 그 머리를 자구문(子駒門)에 묻고서 자구(子駒)는 로(魯)나라 외성의 문이다. 자기의 아들 선백(宣伯)을 교여(僑如)라고 불렀다. 득신(得臣)이 그의 아들 선백(宣伯)의 이름을 교여(僑如)라고 하여 자기의 공을 드러낸 것이다.

初 宋武公之世 鄋瞞伐宋 在春秋前 司徒皇父帥師禦之 耏班御皇父充石 耏 音而 皇父 戴公子 充石 其名 公子穀甥爲右 司寇牛父駟乘 以敗狄于長丘 長丘 宋地 獲長狄緣斯 僑如之先 皇父之二子死焉 皇父之二子 從父在軍而死 宋公於是以門賞耏班 使食其征 門 關門 征 稅也 謂之耏門 晉之滅潞也 在宣十五年 獲僑如之弟焚如 齊襄公之二年 桓十六年 鄋瞞伐齊 齊王子成父獲其弟榮如 榮如 焚如弟 王子成父 齊大夫 陸粲曰 史記魯世家 引此傳文 作 齊惠公之二年 惠二年 卽魯宣公二年 傳以惠公爲襄公誤 埋其首於周首之北門 周首 齊邑 衛人獲 其季弟簡如 伐齊退走 至衛見獲 鄋瞞由是遂亡

이보다 앞서 송무공(宋武公) 때 수만(鄋瞞)이 송(宋)나라를 치니 《춘추(春秋)》 기록 이전에 있었다. 사도(司徒)인 황보(皇父)가 군대를 거느리고 그들을 막았다. 이반(耏班)이 황보충석(皇父充石)의 어자가 되고 이(耏)는 음이 이(而)이다. 황보(皇父)는 송대공(宋戴公)[150]의 아들이고 충석(充石)은 그의 이름이다. 공자 곡생(穀甥)이 거우가 되었으며 사구(司寇)인 우보(牛父)가 사승(駟乘)이 되어 장구(長丘)에서 적(狄)을 패배시켰다. 장구(長丘)는 송(宋)나라 땅이다. 이 싸움에서 장적연사(長狄緣斯)를 사로잡았으나 교여(僑如)의 선조이다. 황보의 두 아들이 죽었다.[151] 황보

---

148) 사승(駟乘)이 되었다 ; 병거의 제도에 장수가 왼쪽에 타고 어자가 가운데에 타고 거우가 오른쪽에 탄다. 이를 참승(驂乘)이라 하는데, 여기에 한 사람이 더 타면 사승(駟乘)이라고 한다.

149) 장적교여(長狄僑如) : 장적(長狄)에 대하여 선유(先儒)들은 이적(夷狄)의 호칭이라고 하였다. 적적(赤狄)·백적(白狄)이라는 표현과 같은 경우이다.

150) 송대공(宋戴公) : 송무공(宋武公)의 아버지.

151) 황보의~죽었다 : 전문(傳文)의 '之'를 '與'의 뜻으로 보아 황보(皇父)의 두 아들이 죽은 것이 아니라 황보와

(皇父)의 두 아들이 아버지를 따라 종군하였다가 죽은 것이다. 송공(宋公 : 武公)이 이에 관문[門]을 이반에게 상으로 내리고 그곳에서 나오는 세금[征]으로 먹고살게 하였으므로 문(門)은 관문(關門)이다.[152] 정(征)은 세금이다. 이문(彲門)이라고 하였다. 진(晉)나라가 로(潞)나라를 멸할 때 선공(宣公) 15년에 있다. 교여(僑如)의 아우인 분여(焚如)를 사로잡았다. 제양공(齊襄公) 2년에 환공(桓公) 16년이다. 수만이 제(齊)나라를 치자, 제나라 왕자성보(王子成父)가 분여의 아우인 영여(榮如)를 사로잡아 영여(榮如)는 분여(焚如)의 아우이다. 왕자성보(王子成父)는 제(齊)나라 대부이다. 륙찬(陸粲)이 말하기를 "《사기(史記)》〈로세가(魯世家)〉에 이 전문을 인용하면서 제혜공(齊惠公) 2년의 일이라고 하였다. 제혜공 2년은 바로 로선공(魯宣公) 2년이므로 이 전문에서 제혜공을 제양공(齊襄公)이라고 한 것은 잘못이다."라고 하였다. 그 머리를 주수(周首)의 북문(北門)에 묻었다. 주수(周首)는 제(齊)나라 읍이다. 위인(衛人)이 그의 막내아우인 간여(簡如)를 사로잡으니 제(齊)나라를 쳤다가 물러나 달아나면서 위(衛)나라에 이르러 사로잡힌 것이다. 수만은 이로 말미암아 드디어 망하였다.

# 문공(文公) 12년【丙午 B.C.615】

十有二年 春 王正月 郕伯來奔
　12년 봄 왕정월에 성백(郕伯)이 망명왔다.

郕大子朱儒自安於夫鍾 安 處也 夫鍾 郕邑 國人弗徇 十二年 春 郕伯卒 朱儒父 郕人立君 大子以夫鍾與郕邽來奔 郕邽亦邑 公以諸侯逆之 非禮也 故書曰 郕伯來奔 不書地 尊諸侯也 劉敞曰 左氏說皆非也 魯以諸侯逆之 便謂之郕伯 遂沒其專土叛君之罪 則何以稱不登叛人哉

---

곡생(穀甥)과 우보(牛父) 3인이 죽은 것으로 보는 설도 있다. 왜냐하면 뒤에 이반(彲班)만이 상을 받았기 때문이다.

152) 문(門)은 관문(關門)이다 : 이반(彲班)에게 상으로 준 문(門)은 곽문(郭門)이지 관문(關門)이 아니라는 설도 있다. 문은 곽문과 관문으로 구별되는데, 곽문에는 저재[市]가 있기 때문에 세금이 있다. 안에서 나오는 자는 곽문에서 세금을 징수하고 밖에서 들어오는 자는 관문에서 세금을 징수하는데 이반(彲班)에게 상으로 준 것은 곽문의 세금이지 관문의 세금은 아니라는 것이다.

성(郕)나라 태자 주유(朱儒)가 홀로 부종(夫鍾)에 거처하니[安] 안(安)은 거처함이다. 부종(夫鍾)은 성(郕)나라 읍이다. 국인이 그를 따르지 않았다. 12년 봄에 성백(郕伯)이 졸하였다. 주유(朱儒)의 아버지이다. 성인(郕人)이 다른 사람을 임금으로 세우니,[153] 태자가 부종과 성규(郕邽)를 가지고 로(魯)나라로 망명왔다. 성규(郕邽) 또한 읍이다. 문공(文公)이 제후(諸侯)의 례로 그를 맞이하였으니, 례가 아니었다. 그러므로 경문에 성백이 망명왔다고만 기록하고 가지고 온 땅을 기록하지 않은 것은 그를 제후로 높인 것이다.[154] 류창(劉敞)이 말하기를 "좌씨(左氏)의 설은 모두 잘못이다. 로(魯)나라는 제후(諸侯)의 례로 그를 맞이하여 성백(郕伯)이라고 이르고 마침내 그가 땅을 전횡하고 임금을 배반한 죄를 없앴으니 어찌 배반한 사람을 높이지 않았다고 일컬을 수 있겠는가."[155]라고 하였다.

---

## 杞伯來朝

기백(杞伯)이 와서 조견하였다.

復稱伯舍夷禮

다시 백(伯)이라고 칭한 것은 이(夷)의 례를 버렸기 때문이다.

---

**杞桓公來朝 始朝公也 且請絶叔姬而無絶昏 公許之** 不絶昏 立其娣以爲夫人

기환공(杞桓公)이 와서 조견하였으니, 처음으로 문공(文公)을 조견한 것이다. 또 숙희(叔姬)와의 부부의 인연은 끊지만 로(魯)나라와의 혼인 관계는 끊지 않기를 요청하니 문공이 허락하였다. 혼인 관계를 끊지 않겠다는 것은 숙희(叔姬)의 동생을 세워 부인(夫人)으로 삼겠다는 것이다.

---

## 二月 庚子 子叔姬卒

2월 경자일에 자숙희(子叔姬)가 졸하였다.

---

153) 성인(郕人)이~세우니 : 태자(大子)가 혼자서 외읍(外邑)에 거처하였기 때문이다.

154) 경문에~것이다 : 이 말은 공자(孔子)가 주유(朱儒)를 제후(諸侯)로 높인 것이 아니라 로(魯)나라 국사에서 주유를 제후로 높였다는 것이다.

155) 어찌~있겠는가 : 류창(劉敞)의 이 말은 좌씨(左氏)의 설을 잘못 리해한 것이다. 좌씨는 로(魯)나라가 배반한 사람을 높인 일에 대하여 공자(孔子)가 로나라 국사(國史)의 기록을 그대로 인용함으로써 로나라도 잘못했다는 것을 은연중에 드러내었다고 본 것이다.

**二月 叔姬卒 不言杞 絕也 書叔姬 言非女也** 女未嫁而卒 不書

2월에 숙희(叔姬)[156]가 졸하였다. 경문에 기(杞)나라를 말하지 않은 것은 부부의 인연을 끊었기 때문이고, 경문에 숙희라고 기록한 것은 처녀가 아님을 말한 것이다.[157] 녀자가 시집가기 전에 죽으면 경문에 기록하지 않는다.

---

**夏 楚人圍巢**

여름에 초인(楚人)이 소(巢)나라를 포위하였다.

---

巢 小國

소(巢)는 소국이다.

**楚令尹大孫伯卒 成嘉爲令尹** 若敖曾孫子孔 **羣舒叛楚** 羣舒 偃姓 舒庸舒鳩之屬 **夏 子孔執舒子平及宗子 遂圍巢** 平 舒君名 宗巢二國 羣舒之屬

초(楚)나라 령윤(令尹) 대손백(大孫伯)[158]이 졸하고 성가(成嘉)가 령윤이 되니 성가(成嘉)는 약오(若敖)의 증손인 자공(子孔)이다. 군서(羣舒)[159]가 초나라를 배반하였다. 군서(羣舒)는 언성(偃姓)이니 서용(舒庸)이나 서구(舒鳩) 따위이다. 여름에 자공(子孔)이 서자(舒子) 평(平)과 종자(宗子)를 잡고 드디어 소(巢)나라를 포위하였다. 평(平)은 서(舒)나라 임금의 이름이다. 종(宗)과 소(巢) 두 나라는 군서(羣舒)의 무리이다.

---

**秋 滕子來朝**

가을에 등자(滕子)가 와서 조견하였다.

---

156) 숙희(叔姬) : 로문공(魯文公)의 딸이고 기환공(杞桓公)의 부인(夫人)인데 부부사이가 화목하지 못하여 버림을 받았다.
157) 경문에~것이다 : 숙희(叔姬)라고 한 것은 출가한 녀자임을 밝힌 것이고, 자숙희(子叔姬)라고 한 것은 쫓겨 왔지만 오히려 출가하지 않고 있는 은애(恩愛)하는 딸子로 여긴 것이다.
158) 대손백(大孫伯) : 자옥(子玉 : 成得臣)의 아들 성대심(成大心)이다.
159) 군서(羣舒) : 여러 서(舒)나라.

**秋 滕昭公來朝 亦始朝公也**

가을에 등소공(滕昭公)이 와서 조견하였으니, 또한 처음으로 문공(文公)을 조견한 것이다.

---

### 秦伯使術來聘

진백(秦伯)이 술(術)을 보내와서 빙문하였다.

---

術 公作遂 ○術不稱氏 史略文 秦君臣始見經

술(術)은 《공양전(公羊傳)》에는 수(遂)로 되어 있다. ○술(術)에 대하여 씨(氏)를 칭하지 않은 것은 사관이 글을 생략한 것이다. 진(秦)나라의 임금과 신하가 처음으로 경문에 보였다.

**秦伯使西乞術來聘 且言將伐晉 襄仲辭玉 曰 君不忘先君之好 照臨魯國 鎭撫其社稷 重之以大器 寡君敢辭玉 大器 圭璋也 不欲與秦爲好 故辭玉 對曰 不腆敝器 不足辭也 主人三辭 賓答曰 寡君願徼福于周公魯公以事君 魯公 伯禽 不腆先君之敝器 使下臣致諸執事 以爲瑞節 節 信也 出聘必告廟 故稱先君 要結好命 所以藉寡君之命 結二國之好 是以敢致之 襄仲曰 不有君子 其能國乎 國無陋矣 厚賄之**

진백(秦伯)이 서걸술(西乞術)을 보내와서 빙문하게 하고 또 진(晉)나라를 치려 한다고 말하였다. 양중(襄仲)이 진백이 보낸 옥을 사양하며 말하기를 "임금님께서 선군과의 우호를 잊지 않으시고 로(魯)나라에 밝게 왕림하시어 우리나라의 사직을 안정시켜 주시고 거듭하여 대기(大器)를 주셨습니다만 과군은 감히 옥을 사양합니다."라고 하니, 대기(大器)는 규장(圭璋)[160]이다. 진(秦)나라와 우호를 맺고 싶지 않았기 때문에 그 옥을 사양한 것이다. 서걸술이 대답하기를 "변변치 못한 폐기(敝器:禮物)여서 사양하기에도 부족합니다."라고 하였다. 주인[襄仲]이 세 번 사양하니 빈객[西乞術]이 대답하기를 "과군은 주공(周公)과 로공(魯公)께 복을 구하기를 바라 임금님을 섬기려 하여 로공(魯公)은 백금(伯禽)이다. 변변치 못한 선군의 폐기를 하신(下臣)으로 하여금 집사에게 바쳐 서절(瑞節)[161]로 삼아 절(節)은 신표(信標)이다. 빙문하기 위해 나갈 때는 반드시 종묘에 고하기 때문에 선군이라고 칭한 것이다. 우호[好命]를 맺도록 하였습니다. 이에 과군의 명에 의거하여[藉] 이 옥으로써 두 나라 사이에 우호를 맺으려는 것입니다. 그러므로

---

160) 규장(圭璋) : 옥으로 만든 귀중한 기물. 빙문하러 간 사신이 상대국의 임금에게 바치는 것이다.

161) 서절(瑞節) : 빙문할 때 가지고 가서 신표(信標)로 사용하는 옥으로 만든 부절(符節).

감히 이 옥을 바치는 것입니다."라고 하였다. 양중이 말하기를 "이런 군자가 없으면 어찌 나라를 잘 다스릴 수 있겠는가. 진(秦)나라는 비루한 나라가 아니다."라 하고서 서걸술에게 많은 례물을 주었다.[162]

> ## 冬 十有二月 戊午 晉人秦人戰于河曲
> 겨울 12월 무오일에 진인(晉人)과 진인(秦人)이 하곡(河曲)에서 싸웠다.

河曲 晉地
하곡(河曲)은 진(晉)나라 땅이다.

秦爲令狐之役故 冬 秦伯伐晉 取羈馬 羈馬 晉邑 晉人禦之 趙盾將中軍 荀林父佐之 郤缺將上軍 臾駢佐之 欒盾將下軍 欒枝子 胥甲佐之 胥臣子 范無恤御戎 以從秦師于 河曲 臾駢曰 秦不能久 請深壘固軍以待之 從之 秦人欲戰 秦伯謂士會曰 若何而戰 對曰 趙氏新出其屬曰臾駢 必實爲此謀 將以老我師也 臾駢 趙盾屬大夫 趙有側室曰穿 晉君之壻也 穿 趙夙庶孫 有寵而弱 不在軍事 年少未涉軍事 好勇而狂 且惡臾駢之佐上 軍也 若使輕者肆焉 其可 肆 暫往而退也 秦伯以璧祈戰于河 禱求勝

진(秦)나라는 령호(令狐)의 싸움[163]에서 졌기 때문에 겨울에 진백(秦伯)이 진(晉)나라를 쳐서 기마(羈馬)를 취하였다. 기마(羈馬)는 진(晉)나라 읍이다. 진인(晉人)이 진(秦)나라 군대를 방어할 때 조돈(趙盾)이 중군을 거느리고 순림보(荀林父)가 그의 부장이 되고, 극결(郤缺)이 상군을 거느리고 유병(臾駢)이 그의 부장이 되고, 란돈(欒盾)이 하군을 거느리고 란지(欒枝)의 아들이다. 서갑(胥甲)이 그의 부장이 되고, 서신(胥臣)의 아들이다. 범무휼(范無恤)이 융거의 어자가 되어[164] 하곡(河曲)에서 진(秦)나라 군대를 맞았다. 유병이 말하기를 "진(秦)나라는 오래 버티지 못할 것이니 보루를 높이 쌓고[深][165] 군진(軍陣)의 경비를 단단히 하고 기다리

---

162) 서걸술에게~주었다 : 서걸술(西乞術)의 언사가 례법에 맞았기 때문에 그를 칭찬하고 진(秦)나라의 옥을 받고 사례한 것이다.

163) 령호(令狐)의 싸움 : 문공(文公) 7년에 있었다.

164) 어자가 되어 : 조돈(趙盾)의 어자가 된 것이다.

165) 높이 쌓고[深] : 위에서 아래로 본 거리를 심(深)이라 한다.

십시오."라고 하니, 그의 말을 따랐다. 진인(秦人)이 싸우고자 하여 진백(秦伯)이 사회(土會)에게 말하기를 "어떻게 하면 싸울 수 있겠는가?"라고 하니, 사회가 대답하기를 "조씨(趙氏 : 趙盾)가 새로 유병이라는 부하를 발탁하였는데, 바로 이 자가 이런 계책을 꾸며 우리 군대를 지치게 하려는 것입니다. 유병(臾駢)은 조돈(趙盾)의 속대부(屬大夫)이다. 조씨 집안에는 측실 소생인 천(穿)이 있는데 진(晉)나라 임금의 사위로 천(穿)은 조숙(趙夙)의 서손(庶孫)이다.[166] 총 애를 받고 있으나 나이가 어려 군대의 일을 알지 못하고 나이가 어려 아직 군대 일을 겪지 않았다는 말이다. 용맹을 좋아하여 함부로 행동하며 또 그는 유병이 상군의 부장이 된 것을 미워하니, 만약 날랜 군사들을 시켜 한 번 공격하고는 즉시 후퇴해 오게 한다면[肆] 싸울 수 있을 것입니다."라고 하였다. 사(肆)는 잠시 갔다가 후퇴하는 것이다. 진백은 옥벽(玉璧)을 하수(河水)에 던져 싸움의 승리를 빌었다. 빌어서 이기기를 구한 것이다.

**十二月 戊午 秦軍掩晉上軍 趙穿追之 不及 反 怒曰 裹糧坐甲** 被甲而坐 **固敵是求 敵 至不擊 將何俟焉 軍吏曰 將有待也 穿曰 我不知謀 將獨出 乃以其屬出 宣子曰 秦 獲穿也 獲一卿矣 秦以勝歸 我何以報 乃皆出戰 交綏** 退軍爲綏 爭而兩退 故曰交綏 **秦行 人夜戒晉師曰 兩軍之士 皆未憖也 明日請相見也** 憖 缺也 **臾駢曰 使者目動而言肆 懼我也 將遁矣 薄諸河 必敗之 胥甲趙穿當軍門呼曰 死傷未收而棄之 不惠也 不待 期而薄人於險 無勇也 乃止** 爲宣元年放胥甲傳 **秦師夜遁 復侵晉 入瑕**

12월 무오일에 진군(秦軍)이 진(晉)나라 상군을 습격하자 조천(趙穿)이 진군(秦軍)을 뒤 쫓았으나 따라 잡지 못하였다. 조천은 돌아와서 노하여 말하기를 "량식을 싸 가지고 와서 갑옷을 입은 채 앉아 있는 것은 갑옷을 입고 앉아 있는 것이다. 진실로 적을 잡기 위해서인데 지금 적이 왔는데도 공격하지 않는다면 장차 무엇을 기다린다는 것인가?"라고 하니, 군리 (軍吏)가 말하기를 "아마 기다리는 것이 있을 것입니다."라고 하였다. 천(穿)이 말하기를 "나는 계책을 모르겠고 혼자라도 나가서 싸우겠다."라 하고서 그 부하들을 이끌고 나갔다. 그러자 선자(宣子 : 趙盾)가 말하기를 "진(秦)나라가 천을 잡는다면 우리나라의 경(卿) 한 사람을 잡는 것이다. 진(秦)나라가 승리하고 돌아간다면 우리는 무엇을 보고하겠는가."라 하고서 전군(全軍)을 거느리고 나가 싸우다가 량군(兩軍)이 동시에 물러났다[交綏]. 군대를 물리는 것을 수(綏)라고 하는데 싸우다가 량군(兩軍)이 동시에 물러났기 때문에 교수(交綏)라고 한 것이다. 진 (秦)나라 행인(行人)이 밤에 진(晉)나라 군대에 가서 고하기를 "두 나라 군사들이 모두 손실

[憖]이 없으니 래일 전장에서 서로 만나기를 청한다."고 하였다. 은(憖)은 손실이다. 유병이 말하기를 "사자(使者)의 눈동자가 어지럽게 움직이고 말소리가 침착하지 않으니 우리를 두려워하는 것입니다. 장차 도망치려는 것이니 저들을 하수(河水)로 몰아붙이면 반드시 패배시킬 수 있습니다."라고 하자, 서갑(胥甲)과 조천이 군문(軍門)을 막아서서 큰소리로 말하기를 "사상자를 수습하지 않고 버리는 것은 은혜롭지 않은 것이고, 약속한 시기를 기다리지 않고 진인(秦人)을 험한 곳으로 몰아붙이는 것은 용맹이 없는 것이다."라고 하니 추격을 중지하였다. 선공(宣公) 원년에 서갑(胥甲)을 추방하는 전(傳)의 배경이 된다. 이에 진(秦)나라 군대는 밤을 타고 도망하였다. 뒤에 진(秦)나라는 또 진(晉)나라를 침범하여 하(瑕) 땅으로 쳐들어갔다.

---

**季孫行父帥師 城諸及郓**

　계손행보(季孫行父)가 군대를 거느리고 제(諸) 땅과 운(郓) 땅에 성을 쌓았다.

---

郓 公作運 後同

　운(郓)은 《공양전(公羊傳)》에는 운(運)으로 되어 있다. 이후에도 이와 같다.

**城諸及郓 書時也** 郓 莒魯所爭地

　제(諸) 땅과 운(郓) 땅에 성을 쌓았다고 하였으니, 경문에 때에 맞았음을 기록한 것이다. 운(郓)은 거(莒)나라와 로(魯)나라가 차지하려고 다투는 땅이다.

# 문공(文公) 13년【丁未 B.C.614】

---

**十有三年 春 王正月**

　13년 봄 왕정월이다.

○十三年 春 晉侯使詹嘉處瑕 以守桃林之塞 詹嘉 晉大夫 桃林 晉南竟

○13년 봄에 진후(晉侯)가 첨가(詹嘉)를 보내어 하(瑕) 땅에 거처하면서 도림(桃林)의 요새를 지키게 하였다. 첨가(詹嘉)는 진(晉)나라 대부이다. 도림(桃林)은 진(晉)나라 남쪽 변경이다.

---

夏

여름이다.

---

晉人患秦之用士會也 夏 六卿相見於諸浮 諸浮 晉地 趙宣子曰 隨會在秦 賈季在狄 難日至矣 若之何 隨會卽士會 中行桓子曰 請復賈季 桓子 荀林父 始將中行 故以爲氏 能外事 且由舊勳 知外竟之事 有狐偃之勳 郤成子曰 賈季亂 且罪大 成子 郤缺 不如隨會 能賤而有恥 柔而不犯 其知足使也 且無罪 乃使魏壽餘僞以魏叛者 以誘士會 執其帑於晉 使夜逸 魏壽餘 畢萬之後 請自歸于秦 秦伯許之 許受其邑 履士會之足於朝 蹋足 欲使行

진인(晉人)은 진(秦)나라가 사회(士會)[167]를 중용하는 것을 근심하여, 여름에 6경(卿)이 제부(諸浮)에서 함께 만났다. 제부(諸浮)는 진(晉)나라 땅이다. 조선자(趙宣子)가 말하기를 "수회(隨會)는 진(秦)나라에 있고 가계(賈季)는 적(狄) 땅에 있어[168] 화난이 날로 이르고 있으니 어찌하면 좋겠소?"라고 하니 수회(隨會)는 곧 사회(士會)이다. 중항환자(中行桓子)가 말하기를 "가계를 돌아오게 합시다. 환자(桓子)는 순림보(荀林父)이니 처음에 중항(中行)의 장수가 되었으므로 그것을 씨(氏)로 삼은 것이다. 그는 외국의 사정을 잘 알고 있고[169] 또 옛 공훈이 있기 때문입니다."라고 하였다. 외국의 사정을 잘 알고 있고 호언(狐偃)의 공훈[170]이 있다는 것이다. 극성자(郤成子)가 말하기를 "가계는 란을 일으켰고[171] 또 죄가 크니 성자(成子)는 극결(郤缺)이다. 수회를 불러들이는 것만 같지 못합니다. 그는 비천한 처지에 있으면서도 렴치가 있고, 유순하면서도 침범을 받지 않고, 그 지혜도 쓸 만하고 또 죄도 없습니다."라고 하였다. 이에 위수여(魏壽餘)에게 위

---

167) 사회(士會) : 진(晉)나라 대부였는데 문공(文公) 7년에 진(秦)나라로 망명하였다.

168) 가계(賈季)는~있어 : 가계(賈季)는 문공(文公) 6년 11월에 적(狄)으로 망명하였다.

169) 그는~있고 : 적(狄) 땅에 있었기 때문에 적(狄)에 관한 정보를 잘 알고 있다는 것이다.

170) 호언(狐偃)의 공훈 : 가계(賈季 : 狐射姑)의 아버지인 호언(狐偃)이 진문공(晉文公)에게 세운 공훈이다.

171) 가계(賈季)는~일으켰고 : 문공(文公) 6년에 양처보(陽處父)가 가계(賈季)의 반렬을 바꾼 일에 대하여 가계가 원한을 품고 속국거(續鞫居)를 시켜 양처보를 죽인 일을 말한다.

(魏) 땅을 가지고 거짓으로 모반한 것처럼 하여 사회를 유인해 오도록 하였다. 이리하여 진(晉)나라에 그 처자를 잡아두고는 밤에 도망가도록 하였다. 위수여(魏壽餘)는 필만(畢萬)의 후예이다. 위수여는 진(秦)나라에 가서 스스로 귀순하기를 청하니 진백(秦伯)이 허낙하였다. 그 읍을 받겠다고 허낙한 것이다. 이때 조정에서 위수여가 사회의 발을 밟았다. 발을 밟은 것은 떠나도록 하고자 한 것이다.

秦伯師于河西 將取魏 魏人在東 壽餘曰 請東人之能與夫二三有司言者 吾與之先 欲
與晉人在秦者 先喻魏有司 使士會 士會辭曰 晉人 虎狼也 若背其言 臣死 妻子爲戮 無益
於君 不可悔也 辭行 示己無去心 秦伯曰 若背其言 所不歸爾帑者 有如河 乃行 繞朝贈
之以策 繞朝 秦大夫 策 馬檛 贈之以示己所策能覺其情 曰 子無謂秦無人 吾謀適不用也 蓋繞
朝曾言於秦伯 請留之 旣濟 魏人譟而還 秦人歸其帑 其處者爲劉氏 士會 堯後劉累之亂

진백(秦伯)이 하서(河西)에 주둔하고 있었고 위(魏) 땅을 취하려고 한 것이다. 위인(魏人)은 동쪽에 있었다. 수여(壽餘 : 魏壽餘)가 말하기를 "동인(東人)[172]으로서 저 위(魏) 땅의 몇몇 유사(有司)들과 말을 할 수 있는 사람을 저와 함께 먼저 가도록 해주십시오."라고 하니, 진인(晉人)으로 진(秦)나라에 와서 있는 사람과 함께 먼저 가서 위(魏) 땅의 유사(有司)들을 설득하고자 한 것이다. 진백은 사회(士會)에게 가도록 하였다. 사회가 사양하면서 말하기를 "진인(晉人)은 범과 이리와 같아서 만약 저들이 그 언약을 어긴다면 신은 죽고 처자도 죽게 될 것이며[173] 임금님께도 리익이 없을 것이니 후회해도 소용이 없을 것입니다."라고 하니, 가기를 사양한 것은 자기는 갈 마음이 없음을 나타낸 것이다. 진백이 말하기를 "저들이 언약을 어기더라도 맹세코 그대의 처자를 돌려보내지 않는다면 하수(河水) 신의 벌이 있을 것이다."라고 하자 이에 떠났다. 이때 요조(繞朝)가 채찍[策]을 주며 요조(繞朝)는 진(秦)나라 대부이다. 책(策)은 말채찍이다. 말채찍을 주어서 그 책략에 대해 자기가 그 실정을 알고 있다는 뜻을 보인 것이다. 말하기를 "그대는 진(秦)나라에 사람이 없다고 말하지 마시오. 나의 지모가 다만 쓰이지 못했을 뿐이오."라고 하였다. 요조(繞朝)는 일찍이 진백(秦伯)에게 말하여 그를 머물러 있게 하자고 청하였었다. 사회가 하수를 건너자 위인(魏人)들

---

172) 동인(東人) : 진(秦)나라에 와 있는 진(晉)나라 사람. 진(晉)나라가 하수(河水) 동쪽에 있으므로 이르는 말이다.

173) 진인(晉人)은~것이며 : 문공(文公) 7년 여름에 사회(士會)가 진(秦)나라에 망명하자 순백(荀伯)이 그의 처자를 진(秦)나라에 보내주었다. 이 때문에 당시 사회의 처자는 진(秦)나라에 있었는데 사회가 위(魏) 땅에 가서 일이 잘못된다면 사회는 진인(晉人)에게 죽고 진(秦)나라에 남아있던 사회의 처자는 진(秦)나라에 의해 죽게 될 것이라는 말이다.

이 기뻐 환호하며[174] 돌아갔다. 진인(秦人)은 그 처자를 돌려보내 주었고, 진(秦)나라에 남은 사람들은 류씨(劉氏)가 되었다. 사회(士會)는 요(堯)의 후예인 류루(劉累)의 자손이다.

---

## 五月 壬午 陳侯朔卒

5월 임오일에 진후(陳侯) 삭(朔)이 졸하였다.

---

## 邾子蘧蒢卒

주자(邾子) 거저(蘧蒢)가 졸하였다.

蘧蒢 公作蘧蒢 穀作籧蒢

거저(蘧蒢)는 《공양전(公羊傳)》에는 거저(蘧蒢)로 되어 있고 《곡량전(穀梁傳)》에는 거저(籧蒢)로 되어 있다.

---

邾文公卜遷于繹 繹 邾邑 史曰 利於民而不利於君 邾子曰 苟利於民 孤之利也 天生民而樹之君 以利之也 民旣利矣 孤必與焉 左右曰 命可長也 君何弗爲 邾子曰 命在養民 死之短長 時也 民苟利矣 遷也 吉莫如之 遂遷于繹 五月 邾文公卒

주문공(邾文公 : 蘧蒢)이 역(繹) 땅으로 옮기는 것에 대하여 점을 쳤다. 역(繹)은 주(邾)나라 읍이다. 태사(大史)가 말하기를 "백성에게는 리롭지만 임금님께는 리롭지 못합니다."라고 하자, 주자(邾子)가 말하기를 "진실로 백성에게 리로운 것이 나의 리로움이다. 하늘이 백성을 내고 임금을 세운 것은 백성을 리롭게 하기 위함이니 백성이 이미 리롭다면 나도 반드시 리로움을 함께하게 될 것이다."라고 하였다. 좌우가 말하기를 "옮기지 않으면 수명을 연장할 수 있는데 임금님께서는 무엇 때문에 그렇게 하지 않으십니까?"라고 하니, 주자가 말하기를 "임금의 사명은 백성을 기르는 데 있고 수명의 길고 짧음은 시운(時運)이다. 백성이 진실로 리롭다면 옮길 것이다. 이보다 더 길한 것은 없다."라 하고 드디어 역 땅으로 옮겼다. 5월에 주문공이 졸하였다.

---

174) 위인(魏人)들이~환호하며 : 사회(士會)가 돌아온 것을 기뻐한 것이다.

## 君子曰 知命

군자는 말한다. "주자(邾子)는 천명을 알았다."

---

### 自正月不雨 至于秋七月

정월부터 비가 내리지 않아 가을 7월에 이르렀다.

---

### 大室屋壞

태실(大室)의 지붕이 무너졌다.

---

大 公作世

태(大)는 《공양전(公羊傳)》에는 세(世)로 되어 있다.

### 秋 七月 大室之屋壞 書不共也 大室 大廟之室 久不修廟 遂至屋壞 以見臣子不恭

가을 7월에 태실(大室)의 지붕이 무너졌다고 하였으니, 경문에 이를 기록한 것은 공경하지 않았기 때문이다. 태실(大室)은 태묘(大廟)의 실(室)이다. 오래도록 사당을 수리하지 않아서 드디어 지붕이 무너지기에 이르렀으니, 이를 기록하여 신자(臣子)가 선조를 공경하지 않았음을 드러낸 것이다.

---

### 冬 公如晉 衛侯會公于沓

겨울에 문공(文公)이 진(晉)나라에 갔다. 위후(衛侯)가 답(沓) 땅에서 문공과 회합하였다.

---

會下 公無公字 ○沓 地名

회(會)자 다음에 《공양전(公羊傳)》에는 공(公)자가 없다. ○답(沓)은 땅 이름이다.

### 冬 公如晉 朝 且尋盟 尋衡雍之盟 衛侯會公于沓 請平于晉

겨울에 문공(文公)이 진(晉)나라에 가서 조회하고 또 전에 맺은 맹약을 거듭하였다. 형옹

(衡雍)의 맹약175)을 거듭한 것이다. 위후(衛侯)가 답(沓) 땅에서 문공과 회합하여 진(晉)나라와 화평시켜 주기를 청하였다.

---

## 狄侵衛

적(狄)이 위(衛)나라를 침범하였다.

---

## 十有二月 己丑 公及晉侯盟 公還自晉 鄭伯會公于棐

12월 기축일에 문공(文公)이 진후(晉侯)와 맹약하였다. 문공이 진(晉)나라에서 돌아올 때 정백(鄭伯)이 비(棐) 땅에서 문공과 회합하였다.

---

盟下 公穀無公字 棐 公作斐 後同 ○棐 鄭地

맹(盟)자 다음에 《공양전(公羊傳)》과 《곡량전(穀梁傳)》에는 공(公)자가 없다. 비(棐)는 《공양전》에는 비(斐)로 되어 있다. 이후에도 이와 같다. ○비(棐)는 정(鄭)나라 땅이다.

公還 鄭伯會公于棐 亦請平于晉 公皆成之 鄭伯與公宴于棐 子家賦鴻鴈 子家 鄭大夫 公子歸生 鴻鴈詩 義取哀恤鰥寡 言鄭國寡弱 欲使魯還晉恤之 季文子曰 寡君未免於此 文子賦四月 義取行役踰時 不欲還晉 子家賦載馳之四章 義取小國有急 控告大國 文子賦采薇之四章 義取豈敢定居 許爲鄭請平 鄭伯拜 公答拜

문공(文公)이 돌아올 때 정백(鄭伯)이 비(棐) 땅에서 문공과 회합하였으니, 또한 진(晉)나라와 화평시켜 주기를 청하기 위해서였다. 이에 문공이 모두 성사시켰다.176) 정백이 문공에게 비 땅에서 연회를 베풀어 줄 때 자가(子家)가 홍안(鴻雁)을 읊으니, 자가(子家)는 정(鄭)나라 대부 공자 귀생(歸生)이다. 홍안(鴻雁) 시를 읊은 것은 애휼환과(哀恤鰥寡)의 뜻을 취한 것이니,177) 정나라의 형세가 외롭고 취약하여 로후(魯侯)에게 진(晉)나라로 돌아가서 정나라를 구휼하여 주기를 바란다는 말이다. 계

---

175) 형옹(衡雍)의 맹약 : 문공(文公) 8년에 있었다.

176) 문공이~성사시켰다 : 앞서 위(衛)나라의 요청과 함께 정(鄭)나라의 요청을 모두 성사시킨 것이다.

177) 애휼환과(哀恤鰥寡)의~것이니 : 《시경(詩經)》 〈소아(小雅)〉 홍안(鴻雁)의 '이에 불쌍한 사람에게 미치니 이 환과(鰥寡)가 가엾도다[爰及矜人 哀此鰥寡].'의 뜻을 취한 것이다.

문자(季文子)가 말하기를 "과군도 이러한 근심에서 벗어나지 못하고 있습니다."라 하고 문자(文子)는 사월(四月)을 읊었다. 려행에서의 시간이 많이 지났다는 뜻을 취하여[178] 진(晉)나라로 돌아가고 싶지 않다고 한 것이다. 자가가 재치(載馳)의 넷째 장(章)을 읊으니, 소국에 위급한 일이 있어 대국에 이를 알린다는 뜻을 취한 것이다.[179] 문자는 채미(采薇)의 넷째 장을 읊었다. 어찌 감히 편안하게 있겠는가라는 뜻을 취하여[180] 정(鄭)나라를 위하여 화평을 청할 것을 허낙한 것이다. 정백이 배사하니 문공이 답배(答拜)하였다.

# 문공(文公) 14년 【戊申 B.C.613】

---

十有四年 春 王正月 公至自晉

14년 봄 왕정월에 문공(文公)이 진(晉)나라에서 돌아왔다.

---

○十四年 春 頃王崩 周公閱與王孫蘇爭政 故不赴 凡崩薨 不赴 則不書 禍福 不告 亦不書 懲不敬也

○14년 봄에 경왕(頃王)이 붕하였다. 주공(周公) 열(閱)과 왕손소(王孫蘇)가 정권을 다투었으므로 부고하지 못하였다. 무릇 붕과 훙은 부고하지 않으면 경문에 기록하지 않고 화와 복도 알려오지 않으면 또한 경문에 기록하지 않으니, 이는 공경하지 않는 것을 징계하는 것이다.

---

178) 려행에서의~취하여 : 《시경(詩經)》〈소아(小雅)〉 사월(四月)의 '사월에 여름이 되거든 륙월에 더위가 물러가는구나. 선조는 사람이 아닌가. 어찌하여 차마 나를 이렇게 하시는가[四月維夏 六月徂暑 先祖匪人 胡寧忍予].'의 뜻을 취한 것이다.

179) 소국에~것이다 : 《시경(詩經)》〈용풍(鄘風)〉 재치(載馳)의 '내가 들판을 걸어가니 우북한 보리로다. 큰 나라에 하소연하고 싶으나 누구를 통하고 누구에게 가야하나[我行其野 芃芃其麥 控于大邦 誰因誰極].'의 뜻을 취한 것이다.

180) 어찌~취하여 : 《시경(詩經)》〈소아(小雅)〉 채미(采薇)의 '어찌 감히 편안하게 있으리오. 한 달에 세 번 승리하리로다[豈敢定居 一月三捷].'의 뜻을 취한 것이다.

---

## 邾人伐我南鄙 叔彭生帥師伐邾

　주인(邾人)이 우리나라 남쪽 변방을 치니, 숙팽생(叔彭生)이 군대를 거느리고 주(邾)나라를 쳤다.

---

此卽叔仲彭生也 脫仲字

　숙팽생(叔彭生)은 바로 숙중팽생(叔仲彭生)으로 중(仲)자를 빠뜨린 것이다.

## 邾文公之卒也 公使吊焉 不敬 邾人來討 伐我南鄙 故惠伯伐邾

　주문공(邾文公)이 졸하자 문공(文公)이 사신을 보내어 조문하게 하였는데 그 사신의 태도가 공경스럽지 못하였다. 이에 주인(邾人)이 토죄하러 와서 우리나라 남쪽 변방을 쳤다. 그러므로 혜백(惠伯 : 叔彭生)이 주(邾)나라를 친 것이다.

---

## 夏 五月 乙亥 齊侯潘卒

　여름 5월 을해일에 제후(齊侯) 반(潘)이 졸하였다.

---

子叔姬妃齊昭公 生舍 妃 音配 叔姬 魯女 叔姬無寵 舍無威 公子商人驟施於國 商人 桓公子 懿公 驟 數也 而多聚士 盡其家 貸於公有司以繼之 夏 五月 昭公卒 舍卽位

　자숙희(子叔姬)가 제소공(齊昭公 : 潘)의 부인[妃]이 되어 사(舍)를 낳았다. 배(妃)는 음이 배(配)이다. 숙희(叔姬)는 로(魯)나라 녀자이다. 숙희가 총애를 받지 못하니 사도 위신이 서지 않았다. 공자 상인(商人)은 국인에게 자주[驟] 은택을 베풀어 상인(商人)은 제환공(齊桓公)의 아들인 제의공(齊懿公)이다. 취(驟)는 자주이다. 많은 인재를 모았다. 그의 가산이 다하자 공실의 재물을 맡은 유사(有司)에게 빌려서 그 일을 계속하였다. 여름 5월에 소공(昭公)이 졸하자 사가 즉위하였다.

---

## 六月 公會宋公陳侯衛侯鄭伯許男曹伯晉趙盾 癸酉 同盟于新城

　6월에 문공(文公)이 송공(宋公)·진후(陳侯)·위후(衛侯)·정백(鄭伯)·허남(許

男)·조백(曹伯)·진(晉)나라 조돈(趙盾)과 회합하여 계유일에 신성(新城)에서 동맹하였다.

新城 宋地

신성(新城)은 송(宋)나라 땅이다.

**邾文公元妃齊姜 生定公 二妃晉姬 生捷菑 文公卒 邾人立定公 捷菑奔晉 六月 同盟于新城 從於楚者服** 從楚者 陳鄭宋 **且謀邾也** 謀納捷菑

주문공(邾文公)의 원비(元妃) 제강(齊姜)이 정공(定公)을 낳고, 2비(妃)인 진희(晉姬)가 첩치(捷菑)를 낳았다. 문공(文公)이 졸하자 주인(邾人)이 정공을 세우니 첩치는 진(晉)나라로 망명하였다. 6월에 신성(新城)에서 동맹하였으니, 초(楚)나라를 따르던 나라들이 진나라에 복종하였기 때문이며 초(楚)나라를 따르던 나라는 진(陳)·정(鄭)·송(宋)나라이다. 또 주(邾)나라의 일에 대하여 모의하기 위해서였다. 첩치(捷菑)를 들여보낼 일에 대하여 모의한 것이다.

**秋 七月 有星孛入于北斗**

가을 7월에 혜성[星孛]이 북두성(北斗星)으로 들어갔다.

孛 彗也

패(孛)는 혜성이다.

**有星孛入于北斗 周內史叔服曰 不出七年 宋齊晉之君 皆將死亂**

혜성이 북두성(北斗星)으로 들어가자 주(周)나라 내사(內史)인 숙복(叔服)이 말하기를 "7년 안에 송(宋)·제(齊)·진(晉)나라 임금이 모두 란으로 죽을 것이다."라고 하였다.

**公至自會**

문공(文公)이 회합에서 돌아왔다.

> 晉人納捷菑于邾 弗克納
>
> 진인(晉人)이 첩치(捷菑)를 주(邾)나라에 들여보내려 하였으나 들여보내지 못하였다.

捷 公作接 ○奉不正以奪正 故貶稱人

첩(捷)은 《공양전(公羊傳)》에는 접(接)으로 되어 있다. ○정당하지 않은 이를 받들어 정당한 이의 자리를 뺏으려고 하였기 때문에 폄하하여 진인(晉人)이라고 칭한 것이다.

晉趙盾以諸侯之師八百乘 納捷菑于邾 八百乘 六萬人 邾人辭曰 齊出貜且長 貜 音攫 貜且 定公 宣子曰 辭順而弗從 不祥 乃還

진(晉)나라 조돈(趙盾)이 제후(諸侯)의 군대 8백 승(乘)을 거느리고 첩치(捷菑)를 주(邾)나라에 들여보내려 하였다. 8백 승(乘)은 6만 인이다. 주인(邾人)이 사절하며 말하기를 "제강(齊姜)의 소생인 확저(貜且)가 년장자입니다."라고 하자, 확(貜)은 음이 확(攫)이다. 확저(貜且)는 주정공(邾定公)이다. 선자(宣子 : 趙盾)가 말하기를 "말이 사리에 맞으니 이를 따르지 않는다면 상서롭지 못할 것이다."라 하고 돌아갔다.

○周公將與王孫蘇訟于晉 王叛王孫蘇 王 匡王 叛 不與 而使尹氏與聃啓訟周公于晉 尹氏 周卿士 聃啓 周大夫 趙宣子平王室而復之

○주공(周公 : 閱)이 왕손소(王孫蘇)를 상대로 진(晉)나라에 송사를 하려하였는데, 왕이 왕손소를 배반하고[叛][181] 왕은 광왕(匡王)이다. 반(叛)은 편들지 않은 것이다. 윤씨(尹氏)와 담계(聃啓)를 시켜 주공을 진나라에서 변호하도록 하였다. 윤씨(尹氏)는 주(周)나라 경사(卿士)이고 담계(聃啓)는 주나라 대부이다. 이에 조선자(趙宣子)가 왕실을 평온하게 하고 그들의 관계를 회복시켰다.

○楚莊王立 穆王子也 子孔潘崇將襲羣舒 使公子燮與子儀守 而伐舒蓼 卽羣舒 二子作亂 城郢 而使賊殺子孔 不克而還 八月 二子以楚子出 將如商密 廬戢黎及叔麇誘之 遂殺鬪克及公子燮 廬 楚邑 戢黎 廬大夫 叔麇 其佐 初 鬪克囚于秦 在僖二十五年 秦有殽之

---

181) 왕이~배반하고[叛] : 왕이 배반하였다고 말한 것은 처음에는 왕이 왕손소(王孫蘇)와 친근하였지만 지금 소송에 있어서 왕이 왕손소를 편들지 않은 것을 이른다.

敗 而使歸求成 成而不得志 無賞報也 公子燮求令尹而不得 故二子作亂

○초장왕(楚莊王)이 임금의 자리에 올랐다. 목왕(穆王)의 아들이다. 자공(子孔)과 반숭(潘崇)이 군서(羣舒)[182]를 습격하려 할 때 공자 섭(燮)과 자의(子儀)를 시켜 도성을 지키게 하고 서(舒)나라와 료(蓼)나라를 쳤다. 바로 군서(羣舒)이다. 그런데 두 공자가 란을 일으켜 영(郢) 땅에 성을 쌓고 적도(賊徒)를 시켜 자공을 죽이게 하였으나 성공하지 못하고 돌아갔다. 8월에 두 공자가 초자(楚子)를 모시고 도성을 나와 상밀(商密)로 가려 하였다. 려(廬) 땅의 즙려(戢黎)와 숙균(叔麇)이 이들을 유인하여 마침내 투극(鬪克 : 子儀)과 공자 섭을 죽였다. 려(廬)는 초(楚)나라 읍이다. 즙려(戢黎)는 려(廬)나라 대부이고 숙균(叔麇)은 그의 부장이다. 이보다 앞서 투극이 진(秦)나라에 잡혀있었는데 희공(僖公) 25년에 있었다. 진나라가 효(殽) 땅의 싸움[183]에서 패하자 그를 돌려보내어 초나라와 화친을 구하게 하였다. 화친이 이루어졌으나 뜻을 얻지 못하였고 보상이 없었다. 공자 섭도 령윤(令尹)의 지위를 요구하였으나 얻지 못하였었다. 그러므로 두 사람이 란을 일으킨 것이다.

---

九月 甲申 公孫敖卒于齊

9월 갑신일에 공손오(公孫敖)가 제(齊)나라에서 졸하였다.

---

既許復之 故從大夫例 書卒

이미 돌아오는 것을 허락하였기 때문에 대부의 례(例)를 따라 경문에 졸이라고 기록한 것이다.

穆伯之從己氏也 魯人立文伯 穆伯生二子於莒而求復 文伯以爲請 襄仲使無朝聽命 復而不出 不得使與聽政事 終寢於家 故出入不書 三年盡室以復適莒 文伯疾而請曰 穀之子弱 子 孟獻子 請立難也 許之 文伯卒 立惠叔 穆伯請重賂以求復 惠叔以爲請 許之 將來 九月 卒于齊 告喪 請葬 弗許 請以卿禮葬

목백(穆伯 : 公孫敖)이 거(莒)나라 기씨(己氏)를 찾아갔을 때[184] 로인(魯人)이 그의 아들 문백(文伯)을 세웠다. 목백이 거나라에서 두 아들을 낳고 다시 돌아오기를 구하였다. 이에

---

문백이 이를 청하니, 양중(襄仲)이 그가 돌아온 뒤에 조정에 나아가 정사에 참여하는 일이 없도록 하게 하였다. 목백이 돌아와서는 바깥출입을 하지 않았는데 정사(政事)에 참여하지 못하게 하였으므로 끝내 집안에서만 지냈다. 그러므로 출입에 대해서는 경문에 기록하지 않은 것이다. 3년이 지나자 가산을 정리하여 다시 거나라로 갔다. 문백이 병이 들자 문공(文公)에게 청하기를 "저곡(穀 : 文伯)의 아들이 어리니 아들은 맹헌자(孟獻子)이다. 아우인 난(難)[185]을 세워주십시오."라고 하자 허낙하였다. 문백이 졸하자 혜숙(惠叔 : 難)을 후계로 세웠다. 목백이 많은 뢰물을 써 다시 돌아오기를 구하자 혜숙이 이를 청하니 문공이 허낙하였다. 목백이 돌아오다가 9월에 제(齊)나라에서 졸하였다. 혜숙이 부고하고 장례를 지내줄 것을 청하였으나[186] 허낙하지 않았다. 경(卿)의 례로 장례 지내주기를 청한 것이다.

---

## 齊公子商人弑其君舍

제(齊)나라 공자 상인(商人)이 그 임금[君] 사(舍)를 시해하였다.

---

舍未踰年而稱君 所以重商人之弑也

사(舍)는 임금의 자리에 올라 해를 넘기지도 못하였는데 그를 임금[君]이라 칭한 것은 상인(商人)이 시해한 것을 중시하였기 때문이다.[187]

秋 七月 乙卯 夜 齊商人弑舍而讓元 元 商人兄 惠公也 七月無乙卯 日誤 元曰 爾求之久矣 我能事爾 爾不可 使多蓄憾 將免我乎 爾爲之 言將復殺我 齊人定懿公 使來告難 故書 以九月 齊公子元不順懿公之爲政也 終不曰公 曰夫己氏 猶言某甲

가을 7월 을묘일 밤에 제(齊)나라 상인(商人)이 사(舍)를 시해하고 원(元)에게 임금의 자리를 양보하였다. 원(元)은 상인(商人)의 형으로 혜공(惠公)이다. 7월에는 을묘일이 없으니 날이 잘못된 것이

---

185) 난(難) : 문백(文伯)의 이복 아우. 목백(穆伯 : 公孫敖)이 거(莒)나라에서 맞은 성기(聲己)의 소생이다. 문백의 어머니는 대기(戴己)이고 난의 어머니는 성기(聲己)로 대기가 언니이다. 문공(文公) 7년 겨울조 참조.

186) 부고하고~청하였으나 : 이는 로(魯)나라에 귀장(歸葬)하기를 청한 것이다. 귀장은 타향에서 죽은 사람을 고향으로 운구(運柩)하여 장례 지내는 것이다.

187) 사(舍)는~때문이다 : 전 임금이 죽으면 새 임금은 해를 넘기기 전에는 자(子)라고 칭하고, 해를 넘기고 나서 년호를 세우고 공(公)이라 칭한다. 이를 유년칭원(踰年稱元)이라 한다. 사(舍)는 즉위한 뒤 해를 넘기지 않고 죽었지만 임금[君]이라 기록함으로써 상인(商人)이 그 임금을 시해한 것을 밝힌 것이다.

다. 원이 말하기를 "네가 그 자리를 구한 것이 오래되었다. 나는 너를 섬길 수 있지만 너는 그렇게 할 수 없을 것이다. 너로 하여금 유감이 많이 쌓이게 하면 장차 나를 죽음에서 면해 주겠느냐. 네가 그 자리를 맡아라."라고 하였다. 다시 나를 죽이려고 할 것이라는 말이다. 제인(齊人)이 의공(懿公:商人)을 임금으로 정하고 사신을 보내어 화난을 알려왔으므로 경문 9월 조에 기록한 것이다. 제나라 공자 원은 의공의 정사를 따르지 않고, 끝내 공(公)이라고 부르지도 않았으며 저 사람[夫己氏]이라고 하였다. 아무개[某甲]라는 말과 같다.

---

## 宋子哀來奔
송(宋)나라 자애(子哀)가 망명왔다.

---

**宋高哀爲蕭封人 以爲卿** 蕭 宋附庸 仕附庸 還升爲卿 **不義宋公而出 遂來奔 書曰 宋子哀來奔 貴之也** 宋將亂 子哀見幾而作 故書字以與之

송(宋)나라 고애(高哀:子哀)는 소(蕭) 땅의 봉인(封人)이었는데 송공(宋公:昭公)이 그를 경(卿)으로 삼았다. 소(蕭)는 송(宋)나라의 부용(附庸)이다. 부용국에 벼슬하다가 돌아와서 벼슬이 올라 경(卿)이 되었다. 고애는 송공을 의롭게 여기지 않고 나라를 나와서 드디어 우리나라로 망명왔다. 경문에 송나라 자애(子哀)가 망명왔다고 기록하였으니, 그를 귀하게 여긴 것이다. 송(宋)나라에 란이 일어나려 하자 자애(子哀)가 기미를 보고 망명왔기 때문에 경문에 자(字)를 기록하여 그의 행위를 허여한 것이다.

---

## 冬 單伯如齊 齊人執單伯 齊人執子叔姬
겨울에 선백(單伯)이 제(齊)나라에 갔다. 제인(齊人)이 선백을 잡았다. 제인이 자숙희(子叔姬)를 잡았다.

---

單伯 周卿士 爲魯如齊 故書 齊不討商人 又敢執其君母 故貶稱人

선백(單伯)은 주(周)나라 경사(卿士)로 로(魯)나라를 위하여 제(齊)나라에 갔기 때문에 경문에 기록한 것이다. 제나라가 상인(商人)을 토죄하지도 않고 또 감히 그 임금[君:舍]의 어머니를 잡고 있었기 때문에 폄하하여 제인(齊人)이라고 칭한 것이다.

襄仲使告于王 請以王寵求昭姬于齊 昭姬 子叔姬 曰 殺其子 焉用其母 請受而罪之 冬 單伯如齊 請子叔姬 齊人執之 又執子叔姬

양중(襄仲)이 사람을 보내어 왕에게 알리고 왕의 은총으로써 제(齊)나라에서 소희(昭姬)를 구해올 수 있기를 청하여 소희(昭姬)는 자숙희(子叔姬)이다. 말하기를 "그 자식을 죽였는데[188] 그 어미를 어디에 쓰겠습니까. 소희를 받아들여 죄를 주려고 청합니다."[189]라고 하였다. 겨울에 선백(單伯)이 제나라에 가서 자숙희(子叔姬)를 돌려보내 줄 것을 청하였는데, 제인(齊人)이 그를 잡아두고 자숙희도 잡아두었다.

# 문공(文公) 15년 【己酉 B.C.612】

十有五年 春 季孫行父如晉

15년 봄에 계손행보(季孫行父)가 진(晉)나라에 갔다.

十五年 春 季文子如晉 爲單伯與子叔姬故也

15년 봄에 계문자(季文子 : 季孫行父)가 진(晉)나라에 갔으니, 선백(單伯)과 자숙희(子叔姬)의 일 때문이었다.[190]

三月 宋司馬華孫來盟

3월에 송(宋)나라 사마(司馬)인 화손(華孫)이 와서 맹약하였다.

---

188) 그~죽였는데 : 자식은 상인(商人)이 시해한 임금 사(舍)이니 자숙희(子叔姬)의 아들이다.

189) 소희를~청합니다 : 소희(昭姬)는 로(魯)나라 공녀인데 그 아들 사(舍)가 시해됨으로써 로나라는 소희도 제(齊)나라에서 해를 입을까 념려하여 로나라에서 죄를 주겠다는 구실로 그녀를 돌려받으려 한 것이다.

190) 선백(單伯)과~때문이었다 : 제(齊)나라에 잡혀있는 선백(單伯)과 자숙희(子叔姬)의 귀환을 진(晉)나라가 주선해 주기를 바란 것이다. 제인(齊人)이 선백과 자숙희를 잡아둔 것은 지난해의 일이다.

不言使 盟在華孫也

사(使)라고 말하지 않은 것은 맹약이 화손(華孫)에게 달려 있었기 때문이다.[191]

三月 宋華耦來盟 其官皆從之 書曰宋司馬華孫 貴之也 公與之宴 辭曰 君之先臣督
得罪於宋殤公 名在諸侯之策 臣承其祀 其敢辱君 耦 華督曾孫 督弒殤公 在桓二年 請承
命於亞旅 亞旅 上大夫也 魯人以爲敏

　3월에 송(宋)나라 화우(華耦 : 華孫)가 와서 맹약하였으니, 그의 관속들이 모두 따라왔다. 경문에 송나라 사마(司馬)인 화손(華孫)이라고 기록한 것은 그를 귀하게 여긴 것이다. 문공(文公)이 그에게 연회를 베풀어 주려 하니,[192] 사양하기를 "우리 임금의 선신(先臣)인 화독(華督)이 송상공(宋殤公)께 죄를 얻어 그 이름이 제후국의 사책(史策)에 기록되어 있습니다. 신이 그 제사를 받들고 있으니 어찌 감히 임금님을 욕되게 할 수 있겠습니까.[193] 우(耦)는 화독(華督)의 증손이다. 독(督)이 송상공(宋殤公)을 시해한 것은 환공(桓公) 2년에 있었다. 아려(亞旅)의 명을 받기를 청합니다."라고 하였다. 아려(亞旅)는 상대부이다. 로인(魯人)은 그를 영민하다고 여겼다.

---

夏 曹伯來朝

　여름에 조백(曹伯)이 와서 조견하였다.

---

夏 曹伯來朝 禮也 諸侯五年再相朝 以脩王命 古之制也

　여름에 조백(曹伯)이 와서 조견하였으니, 례에 맞는 일이었다. 제후(諸侯)가 5년에 두 차례씩 서로 조견하여 왕명을 수행하는 것이 옛날의 제도이다.

---

齊人歸公孫敖之喪

　제인(齊人)이 공손오(公孫敖)의 상구(喪柩)를 보내주었다.

---

191) 맹약이~때문이다 : 화손(華孫)이 임금의 사신으로 와서 상황에 따라 임의로 맹약한 것이다.
192) 문공(文公)이~하니 : 경(卿)에 해당하는 연회를 베풀어 주려 한 것이다.
193) 신이~있겠습니까 : 화우(華耦)는 스스로 죄인의 후손이라고 하여 감히 임금이 베푸는 연회에 참석하여 로군(魯君)을 욕되게 할 수 없다고 한 것이다.

齊人或爲孟氏謀 孟氏 公孫敖家 慶父爲長庶 故或稱孟氏 曰 魯 爾親也 飾棺寘諸堂阜 堂阜
齊魯竟地 飾棺不殯 示無所歸 魯必取之 從之 卞人以告 魯卞邑大夫 惠叔猶毁以爲請 毁 過喪
禮 立於朝以待命 許之 取而殯之 殯於孟氏之寢 齊人送之 書曰 齊人歸公孫敖之喪 爲
孟氏 且國故也 國之公族 故書 葬視共仲 聲己不視 帷堂而哭 聲己 惠叔母 怨敖從莒女 故帷
堂 襄仲欲勿哭 怨敖取其妻 惠伯曰 喪 親之終也 雖不能始 善終可也 史佚有言曰 兄弟
致美 救乏賀善吊災祭敬喪哀 情雖不同 毋絶其愛 親之道也 子無失道 何怨於人 襄
仲說 帥兄弟以哭之

제인(齊人) 가운데 어떤 사람이 맹씨(孟氏)를 위하여 계책을 내어 맹씨(孟氏)는 공손오(公孫敖)
의 집안이다. 경보(慶父)가 서자 가운데 맏이였기 때문에 혹자가 맹씨라고 칭한 것이다. 말하기를 "로(魯)나
라는 그대의 친속이니 관을 장식하여 당부(堂阜)에 갖다 두면 당부(堂阜)는 제(齊)나라와 로(魯)나
라의 경계에 있는 땅이다. 관을 장식만 하고 빈소(殯所)를 차리지 않은 것은 돌아갈 곳이 없다는 것을 보인 것이
다. 로나라에서 반드시 가져갈 것이다."라고 하였다. 그 말을 따라 하니 변인(卞人)이 이
일을 혜숙(惠叔 : 難)[194]에게 알렸다. 변인(卞人)은 로(魯)나라 변읍(卞邑)의 대부이다. 혜숙은 아직도
지나치게 슬퍼하며[毁][195] 귀장(歸葬)[196]을 청하면서 훼(毁)는 정해진 상례(喪禮)보다 지나친 것이다.
조정에 서서 임금의 명을 기다렸다. 문공(文公)이 귀장을 허락하니 혜숙은 장식한 공손오
(公孫敖)의 관을 가져다가 빈소를 차렸다. 맹씨(孟氏)의 침(寢)[197]에 빈소를 차린 것이다. 제인이 공
손오의 상구를 보내준 것이다. 경문에 제인이 공손오의 상구(喪柩)를 보내주었다고 기록하
였으니, 이는 맹씨를 위해서이고 또 로나라의 공족이기 때문이었다. 나라의 공족이기 때문에
경문에 기록한 것이다. 장례는 공중(共仲 : 慶父)을 장사지낸 례를 본받았다.[198] 성기(聲己)는
공손오의 상구를 보지 않으려고 당(堂)에 휘장을 치고서 곡하였다. 성기(聲己)는 혜숙(惠叔)의
어머니이다. 오(敖)가 거녀(莒女)를 찾아간 것[199]을 원망하였기 때문에 당(堂)에 휘장을 친 것이다. 양중(襄仲)

---

194) 혜숙(惠叔 : 難) : 공손오(公孫敖)의 아들.

195) 혜숙은~슬퍼하며[毁] : 공손오(公孫敖)는 지난해 9월에 제(齊)나라에서 죽었으니, 죽은 지 8·9개월이 지
　　났는데도 혜숙(惠叔)이 아직도 슬퍼하고 있었던 것이다.

196) 귀장(歸葬) : 타향에서 죽은 사람을 고향으로 운구하여 장사지내는 일.

197) 침(寢) : 사당의 후전(後殿).

198) 장례는~본받았다 : 공손오(公孫敖 : 穆伯)의 장례는 그의 아버지인 경보(慶父)의 례를 따라 등급을 낮추
　　어 지냈다는 것이다. 이는 모두 죄가 있었기 때문이니, 경보는 민공(閔公)을 시해하였고 그 아들인 공손
　　오는 양중(襄仲)의 아내가 될 녀자를 취하여 분란을 일으켜 거(莒)나라로 갔다가 제(齊)나라에서 죽었다.

199) 오(敖)가~찾아간 것 : 문공(文公) 8년에 공손오(公孫敖)가 주(周)나라에 조상(弔喪)하러 가다가 거(莒)나
　　라로 망명하여 기씨(己氏)를 찾아간 일을 말한다.

이 곡하려 하지 않자, 오(敖)가 자기의 아내 될 녀자를 가로챈 것[200]을 원망한 것이다. 혜백(惠伯 : 惠叔)이 말하기를 "상례는 친족을 마지막으로 보내는 의식이니 비록 예전[始]에는 잘 지내지 못하였다 하더라도 마지막으로 보내는 일은 잘해주는 것이 옳습니다. 사일(史佚)[201]의 말에 '형제 사이에는 아름다운 우애를 다하여 궁핍을 구제하고 좋은 일을 축하하고 재난을 위로하며 제사를 공경하고 상사를 애도하니, 정이 비록 화목하지[同] 못하다 하더라도 우애를 단절하지 않는 것이 친족의 도리이다.'라고 하였으니 당신께서 도리만 잃지 않으신다면 무슨 남을 원망할 것이 있겠습니까."라고 하였다. 양중이 이 말을 듣고 기뻐하며 형제들을 이끌고 가서 곡하였다.

他年 其二子來 敖在莒所生 孟獻子愛之 聞於國 獻子 仲孫蔑 或譖之曰 將殺子 獻子以告季文子 二子曰 夫子以愛我聞 我以將殺子聞 不亦遠於禮乎 遠禮不如死 一人門于句鼆 一人門于戾丘 皆死 鼆 音萌 句鼆戾丘 魯邑 有寇攻門 二子死之

다른 해에 공손오(公孫敖)의 두 아들이 거(莒)나라에서 오니, 오(敖)가 거(莒)나라에 있을 때 낳은 아들이다. 맹헌자(孟獻子)가 이들을 사랑하는 것이 온 나라에 소문났다. 헌자(獻子)[202]는 중손멸(仲孫蔑)이다. 어떤 자가 맹헌자에게 참소하기를 "저 두 사람이 장차 당신을 죽일 것입니다."라고 하니, 헌자(獻子)는 이 말을 계문자(季文子)에게 고하였다. 이에 두 아들이 말하기를 "부자(夫子 : 孟獻子)는 우리를 사랑하는 것으로 소문이 났는데 우리는 장차 부자를 죽일 것으로 소문이 났으니, 례와 거리가 멀지 않은가. 례와 거리가 멀면 죽는 것만 같지 못하다."라고 하더니, 한 사람은 구맹(句鼆)의 성문을 지키다 또 한 사람은 려구(戾丘)의 성문을 지키다가 모두 죽었다. 맹(鼆)은 음이 맹(萌)이다. 구맹(句鼆)과 려구(戾丘)는 로(魯)나라 읍이다. 성문을 공격하는 외적이 있었는데 두 아들이 이들을 막다가 죽은 것이다.

六月 辛丑 朔 日有食之 鼓用牲于社
　6월 초하루 신축일에 일식이 일어나자 사(社)에서 북을 치고 희생을 바쳤다.

---

200) 오(敖)가~가로챈 것 : 문공(文公) 7년에 공손오(公孫敖)가 종제(從弟)인 양중(襄仲)의 아내가 될 거(莒)나라 녀자를 맞이해 오다가 자기의 아내로 취한 일을 말한다.

201) 사일(史佚) : 주무왕(周武王) 때의 태사(大史). 윤일(尹逸)이라고도 한다.

202) 헌자(獻子) : 공손오(公孫敖)의 맏손자. 문백(文伯 : 穀)의 아들.

六月 辛丑 朔 日有食之 鼓用牲于社 非禮也 日有食之 天子不舉 伐鼓于社 責陰神 諸侯用幣于社 社尊於諸侯 故請救而不敢責 伐鼓于朝 退自責 以昭事神 訓民事君 尊卑異制 所以訓民 示有等威 古之道也

6월 초하루 신축일에 일식이 일어나자 사(社)에서 북을 치고 희생을 바쳤으니, 례가 아니었다.[203] 일식이 있으면 천자는 성찬을 들지 않고 사에서 북을 치며, 음신(陰神)을 꾸짖는 것이다. 제후는 사에 폐백을 바치고 사(社)는 제후(諸侯)보다 높기 때문에 제후는 사에 구원을 청할 뿐 감히 북을 쳐서 책망할 수 없는 것이다. 조정에서 북을 쳐서 사(社)에서 물러 나와 스스로를 책망하는 것이다. 신을 섬기는 도리를 밝히고 백성에게 임금 섬기는 도리를 가르쳐서 존비(尊卑)에 따라 제도를 달리 하는 것은 백성을 가르치는 것이다. 등위가 있음을 보이는 것이 옛날의 법도였다.

> ### 單伯至自齊
> 선백(單伯)이 제(齊)나라에서 왔다.

齊人許單伯請而赦之 使來致命 以單伯執節不移 且畏晉 故許之 書曰 單伯至自齊 貴之也

제인(齊人)이 선백(單伯)의 요청[204]을 허락하여 용서하고 그를 로(魯)나라로 보내와서 제후(齊侯)의 명을 전하게 하였다. 선백(單伯)이 절조를 지켜 변치 않고 또 진(晉)나라를 두려워하였기 때문에 허락한 것이다. 경문에 선백이 제(齊)나라에서 왔다고 기록한 것은 그를 귀하게 여긴 것이다.[205]

---

203) 북을~아니었다 : 일식이 일어나면 제후(諸侯)는 조정(朝廷)에서 북을 쳐야 하고 사(社)에서 북을 쳐서는 안 되며, 사에는 폐백을 바쳐야 하고 희생을 바쳐서는 안 된다. 사에서 북을 치고 희생을 바치는 것은 천자의 례이기 때문에 례가 아니라고 한 것이다.

204) 선백(單伯)의 요청 : 선백(單伯)은 주(周)나라 경사(卿士)로 지난해에 로(魯)나라를 위하여 제(齊)나라에 가서 자숙희(子叔姬)의 귀환을 요청하였다. 이 일로 선백은 자숙희와 함께 제나라에 잡혀있게 되었다.

205) 그를~것이다 : 선백(單伯)이 로(魯)나라를 위하여 제(齊)나라에 갔다가 구금되었고, 풀려나서는 례를 폐기하지 않고 끝내 와서 명을 전하였기 때문에 귀하게 여긴 것이다.

> 晉郤缺帥師伐蔡 戊申 入蔡
>
> 　진(晉)나라 극결(郤缺)이 군대를 거느리고 채(蔡)나라를 쳐서 무신일에 채나라로 쳐들어갔다.

入國書大夫 於是始

　다른 나라의 국도로 쳐들어간 일에 대하여 경문에 대부를 기록한 것은 여기에서 시작되었다.

**新城之盟 蔡人不與 晉郤缺以上軍下軍伐蔡** 兼帥二軍 **曰 君弱 不可以怠 戊申 入蔡 以城下之盟而還 凡勝國 曰滅之 獲大城焉 曰入之**

　신성(新城)의 맹약[206]에 채인(蔡人)이 참여하지 않으니, 진(晉)나라 극결(郤缺)이 상군과 하군을 거느리고 채(蔡)나라를 쳤다. 두 군(軍)을 겸하여 통솔한 것이다. 그가 말하기를 "우리 임금님께서 어리시니 진격을 게을리 할 수 없다."라 하고서 무신일에 채나라로 쳐들어가서 성하지맹(城下之盟)[207]을 맺고 돌아갔다. 무릇 한 나라를 이기는 것을 '멸하였다'라 하고 큰 성을 함락하는 것을 '쳐들어갔다'라고 한다.

> 秋 齊人侵我西鄙 季孫行父如晉
>
> 　가을에 제인(齊人)이 우리나라 서쪽 변방을 침범하니 계손행보(季孫行父)가 진(晉)나라에 갔다.

**秋 齊人侵我西鄙 故季文子告于晉**

　가을에 제인(齊人)이 우리나라 서쪽 변방을 침범하였기 때문에 계문자(季文子 : 季孫行父)가 진(晉)나라에 가서 고한 것이다.

---

206) 신성(新城)의 맹약 : 지난해에 있었다.

207) 성하지맹(城下之盟) : 성 아래까지 쳐들어가 항복을 받고 체결하는 맹약. 패배자로서는 굴욕적인 맹약이다.

冬 十有一月 諸侯盟于扈

겨울 11월에 제후들이 호(扈) 땅에서 맹약하였다.

冬 十一月 晉侯宋公衛侯蔡侯陳侯鄭伯許男曹伯盟于扈 尋新城之盟 且謀伐齊也 齊人賂晉侯 故不克而還 於是有齊難 是以公不會 書曰 諸侯盟于扈 無能爲故也 凡 諸侯會 公不與 不書 諱君惡也 與而不書 後也 趙匡曰 諸侯會公不與而列會者非一 左氏之說 非也

겨울 11월에 진후(晉侯)·송공(宋公)·위후(衛侯)·채후(蔡侯)·진후(陳侯)·정백(鄭伯)·허남(許男)·조백(曹伯)이 호(扈) 땅에서 맹약하였으니, 이는 신성(新城)의 맹약을 거듭하고 또 제(齊)나라를 치는 일에 대하여 모의하기 위해서였다.[208] 그러나 제인(齊人)이 진후(晉侯)에게 뢰물을 주었기 때문에 제후들은 이기지 못하고 돌아갔다. 이때 로(魯)나라에는 제인이 변방을 침범한 화난이 있었기 때문에 문공(文公)이 회합에 가지 못하였다. 경문에 제후들이 호 땅에서 맹약하였다고 기록한 것은 제후들이 로나라를 구원할 수 없었기 때문이다. 무릇 제후들의 회합에 로나라 임금이 참여하지 않으면 경문에 기록하지 않는 것[209]은 임금의 과오를 숨기기 위함이고, 참여하였는데도 기록하지 않는 것은 뒤늦게 갔기 때문이다. 조광(趙匡)이 말하기를 "제후들의 회합에 로(魯)나라 임금이 참여하지 않았는데도 회합에 참여한 사람을 라렬한 것이 한 번이 아니었으니, 좌씨(左氏)의 설은 잘못이다."라고 하였다.

十有二月 齊人來歸子叔姬

12월에 제인(齊人)이 와서 자숙희(子叔姬)를 돌려주었다.

齊人來歸子叔姬 王故也

제인(齊人)이 와서 자숙희(子叔姬)를 돌려주었으니, 이는 왕이 명하였기 때문이었다.

---

208) 제(齊)나라를~위해서였다 : 제(齊)나라가 천자의 사신을 구금하고 또 자주 로(魯)나라를 쳤기 때문이다.
209) 경문에~것 : 맹약에 참여한 제후들을 나라별로 라렬하여 기록하지 않는 것이다.

> 齊侯侵我西鄙 遂伐曹 入其郛
>
> 제후(齊侯)가 우리나라 서쪽 변방을 침범하고 드디어 조(曹)나라를 쳐서 그 국도의 외성까지 쳐들어갔다.

齊侯侵我西鄙 謂諸侯不能也 遂伐曹 入其郛 討其來朝也 曹朝于魯 季文子曰 齊侯其不免乎 己則無禮 執王使而伐無罪 而討於有禮者 曰 女何故行禮 禮以順天 天之道也 己則反天 而又以討人 難以免矣 詩曰 胡不相畏 不畏于天 君子之不虐幼賤 畏于天也 在周頌曰 畏天之威 于時保之 不畏于天 將何能保 以亂取國 奉禮以守 猶懼不終 多行無禮 弗能在矣

제후(齊侯)가 우리나라 서쪽 변방을 침범하였으니, 이는 제후들이 로(魯)나라를 구원할 수 없다고 여긴 것이다. 드디어 조(曹)나라를 쳐서 그 국도의 외성까지 쳐들어갔으니, 이는 조백(曹伯)이 로나라에 와서 조견한 것[210]을 토죄한 것이다. 조백(曹伯)이 로(魯)나라를 조견한 것이다. 계문자(季文子)가 말하기를 "제후(齊侯)는 화를 면치 못할 것이다. 자기는 무례하면서 왕의 사신을 잡아가두고 죄 없는 나라를 친 것이다. 례가 있는 나라를 토죄하며 '너희는 무엇 때문에 례를 행하느냐?'고 하는 격이다. 례로써 천리를 따르는 것이 하늘의 도인데 자기는 천리를 배반하면서 또 례를 행하는 다른 나라를 토죄하니 화를 면하기 어려울 것이다. 《시(詩)》에 이르기를 '어찌 서로 두려워하지 않는가. 하늘을 두려워하지 않음이로다.[211]'라고 하였으니, 군자가 유약하고 비천한 사람을 학대하지 않는 것은 하늘을 두려워하기 때문이다. 〈주송(周頌)〉에 '하늘의 위엄을 두려워하여 이에 복록을 보전한다.[212]'라고 하였으니, 하늘을 두려워하지 않는다면 장차 무엇으로 복록을 보전하겠는가. 란을 일으켜 나라를 차지하였으니[213] 례를 봉행하여 지키더라도 오히려 제명에 죽지 못할까 두려운데, 무례한 일을 많이 행하니 목숨을 제대로 보존할 수 없을 것이다."라고 하였다.

---

210) 조백(曹伯)이~것 : 올여름의 일이다.

211) 어찌~않음이로다 :《시경(詩經)》〈소아(小雅)〉우무정(雨無正).

212) 하늘의~보전한다 :《시경(詩經)》〈주송(周頌)〉아장(我將).

213) 란을~차지하였으니 : 지난해에 제(齊)나라 상인(商人 : 懿公)이 제소공(齊昭公)의 아들 사(舍)를 시해하고 임금이 된 것을 말한다.

# 문공(文公) 16년 【庚戌 B.C.611】

十有六年 春 季孫行父會齊侯于陽穀 齊侯弗及盟

　16년 봄이다. 계손행보(季孫行父)가 제후(齊侯)와 양곡(陽穀)에서 회합하였는데 제후가 맹약은 하지 않았다.

十六年 春 王正月 及齊平 公有疾 使季文子會齊侯于陽穀 請盟 齊侯不肯曰 請俟君間 間 疾瘳

　16년 봄 왕정월에 제(齊)나라와 화평하였다. 문공(文公)이 병이 들어 계문자(季文子：季孫行父)를 시켜 양곡(陽穀)에서 제후(齊侯)와 회합하게 하고 맹약을 청하니, 제후가 찬동하지 않으며 말하기를 "당신 임금의 병이 낫기를[間] 기다리겠다."라고 하였다. 간(間)은 병이 나음이다.

夏 五月 公四不視朔

　여름 5월에 문공(文公)이 넉 달째 시삭(視朔)하지 않았다.

自二月不視 譏其廢禮也

　2월부터 시삭(視朔)하지 않아서 그 례를 폐한 것을 비난한 것이다.

夏 五月 公四不視朔 疾也

　여름 5월에 문공(文公)이 넉 달째 시삭(視朔)[214]하지 않았으니, 병이 들었기 때문이었다.

---

214) 시삭(視朔)：임금이 매달 초하룻날 그 달의 정무(政務)를 처리하기 전에 종묘에 고하는 일. 곡삭(告朔)이라고도 한다. 이 일은 희공(僖公) 5년조에도 기록되어 있다.

六月 戊辰 公子遂及齊侯盟于郪丘

6월 무진일에 공자 수(遂)가 제후(齊侯)와 서구(郪丘)에서 맹약하였다.

郪 公作犀 穀作師 ○郪 音西 郪丘 齊地

서(郪)는 《공양전(公羊傳)》에는 서(犀)로 되어 있고 《곡량전(穀梁傳)》에는 사(師)로 되어 있다. ○서(郪)는 음이 서(西)이다. 서구(郪丘)는 제(齊)나라 땅이다.

### 公使襄仲納賂于齊侯 故盟于郪丘

문공(文公)이 양중(襄仲:遂)을 시켜 제후(齊侯)에게 뢰물을 바쳤기 때문에 서구(郪丘)에서 맹약한 것이다.

秋 八月 辛未 夫人姜氏薨 毁泉臺

가을 8월 신미일에 부인(夫人) 강씨(姜氏)가 훙하여 천대(泉臺)를 허물었다.

僖公夫人 文公母也

희공(僖公)의 부인(夫人)이고 문공(文公)의 어머니이다.

### 有蛇自泉宮出 入于國 如先君之數 伯禽至僖公十七君 秋 八月 辛未 聲姜薨 毁泉臺 以 蛇妖所出 故壞之

뱀들이 천궁(泉宮)[215]에서 나와 국도로 들어왔는데 선군의 숫자와 같았다. 백금(伯禽)[216]으로부터 희공(僖公)까지 열일곱 임금이다.[217] 가을 8월 신미일에 성강(聲姜)이 훙하자 천대(泉臺)를 허물었다.[218] 뱀의 요변(妖變)이 나온 곳이기 때문에 허문 것이다.

---

215) 천궁(泉宮): 로(魯)나라 국도 근교의 별궁.
216) 백금(伯禽): 주공(周公)의 아들로 로(魯)나라에 봉해졌다.
217) 백금(伯禽)으로부터~임금이다: 이때의 선군(先君)을 열일곱 임금이 아니라 희공(僖公)만으로 보는 설도 있다. 즉 희공이 죽은 지 17년이 되어 성강(聲姜)을 불러들여 짝을 이루고자 하였다는 것이다.
218) 성강(聲姜)이~허물었다: 로인(魯人)이 뱀이 나온 요변(妖變)으로 성강(聲姜)이 죽었다고 여겨 천대(泉臺)를 허문 것이다.

## 楚人秦人巴人滅庸

초인(楚人)·진인(秦人)·파인(巴人)이 용(庸)나라를 멸하였다.

庸 屬楚小國

용(庸)나라는 초(楚)나라에 속한 소국이다.

楚大饑 戎伐其西南 至于阜山 師于大林 又伐其東南 至于陽丘 以侵鄀枝 戎 山夷也
阜山大林陽丘鄀枝皆楚邑 庸人帥羣蠻以叛楚 麇人率百濮聚於選 將伐楚 選 楚地 百濮 夷也
於是申息之北門不啓 楚人謀徙於阪高 楚險地 蔿賈曰 不可 我能往 寇亦能往 不如
伐庸 夫麇與百濮 謂我饑不能師 故伐我也 若我出師 必懼而歸 百濮離居 將各走其
邑 誰暇謀人 乃出師 旬有五日 百濮乃罷

초(楚)나라에 크게 기근이 들자, 융(戎)이 그 서남쪽을 쳐서 부산(阜山)까지 이르러 대림
(大林)에 주둔하였다. 또 그 동남쪽을 쳐서 양구(陽丘)까지 이르러 자지(鄀枝)를 침범하였
다. 융(戎)은 산이(山夷)이다. 부산(阜山)·대림(大林)·양구(陽丘)·자지(鄀枝)는 모두 초(楚)나라 읍이다. 용인
(庸人)은 여러 만(蠻)을 거느리고 초나라를 배반하고, 균인(麇人)은 백복(百濮)을 거느리고
선(選) 땅에서 모여 초나라를 치려고 하였다. 선(選)은 초(楚)나라 땅이다. 백복(百濮)은 이(夷)이다.
이에 신(申) 땅과 식(息) 땅의 북문을 열지 않고, 초인(楚人)은 판고(阪高)로 옮길 것을 도모
하였다. 초(楚)나라의 험한 땅이다. 위가(蔿賈)가 말하기를 "옳지 않습니다. 우리가 갈 수 있으면
적[寇]도 갈 수 있으니 용(庸)나라를 치는 것만 같지 못합니다. 저 균(麇)나라와 백복은 우리
가 기근으로 군대를 동원할 수 없을 것이라 여겨 우리를 친 것입니다. 만약 우리가 군대를
출동시킨다면 저들은 반드시 겁을 먹고 돌아갈 것입니다. 백복은 흩어져 살기 때문에 각각
자기들 읍으로 달려가려 할 것이니 어느 겨를에 남을 도모하겠습니까."라고 하였다. 이에
군대를 출동시키니 15일 만에 백복이 흩어져 돌아갔다.

自廬以往 振廩同食 往伐庸也 次于句澨 楚西界 使廬戢棃侵庸 及庸方城 方城 庸地 庸人
逐之 囚子揚窗 窗 戢棃官屬 三宿而逸 曰 庸師衆 羣蠻聚焉 不如復大師 還復句澨師 且
起王卒 合而後進 師叔曰 不可 師叔 楚大夫潘尫也 姑又與之遇以驕之 彼驕我怒 而後
可克 先君蚡冒所以服陘隰也 蚡冒 楚武王父 史記以爲武王兄 陘隰 地名 又與之遇 七遇皆
北 軍走曰北 唯裨儵魚人實逐之 裨儵魚 庸三邑 輕楚 故但使三邑人逐之 庸人曰 楚不足與戰

矣 遂不設備 楚子乘馹 會師于臨品 臨品 地名 分爲二隊 子越自石溪 子貝自仞以伐
庸 子越 鬪椒 石溪仞 入庸道 秦人巴人從楚師 羣蠻從楚子盟 遂滅庸

초군(楚軍)이 려(廬) 땅에서 출발한 뒤로는 창고를 열어 상하가 같이 먹으면서, 용(庸)나라
를 치기 위하여 가는 것이다. 구서(句澨)에 주둔하였다. 초(楚)나라 서쪽 경계이다. 려즙리(廬戢黎)를
시켜 용(庸)나라를 침범하게 하였는데 용나라 방성(方城)에 이르니, 방성(方城)은 용(庸)나라 땅
이다. 용인(庸人)이 추격하여 자양창(子揚窓)을 사로잡았다. 창(窓)은 즙리(戢黎)의 관속이다. 자양
창이 사흘 만에 도망쳐 와서 말하기를 "용나라 군사가 많고 여러 만(蠻)까지 모여 있으니,
본진의 대군에게 돌아갔다가 다시 구서(句澨)의 군대로 되돌린다는 것이다. 또 임금님의 군사까지
일으켜 합세한 뒤에 진격하는 것만 같지 못합니다."라고 하였다. 사숙(師叔)이 말하기를
"옳지 않다. 사숙(師叔)은 초(楚)나라 대부 반왕(潘尪)이다. 우선 또 저들과 상대해서 교만하게 만들
어라. 저들이 교만해지고 우리가 분노한 뒤에야 이길 수 있으니, 이것이 선군 분모(蚡冒)께
서 형습(陘隰)을 정복하신 방법이다."라고 하였다. 분모(蚡冒)는 초무왕(楚武王)의 아버지인데 사기
(史記)에는 무왕(武王)의 형이라고 되어 있다. 형습(陘隰)은 땅 이름이다. 이에 초군이 다시 저들과 만났
는데 일곱 번 만나 모두 패배하니[北], 군대가 도망하는 것을 배(北)라고 한다. 비인(裨人)·조인(鯈
人)·어인(魚人)만이 초군을 추격하였다. 비(裨)·조(鯈)·어(魚)는 용(庸)나라의 세 읍이다. 초군(楚軍)을
경시하였기 때문에 세 읍인(邑人)만으로 추격시킨 것이다. 용인이 말하기를 "초군은 함께 싸울 만한
상대라고 할 수 없다."라 하고 드디어 방비를 설치하지 않았다. 이에 초자(楚子)가 역참의
수레[馹]219)를 타고 와서 림품(臨品)에 군대를 집결시킨 뒤 림품(臨品)은 땅 이름이다. 두 부대로
나누어 자월(子越)은 석계(石溪)로부터, 자패(子貝)는 인(仞) 땅으로부터 출발시켜 용나라
를 치게 하였다. 자월(子越)은 투초(鬪椒)이다. 석계(石溪)와 인(仞) 땅은 용(庸)나라로 들어가는 길목이다.
이에 진인(秦人)과 파인(巴人)은 초(楚)나라 군대를 따르고, 여러 만은 초자에게 복종하고
맹약하여 드디어 용나라를 멸하였다.

冬 十有一月 宋人弑其君杵臼
겨울 11월에 송인(宋人)이 그 임금 저구(杵臼)를 시해하였다.

219) 역참의 수레[馹]: 십삼경주소본(十三經注疏本) 두예주(杜預注)에는 일(馹)은 전거(傳車)라고 되어 있다.
    전거는 역참의 전용 수레이다.

杵 公作處

저(杵)는 《공양전(公羊傳)》에는 처(處)로 되어 있다.

宋公子鮑禮於國人 鮑 昭公庶弟文公 宋饑 竭其粟而貸之 年自七十以上 無不饋詒也 詒
遺也 時加羞珍異 無日不數於六卿之門 數 音朔 不疏也 國之材人 無不事也 親自桓以
下 無不恤也 桓公 鮑之曾祖 公子鮑美而豔 襄夫人欲通之 鮑適祖母 而不可 乃助之施 助
鮑以施於國 昭公無道 國人奉公子鮑以因夫人

송(宋)나라 공자 포(鮑)는 국인을 례로써 대하였었다. 포(鮑)는 소공(昭公)의 서제(庶弟)인 문공
(文公)이다. 송나라에 기근이 들자 자기의 곡식을 다 내어 백성에게 대여하였고, 나이 일흔
이상인 이들에게 음식을 보내주지[詒] 않은 곳이 없었으며 이(詒)는 보내줌이다. 철마다 진기한
음식을 더하여 주었다. 6경(卿)의 집에 자주[數] 들르지 않는 날이 없었고 삭(數)은 음이 삭(朔)
이니 드물지 않음이다. 나라의 재능이 있는 사람들을 섬기지 않음이 없었으며, 송환공(宋桓公)
이후의 친족을 구휼하지 않음이 없었다. 환공(桓公)은 포(鮑)의 증조이다. 공자 포는 얼굴이 아름
답고 고와서 양부인(襄夫人)이 통정하고자 하였으나 양부인(襄夫人)은 포(鮑)의 적조모(適祖母)[220]이
다. 듣지 않으니, 그가 은혜 베푸는 일을 도왔다. 포(鮑)를 도와 국인에게 은혜를 베푼 것이다. 송소공
(宋昭公)이 무도하니 국인이 공자 포를 받들고 양부인에게 의지하였다.

於是華元爲右師 華督曾孫 公孫友爲左師 華耦爲司馬 鱗矔爲司徒 蕩意諸爲司城 公
子朝爲司寇 初 司城蕩卒 公孫壽辭司城 壽 蕩之子 請使意諸爲之 意諸 壽之子 既而告
人曰 君無道 吾官近 懼及焉 棄官 則族無所庇 子 身之貳也 姑紓死焉 雖亡子 猶不
亡族 己在故也

이때 화원(華元)이 우사(右師)였고, 화독(華督)의 증손이다. 공손우(公孫友)가 좌사(左師)였
고, 화우(華耦)가 사마(司馬)였고, 린관(鱗矔)이 사도(司徒)였고, 탕의저(蕩意諸)가 사성(司
城)이었고, 공자 조(朝)가 사구(司寇)였다. 이보다 앞서 사성 탕(蕩)이 졸하였을 때 공손수
(公孫壽)는 사성의 직을 사양하고서 수(壽)는 탕(蕩)의 아들이다. 아들 의저(意諸)를 사성으로 삼
도록 요청하였다. 의저(意諸)는 수(壽)의 아들이다. 공손수는 얼마 뒤에 어떤 이에게 말하기를 "임
금이 무도한데 내 벼슬이 임금에 가까우니 화가 미칠까 두려워서 그런 것이오. 그렇다고
벼슬을 버리면 내 일족이 의탁할 곳이 없게 되오. 자식은 나의 버금이니, 자식을 사성으로

---

220) 적조모(適祖母) : 서손(庶孫)이 조부의 정처(正妻)를 이르는 말.

삼아 잠시 내 죽음을 늦춘 것이오. 비록 자식을 잃더라도 오히려 일족은 망하지 않을 수 있는 것이오."라고 하였다. 자기는 살아 있기 때문이다.

旣 夫人將使公田孟諸而殺之 公知之 盡以寶行 蕩意諸曰 盍適諸侯 公曰 不能其大 夫至于君祖母以及國人 君祖母謂襄夫人 諸侯誰納我 且旣爲人君 而又爲人臣 不如死 盡以其寶賜左右而使行 夫人使謂司城去公 對曰 臣之而逃其難 若後君何

얼마 뒤에 부인(夫人 : 襄夫人)은 송소공(宋昭公)을 맹저(孟諸)로 사냥을 나가게 하여 죽이려고 하였다. 이를 송소공이 알아채고 보물을 다 가지고 갔다. 탕의저(蕩意諸)가 말하기를 "어찌 다른 제후(諸侯)에게로 가지 않습니까?"라고 하니, 송소공이 말하기를 "대부로부터 군조모(君祖母) 및 국인에게까지 신임을 받지 못하였으니 군조모(君祖母)는 양부인(襄夫人)을 이른다. 제후들 가운데 누가 나를 받아들이겠는가. 또 이미 임금이 되었다가 다시 남의 신하가 되는 것은 죽는 것만 같지 못하다."라 하고, 그 보물들을 다 좌우에게 나누어주고 떠나게 하였다. 부인이 사람을 보내어 사성(司城 : 蕩意諸)에게 송소공을 떠나라고 하니, 대답하기를 "신하가 되어 그 화난에서 도망한다면 뒤의 임금님을 어떻게 모시겠습니까."라고 하였다.

冬 十一月 甲寅 宋昭公將田孟諸 未至 夫人王姬使帥甸攻而殺之 夫人 周襄王姊 故稱王 姬 帥甸 郊甸之帥 蕩意諸死之 不書 不告 書曰宋人弑其君杵臼 君無道也 劉敞曰 昭公未有無 道之實 君雖不君 臣不可不臣 傳說非也 文公卽位 使母弟須爲司城 華耦卒 而使蕩虺爲司 馬 虺 意諸弟

겨울 11월 갑인일에 송소공(宋昭公)이 맹저(孟諸)로 사냥하러 가는데, 이르기 전에 부인(夫人 : 襄夫人) 왕희(王姬)가 수전(帥甸)[221]을 시켜 공격하여 죽이니, 부인(夫人)은 주양왕(周襄王)의 누이이기 때문에 왕희(王姬)라고 부른 것이다. 수전(帥甸)은 교전(郊甸)의 장수이다. 탕의저(蕩意諸)도 죽었다. 경문에 기록하지 않은 것은 알려오지 않아서이다. 경문에 송인(宋人)이 그 임금 저구(杵臼)를 시해하였다고 기록하였으니, 임금이 무도하였기 때문이다. 류창(劉敞)이 말하기를 "소공(昭公)은 무도한 실상이 없다. 임금이 비록 임금답지 못하더라도 신하는 신하 도리를 하지 않을 수 없으니 전문의 말은 잘못이다."라고 하였다. 송문공(宋文公 : 鮑)이 즉위하여 동모제 수(須)를 사성(司城)으로 삼고, 화우(華耦)가 졸하자 탕훼(蕩虺)를 사마(司馬)로 삼았다. 훼(虺)는 의저(意諸)의 아우이다.

---

221) 수전(帥甸) : 공읍대부(公邑大夫)로 교지(郊地)와 전지(甸地)의 군대를 거느린 장수. 도성 밖 1백 리까지는 교(郊)이고, 교 밖 1백 리까지가 전(甸)이다.

# 문공(文公) 17년【辛亥 B.C.610】

十有七年 春 晉人衛人陳人鄭人伐宋

　17년 봄에 진인(晉人)·위인(衛人)·진인(陳人)·정인(鄭人)이 송(宋)나라를 쳤다.

十七年 春 晉荀林父衛孔達陳公孫寧鄭石楚伐宋 討曰 何故弑君 猶立文公而還 卿 不書 失其所也 失其所討之罪

　17년 봄에 진(晉)나라 순림보(荀林父)·위(衛)나라 공달(孔達)·진(陳)나라 공손녕(公孫寧)·정(鄭)나라 석초(石楚)가 송(宋)나라를 치고 토죄하여 말하기를 "무슨 까닭으로 임금을 시해하였는가?"라 하고는 오히려 송문공(宋文公)을 세워주고 돌아갔다. 경문에 경(卿)의 이름을 기록하지 않은 것은 그 도리를 잃었기 때문이다. 토죄해야 할 바를 제대로 하지 않은 것이다.

夏 四月 癸亥 葬我小君聲姜

　여름 4월 계해일에 우리 소군(小君) 성강(聲姜)의 장례를 지냈다.

聲 公作聖

　성(聲)은 《공양전(公羊傳)》에는 성(聖)으로 되어 있다.

夏 四月 癸亥 葬聲姜 有齊難 是以緩

　여름 4월 계해일에 성강(聲姜)의 장례를 지냈으니, 제(齊)나라가 침범하는 화난이 있었기 때문에 늦어진 것이다.

齊侯伐我西鄙 六月 癸未 公及齊侯盟于穀

　제후(齊侯)가 우리나라 서쪽 변방을 쳤다. 6월 계미일에 문공(文公)이 제후와

---

곡(穀) 땅에서 맹약하였다.

---

西 傳作北

서(西)는 전문에는 북(北)으로 되어 있다.

### 齊侯伐我北鄙 襄仲請盟 六月 盟于穀

제후(齊侯)가 우리나라 북쪽 변방을 치니, 양중(襄仲)이 맹약을 청하여 6월에 곡(穀) 땅에서 맹약하였다.

---

諸侯會于扈

제후들이 호(扈) 땅에서 회합하였다.

---

### 晉侯蒐于黃父 黃父 晉地 遂復合諸侯于扈 平宋也 公不與會 齊難故也 書曰諸侯 無功也

진후(晉侯 : 靈公)가 황보(黃父)에서 군대를 검열하고 황보(黃父)는 진(晉)나라 땅이다. 드디어 다시 제후들을 호(扈) 땅에 모았으니,222) 송(宋)나라의 내란을 화평시키고자 한 것이다. 문공(文公)은 회합에 참여하지 않았으니, 제(齊)나라가 침범하는 화난이 있었기 때문이다. 경문에 제후들이라고 기록한 것223)은 성과가 없었기 때문이다.

---

### 於是晉侯不見鄭伯 以爲貳於楚也 鄭子家使執訊而與之書 以告趙宣子 執訊 通訊問之官 曰 寡君卽位三年 召蔡侯而與之事君 九月 蔡侯入于敝邑以行 行 朝晉也 敝邑以侯宣多之難 寡君是以不得與蔡侯偕 宣多立穆公 恃寵專權 十一月 克減侯宣多 而隨蔡侯以朝于執事 減 損也 十二年 六月 歸生佐寡君之嫡夷 夷 大子名 以請陳侯于楚 而朝諸君 十四年 七月 寡君又朝以蒇陳事 蒇 勑也 十五年 五月 陳侯自敝邑往朝于君 往年 正月 燭之武往朝夷也 八月 寡君又往朝 以陳蔡之密邇於楚 而不敢貳焉 則敝邑之

---

222) 다시~모았으니 : 문공(文公) 15년에 제후들이 호(扈) 땅에서 맹약하였고, 지금 제후들이 다시 회합한 것이다.

223) 경문에~기록한 것 : 제후들의 나라를 기록하지 않은 것이다.

故也 雖敝邑之事君 何以不免 在位之中 一朝于襄 而再見于君 夷與孤之二三臣相
及於絳 雖我小國 則蔑以過之矣 今大國曰 爾未逞吾志 敝邑有亡 無以加焉 古人有
言曰 畏首畏尾 身其餘幾 言首尾有畏 則身中不畏者少 又曰 鹿死不擇音 言困迫不暇擇善音
小國之事大國也 德則其人也 以人道相事 不德則其鹿也 鋌而走險 急何能擇 鋌 音挺
疾走貌 命之罔極 亦知亡矣 言晉命無極 將悉敝賦以待於鯈 唯執事命之 鯈 晉鄭之竟 文
公 二年 六月 壬申 朝于齊 四年 二月 壬戌 爲齊侵蔡 亦獲成於楚 居大國之間 而從
於强令 豈其罪也 大國若弗圖 無所逃命 言將叛晉 晉鞏朔行成於鄭 晉服其言 趙穿公
壻池爲質焉

이때 진후(晉侯)가 정백(鄭伯)을 만나 보지 않았는데 이는 정(鄭)나라가 초(楚)나라에 붙
었다고 여겨서이다. 정나라 자가(子家)가 집신(執訊)에게 서신을 주어 보내며 조선자(趙宣
子)에게 다음과 같이 고하게 하였다. 집신(執訊)[224]은 신문(訊問 : 書信)을 전하는 관리이다. "과군이
즉위한 지 3년에 채후(蔡侯)를 불러 함께 귀국의 임금님을 섬기려고 하였습니다. 9월에 채
후가 우리나라로 들어와서 귀국으로 갔는데[行] 진(晉)나라에 조견하러 간 것이다. 그때 우리나라
에서는 후선다(侯宣多)의 화난이 있어 과군이 이 때문에 채후와 함께 가지 못하였습니다.
선다(宣多)가 목공(穆公)을 세우고 총애를 믿고 권력을 오로지 한 것이다. 11월에 후선다를 이겨서 근심을
덜고[減] 채후의 뒤를 따라 귀국의 집사를 조견하였습니다. 감(減)은 덜어냄이다. 12년 6월에는
나 귀생(歸生 : 子家)이 과군의 적자 이(夷)를 보좌하여 이(夷)는 태자의 이름이다. 초나라에 가서
진후(陳侯)가 진(晉)나라를 조견할 수 있도록 초나라에 요청하여 진(陳)나라가 귀국의 임금
님을 조견하도록 하였습니다. 14년 7월에는 과군이 또 진(晉)나라를 조견하여 진(陳)나라의
일을 힘썼습니다[葳].[225] 천(葳)은 힘씀이다. 15년 5월에는 진후(陳侯)가 우리나라에 왔다가 가
면서 귀국의 임금님을 조견하였고, 지난해 정월에는 촉지무(燭之武)가 태자 이(夷)를 모시
고 가서 조견하도록 하였고, 8월에는 과군이 또 가서 귀국을 조견하였습니다. 진(陳)나라와
채(蔡)나라가 초나라에 가까이 있으면서도 귀국에게 감히 두마음을 가지지 않는 것은 우리
나라 때문입니다. 이렇듯 우리나라가 귀국의 임금님을 섬겼건만 어찌하여 죄를 면하지 못
하는 것입니까. 우리 임금이 재위 중에 한 번 진양공(晉襄公)을 조견하였고 두 번 지금의
임금님[晉靈公]을 조견하였습니다. 그리고 태자 이와 우리나라의 몇몇 신하들이 차례로 강

---

224) 집신(執訊) : 정(鄭)나라에만 있는 벼슬 이름. 정나라는 진(晉)나라와 초(楚)나라 두 강대국 사이에 끼어
   있어 항상 사령(辭令 : 외교적 언사 및 문서)을 내야 했기 때문에 이 벼슬을 두었다.
225) 진(陳)나라의~힘썼습니대[葳] : 진(陳)나라가 진(晉)나라를 섬기도록 정(鄭)나라가 힘썼다는 것이다.

(絳) 땅으로 찾아갔으니 비록 우리가 소국이지만 이보다 더할 수는 없습니다. 지금 대국인 귀국에서 말하기를 '그대들은 아직도 내 뜻을 만족하게 하지 못한다.'라고 하니 우리나라는 망할 일만 남아있고 달리 더할 방도가 없습니다. 옛사람의 말에 이르기를 '머리를 걱정하고 꼬리를 걱정하면 그 몸에서 걱정되지 않는 나머지가 얼마나 되겠는가.'라고 하였고, 머리와 꼬리를 걱정하면 몸 가운데 걱정되지 않는 부분이 적다는 말이다. 또 말하기를 '사슴이 죽을 때는 아름다운 소리[音]226)를 택하지 않는다.'라고 하였습니다. 어렵고 긴박하면 아름다운 소리[音]를 택할 겨를이 없다는 말이다. 소국이 대국을 섬길 때 덕을 베풀어 주면 사람의 도리를 지키지만 사람의 도로 함께 섬긴다는 것이다. 덕을 베풀어 주지 않으면 사슴과 같아서 빨리 달려[鋌] 험한 곳으로 달아나는 다급한 지경에서 어찌 아름다운 소리를 택할 수 있겠습니까. 정(鋌)은 음이 정(挺)이니 빨리 달리는 모양이다. 내리는 명이 끝이 없으니 또한 우리나라가 망할 것이라는 것을 잘 알고 있습니다. 진(晉)나라의 명이 끝없다는 말이다. 장차 우리 군대를 모두 모아 조(儵) 땅에서 기다릴 것이니 오직 집사께서 명령을 내리십시오. 조(儵)는 진(晉)나라와 정(鄭)나라의 경계 지역이다. 우리 선군 문공(文公)은 2년227) 6월 임신일에 제(齊)나라를 조견하였고, 4년 2월 임술일에는 제나라를 위하여 채나라를 침범하고 또 초나라와 화친하였으니, 대국의 사이에 있으면서 강한 자의 명을 따르는 것이 어찌 죄가 되겠습니까. 대국이 만약 이러한 점을 헤아려주지 않는다면 명을 피할 곳이 없습니다." 장차 진(晉)나라를 배반하겠다는 말이다. 이에 진(晉)나라 공삭(鞏朔)이 정나라와 화친을 맺고 진(晉)나라가 그 말을 받아들인 것이다. 조천(趙穿)과 공서지(公壻池)를 인질로 삼아주었다.

---

**秋**

가을이다.

---

### 周甘歜敗戎于邘垂 乘其飮酒也 歜 音觸 邘 音審 歜 周大夫 邘垂 周地

주(周)나라 감촉(甘歜)이 융(戎)을 심수(邘垂)에서 패배시켰으니, 그들이 술을 마시는 틈을 탄 것이다. 촉(歜)은 음이 촉(觸)이다. 심(邘)은 음이 심(審)이다. 촉(歜)은 주(周)나라 대부이다. 심수(邘垂)

---

226) 아름다운 소리[音] : 여기서의 음(音)을 음(蔭)을 가차한 것이라 하여 쉴 수 있는 그늘로 보는 설도 있다. 즉 사슴이 죽을 때는 쉴 수 있는 그늘을 가리지 않는다고 하여 정(鄭)나라가 위급한 처지에 몰려있음을 비유하였다는 것이다.

227) 2년 : 정문공(鄭文公) 2년은 로장공(魯莊公) 23년이다.

는 주(周)나라 땅이다.

---

## 公至自穀

문공(文公)이 곡(穀) 땅에서 돌아왔다.

---

## 冬

겨울이다.

---

**十月 鄭大子夷石楚爲質于晉** 夷 靈公 石楚 鄭大夫 報趙穿公壻池之質

10월에 정(鄭)나라 태자 이(夷)와 석초(石楚)가 진(晉)나라에 가서 인질이 되었다. 이(夷)는 정령공(鄭靈公)이다. 석초(石楚)는 정(鄭)나라 대부이다. 조천(趙穿)과 공서지(公壻池)를 인질로 보내준 데 대한 보답이었다.

---

## 公子遂如齊

공자 수(遂)가 제(齊)나라에 갔다.

---

**襄仲如齊 拜穀之盟 復曰 臣聞齊人將食魯之麥** 言齊將伐魯 **以臣觀之 將不能 齊君之語偸 臧文仲有言曰 民主偸 必死** 偸 猶苟且

양중(襄仲 : 遂)이 제(齊)나라에 가서 곡(穀) 땅의 맹약에 대하여 배사하고 와서 복명하기를 "신은 제인(齊人)이 장차 로(魯)나라 보리를 먹으려 한다고 들었습니다. 제(齊)나라가 장차 로(魯)나라를 칠 것이라는 말이다. 그런데 신이 보기에는 그렇게 할 수 없을 것이니, 제나라 임금의 말이 구차하기[偸] 때문입니다. 장문중(臧文仲)의 말 가운데 '백성의 주인 되는 사람의 말이 구차하면 반드시 죽는다.'라고 하였습니다."라고 하였다. 투(偸)는 구차함[苟且]228)과 같다.

---

228) 구차함[苟且] : 례법을 따르지 않음.

# 문공(文公) 18년 【壬子 B.C.609】

> 十有八年 春 王二月 丁丑 公薨于臺下
>
> 18년 봄 왕2월 정축일에 문공(文公)이 대하(臺下)에서 훙하였다.

臺下 非正也

　대하(臺下)는 정침(正寢)이 아니다.

十八年 春 齊侯戒師期 將以伐魯 而有疾 醫曰 不及秋 將死 公聞之 卜曰 尙無及期 尙 庶幾也 惠伯令龜 以卜事告龜 卜楚丘占之 曰 齊侯不及期 非疾也 君亦不聞 言君先齊 侯終 令龜有咎 言令龜者亦有凶咎 爲惠伯死張本 二月 丁丑 公薨

　18년 봄에 제후(齊侯)가 출병시기를 명하였는데 로(魯)나라를 치려는 것이다. 병이 나니, 의원이 말하기를 "가을이 되기 전에 돌아가실 것입니다."라고 하였다. 문공(文公)이 이 소식을 듣고 거북점을 치게 하며 말하기를 "출병시기가 되기 전에 제후가 죽기를 바란다[尙]."라고 하였다. 상(尙)은 바람이다. 혜백(惠伯)이 귀갑(龜甲)에게 점사(占辭)를 명하니, 점치려는 일을 귀갑(龜甲)에게 고한 것이다.[229] 복관(卜官) 초구(楚丘)가 점을 풀이해 말하기를 "제후가 출병시기까지 살지 못하지만 병 때문은 아닙니다.[230] 임금님께서도 그의 죽음을 듣지 못하실 것이며, 임금이 제후(齊侯)보다 먼저 죽는다는 말이다. 귀갑에게 점사를 명한 분도 재앙이 있을 것입니다."라고 하였다. 귀갑(龜甲)에게 점사(占辭)를 명한 자도 또한 재앙이 있을 것이라는 말이니 혜백(惠伯)이 죽는 장본이 된다. 2월 정축일에 문공이 훙하였다.

> 秦伯罃卒
>
> 진백(秦伯) 앵(罃)이 졸하였다.

---

229) 점치려는~것이다 : 점치기 전에 점쳐서 얻고자 하는 내용을 말하고, 이에 대하여 올바른 점사(占辭)를 계시할 것을 귀갑(龜甲)에게 명한 것이다.

230) 병~아닙니다 : 제후(齊侯)는 올해 5월에 시해 당한다.

---

## 夏 五月 戊戌 齊人弑其君商人

여름 5월 무술일에 제인(齊人)이 그 임금 상인(商人)을 시해하였다.

---

既以爲君而又殺之 故罪齊人而不以討賊書

이미 임금[君]이라 하고 또 죽였다고 하였으므로 제인(齊人)에게 죄를 돌리고 적도(賊徒)를 토죄하는 일에 대하여 경문에 기록하지 않은 것이다.231)

齊懿公之爲公子也 與邴歜之父爭田 弗勝 及卽位 乃掘而刖之 斷其尸足 而使歜僕 僕御也 納閻職之妻 而使職驂乘 夏 五月 公游于申池 齊南城西門名申門 左右有池 二人浴于池 歜以扑抶職 扑 箠也 職怒 歜曰 人奪女妻而不怒 一抶女 庸何傷 職曰 與刖其父而弗能病者何如 乃謀弑懿公 納諸竹中 歸 舍爵而行 飮酒訖乃去 言齊惡懿公 二人無所畏 齊人立公子元

제의공(齊懿公 : 商人)이 공자였을 때 병촉(邴歜)의 아버지와 전지를 두고 다투었으나 이기지 못한 일이 있었다. 제의공은 즉위한 뒤에 병촉의 아버지 무덤을 파내어 그 시신의 발목을 자르고 시신의 발목을 자른 것이다. 병촉을 마부[僕]로 삼았다. 복(僕)은 마부이다. 또 염직(閻職)의 아내를 빼앗아 맞아들이고 염직을 참승(驂乘)232)으로 삼았다. 여름 5월에 제의공이 신지(申池)에서 노닐 때 제(齊)나라 남성(南城)의 서쪽 문을 신문(申門)이라 하는데 그 좌우에 못이 있다. 두 사람도 신지에서 목욕을 하였다. 이때 병촉이 말채찍[扑]으로 염직을 치자 복(扑)은 말채찍이다. 염직이 노하니, 병촉이 말하기를 "남이 네 아내를 빼앗아도 노하지 않더니 너를 한 번 친 것이 어찌 마음을 상하게 한 것이냐?"라고 하였다. 염직이 말하기를 "제 아버지의 발목을 잘랐는데도 원한을 품지 않는 자와 비교해 어떠하냐?"라고 하였다. 마침내 모의하여 의공(懿公)을 시해하고 그 시신을 대밭 속에 버리고 돌아와 술을 마시고는 술잔을 내려놓고서 떠났다. 술 마시기를 마치고 떠난 것은 제(齊)나라 사람이 의공(懿公)을 미워하므로 두 사람은 두려울 것이 없었다는 말이다. 제인(齊人)이 공자 원(元)233)을 임금으로 세웠다.

---

231) 적(賊)을~것이다 : 경문에 임금을 죽인 병촉(邴歜)과 염직(閻職)에 대하여 거론하지 않은 것을 말한다. 이는 곧 그 임금 상인(商人)에게 죄가 있음을 밝힌 것이다.

232) 참승(驂乘) : 윗사람을 모시고 함께 수레에 타는 사람. 배승(陪乘)이라고도 한다.

233) 공자 원(元) : 제환공(齊桓公)의 아들 제혜공(齊惠公)으로 제의공(齊懿公)의 이모형이다.

---

六月 癸酉 葬我君文公

6월 계유일에 우리 임금 문공(文公)의 장례를 지냈다.

---

六月 葬文公

6월에 문공(文公)의 장례를 지냈다.

---

秋 公子遂叔孫得臣如齊

가을에 공자 수(遂)와 숙손득신(叔孫得臣)이 제(齊)나라에 갔다.

---

**秋 襄仲莊叔如齊 惠公立故 且拜葬也** 襄仲賀惠公立 莊叔謝齊來會葬

가을에 양중(襄仲 : 遂)과 장숙(莊叔 : 叔孫得臣)이 제(齊)나라에 갔으니,[234] 제혜공(齊惠公)이 즉위하였기 때문이고 또 문공(文公)의 장례에 참여한 것에 대하여 배사하기 위해서였다. 양중(襄仲)은 제혜공(齊惠公)이 즉위한 것을 축하하기 위하여 갔고, 장숙(莊叔)은 제(齊)나라가 와서 문공(文公)의 장례에 참여한 것에 대하여 사례하기 위하여 간 것이다.

---

冬 十月 子卒

겨울 10월에 자(子)가 졸하였다.

---

子 在喪之稱

자(子)는 임금이 상중에 있을 때의 칭호이다.[235]

---

**文公二妃 敬嬴生宣公 敬嬴嬖 而私事襄仲 宣公長 而屬諸襄仲 襄仲欲立之 叔仲不可** 叔仲 惠伯 **仲見于齊侯而請之 齊侯新立 而欲親魯 許之 冬 十月 仲殺惡及視 而立**

---

234) 가을에~갔으니 : 다음의 전문에 의거해 보면 양중(襄仲)과 장숙(莊叔)이 제(齊)나라에 간 것은 각각 한 가지 일 때문만은 아니었다. 아마도 두 사람은 평소에 태자를 시해하려는 마음이 있었는데 사신으로 행차하는 것을 리용하여 제나라와 우호를 맺어서 토벌당하는 것을 면하기를 도모하고자 한 것으로 여겨진다.

235) 자(子)는~칭호이다 : 이때의 자(子)는 문공(文公)의 태자 악(惡)이다.

宣公 惡 大子 視 其母弟 書曰子卒 諱之也 仲以君命召惠伯 詐以子惡命 其宰公冉務人止
之 曰 入必死 叔仲曰 死君命 可也 公冉務人曰 若君命 可死 非君命 何聽 弗聽 乃
入 殺而埋之馬矢之中 公冉務人奉其帑以奔蔡 旣而復叔仲氏

　문공(文公)의 제2비(妃)인 경영(敬嬴)이 선공(宣公)을 낳았다. 경영은 문공의 총애를 받으
면서도 몰래 양중(襄仲)을 섬겼다. 선공이 장성하자 경영은 선공을 양중에게 부탁하였다.
양중이 그를 임금으로 세우려 하니 숙중(叔仲)이 안 된다고 하였다. 숙중(叔仲)236)은 혜백(惠伯)이다.
양중은 제후(齊侯)를 조견하고 선공을 임금으로 세워주기를 청하니 제후는 새로 즉위하여
로(魯)나라와 가까이 지내고자 하였으므로 양중의 요청을 허낙하였다. 겨울 10월에 양중이
악(惡)과 시(視)를 죽이고 선공을 세웠다. 악(惡)은 태자이고 시(視)는 그의 동모제이다. 경문에 ʻ자(子)
가 졸하였다.ʼ라고 기록한 것은 사실을 숨긴 것이다.237) 양중이 임금의 명으로 혜백(惠伯)을
부르자238) 태자 악(惡)의 명이라고 속인 것이다. 그의 재신(宰臣)인 공염무인(公冉務人)이 만류하며
말하기를 “들어가시면 반드시 죽게 될 것입니다.”라고 하였다. 숙중이 말하기를 “임금의 명에
죽는 것은 옳은 일이다.”라고 하니, 공염무인이 말하기를 “만약 임금의 명이라면 죽어도
괜찮겠지만 임금의 명이 아닌데 어찌 따르려 하십니까.”라고 하였다. 혜백은 듣지 않고 들어가
니 양중은 그를 죽여 말똥 속에 묻었다. 공염무인이 혜백의 처자를 모시고 채(蔡)나라로
망명하였다. 얼마 뒤에 혜백의 아들을 숙중씨(叔仲氏)로 복위시켰다.239)

---

夫人姜氏歸于齊

　　부인(夫人) 강씨(姜氏)가 제(齊)나라로 돌아갔다.

---

夫人姜氏歸于齊 大歸也 惡視之母出姜也 將行 哭而過市 曰 天乎 仲爲不道 殺嫡立庶
市人皆哭 魯人謂之哀姜

　부인(夫人) 강씨(姜氏)가 제(齊)나라로 돌아갔으니, 대귀(大歸)240)한 것이다. 악(惡)과 시

---

236) 숙중(叔仲) : 공손오(公孫敖)의 아들. 혜숙(惠叔)이라고도 한다.

237) 자(子)가~것이다 : 경문에 ʻ자(子)가 졸하였다.ʼ라 하고 시해당한 사실을 기록하지 않은 것은 나라의 불미
　　스러운 일을 숨겼다는 것이다.

238) 양중이~부르자 : 양중(襄仲)은 이때 이미 태자 악(惡)을 시해하였으나 비밀에 붙였기 때문에 악의 명을
　　사칭하여 혜백(惠伯)을 부른 것이다.

239) 얼마~복위시켰다 : 혜백(惠伯)의 아들을 숙중씨(叔仲氏)로 삼고 혜백의 직위를 승계시킨 것이다.

(視)의 어머니 출강(出姜)이다. 떠나려 할 때 울면서 저자를 지나며 말하기를 "하늘이시여, 양중(襄仲)이 부도한 짓을 행하여 적자를 죽이고 서자를 세웠습니다."라고 하니, 저자의 사람들도 모두 울고 로인(魯人)은 그녀를 애강(哀姜)[241]이라 불렀다.

---

## 季孫行父如齊

계손행보(季孫行父)가 제(齊)나라에 갔다.

---

## 莒弑其君庶其

거(莒)나라가 그 임금 서기(庶其)를 시해하였다.

稱國以弑 衆弑君之辭

나라를 칭하여 시해하였다고 하였으니 많은 사람이 임금을 시해하였다는 말이다.

**莒紀公生大子僕 又生季佗** 紀 別號也 **愛季佗而黜僕 且多行無禮於國 僕因國人以弑紀公 以其寶玉來奔 納諸宣公 公命與之邑 曰 今日必授 季文子使司寇出諸竟 曰 今日必達 公問其故 季文子使大史克對曰**

거기공(莒紀公 : 庶其)이 태자 복(僕)을 낳고 또 계타(季佗)를 낳았는데 기(紀)는 별호(別號)이다.[242] 계타를 총애하여 복을 폐출하고 또 국인에게 무례한 짓을 많이 하였다. 이에 복이 국인의 도움으로 기공(紀公)을 시해하고 거(莒)나라의 보옥을 가지고 망명와서 선공(宣公)에게 바쳤다. 선공은 복에게 읍을 주라고 명하며 "오늘 안으로 반드시 주어라."라고 하였다. 계문자(季文子)는 사구(司寇)를 시켜 그를 국경 밖으로 내쫓게 하며 말하기를 "오늘 안으로 반드시 국경 밖까지 도달하도록 하라."[243]라고 하였다. 선공이 그 까닭을 물으니, 계문자는

---

240) 대귀(大歸) : 친정으로 돌아가서 다시는 시집으로 되돌아오지 않는 것.

241) 애강(哀姜) : 애강(哀姜)은 시호가 아니다. 그가 저자를 지나면서 곡하였기 때문에 나라 사람들이 일컬어 생긴 호칭이다.

242) 기(紀)는 별호(別號)이다 : 거(莒)나라는 이적(夷狄)이어서 시호제도가 없고, 별호로 죽은 임금을 칭한다.

243) 오늘~하라 : 오늘 안으로 반드시 거(莒)나라 복(僕)을 국경 밖으로 나가게 하라는 말이다. 복이 로선공(魯宣公)을 알현하기도 전에 계문자(季文子)가 그를 축출하였기 때문에 복이 온 것을 경문에 기록하지 않은

태사(大史) 극(克)을 보내어 다음과 같이 대답하였다.

先大夫臧文仲敎行父事君之禮 行父奉以周旋 弗敢失隊 曰 見有禮於其君者 事之
如孝子之養父母也 見無禮於其君者 誅之 如鷹鸇之逐鳥雀也 先君周公制周禮曰
則以觀德 則 法也 德以處事 事以度功 功以食民 作誓命曰 毁則爲賊 掩賊爲藏 竊賄
爲盜 盜器爲姦 主藏之名 賴姦之用 爲大凶德 有常無赦 刑有常 在九刑不忘 誓命以下
九刑之書 其書今亡

"선대부(先大夫) 장문중(臧文仲)이 저 행보(行父 : 季文子)에게 임금 섬기는 례를 가르쳐
주었는데 저 행보는 받들어 주선하여 감히 가르침을 실추시키지 않았습니다. 선대부가 말
하기를 '그 임금에게 례가 있는 자를 보거든 그를 섬기기를 효자가 어버이를 봉양하듯이
하며, 그 임금에게 례가 없는 자를 보거든 그를 처벌하기를 새매가 작은 새를 뒤쫓듯이
하라.'고 하였습니다. 또 선군인 주공(周公)께서 《주례(周禮)》를 지어 말씀하시기를 '법[則]
으로써 그 사람의 덕을 관찰하고 칙(則)은 법이다. 덕으로써 일을 처리하고 일로써 공을 헤아
리고 공으로써 백성을 먹인다.'고 하였습니다. 또 〈서명(誓命)〉을 지어 말씀하시기를 '법을
훼손시키는 것이 적(賊)이고, 적을 숨겨주는 것이 장(藏)이며, 재물을 훔치는 것이 도(盜)이
고, 보기(寶器)를 도적질하는 것이 간(姦)이니 적을 숨기는 것을 주도하였다는 이름을 얻고
보기를 도적질하는 자를 신뢰하여 등용하는 것은 큰 흉덕이 된다. 이런 자에게는 정해진
형벌이 있어 용서할 수 없다는 말이 형벌에 규정되어 있다는 것이다. 《구형(九刑)》에 실려 있으니
잊을 수 없다.'고 하였습니다. 〈서명(誓命)〉 이하는 《구형(九刑)》의 글인데 그 글이 지금은 없다.

行父還觀莒僕 莫可則也 還 音旋 孝敬忠信爲吉德 盜賊藏姦爲凶德 夫莒僕 則其孝
敬 則弑君父矣 則其忠信 則竊寶玉矣 其人 則盜賊也 其器 則姦兆也 兆 釁隙也 保而
利之 則主藏也 以訓則昏 民無則焉 不度於善 度 居也 而皆在於凶德 是以去之

저 행보(行父)가 거(莒)나라 복(僕)을 두루[還] 살펴보니 본받을 만한 점이 없습니다. 선
(還)은 음이 선(旋)이다. 효경충신(孝敬忠信)은 길덕이고 도적장간(盜賊藏姦)은 흉덕인데, 저 거
나라 복은 효경(孝敬)으로 말하면 군부(君父)를 시해하였고, 충신(忠信)으로 말하면 나라의
보옥을 훔쳤습니다. 그 사람으로 말하면 도적(盜賊)이고 그 보기(寶器)로 말하면 간조(姦

것이다.

兆)이니,244) 조(兆)는 틈[釁隙]이다.245) 그 사람을 보호하고 그 보기를 리롭게 여기면 적을 숨겨준 것을 주도한 것이 되고, 이로써 백성을 가르치면 혼란스러워져 백성이 본받을 바가 없습니다. 거나라 복의 행위는 선에 속하지[度] 않고 도(度)는 속함이다. 모두 흉덕에 해당합니다. 이 때문에 쫓아낸 것입니다.

昔高陽氏有才子八人 高陽 顓頊之號 八人 其苗裔 蒼舒隤敱檮戭大臨尨降庭堅仲容叔達 敱 音鎧 檮 音桃 戭 音衍 降 音缸 此卽垂益禹皐陶之倫 齊聖廣淵明允篤誠 天下之民謂之八愷 齊 中也 愷 和也 高辛氏有才子八人 高辛 帝嚳之號 八人 亦其苗裔 伯奮仲堪叔獻季仲伯虎 仲熊叔豹季貍 此卽稷契朱虎熊羆之倫 忠肅共懿宣慈惠和 天下之民謂之八元 宣 徧也 元 善也 此十六族也 世濟其美 不隕其名 濟 成也 以至于堯 堯不能擧 舜臣堯 擧八愷 使 主后土 禹作司空 以揆百事 莫不時序 地平天成 擧八元 使布五敎于四方 契作司徒 父 義母慈兄友弟共子孝 內平外成 內諸夏 外夷狄

옛날에 고양씨(高陽氏)에게 재주가 있는 아들 여덟 사람이 있었으니 고양(高陽)은 전욱(顓頊) 의 호이다. 여덟 사람은 그 후손이다. 창서(蒼舒)·퇴개(隤敱)·도연(檮戭)·대림(大臨)·방강(尨降) ·정견(庭堅)·중용(仲容)·숙달(叔達)입니다. 개(敱)는 음이 개(鎧)이고 도(檮)는 음이 도(桃)이며 연 (戭)은 음이 연(衍)이고 강(降)은 음이 강(缸)이다. 이는 곧 수(垂)·익(益)·우(禹)·고요(皐陶)의 무리이다. 이들 은 마음가짐이 중정하고[齊] 모든 일에 통달하며[聖], 도량이 넓고[廣] 사려가 깊으며[淵], 사 리에 밝고[明] 신의가 있으며[允], 독실하고[篤] 성실하니[誠] 세상 백성이 '팔개(八愷)'라고 하였습니다. 제(齊)는 중정함이다. 개(愷)는 조화로움이다. 고신씨(高辛氏)에게 재주가 있는 아들 여 덟 사람이 있었으니 고신(高辛)은 제곡(帝嚳)의 호이다. 여덟 사람은 또한 그의 후손이다. 백분(伯奮)· 중감(仲堪)·숙헌(叔獻)·계중(季仲)·백호(伯虎)·중웅(仲熊)·숙표(叔豹)·계리(季貍)입니 다. 이는 곧 직(稷)·설(契)·주호(朱虎)·웅비(熊羆)의 무리이다. 이들은 충직하고[忠] 엄숙하며[肅], 공손 하고[共] 아름다우며[懿], 사려가 두루 미치고[宣] 인자하며[慈], 은혜롭고[惠] 온화하니[和] 세 상 백성이 '8원(元)'이라고 하였습니다. 선(宣)은 두루함이다. 원(元)은 착함이다. 이 열여섯 씨족은 대대로 선세의 미덕을 완성하여[濟] 선대의 명예를 실추시키지 않고 제(濟)는 완성함이다. 요 (堯)의 시대까지 이르렀는데, 요는 이들을 등용하지 못하였습니다. 그런데 순(舜)이 요의

---

244) 그 보기(寶器)로~간조(姦兆)이니 : 《이아(爾雅)》에 조(兆)는 역(域)이라 하였으니 복(僕)이 가져온 보기 (寶器)는 간(姦)의 범주에 속하는 기물이라는 의미이다.

245) 틈[釁隙]이다 : 흔극(釁隙)은 역(域)의 의미이다.

신하가 되어 팔개를 등용하여 땅[后土]을 주관해 다스리게 하고 우(禹)가 사공(司空)[246]이 된 것이다. 모든 일을 헤아려 처리하게 하니 모든 일이 때와 질서에 맞지 않음이 없어서 땅이 잘 다스려지고[平] 하늘이 질서에 맞았습니다[成].[247] 또 8원을 등용하여 사방에 5교(教)[248]를 펴게 하니 설(契)이 사도(司徒)[249]가 된 것이다. 아버지는 의롭고 어머니는 자애로우며 형은 우애하고 아우는 공손하며 자식은 효도하여 안으로[内] 화평하고 밖으로[外] 화친하게 되었습니다. 내(内)는 제하(諸夏)이고 외(外)는 이적(夷狄)이다.

昔帝鴻氏有不才子 帝鴻 黃帝 掩義隱賊 好行凶德 醜類惡物 頑嚚不友 是與比周 天下之民謂之渾敦 謂驩兜 渾敦 不開通之貌 少皥氏有不才子 少皥 金天氏之號 毀信廢忠 崇飾惡言 靖譖庸回 服讒蒐慝 以誣盛德 靖 安也 庸 用也 服 行也 蒐 隱也 天下之民謂之窮奇 謂共工 其行窮 其好奇 顓頊氏有不才子 不可教訓 不知話言 話 善也 告之則頑 舍之則嚚 傲狠明德 以亂天常 天下之民謂之檮杌 謂鯀 檮杌 頑凶無儔匹之貌 此三族也 世濟其凶 增其惡名 以至于堯 堯不能去 縉雲氏有不才子 縉雲 黃帝時官名 貪于飲食 冒于貨賄 侵欲崇侈 不可盈厭 聚斂積實 不知紀極 不分孤寡 不恤窮匱 實 財也 天下之民以比三凶 非帝子孫 故別以比三凶 謂之饕餮 饕 音鐵 貪財爲饕 貪食爲餮

옛날에 제홍씨(帝鴻氏)에게 못난 아들이 있었는데 제홍(帝鴻)은 황제(黃帝)이다. 의로운 사람을 가로막고 적도(賊徒)를 숨겨 주며, 흉덕을 행하기 좋아하고 악인과 한패가 되어 어울리며,[250] 완악하고 어리석어 우애하지 않는 자들을 친밀하게 대하니[251] 세상 백성이 혼돈(渾敦)[252]이라고 하였습니다. 환두(驩兜)를 이른 것이다. 혼돈(渾敦)은 개통(開通)[253]하지 않은 모양이다. 소

---

246) 사공(司空) : 수토(水土)에 관한 일을 주관하는 벼슬.

247) 땅이~맞았습니다[成] : 수토(水土)가 잘 다스려지는 것을 평(平)이라 하고, 5행(行)이 질서에 맞는 것을 성(成)이라 한다.

248) 5교(教) : 사람이 지켜야 할 다섯 가지의 가르침. 곧 5륜(倫)이다.

249) 사도(司徒) : 례로써 백성을 교화하는 일을 주관하는 벼슬.

250) 악인과~어울리며[醜類惡物] : 전문에서 추류(醜類)는 한패가 되어 어울린다는 의미이다.

251) 완악하고~대하니[頑嚚不友 是與比周] : 마음으로 덕의(德義)를 본받지 않는 것을 완(頑)이라 하고, 입으로 충신(忠信)을 말하지 않는 것을 은(嚚)이라 한다. 불우(不友)는 우애하지 않음이고 비주(比周)는 서로 당(黨)을 만들어 친함이다.

252) 혼돈(渾敦) : 4흉(凶)의 하나. 4흉은 혼돈 외에 궁기(窮奇)·도올(檮杌)·도철(饕餮)을 이른다. 이들은 본래 악한 짐승들 이름이었는데 전의되어 4흉의 이름이 되었다.

253) 개통(開通) : 막힘없이 통하거나 널리 통달함.

호씨(少皞氏)에게 못난 아들이 있었는데 소호(少皞)는 금천씨(金天氏)의 호이다. 신의를 무너뜨리고 충성을 버리며, 꾸밈을 숭상하고 말을 악하게 하며, 헐뜯는 말을 편히 여기고[靖] 간사한 사람을 등용하며[庸], 참소를 자행하고[服] 사악한 이를 숨겨주어[蒐] 성대한 덕이 있는 사람을 무함(誣陷)하니 정(靖)은 편안함이다. 용(庸)은 등용함이다. 복(服)은 행함이다. 수(蒐)는 숨김이다. 세상 백성이 궁기(窮奇)라고 하였습니다. 공공(共工)을 이른 것이다. 그 행실이 궁벽하고 그 좋아하는 것이 기괴하였다. 전욱씨(顓頊氏)에게 못난 아들이 있었는데 교훈할 수도 없고 착한[話] 말을 할 줄도 모르며, 화(話)는 착함이다. 덕의(德義)를 일러주어도 따르지 않고 내버려 두면 못된 말만 하며, 명덕(明德)을 가벼이 여기고 업신여겨서 천상(天常)[254]을 어지럽히니 세상 백성이 도올(檮杌)이라고 하였습니다. 곤(鯀)을 이른 것이다. 도올(檮杌)은 완악하고 흉악하기가 짝이 없는 모양이다. 이 세 씨족이 대대로 선대의 흉덕을 이루어 그 악명을 늘리면서 요(堯)의 시대에 이르렀는데 요는 그들을 능히 제거하지 못하였습니다. 진운씨(縉雲氏)에게도 못난 아들이 있었는데 진운(縉雲)은 황제(黃帝) 때의 관명이다. 음식을 탐하고 재물을 탐하며, 침탈하려는 욕심이 많아서 가득 차도 만족하지 않고, 거두어들여 축적한 재물[實]이 그 한도를 알 수 없는데도 고아나 과부에게 나누어 주지도 않고 곤궁한 사람을 구휼하지도 않으니 실(實)은 재물이다. 세상 백성이 이를 3흉(凶)[255]에 견주어 제(帝)[256]의 자손이 아니기 때문에 따로 3흉(凶)에 견준 것이다. 도철(饕餮)이라고 하였습니다. 철(餮)은 음이 철(鐵)이다. 재물을 탐하는 것이 도(饕)이고 음식을 탐하는 것이 철(餮)이다.

**舜臣堯 賓于四門 流四凶族 渾敦窮奇檮杌饕餮 投諸四裔 以禦螭魅** 螭 山神獸形 魅 怪物 **是以堯崩而天下如一 同心戴舜 以爲天子 以其擧十六相 去四凶也 故虞書數舜之功 曰愼徽五典 五典克從 無違教也** 此八元之功 **曰納于百揆 百揆時序 無廢事也** 此八愷之功 **曰賓于四門 四門穆穆 無凶人也** 流四凶 **舜有大功二十而爲天子 今行父雖未獲一吉人 去一凶矣 於舜之功 二十之一也 庶幾免於戾乎**

순(舜)이 요(堯)의 신하가 되어 사방의 문에서 현자들을 빈례로 맞이하고,[257] 이 네 흉족을 류배하여 혼돈(渾敦)·궁기(窮奇)·도올(檮杌)·도철(饕餮)을 사방의 먼 변방으로 내쳐서

---

254) 천상(天常) : 하늘의 상도(常道). 곧 인륜오상(人倫五常)의 도(道)이다.

255) 3흉(凶) : 혼돈(渾敦)·궁기(窮奇)·도올(檮杌).

256) 제(帝) : 제홍씨(帝鴻氏)·소호씨(少皞氏)·전욱씨(顓頊氏).

257) 사방의~맞이하고 : 《서경(書經)》〈우서(虞書)〉 순전(舜典). 사방의 문을 열어놓고 사방의 말을 듣기 위하여 빈례(賓禮)로 현자들을 맞아들였다는 것이다.

리매(螭魅)[258]를 막게 하였습니다. 리(螭)는 산신으로 짐승의 형상이고 매(魅)는 괴물이다. 이 때문에 요가 붕한 뒤에 세상 사람이 한결같이 한 마음으로 순을 받들어 천자로 삼았으니, 이는 순이 16인[259]을 재상으로 등용하고 4흉(凶)을 제거하였기 때문입니다. 그러므로 〈우서(虞書)〉에 순의 공을 렬거하여 말하기를 '삼가 5전(典)[260]이 아름답게 행해지게 하라고 하니 백성이 5전의 가르침을 잘 따랐다.'고 하였으니 이는 순의 가르침에 어김이 없었다는 것이고, 이것은 8원(元)의 공이다. '백규(百揆)[261]의 자리에 들이니 백규의 일이 때에 맞게 처리되어 순서가 있었다.'고 하였으니 이는 일이 폐기됨이 없었다는 것이고, 이것은 8개(愷)의 공이다. '사방의 문에서 빈례로 현자들을 맞이하게 하니 사방의 문에 화기(和氣)가 충만하였다.'고 하였으니 이는 흉인이 없었다는 것입니다. 4흉(凶)을 류배(流配)한 것이다. 순은 큰 공 스무 가지가 있어 천자가 되었는데 지금 저 행보(行父)는 비록 한 사람의 길인(吉人)도 얻지는 못하였으나 한 흉인을 제거하였으니,[262] 순의 공에 비교하면 20분의 1은 되니 거의 죄는 면할 수 있을 것입니다."

○宋武氏之族 宋武公之子孫 道昭公子 將奉司城須以作亂 文公弑昭公 故武族欲因其子以作亂 十二月 宋公殺母弟須及昭公子 使戴莊桓之族攻武氏於司馬子伯之館 戴族 華樂 莊族 公孫師 桓族 向魚鱗蕩也 司馬子伯 華耦也 遂出武穆之族 穆族黨於武氏故 使公孫師爲司城 公孫師 莊公孫 公子朝卒 使樂呂爲司寇 以靖國人 樂呂 戴公曾孫

○송(宋)나라 무씨(武氏)의 종족이 송무공(宋武公)의 자손이다. 소공(昭公)[263]의 아들을 인도하여 사성(司城) 수(須)를 받들고 란을 일으키려 하였다. 문공(文公)이 소공(昭公)을 시해하였기 때문에 무씨(武氏)의 종족이 소공의 아들을 끌어들여 란을 일으키려 한 것이다. 12월에 송공(宋公 : 文公)이 동모제 수와 소공의 아들을 죽이고 대공(戴公)·장공(莊公)·환공(桓公)의 종족을 시켜 사마(司馬)인 자백(子伯)의 관사로 가서 무씨를 공격하게 하였다. 대공(戴公)의 종족은 화악(華樂)이고, 장공(莊公)의 종족은 공손사(公孫師)이고, 환공(桓公)의 종족은 상씨(向氏)·어씨(魚氏)·린씨(鱗氏)·탕씨(蕩氏)이다. 사마(司馬)인 자백(子伯)은 화우(華耦)이다. 드디어 송공은 무공(武公)과 목공(穆公)의 종족을 축

---

258) 리매(螭魅) : 사람을 해친다는 산속의 괴물.

259) 16인 : 고양씨(高陽氏)의 아들 8개(愷)와 고신씨(高辛氏)의 아들 8원(元)을 말한다.

260) 5전(典) : 사람이 지켜야 할 다섯 가지 바른 도리. 5상(常). 곧 인(仁)·의(義)·례(禮)·지(智)·신(信)이다.

261) 백규(百揆) : 국정을 총괄하는 장관. 또는 각종의 정무(政務)나 온갖 벼슬.

262) 비록~제거하였으니 : 거(莒)나라 태자(大子) 복(僕)을 로(魯)나라에서 축출한 일이다.

263) 소공(昭公) : 송문공(宋文公)의 서형인 저구(杵臼)이다.

출하고 목공(穆公)의 종족이 무씨(武氏)의 편을 들었기 때문이다. 공손사(公孫師)를 사성으로 삼았다. 공손사(公孫師)는 장공(莊公)의 손자이다. 공자 조(朝)가 졸하자 악려(樂呂)를 사구(司寇)로 삼아 국인을 안정시켰다. 악려(樂呂)는 대공(戴公)의 증손이다.

# 魯文公

| 국명 B.C. | 魯 | 周 | 蔡 | 曹 | 衛 | 滕 | 晉 | 吳 | 鄭 | 燕 | 齊 | 秦 | 楚 | 宋 | 杞 | 陳 | 薛 | 邾 | 莒 | 許 | 越 |
|---|---|---|---|---|---|---|---|---|---|---|---|---|---|---|---|---|---|---|---|---|---|
| 626 | 文公1 | 襄王26 | 莊侯20 | 共公27 | 成公9 | | 襄公2 | | 穆公2 | 襄公32 | 昭公7 | 穆公34 | 成王46 | 成公11 | 桓公11 | 共公6 | | 文公40 | | 僖公30 | |
| 625 | 2 | 27 | 21 | 28 | 10 | | 3 | | 3 | 33 | 8 | 35 | 穆王1 | 12 | 12 | 7 | | 41 | | 31 | |
| 624 | 3 | 28 | 22 | 29 | 11 | | 4 | | 4 | 34 | 9 | 36 | 2 | 13 | 13 | 8 | | 42 | | 32 | |
| 623 | 4 | 29 | 23 | 30 | 12 | | 5 | | 5 | 35 | 10 | 37 | 3 | 14 | 14 | 9 | | 43 | | 33 | |
| 622 | 5 | 30 | 24 | 31 | 13 | | 6 | | 6 | 36 | 11 | 38 | 4 | 15 | 15 | 10 | | 44 | | 34 | |
| 621 | 6 | 31 | 25 | 32 | 14 | | 7 | | 7 | 37 | 12 | 39 | 5 | 16 | 16 | 11 | | 45 | | 昭公1 | |
| 620 | 7 | 32 | 26 | 33 | 15 | | 靈公1 | | 8 | 38 | 13 | 康公1 | 6 | 17 | 17 | 12 | | 46 | | 2 | |
| 619 | 8 | 33 | 27 | 34 | 16 | | 2 | | 9 | 39 | 14 | 2 | 7 | 昭公1 | 18 | 13 | | 47 | | 3 | |
| 618 | 9 | 頃王1 | 28 | 35 | 17 | | 3 | | 10 | 40 | 15 | 3 | 8 | 2 | 19 | 14 | | 48 | | 4 | |
| 617 | 10 | 2 | 29 | 文公1 | 18 | | 4 | | 11 | 桓公1 | 16 | 4 | 9 | 3 | 20 | 15 | | 49 | | 5 | |
| 616 | 11 | 3 | 30 | 2 | 19 | | 5 | | 12 | 2 | 17 | 5 | 10 | 4 | 21 | 16 | | 50 | | 6 | |
| 615 | 12 | 4 | 31 | 3 | 20 | | 6 | | 13 | 3 | 18 | 6 | 11 | 5 | 22 | 17 | | 51 | | 7 | |
| 614 | 13 | 5 | 32 | 4 | 21 | | 7 | | 14 | 4 | 19 | 7 | 12 | 6 | 23 | 18 | | 52 | | 8 | |
| 613 | 14 | 6 | 33 | 5 | 22 | | 8 | | 15 | 5 | 20 | 8 | 莊王1 | 7 | 24 | 靈公1 | | 定公1 | | 9 | |
| 612 | 15 | 匡王1 | 34 | 6 | 23 | | 9 | | 16 | 6 | 懿公1 | 9 | 2 | 8 | 25 | 2 | | 2 | | 10 | |
| 611 | 16 | 2 | 文侯1 | 7 | 24 | | 10 | | 17 | 7 | 2 | 10 | 3 | 9 | 26 | 3 | | 3 | | 11 | |
| 610 | 17 | 3 | 2 | 8 | 25 | | 11 | | 18 | 8 | 3 | 11 | 4 | 文公1 | 27 | 4 | | 4 | | 12 | |
| 609 | 18 | 4 | 3 | 9 | 26 | | 12 | | 19 | 9 | 4 | 12 | 5 | 2 | 28 | 5 | | 5 | | 13 | |

| 역자소개 |

## 김경태金庚泰

사단법인 유도회 한문연수원 7기 수료. 한양대학교 대학원 교육학박사. 유도회 한문연수원 교수 력임. 《궁와집(窮窩集)》을 번역하였고, 〈궁와(窮窩) 박규문(朴奎文)의 개혁사상과 실학정신〉 등의 론저가 있다.

## 박찬규朴燦圭

사단법인 유도회 한문연수원 6기 수료. 단국대학교 대학원 문학박사. 단국대학교 동양학연구원 사전편찬원 력임. 《금석문으로 백제를 읽다》·《목간으로 백제를 읽다》 등의 공저가 있다.

## 윤종배尹鍾培

사단법인 유도회 한문연수원 3기 수료. 성균관대학교 대학원 한문학박사. 유도회 한문연수원 교수 력임.